BVT

Die Offensive der deutschen Wehrmacht am 22. Juni 1941 gegen die Sowjetunion kam für Stalin völlig unerwartet – bis zuletzt hatte er dem Bündnis mit Hitler vertraut. Anhand neuer Quellen dokumentiert Gabriel Gorodetsky erstmals die große Täuschung Stalins und räumt mit der langlebigen Legende auf, Deutschland sei einem Angriff der Sowjetunion lediglich zuvorgekommen.

Gabriel Gorodetsky, geboren 1945, ist Professor für Russische Geschichte und Direktor des Curiel Center for International Studies an der Universität Tel Aviv. Er ist ein weltweit anerkannter Spezialist für die Geschichte der sowjetischen Außenpolitik. Mit seinem Buch *Die große Täuschung* erregte er internationales Aufsehen.

Gabriel Gorodetsky

Die große Täuschung

Hitler, Stalin und das Unternehmen »Barbarossa«

Aus dem Englischen von
Helmut Ettinger

Berliner Taschenbuch Verlag

April 2003
BvT Berliner Taschenbuch Verlags GmbH, Berlin,
ein Unternehmen der Verlagsgruppe Random House GmbH
Die Originalausgabe erschien 1999 unter dem Titel
Grand Delusion. Stalin and the German Invasion of Russia
bei Yale University Press, New Haven und London

Redaktion: Matthias Weichelt, Berlin
Register: Brigitte Speith-Kochmann, Berlin
Die Karten wurden von Ditta Ahmadi und Peter Palm, Berlin, erstellt
Umschlaggestaltung: Nina Rothfos und Patrick Gabler, Hamburg,
unter Verwendung einer Fotografie von © ullsteinbild
Gesetzt aus der TimesBQ
Druck und Bindung: Elsnerdruck, Berlin
Printed in Germany · ISBN 3-442-76102-6

Für Ruth Herz

Inhalt

Vorwort

Nur wenige Ereignisse des 20. Jahrhunderts sind in ihrer Tragweite mit der Operation »Barbarossa« vergleichbar. Ihre Auswirkungen auf den Zweiten Weltkrieg und die Nachkriegszeit waren enorm. Wenn vom Ribbentrop-Molotow-Pakt und der deutschen Invasion in Russland die Rede ist, fallen einem jedoch eher anekdotische Begebenheiten ein: Der sowjetische Volkskommissar für Auswärtige Angelegenheiten, Wjatscheslaw Molotow, stößt nach der deutschen Besetzung Polens im Jahr 1939 auf den Erfolg der Wehrmacht an; aus Anlass der Teilung Polens nehmen General Guderian und sein sowjetischer Partner in Brest-Litowsk eine gemeinsame Parade der Roten Armee und deutscher Panzereinheiten ab; zum Donner deutscher Kanonen rollt in der Nacht zum 22. Juni 1941 der letzte Zug mit sowjetischen Industriegütern in das von Deutschland besetzte Gebiet.[1] Diese Vorgänge werden stets bemüht, wenn von der sogenannten Dolchstoß-Legende die Rede ist, nach welcher der deutsch-sowjetische Nichtangriffsvertrag als die offensichtlichste und unmittelbarste Ursache des Zweiten Weltkrieges gilt. Gewiss ist es eine Ironie der Geschichte, dass Deutschland und Russland kaum zwei Jahre später einen Krieg von nie gekannten Ausmaßen gegeneinander führten, der schließlich mit dem Triumph der Alliierten über Nazideutschland endete.

Ich fühlte mich veranlasst, dieses wohlbestellte Feld noch einmal zu beackern, als 1985 eine Artikelserie erschien, aus der später mehrere Bücher entstanden. Der Verfasser war der Überläufer der russischen Militäraufklärung (GRU) W. Resun, besser bekannt als »Suvorov«. Für ihn galt bei den Ereignissen vom Juni 1941 Sowjetrussland als der Aggressor und nicht etwa als das Opfer. Er stellte die absurde, unbewiesene Behauptung auf, Stalin habe in den Jahren 1939 bis 1941 einen revolutionären Krieg gegen Deutschland in allen Einzelheiten vorbereitet. Operation »Grosa« (Gewitter) sollte am 6. Juli 1941 beginnen, Hitler sei ihr mit seinem Einmarsch in Russland jedoch zuvorgekommen. Eine atemberaubende Vorstellung: Stalin wäre in seiner Außenpolitik wie Hitler nach einem

Masterplan vorgegangen, dessen Ziel die Umwandlung des Zweiten Weltkrieges in einen revolutionären Krieg um die Weltherrschaft gewesen sei.[2]

Mit Suvorov habe ich bereits die Klingen gekreuzt, als er seine Ideen zum ersten Mal präsentierte.[3] Doch erst als sein Buch *Eisbrecher* in Russland begeisterte Aufnahme fand und russische Militärs, Diplomaten und Historiker sich schwer taten, ihn zu widerlegen, veröffentlichte ich in Moskau auf Russisch eine ausführliche Gegendarstellung unter dem Titel *Der Mythos vom Eisbrecher*.[4] Als ehemaliger Fachmann für Desinformation in der GRU nutzte Suvorov die Tatsache, dass über die fragliche Zeit unzählige Mythen und Verschwörungstheorien im Umlauf sind, von denen die meisten gezielt in die Welt gesetzt wurden. Diese Erfindungen nahmen Historiker später unkritisch auf – nicht nur, weil es ihnen an soliden Informationen fehlte, sondern weil es auch zur politischen Polarisierung des Kalten Krieges passte. Die Popularität, die Suvorovs fadenscheinige, windige Theorien in Russland und vielerorts auch im Westen genießen, beweist nur, dass es die ältesten und abgegriffensten Verschwörungsgeschichten sind, die am längsten überleben. In seinen Büchern konstruiert Suvorov Mythen und vereinfacht eine komplizierte Situation, womit er die Suche nach der Wahrheit hartnäckig und vorsätzlich behindert.

Die Entwicklung einer Nation, besonders wenn sie sich revolutionärer Mittel bedient, wird stets von Legenden begleitet. Der staatlich betriebene Kult um den Großen Vaterländischen Krieg der Sowjetunion ließ eine Standardversion von der Geschichte dieses Krieges entstehen, die dann immer weiter ausgebaut wurde.[5] Fünf Jahrzehnte lang war diese offizielle Darstellung das wichtigste Bindemittel für das kollektive Gedächtnis des sowjetischen Volkes. Sie verhüllte Stalins Verbrechen, indem sie seinen Anteil am Sieg glorifizierte. Chruschtschow und andere kommunistische Führer nutzten dies später, um sich die Unterstützung des Volkes zu sichern. Die Geschichte des Krieges geriet so zu einem merkwürdigen Gemisch aus Tatsachen, Fälschungen und vor allem Auslassungen. Aus leicht ersichtlichen Gründen litt darunter vor allem die Darstellung des Ribbentrop-Molotow-Paktes und der verheerenden Anfangsphase des Krieges. Dieser Schrein wurde von den sowjetischen Historikern so heilig gesprochen, dass man ihn nach dem Zusammenbruch der Sowjetunion als letzten stürzte. Das allerdings erledigten Bilderstürmer, die in ihrem Übereifer, den Mythos zu Fall zu bringen, eine ähnlich entstellte und politisierte Geschichte des Krieges schrieben. Dabei wurden die weißen Flecken mit eigenen Erfindungen gefüllt, wofür Suvorov lediglich das krasseste Beispiel ist.

Seine Ansichten hätten gar nicht die Aufmerksamkeit seriöser Wissenschaftler gefunden, wären sie nicht zur Zeit des Historikerstreits erschienen, dieser erbitterten Debatte über Wesen und Verlauf der deutschen Geschichte.[6] Ganz generell gesagt, übernahm man Suvorovs Argumente, um Noltes Auffassung zu stützen, die Politik Nazideutschlands sei rational und legitim gewesen. Wenn Stalin in der Tat vorhatte, Mitteleuropa zu »befreien«, dann konnte Hitlers Entschluss, gegen Russland ins Feld zu ziehen, nicht mehr als Realisierung des in *Mein Kampf* entwickelten ideologischen Konzepts, als strategische Torheit oder als brutaler Aggressionsakt gesehen werden. Der *Eisbrecher* versetzte in Deutschland die Professoren Nolte, Hoffmann, Maser und Post in die Lage, Hitlers Ostfeldzug als Präventivschlag zu entschuldigen. Damit wäre der Krieg angesichts der traditionellen geopolitischen Interessen Deutschlands, der Bedrohung des Landes und der gesamten zivilisierten westlichen Welt durch das verabscheuungswürdige Stalinregime gerechtfertigt.[7] Der österreichische Historiker Ernst Topitsch ging noch weiter und behauptete in seinem Buch *Stalins Krieg,* dass der Zweite Weltkrieg »in seinem politischen Kern einen … Angriff der Sowjetunion auf die angelsächsischen ›Imperialisten‹ darstellte, wobei Deutschland … lediglich die Rolle des militärischen Werkzeugs spielte«.[8] Gemeinsam ist all diesen neuen Historiographen, dass sie keinerlei überzeugende Beweise für ihre Behauptungen vorlegen. Die Debatte beschränkt sich im Wesentlichen auf eine theoretische Untersuchung der sowjetischen Außenpolitik vor Ausbruch des Krieges und zeigt eine starke ideologische Voreingenommenheit.[9]

Als ich meine Entgegnung auf Suvorovs Arbeit schrieb, bereitete mir die riesige Literatur zum Ribbentrop-Molotow-Pakt und zur Operation »Barbarossa« zunehmendes Unbehagen. Es war Suvorov gelungen, die Diskussion auf das Thema des Präventivschlages zu konzentrieren und die Historiker damit von der Grundfrage abzulenken – Stalins Reaktion auf Hitlers Entschluss, in Russland einzufallen. Letzterer ist auf keinen Fall der Schwerpunkt dieses Buches; dennoch ist es mir durch den Vergleich neu zugänglicher Quellen aus sowjetischen und deutschen Archiven gelungen, eine sorgfältig dokumentierte Abfolge der Ereignisse zu erstellen, die die Umstände deutlich macht, welche Hitler dazu bewogen, im Dezember 1940 die Direktive 21 auszugeben.

Das Hauptanliegen dieses Buches ist es allerdings, Licht in Stalins Politik vor Ausbruch des Krieges zu bringen. Nach mehr als einem halben Jahrhundert Forschungsarbeit bietet sich Stalins Politik immer noch so dar, wie Churchill sie beschrieb, nämlich als ein »Rätsel, ein undurchdringliches Geheimnis«. Auch der Totalitarismusbegriff, den man in der Zeit des Kalten Krieges erfand, um das Feindbild vom alten Gegner auf den neuen zu übertragen, hilft hier nicht weiter. Es deutet lediglich gewisse Berührungspunkte zwischen Marxismus und Nazismus an.[10] Da Stalins Absichten am Vorabend des Krieges bisher fast völlig im Dunkeln liegen, neigen die Historiker dazu, ihm entweder einen dubiosen Plan zuzuschreiben oder Churchill beizupflichten, der abfällig erklärte: »Soweit Strategie, Politik, Voraussicht und Fähigkeit das Geschick beeinflussen, zeigten sich Stalin und seine Kommissare zu jenem Zeitpunkt als die meist überlisteten Stümper des Zweiten Weltkrieges.«[11] Die spärlichen Informationen, die es gab, stammten von der Sowjetarmee kurz nach Stalins Tod. Als Chruschtschow zur Macht kam, nutzten die Marschälle ihre starke Position, um die Verantwortung für die verheerenden Folgen des 22. Juni 1941 von sich zu weisen und alle Schuld Stalin zuzuschieben. Aber auch in diesen Erinnerungen von Beteiligten, die sich in einer wahren Flut von Büchern und Artikeln ergossen haben, werden die Ereignisse allein aus militärischer Sicht behandelt.[12] Die Betonung der theoretischen Grundlagen und der geistigen Wurzeln des Konflikts lenkte die Debatte noch weiter von den Ereignissen ab, die zum Krieg im Osten führten. Bisher hat niemand ernsthaft versucht, das von Stalin inszenierte komplizierte politische Spiel zu durchleuchten, das mit seiner Militärstrategie und seiner politischen Vision zusammenhing. Da es an eindeutigen Belegen fehlt, gerieten die Historiker mehr und mehr in eine Sackgasse.[13]

Der besondere Beitrag, den dieses Buch leisten will, ist eine zusammenhängende Analyse von Stalins Politik, die nicht nur die bisher üblichen Interpretationen in Frage stellt, sondern eine völlig neue Schilderung des Ablaufs der Ereignisse vorlegt. Vom Einleitungskapitel abgesehen, betrachtet das Buch weder die Verhandlungen, die zum Ribbentrop-Molotow-Pakt führten, noch dessen unmittelbare Folgen. Die rücksichtslose Umsetzung der Geheimprotokolle ist bereits umfassend beleuchtet worden. Meinen Schwerpunkt sehe ich in dem Jahr, das dem Krieg *vorausging.* Die meisten historischen Arbeiten von Militärs und Diplomaten leiden an dem schwerwiegenden Mangel, diese Zeit aus einem sehr engen Blickwinkel zu betrachten. Dabei bedenkt man kaum, dass Europa in jenem Jahr vielleicht die weitestgehende politische Umwälzung seiner Geschichte erlebte. Jedes der damaligen Ereignisse – von der deutschen Besetzung Norwegens und Dänemarks im Norden über die der Niederlande und Frankreichs bis zum Vormarsch auf dem Balkan – hatte unmittelbare Auswirkungen auf die sowjetische Politik. Der Ausbruch des Krieges und seine ungeheuren Folgen führten die Historiker zu einer Betrachtungsweise, bei der das politische Drama, das dem Krieg vorausging, weitgehend im Schatten blieb.

Ein zweiter Mangel, den dieses Buch beheben will, ist die Tendenz, diese Zeit ausschließlich auf der Grundlage der deutsch-sowjetischen Zusammenarbeit der Jahre 1939 bis 1941 zu betrachten. Bei der Untersuchung der Politik Stalins allein im Rahmen der deutsch-sowjetischen Beziehungen umgingen die Historiker das ebenso komplizierte wie bedeutsame Verhältnis zu Großbritannien, zur Türkei und den Balkanstaaten.[14] Schlimmer noch, sie erforschten die verschiedenen geographischen und inhaltlichen Aspekte des Themas nicht ausreichend. Niemand wird bestreiten wollen, dass die Aktivitäten des Generalstabes, der Komintern, des Zentralkomitees und des Volkskommissariats für Auswärtige Angelegenheiten (des russischen Außenministeriums Narkomindel) schließlich im Kreml zusammenliefen. Zwar hatten alle Beteiligten einen gewissen Spielraum, die endgültige Entscheidung fällte aber stets Stalin, der mit der Übernahme der Funktion des Ministerpräsidenten Mitte Mai 1941 auch formal die Verantwortung trug. Er aber behandelte militärisches und diplomatisches Vorgehen stets im Komplex. Ein anschauliches Beispiel dafür, wie dieser Entscheidungsprozess ablief, ist seine Bewertung des Vorschlages General Schukows vom Mai 1941, dem deutschen Aufmarsch mit einer Gegenoffensive zuvorzukommen. Stalin erwog ihn vor dem Hintergrund der Gerüchte eines bevorstehenden deutsch-sowjetischen Krieges, des rätselhaften Fluges von Rudolf Heß nach England einige Tage zuvor, der Niederlagen, die Jugoslawien und die britische Armee auf dem Balkan und in Nordafrika erlitten, sowie des kurz zuvor unterzeichneten Neutralitätspaktes mit Japan, ganz zu schweigen von den rätselhaften Angeboten des deutschen Botschafters in Moskau, Werner Graf von der Schulenburg, der letzte Anstrengungen unternahm, um den Krieg noch abzuwenden. Ich habe den Blickwinkel erweitert und den deutschen Überfall auf Russland in einen größeren geographischen, militärischen, strategischen und politischen Rahmen gestellt. So gibt es weitere Hinweise, wie Stalin am Vorabend des Krieges dachte.

Der ganz eigene Charakter dieser Arbeit liegt darin, dass es mir gelungen ist, meine Darlegungen mit einer großen Menge bisher unveröffentlichten Materials aus verschiedenen Staatsarchiven zu belegen. Die zehn Jahre seit dem Beginn von Glasnost haben einen endlosen Strom von Informationen hervorgebracht, der den Krieg in neuem Licht erscheinen lässt.[15] Heute kann man sich kaum noch vorstellen, dass die Existenz der Geheimprotokolle zum Ribbentrop-Molotow-Pakt von Präsident Gorbatschow noch im Jahre 1990 offiziell bestritten wurde.[16] Bislang stützt sich die Masse der Analysen der Operation »Barbarossa« ausschließlich auf deutsche Quellen. Eine kleine Zahl der neuesten Arbeiten beruht auf in Moskau erschienenen Dokumentensammlungen,[17] aber keine hat bisher die wachsenden Bestände von zugänglichen Archivmaterialien genutzt. Auch russische Wissenschaftler sind hier noch kaum in großer Zahl aktiv geworden. Auch haben die meisten neueren Arbeiten einen geringen Umfang und konzentrieren sich auf ausgewählte Themen.

Mit beharrlichen Anstrengungen habe ich mir Zugang zu einem breiten Spektrum russischer Archivquellen verschafft – vom russischen Außenministerium und dem Generalstab bis hin zu einer großen Auswahl von Dokumenten des NKWD (des Volkskommissariats und späteren Ministeriums für Innere Angelegenheiten, das für die In- und Auslandsaufklärung zuständig war) sowie des militärischen Aufklärungsdienstes GRU. Im Außenministerium erhielt ich Einblick in die Akten Wjatscheslaw Molotows, seines Stellvertreters Andrej Wyschinski, des sowjetischen Botschafters in London, Iwan Maiski, und des sowjetischen Botschafters in Berlin, Wladimir Dekanosow. Außerdem konnte ich die Akten der russischen Botschaften in den Balkanstaaten durcharbeiten, die umfangreichsten des Ministeriums aus dieser Zeit.

Es ist für den Historiker höchst bedauerlich, dass Stalins Terror seine Umgebung davon abhielt, Tagebuch zu führen oder überhaupt schriftliche Notizen anzufertigen. Wer dieser Versuchung nicht widerstehen konnte, wusste, wie angreifbar er dadurch war. So muss es Maiski zweifellos als sehr demütigend empfunden haben, als er im Dezember 1941 sein Tagebuch Stalin zur Durchsicht sandte, bevor er Eden nach Moskau begleitete:

»Morgen mache ich mich gemeinsam mit Eden auf den Weg in die UdSSR. Da eine Seereise heutzutage eine gewagte Sache ist, sende ich Ihnen diesen Brief.

In der beiliegenden Mappe finden Sie ein Tagebuch, das ich in den vergangenen sieben Jahren – wenn auch nicht ganz regelmäßig – geführt habe … Aus historischer Sicht ist es zweifellos von

Interesse. Auf jeden Fall hatte ich in den letzten sieben Jahren eine ideale Position, um die Weltpolitik zu beobachten. Es ergab sich Gelegenheit, mit führenden Politikern Englands und anderer Staaten in Kontakt zu treten. Ich sende Ihnen mein Tagebuch. Verfahren Sie damit nach Ihrem Belieben.«[18]

Die menschliche Dimension, die in der russischen politischen Kultur eine so große Rolle spielt, ist dadurch schwer zu ermitteln, gerade wenn man sie mit dem sehr persönlichen und lebendigen Bild vergleicht, das der Leser sich vom politischen Leben Londons machen kann. Die wenigen Einblicke, die ich dennoch tun konnte, stammen aus Maiskis ausführlichem und sehr aufschlussreichem Tagebuch, das für diese Arbeit zum ersten Mal gründlich ausgewertet wurde, außerdem aus einer Reihe von Geheimpapieren, z. B. über die Debatte zwischen Schukow, Timoschenko und Stalin auf der Sitzung des Politbüros Mitte Juni 1941. Auch die interessanteren Memoiren von Militärs und Diplomaten, die in der Bibliographie aufgeführt sind, habe ich gründlich ausgewertet. Ich sehe jedoch kaum eine Chance, dass weitere ähnliche Materialien existieren und noch ans Licht der Öffentlichkeit kommen. Zu diesen Quellen kam die intensive Durchsicht einer breiten Palette gedruckten dokumentarischen Materials. Leider sind einige Dokumentensammlungen, die ich kurz nach 1991 einsehen durfte, inzwischen der Öffentlichkeit nicht mehr zugänglich. Wenn man in russischen Archiven forscht, hat man nach wie vor eine ganze Reihe unvorhersehbarer bürokratischer Hürden zu nehmen, die die Arbeit sehr erschweren. Ich weigere mich inzwischen grundsätzlich, für den Zugang zu Archiven zu zahlen, von gerechtfertigten Kopierkosten einmal abgesehen. Wirklich wichtige Materialien bekam ich erst nach endlosen Moskaureisen, hartnäckigem Bitten und Feilschen zu sehen. Eine der typischen Hürden ist die Entscheidung der russischen Militäraufklärung, alle Chiffretelegramme aus den Jahren 1941 bis 1950 unter Verschluss zu halten. Daher klaffen z. B. in dem jüngst veröffentlichten Band der offiziellen russischen Dokumentenreihe über die sowjetische Außenpolitik (*Dokumenty wneschnej politiki, 1940 do 22 ijunja 1941*) schwerwiegende Lücken. Unter diese Bestimmung fallen auch Materialien aus den letzten sechs Vorkriegsmonaten. Zum Glück hatte ich die meisten wichtigen Telegramme bereits gesehen. Auf den Rest konnte ich aus Gesprächsvermerken schließen, die ich in den Akten der entsprechenden Botschaften fand.

Im militärischen Bereich hatte ich Zugang zu allen Materialien der Militäraufklärung, die Stalin am Vorabend des Krieges vorgelegt wurden – die ausführlichen Gesamtberichte, die ab Herbst 1940 alle zwei Wochen angefertigt wurden, die danach folgenden Berichte des Chefs der Militäraufklärung und die Berichte der Militärattachés. Ich nahm auch Einblick in das stenografische Protokoll der außerordentlichen Sitzung des Militärrates des Oberkommandos im Dezember 1940, in die Protokolle der Kriegsspiele vom Januar 1941 und in die vollständigen Direktiven des Generalstabes. Auch eine große Auswahl von Dokumenten über die Vorbereitung der Roten Armee auf den Krieg konnte ich zur Kenntnis nehmen. Es gelang mir, Zugang zu einigen Schlüsseldokumenten aus dem Archiv des Präsidenten zu erhalten, das heute für die Forschung leider nicht mehr zugänglich ist. Besonders aufschlussreich waren die Akten der Komintern, vor allem das Tagebuch ihres Generalsekretärs, Georgi Dimitroff, das ich in der bulgarischen Version einsehen konnte. Dimitroff stand Stalin sehr nahe und hinterließ authentische Schilderungen von einigen Sitzungen des Politbüros. Weiterhin konnte ich viele Akten aus den Archiven der russischen Geheimdienste sichten, die bemerkenswerte Einblicke in diese Szene boten. Darunter sind Mitschnitte oder Kopien von Telegrammen des britischen Botschafters in Moskau vor Kriegsausbruch, Sir Stafford Cripps, die die Mitglieder der »Cambridge Five« in London beschafften, Berichte aus verschiedenen Kreisen in Berlin und die Akte von Rudolf Heß, woraus J. Costello lediglich einige wenige Dokumente für sein Buch *Ten Days to Destiny: The Secret Story of the Hess Peace Initiative and British Efforts to Strike a Deal with Hitler* (New York 1991) verwenden konnte.

Auch die britischen Archive sind für dieses Buch umfassend ausgewertet worden, darunter die des Foreign Office, die Akten des Premierministers, der Stabschefs, der Militäraufklärung und anderer Behörden sowie eine breite Palette privater Papiere. Aber das Juwel in der Krone sind zweifellos die bulgarischen und jugoslawischen Archive, die von Forschern aus dem Westen bisher überhaupt noch nicht benutzt wurden. Wenn man diese Informationen mit den deutschen und sowjetischen Dokumenten vergleicht, erhält man ein umfassendes Bild von dem Kampf, der um den Balkan tobte. Diese Akten lassen auch Stalins Ziele und Ambitionen in neuem Licht erscheinen. Des Weiteren habe ich die relevanten Bestände des Quai d'Orsay über Russland studiert. Der schwedische Botschafter in Moskau, Vilhelm Assarsson, war einer der wenigen Vertrauten des deutschen und des italienischen Botschafters. Seine Berichte und Dokumente, die im schwedischen Staatsarchiv liegen, sind für den Historiker eine wahre Fundgrube.

Danksagung

In Russland haben mir viele Kollegen geholfen. Zu besonderem Dank und hoher Anerkennung bin ich dem verstorbenen General Dmitri Wolkogonow verpflichtet, der mir bei der Suche nach neuen Materialien und Informationen uneingeschränkte Unterstützung erwies. Eine unschätzbare Quelle für Informationen, kritische Kommentare und Unterstützung war der bekannte russische Historiker Dr. Lew Besymenski, während des Krieges Schukows Dolmetscher und später Chefredakteur der Zeitschrift *Nowoe wremja.* Mein besonderer Dank gilt dem Direktor der Abteilung Archiv des russischen Außenministeriums, P. Stegny, und seinen Mitarbeitern für ihre Unterstützung. Der Direktor des Instituts für Militärgeschichte, Generalmajor W. A. Solotarjow, gestattete mir, Teile seiner reichen Sammlung einzusehen. Auch General Juri Kobaladse vom Russischen Sicherheitsdienst bin ich zu Dank verpflichtet für den Zugang zu seinen Quellen.

Ständige Unterstützung erhielt ich von Professor John Erickson, einem alten Freund und anerkannten Experten für die Geschichte des sowjetischen Militärs vor Ausbruch des Krieges. Seine Begleitung und die höchst aufschlussreichen Gespräche haben mir viel gegeben. Dankbar bin ich für die beträchtliche Hilfe, die mir Oberstleutnant David M. Glantz von Fort Leavenworth in Kansas gewährte. Auch Professor Bruce Menning, dem Experten Nummer Eins zur Militärplanung der Sowjetunion an derselben Institution, schulde ich persönlichen Dank. General Dr. Shimon Naveh, eine bekannte Autorität zur sowjetischen Militärdoktrin, ein anregender, origineller Denker und enger Freund, brachte mir mit großer Geduld und viel Enthusiasmus die höchst komplizierten Neuerungen auf diesem Gebiet nahe, die die Generale Triandafilow und Tuchatschewski in den dreißiger Jahren einführten. Er half mir auch dabei, verschiedene militärische Probleme zu bewältigen, was ohne seine tiefe Sachkenntnis nicht möglich gewesen wäre.

Eine frühe Version dieses Buches entstand am St. Antony's College in Oxford. Besonders herzlicher Dank gilt meinem Freund

Timothy Garton Ash für sein Interesse und seine Anteilnahme an meiner Arbeit, die mir über die Jahre stets eine große Ermutigung und Hilfe waren. Iverach McDonald, ehemals politischer Redakteur der *Times*, ließ mich an seinen lebendigen und aufschlussreichen Gedanken über diese Zeit teilhaben. Ich danke den Angestellten und Wissenschaftlern des College für ihr Interesse an meiner Arbeit und die anregende Atmosphäre, die wesentlich zum Entstehen des Buches beigetragen haben. Der leider bereits verstorbene F. H. Hinsley und Dr. Zara Steiner von der Universität Cambridge lasen eine frühere Version des Manuskripts und trugen bedeutend zu seiner Verbesserung bei. Der ehemalige Rektor des Lincoln College in Oxford, Sir Maurice Shock, hatte die Freundlichkeit, mir Zugang zu den Privatpapieren und zum Tagebuch von Sir Stafford Cripps zu gewähren und seine tiefen Einsichten in die britische Politik bei vielen Gelegenheiten mit mir zu teilen.

Meine besonders herzliche, persönliche Wertschätzung möchte ich Dr. Boris Morosow ausdrücken, meinem Kollegen am Cummings Center der Universität von Tel Aviv, der alles nur Mögliche tat, um mir bei dem mühseligen Verfahren zu helfen, unverzichtbare, aber zuweilen kaum erreichbare Archivdokumente in Moskau ausfindig zu machen. Ebenso dankbar bin ich Dr. Petra Marquand-Bigman, die mir bei der Untersuchung der deutschen Aspekte meiner Geschichte half. Professor Michael Confino, der vor über 30 Jahren als erster mein Interesse an der Russlandforschung weckte und mich in die Probleme des Ostens einführte, half mir freundlicherweise bei der Übersetzung verschiedener bulgarischer Dokumente. Mein Dank gilt Dr. Ronald Zweig und Professor Dan Diner, meinen Kollegen und Freunden an der Universität Tel Aviv, die die Endfassung des Manuskripts lasen und fachmännisch kommentierten. Ein Forschungsstipendium des Kennan Institute am Wilson Center gab mir die Möglichkeit, die reichen Archiv- und Dokumentenbestände in Washington zu studieren. Besonderen Dank verdient Thomas Sparr, mein Lektor beim Siedler Verlag. Er unterstützte mich weit mehr, als es seine Pflicht gewesen wäre.

Einführung

Die Prämissen für Stalins Außenpolitik

Es gibt kaum Hinweise auf ein bestimmtes Muster in Stalins Außenpolitik, und es fällt schwer, eine direkte Linie von Lenins militantem Programm, wie er es 1915 in der Schweiz in seinem Buch »Der Imperialismus als höchstes Stadium des Kapitalismus« niederschrieb, zu Stalins angeblichem revolutionären Krieg von 1941 zu ziehen, der dieses Konzept in die Praxis umsetzen sollte. Im ersten Jahrzehnt nach der russischen Revolution fand eine dynamische Neueinschätzung der Außenpolitik statt. Die Bolschewiken sahen sich der enormen Herausforderung gegenüber, zwei widersprüchliche Faktoren in Übereinstimmung bringen zu müssen – die axiomatische Forderung, die Revolution über die Grenzen Russlands hinauszutragen, und die schlichte Notwendigkeit, ihr Überleben im Lande selbst zu sichern. Für die sowjetische Außenpolitik war von Anfang an ein allmählicher, aber stetiger Rückzug von einer feindseligen Haltung gegen die kapitalistischen Staaten hin zu friedlicher Koexistenz zum gegenseitigen Vorteil zu beobachten. Zunächst rechtfertigte man dies als eine taktische und damit zeitweilige Erscheinung. Was jedoch als provisorische Neue Ökonomische Politik (NÖP) begann, erwies sich bald als eine erste ausgedehnte »Atempause«, der eine ganze Reihe weiterer folgen sollten. Man hüllte sie in die verschiedensten ideologischen Gewänder: »Sozialismus in einem Land«, »Einheitsfront«, »Volksfront«, »Große Allianz«, »Tauwetter«, »Entspannung« und – in der jüngsten Zeit – »Glasnost«. Mit der Ausdehnung dieser »Übergangs«-Perioden ging eine fortschreitende Aufweichung der ideologischen Dimension der sowjetischen Außenpolitik einher.

Im Jahre 1926 stellten Beamte des britischen Außenministeriums den Aufstieg des »starken, harten und schweigsamen« Stalin zum unumstrittenen Führer der Kommunistischen Partei fest. »Es nimmt nicht wunder«, bemerkten sie, »dass die Niederlage der fanatischen bolschewistischen Opposition auf eine Außenpolitik hindeutet, die ›nationale Instrumente‹ nutzt.«[1] Trotzki dagegen erklärte bei seiner Ernennung zum ersten Volkskommissar für Auswärtige

Angelegenheiten, er sehe seine Aufgabe darin, »einige revolutionäre Proklamationen an die Völker zu erlassen und dann die Bude zu schließen.«[2] Die Distanz zwischen diesen beiden Aussagen zeigt, welch enorme Veränderung die sowjetische Außenpolitik in ihrem ersten Jahrzehnt erlebte. Die ursprüngliche Annahme, in einer von Revolutionen erschütterten Welt seien Außenbeziehungen überflüssig, wurde zunächst 1921 und besonders nach 1924 von der nüchternen Erkenntnis abgelöst, einen Modus vivendi mit der Außenwelt finden zu müssen. Auch die Komintern (die von Moskau geführte internationale Organisation der Kommunisten) richtete ihre ideologische Linie jetzt an den nationalen Interessen aus. Anfang 1924 räumte ihr V. Kongress widerwillig den Anbruch einer »Ära der Stabilisierung des Kapitalismus« ein und forderte eine Umorientierung der kommunistischen Parteien und ihrer Frontorganisationen auf die Verteidigung Russlands.[3] Die Erfahrungen des ersten Jahrzehnts nach der Revolution zeigten, dass diese Zweigleisigkeit kaum aufrechterhalten werden konnte, ohne die nationalen Interessen Russlands in Gefahr zu bringen. Dass Stalin eine moderate Diplomatie ideologischem Eifer vorzog, wurde deutlich, als er den Volkskommissar für Auswärtige Angelegenheiten, Georgi Tschitscherin, durch Maxim Litwinow ersetzte, einen Vertreter der Westorientierung im Narkomindel (wie das sowjetische Außenministerium damals hieß). Zwar unterschieden sich Litwinow und Stalin nach Mentalität, Temperament und sozialer Herkunft, aber beide standen für ein umsichtiges und pragmatisches Vorgehen in der Außenpolitik.[4]

Am Ende seines ersten Jahrzehnts erlitt der Sowjetstaat eine ganze Serie diplomatischer und ideologischer Rückschläge, die eine Neubestimmung seiner Prioritäten dringend erforderlich machte. Der Traum von der bedingungslosen Unterstützung durch das Weltproletariat lag in Scherben. Die Komintern wurde nun, oberflächlich gesehen, auf eine höchst militante Linie eingeschworen. Sie erklärte, das Ende der Stabilisierung des Kapitalismus sei gekommen, im Westen erwüchsen neue Chancen für die Revolution. Man legte die Taktik der Einheitsfront ab und griff erneut zu Losungen des Klassenkampfes. Nach der gründlichen Sowjetisierung der geschwächten kommunistischen Bewegung in Europa blieb von der Komintern des ersten Jahrzehnts jedoch nicht mehr viel übrig. 1941 hatte sie bereits so stark nachgelassen, dass sie, wie dieses Buch zeigt, in der praktischen Politik keine Rolle mehr spielte, obwohl sie offiziell erst 1943 aufgelöst wurde.

Die ererbte imperiale Rivalität, die das kommunistische Experiment noch verschärft hatte, ließ das gegenseitige Misstrauen aus den frühen zwanziger Jahren allerdings noch weiter anwachsen und blieb eine Hauptursache für das allmähliche, aber stetige Abgleiten in die Instabilität der dreißiger Jahre. Durch forcierte Industrialisierung und Kollektivierung sollten mit brutaler Gewalt wirtschaftliche Ressourcen mobilisiert werden, die man über normale Handelsbeziehungen aus dem Westen nicht beschaffen konnte. Angesichts der kapitalistischen Umkreisung und der Furcht vor einer neuen Intervention schien der Schutz gegen die äußere Bedrohung eine Voraussetzung für das Gelingen des »Sozialismus in einem Land« zu sein. Bereits lange vor dem Machtantritt Hitlers suchte Russland daher mit seinen unmittelbaren Nachbarn Verträge über gegenseitigen Beistand zu schließen. Nach 1931 nahmen diese Bemühungen noch an Intensität zu.

Das historische Gedächtnis ist kurz. Da die Sowjetunion nach dem Zweiten Weltkrieg unerwartet zu einer Supermacht aufstieg, kann man sich heute schwer vorstellen, dass dort bis zum Ausbruch des Krieges die Furcht vor einer neuen kapitalistischen Intervention weit verbreitet war. Die neue russische Militärdoktrin, die nach 1928 in Kraft trat, war eher von der Wahrnehmung der verschiedenen Gefahren für die Sowjetunion als von starkem Expansionsdrang geprägt. Mehr als einen Krieg unter den imperialistischen Mächten fürchtete man einen bewaffneten Kreuzzug gegen die russische Revolution. Da man um die Schwäche der Roten Armee wusste und mit dem Westen einen Modus vivendi zu erreichen hoffte, sollte die Unterstützung der europäischen Arbeiter vor allem darin bestehen, die Regierungen des Westens von einem Krieg gegen die Sowjetunion abzuhalten. 1927 war das Warten auf die Revolution allerdings endgültig vorbei, und der Roten Armee fiel nun die Rolle zu, die Bedrohung von außen abzuwenden.[5] Die in sich geschlossene Politik der »kollektiven Sicherheit«, der man von nun an mit geringfügigen taktischen Abweichungen folgte, sah überall im kapitalistischen Lager Gefahren, sei es im faschistischen Deutschland oder in den westlichen Demokratien. Stalin ging zu einer Politik des Kräftegleichgewichts über, die der marxistischen Theorie zutiefst fremd ist, da es sich nach dieser verbietet, eine kapitalistische Macht gegen eine andere zu unterstützen. Stalin war jedoch bemüht, die Revolution im Inneren zu sichern, indem er mit dem Westen kollaborierte.

Der Abschluss des Ribbentrop-Molotow-Pakts über Neutralität vom 23. August 1939 (Molotow war erst drei Monate zuvor Volkskommissar für Auswärtige Angelegenheiten geworden) markierte eine Veränderung in der Kräftekonstellation, nicht jedoch in den Grundzielen der Stalinschen Außenpolitik. Das gilt auch für die einen Monat später unterzeichneten Geheimprotokolle, die die Einflusssphären der Sowjetunion und Deutschlands absteckten. Die Motive für die Unterzeichnung dieses Vertrages werden deutlich, wenn wir das genaue Timing der Umorientierung Stalins auf Deutschland in Betracht ziehen. In der Kontroverse um die Interpretation dieses Vertrages zeichnen sich zwei Pole ab, zwischen denen sich ein weites Spektrum verschiedener Meinungen auftut. Das eine Extrem ist die Auffassung, die Sowjetunion habe in makellos edler Haltung einen europaweiten Schutzschild der kollektiven Sicherheit gegen die Naziaggression errichten wollen. Das Scheitern der Idee von der kollektiven Sicherheit wird nicht mangelnden Anstrengungen der Sowjetunion, sondern dem »Appeasement«, dem ausbleibenden Widerstand der westlichen Demokratien gegen Hitlers Aggression, zugeschrieben. Nach dieser Version fassten die Russen die deutsche Option erst gegen Ende August 1939 ins Auge, als ihnen klar wurde, dass der Westen am Appeasement festhielt, während Hitler sich anschickte, in Polen einzumarschieren.

Das andere Extrem stellt die Behauptung dar, kollektive Sicherheit gegen die Aggression sei niemals das wahre Ziel des Kreml gewesen, sondern lediglich eine Fassade, um Hitler in ein Aggressionsbündnis zu locken. Diese Interpretation stellt vor allem die ideologischen Prämissen der sowjetischen Außenpolitik heraus. Historiker wie Robert Tucker und jüngst auch »Suvorov« behaupten, Stalin sei bereits 1927 entschlossen gewesen, einen Keil zwischen die kapitalistischen Staaten zu treiben und sie in einen verheerenden imperialistischen Krieg zu manövrieren, aus dem die UdSSR unbeschadet hervorgehen wollte. Das sollte sie in die Lage versetzen, nach allen Seiten territorial zu expandieren. Um diesen Krieg auszulösen, habe Stalin Hitler zur Macht verholfen, indem er die Politik der Komintern und der Kommunistischen Partei Deutschlands mit Vorbedacht in eine selbstmörderische Richtung lenkte und damit ein Bündnis mit den Sozialdemokraten unmöglich machte. Nach dieser Auffassung war der Pakt mit Nazideutschland stets Bestandteil von Stalins Plänen, während die »kollektive Sicherheit« lediglich seine wahren Absichten vor dem Westen verbergen sollte. Suvorov schreibt Stalin allen Ernstes eine kontinuierliche Aggressionspolitik im Zusammenwirken mit Deutschland seit dem Rapallo-Vertrag von 1922 zu.[6]

Die Versuchung ist groß, das Umschwenken der Russen ihrer Enttäuschung über den Westen nach der Münchener Konferenz vom September 1938 zuzuschreiben. Die Tatsache, dass sie von der Konferenz ausgeschlossen waren und Deutschland in der Tschechoslowakei freie Hand erhielt, bestätigte den tief verwurzelten Verdacht der Sowjets, die Regierungschefs Großbritanniens und Frankreichs, Chamberlain und Daladier, seien entschlossen, die deutsche Gefahr von sich abzuwenden, indem sie Hitler ermutigten, nach Osten zu marschieren. Eine solche Interpretation lässt allerdings außer Acht, dass Stalin München zwar für einen schweren Schlag gegen die kollektive Sicherheit, aber nicht für unwiderruflich hielt. Außerdem hatte er gar keine andere Wahl, als an seinem Kurs festzuhalten, solange Hitler weiter auf die Unterwürfigkeit des Westens spekulieren konnte.

Die meisten Historiker sehen Stalins Rede zur sowjetischen Außenpolitik auf dem XVIII. Parteitag am 10. März 1939 als den Wendepunkt in der sowjetischen Politik. Immer wieder wird seine berühmte Warnung an die westlichen Demokratien zitiert, er habe nicht die Absicht, für sie »die Kastanien aus dem Feuer zu holen«. Im Rückblick entdecken die Historiker hier Stalins Entschluss, mit Nazideutschland zu kollaborieren. Aber bereits eine flüchtige Lektüre der gesamten Rede lässt erkennen, dass Stalin sich in Wirklichkeit von Lenins Idee des revolutionären Krieges verabschiedete und warnte, ein Weltkrieg stelle eine Bedrohung für Russland dar. Übrigens kündigte Hitler eine Woche später das Münchener Abkommen auf und zwang damit Chamberlain, eine militantere Haltung einzunehmen.

Die einseitigen britischen Garantien für Polen vom 31. März 1939 waren ein entscheidender Schritt hin zum Ribbentrop-Molotow-Pakt und zum Ausbruch des Zweiten Weltkrieges.[7] Sie veränderten die Lage mit einem Schlag. Als Chamberlain die entsprechende Erklärung abgab, hatte er das Foreign Office und auch seine eigenen Berater kaum konsultiert. Die Garantien waren eine spontane emotionale Reaktion auf die Demütigung, die Hitlers Einmarsch in Prag am 15. März 1939 für ihn persönlich darstellte. Mit seinen Garantien für Polen forderte Großbritannien, so paradox das klingt, im Grunde genommen Deutschland heraus und gab damit seine Rolle als Schiedsrichter im europäischen Spiel der Kräfte auf. Die Garantien hatten zwei mögliche Folgen. Das abschreckende Element sollte Hitler an den Verhandlungstisch zurückbringen. Hielt Hitler aber weiterhin an seinen Gebietsforderungen gegenüber Polen fest, dann musste das militärische Axiom, den Kampf an zwei Fronten zu vermeiden – eine Lehre aus früheren Kriegen –, Hitler dazu bewegen, die Sowjetunion zu neutralisieren. Daraus ergab sich wiederum für die Sowjetunion eine deutsche Option, die ihr bisher nicht offengestanden hatte. Als es Chamberlain dämmerte, dass der Weg zu einem »zweiten München« nicht leicht sein werde und der Krieg eine reale Möglichkeit blieb, sah er sich gegen seinen Willen gezwungen, zumindest so viel militärische Mitwirkung der Sowjetunion sicherzustellen, wie für die Durchsetzung der Garantien erforderlich war. Auf diese Weise wurde die Sowjetunion, ohne dass dies jemand beabsichtigt hatte, zum Dreh- und Angelpunkt des Kräftegleichgewichts in Europa.[8]

An den Ribbentrop-Molotow-Pakt erinnert man sich als »Schock« und »Überraschung«, der den perfiden Charakter der Russen erneut bestätigte. Suvorov bemüht dieses starke Bild, um die Aufrichtigkeit der Russen in den Verhandlungen von 1939 über ein dreiseitiges Abkommen mit England und Frankreich in Frage zu stellen. Er argumentiert: »Stalin suchte ein solches Bündnis nicht ... Stalin hätte seine Neutralität wahren können, aber statt dessen fiel er denjenigen in den Rücken, die gegen den Faschismus kämpften.«[9] Das wird als logische Folge des ideologischen Konzepts hingestellt, das Stalin bereits in den zwanziger Jahren entworfen haben sollte. Beide Legenden – vom »Dolchstoß« und vom »ideologischen Konzept« – stammen aus der Zeit des Kalten Krieges und stützen sich auf eine sehr vereinfachte Interpretation der Entwicklungen, die zu dem Pakt führten. In Wirklichkeit räumten die Briten bald ein, dass die Garantien Auswirkungen auf die sowjetische Außenpolitik haben mussten. Kaum waren diese ausgesprochen, machte Sir William Seeds, der britische Botschafter in Moskau, Whitehall bereits auf die Konsequenzen aufmerksam: »Russland hat jetzt endgültig genug und wird in Zukunft frei von jeglichen Verpflichtungen sein.« Mitte April warnte er noch einmal, sollten die Garantien für Polen in Kraft bleiben, könnte Russland »durchaus versucht sein, sich herauszuhalten und im Kriegsfalle seinen angekündigten Beistand für die Opfer auf das profitable Geschäft des Verkaufs von Versorgungsgütern an letztere zu beschränken«. Für den Fall, dass Hitler tatsächlich eine gemeinsame Grenze mit Russland installierte, erwartete Seeds sogar ein Abkommen über die Zukunft der baltischen Staaten, Polens und Bessarabiens. Ebenso bekannte auch der stellvertretende britische Außenminister: »Nun, da die Regierung Ihrer Majestät Garantien abgegeben hat, wird sich die Sowjetregierung zurücklehnen und bei der ganzen Sache ihre Hände in Unschuld waschen.«[10] Am Tag der Unterzeichnung des Paktes räumte der britische Botschafter in

Berlin, Sir Nevile Henderson, ein, die britische »Politik gegenüber Polen hätte ihn am Ende ohnehin unvermeidlich gemacht«.[11]

Unter den neuen Umständen konnte sich Stalin theoretisch den Deutschen verpflichten. Aber da die Tschechoslowakei noch frisch in seinem Gedächtnis war, schien er vor allem darüber besorgt, dass Chamberlain, sollte Deutschland gegen Polen losschlagen, an seiner Appeasement-Politik festhalten und Deutschland zu weiteren Schritten im Osten ermuntern könnte. Hier sollte nicht vergessen werden, dass ein prägendes Merkmal der sowjetischen Außenpolitik in der Zwischenkriegszeit der tief sitzende Verdacht war, Deutschland und Großbritannien könnten gemeinsam einen Kreuzzug gegen das kommunistische Russland beginnen. Ereignisse, die zu Russland keinen direkten Bezug hatten, wie der Locarno-Vertrag von 1925, Deutschlands Beitritt zum Völkerbund im Jahr darauf und natürlich die Münchener Konferenz, wurden aus diesem Blickwinkel gesehen. Sowjetische Historiker führten das Scheitern der Verhandlungen von 1939 auf die hinterhältigen Versuche des Westens zurück, den deutschen Militarismus wiederzubeleben, mit dem deutschen Faschismus zu konspirieren und den Aggressor nach Osten zu lenken. Bisher gibt es keine eindeutigen Beweise dafür, dass das britische Kabinett jemals einen solchen Plan ins Auge fasste. Im Gegenteil, die Historiker argumentieren, Chamberlains strategische Politik habe auch weiterhin auf Abschreckung gesetzt und alle Bemühungen aktiv unterstützt, die internationalen Spannungen mit diplomatischen Mitteln abzubauen. Chamberlain wandte sich weiterhin gegen jegliche bindenden militärischen Vereinbarungen, die als Provokation verstanden werden könnten. Er weigerte sich, Polen zu drängen, es möge von der Sowjetunion Hilfe annehmen.[12] Da Deutschland Verträge, die es unterzeichnete, permanent verletzte, hatte Russland keinerlei Zutrauen in eine schriftliche Vereinbarung.

Nach dem 31. März sah sich Stalin einem schweren Dilemma gegenüber, das mit seinen ideologischen Neigungen wenig zu tun hatte. Von Natur aus vorsichtig und in der Außenpolitik pragmatisch, wurde er von dem Verdacht geplagt, Großbritannien könnte Polen trotz der Garantien im Stich lassen, wie es bereits im Falle der Tschechoslowakei geschehen war, und damit Deutschland zur fortgesetzten Aggression an der Ostfront ermutigen. Diese Befürchtung gebot geradezu, sich auf ein Übereinkommen mit Deutschland zu orientieren. Wenn Großbritannien andererseits überhaupt nicht auf Deutschlands Invasion in Polen reagierte, war von Hitler zu erwarten, dass er eine solche Vereinbarung ebenfalls verletzte und weiter nach Osten vorrückte. Diese Aussichten lösten in der Sowjetunion verzweifelte Bemühungen aus, einseitige Garantien durch ein vertraglich abgesichertes Militärbündnis zu ersetzen.[13]

Ein solches Bündnis erwies sich jedoch von Anfang an als schwierig, da sich Polen weigerte, im Kriegsfalle den Transit sowjetischer Truppen über sein Territorium zuzulassen. Auch war Großbritannien nach wie vor nicht gewillt, die Sowjetunion als seinen Hauptverbündeten in Osteuropa anzuerkennen. So blieb kollektive Sicherheit die aussichtsreichere und wünschenswertere Alternative. Die Verhandlungen darüber zogen sich jedoch über Monate hin. Dass sie in eine Sackgasse gerieten, war von Anfang an auf die Probleme zurückzuführen, die die Russen am Ende in die Arme der Deutschen treiben sollten. Sowjetische und auch westliche Historiker haben oft übersehen, dass England und die Sowjetunion im Grunde genommen unterschiedliche Abkommen anstrebten. Ausgehend von ihrer Politik der kollektiven Sicherheit, drängten die Russen konsequent auf einen Vertrag über gegenseitigen Beistand. Der springende Punkt war eine eindeutige Definition der militärischen Maßnahmen, die beide Seiten zu ergreifen gedachten, wenn der Krieg, den sie für unvermeidbar hielten, tatsächlich ausbrach.[14]

Da die Briten lediglich Abschreckungsmaßnahmen anstrebten, konnten sie Russlands grundlegende Sicherheitsbedürfnisse nicht befriedigen. Der Spielraum war gering, und der britische Außenminister, Lord Halifax, hegte von Anfang an keine hohen Erwartungen. Er wollte sich nicht einschränken lassen, sondern war lediglich daran interessiert, dass Russland sich einem seiner unzähligen Versuche anschloss, Hitler zur Aufgabe seiner Ambitionen zu bewegen. Er hoffte noch immer, diesen an den Verhandlungstisch zurückzubringen. Deshalb empfahl er den Russen nachdrücklich, lediglich eine Erklärung »aus eigener Initiative« abzugeben, bei der es ihm vor allem auf die zahlreichen Einschränkungen ankam: »Sollte es zu einem Aggressionsakt gegen einen europäischen Nachbarn der Sowjetunion kommen, *gegen den sich das betroffene Land zur Wehr setzt*, dann wäre die Sowjetregierung, *falls gewünscht*, bereit, Hilfe zu leisten, die so gewährt würde, *wie es am zweckmäßigsten erscheint«* (Hervorhebungen von mir – G.G.). Halifax glaubte, die von ihm als »eindeutige Erklärung« der Sowjetregierung bezeichnete Note, »könnte eine *beruhigende Wirkung* auf die internationale Situation haben«.[15] Mit »beruhigender Wirkung« meinte er Abschreckung. Auch in den spannungsgeladenen Sommermonaten des Jahres 1939 hielt er unbeirrt an dieser Position fest.

Angesichts dieser starren Haltung der Briten suchte Stalin aus reiner Berechnung im Dialog mit den Deutschen nach einer Alternative. Aber die endgültige Entscheidung wurde ihm faktisch erst am 19. August 1939 aufgezwungen, als er entscheidende Informationen über Hitlers kurz- und langfristige Ziele erhielt. In dem Bericht hieß es, der Führer habe sich entschieden, die Polenfrage um jeden Preis zu lösen, auch wenn er dafür einen Krieg an zwei Fronten führen müsse. Des Weiteren habe Hitler die Absicht, mit Russland zu verhandeln, »da dieses keinerlei Interesse an einem Konflikt mit Deutschland hat und auch nicht gewillt ist, sich für Frankreich und England besiegen zu lassen«. Für diejenigen, die an dem Modell der »Schicksalsgemeinschaft« festhalten, sei hier angemerkt, dass das Dokument zwar »eine neue Etappe ... der Annäherung und der wirtschaftlichen Zusammenarbeit mit Moskau« nach dem Vorbild von Rapallo empfiehlt, zugleich aber auf den flüchtigen Charakter dieses »zweiten Rapallos« hinweist, das lediglich »für eine *begrenzte Zeit*« von etwa zwei Jahren gelten sollte.[16]

Seit dem Münchener Abkommen trieb eindeutig Deutschland die Ereignisse voran. Wie die Briten, so musste auch Stalin, der die Aggression nicht ausgelöst hatte, die deutschen Bedingungen annehmen, die auf ein Ultimatum hinausliefen. Als er den deutschen Vorschlag am 19. August durchging, unterstrich er mit seinem dicken blauen Stift Hitlers »Empfehlung«, den Abkommensentwurf zu akzeptieren, da Polen sich gegenüber Deutschland so verhalte, dass es »jeden Tag zur Krise kommen kann«. Hitler bemerkte weiter, Stalin wäre klug beraten, »keine Zeit zu verlieren«.[17] Stalin wurde in diesem Entschluss bestärkt, als er erkennen musste, dass die britisch-französische Militärdelegation, die in der zweiten Augustwoche in Moskau eintraf, weder über Instruktionen noch über Vollmachten verfügte und ständig London bzw. Paris konsultieren musste.[18]

Alle diese Überlegungen sprachen für das Abkommen. Die Sowjetunion blieb im Grunde genommen bei kühler Realpolitik.[19] Stalin hatte lange Zeit gezögert – wie immer, wenn er außenpolitische Entschlüsse fasste. Dabei konnten sich verschiedene Fraktionen bilden. Hauptgegner Litwinows und der Option für kollektive Sicherheit waren Molotow, zu dieser Zeit Vorsitzender des Rates der Volkskommissare der Sowjetunion, und Andrej Schdanow, Erster Sekretär des Leningrader Gebiets und Stalins Protegé. Aber auch sie verfolgten mit ihrer isolationistischen Haltung vor allem das Ziel, die Sowjetunion aus dem drohenden Krieg in Europa herauszuhalten und nicht etwa den Ausweg in der Revolution zu suchen.[20] Stalin nutzte stets die Gelegenheiten, wie sie sich ihm gerade boten. In den dreißiger Jahren setzte er im Wesentlichen auf kollektive Sicherheit, da er bestrebt war, Russland vor einem verheerenden Krieg zu schützen, bis er gegen Ende des Jahrzehnts den Glauben an eine solche Möglichkeit verlor. Wenn man seinen verständlichen und stets wachen Argwohn gegen eine mögliche Versöhnung zwischen Großbritannien und Deutschland bedenkt, dann scheint es zweifelhaft, dass Stalin den Nichtangriffspakt mit Deutschland als eine eherne Garantie für Russlands Grenzen im Westen sah. Er führte nicht zu einer Bruderschaft von »Blut und Eisen« mit Deutschland und ließ auch nicht die längst vergessenen Träume von ungezügelter Expansion wiederauferstehen.

Neutralität war für ihn wohl kaum das Vorspiel zur Weltrevolution, wie eine doktrinäre Interpretation von Lenins »defätistischer« Haltung in einem imperialistischen Krieg es erfordert hätte. Sie diente dem viel profaneren Interesse, die Sowjetunion aus einem Krieg herauszuhalten und ihr nach dem Kriege eine günstige Ausgangsposition für Verhandlungen über die Zukunft Europas zu sichern. Die kommunistischen Parteien erhielten die Weisung, gegen ein Übergreifen des Krieges auf die Türkei und Südosteuropa zu wirken.[21] Die Prämisse für die sowjetische Außenpolitik lautete, Russland müsse sich »mit seinem eigenen kleinen Lebensraum zufrieden geben«.[22] Als Stalin seine Gründe für die Unterzeichnung des Paktes mit den Deutschen keinem Geringeren als dem Generalsekretär der Komintern, Georgi Dimitroff, erläuterte, war von ideologischen Überlegungen keine Rede. Vor allem zeigte er sich entschlossen, sich nicht zum »Söldner« Großbritanniens und Frankreichs machen zu lassen. Seine Rechtfertigung der Teilung Polens mag zwar ideologisch gefärbt erscheinen, als er in der für ihn typischen gefühllosen Art erklärte: »Was hätte es geschadet, wenn wir mit der Aufgliederung Polens das sozialistische System auf neue Gebiete und Völker hätten ausdehnen können?« Der dünne ideologische Anstrich verbarg jedoch nur dürftig das strategische Interesse der Sowjetunion, den Krieg zu einem schnellen Ende zu bringen, bevor Russland selbst in den Strudel des Konflikts geriet.[23]

Als Dimitroff aber am orthodoxen ideologischen Paradigma hartnäckig festhielt, intervenierte Stalin persönlich, um sicherzustellen, dass die Komintern sich in ihren Aktionen den Erfordernissen der sowjetischen Außenpolitik unterordnete. Stalin und

Schdanow nahmen Dimitroff alle Illusionen, was das revolutionäre Potenzial dieses Krieges betraf. Sie erklärten ihm unmissverständlich, dass »die Bolschewiki im ersten imperialistischen Krieg die Situation überschätzten. Wir alle sind vorangestürmt und haben Fehler gemacht! Die damals herrschenden Bedingungen können das erklären, aber nicht entschuldigen. Diese Haltung der Bolschewiki darf sich nicht wiederholen.«[24] Ihre Selbstgefälligkeit schlug aber augenblicklich in höchste Sorge um, als die Rote Armee im Anfangsstadium des Krieges gegen Finnland im Herbst 1939 Rückschläge erlitt. An die Stelle flammender revolutionärer Losungen traten merkwürdige Vergleiche von der Art: »Auch die Taten der Roten Armee sind ein Anliegen der Weltrevolution.« Statt jedoch als ein Eisbrecher für die Weltrevolution zu wirken, fiel der Roten Armee die Rolle zu, »Finnland zu einer freundlichen Haltung gegenüber der Regierung der Sowjetunion zu bewegen«.[25]

Die Art und Weise, wie man auf Suvorovs Ideen reagierte und dabei seinen leichtfertigen Umgang mit den Quellen und die mangelnde professionelle Disziplin übersah, scheint mir auf unterschiedliche nationale Intentionen hinzuweisen. Gewisse Kreise in Deutschland übernahmen seine Ansichten kritiklos, um damit den einmaligen Charakter der Nazizeit und besonders der ausgeprägten Expansionspolitik Hitlers herunterzuspielen.

Die Aufmerksamkeit, die Suvorovs Interpretation in Russland fand, hängt damit zusammen, wie man die Ereignisse von 1939 dort heute sieht. Diese Sicht ist vor allem von moralischen Urteilen geprägt und auf die Geheimprotokolle fixiert, die zur Teilung und Eroberung Polens sowie zur Besetzung der baltischen Staaten führten.[26] Danach sei Stalin entschlossen gewesen, die Chancen, die ihm der Krieg bot, im Sinne der langfristigen nationalen Interessen der Sowjetunion zu nutzen, wie er sie verstand. Im Wesentlichen ging es darum, die Sowjetunion als europäische Großmacht zu etablieren. Dafür habe Stalin eine Revision des Versailler Vertrages und all der Demütigungen erreichen wollen, die die russische Diplomatie seit dem Weltkrieg habe hinnehmen müssen. Bei einer derartig moralisierenden Sicht wird die scharfsichtige Beobachtung eines solch führenden Experten der sowjetischen Außenpolitik wie Teddy Uldricks glatt ignoriert, dass »der Kreml einen diplomatischen Kurs steuerte, der weder moralisch noch ideologisch als konsequent zu bezeichnen ist. Moskaus Politik war wie die der Demokratien weder rein und edel noch teuflisch und verschlagen.«[27]

Erstes Kapitel

Potenzielle Gegner: London und Moskau im Streit

Friede mit dem Bären

Der Kriegsausbruch löste in London eine heimliche Befriedigung darüber aus, dass Russland und Deutschland nun als Partner auf der anderen Seite der Barrikade standen. R. A. Butler, Parlamentarischer Staatssekretär im Außenministerium, bemerkte dazu, die Briten seien »ein stolzes Volk, das es zu genießen scheint, die ganze Welt zum Feind zu haben.«[1] Die sich selbst erfüllende Prophezeiung, Deutschland und die Sowjetunion könnten gemeinsam gegen Großbritannien in den Krieg ziehen, speiste sich aus zwei eher möglichen als tatsächlichen Gefahren. Die erste war der Schaden, den der Export sowjetischen Kriegsmaterials nach Deutschland der britischen Kriegführung, die vor allem auf der Errichtung einer wirksamen Wirtschaftsblockade beruhte, generell zufügte. Vom realen Umfang dieses Handels (der unter den Historikern immer noch umstritten ist) einmal abgesehen, muss allerdings festgehalten werden, dass Whitehall dessen Bedeutung eher herunterspielte.[2] Auch dem Ministerium für Wirtschaftliche Kriegführung war durchaus bewusst, dass Großbritannien mit einem Wirtschaftsboykott den Spielraum der Sowjetunion einschränkte und ihren Außenhandel in größere Abhängigkeit von Deutschland trieb. Schließlich räumte das Außenministerium ein, dass Großbritannien selbst im Falle einer Beendigung der partnerschaftlichen Verbindungen der Russen mit Deutschland wirtschaftlich gar nicht in der Lage sei, in die Bresche zu springen.[3]

Die zweite Gefahr hatte tiefgreifende Auswirkungen auf den weiteren Gang der Ereignisse. Da unter den besonderen Umständen des »Phoney War« Großbritannien selbst nicht unmittelbar bedroht zu sein schien, erwartete man von dem neuen deutsch-sowjetischen Verhältnis vor allem Nachteile für die imperialen und strategischen Positionen Großbritanniens im Nahen und Mittleren Osten. Zu den traditionellen imperialistischen Interessen kamen hier die starken ideologischen Vorbehalte hinzu, die für Chamberlain und sein Kabinett maßgebend waren. Die Stabschefs empfahlen, Regionen zu schützen, die »vom Virus der bolschewistischen Doktrin infiziert werden könnten«.[4] Am Tag der Unterzeichnung des Ribbentrop-Molotow-Paktes fand der britische Botschafter in Berlin, Nevile Henderson, in einem privaten Brief dafür die folgenden offenen Worte: »Die Regierung Ihrer Majestät steht jetzt an einem Scheideweg. Wir müssen Polen helfen, aber nicht bis zum bitteren Ende, nur weil wir die Nazis hassen und fürchten. Schließlich haben wir an das britische Empire zu denken … und das kommt vor den Nazis und vor dem Treibsand aus Osteuropa. Am Ende werden die Banditen den Streit unter sich ausmachen.«[5]

Diese britische Sicht ist zum Teil auch durch die starre Haltung der französischen Regierung zu erklären. Sie steckte mitten in einer schweren innenpolitischen Krise und brauchte deshalb einen spektakulären Erfolg, wenn auch möglichst weit von den eigenen Grenzen entfernt. Daher schlug sie bereits Anfang 1940 gegenüber der Sowjetunion ganz offen einen aggressiven Ton an und erklärte den sowjetischen Botschafter sogar zur Persona non grata. Auf französische Initiative wurde die Sowjetunion am 14. Dezember 1939 aus dem Völkerbund ausgeschlossen, ein Schritt, dem sich die britische Delegation nur widerwillig anschloss. Und wiederum war es Frankreich, das die Planungen für einen Angriff auf die Ölfelder des Kaukasus vorantrieb.[6]

Wenn man die sowjetischen Absichten so schlecht durchschaute, lag das nicht nur daran, dass man über sehr dürftige Informationen verfügte, sondern auch daran, dass man eine tief verwurzelte Vorstellung durchsetzen wollte.[7] In Großbritannien sah man den Pakt als ein Wiedererstehen der deutsch-sowjetischen »Schicksalsgemeinschaft« in der Tradition der Verträge von Brest-Litowsk und Rapallo. Hier ist von Interesse, dass der deutsche Botschafter in Moskau, Graf Werner von der Schulenburg, eine ganz andere Analyse gab. In einer Information an sein Außenministerium in der Berliner Wilhelmstraße von Anfang 1940 schrieb er, die Sowjetunion sei in der Tat entschlossen, an der Neutralität festzuhalten und alles zu vermeiden, was zu einem Konflikt mit den Westmächten führen könnte.[8]

Die britische Haltung fußte auf traditioneller Russophobie und Aversionen gegen den Kommunismus im Foreign Office und in den Streitkräften. Seit Mitte des 19. Jahrhunderts, als die Rivalität in Zentralasien und Afghanistan die britisch-russischen Beziehungen beherrschte, saß das Bild von Russland als dem wilden Bären tief im Bewusstsein der Briten. Daher kann es nicht überraschen, dass General Ismay, Leiter des Sekretariats des Kriegskabinetts und später Churchills Militärberater, der sich während des deutschen Einmarsches in Frankreich zu Verhandlungen mit den Russen auf den Weg machte, seinen Freund Sir Orme Sargent, damals stellvertretender Außenminister und als der »Ideologe« im Foreign Office bekannt, an Kiplings Gedicht »Frieden mit dem Bären« erinnerte. Darin ist von einem alten, blinden Bettler die Rede, den einst ein Bär übel zurichtete und der deshalb die Mahnung ausspricht:

»Ohne Augen, Nase und Lippen,
Zahnlos, mit versagender Stimme an Türen um Almosen bettelnd,
So stammelt er wieder und wieder seine Geschichte,
Die anhebt und schließt mit der Mahnung:
Kein Friede kann sein mit Adam-zad, dem Bär,
Der aufrecht geht wie ein Mensch.

Furchteinflößend, behaart und menschengleich
Mit Pfoten wie Hände im Gebet,
Erhob sich mit flehender Geste Adam-zad, der Bär!
Ich sah die schwankenden Schultern, den schaukelnden Bauch,
Und mein Herz war voll Mitleid
Mit der armen, plumpen Kreatur.

Gerührt und erstaunt, schoss ich nicht auf ihn.
Nie sah mich so an eine Frau,
Nie stand mir so nahe ein Mann.
Zu mir trottete er mit Pfoten wie Hände im Gebet.
Dann hieb die stählerne Pranke zu,
Und von Braue bis Kinn riss das Gesicht er mir fort!

Aber (für Geld nehm' ich ab den Verband) davor sei gewarnt:
Wenn er steht wie ein Mann,
Wenn er näher und näher trottet,
Wenn er bittet und wankt wie in Menschengestalt,
Wenn er Hass und Tücke in den Äuglein des Schweins verbirgt,
Wenn du glaubst, er flehe um Gnade
Mit Pfoten wie Hände im Gebet:
Das ist der Moment der Gefahr, da an Frieden du glaubst mit dem Bär.

Wieder und wieder ertönt die Geschichte,
Die anhebt und schließt mit der Mahnung:
Es gibt keinen Frieden mit Adam-zad, dem Bär,
Der aufrecht geht wie ein Mensch.«[9]

In derartigen Vorurteilen gefangen, entging der britischen Regierung die Komplexität der sowjetischen Politik. Chamberlain flüchtete sich in eine fatalistische Haltung, die Feindseligkeiten mit Russland nicht ausschloss. Seine Politik schwankte zwischen dem Wunsch, bei dem traditionell zurückhaltenden Kurs zu bleiben, »still zu sitzen und jegliche Reibungen zu vermeiden«, und der Versuchung, sich mit Russland auf dem Balkan oder im Norden anzulegen.[10] Zudem war die Regierung Chamberlain, die an einem »München-Komplex« litt, von dem Wunsch besessen, diese Scharte wieder auszuwetzen. Ausgehend von der ungeprüften Annahme, Russland sei nun ein treuer Verbündeter Deutschlands, ergriff das Kabinett die Gelegenheit, seine versöhnlerische Haltung gegenüber Deutschland durch ein hartes Auftreten gegen Russland im finnischen Krieg zu kompensieren. Als daher der Premierminister auf das sowjetische Vermittlungsersuchen in diesem Konflikt positiv reagierte, warf ihm das Außenministerium vor, er lasse sich auf ein »neues Appeasement« ein. Prompt beschuldigte er die Russen »verräterischer und feiger« Methoden, »die sie Hitler in Polen und der Tschechoslowakei abgesehen« hätten.[11] Stalin, der selbst einen tiefen Argwohn gegen Großbritannien hegte, blieb nichts übrig, als dessen Politiker davor zu warnen, »die Russen für dumm … für Bären zu halten, die wenig im Kopf haben«.[12]

Wer mit dem Teufel speisen will …

Der Ribbentrop-Molotow-Pakt hatte somit England über Nacht aus einem potenziellen Verbündeten in einen Gegner verwandelt. Stalins offene Feindseligkeit gegenüber England, die noch aus der britischen Intervention im Bürgerkrieg nach der russischen Revolution sowie aus dem Erbe der Geschichte herrührte, wurde nun durch die Haltung der Briten in den Verhandlungen von 1939 noch verstärkt. 1941 sollte Stalin diese Feindseligkeit mit der lebendigen Erinnerung daran begründen, wie die Briten während der Intervention »in Baku, nahe seiner Heimat, 26 Kommissare hinrichteten«.[13] Trotzdem ließ sich Stalin in erster Linie von reiner Realpolitik leiten. Da er Russland der Bedrohung durch die überlegene britische Kriegsmarine im Mittelmeer schutzlos ausgeliefert sah und sich in der Geschichte auskannte, erwartete er einen Schlag der Briten über die türkischen Meerengen. An dem Tag, da Großbritannien Deutschland den Krieg erklärte, forderte Stalin deshalb die Türkei auf, an sowjetische Hilfe zu denken, »sollten die Meerengen oder der Balkan bedroht werden«.[14]

Es war jedoch auch für Deutschland von entscheidender Bedeutung, die Türkei strikt auf Neutralitätskurs zu halten, da das für das Reich bestimmte rumänische Öl zum größten Teil durch die Meerengen nach italienischen Häfen verschifft wurde.[15] Die Deutschen scheuten keine Mühe, Stalins Misstrauen zu verstärken, dass »Russlands Gegner in den Meerengen immer England war und immer sein wird«. Zugleich suchten sie jegliche Abmachung zwischen Russland und der Türkei zu hintertreiben, mit der die Sowjetunion an der Kontrolle der Meerengen beteiligt werden könnte. Der türkische Außenminister Saracoglu, der für seine probritische Einstellung bekannt war, traf am 25. September in Moskau ein. Aber die Verhandlungen zogen sich bis Mitte Oktober hin. Die Atmosphäre litt unter dem zweiten Besuch des deutschen Außenministers Joachim von Ribbentrop in der sowjetischen Hauptstadt. Zehn Tage lang hatten die Russen für Saracoglu keine Minute Zeit.

Als dieser schließlich mit Stalin zusammentraf, zeigte sich in erhitzten Debatten, dass die Türken eine Vereinbarung gegen die deutsche Bedrohung anstrebten, während für Stalin die Gefahr von Großbritannien ausging. Hier wird sehr deutlich, wie präzise Stalin seine Schritte kalkulierte. Er sagte kaum ein Wort gegen die Ansprüche der Türkei auf die Dodekanes-Inseln, die sich, wie er genau wusste, nur durch Zusammenarbeit mit England und Frankreich realisieren ließen. Vergeblich versuchte er hingegen Saracoglu zu überzeugen, Russland als seinen Hauptverbündeten auf dem Balkan anzusehen, wo »die Türkei zwar den Briten und Franzosen helfen kann, aber nicht umgekehrt«. Die Begründung zeigt deutlich, wie pragmatisch Stalin die Sache sah:

»Die Dinge haben ihre eigene Logik: Wir sagen das eine, und die Entwicklung geht in eine ganz andere Richtung. Gemeinsam mit Deutschland haben wir Polen aufgeteilt, aber England und Frankreich haben keinen Krieg gegen uns begonnen, obwohl das noch geschehen kann. Wir haben keinen Beistandspakt mit den Deutschen, aber wenn die Briten und die Franzosen Krieg gegen uns anfangen, werden wir gegen sie kämpfen müssen ... Woran liegt es, dass die Lage für einen Vertragsabschluß mit der Türkei so ungünstig geworden ist? Daran, dass sich die Umstände anders entwickelt haben. Die Aktion in Polen hat dazu beigetragen. Die Franzosen und besonders die Briten wollten kein Abkommen mit uns, weil sie glaubten, sie könnten auch ohne uns auskommen. Wenn man uns etwas vorwerfen kann, dann höchstens, dass wir das alles nicht vorausgesehen haben.«

Es war Furcht vor Großbritannien, weniger vor Deutschland, die Stalin in Atem hielt. Angesichts des »Phoney War« und der Tatsache, dass Chamberlain nach wie vor das Amt des Premierministers innehatte, schloss er nicht aus, dass Deutschland und England sich letztlich doch verbünden könnten. Zudem wurde immer deutlicher, dass die Embargo-Strategie gegen Deutschland vor allem auf die Sowjetunion zielte, einen der wichtigsten Rohstofflieferanten des Deutschen Reiches. Stalin wollte die Türkei um jeden Preis davon abhalten, einen Beistandspakt mit Großbritannien zu schließen. Deshalb mahnte er Saracoglu, er möge »bedenken, dass diese Leute sich nur an ihre Verpflichtungen halten, wenn es ihnen passt, und sie nicht erfüllen, wenn es ihnen nicht passt«. München und die Garantien für Polen sollten ihm als Warnung dienen. Die Türkei, so forderte Stalin, möge verbindlich zusagen, »ihre Truppen abzuziehen, falls Frankreich und Großbritannien einen Krieg gegen Russland beginnen«, und Russland die Kontrolle über die Durchfahrt von Kriegsschiffen sowie den Transport von Kriegsgütern durch die Meerengen zu überlassen. Saracoglu hielt jedoch an seinem Neutralitätskurs fest. Schließlich wurde er an Bord eines sowjetischen Kriegsschiffes mit großem Gepränge von Sewastopol heimgeleitet, womit die Sowjetunion offenbar ihre Vorherrschaft im Schwarzen Meer demonstrieren wollte.[16] Die sowjetisch-türkischen Beziehungen verschlechterten sich weiter, als Saracoglu bei seiner Rückkehr nach Ankara schließlich doch einen Beistandspakt mit Großbritannien und Frankreich unterzeichnete.[17]

Dass die Sowjetunion den Meerengen so enorme Bedeutung beimaß, ist durchaus verständlich. Diese Haltung erklärt sich aus dem demütigenden Pariser Frieden von 1856, den nachteiligen Regelungen, die Bismarck auf dem Berliner Kongress von 1878 Russland aufgezwungen hatte, schließlich aus dem Vertrag von Montreux des Jahres 1923, der die freie Durchfahrt von Handels- und Kriegsschiffen erlaubte, die Kontrolle der Meerengen aber einer internationalen Kommission übertrug. Diese Regelung fiel eindeutig zum Vorteil Großbritanniens aus und wurde deshalb sowohl von der Türkei bekämpft, die damit die Souveränität über die Meerengen einbüßte, als auch von Russland, das sich unmittelbar gefährdet sah. Die Bedrohung durch die Nazis führte dann im Jahre 1936 zu einer Modifizierung des Abkommens. Während Handels- und Kriegsschiffen zu Friedenszeiten weiterhin die freie Durchfahrt ins Schwarze Meer gestattet war, wurden die Meerengen für Kampfschiffe kriegführender Staaten geschlossen, solange die Türkei neutral blieb. Sollte sie allerdings in den Krieg eintreten, ging die Kontrolle der Meerengen in vollem Umfang an sie über. Aus russischer Sicht stellte die Neutralität der Türkei mit deren neuer Orientierung auf England eine eindeutige strategische Bedrohung dar. Unter diesen Umständen schien bei den Plänen der Alliierten gegen Deutschland, die Admiral Drax und die anderen Mitglieder der britisch-französischen Mission im August 1939 im Kreml vortrugen, eine feindselige Note mitzuschwingen. Diese liefen darauf hinaus, die Absichten der Deutschen zu durchkreuzen, indem man die türkischen Meerengen schloss und die Donaumündung an der rumänischen Schwarzmeerküste unter Kontrolle nahm. Im Kreml fürchtete man nun, die Marine Englands und Frankreichs könnte diesen Plan tatsächlich realisieren, aber sowohl gegen die Sowjetunion als auch gegen Deutschland richten.[18]

Derartige Befürchtungen waren durchaus nicht unbegründet. Die Pattsituation an der Westfront des »Phoney War« veranlasste den britischen Generalstabschef, General Edmund Ironside, den Einmarsch in Rumänien zu fordern, um die Ölfelder zu besetzen, Deutschland auf den Balkan abzudrängen und die russischen Warenlieferungen nach Deutschland zu unterbrechen. Die Öffnung der Meerengen für die Royal Navy, die die Türkei zum kriegführenden Staat machte, galt als Voraussetzung für das Gelingen des Plans. Da die Türkei die größte Gefahr in einer Ausweitung des deutsch-sowjetischen Zusammenwirkens auf dem Balkan sah, blieb Präsident Ismet Inönü bei seiner wohlwollenden Neutralität gegenüber Großbritannien, das er nach wie vor für »die beste Versicherungsgesellschaft der Welt« hielt.[19]

Stalin hatte ausreichend Informationen über den türkischen Standpunkt, »die Überlegenheit der französischen und der britischen Marine« als den wirksamsten Schutz des Landes zu betrachten. Der sowjetische Botschafter in Ankara warnte Moskau vor vollendeten Tatsachen: »Die Engländer werden [die Türken] gar nicht erst fragen, wenn sie sich auf das Abenteuer einlassen, das Feuer des Krieges auf den Balkan und in die Schwarzmeerregion zu tragen«. In düsteren Farben schilderte er die hektischen Anstrengungen zur Befestigung und Militarisierung der Meerengen.[20] Auch die Flut von Berichten aus den Hauptstädten verschiedener Balkanstaaten brachte Moskau wenig Beruhigung. Sie enthielten die Vermutung, Großbritannien plane »eine Landung in Saloniki [im westlichen Teil der Ägäis], um eine Aggression Italiens zu verhindern«.[21] Iwan Maiski, langjähriger sowjetischer Botschafter in London, fachte das Misstrauen weiter an, als er berichtete, die Briten hätten enorme Summen für den Pakt mit der Türkei gezahlt, der ihre »Trumpfkarte gegen die Sowjetunion« sei. Warnend fügte er hinzu, mit diesem Vertrag habe sich »Großbritannien neue militärische Möglichkeiten auf dem Balkan und im Schwarzen Meer geschaffen, die es unter gewissen Umständen gegen uns nutzen kann«.[22]

Dass es Chamberlain nicht gelang, angesichts der veränderten politischen Lage einen klar umrissenen strategischen Plan der Kriegführung zu formulieren, trug nur zur weiteren Verschlechterung der Beziehungen während des sowjetischen Krieges gegen Finnland im Winter 1939 bei. Die politischen Vorstellungen, die bereits im Sommer ein Abkommen mit Russland verhindert hatten, blieben Maßstab der britischen Außenpolitik. Alexander Cadogan, der mächtige ständige Stellvertreter des Außenministers, vertraute seinem Tagebuch an, er frage sich »in letzter Zeit immer häufiger, ob wir uns aller vorteilhaft scheinenden Schritte enthalten müssen, nur weil wir befürchten, in Krieg mit Russland zu geraten.«[23] Die Planer des Generalstabs waren aber nicht gewillt, sich in aktive Kampfhandlungen hineinziehen zu lassen, was es »aus rein militärischer Sicht ... schwieriger macht, unser Hauptziel in diesem Krieg, die Niederwerfung Deutschlands, zu erreichen«.[24] Ihnen trat jedoch die Nordabteilung des britischen Außenministeriums entgegen, die für Russland zuständig war. Sie stellte ernsthaft in Frage, dass die Rote Armee »das militärische Vorgehen Deutschlands in irgendeiner Weise zügelt«, und war von der günstigen Gelegenheit überzeugt, »die Militärmacht Russlands endgültig zu Fall zu bringen«.[25]

Die indirekte Unterstützung, die Großbritannien Finnland im Winterkrieg gewährte, ließ im Kreml die Alarmglocken läuten. Maiski warnte Stalin, dass sowohl die ehemaligen Appeasement-Politiker als auch Churchill »tief überzeugt sind, zwischen der UdSSR und Deutschland bestehe bereits ein geheimes Militärbündnis ... eine feste Vereinbarung, die Deutschland und die Sowjetunion in eine unauflösliche Allianz führen muss«. Churchills Angebote waren für Maiski ein »raffiniertes Spiel ... ein Manöver, um [die Sowjetunion] in den Krieg hineinzuziehen«.[26] Man befürchtete, dass die Briten, wenn sie mit einem bevorstehenden Bündnis

Russlands und Deutschlands rechneten, sich entweder direkt gegen Russland wenden oder es in einen Krieg mit Deutschland verwickeln könnten. Maiski hatte Halifax bereits im Vertrauen mitgeteilt, das »Tempo« des deutschen Vormarsches in Polen habe Russland »sehr überrascht«. Es könne »sich auf keinen Fall über die Aussicht freuen, ein starkes und siegreiches Deutschland zum Nachbarn zu haben«.[27] Nun drängte ihn Molotow, gegen die »groteske und kränkende« Annahme vorzugehen, Russland strebe ein Militärbündnis mit Deutschland an. »Nicht einmal ein politischer Dummkopf«, betonte er, »ließe sich mit einer kriegführenden Macht in ein Bündnis ein, das so kompliziert ist und solche Risiken in sich birgt«. Außerdem teilte man Maiski die Bedingungen für einen Frieden mit Finnland mit, die das russische Militär als »die absoluten Mindestgarantien für die Sicherheit Leningrads« erachtete. Der Botschafter sollte die Absicht der Sowjetunion bekräftigen, sie werde neutral bleiben, solange England und Frankreich nicht »gegen sie die Waffen erheben«.[28] Dass die Russen sogar den militanten linken Abgeordneten Sir Stafford Cripps um Vermittlung mit Finnland baten, der zu diesem Zweck eigens aus China eingeflogen werden musste, wo er sich gerade auf einer Weltreise befand, zeigt nur, wie tief ihre Sorge war.[29] Auch die Komintern wurde für die Zwecke der sowjetischen Diplomatie eingespannt. Sie streute den Vorwurf aus, Großbritannien und Frankreich hätten »den Krieg gegen Deutschland begonnen, um ihn auszuweiten und in einen Krieg gegen die Sowjetunion umzuwandeln«.[30]

Die Furcht vor einem Krieg mit England veranlasste die Russen, eine rasche Beendigung der Auseinandersetzung mit Finnland und eine Friedensregelung zu suchen, möglichst durch Vermittlung der Briten. Die Tinte auf diesem Abkommen war aber noch nicht getrocknet, als man sich schon wieder der Türkei und dem Balkan zuwandte. London sah den »Phoney War« als Gelegenheit, das Embargo zu verschärfen und »Druck in diesem Teil der Welt auszuüben, der uns gegenwärtig nicht zugänglich ist«.[31] Der britische Oberbefehlshaber erklärte den Türken unmissverständlich, die Gefahren, die von Deutschland gegen Rumänien und von Russland gegen die Türkei ausgingen, machten es »äußerst wichtig, dass die Schiffe Ihrer Majestät in der Lage sind, ohne Verzug ins Schwarze Meer einzulaufen«. Istanbul sei schließlich ganze 300 Seemeilen von der sowjetischen Marinebasis in Sewastopol entfernt, während man bis zum nächsten britischen Stützpunkt 850 Seemeilen zurücklegen müsse. Die türkische Regierung widersetzte sich zunächst dem britischen Druck, da ihr klar war, dass ein vorzeitiges

Einlenken eine Verletzung des Vertrages von Montreux bedeutete und die Türkei zu einem kriegführenden Staat machte.[32]

Inzwischen gingen im Kreml aus verschiedenen Hauptstädten des Balkans Berichte ein, in denen von wachsenden britischen Anstrengungen die Rede war, die »Kleine Entente« gegen Russland auszurichten und nicht mehr gegen die Mittelmächte, wofür man sie eigentlich geschaffen hatte. Immer wieder wurde dabei die Rolle der Türkei erwähnt, die Truppentransporte aus Syrien und Ägypten »durch die Dardanellen in Vorbereitung eines neuen Krimkrieges« ermögliche.[33] Das Misstrauen schlug so hohe Wellen, dass Molotow von Haydar Aktay, dem langjährigen angesehenen türkischen Botschafter in Moskau, forderte, ihn darüber zu informieren, was »hinter den Kulissen von General Weygands Besuch in der Türkei und in den strategischen Gebieten an der sowjetischen Grenze« vor sich gehe. Wie erkläre er etwa die rätselhafte Bemerkung seines Ministerpräsidenten, der Gerüchte über eine Verschlechterung der Beziehungen zu Russland mit den Worten abtat: »Wir leben heute in einer Zeit, da jeder seine Absichten verhüllt«? Bevor Aktay eine Antwort finden konnte, rief man ihn zu Konsultationen nach Ankara zurück. Zur gleichen Zeit wurden der britische und der französische Botschafter zum Zeichen des Protests gegen den Finnlandkrieg aus Moskau abgezogen.[34] Bald darauf gelangte auch der britische Antrag auf Durchfahrt der Navy durch die Dardanellen in die Presse und wurde im Parlament angesprochen.[35] Ein überzogener BBC-Bericht enthüllte zudem der Öffentlichkeit, dass Generalstäbler in Ankara Gespräche über die Realisierung des Beistandspaktes führten.[36] Auch die Deutschen schürten die Befürchtungen der Sowjetunion, indem sie die militärischen Absichten der Briten in der Region aufbauschten.[37]

Die Unruhe in Moskau stieg weiter, als sich Gerüchte über eine geplante Bombardierung der Ölfelder von Baku durch die Alliierten häuften. Von dort kam der Rohstoff für 80 Prozent des Flugzeugtreibstoffes, 90 Prozent des Kerosins und 96 Prozent des Benzins, das in der UdSSR hergestellt wurde.[38] Bereits früher hatte Schulenburg Molotow wissen lassen, die französischen Truppen in Syrien stünden für den Einsatz gegen Baku bereit, und die Alliierten hätten bereits versucht, vom Schah die Überfluggenehmigung für iranisches Gebiet zu erhalten.[39] In der Tat arbeitete man in London an Plänen für einen britisch-französischen Angriff auf die Ölfelder von Baku.[40] Von den dadurch verursachten Zerstörungen erwartete man »entscheidende Auswirkungen auf die militärische Schlagkraft und das tägliche Leben der Sowjetunion«.

Wie Russland auf eine solche Operation reagieren werde, die »fast ohne jeden Zweifel zu einem tatsächlichen Bündnis zwischen Deutschland und der Sowjetunion führen« musste, übersah man dabei geflissentlich. Mit offenem Bedauern stellte man sogar fest: »Um den Kaukasus direkt angreifen zu können, werden wir wohl einen Streit mit der Sowjetregierung vom Zaune brechen müssen, wenn diese nicht so töricht ist, uns einen echten Grund für eine Militäraktion gegen sie zu liefern.«[41] Bedenken hatte man lediglich wegen der Auswirkungen auf das Verhältnis zur Türkei. Während die Franzosen die türkische Regierung zwingen wollten, den alliierten Bombern das Überfliegen ihres Territoriums auf dem Wege nach Baku zu gestatten, betrachteten die Briten die Türkei als ihren »Stützpfeiler in diesem Teil der Welt, weshalb es riskant wäre, sie so grob zu behandeln, wie wir es mit anderen Neutralen vorhaben«. Den französischen Ministerpräsidenten Reynaud konnten derartige Bedenken jedoch kaum beeindrucken. Er blieb bei seiner Forderung, »im Schwarzen Meer zur Tat zu schreiten«, und hielt selbst die Besetzung Bessarabiens für notwendig, um die Türkei von einem Zusammengehen mit Russland abzuhalten.[42]

Um den Widerstand der Türken zu brechen, bestärkte Churchill als Marineminister Halifax in der Absicht, die Region zu besuchen. Er hoffte, Halifax werde die Türken überzeugen können, britischen U-Booten im Schwarzen Meer den Angriff deutscher und sowjetischer Schiffe zu gestatten. Derartige Aktionen befürwortete er bereits seit Oktober.[43] Vor seiner Abreise berief Halifax noch einmal die britischen Missionschefs aus den Staaten Südosteuropas zu Konsultationen nach London. Dabei war ihm klar, dass diese Zusammenkunft nicht geheim bleiben konnte und »konkret beweisen wird, dass wir uns aktiv für den Balkan interessieren«.[44] Als die Vorbereitungen dafür noch im Gange waren, löste der deutsche Einmarsch in Dänemark und Norwegen eine Umbildung des Kabinetts aus, die die Position Churchills, des eigentlichen Befürworters der Balkanpläne, noch verstärkte.[45]

Die Alliierten verfolgten demonstrativ das Ziel, »einen wohlwollend neutralen Block« zu konsolidieren, »um ein Übergreifen des Krieges auf den Balkan zu verhindern«. Gleichzeitig war ihnen bewusst, dass ihre Vorherrschaft auf dem Balkan zu einer bewaffneten Konfrontation mit der Sowjetunion führen musste. Sie hofften, die Türken könnten »ein mögliches Eingreifen der Alliierten in ihrem Interesse« durch die Kontrolle über die Meerengen und ungehinderte Truppentransporte erleichtern.[46] Die Gefahr völlig verkennend, die über Europa schwebte, konstatierten die Stabschefs die Bilanz der Wehrmacht als »nicht beeindruckend«. Die Türkei wurde als wichtigste strategische Trumpfkarte Englands hervorgehoben, ohne deren »aktive Mitwirkung es schwierig wäre, in aktive Feindseligkeiten gegen Russland einzutreten und die lebenswichtigen Ölquellen im Kaukasus anzugreifen«.[47]

Der Plan, Baku zu attackieren, löste bei keinem der Botschafter Begeisterung aus. Sie erwarteten nicht, dass die Türkei derartige Pläne billigen werde, solange die Russen die Donau nicht überschritten. Die neuen sowjetischen Angebote brachte man zutreffend mit der Furcht vor britischen Aktionen im Schwarzen Meer in Zusammenhang. Die von den Russen vorgeschlagenen Handelsgespräche sollten deshalb, wie Halifax anwies, mit größter Zurückhaltung geführt werden, »damit wir uns nicht selbst daran hindern, später im Kaukasus aktiv zu werden, sollten die Türken dort auf eine Zusammenarbeit mit uns eingehen«. Die Bedeutung dieser Londoner Botschafterkonferenz lag nicht in ihren Ergebnissen, die mit dem Vormarsch der Wehrmacht im Westen sofort wieder überholt waren. Doch die Einberufung dieser Tagung, über die die Medien ausführlich berichteten, ließ das Misstrauen der Russen weiter wachsen und trieb sie zum Eingreifen auf dem Balkan an.[48] Das bestärkte Chamberlain nur in seiner Entschlossenheit, sich allen Versöhnungsschritten zu widersetzen. »Wer mit dem Teufel speisen will«, erklärte er dem Obersten Rat der Alliierten, »braucht einen langen Löffel«. Und Reynaud trat bis zum Einmarsch der Deutschen in Frankreich unablässig dafür ein, die kaukasischen Ölfelder zu bombardieren. Er hoffte, damit »in Russland ein Chaos auszulösen«. Die Probleme, die ein solches Vorgehen für das Verhältnis zur Türkei schaffen konnte, deren Luftraum man hätte verletzen müssen, wirkten jedoch auch weiterhin als Schutz für Russland.[49]

Cripps' Mission in Moskau

Die tiefsitzenden britischen Vorurteile verhinderten eine spürbare Veränderung der Russlandpolitik, auch als Churchill im Mai 1940 das Amt des Premierministers antrat.[50] Einzige sichtbare Ausnahme war die Ernennung von Sir Stafford Cripps zum Botschafter in Moskau. Im Nachhinein schrieb Churchill diese Entscheidung sich selbst zu. Die Idee kam allerdings von Halifax, der bereits frühere Initiativen Cripps' in die Wege geleitet hatte, wozu ihn wiederum die Russen sehr ermutigten. Das ist aus mehreren Eintragungen in Halifax' unveröffentlichtem Tagebuch zu ersehen. So schrieb er am 17. Mai: » Nach der Kabinettssitzung sprach ich einige Minuten lang im Garten mit [Churchill], darunter auch über meine Idee, Stafford Cripps auf Erkundungstour nach Moskau zu schicken, außerdem über die weiteren Kriegsaussichten.« Drei Tage später fügte er hinzu: »Ich hatte eine Reihe Bürotermine wahrzunehmen. Als letzten empfing ich Maiski, den ich bat, in Erfahrung zu bringen, ob die Sowjets meiner Vorstellung zustimmen, Stafford Cripps für Sondierungsgespräche über Handelsfragen nach Moskau zu entsenden. Es sollte mich wundern, wenn sie negativ reagierten, und es könnte durchaus sein, dass die Russen die Gespräche beim gegenwärtigen Stand der Dinge etwas weiter fassen möchten.« Schließlich am 26. Mai: »Um 18.00 Uhr kam Maiski zu mir. Die Sowjetregierung ist mit Cripps einverstanden, möchte ihn aber als Botschafter haben. Ich sagte Maiski, wir wollten auf jeden Fall einen Botschafter entsenden, hätten aber kaum erwartet, dass die Sowjetregierung diesen für uns auswählen werde.« In dieser Form sickerte die Nachricht dann allerdings durch.[51] Im Lichte seiner späteren Rivalität mit Cripps entschuldigte Churchill diese Ernennung mit dem Argument, er habe zu jener Zeit nicht genügend erkannt, »dass den Sowjetkommunisten die Politiker der äußersten Linken noch verhasster sind als die Tories oder die Liberalen.«Zynisch bemerkte er: »Moskau ist die teuerste Botschaft, die wir haben. Cripps ist der einzige geeignete Mann der Linken, und er schwimmt im Geld.«[52]

Wenn Cripps' Mission jemals Aussicht auf Erfolg haben sollte, dann hing dieser von einem grundsätzlichen Umdenken und einer Veränderung der Politik des Kabinetts ab. Maiski warnte Cripps von Anfang an, die Position eines Botschafters sei wie die eines Verkäufers: »Wenn er Ware von hoher Qualität anbietet, dann kann er seines Erfolges sicher sein, auch wenn er selbst kein bemerkenswerter Mann ist. Wenn er aber minderwertige Dinge feilbietet, wird er Misserfolge haben, auch wenn er über herausragende persönliche Qualitäten verfügt.« Später konnte er Cripps' Frustration gut verstehen, die er darauf zurückführte, dass man ihn nicht mit »Qualitätsware versorgt« hatte und sein Kunde kein »verrottetes Zeug« kaufen wollte. Maiski wusste nicht, dass der stellvertretende Unterstaatssekretär im Foreign Office, Orme Sargent, bereits einen ähnlichen Vergleich bemüht hatte: Er erwartete nicht, dass Stalin Cripps antworte, der als »Lieferant an dessen Hintertür steht – mit so jämmerlichen kleinen Friedensangeboten wie Zinn in der einen und Kautschuk in der anderen Hand«.[53]

Zur Zeit seiner Ernennung war Cripps, den die Labour Party ausgeschlossen hatte, weil er sich 1939 für eine antifaschistische Front mit den Kommunisten eingesetzt hatte, ganz mit dem Nachdenken über die Welt beschäftigt, »die nach dem Krieg geboren wird«. Er sah voraus, dass die Sowjetunion und die Vereinigten Staaten sich zu Großmächten entwickeln, Großbritannien dagegen nur der Status eines »Außenpostens« in Europa bleiben werde.[54] In dieser Hinsicht ist er mit Stalin vergleichbar, der seine Vorstellungen der Nachkriegsordnung ebenfalls nie aus den Augen verlor. Cripps, der sich über Stalins ideologische Orientierung wenig Illusionen machte, war der Meinung, die einzige Möglichkeit, Russland von Deutschland zu lösen, bestehe darin, »eine dauerhafte Freundschaft und Partnerschaft beim Wiederaufbau nach dem Kriege zu akzeptieren«.[55] Churchill wich allerdings jedem Versuch aus, Kriegsziele im Kabinett zu erörtern. Von deren vereinfachter Darstellung in seinen Memoiren als Vernichtung des Nazismus und Rückkehr zum Status quo der Vorkriegszeit sollte man sich nicht irritieren lassen. Diese verhüllten nur seinen zutiefst imperialistischen Standpunkt, in diesem Krieg die schwindende internationale Position Großbritanniens wieder neu aufbauen zu können. Anders als Churchill sah Cripps den Krieg als einen Katalysator für soziale und politische Veränderungen im Lande. Er warf Churchill vor, keine Visionen zu haben und alles dem Kriegserfolg unterzuordnen. Für Cripps lebte Churchill noch in der »Zeit vor 1914 und versucht mit aller Macht, dort zu bleiben, wobei er fälschlich annimmt, es sei möglich, nur zurückzuschauen und das Sicherheitsventil ständig unter Kontrolle zu halten!!«[56] Dieser grundsätzliche politische Dissens zwischen Cripps und Churchill, den Letzterer in seinen Memoiren sehr herunterspielt, ist von großer Wichtigkeit, wenn man die Ereignisse um die deutsche Invasion und die Anfänge der Großen Allianz durchschauen will.

Cripps stand mit seinen Ideen nicht allein. Als er 1942 nach England zurückkehrte, hatte er an politischem Format gewonnen. Das lag nicht nur an seiner Verbindung zum heldenhaften Widerstand der Roten Armee, wie Churchill uns glauben machen will[57], sondern auch an den Erfahrungen und dem Ruf, den er sich durch seine Moskauer Mission erworben hatte. Cripps' Eintreten für den Wiederaufbau nach dem Kriege schien nicht nur eine Basis für gemeinsame Bemühungen mit Labour-Politikern zu sein, sondern auch mit der starken aufstrebenden Gruppe der »progressiven Konservativen«. Der Generaldirektor im Informationsministerium und spätere Verteidigungsminister, Sir Walter Monckton, stachelte Cripps eindeutig zu noch härteren Konfrontationen mit Churchill an, als er ihm aus politischer Sicht riet:

»Ich fürchte, wenn Sie so lange in einer so unbefriedigenden Position verharren, könnte dies Ihre Aussichten schmälern, etwas später einmal uns alle zu führen. Tatsächlich ist kein befriedigender Nachfolger und keine Alternative zu Winston in Sicht. Für mich steht jetzt ziemlich fest, dass Ernie Bevin diese Rolle nicht ausfüllen kann. Anthony [Eden] denkt zu konventionell, um eine große Führungspersönlichkeit abzugeben, und unter den übrigen hält man vergeblich nach der notwendigen Qualität in Geist und Charakter Ausschau … Ich habe über Sie als Kandidat mit den verschiedensten Leuten gesprochen – von Nancy Astor nach oben und nach unten. Sie alle waren von dieser Möglichkeit angetan.«[58]

Als Cripps im Juni 1941 zu Konsultationen nach England zurückgerufen wurde, drängte ein Leitartikel in der *Times* darauf, seine »außerordentlichen Fähigkeiten näher der Heimat … für eine bessere Vertretung der Labour Party in den höchsten Gremien der Nation« zu nutzen. Churchill sah sich verpflichtet, ihm nach dem Abschluss seiner Mission in Moskau einen Sitz im Kriegskabinett zu versprechen.

Nun ergab sich eine sehr ungewöhnliche Situation, da Cripps, Mitglied einer kleinen linken Minderheitsfraktion im Parlament, eine Schlüsselrolle als britischer Botschafter bei der einzigen Großmacht auf dem Kontinent spielte, die noch nicht von Deutschland niedergeworfen war, während er zugleich eine ausgesprochen oppositionelle Haltung zu seiner eigenen Regierung einnahm. Seine Ernennung hatte aber durchaus auch innenpolitische Hintergründe. Der parlamentarische Staatssekretär Rab Butler warnte Halifax: »In dieser neuen Regierung wird von rechts und links auf Annäherung gedrängt, und Sie werden unter Druck geraten, wenn Cripps nicht [nach Moskau] geht.«[59] Eine vereinsamte Regierung sah also die Ernennung von Cripps, die die Russen ursprünglich sanktioniert hatten, als einen letzten Versuch an, nach dem verheerenden Zusammenbruch Frankreichs doch noch einen Keil zwischen Russland und Deutschland zu treiben. Eckpfeiler der britischen Politik war dabei der entschlossene Versuch, Russland in den Krieg hineinzuziehen.

Cripps folgte im Wesentlichen gehorsam Churchills Kurs, Russland von Deutschland zu trennen. Anders als Churchill und das

Foreign Office ging er aber davon aus, dass Stalin die Brüchigkeit des Paktes durchaus begriff und verzweifelt versuchte, die unvermeidliche Auseinandersetzung mit Deutschland hinauszuzögern. Als Cripps seine Mission aufnahm, hatte er keinerlei Illusionen über Stalin: Für ihn »war Lenin der große Weltreformer, dessen edle Absichten Stalin ruiniert« hatte. Dieser war für ihn, wie er einmal dem schwedischen Botschafter in Moskau bekannte, »ein verschlagener Georgier, dem Macht alles bedeutet und den die Millionen Menschen völlig kalt lassen, die er mit eiserner Faust regiert, ohne dass bislang auch nur das geringste Anzeichen für eine Verbesserung ihrer Lebenslage zu erkennen ist. Macht ist alles für ihn, und um an der Macht zu bleiben ... würde er sich auch auf einen Handel mit dem Papst einlassen, wenn das seinen Interessen diente.« So schloss Cripps auch nicht aus, dass Stalin unter bestimmten Umständen selbst Hitler Zugeständnisse machen könnte, um einen Krieg hinauszuzögern, den er als Gefahr für seine Herrschaft betrachtete.[60]

Im Ganzen haben der Zusammenbruch Frankreichs und die Ernennung Cripps' die in Großbritannien vorherrschende Haltung zu Russland nicht verändert, sondern eher noch verstärkt. Zwar veranlasste der Verlust ihrer kontinentalen Verbündeten die Briten augenblicklich, wieder enger mit den Russen zusammenzurücken, doch waren ihre Schritte zu klein und kamen zu spät. Vor allem das Foreign Office sprach sich gegen Cripps' Ernennung aus, der nach wie vor Abgeordneter des Parlaments war, wo er die militante Linke vertrat. Nach ihrer Meinung hätte man einen »harten Kerl« in Moskau besser aufgenommen.

Mitte Juli legte Orme Sargent ein wichtiges Memorandum zur Diskussion im Foreign Office vor, das die gängige Spekulation widerlegte, Deutschland und Russland müssten unausweichlich Gegner sein und Russland könne den Gang der Dinge nur dann entscheidend beeinflussen, wenn es sich in einem Krieg offen auf die Seite Großbritanniens stelle:

»Was den recht drastischen Schritt betrifft, in der jetzigen Situation einen Präventivkrieg gegen Deutschland zu beginnen, so wird die Furcht vor der deutschen Militärmacht sicherlich davon abhalten. Dazu kommt das Bestreben, Krieg mit einer Großmacht zu vermeiden, was – vor allem aus innenpolitischen Gründen – seit langem das Leitprinzip der sowjetischen Außenpolitik ist. Eine Rolle spielt auch die Überlegung, dass Deutschland den Kampf gegen Großbritannien kaum unbeschadet überstehen wird und durchaus zögern könnte, noch in diesem Jahr in die Sowjetunion einzufallen, besonders dann, wenn die Sowjetregierung genügend Entgegenkommen zeigen sollte.«

Die beste Möglichkeit, Hitlers Triumphmarsch zu stoppen, lag für Stalin darin, »weiterhin mit ihm zu kollaborieren und ein so gutes Verhältnis wie nur möglich zu bewahren«.

Diese realistische, weitblickende Analyse wurde jedoch durch die ideologische Sicht des Foreign Office auf Russland verzerrt. Sargent hielt jeden Versuch, den Ribbentrop-Molotow-Pakt aufzubrechen, für Zeitverschwendung, da »keiner der beiden Diktatoren sich abzuwenden *wagt*, damit der andere ihm nicht von hinten einen Dolchstoß versetzt«. Da sowohl Hitler als auch Stalin das britische Empire als den »eigentlichen Feind« betrachteten, konnte man annehmen, dass »ihr Appetit mit dem Essen wächst«. Folglich sah man kaum einen Sinn in dem Versuch, Russland von Deutschland zu trennen. Kurz gesagt, Sargent erwartete zwar, dass die beiden Diktatoren sich »um die Beute streiten, aber das ist nicht wahrscheinlich, solange der Krieg andauert. Deshalb sollten wir derartigen Streit auch nicht als Element zur Bewertung der Schwierigkeiten und Gefahren verwenden, die Deutschland in der nächsten Zukunft erwarten«. Da man keine zusammenhängende Politik hatte, legte man dieses Memorandum mit einem dicken Lob von Halifax Churchill und den verschiedenen Geheimdiensten vor. Die darin enthaltenen Schlussfolgerungen wurden zunehmend zum Leitfaden für die weiteren Beziehungen mit Moskau, bis zum Einmarsch der Deutschen in Russland.[61]

Zweites Kapitel

Streit um den Balkan

Ein sowjetisch-italienisches Arrangement

Angesichts der schweren Niederlagen, die die Rote Armee in der Anfangsphase der Operation »Barbarossa« hinnehmen musste, wird oft behauptet, der harte Widerstand der Finnen im Winterkrieg habe die Schwäche der Roten Armee offenbart und Hitler ermutigt, den Krieg gegen Russland zu riskieren. Für die Zeitgenossen in Deutschland und den Nachbarländern der Sowjetunion demonstrierten die Aktionen der Roten Armee jedoch eher Stalins Entschlossenheit, in den Kampf zu ziehen, wo immer er eine Bedrohung vitaler sowjetischer Interessen wahrnahm.[1] Im Frühjahr 1940 wirkte Stalin, der sich noch auf den Lorbeeren des Ribbentrop-Molotow-Paktes und des Sieges über Finnland ausruhte, zeitweilig ruhig. Der deutsche Botschafter in Moskau, Graf Werner von der Schulenburg, bestärkte ihn in diesem Gefühl. Zwar räumte er ein, Hitlers wahre Gedanken kaum zu kennen, zeigte sich aber sicher, dass die Briten »bald herausfinden werden, was sie erwartet«. Er versicherte Molotow, der Finnlandkrieg habe keine deutschen Interessen verletzt, und gratulierte der Roten Armee sogar zu ihrem Sieg.[2] Ribbentrop und Ernst von Weizsäcker, der Staatssekretär im Auswärtigen Amt, folgten seinem Beispiel.[3] In Verhandlungen mit Göring, den man im Kreml als die Speerspitze des Kreuzzuges gegen Russland sah, versprach der Reichsmarschall nicht nur baldige Lieferungen von Kriegsmaterial, sondern »hob auch die außerordentliche Freundschaft zwischen Deutschland und der Sowjetunion besonders hervor«. Er kündigte sogar an, dass die sowjetische Marine den modernen Kreuzer *Lützow* erhalten werde, von dem er sich nur »mit blutendem Herzen« trenne. Er zitierte Hitler mit den Worten, der Nichtangriffsvertrag sei »ein solider und unwiderruflicher Akt«.[4] Weiter erfuhr Stalin, dass Hitler die Aufteilung der Interessensphären zwischen Deutschland und Russland in den Gesprächen mit dem amerikanischen Staatssekretär als gültig und dauerhaft bestätigt hatte.[5]

Stalin fühlte sich stark genug, die Rohstofflieferungen an Deutschland als Vergeltung dafür auszusetzen, dass Russland nicht, wie vereinbart, Militärgüter erhalten hatte. Neuere Forschungen über den Handel zwischen Deutschland und der Sowjetunion lassen die bislang vorherrschende Auffassung, der Vertrag sei für Deutschland günstig gewesen, als zweifelhaft erscheinen. Wenn man die sowjetischen Lieferungen mit der sowjetischen Produktion und dem deutschen Gesamtbedarf vergleicht, dann kam ihnen keine allzu große Bedeutung zu. Russland wurde jedoch im Gegenzug mit wichtiger fortschrittlicher Technologie aus Deutschland versorgt. Mehr noch, sie waren sogar weitgehend gezwungen, fast ausschließlich mit Deutschland Handel zu treiben, da die Briten eine wirksame Wirtschaftsblockade errichtet hatten. Von der versprochenen einen Million Tonnen Getreide lieferte die Sowjetunion ganze 150 000 Tonnen; bei Öl und Kohle sah es nicht viel besser aus.[6] Vielleicht zum letzten Mal äußerte Außenhandelsminister Mikojan Zweifel an der »Ehrlichkeit« der Deutschen, als er klagte, er könne »es sich nicht länger leisten, als Trottel dazustehen, der keinen bilateralen Warenaustausch führt, sondern fast nur einseitig an Deutschland liefert«.[7] Stalin ging sogar noch einen Schritt weiter und stellte Deutschland ein Ultimatum. Er forderte den Abschluss eines kurzfristigen Handelsabkommens, in dem der Export sowjetischer Rohstoffe im Werte von 420 bis 430 Millionen Mark im Austausch für »Industrie- und Militärgüter desselben Wertes« vereinbart werden sollte.[8] Das leicht gestiegene Selbstvertrauen verflüchtigte sich jedoch mit den deutschen Feldzügen gegen Dänemark und Norwegen Anfang Mai augenblicklich wieder. Dem sowjetischen Ultimatum folgte der Beschluss, die Lieferungen wieder aufzunehmen, wobei man hoffe, dass »Deutschland ebenso verfahren« werde.[9] Die Erfahrung jedoch, bei den Rohstofflieferungen von Stalins gutem Willen abhängig zu sein, wog für Hitler offenbar schwer, als er das Unternehmen »Barbarossa« ins Auge fasste.[10]

Im Augenblick war Stalin noch davon überzeugt, dass die Furcht vor Deutschland und Italien die Balkanstaaten überzeugen werde, »ihren natürlichen Beschützer mehr und mehr in Russland zu sehen«.[11] Schulenburg, der wusste, welche verhängnisvolle Folgen ein Konflikt auf dem Balkan haben konnte, begab sich nach Berlin, um für einen möglichen Besuch Molotows den Boden zu bereiten.[12] Diesen Gedanken wies allerdings Stalin, noch immer zufrieden darüber, nicht »zum Anhängsel Deutschlands geworden« zu sein, höflich zurück.[13] In ständiger Sorge über die Gefahr aus

Gebietsveränderungen 1938 bis 1940

Deutschland, verfolgte ihn zugleich der Gedanke an die Bedrohung von Süden, wo er die Türkei verdächtigte, sie könnte sich als Sprungbrett für einen alliierten Angriff gegen die Sowjetunion hergeben. Die Botschaft, die er an die Glückwünsche zu Hitlers Geburtstag anschloss, ist ein frühes Anzeichen dafür, dass ihm die Berichte zunehmend Sorge bereiteten, das »Feuer des Krieges könnte bald auf den Balkan übergreifen«.[14] Ribbentrop nutzte Stalins bekannte Ängste, um die deutschen Initiativen in der Region als Gegenmaßnahmen zu den Versuchen der Briten hinzustellen, die Türkei zur Öffnung der Meerengen für die britische und die französische Marine zu zwingen.[15] Und doch sah man nun, da die Arrangements hinsichtlich Nord- und Mitteleuropas realisiert waren, der Zukunft Südosteuropas, das bisher ausgespart geblieben war, mit Sorge entgegen. Der Zusammenbruch Frankreichs im Juni 1940 bedeutete die Auflösung der Balkan-Entente, und ein gefährliches Vakuum tat sich auf. Da Großbritannien sich unfähig zeigte, zu seinen Garantien zu stehen, befanden sich Rumänien und die Türkei nun in einer prekären Lage.[16]

Molotows Glückwünsche an Schulenburg »zu dem glänzenden Erfolg der deutschen Wehrmacht« in Frankreich standen in scharfem Kontrast dazu, dass das »rasche Voranschreiten« des Feldzuges Moskau in Panik versetzte.[17] Sein Lob war jedoch nur das Vorspiel für die schwache Entschuldigung, die Molotow an diesem Morgen für die überstürzte Besetzung der baltischen Staaten vorzubringen hatte: Man habe damit »die Intrigen der Briten und Franzosen in diesem Raum durchkreuzen« wollen. Ebenso beunruhigend für die Deutschen musste die eilige Dislozierung der Roten Armee »zum Schutze der Grenzen« Litauens sein, vor allem, da diesmal der Feind nicht genannt wurde. Die Erklärungen waren so fadenscheinig, dass Schulenburg es vorzog, lediglich eine stark bearbeitete Version seiner Gespräche nach Berlin zu schicken.[18]

Als die Russen den unheilvollen Sinn der Information erfassten, die Schlacht im Westen werde in zwei Monaten beendet sein, wurde es für sie allmählich dringend, sich einen Brückenkopf auf dem Balkan zu schaffen, denn die Deutschen konnten sich nun »in nicht allzu ferner Zukunft ... nach Osten wenden«.[19] Die vernichtende Niederlage Frankreichs brachte Russland Italien näher, zu dem die Beziehungen seit dem Ausbruch des Krieges im September 1939 gespannt waren. Mussolini hatte befürchtet, der Ribbentrop-Molotow-Pakt könnte nach Südosteuropa ausgeweitet werden und Italiens Ambitionen in diesem Raum beeinträchtigen. Es war für Stalin kein Geheimnis, dass Mussolini »eine Brücke nach

England und Frankreich schlagen wollte, um so latenten antisowjetischen Konstellationen neue Nahrung zu geben«. Von Hitler hieß es gerüchteweise, er habe dieser Initiative seinen Segen gegeben in der Hoffnung, die Russen dadurch zu isolieren und »zu veranlassen, ihren wirtschaftlichen Verpflichtungen besser gerecht zu werden«. Der italienische Außenminister Graf Ciano ermunterte sogar die rumänische Regierung, »in Bessarabien eine feste Haltung« einzunehmen und versprach großzügige Unterstützung, sollte es zu einem Angriff kommen.[20] Stalin, der sich seines Vertrages mit Hitler immer noch sicher war, wollte den Italienern die Lehre erteilen, dass »eine weitere Verschlechterung der Beziehungen mit der Sowjetunion für sie kaum von Vorteil« sei. Prompt wurden Anfang Januar 1940 beide Botschafter aus Rom und Moskau zurückgezogen. Das Verhältnis spitzte sich weiter zu, als die Außenminister Italiens und Ungarns in Venedig zusammenkamen, um über die Zukunft des Balkans zu beraten. Zwar richtete sich diese Konferenz nicht demonstrativ gegen die Sowjetunion, deren Ausschluss von den Verhandlungen, in denen die verschiedenen Forderungen an Rumänien erörtert wurden, stellte aber eine eindeutige Verletzung sowjetischer Interessen dar.[21]

Wie wir gesehen haben,[22] konnten es die Briten kaum erwarten, den Balkan in Flammen zu setzen. Hitler dagegen brauchte Ruhe, um seine Pläne für den Westfeldzug zum Abschluss zu bringen. Außerdem durchkreuzten Mussolinis Versuche, die Balkan-Entente neu zu beleben, Ribbentrops Bemühungen, die Achsenmächte mit dem Moskauer Pakt zu versöhnen. Bei einem Besuch in Rom Mitte März setzte Ribbentrop Mussolini unter Druck, im Verhältnis zu Russland beim Status quo zu bleiben. Um das Fundament für seinen ambitionierten Kontinentalblock zu legen[23], übte er auf die Russen ähnlichen Druck aus.[24] Ciano fand sich jedoch Ende April lediglich zu halbherzigen Gesten bereit, um den Russen entgegenzukommen. Nach seiner Enthüllung, man habe ihn dafür missbrauchen wollen, rumänischen Klagen gegen Russland in Berlin Gehör zu verschaffen[25], rückte Italien von Rumänien ab. Mussolini ließ sich nur widerwillig besänftigen und deutete vage an, die Botschafter könnten unter Umständen auf ihre Posten zurückkehren.[26] In Moskau aber betrachtete man Ciano auch weiterhin als das Haupthindernis einer Annäherung, und die Situation blieb verfahren. Molotow zog es vor, den Gang der Dinge selbst zu bestimmen. Die Sowjetunion, so sagte er Schulenburg, sei nicht »der rechte Ort, um ungeduldig zu werden«.[27] »Was für eine paradoxe Situation, nicht wahr?« meinte der italienische Geschäftsträger in Moskau, Mascia, auf einem diplomatischen Empfang, »dass wir Feinde der Sowjetunion und Freunde Deutschlands sind, während Deutschland zugleich mit Moskau verbündet ist.« Doch auch er äußerte Zweifel daran, dass Mussolini es den Russen gestatten würde, »in seinen ›italienischen Lebensraum‹ vorzudringen«.[28]

Schließlich waren es die schwindelerregenden Erfolge der Wehrmacht in Frankreich, die die Karten neu mischten und auch Mussolini und Stalin halfen, ihr gegenseitiges Misstrauen zu überwinden. Die neue Interessengemeinschaft erwuchs aus den Trümmern der bisherigen britischen Präsenz in der Region. Kaum hatte der Krieg gegen Frankreich begonnen, versprach der deutsche Botschafter in Rom, Hans Georg von Mackensen, der den Frieden auf dem Balkan um jeden Preis aufrechterhalten wollte, dem sowjetischen Geschäftsträger, Gelfand, dass »die Balkanfrage von Deutschland, Italien und der UdSSR gemeinsam und ohne Krieg entschieden« werde. Die Erfolge auf dem Schlachtfeld führten jedoch bald zu einem Meinungsumschwung. Während die Russen diese Erklärung weiterhin für ein deutsches Versprechen hielten, nannte Mackensen sie nun ein »Produkt von Gelfands Phantasie«. Da andere Probleme sich erledigt hatten, sorgte Hitler sich darum, dass ein Arrangement Italiens mit der Sowjetunion über seinen ursprünglichen Plan hinausgehen und die natürliche Vorherrschaft Deutschlands in dieser Region in Frage stellen könnte. Berauscht von seinen militärischen Erfolgen, glaubte er, die wichtigsten Probleme des Balkans ließen sich »durch die bloße Übermacht der Sieger ohne einen einzigen Schuss« lösen. Stalin wiederum stand vor dem Dilemma, von der Regelung entweder ausgeschlossen zu bleiben oder sich von der deutschen Übermacht erdrücken zu lassen. Die einzige Alternative bestand darin, selbst die Initiative zu ergreifen, um Russlands Interessen zu wahren.[29]

Die Furcht, Italien könnte, wenn es einmal in den Krieg eingetreten war, von Saloniki aus auf den Balkan vordringen, machte eine Neuorientierung der sowjetischen Politik notwendig.[30] Molotow begrüßte nun die Rückkehr des italienischen Botschafters Rosso nach Moskau, auch wenn dieser mit leeren Händen kam, weil er Ciano vor seiner Abreise nicht mehr hatte treffen können. Molotow betrachtete schon die bloße Kriegsbeteiligung Italiens als günstig dafür, die britische Bedrohung Russlands im Schwarzen Meer zu beseitigen. Er war zuversichtlich, dass man nun »auf die Stimme Deutschlands, Italiens und der Sowjetunion besser hören wird als vor einem Jahr«.[31] Auch Mussolini gab die Hoffnung auf, von den Alliierten zu profitieren, und schien wirklich daran interessiert zu sein, in der Balkanfrage Zusicherungen der Russen zu erhalten.[32] Die Garantien der Alliierten für den Balkan, so höhnte Ciano, seien »am besten mit einer Flasche Wein zu vergleichen, die man viele Jahre lang gehütet hat, damit der Wein gut und stark wird, in der man aber, wenn man sie schließlich öffnet, nur noch Essig vorfindet«.[33] Stalin erfuhr, dass Mussolini Hitler in München seine Absicht mitgeteilt hatte, »endgültig eine Verbesserung der politischen und wirtschaftlichen Beziehungen zur Sowjetunion zu erreichen«.[34]

Wie Stalin erwarteten auch die Italiener von Hitler, »England einige Schläge zu versetzen«, seinen Widerstand zu brechen und die zugänglicheren Politiker wie Lloyd George an den Verhandlungstisch zu holen, wo eine neue europäische Ordnung vereinbart werden sollte. Diese Prognose bestätigten Agenten des NKWD aus Görings Hauptquartier. Die Aussicht auf eine baldige Friedenskonferenz trieb Italien und Russland dazu, ihre gemeinsamen Interessen auf dem Balkan, bei den türkischen Meerengen und im Mittelmeer abzustecken. Stalin glaubte Russland stark genug, um im Falle einer solchen Konferenz Genugtuung für alle Demütigungen in Vergangenheit und Gegenwart einfordern zu können.[35] Die neue Verbindung war zweifellos als Hebel gegen die deutsche Vormachtstellung in Mittel- und Westeuropa gedacht. In Rom umwarb der sowjetische Botschafter Mussolini eifrig, indem er sich als Bewunderer von Italiens jahrhundertealtem Erbe präsentierte. Aber er kam bald auf sein aktuelles Anliegen zu sprechen, als er andeutete, das Ende der britisch-französischen Dominanz in Europa mache es »opportun, dass die Stimmen der UdSSR, Italiens und Deutschlands in der internationalen Arena gehört werden«. Mussolini, der seinerseits bemüht war, die ideologischen Differenzen herunterzuspielen, und lieber von gemeinsamen Interessen sprach, erweckte bei Stalin den falschen Eindruck, ein Platz auf der Friedenskonferenz sei Russland bereits sicher.[36]

Die neue Partnerschaft wurde am Tage des sowjetischen Einmarsches in Bessarabien besiegelt.[37] Italien und Russland bekräftigten erneut ihren Nichtangriffspakt von 1933 – »nicht nur im Geiste, sondern auch mit Zähnen zum Beißen«. Es nimmt nicht wunder, dass die von Stalin angestrebten Bestimmungen des Abkommens mit Italien denen des Geheimvertrages von Racconigi zwischen Nikolaus II. und König Viktor Emanuel III. vom Oktober 1909 sehr nahe kamen. Als Ergänzungsmaßnahme erreichte Stalin am 24. Juni die Aufnahme der Beziehungen zu Jugoslawien, dem einzigen Staat Südosteuropas, der die Anerkennung der Sowjetunion bislang verweigert hatte. Dieser Schritt zielte zweifellos darauf ab, den deutschen Einfluss in Jugoslawien zurückzudrängen und die sowjetische Interessensphäre in der Region auszubauen.[38] Damit werde, so warnte der deutsche Botschafter in Belgrad, »nicht nur den kommunistischen, sondern vor allem den russophilen Strömungen des Landes starker Auftrieb gegeben. Man glaubt allgemein, dass die Anlehnung an Sowjetrussland einen wenn auch geringen Schutz vor der italienisch-deutschen Gefahr bieten könnte.«[39]

Italien und Russland gingen nun daran, ihre Einflusssphären im Mittelmeer, im Schwarzen Meer und auf dem Balkan genauer zu definieren. Rosso schlug vor, das Mittelmeer zu einem »freien Meer im Interesse Italiens und anderer Staaten« zu machen, »die diese Freiheit brauchen«. Der sowjetische Anspruch auf Bessarabien wurde stillschweigend hingenommen. Man versprach der UdSSR einen Platz auf der Friedenskonferenz, wo die offenen Fragen zwischen Rumänien, Bulgarien und Ungarn mit friedlichen Mitteln gelöst werden sollten. Die Sorge der Russen um die Meerengen verflog, als Rosso keinerlei Ansprüche auf die Türkei anmeldete. Das Leitprinzip der neuen Partnerschaft fasste Molotow umgehend so zusammen: »Sie wollen Ihre legitimen Rechte im Mittelmeer durchsetzen, so wie die Sowjetunion das legitime Recht auf volle Kontrolle über das Schwarze Meer hat, das ausschließlich russisch sein muss. Die gegenwärtige Beherrschung der Meerengen kann nicht länger fortbestehen und muss geändert werden.« Für eine Neuordnung des Balkans unter der Ägide der beiden direkt betroffenen Mächte schienen die Sterne günstig zu stehen.

Nun ging man eilig daran, Grundsätze einer sowjetischen Balkanpolitik auszuarbeiten. Der Preis für Italien war die Anerkennung der ungarischen Ansprüche auf Rumänien. Was Bulgarien betraf, so rechnete Molotow auf dessen traditionell enges Verhältnis zu Russland, das er durch die Erfüllung seiner territorialen Forderungen nach der Dobrudscha von Rumänien und Thrakien von Griechenland zu stärken hoffte. Russland vergaß auch die deutschen Interessen in Rumänien nicht, die vor allem die Ölfelder betrafen, und war bereit, dort gemeinsam mit Italien und Deutschland die gegenseitigen Einflusssphären abzustecken. Schließlich erkannte Molotow auch den Vorrang Italiens im Mittelmeer an, erwartete jedoch die gleiche Haltung der Italiener zu den sowjetischen Interessen im Schwarzen Meer.[40] Die sowjetisch-italienische Verständigung ebnete zweifellos den Weg für die Besetzung Bessarabiens. Als aber die Deutschen ihre Aufmerksamkeit dem Balkan zuwandten und ihren überwältigenden Einfluss auf Italien geltend machten, fand die totgeborene Kollaboration mit den Russen ein abruptes Ende. »Jede weitere Einschaltung Russlands«, so warnte man Mussolini, könne die Balkanstaaten dazu ermutigen, »eine Großmacht gegen die andere auszuspielen«. Deutschland sei daran interessiert, die Kontrolle der Meerengen »in einer Art Schwebezustand« zu halten und sich gegen eine Türkei zu wenden, die »lediglich eine wertlose Garantie Englands besäße und im übrigen in starkem Gegensatz zu Russland stünde«.[41]

Die sowjetische Annexion Bessarabiens

Die Besetzung Bessarabiens und der Nordbukowina in den letzten Junitagen des Jahres 1940 ist vor allem auf das russische Streben nach Sicherheitsarrangements auf dem Balkan und an der Schwarzmeerküste zurückzuführen, und weniger auf unstillbare Eroberungsgelüste, wie es in der Literatur häufig dargestellt wird. Für diese Expansion gab es kein eigentliches ideologisches Motiv.[42] Wie wir gesehen haben, dauerte es einige Zeit, bis Stalin die Bedrohung begriff, die von der deutschen Besetzung der Benelux-Staaten für Russland ausging. Sie störte das delikate Gleichgewicht, das der Pakt zwischen beiden Staaten hergestellt hatte.[43] Merkwürdigerweise erwartete er, dass dadurch die unmittelbare Gefahr vom Schwarzen Meer und dem Balkan abgelenkt werde. Daher fragte Molotow nicht einmal nach, weshalb die Deutschen ihn nicht zuvor konsultiert hatten, wie es der Ribbentrop-Molotow-Pakt im Grunde erfordert hätte. Gelassen nahm er die absurde Erklärung der Deutschen hin, der Krieg im Westen sei »Deutschland durch einen zu erwartenden britisch-französischen Vorstoß ins Ruhrgebiet über Belgien und Holland aufgezwungen worden«. Zugleich aber brachten die deutschen Vertreter die Hoffnung zum Ausdruck, diese Entwicklung werde »sich auf die nächsten 1000 Jahre deutscher Geschichte auswirken«.[44] Ribbentrop besänftigte Molotow weiter, als er den sowjetischen Botschafter kurz nach Beendigung der Kampfhandlungen in Norwegen in seinen Privaträumen in der Reichskanzlei »mit äußerster Freundlichkeit« empfing. Ribbentrop verstand es, den Argwohn der Sowjets geschickt zu zerstreuen, indem er den Krieg im Westen mit britischen Intrigen begründete. Zu diesem Zweck zitierte er aus in Narvik erbeuteten Dokumenten, die den Druck deutlich machten, den England auf Schweden und Norwegen ausgeübt hatte, um den Transfer seiner

Truppen nach Finnland zu erreichen.[45] Jedes Bemühen der Alliierten, Stalin vor der deutschen Gefahr zu warnen, wurde sofort als Versuch gewertet, Russland in den Krieg hineinzuziehen.[46]

Gerüchte über die Intentionen der Sowjets in Bessarabien waren seit Kriegsausbruch im Umlauf.[47] Zwar dementierte Molotow vehement, die Sowjetunion verfolge die »gefährliche Absicht«, den Balkan in Brand zu stecken, an den Ansprüchen auf Bessarabien ließ er allerdings zu keiner Zeit Zweifel aufkommen.[48] Von Anfang an hatte er klar gestellt, dass diese Annexion mit dem Bedürfnis der Sowjetunion zusammenhing, die Donaumündung zu kontrollieren. Aus diesem Grunde hatte man bereits im Oktober 1939 die Türkei gedrängt, die Besetzung Bessarabiens hinzunehmen, was wiederum die Briten und Franzosen daran hindern sollte, mit ihrer Flotte durch den Bosporus Rumänien zu Hilfe zu eilen.[49] Die Türken lehnten dies jedoch ab, weil sie ein deutsch-sowjetisches Zusammenspiel im Schwarzen Meer befürchteten. Saracoglus Position, der die Möglichkeit nicht ausschloss, Handelsschiffen mit militärischer Ladung das Einlaufen ins Schwarze Meer zu gestatten, wenn in der Region Krieg ausbrechen sollte, gab den Russen Zeit zum Nachdenken. In ihren Augen vergrößerte das Abkommen über gegenseitigen Beistand, das die Türkei und Großbritannien am Vorabend des Krieges unterzeichnet hatten, gemeinsam mit den britischen Garantien für Rumänien die Wahrscheinlichkeit, dass die Alliierten eine Intervention im Schwarzen Meer planten.[50]

Großbritannien wollte vor allem verhindern, dass die Deutschen das Schwarze Meer erreichten und die rumänischen Ölfelder bedrohten. Eine Zeitlang spielte die britische Regierung sogar mit dem Gedanken, eine sowjetische Besetzung Bessarabiens zuzulassen, solange diese keinen Flächenbrand auf dem Balkan auslöste.[51] Für die Rumänen drohte die größte Gefahr von der Sowjetunion. Sie nutzten die Empörung gegen den russischen-finnischen Krieg maximal aus, um britische Militärhilfe gegen die »unmittelbar bevorstehende« Besetzung Bessarabiens zu erlangen, die in ihren Augen zur »Bolschewisierung ganz Mittel- und Südosteuropas« führen konnte.[52] Im Gefolge des Winterkrieges musste Molotow erfahren, dass die Alliierten nun tatsächlich andere Töne anschlugen. Sie appellierten an Rumänien, Bessarabien nicht aufzugeben und streuten »Verleumdungen und Falschinformationen aus, um die Bevölkerung zu einer antisowjetischen Haltung zu bewegen«.[53] Einerseits die Furcht vor Großbritannien und andererseits der Wunsch, den Anschein eines sowjetisch-britischen Komplotts zu vermeiden, hinderten Stalin zunächst daran, seine Absprache mit

Ribbentrop über die Zukunft Bessarabiens in die Tat umzusetzen. Die unerwarteten Komplikationen in Finnland ließen ihn weiter zögern, sich in neue militärische Abenteuer zu stürzen.

Angesichts der im Schwarzen Meer lauernden britischen Gefahr suchte Stalin zunächst nach einer diplomatischen Lösung der Bessarabienfrage. Mitte Februar 1940 schlug er der rumänischen Regierung einen Nichtangriffspakt vor. Im Austausch für Territorien Sowjet-Moldawiens forderte Stalin die Kontrolle über die Donaumündung, genauer gesagt über die Häfen Sulina und Constanta.[54] Der rumänische König Carol reagierte darauf jedoch mit einem überraschenden Vorschlag an den britischen Botschafter: Großbritannien solle sich über die Restriktionen des Vertrages von Montreux hinwegsetzen und eine als türkisch getarnte Flotte ins Schwarze Meer senden. Bei einem üppigen Essen mit Schnecken und Austern, die er speziell für diesen Zweck aus Paris geordert hatte, ergänzt durch exquisiten Portwein, drängte der König den Botschafter weiter, »die großen Möglichkeiten im Kaukasus« zu nutzen.[55]

Nachdem Stalin Finnland den Frieden aufgezwungen und damit die russischen Sicherheitsarrangements in der Ostsee ausgebaut hatte, ging er nun daran, die letzte Phase der Vereinbarung zwischen Ribbentrop und Molotow in die Tat umzusetzen. Bessarabien hatten die Türken im Jahre 1812 an Russland abgetreten. Dieses hatte nach dem Krimkrieg einen Teil an Rumänien verloren, ihn aber nach den Kriegen von 1877/78 zurückgewonnen. Mit dem Vertrag von Neuilly aus dem Jahre 1919 fiel dann die ganze Region an Rumänien. Zwar griff Stalin auf ethnische und historische Argumente zurück, um den russischen Anspruch auf Bessarabien zu rechtfertigen, tatsächlich aber war dieser Schritt von der Bedrohung des Schwarzen Meeres diktiert, die in seinen Augen vor allem von den Briten ausging. Die Ausdehnung des sowjetischen Sicherheitssystems bis zur Donaumündung garantierte die unverzichtbare Tiefe des Verteidigungsraumes für Sewastopol und Odessa, die bisher kaum 40 Kilometer von der rumänischen Grenze entfernt lagen. Selbst der britische Botschafter in Bukarest musste widerwillig einräumen, dass die Russen weniger ihre territorialen Ansprüche durchsetzen oder die Kontrolle der Ölfelder erringen wollten, als vielmehr um das Recht kämpften, »in gewissen Gebieten im Norden Garnisonen einzurichten sowie ihre Vertreter und möglicherweise Truppen in rumänischen Häfen zu stationieren«. Diese Auffassung begründete er in überzeugender Weise:

»In den Augen der Russen ist Bessarabien nicht nur aus ethnischen Gründen wichtig. Es wäre eine hervorragende Ausgangsbasis für einen Angriff der Deutschen gegen das Herz der Ukraine, für ein Umfassungsmanöver gegen Kiew und die Pripjat-Sümpfe, wie es das deutsche Oberkommando so erfolgreich während der Feldzüge in Polen und Westeuropa angewandt hat. Der beste Schutz für Russland vor einem solchen Manöver wäre die Kontrolle des Gebietes von den Karpaten bis zum Donaudelta.«[56]

Den Russen ging es in erster Linie darum, die Donau zu kontrollieren. Das zeigt schon die Tatsache, dass sie die Rumänen zu einer gemischten Sonderkommission zwangen, die nur wenige Tage nach der Okkupation in Odessa gebildet wurde, um die Grenze an der Donaumündung zu markieren.[57]

Bei der Besetzung der Nordbukowina spielten ebenfalls strategische Überlegungen eine Rolle. Stalin erlangte damit die Kontrolle über die wichtigste Eisenbahnverbindung zwischen der Ukraine und Bessarabien über Tschernowzy und Lwow. Schulenburg gab sich alle Mühe, Stalins strategische Absichten vor Hitler zu verbergen. Er stellte die Abtrennung der Bukowina als einen Schritt hin, den Stalin nahestehende ukrainische Kreise dem Kreml aufgezwungen hätten. Dabei hob er die Tatsache hervor, dass Molotow in der Tat die »russischen Ansprüche auf die Karpato-Ukraine bereitwillig aufgegeben« habe. Der deutsche Botschafter zog es vor, die wirklichen Motive der sowjetischen Seite zu beschönigen, weil diese von einem potenziellen Interessenkonflikt mit Deutschland zeugten.[58]

Nun war es König Carol nicht mehr möglich, durch eine Verbesserung der Beziehungen in letzter Minute noch den bevorstehenden Schlag abzuwenden. Molotow seinerseits begann den Boden für die Annexion zu bereiten, indem er über angebliche Schusswechsel an der Grenze Klage führte.[59] Stalin plante die Aktion sorgfältig für einen Zeitpunkt, da »die Aufmerksamkeit der kriegführenden Staaten an der Westfront gefesselt ist«. Außerdem sicherte er sich vorab Mussolinis Zustimmung.[60] Schnelles Handeln war gefragt, da er genügend Informationen darüber besaß, dass Deutschland – möglicherweise mit italienischer Hilfe – Rumänien fester in den Griff zu nehmen gedachte, sobald die Schlacht gegen England vorüber war. Der Rücktritt des prowestlichen Außenministers Gafencu am 30. Mai 1940 bestärkte den Kreml in der Einschätzung, dass Rumänien sich immer mehr Deutschland zuwandte.[61] Der günstigste Zeitpunkt schien daher Ende Juni zu sein, wenn Hitler nach den Geheimdienstberichten, die Stalin vorlagen, seinen Angriff auf England plante.[62] In Vorbereitung auf diesen nächsten Schritt suchte Stalin, die Deutschen milde zu stimmen, indem er die Rohstofflieferungen wieder aufnahm, die fast völlig zum Stillstand gekommen waren.[63]

Am 21. Juni informierte der langjährige deutsche Militärattaché in Moskau, Generalleutnant Ernst Köstring, das russische Verteidigungsministerium über die harten Bedingungen, die man den Franzosen aufgezwungen hatte, und über die demütigende Kapitulation im »historischen Eisenbahnwagen« von Compiègne.[64] Bereits einen Tag später wurde Schulenburg dringend in den Kreml beordert. Man teilte ihm mit, die Bessarabienfrage »gestatte nunmehr keinen weiteren Aufschub«. Molotow war nicht einmal bereit, dem Botschafter Zeit zu geben, seine Regierung zu konsultieren.[65] Die Mitteilung, dass Stalin in Bessarabien einzumarschieren beabsichtige, war für Schulenburg eine unangenehme Überraschung. Nach dem deutschen Triumph in Frankreich kam ein so militanter Schritt unerwartet, denn Hitler konnte genügend Truppen »für einen Feldzug gegen die Sowjetunion« mobilisieren und »leicht bis zum Ural durchmarschieren«.[66] Aber solange die Schlacht gegen England tobte, blieb Hitler kaum eine andere Wahl, als die Garantien einzuhalten, die Ribbentrop bei seinem Besuch in Moskau gegeben hatte. Zugleich wollte er den sowjetischen Schritt konsequent nutzen, um Südosteuropa seinerseits noch besser kontrollieren zu können. Vor allem musste er die Bulgaren und die Ungarn davon abhalten, nun ihrerseits Ansprüche durchzusetzen, die vitale wirtschaftliche Interessen Deutschlands in Rumänien gefährden konnten. Deshalb ging Hitler in die Offensive und bot sich als Vermittler und Retter vor dem Bolschewismus an. König Carol erhielt die dringende Empfehlung, Bessarabien ohne Widerstand aufzugeben.[67]

In der Nacht zum 26. Juni stellte Molotow den Rumänen ein Ultimatum, in dem er ihren sofortigen Abzug aus Bessarabien forderte.[68] Diese versuchten nun als letztes Mittel, die Deutschen in den Konflikt zu ziehen. Der deutsche Botschafter in Bukarest warnte, so »sinnlos« es aus militärischer Sicht auch erscheine, Rumänien sei bereit, auf dem Balkan einen Krieg zu entfesseln. Offenbar zögere es die Verhandlungen mit den Russen in der Hoffnung hinaus, dass »wir uns nach dem Sieg im Westen letzten Endes doch noch dafür interessieren könnten, die Russen vom Balkan fernzuhalten«.[69] Stalin war jedoch auf alle Möglichkeiten vorbereitet. Die Bitte der rumänischen Regierung um Fortsetzung der Verhandlungen, die eine Stunde nach Ablauf des Ultimatums einging, wurde abgewiesen. Molotow teilte dem rumänischen Botschafter mit, »für die sowjetischen Truppen sei es notwendig, sich am nächsten Morgen in Marsch zu setzen, und für die rumänischen, sich zurückzuziehen«. In drei Tagen hätten sie die Evakuierung »in perfekter Ordnung« abzuschließen.[70] Als nächster wurde Schulenburg informiert, dass die Rote Armee bereits die Order erhalten habe, den Dnestr zu überqueren, und dass dieser Befehl nicht mehr rückgängig zu machen sei.[71]

Als König Carol das Ultimatum erhielt, ließ er wutentbrannt den deutschen Botschafter in den Palast rufen. Mit seinen endlosen Intrigen hatte der König jedoch den Respekt aller Großmächte verwirkt. Ribbentrop warf ihm unverblümt vor, er habe die kriegführenden Seiten gegeneinander auszuspielen versucht, indem er sich zunächst britische Garantien gesichert und dann Deutschlands Hilfe gesucht habe, als dessen Überlegenheit deutlich wurde.[72] Zu seiner großen Bestürzung musste der König feststellen, dass auch die Italiener die Ansprüche Russlands befürworteten.[73] Schließlich versuchte er, Hilfe von den Briten zu erhalten, indem er die sowjetische Bedrohung der Meerengen in den schwärzesten Farben malte. Er drängte Churchill zu handeln wie »Lord Salisbury und Mr. Disraeli, als Bessarabien im Jahre 1878 den Besitzer wechselte«. Aber London sah in derartigen Vorschlägen lediglich das »Interesse der Rumänen, uns mit den russischen Absichten einen Schrecken einzujagen«.[74]

Am Ende erhielt Rumänien noch einige Stunden mehr, um den Rückzug abzuschließen, wobei man es für die Sicherheit aller Eisenbahnen, Brücken, Flugplätze und Industrieanlagen verantwortlich machte.[75] Da von Bulgarien und Ungarn weitere Ansprüche zu erwarten waren, blieb König Carol keine andere Wahl, als sein Schicksal in die Hände Deutschlands zu legen. Stalin, der seinen kleinen Coup genoss und auf die Zusammenarbeit mit Hitler in der Balkanregion hoffte, übersah dabei, dass er Rumänien mit dieser gut inszenierten Aktion selbst den Deutschen in die Arme getrieben hatte.[76]

Britische Pläne auf dem Balkan

Seit Glasnost tendiert die russische Geschichtsschreibung dazu, im Verein mit den Historikern des Kalten Krieges Stalin persönlich dafür verantwortlich zu machen, dass die Sowjetunion Deutschland keinen wirksamen Widerstand entgegensetzen konnte. Sie behaupten, Stalin habe mit der Ablehnung der Angebote Großbritanniens und Frankreichs, auf dem Balkan gemeinsam zu kämpfen, eine goldene Chance verspielt, den Krieg gegen Deutschland noch abzuwenden.[77] Dabei übersehen sie allerdings die Lage auf dem Balkan, die zu diesen Vorschlägen führte. Den Balkan unmittelbar nach dem Zusammenbruch Frankreichs auf die Tagesordnung zu setzen, war ein schlechtes Timing, da es die wahre Absicht der Alliierten enthüllte, Russland in den Krieg zu ziehen. Angesichts der schon traditionellen gegenseitigen Verdächtigungen und Feindschaften war ein Angebot unter derartigen Umständen von vornherein zum Scheitern verurteilt.

Im Sommer 1941 war der Balkan nicht nur der letzte Außenposten Großbritanniens in Europa, sondern auch der Schlüssel zur Verteidigung seiner imperialen Besitzstände im Mittelmeerraum und im Nahen Osten. Im Herbst 1939 hatte Churchill, damals noch Marineminister, im letzten Moment versucht, Russland für den Kampf gegen Deutschland zu gewinnen. Die verschiedenen Versuche, dieses Land in den Krieg zu verstricken, sollten zu seinem Markenzeichen werden. Die Bedeutung, die er dem Balkan beimaß, hatte er in einer berühmten Rundfunkrede unmittelbar nach Abschluss des Ribbentrop-Molotow-Paktes kundgetan:

»Ich kann nicht voraussagen, was Russland tun wird. Das ist ein Rätsel, ein undurchdringliches Geheimnis. Der Schlüssel zu diesem Geheimnis ist das nationale Interesse Russlands. Es kann nicht im Einklang mit dem Interesse oder der Sicherheit Russlands sein, dass sich Deutschland an den Ufern des Schwarzen Meeres festsetzt oder dass es die Balkanstaaten überrennt und die Slawen Südosteuropas unterwirft. Das stünde im Gegensatz zu den historischen Lebensinteressen Russlands.«[78]

Maiski offenbarte er seine Pläne, sich den Zugang zum Schwarzen Meer zu erkämpfen und zu verhindern, dass Deutschland die Donau kontrollierte, da er dann erwartete, dass dieses seine Hände auch nach Kleinasien, Indien und dem Iran ausstrecken werde.[79]

Die Gefahr, die seine Balkanpolitik für Russland bedeutete, schien Churchill jedoch nicht wahrnehmen zu wollen. Maiski zitierte noch einmal Stalins Worte von 1939, dass Russland nicht die Absicht habe, »für andere die Kastanien aus dem Feuer zu holen«. Das hieß klar und deutlich, dass es unter den derzeitigen Umständen auch nicht bereit war, »im [britischen] Auftrag gegen Deutsch-

Die Westküste des Schwarzen Meeres im Herbst 1940

land zu kämpfen«.[80] Da jedoch die Deutschen ihren Expansionskurs wieder aufnahmen, suchten die Russen erneut nach Wegen, die Gefahr einer britischen Aktion in den Meerengen oder in Baku zu entschärfen und ihre Neutralität zu beteuern. Dafür wählten sie den Abschluss eines Beratervertrages. Die Briten bestanden aber darauf, dass die sowjetischen Exporte von Kriegsmaterial nach Deutschland eingeschränkt werden müssten, was wiederum als Versuch gewertet wurde, »die Sowjetunion von ihrer Politik der Neutralität abzubringen«. Halifax war schon zufrieden, »mit Maiski wieder im Geschäft zu sein«, erwartete allerdings keine raschen Ergebnisse.[81]

Der Zusammenbruch der französischen Verteidigung ließ Stalin erneut befürchten, Churchill könnte nach dem Beispiel Pétains Frieden mit Deutschland suchen. Wenn er die Erfahrungen des Krimkrieges und der alliierten Intervention im russischen Bürgerkrieg bedachte, konnte er die Möglichkeit nicht ausschließen, dass England seine Übermacht im Mittelmeer nutzten wollte, um sich mit Gewalt Zugang zum Schwarzen Meer zu verschaffen und so Russland einen Zweifrontenkrieg aufzuzwingen.[82] Die Alliierten konnten auch darauf verfallen, den Druck im Westen zu verringern, indem sie auf dem Balkan eine zweite Front eröffneten. Berichte aus Sofia deuteten an, dass »britisch-französische Agenten« in der Umgebung von König Boris gemeinsam mit den Militärs hektische Betriebsamkeit in dieser Angelegenheit entwickelten.[83] NKWD-Agenten in Istanbul berichteten, dass man dort von französischen, britischen und amerikanischen Schiffen Militärgüter und Munition auslade und zugleich die Dardanellen befestige. Britische Tanker ankerten am Bosporus. In Piräus hielten sich hartnäckige Gerüchte, dass ein britisches Geschwader zum Schwarzen Meer unterwegs sei, während an der bulgarischen Grenze türkische Truppen aufmarschierten.[84] Die Andeutung der Türken, dass die Präsenz der britischen Flotte in der Nähe der Meerengen sich gegen Italien richte, schien ein Fünkchen Wahrheit zu enthalten.[85]

Vor diesem Hintergrund wurde Cripps zum Botschafter in Moskau ernannt. Er kam ganz eindeutig mit dem Segen der Sowjets, um ein Handelsabkommen abzuschließen. Allerdings war sich Stalin bereits vor Cripps Ankunft bewusst, dass die Verhandlungen »ins Politische überschwappen« konnten und die Briten das Ziel verfolgten, »die Russen zu einem Doppelspiel gegenüber den Deutschen zu verleiten«.[86] Genauer gesagt, hoffte man, die deutschen, russischen und italienischen Ambitionen in Südosteuropa könnten »sich gegenseitig ausgleichen und es möglich machen, eine Art prekäres Vakuum aufrechtzuerhalten«.[87] Der langjährige Botschafter in Belgrad, Campbell, warnte jedoch sofort davor, dass es »für die Regierung seiner Majestät sinnlos und auch vergeblich wäre, sich angesichts der chaotischen Politik auf dem Balkan aktiv in die Beziehungen zwischen den Staaten der Halbinsel einzumischen ... Eine aktive und vor allem eine offene Intervention ist gefährlich, und jeder eindeutige Versuch, die Dinge voranzutreiben, kann nur Schaden bringen.«[88] Cripps Anwesenheit in Moskau und die Ansichten, die er verkündete, ließen bald Gerüchte eines bevorstehenden Bruches zwischen Deutschland und Russland aufkommen.[89] Die Versuchung war aber auch zu groß.

Cripps, der von der sich anbahnenden italienisch-sowjetischen Entente nichts ahnte, schlug Molotow bereits bei der ersten Begegnung Mitte Juni vor, »die Balkanstaaten gegen die Aggression Deutschlands und Italiens ... zusammenzubringen.«[90] Der neue französische Botschafter Labonne, der stark unter Cripps' Einfluss stand, unternahm zunächst ähnliche Vorstöße, weigerte sich dann aber strikt, über die Rechtmäßigkeit des russischen Einmarsches in Bessarabien auch nur zu sprechen. Sein Bekenntnis, die französische Armee sei »völlig zerschlagen worden«, erregte bei Molotow den Verdacht, Labonne wolle lediglich einen Streit zwischen Deutschland und Russland provozieren. Diesen Verdacht verstärkte die noch frische Erinnerung daran, dass man den sowjetischen Botschafter aus Paris ausgewiesen hatte und verschiedene Pläne der französischen Regierung für einen Angriff gegen Russland an die Öffentlichkeit gelangt waren.[91]

Erst nach dem Zusammenbruch Frankreichs wandte sich Churchill direkt an Stalin. Er hoffte, Cripps werde Gelegenheit erhalten, die Absichten der Sowjetregierung »angesichts der plötzlichen Zerstörung des gesamten militärischen und politischen Gleichgewichts in Europa« detailliert zu erörtern. Dieselben Umstände jedoch, die Churchill veranlasst hatten, Stalin zu schreiben, machten es Cripps nun unmöglich, Churchills Weisung zu befolgen. Dieser hatte ihm empfohlen, er möge »darauf achten, [bei Stalin] nicht den Eindruck zu erwecken, wir liefen ihm hinterher, um ihn zu bitten, für uns die Kastanien aus dem Feuer zu holen, oder wir wollten ihm vorschreiben, wo in der gegenwärtigen Krise Russlands wirkliche Interessen liegen«. Churchills verzweifelter Appell wurde noch durch seine plötzliche Bereitschaft verstärkt, die Annexion der baltischen Staaten anzuerkennen. Schließlich sei diese »von der unmittelbaren, gewaltigen Bedrohung Russlands durch Deutschland diktiert worden, die es durchaus rechtfertigen kann, dass die Sowjetregierung Maßnahmen zur Selbstverteidigung ergreift, die unter anderen Umständen kritikwürdig wären«.[92]

Am 1. Juli wurde Cripps zu einem beispiellosen Treffen mit Stalin geladen, das fast drei Stunden dauerte. Cripps wusste nicht, dass dieser an dem Tage, da er um Audienz im Kreml gebeten hatte, gerade letzte Hand an das Arrangement mit Italien auf dem Balkan legte.[93] Wie zu erwarten war, zeigte sich Stalin von Churchills persönlichem Brief nicht sonderlich beeindruckt. Cripps, der Churchills Politik äußerst kritisch gegenüberstand, räumte später ein, dessen Vorschläge hätten das Ziel verfolgt, die Russen »dazu zu bewegen, *uns* aus unserem tiefen Loch herauszuhelfen, wonach wir sie durchaus im Stich lassen und uns sogar auf die Seite der Feinde schlagen konnten, die sie heute umringen«.[94] Die britischen Stabschefs interpretierten Cripps' Ideen durchaus als eine Möglichkeit, »Russland gegen Deutschland aufzubringen«, lehnten es aber ab, als Gegenleistung die Durchfahrtsrechte ins Schwarze Meer abzutreten. In ihren Augen lief die sowjetische Strategie darauf hinaus, »den Einfluss Großbritanniens in Asien zu untergraben ... Der Opportunismus der sowjetischen Politik und der jeglicher sowjetischer Garantien lässt Zweifel aufkommen, ob eine Vereinbarung mit den Sowjets überhaupt bleibenden Wert hat.« Auch Versuche, den Russen »größere Furcht vor Großbritannien als vor Deutschland einzujagen«, waren nicht von Erfolg gekrönt.[95]

Das also war der Hintergrund für Stalins Misstrauen gegen die britische Initiative. Cripps' Vorschlag, »die Hegemonie auf dem Balkan« anzustreben, lehnte er ab, weil er einen solchen Gedanken für »anmaßend und gefährlich« hielt. Mehr Bedeutung maß Stalin offenbar einer Revision der Schifffahrtsregeln in den Meerengen bei, wonach ausländischen Marineeinheiten zu Kriegszeiten die Durchfahrt verwehrt sein sollte.[96] Molotow teilte dem bulgarischen Botschafter im Vertrauen mit, Moskau habe »nicht die Absicht, einen solchen Vorteil zu suchen, sei aber auch nicht bereit, seine Interessen dort aufzugeben«. Er hoffe, die Sowjetunion könne sich an die Spitze der Verhandlungen über die Türkei setzen, aber nur als Bestandteil eines Gesamtarrangements für den Balkan in voller Zusammenarbeit mit Deutschland und Italien.[97]

Cripps' Anwesenheit in Moskau und seine Balkanvorschläge an Stalin sollten in ihrer Bedeutung nicht unterschätzt werden. Kurz vor Cripps' Eintreffen hatte der Chef der sowjetischen Militäraufklärung GRU, General Iwan I. Proskurow, den Stopp der deutschen Militärlieferungen an Russland auf deutsche Befürchtungen zurückgeführt, Cripps könnte »einige Angebote« nach Moskau mitbringen.[98] Wenige Tage später lag jedoch bereits der erste Bericht der russischen Militäraufklärung über deutsche Invasionsabsichten in Russland auf Stalins Schreibtisch, bevor Hitler seinen Plan dem Oberkommando der Wehrmacht überhaupt offiziell vorgestellt hatte.[99] Die damals noch sporadischen Informationen bezogen sich auf angebliche deutsche Geheimverhandlungen in Madrid mit Edward, dem exilierten Herzog von Windsor, auf die Umgruppierung von Truppen in Polen, auf eine erhöhte Produktion in den Rüstungsfabriken von Skoda in der Tschechoslowakei sowie die Rekrutierung Russisch sprechender Offiziere und weißer Emigranten in Prag. Die Militärattachés in Berlin unterstützten die daraus gezogenen Schlussfolgerungen einmütig.[100] Das gab einer Information neues Gewicht, die man noch im Juni skeptisch aufgenommen hatte. Danach hatte der frühere deutsche Außenminister Neurath gegenüber einer Gruppe weißer Emigranten durchblicken lassen, Hitler beabsichtige, »zwei neue Staaten – eine Ukrainische und eine Kasaner Republik – zu bilden« und in Russland selbst »eine neue Ordnung zu errichten«. Zu den konkreteren Nachrichten gehörte die Beobachtung, dass Görings Bruder in Sofia und in Rumänien Waffengeschäfte ausgehandelt hatte.[101]

Eine Woche später wurde Proskurow abgesetzt, weil er Stalin nicht ausreichend auf die Pläne der Deutschen im Westen aufmerksam gemacht hatte.[102] General Filip I. Golikow, der an seine Stelle trat, gab Stalin präzisere Informationen über die Truppentransporte nach Osten. Er berichtete, dass »nach verschiedenen Meldungen der ausländischen Presse und Angaben des deutschen Militärattachés in Moskau die Verlegung deutscher Truppen nach Ostpreußen und in die früheren polnischen Gebiete anhält«.[103] Anfang Juli 1940 übergab NKWD-Chef Berija Stalin den Bericht einer Aufklärungsmission zuverlässiger Agenten in Polen, der bestätigte, dass dieser Truppenaufmarsch auf erste Vorbereitungen eines Krieges gegen Russland hindeute. Informationen der Grenzposten des NKWD von verschiedenen Abschnitten ergaben, dass hochrangige deutsche Offiziere diese Gegenden in den Sommermonaten inspiziert hatten. Danach begann man dort neue Flugplätze anzulegen, die bestehenden zu erweitern und aus dem Westen herangeschaffte Flugzeuge instand zu setzen. Schließlich wurde auch das Eintreffen deutscher Piloten im Grenzgebiet festgestellt. Das alarmierte die Militäraufklärung, da diese Informationen »Angaben in unserem Besitz erhärten und in einigen Fällen regelrecht wiederholen«. Ende August wurde bekannt, dass die Deutschen die Verlegung von 120 Divisionen nach dem Osten planten.[104]

Diese Berichte der Nachrichtendienste sind vielleicht die beste Erklärung dafür, weshalb Stalin mit Cripps' Mission so vorsichtig umging. »Die Auswahl dieser oder jener Person für einen Botschafterposten«, warnte Molotow, »ist Sache der britischen Regierung«. Aber nach seiner Meinung sei es falsch anzunehmen, »jemand von der Linken« könne auf eine Vorzugsbehandlung hoffen. Viel wichtiger sei, dass der neue Botschafter »die Ansichten der britischen Regierung wiedergibt«.[105] Um jeder Fehlinterpretation vorzubeugen, achtete Stalin darauf, dass Berlin Kenntnis vom genauen Inhalt seiner Gespräche mit Cripps erhielt. Schulenburgs Versicherungen, Stalin sei sich der »krampfhaften Versuche, Misstrauen zwischen Deutschland und der Sowjetunion zu säen« durchaus bewusst und es liege »kein Grund vor, an der loyalen Haltung der Sowjetunion zu zweifeln«, ließen Hitler jedoch gänzlich unbeeindruckt.[106] Er war von dem Gedanken besessen, Englands Widerstand speise sich aus den Erwartungen »dritter Länder, wobei sie zunächst wohl die Vereinigten Staaten, vielleicht aber auch noch mit einer stillen Hoffnung Russland im Auge hätten«. Dieses Argument war nicht nur ein Vorwand, um eine baldige Offensive gegen Russland Ende Juli ins Auge zu fassen. Ebenso wichtig war die Erkenntnis einer wirklichen potenziellen Gefahr für die Rohstoffquellen Deutschlands, vor allem aber für seine Hegemonie in Europa.[107]

Der Wiener Schiedsspruch: Der deutsche Vormarsch auf dem Balkan

Was den weiteren Fortgang des Krieges betraf, war Hitler den ganzen Sommer und Herbst 1940 hin und her gerissen. Die wachsende amerikanische Unterstützung für Großbritannien, Churchills Unnachgiebigkeit und die schwerwiegenden logistischen Probleme, die eine Invasion auf den Britischen Inseln verursachte, drohten die deutsche Strategie durcheinander zu bringen. Hitler steckte plötzlich in einer Zwangslage, die in seinen Plänen nicht vorgesehen war – dass sich nämlich der Krieg im Westen zu einem langen Zermürbungskampf entwickelte, den sich Deutschland nicht leisten konnte, weil es ihm dafür an Rohstoffen und Ressourcen fehlte. Die Alternative, Großbritannien durch die Bildung eines Kontinentalblocks zu isolieren, wie es Ribbentrop und die »Ostler« im Auswärtigen Amt vorschlugen, erforderte eine weitere Zusammenarbeit mit der Sowjetunion. Der Sommer ging dahin, die Schlacht um Britannien erreichte ihr Ziel nicht, und allmählich dämmerte Hitler, was Englands Überleben für ihn bedeutete. Die Invasion in Russland, zunächst nur ein Gedankenspiel, wurde nun zu einer realen Alternative. Wenn man England in Schach halten konnte, gewann die Option eines erfolgreichen Blitzkrieges gegen die Sowjetunion immer mehr an Attraktivität.

Bislang sind Rolle und Einfluss der deutschen Eliten zu wenig untersucht worden, die Hitler für sich gewinnen wollte. Dazu gehörten die Anhänger der »östlichen« Tradition, nun unbeholfen vertreten durch Ribbentrop, dessen Anglophobie ihn dazu getrieben hatte, sich die Alternative eines Kontinentalblocks auszudenken, und in geringerem Maße auch Kreise der Militärs. Die erste Planungsphase für das Unternehmen »Barbarossa« war kaum auf den Weg gebracht, als das Oberkommando der Wehrmacht (OKW) und Ribbentrop Hitler zu dem Versuch aufforderten, England zu isolieren und so Deutschlands Dominanz auf dem Kontinent zu sichern. Eine feste Kontrolle Südosteuropas, so glaubten sie, werde ein stabiles Hinterland sichern. Wenn es gelänge, eine Allianz von Gibraltar bis Japan zu knüpfen, dann wäre die Vormachtstellung Deutschlands erreicht.[108]

Der eifrigste Verfechter des Kontinentalblocks war Schulenburg. Er glaubte, Hitler habe *Mein Kampf* 16 Jahre zuvor hauptsächlich als Propagandawerkzeug gegen den moskauhörigen Kommunismus geschrieben. Nachdem dieser im eigenen Lande besiegt war, schienen Hitlers Pläne nach seiner Meinung nun »in eine ganz andere Richtung zu laufen, als über das Sowjetregime herzufallen oder auf dessen Kosten territorial zu expandieren«. Ebenso heftig lehnte er auch die Vorstellung, Deutschland brauche das Getreide der Ukraine, als »baren Unsinn« ab. Seine Kontaktstellen im Auswärtigen Amt täuschten ihn über Hitlers wahre Absichten und bestärkten ihn in dem Glauben, Hitler habe sich seit dem Abschluss des Nichtangriffspaktes davon überzeugt, dass die Sowjetunion »kein Hindernis für den gigantischen Aufbau des europäischen Kontinents darstellt, dem er jetzt seine ganze Aufmerksamkeit widmet«.[109]

Oberflächlich gesehen, schienen nach dem Ende des Krieges im Westen die Bedingungen für die Errichtung einer neuen Weltordnung und die Ausdehnung des Ribbentrop-Molotow-Pakts auf Südosteuropa günstig zu sein. In Japan sanktionierte der neue Premierminister Fumimaro Konoe, ein glühender Verfechter des Bündnisses mit Deutschland, nun die Südexpansion gegen Großbritannien und die USA. Die Beziehungen zu Russland suchte er durch deutsche Vermittlung zu regeln.[110] Der sowjetische Einmarsch in Bessarabien, ein Schritt, den die Dynamik von Hitlers Politik ausgelöst hatte, musste Deutschlands Aufmerksamkeit jedoch auf den Balkan lenken. Schulenburg kämpfte weiter gegen die Annahme, hinter der sowjetischen Annexion Bessarabiens stehe die Absicht, die rumänischen Ölfelder zu besetzen. Vielmehr schrieb er sie Stalins Wunsch zu, nun, da das Ende des Krieges nahe schien, an der Neuordnung der Welt teilzuhaben. Deshalb war es aus seiner Sicht wichtig, den Wirkungsraum des Ribbentrop-Molotow-Pakts auszudehnen und eine gefährliche Interessenkollision auf dem Balkan zu verhindern[111] – eine Option, die nach Schulenburgs Ansicht durchaus realistisch schien, da Stalin keine »ausschließliche Rolle« in der Region anstrebte.[112]

Zwar war die Planung für einen Krieg gegen Russland bereits in vollem Gange, aber der Chef des Generalstabes, Franz Halder, und der Chef des Oberkommandos des Heeres (OKH), Feldmarschall Walter von Brauchitsch, räumten ein, Russland und Deutschland hätten immer noch die Möglichkeit, sich mit dem Erreichten zufrieden zu geben und »einander aus dem Wege zu gehen«. Es gab gute Chancen, eine entsprechende Vereinbarung zu erreichen. Hitler nahm an, dass es ihm – ähnlich wie beim Münchener Abkommen – gelingen werde, Stalin auch ohne Krieg beträchtliche Zugeständnisse abzuringen. Dabei unterschätzte er völlig Stalins Interesse an der Region: »Zwar ist Moskau von Deutschlands großem Erfolg nicht begeistert, aber es wird nichts tun, um aus eigenem Antrieb Krieg gegen Deutschland anzufangen.«[113]

Die Besetzung Bessarabiens verbesserte die strategische Position der Sowjetunion in der Schwarzmeerregion erheblich. Die Kontrolle über die Donaumündung hob die Bedrohung Odessas auf, außerdem war der Landweg nach Bulgarien und zum Bosporus gesichert. Die Arrangements erinnerten in vieler Hinsicht an die mit Finnland nach dem Winterkrieg getroffenen, die den Seeweg nach Leningrad schützten. Aber Stalins Schachzug stellte aus Berliner Sicht eine Bedrohung für das unverzichtbare wirtschaftliche Hinterland Deutschlands dar. Daher wandte Hitler, eher widerwillig, seine Aufmerksamkeit dem Balkan zu, denn er konnte es Russland nicht erlauben, mit italienischer Unterstützung eine Neuordnung der Region vorzunehmen.[114]

Kampfhandlungen auf dem Balkan drohten die Operation »Seelöwe« zu stören, Hitlers Invasion in England, die für Mitte August geplant war. Daher unterwarf Hitler König Carol Mitte Juli seinem »unparteiischen« Schiedsspruch über die Forderungen der verschiedenen Staaten.[115] In Frankreich waren die Kanonen kaum verstummt, als Stalin die Nachricht erhielt, Bulgarien bemühe sich als Gegenleistung für seine strikte Neutralität um Deutschlands Hilfe beim Anschluss der Dobrudscha und beim Zugang zum Ägäischen Meer. Stalin erwartete aber die bevorstehende Friedenskonferenz und war nicht auf eine militärische Auseinandersetzung mit Deutschland eingestellt.[116] Anfang Juli 1940 warnte der sowjetische Botschafter in Berlin, Alexander Schkwarzew, die Annexion Bessarabiens habe Hitler in seinem Entschluss bestärkt, Deutschlands Hegemonie auf dem Balkan zu errichten. Das deutsche Oberkommando sei nach Berlin gerufen worden, um die dafür notwendigen militärischen Schritte auszuarbeiten.[117] Gut informierten deutschen Quellen in Moskau musste auffallen, dass die Russen »anfangen, sich über den deutschen Aufmarsch an ihren Grenzen Sorgen zu machen ... Zugleich sind sie irritiert und beunruhigt über ein mögliches Eingreifen Deutschlands auf dem Balkan«. Die sowjetischen Militärs streckten ihre Fühler aus, um herauszufinden, ob das Rumänien-Syndrom auch auf Bulgarien zutreffe.[118] Mitte August war das Ausmaß der Konfrontation mit Russland nicht mehr zu übersehen. Die verschiedenen Nachrichtendienste informierten Stalin von Hitlers Absicht, auf dem Balkan als Vermittler aufzutreten. Noch alarmierender war seine angebliche Erklärung, alle territorialen Veränderungen auf dem Balkan seien provisorischer Natur; sobald England niedergeworfen sei, werde er die Ukraine angreifen.[119] Der Resident des NKWD in Bulgarien berichtete, deutsche Flussschiffe transportierten schwere Waffen über die Donau, um die Schwarzmeerküste zu befestigen.[120]

Bulgarien war für das sowjetische Sicherheitssystem von entscheidender Bedeutung, denn es bildete die Landbrücke zu den türkischen Meerengen. Alexandra Kollontai, die sowjetische Botschafterin in Schweden und die vielleicht einzige Diplomatin, die sagte, was sie dachte, räumte ein, dass die Russen über den Aufmarsch der Wehrmacht an ihrer Grenze äußerst beunruhigt seien. Sie könnten es deutschen Truppen nicht gestatten, auf den Balkan vorzurücken und die Meerengen unmittelbar zu bedrohen.[121] Der »Streit um den Balkan«, wie der bulgarische Botschafter diese Vorgänge in einem Bericht nach Sofia nannte, habe begonnen, womit auch die »Frage des Ostens« wieder offen sei. Diese Entwicklung sei unausweichlich, da Hitler Europa nicht nur von Berlin, sondern auch von Wien aus betrachte, wo er sich selbst zum Erben des wiedererstandenen Österreich-Ungarischen Reiches eingesetzt habe.[122]

Bei Kriegsausbruch hatte Bulgarien eine neutrale Haltung eingenommen. Deren stillschweigende Unterstützung durch Großbritannien verbarg die tatsächliche Absicht, das Land künftig als Sprungbrett zu nutzen, um Deutschland den Zugang zu den rumänischen Ölfeldern zu verwehren. König Boris sah jedoch, ähnlich wie Stalin, in diesem Krieg eine Chance, territoriale Forderungen seines Landes durchzusetzen. Ohne Zeit zu verlieren, bat er Hitler für den Fall, dass die Russen Bessarabien besetzten, um Unterstützung für den bulgarischen Anspruch auf die südliche Dobrudscha. Russland hatte den nördlichen Teil der Dobrudscha nach dem Krieg von 1878 als Ausgleich für Bessarabien den Rumänen überlassen. Rumänien seinerseits annektierte nach dem zweiten Balkankrieg von 1913 den südlichen Teil der Region.[123] Um einer politischen Initiative Großbritanniens zuvorzukommen, hatten die Russen bereits im September 1939 ein Abkommen über gegenseitigen Beistand vorgeschlagen, das im Grunde genommen auf ein Bündnis hinauslief.[124]

Der bulgarische Botschafter in Moskau, Antonov, der sich »von den Sowjets hatte einwickeln lassen«, war in der letzten Septemberwoche 1939 vergeblich nach Sofia geflogen, um dem König diese Vorschläge persönlich zu überbringen. »Sollte [Antonov] nur die Hälfte dessen dargelegt haben, was er im Gespräch mit mir unmittelbar vor seiner Abreise entwickelte«, bemerkte der türkische Botschafter, »dann musste ihm König Boris sofort die Tür weisen«. Der König fürchtete vor allem die kommunistische Gefahr, wenn die Russen in Bulgarien Fuß fassten. Aber zugleich war er sich der historischen und ethnischen Zuneigung der Bevölkerung zu Russland wohl bewusst, ein Gefühl, das die Russen »bei jeder Gelegenheit betonten«.[125] In den Straßen von Sofia wurden täglich 10 000 Exemplare der *Iswestija* verkauft. In den Kinos des Landes liefen 26 sowjetische Filme.[126]

Als Antonov durch den erfahrenen Diplomaten Christov ersetzt wurde und der bisherige Rektor der Sofioter Universität, Professor Bogdan Filov, im Februar 1940 das Amt des Premierministers übernahm, war das für die Russen ein schlechtes Omen. Nach der Niederlage Frankreichs trat Filovs Deutschfreundlichkeit noch unverhüllter hervor.[127] Deutschlands Abhängigkeit vom rumänischen Öl und sein Bündnis mit Italien lenkten die Aufmerksamkeit nun auf den Balkan. Der deutsche Botschafter in Sofia drängte Ribbentrop, den Russen die Initiative zu entreißen und so den Bulgaren die Furcht zu nehmen.[128]

Molotow hatte inzwischen dem bulgarischen Botschafter empfohlen, sein Land möge »die Lehren aus der bisherigen Entwicklung nördlich und westlich von Deutschland« ziehen und an der Neutralität festhalten.[129] Im Rahmen des Übereinkommens, an dem man gerade mit Italien arbeitete, erwartete er, dass Bulgarien seinen Anspruch auf die Dobrudscha über Moskau vortragen werde. Der bulgarische Botschafter in Berlin, Draganov, der enge Verbindungen zu König Boris unterhielt, hatte jedoch wenig Zweifel daran, wie das neue Kräfteverhältnis aussah. Die Tatsache nutzend, dass sich auf dem Balkan ganz offensichtlich eine Rivalität zwischen Russland und Deutschland zusammenbraute, stellte er in der Wilhelmstraße die Forderung nach der Dobrudscha just an dem Morgen, da sowjetische Truppen den Dnestr überschritten und in Bessarabien einrückten. Die Ungarn folgten seinem Beispiel.[130] Hitler kam Stalin zuvor, lud Filov nach Salzburg ein und versprach ihm dort eine Regelung der bulgarischen Forderungen »zusammen mit Russland und Italien oder zumindest mit Italien«. Als Filov Befürchtungen äußerte, Bulgarien könnte »von dem großen russischen Nachbarn aufgesogen werden«, versicherte ihm Hitler, wenn jemand versuchen sollte, deutsche Interessen zu verletzen, werde es einen furchtbaren Schlag geben. Allerdings rechnete er weiter mit der »alten Anziehungskraft der Dardanellen« für Stalin, die er befriedigen wollte, solange dies keine Aufteilung des Balkans in Einflusssphären zur Folge hatte.[131]

Stalin vollführte einen Drahtseilakt. Beobachter in Moskau bewerteten Molotows Ausführungen über die sowjetische Außenpolitik vor dem Obersten Sowjet Anfang August als »durchdacht, zutreffend und vorsichtig« sowie als Ausdruck »vollständiger Unabhängigkeit«. Sie zielten eindeutig darauf ab, den Nichtangriffspakt mit Deutschland zu bekräftigen und Gerüchten über einen möglichen Bruch der Beziehungen, die die Briten gestreut haben sollten, entgegenzutreten. Diese sah man als klaren Versuch, Russland in den Krieg hineinzuziehen. Verdächtig war allerdings, dass die problematischen Fragen der Meerengen und der Unzufriedenheit über die deutschen Initiativen auf dem Balkan in Molotows Rede vollkommen ausgespart blieben. Einen Ausgleich bildete jedoch eine Reihe von Kommuniqués, die zeigten, welche Stimmung wirklich im Kreml herrschte.[132] In internen Gesprächen löste die Aussicht auf einen deutschen Schiedsspruch heftige Reaktionen aus, die Schulenburg in seinen Berichten nach Berlin tunlichst herunterspielte. Vergeblich versuchte er, Molotow zu überzeugen, dass Hitler nicht eigentlich als Schiedsrichter auftrat, sondern lediglich auf ein Ersuchen des rumänischen Königs Carol reagierte. Das widersprach alarmierenden Berichten, Hitler habe in Wirklichkeit die Rumänen dazu gezwungen, die Süd-Dobrudscha an Bulgarien abzutreten.[133] Eine ähnliche Botschaft enthielt auch das Gesetz, das der Oberste Sowjet über die Annexion der baltischen Staaten und vor allem Bessarabiens annahm.[134]

Da Stalin keinen wirklichen Einfluss auf die bulgarische Führung hatte, suchte er weiterhin Unterstützung in der Bevölkerung zu mobilisieren. So konnte König Boris nichts dagegen tun, dass der sowjetischen Fußballnationalmannschaft ein jubelnder Empfang bereitet wurde.[135] Der sowjetische Pavillon auf der Buchausstellung in Plovdiv war der am besten besuchte. Zwischen Odessa und Varna wurde eine ständige Schifffahrtslinie eingerichtet, in der bulgarischen Küstenstadt ein sowjetisches Konsulat eröffnet. Der britische Konsul in Varna berichtete, wie beliebt die Vorführung sowjetischer Filme auf dem Marktplatz jeden Abend sei. Die Leute liefen »schon sehr zeitig zusammen, um sich einen Stehplatz zu sichern. Viele kommen auf Eselskarren, um besser sehen zu können. Sogar aus den umliegenden Dörfern zieht es zahlreiche Bauern hierher.«[136]

Ribbentrop untersagte es jedoch Schulenburg, mit den Russen weitere Konsultationen über Rumänien zu führen, wo Deutschland exklusive Wirtschaftsinteressen für sich beanspruchte.[137] Weiter erinnerte man die Russen daran, dass sie ihr Ziel, Bessarabien zurückzugewinnen, ohne die deutschen Siege im Westen kaum hätten erreichen können.[138] Hitler nutzte nun den fehl geschlagenen Putsch der Eisernen Garde in Rumänien, um seine Kontrolle über das Land zu verstärken. General Antonescu erhielt diktatorische Vollmachten und den Auftrag, eine Deutschland »genehme« Regierung zu bilden, die sich dem Wiener Schiedsspruch beugte und Rumäniens wirtschaftliche Verpflichtungen gegenüber dem Dritten Reich erfüllte. Im Laufe eines Tages zwang man König Carol abzudanken und ins Exil zu gehen. Am 7. September wurde in Craiova prompt ein Abkommen mit Bulgarien unterzeichnet.[139] Das verspätete sowjetische Angebot, Bulgarien die ganze Dobrudscha zuzuschlagen, wurde abgewiesen. Die Bulgaren bezeichneten ihre Forderung nach Zugang zum Ägäischen Meer als »von lebenswichtigem Interesse, voll gerechtfertigt und viel wichtiger [für Bulgarien] als die Dobrudscha«.[140]

Fassungslos mussten die Russen mit ansehen, dass man sie von der Bestimmung der endgültigen Grenzen Rumäniens und der Kontrolle über die Donau ausschloss. Die in Versailles gebildete Internationale Donaukommission befasste sich nur mit dem Oberlauf des Flusses und behandelte fast ausschließlich technische Fragen. Im Unterschied dazu war die Europäische Kommission, die man nach Russlands Niederlage im Krimkrieg im Rahmen des Pariser Vertrages von 1856 eingesetzt hatte, ein höchst politisches Organ gewesen. Die Änderungen, die man auf dem Berliner Kongress von 1878 durchgesetzt hatte, lagen vor allem im Interesse Deutschlands und Österreich-Ungarns. Nach 1918 wurde der Fluss im wesentlichen von Rumänien verwaltet, das allerdings auf der Konferenz von Sinaia im September 1938 ebenfalls einen Teil der Kontrolle abgeben musste, als Deutschland im Geiste des »Appeasement« einmütig als Mitglied kooptiert wurde. Zusammen mit den Bestimmungen über die Meerengen aus dem Vertag von Montreux untergrub die Europäische Kommission so Russlands Status als europäische Großmacht und schuf einen Schwachpunkt in dessen Verteidigung. Aus russischer Sicht war es nun möglich, dass fremde Schiffe über die Donau ins Schwarze Meer einliefen, welches sie im Grunde genommen als ihr Binnenmeer ansahen. Änderungen der Beherrschung der Meerengen erforderten daher eine entsprechende Kontrolle über die Donaumündung. Das Kernstück der sowjetischen Verteidigung war die Fähigkeit, das Einlaufen von Kriegsschiffen europäischer Staaten ins Schwarze Meer nicht nur bei Istanbul, sondern auch über den Donauarm Sulina zu verhindern.[141]

Die große Bedeutung, die Stalin der Kontrolle des Flusses beimaß, lag ganz in der Tradition der Politik des Russischen Reiches. Dem Wunsch nach einem Sitz in der Kommission lag, wie Molotow offen zugab, die Absicht zugrunde, nicht nur die Demütigung Russlands in Versailles zu korrigieren, sondern auch die unterlegene Position zu beseitigen, die Russland durch den verhängnisvollen Ausgang des Krimkrieges aufgezwungen worden war.[142] Seit ihrer Aufnahme in den Völkerbund hatten die Russen ständig auf ihre Beteiligung an der Kommission gedrängt, waren jedoch stets mit der Begründung zurückgewiesen worden, sie seien kein Donau-Anliegerstaat mit direkten maritimen Handelsinteressen in der Region. Nach der Annexion Bessarabiens hatten sie nun rechtlichen Anspruch auf einen Sitz und waren auch militärisch in der Lage, ihrer Forderung Nachdruck zu verleihen.

Die Europäische Kommission war zum letzten Mal im Mai mit deutschen und britischen Vertretern unter geradezu surrealistischen Bedingungen in Galati zusammengetreten. Als ob die Nachrichten vom wechselnden Kriegsglück sie noch nicht erreicht hätten, diskutierte sie Pläne zur Entwicklung der Flussmündung.[143] Kaum zwei Wochen nach der sowjetischen Besetzung Bessarabiens erreichte den Kreml eine Besorgnis erregende Information, die von einer deutschen Quelle in Bukarest stammte: »Jetzt, da Österreich zu Deutschland gehört, ist die Donau zu einem deutschen Fluss geworden, und die Deutschen haben nicht die Absicht zuzulassen, dass die UdSSR eine Donaumacht wird.« Es hieß, Deutschland habe König Carol von Rumänien versichert, die Okkupation Bessarabiens sei »nur eine zeitweilige Angelegenheit« und könne »rückgängig gemacht werden«.[144]

Der Wiener Schiedsspruch, so klärte Hitler Schulenburg auf, zielte in der Tat darauf ab, die Russen aus der Donauregion zu verdrängen.[145] In Berlin wandte sich der russische Botschafter allerdings heftig gegen deutsche Versuche, die Bedeutung der geplanten Donaukonferenz herunterzuspielen, die angeblich nur Probleme des westlichen Flussufers behandeln und deshalb für Russland kaum oder gar nicht relevant sein sollte. Russland, so erklärte er, sei »jetzt ein Anlieger der Donau geworden und infolge dessen auf das Lebhafteste an allen Donaufragen interessiert«. Er schlug vor, eine einzige umfassende Kommission zu bilden, die »Nichtanliegerstaaten, z. B. Italien, ausschließen« und deren juristische Befugnis von der Mündung bis nach Bratislava reichen sollte.[146] Stalin wartete die Antwort nicht ab, sondern handelte sofort, um Russlands Stellung als neue Donaumacht zu sichern. Er wollte den Briten ihre zehn Schleppdampfer, zwei Tanker und 30 Schleppkähne mit je 31,5 Tonnen Fassungsvermögen abkaufen, die ungenutzt im Hafen von Galati lagen.[147] Die Situation spitzte sich zu, als Russland ein Kommuniqué herausgab, in dem es Rumänien beschuldigte, Schießereien an der russischen Grenze zu provozieren.[148]

In Moskau beobachtete Schulenburg den Kollisionskurs mit wachsender Besorgnis. Nach seiner Ansicht bestand die einzige Möglichkeit, einen großen Konflikt zu vermeiden, in der Abgrenzung der Interessensphären in der Donauregion, selbst wenn diese »sich als günstiger für die Russen als für die Deutschen erweisen sollte«.[149] Hitler, den die Luftschlacht um England und hektische diplomatische Aktivitäten zur Bildung des Kontinentalblocks sehr beschäftigten, gab dem Druck zeitweilig nach und lud die Russen zur Teilnahme an der Donaukonferenz ein. Insgeheim befürchtete er dabei wieder einmal, Sowjets und Briten könnten heimlich Hand in Hand arbeiten. Tatsächlich hatten die Briten, die nominell nach wie vor der Kommission angehörten, den Antrag der Sowjetunion in der Hoffnung unterstützt, deren Teilnahme werde einen Zankapfel bei den Verhandlungen darstellen.[150]

Die Donaukonferenz war ein Meilenstein, der von den Historikern bisher jedoch weitgehend ignoriert wurde. Um einer vorzeitigen Konfrontation auszuweichen, gaben die Deutschen dem Wunsch der Russen nach, eine neue Donaukommission für den Abschnitt von Bratislava bis zur Flussmündung zu bilden. Aber sie versuchten deren Bedeutung abzuschwächen, indem sie die Einberufung hinauszögerten und ihre Tätigkeit auf die Klärung technischer Fragen durch zeitweilige Arrangements beschränkten.[151] Molotow hatte andere Vorstellungen. Von Anfang an äußerte er Vorbehalte gegen die Teilnahme Italiens, das dadurch gemeinsam mit den Deutschen freien Zugang zum Schwarzen Meer erhielt.[152] Um den Spielraum Deutschlands und Italiens einzuschränken, arbeitete die Nahostabteilung des russischen Außenministeriums unter Anleitung des Kreml einen bis ins Einzelne gehenden Plan aus, der den Russen die alleinige Kontrolle über die Flussmündung sichern sollte. Vor der Abreise nach Bukarest instruierte Molotow die sowjetischen Abgesandten persönlich über die Taktik, die sie dort einzuschlagen hatten. Der hochkarätigen Delegation, die Molotows Stellvertreter Arkadi Sobolew leitete, gehörte auch Generalmajor W. D. Iwanow an, was den hohen militärischen Stellenwert verdeutlicht, den man der Donau beimaß. Statt direkt nach Bukarest zu fliegen, legte die Delegation einen Zwischenaufenthalt in Sofia ein, wo Sobolew König Boris drängte, sich den deutschen Forderungen nach Beitritt Bulgariens zum Dreimächtepakt zu widersetzen. Die Delegation reiste dann per Eisenbahn nach Bukarest weiter, was ihr die Möglichkeit gab, zunächst das bulgarisch-rumänische Grenzgebiet bei Russe an der Donau zu inspizieren.

Als die Konferenz am 28. Oktober 1940 zusammentrat, nahm man ein schweres Erdbeben als schlechtes Vorzeichen. An diesem Tag erklärte Italien Griechenland den Krieg, was eindeutig auf ein stärkeres Engagement Deutschlands auf dem Balkan hindeutete. Die Haltung der Russen auf der Konferenz gab einen Vorgeschmack auf die Konfrontation Molotows mit Hitler in Berlin. Hier zeigte sich bereits sehr deutlich, dass Russland ungeachtet des deutschen Drucks nicht bereit war, Deutschlands Vorherrschaft in Rumänien zu akzeptieren. Sobolew, der sich anfangs noch zurückhielt, trat schon bald mit der hartnäckigen Forderung auf, die Viermächtekommission, der Rumänien, Deutschland, Italien und Russland angehörten, unverzüglich aufzulösen und eine gemischte russisch-rumänische Verwaltung der Wasserwege des gesamten Donaudeltas einzusetzen. Ein solches Arrangement hätte es sowjetischen Kriegsschiffen gestattet, sich im rumänischen Sulina-Arm frei zu bewegen und das Einlaufen deutscher Schiffe ins Schwarze Meer zu kontrollieren. Außerdem forderte Russland für die sowjetische Flotte das Recht, in Galati und Braila zu ankern, was de facto die Herrschaft über den Zugang zum Schwarzen Meer bedeutet hätte. Die übrigen drei Teilnehmerstaaten lehnten eine solche Lösung brüsk ab. Da die Situation verfahren schien, gestattete man der deutschen und der sowjetischen Delegation, zu Konsultationen in ihre Hauptstädte zu fahren. Während Sobolew nach Moskau reiste, nutzten General Iwanow und der Leiter der Nahostabteilung des Außenministeriums, Nowikow, die Zeit, um über Ploesti den nordöstlichen Teil Rumäniens zu inspizieren. Dabei wichen ihnen die rumänischen Sicherheitsbeamten allerdings nicht von den Fersen, was für die russischen Besucher zwar lästig, aber sicher nicht ungewohnt war. Nachdem sie ihre Bewacher abgeschüttelt hatten, unternahmen sie eine lange Reise längs der Donau bis nach Orsova, wo die Eisenbahn den Fluss auf einer Brücke kreuzt. Die Tour endete mit einem längeren Aufenthalt in den Hafenstädten am Schwarzen Meer.[153]

Als sich zeigte, dass die Konferenz zum Scheitern verurteilt war, handelten die Russen auf eigene Faust. Noch während Molotows Besuch in Berlin besetzten sie ein Dutzend kleiner Inseln im Kilia-Arm des Donaudeltas und übernahmen damit die volle Kontrolle des Hauptarms bei Staro Stambul, wo dieser das Schwarze Meer erreicht. Sowjetische Kriegsschiffe fuhren in den rumänischen Teil des Donaudeltas ein, zogen sich aber wieder zurück, als die Rumänen auf sie schossen. Sie wollten sich nicht mit ihnen anlegen und überließen Rumänien die Kontrolle über die Donauarme Sulina und St. George. Allerdings bemühten sie sich sehr, die Schifffahrt im Kilia-Arm, der als einziger für seetüchtige Schiffe als befahrbar galt, unter ihre Kontrolle zu bringen. Es hatte wenig Sinn, den Nebenarm Musura mit den Rumänen zu teilen, da dieser für größere Kriegsschiffe zu flach war.[154]

So kann es nicht verwundern, dass der deutsche Botschafter in Bukarest Berlin warnte, die sowjetische Hartnäckigkeit beweise, dass die Russen »keine Politik der gesunden Verständigung, sondern höchstens der Erpressung Deutschlands im Donau- und

Schwarzmeerraum betreiben wollen«. Am Vorabend von Molotows Besuch in Berlin war somit klar, dass die Russen Deutschland auf dem Balkan »eher politische als wirtschaftliche Schwierigkeiten« bereiteten.[155]

Drittes Kapitel

Auf Kollisionskurs

Der Drang nach Osten: Die ursprünglichen Pläne

Nach seinem Entschluss zum Überfall auf Russland scheint Hitler ganz bewusst die Spuren verwischt zu haben, so wie er es auch nach seiner Entscheidung über die Vernichtung der Juden tat. Es ist sehr verlockend, diese beiden wichtigen Vorgänge miteinander zu koppeln und so von der Verheißung in *Mein Kampf*: »Wir stoppen den ewigen Germanenzug nach dem Süden und Westen Europas und weisen den Blick nach dem Land im Osten!« bis zu der Weisung, das Unternehmen »Barbarossa« einzuleiten, eine direkte Linie zu ziehen.[1] Dabei wird oft behauptet, es sei immer Hitlers Ziel gewesen, Moskau »als Zentrum der ›jüdisch-bolschewistischen Weltverschwörung‹« zu zerstören.[2] Und tatsächlich revolutionierte der Kreuzzug gegen den Bolschewismus und die Entscheidung über die Vernichtung der Juden den Kriegsverlauf im Jahre 1941 grundlegend. Gleichzeitig muss man jedoch bedenken, dass ideologische Glaubensbekenntnisse erst offen zu Tage traten, als die Entscheidung über »Barbarossa« bereits gefallen war. Damit wich Hitler von einem wesentlich rationaleren strategischen Denken ab, das seine militärische Führungstätigkeit bis dahin gekennzeichnet hatte. Die beste Erklärung für diesen Umstand geben wohl jene Historiker, die auf die besondere Symbiose von Berechnung und Dogma, Strategie und Ideologie, Außen- und Rassenpolitik in Hitlers Kriegsführung verweisen.[3]

Selbst wenn Hitlers Entscheidung für »Barbarossa« ideologisch motiviert gewesen sein mochte, wurde sie doch von fest gefügten geopolitischen Vorstellungen und den sich wandelnden politischen Umständen bestimmt. Wenn man die heftige Auseinandersetzung mit Stalin auf dem Balkan genauer betrachtet, kann man zumindest erkennen, dass das Timing von »Barbarossa« mit dem ungelösten Konflikt um die Einflusssphären in dieser Region in einem direkten Zusammenhang stand. Die konkreten Ursprünge des Plans »Barbarossa« liegen noch im Dunkeln, aber die Tatsache, dass sie unabhängig voneinander an zwei oder drei Orten zu suchen sind, scheint darauf hinzuweisen, dass er nicht unter einer zentralen Führung ausgearbeitet wurde. Klar ist, dass Halder unmittelbar nach Unterzeichnung der Kapitulationsurkunde durch Marschall Pétain in Compiègne eine operative Studie über den Krieg im Osten in Auftrag gab.[4] Hitlers erste Entscheidung hing vor allem mit zwei unvorhergesehenen Hindernissen zusammen, die in seinem Denken eng miteinander verflochten waren und beide auf die Politik der Sowjetunion zurückgingen: Churchills dreiste Ablehnung seiner Friedensangebote und Stalins Vormarsch auf dem Balkan. Churchills Weigerung, das neue Kräfteverhältnis anzuerkennen, erschien ihm unverständlich, es sei denn, dieser setzte seine Hoffnungen »auf Russland und Amerika«. Offensichtlich war Hitler versucht, das Problem durch ein gewaltsames Niederringen der Sowjetunion zu lösen, das Deutschland zum »Herren Europas und des Balkans« machen sollte.[5]

Hitler legte den Stabschefs seinen Plan bei einer außerordentlichen Zusammenkunft am 31. Juli 1940 auf seinem Berghof bei Berchtesgaden vor. Der Zeitpunkt, den er für die Operation wählte, war außerordentlich problematisch, da er in der Planung mit der beabsichtigten Invasion in Großbritannien zusammenfiel. Zunächst wollte Hitler einen Keil zwischen England und Russland treiben, indem er von den Deutschen erbeutete Dokumente des Obersten Rates der Alliierten veröffentlichte, die Pläne zur Bombardierung von Batumi und Baku enthielten.[6] Als er dann von Cripps' Angebot an Stalin erfuhr, die Hegemonie auf dem Balkan zu übernehmen,[7] sorgte sich Hitler zu Recht, die Russen könnten »die Verbindung mit Bulgarien aufsuchen« und »auf ihr altes historisches Byzanz, die Dardanellen und Konstantinopel, vorrücken«.[8] Diese obsessive Furcht verstärkte sich noch, als Churchill das Friedensangebot zurückwies, das Hitler am 19. Juli vor dem Reichstag verkündet hatte.[9] Stalin war zuvor bemüht, Cripps' Vorschläge herunterzuspielen. Eine Fülle von Berichten aus Hauptstädten verschiedener Balkanländer zeigt aber, dass Stalin und Cripps sich darüber verständigt hatten, die Türkei zu einer Veränderung der bisherigen Machtverhältnisse in den Meerengen zu drängen.[10]

Es ist faszinierend, dass Napoleon, als 1811 Kriegsgerüchte aufkamen, seinen Botschafter in Moskau auf folgende Art beruhigt hatte: »Sie sind wie die Russen; Sie sehen überall nur Gefahren, überall nur Krieg, dabei ist dies doch lediglich eine Umgruppierung, um von England Bedingungen zu erwirken, bevor sechs Monate vorüber sind.«[11] Aus Goebbels' Tagebüchern geht hervor, dass Hitler, wenn es ihm passte, dieses Argument bezüglich Frankreichs und Griechenlands ebenfalls benutzte. Es versteht sich von selbst, dass ein ideologischer Krieg gegen Russland stets eine gewisse Anziehungskraft für Hitler hatte, und es ist auch möglich, dass er im Frühsommer 1940 unter Zeitdruck stand, einen solchen Feldzug ins Auge zu fassen. Aber die mündliche Direktive, die er Ende Juli ausgab, war noch nicht mehr als eine vage Richtlinie mit allgemeinen Zielstellungen und kein Operationsplan.[12]

Die ziemlich komplizierten und sehr theoretischen Umstände, die letztlich zur Entscheidung führten, lösten jedoch von Anfang an beträchtliche Konfusion aus – sowohl was die Bestimmung der Kriegsziele als auch die Richtung betraf, in der der Hauptschlag geführt werden sollte. Der Krieg gegen Russland wurde zunächst nicht als Ziel an sich betrachtet. Das erklärt auch eine der wichtigsten Schwierigkeiten: Es fehlte an einer klaren politischen Vision des Feldzuges, nicht nur was Russland, sondern auch was den Status der Ukraine, Estlands, Lettlands, Litauens und Weißrusslands nach dem angestrebten Zusammenbruch der Sowjetunion betraf.[13] Hitlers Pläne sahen zunächst nur einen raschen und begrenzten Herbstkrieg vor. Es gibt keinen Grund, an den späteren Erinnerungen des OKW-Chefs, Feldmarschall Wilhelm Keitel, und seines Stellvertreters, General Alfred Jodl, zu zweifeln, dass Hitlers Plan von dem wachsenden sowjetischen Interesse am Balkan ausgelöst wurde. Hitler äußerte offen seine Sorge, ein weiteres Vordringen der Sowjetunion nach Rumänien könnte zur Besetzung der Ölfelder führen. Der Schwerpunkt lag also im Süden, einige wertvolle Wirtschaftsregionen der Sowjetunion einbegriffen, was dem Feldzug eine neue Dimension verlieh, aber zugleich für noch mehr Verwirrung sorgte.[14]

Vor der Besprechung in Berchtesgaden war das OKW mehrheitlich gegen einen solchen Krieg eingestellt, weil es dem traditionellen Grundsatz folgte, Deutschland müsse einen Zweifrontenkrieg vermeiden. Im Angesicht Hitlers verlor das Problem an Bedeutung, da die Militärs nun überzeugt waren, dass Russland dem deutschen Vormachtstreben in Europa in der Tat im Wege stand. Deshalb fiel die Entscheidung im großen Rahmen der »Neuordnung Europas« eindeutig aus. Als pragmatische Entscheidung war sie keinesfalls unwiderruflich. Einmal gefasst, hatte sie jedoch unmittelbare politische, militärische und waffentechnische Konsequenzen, die die Wehrmacht in Bewegung setzten.[15] Kaum war die Entscheidung gefallen, ordnete Hitler an, das Heer bis zum Frühjahr 1941 auf 180 Divisionen aufzustocken, gleichgültig, welche Opfer das der Wirtschaft abverlangte.[16] Jodl und Keitel, denen der Erfolg in Frankreich zu Kopf gestiegen war, schlossen nicht aus, dass 80 bis 100 Divisionen die Russen innerhalb von sechs Wochen besiegen könnten. Sie blieben allerdings davon überzeugt, dass die Operation nicht vor dem Frühjahr 1941 starten konnte.[17] Dieser Aufschub untergrub die Umsetzung von Hitlers ursprünglichen Zielen wesentlich.

Die militärische Planung kam jedoch im Sommer und Herbst 1940 gut voran, während immer noch nach politischen Alternativen gesucht wurde.[18] Der Planungsstab arbeitete mit großem Eifer. Bereits nach wenigen Tagen legte Generalmajor Marcks seinen »Operationsentwurf Ost« vor, der davon ausging, dass innerhalb von elf Wochen eine Linie Archangelsk-Gorki-Rostow erreicht werden könnte.[19] Ende August wurde ein erster Planentwurf General Paulus übergeben. Dieser hatte die Aufgabe, die operativen Aspekte des Feldzuges auszuarbeiten – die Erkundung des Geländes, die Bereitstellung von Streitkräften und Munition sowie die Ziele der Operation. Die 130 bis 140 deutschen Divisionen, die für die Operation vorgesehen waren, sollten nach Halder die russischen Truppen in Westrussland zerschlagen und eine Front errichten, von der die russische Luftwaffe die von den Deutschen kontrollierten Gebiete nicht mehr bedrohen konnte. Die Linie Wolga-Archangelsk war dabei ein fernes, vages Ziel.[20]

Bei der Fortsetzung ihrer Arbeit waren sich die Planer stets bewusst, dass der Krieg in Russland mit den kollidierenden Interessen Deutschlands und der Sowjetunion auf dem Balkan in Verbindung stand. Hitler wusste, dass der Wiener Schiedsspruch eine starke Abkühlung des Verhältnisses zu Russland mit sich bringen würde. Am Vorabend der Begegnung in Wien ordnete er deshalb an, zwei Panzerdivisionen nach Südpolen zu verlegen, damit »ein schnelles Eingreifen zum Schutz des rumänischen Ölgebietes gewährleistet sei«.[21] Der neue Aufmarsch passte bereits in den Kriegsplan gegen Russland, denn die Mission hatte ganz eindeutig den Befehl, »den später möglichen Einsatz stärkerer deutscher Verbände von Rumänien aus vorzubereiten«.[22] Dass der Balkan und die wirtschaftlichen Ressourcen der Ukraine im Fadenkreuz der Planer lagen, bestätigen die Ergebnisse zweier Planspiele, die Paulus im November abhielt und die dazu führten, dass man sich auf den bescheideneren Plan eines Vorstoßes bis zur Linie Dnjepr-Smolensk-Leningrad festlegte. Den Planern wurde jedoch allmählich klar, dass die Operation, die ursprünglich nur für den Eventualfall gedacht war, angesichts der Entwicklungen auf dem Balkan immer wahrscheinlicher wurde.[23]

Die weit verbreitete Annahme, dass Molotows Verhandlungen mit dem Erlass der Weisung Nr. 18 am Tag seiner Ankunft in Berlin bereits zum Scheitern verurteilt waren, ist völlig unbegründet. Denn oft wird dabei vergessen, dass Russland in dieser Weisung, die sich ansonsten mit der deutschen Gesamtstrategie und vor allem mit dem entscheidenden Schlag gegen England im Mittelmeer beschäftigte, nur am Rande vorkam. Sie behandelte vor allem Fragen des geplanten Kontinentalblocks. Aus unserer Sicht sind die häufigen Bezüge auf den Balkan wichtiger, da sie noch einmal darauf hinweisen, dass Bulgarien zum eigentlichen Schlachtfeld zwischen Russland und Deutschland geworden war. Als Hitler in die Verhandlungen mit Molotow ging, hatte er bereits entschieden, Bulgarien unter deutsche Kontrolle zu stellen. Die Wehrmacht hatte Weisung, sich darauf vorzubereiten, »im Bedarfsfall aus Bulgarien heraus das griechische Festland nördlich des Ägäischen Meeres in Besitz zu nehmen«. Dies wurde damit gerechtfertigt, dass man einem britischen Angriff auf die rumänischen Ölfelder aus diesem Raum zuvorkommen müsse. Die Weisung ordnete die Ausführung des Unternehmens »Felix« (die Besetzung von Gibraltar) an, die der Präsenz der Briten im Mittelmeer ein Ende machen sollte. Sie korrespondierte insofern mit den Zielen des Berliner Treffens mit Molotow, als ein gemeinsames Vorgehen mit Italien in Nordafrika und auf dem Balkan anvisiert wurde. Der kurze Bezug auf Russland betraf die Kontinentalblockade, deren Akzeptanz durch Russland man in der bevorstehenden Zeit klären wollte. Wie wir gesehen haben, gab es bereits am Vorabend des Treffens ominöse Zeichen für die Haltung der Sowjetunion. An die Planer erging daher die Weisung: »Gleichgültig, welches Ergebnis diese Besprechungen haben werden, sind alle schon mündlich befohlenen Vorbereitungen für den Osten fortzuführen«.[24]

Diese Weisung zeigt, dass Hitler nach wie vor schwankte. Wie wir später noch sehen werden, hatte das vor allem mit seinen Erwartungen auf dem Balkan zu tun. Er hielt die Tür für ein politisches Arrangement, das den Zusammenbruch des britischen Empires beschleunigen konnte, nach wie vor weit offen, erinnerte jedoch die Armee daran, dass die Planung des Feldzuges nicht unterbrochen werden dürfe.[25] Zugleich versicherte Hitler Halder bei mehreren Gelegenheiten, die Haltung der Russen sei nach wie vor freundschaftlich, und diese könnten nach den Verhandlungen immer noch dem Dreimächtepakt beitreten.[26] Die Würfel fielen erst, als die Russen die deutschen Bedingungen zurückwiesen, die die Voraussetzung für den Aufbau des Kontinentalblocks bildeten.

Die sowjetische Aufklärung und die deutsche Gefahr

Für Stalin, der es 1940/41 mit Nazideutschland zu tun hatte, war der Wunsch nach genauerer Kenntnis der Ziele Hitlers mindestens ebenso dringend wie für die Historiker von heute. Während dies für Letztere jedoch ein theoretisches Problem bleibt, wurde es für Stalin nach dem Zusammenbruch Frankreichs zur alles entscheidenden praktischen Frage. Wenn man Hitlers Ideologie als fixe Idee begriff, dann konnte der Ausbruch des Krieges nicht mehr abgewendet werden. War hingegen die erkennbare pragmatische Linie echt – und Stalin tendierte dazu, seine eigene Sicht wie im Spiegel auf Hitler zu projizieren –, dann konnte der Krieg noch abgewendet oder zumindest hinausgeschoben werden, wenn man die diplomatische Karte geschickt spielte. Mit Deutschland ein dauerhaftes Arrangement zu erreichen oder zumindest eine entsprechende Atempause zu gewinnen, hing also vom eigenen Informationsstand ab. An dieser Stelle müssen wir uns daher mit dem Zustand der Nachrichtendienste befassen. Stalins Säuberungen hatten das Netz der militärischen Aufklärung schwer in Mitleidenschaft gezogen, da er nicht nur die Führungsoffiziere, sondern auch Agenten vor Ort hatte exekutieren oder von ihren Aufgaben entbinden lassen. Alle Chefs der militärischen Aufklärung und ihrer Organe waren abgelöst und durch weniger begabte bzw. weniger erfahrene Offiziere ersetzt worden.[27] Insgesamt funktionierte die Organisation aber weiter und fuhr sogar einige spektakuläre Erfolge ein, wie z. B. die Anwerbung der »Cambridge Five« in England, die bis in die britischen Sicherheitskräfte und ins Foreign Office vordrangen. Die Säuberungen hatten jedoch verheerende psychologische Folgen, weil sie den Nachrichtendiensten jede Form von Selbständigkeit und freiem Denken austrieben, die für eine erfolgreiche Aufklärungstätigkeit so wichtig sind.

Die Residenz der GRU in Berlin wurde von dem erfahrenen General Tupikow und die des NKWD von Amiak Kobulow (»Sachar«) geführt. Kobulow war zwar ein Neuling, besaß aber das volle Vertrauen Berijas. Beide hielten die Verbindung zu den antifaschistischen Gruppen, warben aber auch Fachleute an. Unter ihnen war Willy Lehmann, der unter dem Pseudonym »Breitenbach« unmittelbar aus der Gestapo informierte. Als Wladimir Dekanosow, selbst zuvor hoher NKWD-Offizier, im Dezember 1940 Botschafter in Berlin wurde, beauftragte man ihn, die Tätigkeit der Residenturen von GRU und NKWD zu koordinieren. Aus Furcht vor Provokationen gab Stalin allerdings bald Order, die Aufklärungstätigkeit in Berlin wesentlich zu drosseln.[28] Da keine neuen Ringe aufgebaut werden konnten, nahm die Bedeutung von Harro Schulze-Boysen (Deckname »Hauptfeldwebel«) und Arvid Harnack (Deckname »Korse«),[29] die Kobulow angeworben hatte, weiter zu. Beide arbeiteten seit 1935 mit aktiven Kommunisten in der antifaschistischen Organisation »Rote Kapelle« zusammen. »Hauptfeldwebel« wurde 1941 im Reichsluftfahrtministerium gut platziert, wo er direkten Zugang zu höchst wertvollen Quellen hatte. »Korse«, ein glänzender Ökonom, hatte einen hohen Posten im Reichswirtschaftsministerium, wo er an geheimste Dokumente, auch zu den Beziehungen mit Russland, herankam. Beide wurden von der Gestapo im November 1942 enttarnt, zum Tode verurteilt und hingerichtet.

Zumindest ein Mitglied dieser Organisation, O. Berlings (Deckname »Lyzeumsschüler«), war ein Doppelagent, der beträchtlichen Schaden anrichtete. Seine Informationen, die Kobulow für »höchst verlässlich« hielt, gelangten häufig direkt bis zu Stalin und Molotow. Nach dem Kriege stellte man fest, dass die Gestapo ihn mit raffinierten Desinformationen ausgestattet hatte, einem Gemisch von zutreffenden und falschen Angaben, die Stalin in seinen Irrtümern bestärken sollten. Ribbentrop soll geäußert haben: »In diesen Agenten können wir alle Informationen pumpen, die wir wollen.«[30]

Die Bedeutung der Aufklärung wuchs erneut an, als man im Herbst 1940 die militärischen Pläne aufgrund von Stalins Überzeugung änderte, Deutschland orientiere sich auf Südosteuropa, um dort entweder gegen Russland oder gegen die britischen Interessen im Nahen Osten vorzugehen. Zugleich sollte aber nicht übersehen werden, dass Stalin in den Jahren 1939–41 allen Zweigen der Aufklärung und auch der Armee misstraute. Molotow sagte dazu später:

»Ich bin der Meinung, dass man sich nicht auf die Aufklärer verlassen darf. Man muss ihnen zuhören, sie aber auch kontrollieren. Aufklärer können einen in eine so gefährliche Position bringen, dass man keinen Ausweg mehr findet. Provokateure gibt es auf beiden Seiten ohne Zahl. Deshalb darf man sich ohne sorgfältige, permanente Kontrolle nicht auf die Aufklärer verlassen. Die Menschen sind so naiv und spießig; sie schwelgen in Erinnerungen: Die

Aufklärer haben das und das gesagt, Überläufer sind über die Grenze gekommen...«[31]

Zwar erwies sich General Golikow später als fähiger Offizier, seine frühe Laufbahn offenbarte aber einen Mangel an Professionalität, der für Stalin nur allzu offensichtlich war. Golikow hatte sich hoch gearbeitet, weil er als treuer Bolschewik galt, der während des Bürgerkrieges bei den Roten Adlern gekämpft hatte.[32] Später erhielt er politische Schlüsselfunktionen in der Armee und wurde beispielsweise Leiter der Politischen Abteilung des Volkskommissariats für Verteidigung. In einem Lebensabschnitt, den man absichtlich im Dunkeln hielt, spielte Golikow eine entscheidende Rolle bei der Zerschlagung der »Leningrader Opposition« und wahrscheinlich auch bei den Säuberungen des Jahres 1937 in der Roten Armee. Dass man ihn als Chef der GRU einsetzte, zeigt nur, welches Chaos die drastischen Säuberungen in den Streitkräften angerichtet hatten. Golikow erhielt damit den Lohn für seine Treue.[33] Trotzdem hielt ihn Stalin auf Distanz, wie er es auch mit seinem künftigen Stabschef, Schukow, tun sollte. Auf der Parteikonferenz im Februar 1941 soll er gemurmelt haben, auf Golikow sei kein Verlass, weil dieser »als Spion unerfahren und naiv ist. Ein Spion muss sein wie der Teufel, niemand darf ihm trauen, nicht einmal er selbst«.[34] Auch von Merkulow, dem Chef der Auslandsaufklärung des NKWD, dachte Stalin nicht viel besser. Zwar hielt er ihn für »mutig und geschickt«, klagte aber, er sei »nicht prinzipienfest und weich«, wolle es allen recht machen, statt »strikt bei einer Linie zu bleiben, gleichgültig, ob sich dadurch jemand verletzt fühlt«.[35]

Es ist kein Wunder, dass diese Umgebung den Agenten der Aufklärung viel Umsicht abverlangte. Das hatte zur Folge, dass der Informationsfluss von zwei widersprüchlichen Tendenzen gekennzeichnet war. Die Originalberichte, besonders wenn man sie aus heutiger Sicht prüft, scheinen einen ununterbrochenen Strom exakter und detaillierter Informationen über den deutschen Aufmarsch geliefert zu haben. Da man aber permanent versuchte, diese in den vorherrschenden politischen Rahmen zu pressen, erschienen die Tatsachen zuweilen in anderem Licht. Die Verschwörungstheorie, die Golikow vorwirft, die Fakten selektiert und absichtlich manipuliert zu haben, ist nicht zu halten. Aus den Verteilerlisten geht eindeutig hervor, dass er umfangreiche Informationen erhielt und über die Gefahr sehr wohl im Bilde war. Das gilt auch für Schukow, der später behauptete, man habe ihn bewusst ausgegrenzt.[36]

Anfang 1941 gingen täglich fünf oder mehr Berichte aus dem Ausland ein. Alle zehn bis vierzehn Tage stellte die GRU daraus eine besondere Übersicht zusammen. Die Berichte ergeben ein klares Bild, welcher Bedrohung sich das Land gegenübersah. Allerdings ist aus den Angaben in den Archiven der GRU nicht immer klar zu ersehen, welche Einschätzungen tatsächlich an den Kreml gingen. Sicher neigte die GRU-Führung dazu, auf harten Fakten basierende radikale Urteile über die Unvermeidlichkeit des Krieges nicht unbearbeitet weiterzugeben. Unmittelbar nach Unterzeichnung des Ribbentrop-Molotow-Pakts wagten es die Geheimdienste nicht, Informationen zusammenzustellen, die auf die Vorbereitung eines deutschen Angriffs gegen Russland hindeuteten. Als aber die Bedrohung wuchs, begann die GRU erneut, alle erreichbaren Informationen aus erster Hand über die Absichten der Deutschen zu sammeln.[37] Diese gingen in der Regel in bis zu 14 Exemplaren an Stalin, Molotow, Woroschilow, Timoschenko, Berija, Kusnezow, die allgegenwärtigen Generale Mechlis und Kulik, an Schaposchnikow und andere Eingeweihte. Die Nachrichten kamen aus drei Hauptquellen – von der Militäraufklärung GRU, aus dem Außenministerium sowie vom Volkskommissariat für Staatssicherheit (NKGB, das man eben erst von Berijas NKWD abgetrennt hatte und das unter seinem ersten Kommissar Merkulow für die äußere Sicherheit verantwortlich war). Diese Ströme liefen im Politbüro und besonders in Stalins Sekretariat zusammen. Alle Fäden führten zu Stalin. Die GRU arbeitete somit nicht in einem Vakuum, wie Schukow später in seinen Memoiren entschuldigend anmerkte. Wichtige Fakten, die das NKGB beschaffte, wurden den Militärs direkt zugeleitet. In bestimmten Fällen verglich das NKWD dessen Einschätzungen mit denen der GRU und antwortete dann z. B.: »Ihre Berichte über die kürzliche Verlegung deutscher Streitkräfte und über militärische Transporte zu den Grenzen der UdSSR sind plausibel. Sie stimmen in der Tendenz mit den Berichten aus unseren Quellen überein.«[38]

Die sowjetische Aufklärung hatte die Umgruppierung der deutschen Truppen in Frankreich seit dessen Kapitulation stets im Visier. Im September 1940 wurde die massive Verlegung von etwa 30 Divisionen zur russischen Grenze festgestellt. Allein in der letzten Woche jenes Monats rollten ca. 70 Züge mit Truppen, Waffen und Ausrüstungen nach Osten. Weiter stellte man fest, dass die deutsche Botschaft in Paris russische Intellektuelle und Fachleute mit eindeutig antisowjetischer Haltung anwarb, um so die Grundlage für die »Restauration eines nationalen Russland« zu schaffen. Als

Ziel der Umgruppierung sah man vor allem künftige Operationen auf dem Balkan, genauer gesagt, im Raum von Saloniki und der Zugänge zum Schwarzen Meer.[39]

Im Herbst 1940 wies der Kreml das NKWD an, eine besondere operative Akte unter der Bezeichnung »Sateja« [Wagnis] anzulegen, in der Informationen über die Absichten der Deutschen zusammengestellt und Stalin persönlich vorgelegt werden sollten.[40] In der zweiten Septemberhälfte ging eine Flut von Informationen der besten Quellen bei den Nachrichtendiensten ein, die die Umgruppierungen der Deutschen auf dem Gebiet des ehemaligen Polen während des Sommers in allen Einzelheiten wiedergaben. Sie enthielten genaue Angaben über die einzelnen Divisionen und die Standorte der Stäbe. Ebenso wichtig waren präzise Berichte über den Bau von Kasernen und die Veränderung der Infrastruktur, die die Verlegung und Unterbringung der Truppen aus dem Westen ermöglichen sollten. Kleinere Manöver zum Thema »Angriff auf einen defensiven Gegner« fanden statt, und zwar, wie der Bericht lakonisch vermerkte, zufällig in der Nähe der russischen Grenze. Daraus zog man die klare Schlussfolgerung, dass die Deutschen ihre Truppenkonzentrationen in Ostpreußen fortsetzten »und das Terrain in allen nur möglichen operativen Richtungen vorbereiten«.[41] »Militärische Zurüstungen« wurden auch im Osten der Slowakei festgestellt. Dort pflasterte man Straßen und baute neue Eisenbahnstrecken, legte neue Flugplätze an und kommandierte eine beträchtliche Zahl Piloten von der Westfront nach Osten ab.[42]

In der für Stalin bestimmten Nachrichtenübersicht des Monats Oktober war die zunehmende Verlegung von Infanterie und mechanisierten Divisionen nach Osten in allen Einzelheiten aufgeführt. Unmittelbar vor Molotows Begegnung mit Hitler in Berlin im November schätzte man vorsichtig ein, dass etwa »85 Infanteriedivisionen, mit anderen Worten, über zwei Drittel der gesamten deutschen Infanterie, gegen die UdSSR aufmarschiert sind«. Die Bewertung der deutschen Ziele erfolgte jedoch unter dem Einfluss der jüngsten Entwicklung auf dem Balkan. So wurde die Verringerung der Truppen an der sowjetischen Grenze als deutscher Plan interpretiert, »Rumänien zu besetzen und weiter ins Herz der Balkanhalbinsel vorzustoßen«.[43] Der Bericht enthüllte zugleich die alarmierende Tatsache, dass vor der Besetzung Frankreichs lediglich 27 Infanteriedivisionen und sechs Kavallerieeinheiten in Polen stationiert waren, während man nunmehr 70 Infanteriedivisionen festgestellt hatte, dazu fünf motorisierte und sieben oder acht Panzerdivisionen.[44]

Unmittelbar vor Molotows Besuch gaben die Berliner Botschaft und die Residentur des NKGB widersprüchliche Berichte über die deutsche Politik an Stalin weiter. Die Botschaft legte anlässlich des ersten Jahrestages des Ribbentrop-Molotow-Pakts eine außerordentlich kritische Analyse von Hitlers Idee einer »Neuordnung Europas« vor. »Berauscht von ihrem Sieg«, so heißt es dort, »entschied die deutsche Regierung gemeinsam mit Italien und ohne Zustimmung der UdSSR über das Schicksal der Völker des Balkans, was eine Verletzung des Vertrages vom 23. August 1939 darstellt.« Es ist bemerkenswert, dass dieses Papier mit der Warnung endet, die Deutschen betrachteten den Balkan als »einen neuen Brückenkopf für eine militärische Aktion gegen die Sowjetunion«.[45] Zwei Tage vor Molotows Abreise nach Berlin informierte Golikow den Kreml davon, dass die Deutschen den Aufmarsch von 15 bis 17 Divisionen südlich der Donau abgeschlossen hätten und bereit stünden, Saloniki einzunehmen. In Bulgarien habe insgeheim eine Teilmobilisierung begonnen. Die Militärakademien seien schon geschlossen worden, damit sich die Kadetten zu ihren Einheiten begeben könnten. Golikows kategorische Einschätzung ließ keinerlei Zweifel aufkommen:

»1. Deutschland setzt die Verlegung von Truppen auf den Balkan fort. Es kann nicht ausgeschlossen werden, dass Deutschland in naher Zukunft Griechenland mit dem Ziel angreift, den Widerstand gegen Italien gemeinsam mit Italien zu brechen, die Balkanhalbinsel zu besetzen und als Sprungbrett für weitere Aktionen gegen die Türkei und die britischen Kolonien zu nutzen.
2. Zugleich ergreift Deutschland Maßnahmen, die gegen die Sowjetunion gerichtet sind (Truppenaufmarsch in den Regionen von Krakow und Lodz, Rekrutierung ukrainischer Reservisten).«[46]

Der Agent »Meteor« in Berlin bestätigte diese Information und zitierte dazu den Leiter der Wirtschaftsabteilung des Auswärtigen Amtes, Karl Schnurre, mit den Worten, Hitler beabsichtige, »das Problem im Osten mit militärischen Mitteln zu lösen«.[47]

Aus den Informationen, die sich auf seinem Schreibtisch häuften, filterte Stalin zwei Szenarien heraus. Das erste ging davon aus, dass der Krieg nicht mehr zu umgehen war. Dem zweiten, das er vorzog, lag die Annahme zugrunde, durch Verhandlungen eine Friedenskonferenz erreichen zu können. In beiden Fällen maß er der Kontrolle der Meerengen und der sowjetischen Präsenz auf dem Balkan erstrangige Bedeutung bei. Stalins Unsicherheit entsprach gleichsam der Unschlüssigkeit Hitlers. Die umfangreichen Berichte, die die Russen über die Kriegsvorbereitung Deutschlands besaßen, wurden durch Schulenburgs Bemühungen und andere Informationen über Ribbentrops Schritte zur Schaffung eines Kontinentalblocks konterkariert. Die wichtigste und exakteste Nachricht, die in diese Richtung wies, erhielt Stalin von Berija zwei Wochen vor der Berliner Konferenz. Oberst Kleist, ein Mitarbeiter Ribbentrops, berichtete, Hitler und Ribbentrop seien am 22. Oktober in Berchtesgaden zusammengetroffen und hätten eine »politische Offensive« besprochen. Sie erwarteten eine Isolierung Englands nach der Konferenz, die »jegliche Illusionen über mögliche Hilfe von dritter Seite zerstören« werde. Das könne zu einem Friedenskompromiss führen, zumal man erwarte, dass Frankreich und Spanien sich der Achse anschließen. »Druck ist auf Russland auszuüben, um ein politisches Abkommen mit Deutschland zu erreichen, welches der ganzen Welt zeigt, dass die Sowjetunion auf keinen Fall neutral bleiben, sondern aktiv in den Kampf gegen England und die Errichtung einer neuen Ordnung in Europa eingreifen wird«. Deutschland beabsichtige, zu einem späteren Zeitpunkt einen Pakt zwischen der Sowjetunion und Japan zu initiieren, »um der Welt die engen Beziehungen und die Einheit der vier Mächte in ihren Zielen zu demonstrieren« und so die USA von einer Unterstützung Großbritanniens abzuhalten.[48]

Der bulgarische Korridor zu den Meerengen

Die Haltung der Russen vor der Berliner Konferenz war also nicht von unersättlicher Gier, sondern durchaus von der Erkenntnis der deutschen Gefahr auf dem Balkan bestimmt. Der italienische Botschafter in Moskau und Vertraute Schulenburgs, Rosso, umriss die Situation mit den prägnanten Worten:

»Die Deutschen haben eine Barriere errichtet: Der Marsch nach Süden ist gestoppt, das Öl ist in den Händen der Deutschen, über Constanta haben die Deutschen das Schwarze Meer erreicht, und die Donau ist ein deutscher Fluss. Das ist die erste diplomatische Niederlage des Genossen Stalin, der gewohnt ist, mit kleinem Risiko große Gewinne zu erzielen. Dieser Misserfolg ist umso demütigender, als er einen Traum zunichte macht, der seit Jahrhunderten die russische Seele wärmt – den Traum vom Süden.«[49]

Ziemlich spät dämmerte es auch den britischen Stabschefs, dass es Deutschland mit der Besetzung Rumäniens nicht nur gelungen war, die Ölressourcen in die Hand zu bekommen, sondern auch »jegliches weitere Vorrücken der Russen zu den Meerengen zu unterbinden. Es ist jetzt erfolgreich dabei, Russland im Norden, in der Ostsee und nun auch im Schwarzen Meer vollkommen von den Weltmeeren abzuschneiden.« Deshalb werde Russland »alles unterhalb der Schwelle eines Krieges unternehmen, um den Einmarsch Deutschlands in die Türkei und den Nahen Osten zu verhindern, da dies eine wachsende Bedrohung für seine Interessen im Schwarzen Meer und an den kaukasischen Ölfeldern wäre«.[50]

Stalin, der sich für einen großen Taktiker hielt,[51] ging bei der Sicherung der nationalen Interessen Russlands bemerkenswert realistisch vor. Er schien diese übrigens weitgehend im historischen Rahmen des Kampfes zu sehen, den sein Land im 19. Jahrhundert um die Herrschaft in Europa und auf dem Balkan geführt hatte. Der Balkan erschien in diesem Zusammenhang als die Front, an der Hitler gestoppt werden musste, und die Meerengen als der Schlüssel für Russlands Sicherheit. Stalin identifizierte sich hier mit keinem anderen als dem Historiker Miljukow, dem liberalen Außenminister der Provisorischen Regierung von 1917 und Erzfeind Lenins, der selbst nach der Februarrevolution noch versucht hatte, den Bosporus unter russische Kontrolle zu bringen.[52]

Derartige Vorstellungen und weniger unstillbarer Machthunger oder der Wunsch, den Kommunismus auf den Spitzen der Bajonette nach Europa zu tragen, bestimmten Stalins Haltung zur Berliner Konferenz. Eine Direktive für die Gespräche, die Stalin in seinem Landhaus handschriftlich für Molotow verfertigte, gestattet uns einen seltenen Einblick in die sowjetische Diplomatie jener Zeit. Der Hauptzweck der Reise bestand nicht darin, ein Abkommen zu erzielen, sondern herauszufinden, »welche wirklichen Absichten hinter Deutschlands Idee von einem Neuen Europa stecken«, welche Rolle Russland dabei spielen soll und welche Vorstellungen Deutschland von der Aufteilung der »Interessensphären in Europa sowie im Nahen und Mittleren Osten« hatte. Ein Abkommen sollte einem späteren Besuch Ribbentrops in Moskau vorbehalten bleiben. Die Direktive konzentrierte sich neben Finnland (wo man von einer bereits erfolgten Aufteilung der Interessensphären ausging) vor allem auf das Sicherheitsinteresse der Sowjetunion auf dem Balkan. Hierbei sollte besonders die Forderung nach sowjetischer Kontrolle über die Donaumündung bekräftigt und das »Befremden über die deutschen Garantien für Rumänien« zum Ausdruck gebracht werden. Die Direktive gipfelte in der ultimativen Forderung, die Sowjetunion an der Entscheidung über das »Schicksal der Türkei« zu beteiligen. Außerdem sollte Molotow Konsultationen zu Fragen verlangen, die die Zukunft Ungarns, Rumäniens und Jugoslawiens betrafen. Ungeachtet der gedrängten Form ließen diese Instruktionen keinen Zweifel aufkommen, was Stalin vor allem beschäftigte: »Bulgarien – der wichtigste Verhandlungsgegenstand – muss durch Vereinbarung mit D. [Deutschland] und I. [Italien] in die Interessensphäre der UdSSR eingegliedert werden, und zwar *auf der gleichen Grundlage,* wie es Deutschland und Italien im Falle Rumäniens getan haben: Sowjetische Truppen müssen das Recht erhalten, in Bulgarien einzurücken«. Die Eingliederung Bulgariens in die sowjetische Einflusssphäre galt, wie wir noch sehen werden, als Voraussetzung für die Kontrolle der Meerengen.[53]

Angesichts späterer Behauptungen, Deutschland und Russland hätten in Berlin gemeinsam das britische Empire aufteilen wollen, muss hier ausdrücklich betont werden, dass sowjetische Interessen über den Balkan und Europa hinaus in der Direktive kaum Erwähnung fanden. Man trat sogar für den Erhalt des britischen Empire ein. Stalin war erleichtert darüber, welch schwachen Eindruck die Deutschen in der Luftschlacht um England, die Italiener auf dem Balkan und in Nordafrika hinterlassen hatten und dass »die britische Flotte immer noch den Nahen Osten dominiert«.[54] Maiskis Beteuerung unmittelbar vor Molotows Abreise, England dürfe noch nicht abgeschrieben werden, hatte entscheidende Bedeutung für die Ziele, die man mit dem Besuch verband. Als die Luftwaffe die ersten schweren Angriffe auf London flog, hatte Churchill dem sowjetischen Botschafter erklärt, man müsse »die kommenden drei Monate abwarten und sehen, was geschieht«. Da inzwischen vier Monate vergangen waren, wagte Maiski folgende Bewertung:

»England hat nicht nur überlebt, sondern ist, wenn man die jetzige Lage mit der Situation nach der Niederlage Frankreichs vergleicht, sogar stärker geworden. Die deutschen Pläne, in Großbritannien einzumarschieren, sind zumindest für dieses Jahr gescheitert ... In diesem Sinne hat Hitler in der ›Schlacht um Britannien‹ wie Napoleon vor 135 Jahren einen Fehlschlag hinnehmen müssen, den ersten ernsten Fehlschlag in diesem Krieg. Welche Folgen das haben wird, kann nach den hier erhältlichen Informationen nicht vorausgesagt werden.«

Maiski deutete sogar an, dass Großbritannien aus diesem langen und zermürbenden Prozess siegreich hervorgehen könne.[55] Stalin sandte Molotow, der auf dem Schienenwege in Richtung Berlin rollte, noch ein Telegramm mit der Weisung nach, in Deutschland keinerlei Fragen bezüglich des britischen Empires zu besprechen.[56] Später in Berlin bekräftigte Molotow ausdrücklich Maiskis Einschätzung, dass Churchill im Unterschied zur Führung Frankreichs die Unterstützung seines Landes und des Empires genieße. Deshalb sei es »zu früh, England zu begraben«. Selbst wenn die griechischen Inseln den Deutschen in die Hände fallen sollten, erwartete Stalin keine dramatische Veränderung dieser Situation.[57] Maiski, der den Entschluss von Lord Halifax geahnt haben musste, die Beziehungen zur Sowjetunion abzubrechen, falls man auf der Konferenz versuchen sollte, »die Türkei einzuschüchtern«, warnte Molotow während seines Aufenthaltes in Berlin vor den Folgen einer militärischen Lösung.[58] Zwar wurde Stalin von sowjetischen Militärexperten aus Großbritannien informiert, dass England in den Bombenangriffen wesentliche Schäden erlitten habe und »Industrie und Hochfinanz für einen Friedenskompromiss« seien, aber auch diese Informanten erwarteten nicht, dass es bereits im Frühjahr zu einer Krise kommen werde – ein weiterer Grund für die Russen, zunächst abzuwarten, bevor sie sich auf Verhandlungen einließen.[59]

Ein beständiges Element der wohldurchdachten Diplomatie Stalins war das Bemühen, Englands Gegenwehr zu stärken und damit einen Friedenskompromiss in weite Ferne zu rücken.[60] Wie Cripps notierte, versuchte Stalin »auf zwei Klavieren zu spielen . . ., wobei er Molotow den einen und [dem stellvertretenden Außenminister] Wyschinski den anderen Part zuweist!« Im August 1940 bot Moskau Großbritannien sogar einen Nichtangriffsvertrag nach dem Vorbild des Ribbentrop-Molotow-Paktes an, lehnte Cripps' Gegenvorschläge einen Monat später allerdings ab. Das lag nicht nur daran, dass Stalin von den Gesprächen Molotows in Berlin eine »Festigung der Bande zwischen der UdSSR und Nazideutschland« erwartete, sondern daran, dass der deutsche Vormarsch auf dem Balkan eine unmittelbare Bedrohung Russlands darstellte.[61]

Die Kontrolle der Meerengen blieb also ein Eckpfeiler der sowjetischen Strategie. Wurde sie erreicht, so konnte man dem deutschen Vordringen ins Schwarze Meer zuvorkommen und zugleich verhindern, dass die Türkei im Falle von Feindseligkeiten zu einem britischen Faustpfand wurde. Je näher ein Krieg auf dem Balkan rückte, desto verschwommener wurde jedoch die Außenpolitik der

Türkei. Da sie dem Schicksal Polens und Rumäniens um jeden Preis entgehen wollte, bestand sie auf strikter Neutralität, was den gegenseitigen Argwohn zwischen den Hauptmächten nur noch vertiefte. Deutschland, Russland, Italien und England – alle mühten sich vergeblich, Klarheit zu gewinnen. Allerdings konnte diese undurchschaubare Situation nur anhalten, solange keiner der Akteure zu Land oder See dominierte. Dieses delikate Gleichgewicht aufrecht zu erhalten, erforderte beträchtliches diplomatisches Geschick: Sobald eine der Mächte ihre Position zu verbessern vermochte, hofierten die Türken eine andere.

Die mögliche Ausweitung des Ribbentrop-Molotow-Pakts in südlicher Richtung bedeutete für die Türkei nach Ausbruch des Krieges eine wirkliche Bedrohung. Nach dem Wiener Schiedsspruch, insbesondere nach der Kriegserklärung Italiens gegen Griechenland und dem zunehmenden Einfluss Deutschlands in Bulgarien, versuchte die türkische Regierung, einen Keil zwischen Deutschland und Russland zu treiben, indem sie die Bedrohung hochspielte, die von beiden für die Meerengen ausging. Zugleich deutete sie an, dass sie sich zum Schutz vor einem russischen Präventivschlag mit England verbünden könnte.

Weder die Türkei noch Russland konnten aber ruhig zuschauen, wie sich Deutschland als Schwarzmeermacht etablierte. Beide befürchteten, es könnte die Meerengen besetzen und Ungarn, Rumänien sowie Bulgarien unter seine Kontrolle nehmen, während Italien ein Großalbanien unter Einschluss von Jugoslawien und Griechenland errichtete. Die Russen fürchteten besonders, dass die sowjetische Flotte im Schwarzen Meer eingeschlossen werden könnte.[62] Die Deutschen verstanden es jedoch meisterlich, das gegenseitige Misstrauen zwischen der Türkei und der Sowjetunion zu schüren. Als die *Iswestija* von den Deutschen erbeutete Dokumente veröffentlichte, die alliierte Pläne zur Bombardierung Bakus enthielten, geriet Ankara in Panik – zumal die stillschweigende Unterstützung dieses Vorhabens durch die Türkei offenbar wurde. Vergeblich versuchte Saracoglu Molotow davon zu überzeugen, dass seine Regierung sich gegen eine derartige Operation ausgesprochen habe.[63] Botschafter Aktay in Moskau wirkte »deprimiert und nervös«. Obwohl er sich bemühte, »Haltung zu bewahren, stand ihm die Sorge ins Gesicht geschrieben«.[64] Molotow, mit dem er vor seiner Abreise nach Ankara Mitte August noch einmal zusammentraf, blieb davon überzeugt, dass die Türken bei dem britisch-französischen Plan ihre Hände im Spiel hatten. Er stellte Aktay die Frage, warum sich dieser beim amerikanischen Botschafter

Laurence Steinhardt nach den sowjetischen Artilleriestellungen in Baku und deren Feuerkraft erkundigt hatte.[65]

Der Erfolg der Royal Air Force in der Luftschlacht um England verringerte die Spannungen in Ankara vorübergehend. Eine ähnliche Wirkung hatte auch der deutsche Schiedsspruch über die Dobrudscha, der die russischen Truppen vorerst daran hinderte, weiter in Richtung der Meerengen vorzurücken.[66] Aber nach wie vor war nicht auszuschließen, dass die Russen auf diese Entscheidung mit einer einseitigen Veränderung der Situation an den Meerengen reagierten.[67] Vor der Berliner Konferenz hielten sie die Frage der Meerengen absichtlich offen, um zunächst einmal Hitlers Absichten zu sondieren. Dabei sollte durchaus der Eindruck entstehen, Russland könnte im Falle einer deutschen Besetzung der Meerengen ebenfalls Gewalt anwenden. Zugleich bestand nach wie vor die Chance, von der Schulenburg Stalin zu überzeugen suchte, dass nämlich in Berlin eine Einigung zugunsten Russlands erreicht werden könnte.

Der deutsche Botschafter in Moskau war ein Gegner des Naziregimes und seiner außenpolitischen Ziele. In der sowjetischen Hauptstadt setzte er permanent eigene Akzente, was ihn schließlich in einen schweren Konflikt mit seinen Vorgesetzten in Berlin brachte.[68] Er war zu dem Schluss gekommen, Stalin habe die revolutionäre Vision durch einen »Nationalsowjetismus ersetzt ... und versucht, alles an sich zu reißen, bevor es zu spät ist«. In diesem Zusammenhang hielt er die Forderung nach einer Veränderung der Situation an den Meerengen für legitim. Schulenburg hoffte, Russland könnte seine Ambitionen durch Zusammenarbeit mit Deutschland an Stelle von England erreichen. Russland konnte »nicht ewig ausgeschlossen bleiben, als sitze es in einer Mausefalle«. Er wandte sich auch gegen das Argument seiner Kritiker, Stalin wolle »Konstantinopel in die Hand bekommen und so den alten Traum der russischen Zaren erfüllen, Byzanz zu erobern und das Kreuz der Orthodoxen auf der Hagia Sophia aufzupflanzen«. Nach seiner Meinung wollte Stalin lediglich »für die Sowjetunion freie Durchfahrt durch die Meerengen erreichen und das Schwarze Meer zu einem russischen Binnenmeer erklären«. »Der Führer« sei »wohl kaum Friedrich Barbarossa«, und Stalin konnte nichts gewinnen, wenn er in Istanbul einmarschierte. Schulenburg glaubte fest daran, dass Letzterer lediglich den Frieden auf dem Balkan zu erhalten wünsche. Den Türken stehe »ein sehr unsanftes Erwachen« bevor, denn Hitler habe bereits gedroht, dass »diese Dreckschweine einmal teuer bezahlen werden«.[69] Der deutsche Botschafter in Ankara und frühere Kanzler, Franz von Papen, erwartete in der Tat, dass die sowjetische und die deutsche Regierung bis Ende Oktober »durch gemeinsames Vorgehen eine Entmilitarisierung der Meerengen und die Internationalisierung Istanbuls erreicht haben werden«.[70] Je näher die Berliner Konferenz rückte, desto unruhiger wurden die Türken, insbesondere, als Italien in Griechenland einmarschierte, was den Krieg ihren Küsten wieder ein Stück näher brachte. Ihre Kriegsfurcht äußerte sich in den verschiedensten Maßnahmen, etwa in der Verdunkelung der am Ufer des Ägäischen Meeres gelegenen Stadtteile von Izmir.[71] Zur gleichen Zeit malte Aktay in Moskau die deutsche Bedrohung der Meerengen in den schwärzesten Farben und warnte, Bulgarien sei »bereit, die Waffe in der Hand einer ausländischen Macht zu werden«.[72]

Stalin glaubte nicht daran, dass die Türkei dem Druck der Großmächte standhalten könnte, selbst wenn sie dies wollte. Da er beabsichtigte, die Frage des Orients ganz oben auf die Tagesordnung des Berliner Treffens zu setzen, legte er die Beziehungen zur Türkei zunächst auf Eis. Die provokatorischen Vorschläge der Türken wies er mit der Begründung zurück, welche Auswirkungen der Krieg auf Bulgarien habe, sei »Sache der bulgarischen Regierung«.[73] Ihre Haltung zu Russland hinderte die Türken nicht daran, Deutschland zu einer »grundlegenden Änderung« im Verhältnis der beiden Staaten zu drängen. Aber wie zu erwarten war, zeigte die Türkei keine Bereitschaft, sich einem »Neuen Europa« anzuschließen, solange sie nichts über die wahren Absichten der Achse wusste.[74]

Den ganzen Oktober lang sandten die Sicherheitsdienste Stalin Berichte über deutsche und italienische Pläne zur Eroberung Salonikis, was die türkischen Meerengen unmittelbar bedroht hätte. Ebenso las Saracoglu dem russischen Botschafter in Ankara, Winogradow, Telegramme über deutsch-italienische Angriffspläne gegen die Türkei vor, die er aus den verschiedensten Balkanländern erhalten hatte. Als unmittelbar vor der Berliner Konferenz der Krieg zwischen Italien und Griechenland ausbrach, verstärkte das nur die Befürchtung der Sowjetunion, die Türkei könne gegen ihren Willen in die Kampfhandlungen hineingezogen werden. Deshalb ist nicht verwunderlich, dass die Türken am Vorabend von Molotows Besuch in Berlin alles unternahmen, um die Russen von ihrer »freundschaftlichen und loyalen« Haltung zu überzeugen. Sie versicherten, die Türkei werde keinerlei Aktionen gegen die Interessen der Sowjetunion zulassen, »auch nicht hinter ihrem Rücken« – ein klarer Hinweis darauf, dass sie sechs Monate zuvor den Plänen zur Bombardierung Bakus stillschweigend zugestimmt hatte.[75]

Interessanterweise war Stalins Meinungsbildung über die Türkei vor Molotows Berlin-Besuch stark von den Aussagen des angesehensten NKWD-Agenten in Istanbul beeinflusst. Berija hatte ihn davon in Kenntnis gesetzt, was ihm »Omeri« bei einem kürzlichen konspirativen Aufenthalt in Moskau mitgeteilt hatte. Dabei war vor allem von der Gefahr die Rede gewesen, die die Türkei im Kaukasus für Russland darstellte. Informationen aus türkischen Militärkreisen bestätigten die Absicht der Alliierten, Baku und Batumi zu bombardieren, sollte es zu einer Konfrontation mit der Sowjetunion kommen. Besondere Wirkung auf Stalin hatte aber die Enthüllung, dass die türkische Regierung offenbar mit den Trotzkisten konspirierte. Nach »Omeri« war der Standpunkt der türkischen Regierung, »was immer die Türkei von Russland an militärischer und politischer Unterstützung erhalten hat [ein Hinweis auf das Freundschaftsabkommen von 1921], hat sie Trotzki zu verdanken«. Stalin sei gegen die Konzessionen gewesen, die Trotzki den Türken in den zwanziger Jahren gewährte, weshalb die türkische Regierung »Trotzki und andere Oppositionelle stets unterstützt hat und dies auch in Zukunft tun wird, da sie von Stalin und dessen Umgebung nichts Gutes erwartet«. Dies führte zu dem abschließenden Urteil: »Sollte es zu Kriegshandlungen zwischen der Türkei und der UdSSR kommen, dann wird die Türkei versuchen, den Kaukasus zu erobern und als ›kaukasische Konföderation‹ zu annektieren.«[76]

Die Deutschen hatten gehofft, den Russen zuvorkommen zu können, indem sie Ungarn und Bulgarien vor Molotows Ankunft in Berlin in den Dreimächtepakt einbanden. Das gelang ihnen aber nur bei Ungarn, das für die Sowjetunion von zweitrangiger Bedeutung war.[77] Bereits vor der Unterzeichnung des Wiener Schiedsspruchs hielt der bulgarische Botschafter in Moskau, Stamenov, seine Regierung stets auf dem Laufenden, wie sehr die Sowjetunion über das deutsche Eingreifen in die Dobrudschafrage besorgt war.[78] König Boris, der nun die Kontrolle der Außenpolitik übernahm, beschloss, die günstige Gelegenheit zu nutzen, um Anspruch auf die Dobrudscha zu erheben. Die Versuchung war tatsächlich groß, doch indem der König die Großmächte gegeneinander auszuspielen suchte, brachte er Bulgariens neutralen Status ins Wanken und erleichterte es den Deutschen, sein Land und Rumänien noch fester in den Griff zu nehmen. Anfang August gelang es ihm, die Deutschen zum Handeln zu bewegen, indem er ihnen die »im Volke verbreitete Meinung« zuspielte, »Bulgarien könnte von Russland die ganze Dobrudscha erhalten«.[79] Nachdem die Dobrudschafrage geklärt war, präsentierte Draganov in Berlin die neue Forderung nach einem Zugang zum Ägäischen Meer. Auch dieser Vorstoß war von der Absicht geleitet, die angeblichen Spannungen zwischen Deutschland und der Sowjetunion auszunutzen. Die Besetzung Thrakiens wurde nicht nur als ein antibritischer Schachzug dargestellt, sondern auch als eine Möglichkeit für Deutschland, sich aus der Abhängigkeit von den Meerengen frei zu machen, »wo Russland seine Interessen hat«.[80]

Das Hauptaugenmerk der sowjetischen Sicherheitsbestrebungen lag nun auf Bulgarien, wo man die Veränderungen des Kräfteverhältnisses mit Beklommenheit verfolgte. Die Hinwendung zu Deutschland war von Gerüchten aus Regierungskreisen begleitet, Russland wolle die wichtigen Kriegshäfen Burgas und Varna besetzen.[81] Die Deutschen, die entschlossen waren, einen solchen Schritt der Sowjetunion zu verhindern, gestatteten es dem rumänischen Premierminister Antonescu nun nicht mehr, die Durchsetzung des Wiener Schiedsspruches weiter hinauszuzögern. Er musste die rumänische Delegation in Sofia anweisen, die bulgarische Forderung nach der Dobrudscha umgehend zu akzeptieren.[82]

König Boris vollführte einen kühnen Balanceakt, als er der Annäherung an Deutschland die Weisung an Stamenov folgen ließ, Molotow für die sowjetische Haltung in der Dobrudschafrage zu danken. Dieser ließ sich allerdings nicht hinters Licht führen, sondern verwies auf Filovs Rede vom Vortag, in welcher der bulgarische Premierminister seinerseits Deutschland und Italien gedankt hatte. Stamenovs kläglicher Erklärungsversuch, damit habe man lediglich die Initiative Deutschlands anerkennen wollen, wurde gleich am nächsten Morgen in der *Iswestija* abgedruckt. Molotow ließ nun nicht mehr locker und erhöhte den Einsatz, indem er Bulgarien auch die Norddobrudscha anbot. Er war sich natürlich voll bewusst, dass auf diese Weise eine direkte Landbrücke zwischen Russland und Bulgarien bis hin zu den türkischen Meerengen aufgebaut werden konnte. Stamenov musste diese Idee ablehnen. Als Vorwand äußerte er, Rumäniens Anspruch auf Zugang zum Schwarzen Meer sei ebenso gerechtfertigt wie der Bulgariens zur Ägäis, womit er die Hinwendung seines Landes zu Deutschland noch eindeutiger offenbarte. Bulgarien flüchtete sich ohne jeden Zweifel unter den Schutz des Wiener Schiedsspruchs und der Garantien für Rumänien. Damit war für die Sowjetunion die Möglichkeit stark eingeschränkt, mit ihren Truppen durch Bulgarien zu marschieren, sollten ihre Positionen an den Meerengen in Gefahr geraten.[83]

Bulgariens Schicksal hing nun in der Schwebe. Ebenso schwand die Hoffnung, die territorialen Forderungen durchsetzen und zugleich neutral bleiben zu können. Wie wir gesehen haben, wollten die Deutschen den Russen zuvorkommen und Molotow vor vollendete Tatsachen stellen. Der Druck auf König Boris wuchs, vor Molotows Ankunft in Berlin dem Dreimächtepakt beizutreten. Wenn man nach seinen Randnotizen auf den Chiffretelegrammen urteilt, neigte König Boris dazu, sich der Meinung seines Botschafters in Moskau anzuschließen: Die Russen seien frustriert, weil sie die deutsche Gefahr sahen, aber um ihre eigene militärische Schwäche wussten. Während der türkische Botschafter aber glaubte, die Russen würden nicht gegen die Deutschen ins Feld ziehen, selbst wenn diese Istanbul erreichten, warnte der sowjetische Militärattaché in Sofia, dies könnte durchaus geschehen.[84] Der König, der von der Türkei, England und Russland tödliche Gefahr ausgehen sah, versuchte bei seiner »Quasi-Neutralität« zu bleiben. In einem geschickt formulierten Brief an Hitler vom 22. Oktober zeichnete er die Vorzüge, die Bulgariens »vorsichtige Politik« für Deutschland versprach, in den schönsten Farben: Sie durchkreuze die Versuche Großbritanniens, im Herzen des Balkans einen antideutschen Block aufzubauen. Wenn Bulgarien sich dagegen voll auf die Seite Deutschlands schlage, könnte das die Türkei direkt in die Arme der Russen treiben. Draganov wurde jedoch ermahnt, bei Übergabe des Briefes stets »an die wirklichen Gründe zu denken, die Deutschland zu einem Angebot bewegten, das ihm demonstrativ und zweifelhaft erscheint, während es für uns tödlich sein kann«. Die Furcht vor der Sowjetunion war so übermächtig, dass Draganov die besondere Weisung erhielt, »den Eindruck zu vermeiden«, seine Regierung sei »geneigt, das Angebot zu akzeptieren«.[85] Vielleicht kann man nicht mit letzter Sicherheit entscheiden, ob Hitlers Angriff auf Russland wirklich unausweichlich war.

König Boris' Entschlossenheit vor, während und nach der Konferenz ließ Hitler aber klarer als bisher verstehen, wie stark sich Einfluss und Interessen der Sowjetunion auf dem Balkan auf seine eigenen auswirkten. Diese Erkenntnis wirkte wie ein Katalysator auf die endgültige Entscheidung für das Unternehmen Barbarossa.[86] Die Alternative von Krieg und Frieden wurde nun Teil der Gespräche, wenn auch zunächst auf sehr subtile Weise. Bulgariens Beitritt zum Dreimächtepakt, so erklärte man Draganov, war äußerst wichtig für das deutsche Bemühen, England zu isolieren. Hitler erwartete nicht, dass Russland sich am Krieg auf dem Balkan beteiligte. Auch habe Stalin keinen Grund, sich England anzunähern, »weil Deutschland ihm mehr bieten kann als England«. Damit spielte er auf Indien an. Er erwartete, dass die Ausdehnung des Dreimächtepakts Stalins Unterwerfung nur beschleunigen werde. Sollte es aber zum Schlimmsten kommen, besitze Deutschland große »nicht eingesetzte Armeen«, die an der Südostflanke Europas zu jedem Zeitpunkt einen militärischen Erfolg herbeiführen könnten.[87]

Derartige Beteuerungen flößten König Boris jedoch keine Zuversicht ein. Über Kollontai erfuhr er, dass Stalin, der über die Entwicklung auf dem Balkan besorgt war, sein Verhältnis zu Hitler in Berlin auf die Probe stellen wollte. Mehr noch, der russische Militärattaché in Bukarest brachte weiterhin »offenen Unmut über die Besetzung Rumäniens« zum Ausdruck und bekräftigte die Absicht Russlands, »sich gegen jeden zu wenden, der nach den Meerengen greifen sollte«. Dies war ein klarer Hinweis darauf, dass sich »Bulgarien in die sowjetische Interessensphäre einzuordnen habe«.[88] Draganov dagegen drängte den König nach wie vor, der Achse beizutreten. Aber seine Versuche, die Gemüter mit Weizsäckers Versicherung zu beruhigen, das Verhältnis zu Russland sei »sehr gut«, wurden durch Informationen aus Moskau zunichte gemacht: Schulenburg, Rosso und der japanische Botschafter in Moskau, Togo, hatten dem bulgarischen Botschafter erklärt, sie erwarteten nicht, dass Russland in Berlin in den Dreimächtepakt aufgenommen werde.[89] Mehr noch, der sowjetische Verteidigungsminister Timoschenko zeigte sich äußerst besorgt darüber, dass die Wehrmacht an den Grenzen Rumäniens und in Nordgriechenland aufmarschiert war, was ein direktes Eingreifen in Bulgarien und schließlich in der Türkei erwarten ließ.[90] Da es den Deutschen nicht gelungen war, Bulgarien vor Molotows Eintreffen in Berlin zum Beitritt zur Achse zu bewegen, griffen sie zu ihren gewohnten brutalen Methoden. 200 Wehrmachtsoffiziere und Soldaten in Zivil wurden nach Bulgarien eingeschleust, um dort ein Luftwarnsystem aufzubauen, das den ersten Brückenkopf für eine deutsche Militärpräsenz in diesem Lande darstellte.[91]

Mit dem Angriff Italiens auf Griechenland am 28. Oktober, der ohne Wissen Deutschlands kaum zwei Wochen vor der Berliner Konferenz erfolgte, wurden alle Karten neu gemischt. Man erwartete nun, dass britische Truppen in Griechenland landen und eine direkte Bedrohung Deutschlands und Russlands mit sich bringen würden. Die Russen fürchteten, Hitler könnte versuchen, durch

Bulgarien bis zur Türkei vorzustoßen. Damit lagen die Meerengen erneut im Brennpunkt der Aufmerksamkeit. Aber kurzfristig richteten sich die Blicke auch auf Bulgarien, das bislang seine Neutralität hatte wahren können, dessen nächste Schritte aber für das Schicksal des Balkans entscheidende Bedeutung erlangen sollten.[92] Die unerwartete Gefahr aus Italien veranlasste die Türken, sich des Beistandes der Sowjetunion zu versichern, sollte der Krieg ihre Küsten erreichen. Dabei spielten sie ganz bewusst die bulgarische Karte und warnten die Russen, es gäbe Anzeichen dafür, dass »Bulgarien bereit ist, die Waffe in der Hand einer ausländischen Macht zu werden«[93] – eine klare Anspielung auf Deutschland. Als sich die Sowjetunion zur Teilnahme an der Berliner Konferenz bereit fand, war sie weniger von der Sorge über ein Vorrücken Deutschlands als von ihren Vorbehalten gegenüber der Türkei geleitet. Stalin, der den Türken nicht traute,[94] schloss nicht aus, dass diese sich bereitwillig von Großbritannien in den Krieg hineinziehen ließen, besonders wenn sie ähnliche Unterstützung erhielten wie Frankreich und Norwegen. Die Haltung der Türkei zur Sowjetunion im Finnlandkrieg und die offensichtlich stillschweigende Zustimmung zu Flügen britischer Bomber über türkisches Gebiet nach Baku – all das warf einen dunklen Schatten auf das Verhältnis zwischen beiden Ländern. Stalin war nicht geneigt, die Sicherheit Russlands auf einem papiernen Abkommen aufzubauen, das vom guten Willen der Türkei abhing. Seine ausweichende Antwort auf die türkischen Vorschläge verhüllte kaum seine wirkliche Absicht, die Sicherheit Russlands durch ein direktes Eingreifen der Sowjetunion zu gewährleisten und dafür das Recht auf Durchmarsch durch Bulgarien zu nutzen.[95]

In Moskau ging es nun hektisch zu. Zwei Tage vor seiner Abreise versuchte Molotow, Deutschland zuvorzukommen, indem er Bulgarien Garantien anbot, die eine sowjetische Präsenz ähnlich der deutschen in Rumänien hätten entstehen lassen. Der bulgarische Außenminister Popov lehnte diesen Vorschlag rundweg ab, doch der sowjetische Botschafter weigerte sich, diese Antwort als endgültig zu betrachten. Er widerlegte die bulgarischen Einwände einen nach dem anderen und modifizierte die Vorschläge, um sie attraktiver zu machen. Er scheute selbst vor der Drohung nicht zurück, ein eventueller Beitritt Bulgariens zur Achse wäre gleichbedeutend mit der Aufgabe seiner Neutralität und könnte sogar seine Existenz bedrohen. Um aber die Spannungen wieder zu lösen, den Bulgaren die Furcht vor der Reaktion Deutschlands zu nehmen und ein neues Rumänien-Syndrom zu verhindern, legte der Botschafter einen weiteren Vorschlag dar, den König Boris im Protokoll der Gespräche dick anstrich. Sollte Bulgarien wirklich der Achse beitreten, so argumentierte der Botschafter, mache dies »den sowjetischen Vorschlag über militärischen Beistand nicht überflüssig, sondern werde dessen Bedeutung für Bulgarien nur noch erhöhen«. Der Kreml war so begierig, ein Abkommen zu schließen, dass Molotow sich aus eigenem Antrieb bereit erklärte, den Bulgaren jegliche konkreten militärischen Verpflichtungen zu erlassen. Das Angebot an Bulgarien, einen gegenseitigen Nichtangriffspakt abzuschließen, und die russische Forderung nach einem Sitz in der Donaukommission brachten Hitler und Stalin endgültig auf Kollisionskurs.[96]

Viertes Kapitel

Der Weg zu »Barbarossa«

Molotows Besuch in Berlin

Allgemein wird angenommen, dass zum Zeitpunkt von Hitlers Verhandlungen mit Molotow im November 1940 in Berlin das Unternehmen »Barbarossa« bereits feststand. Er habe diese Gespräche geführt, um die Wachsamkeit der Russen einzuschläfern. Vielleicht seien sie auch nur ein taktisches Manöver gewesen, um der Türkei, Spanien, Italien, Vichy-Frankreich und den Balkanstaaten zu demonstrieren, dass Russland seine Pläne zur Herrschaft über Europa voll unterstütze. Daher könnten sie der Achse beitreten, ohne Reaktionen aus Moskau fürchten zu müssen. Zuweilen wird auch argumentiert, Hitler habe die Verhandlungen benutzt, um seinen Untergebenen zu beweisen, dass mit den Russen nur in der Sprache der Gewalt zu reden sei.[1]

Die Idee für das Berliner Treffen stammte, wie bereits im Falle des Ribbentrop-Molotow-Pakts und des letztlich fehlgeschlagenen Versuchs, Hitler und Stalin im Mai 1941 zusammenzubringen, von Schulenburg, der sich Ende September 1940 zu einem kurzen Besuch in Berlin aufhielt. Seit dem Zusammenbruch Frankreichs schwebte ihm ein Viermächtepakt vor, und die Erkenntnis, dass Russland sich nicht einseitig vom Balkan zurückziehen werde, drängte ihn zum Handeln. Vor allem aber ergriff er die Initiative, weil er von den Plänen für einen »Endkampf mit Russland« wusste. Entsprechende Andeutungen erhielt er von Hans Herwarth, dem späteren deutschen Botschafter in London, der zuvor einen hohen Posten an der Moskauer Botschaft innehatte. Schulenburg, ein einsamer Mann ohne eigene Nachkommen, sah Herwarth und dessen Frau gewissermaßen als seine Kinder an, besonders nachdem der junge Mann unmittelbar vor dem Frankreichfeldzug in die Armee eingetreten war. Nach der Niederlage Frankreichs, während eines Urlaubs in Berlin, erfuhr Herwarth durch seinen Cousin, einem Oberst im Generalstab, von Hitlers Angriffsplänen gegen Russland. Unter dem Vorwand, seine Frau besuchen zu wollen, die nach wie vor an der Moskauer Botschaft tätig war (und nach dem Versprechen, seinem Kommandeur eine Ladung Kaviar mitzubringen), erhielt Herwarth Urlaub von der Armee. Schulenburg und der langjährige Militärattaché Köstring waren von der Nachricht schockiert, wussten aber nicht recht, ob sie diese für bare Münze nehmen oder lediglich als Druckmittel gegen die Russen verstehen sollten, um diese zur Steigerung ihrer Industrieproduktion und ihrer Lieferungen nach Deutschland zu bewegen. Bei Begegnungen Köstrings mit Halder im selben Monat und mit Besuchern aus dem Ministerium fanden sie die Information jedoch bestätigt. Trotzdem glaubte Schulenburg nach wie vor daran, dass man Hitler und dessen Umgebung zu weitergehenden Vereinbarungen mit Russland bewegen könne, solange die russischen Ambitionen auf die Türkei und den Iran beschränkt blieben.[2]

Die schroffe sowjetische Reaktion auf den Wiener Schiedsspruch im September durchkreuzte jedoch diese Absicht. Schulenburg, dem immer klarer wurde, woher in Berlin der Wind wehte, sandte der Wilhelmstraße auch weiterhin höchst auslegbare Berichte über die Reaktion der Sowjets und verschwieg Molotows Zweifel darüber, ob Hitler wirklich »loyal« gehandelt habe. Tatsächlich war der sowjetische Außenminister auf Mackensens Vorschlag eines dreiseitigen Arrangements auf dem Balkan zurückgekommen. Auf Schulenburgs Einwand, da man sich nicht vorher konsultiert habe, sei Berlin über die sowjetischen Interessen im Unklaren gewesen, entgegnete Molotow sarkastisch, diese habe man auf den Titelseiten aller großen internationalen Zeitungen nachlesen können. Seine Weisungen aus Berlin ignorierend, initiierte Schulenburg nun einen Schritt zur Versöhnung, der schließlich zwei Monate später zur Berliner Konferenz führte. Da er seine eigenen Vorbehalte gegenüber Deutschlands Vorhaben nicht länger für sich behalten konnte, beschloss er, rasch nach Berlin zu fahren, um die Differenzen auszuräumen.[3]

Dabei half Schulenburg das Memorandum wenig, das Molotow ihm vor seiner Abreise übergab. Darin wurden die Deutschen beschuldigt, die Bestimmungen des Ribbentrop-Molotow-Pakts verletzt zu haben. Molotow drängte nun auf eine Änderung der Klauseln über vorherige Konsultationen und deutete damit an, dass Russland seinerseits freie Hand im Umgang mit der Türkei und den Meerengen verlange. Das einseitige Vorgehen Deutschlands wertete er als eigentliche Ursache der verbreiteten Gerüchte, der Schiedsspruch richte sich vor allem gegen die Sowjetunion. Außerdem sei das deutsch-sowjetische Verhältnis von wachsenden

Spannungen geprägt. Schulenburgs Bericht über dieses Gespräch zeigt, dass er die deutsche Haltung wortreich verteidigte, obwohl er in Wirklichkeit sehr dafür war, »die Kontroversen zu lösen« und sich unverzüglich nach Berlin begeben wollte, um »die Missverständnisse zu beseitigen«.[4]

Schulenburg hatte jedoch erst am 25. September Gelegenheit, das Problem mit Ribbentrop zu besprechen. Dieser befand sich in Rom, wo er mit Mussolini über die Errichtung der Achse verhandelte, eine potenziell brisante Frage für die deutsch-sowjetischen Beziehungen. Schulenburg stieß aber offenbar auf Unterstützung bei seinen Kollegen im Auswärtigen Amt. Weizsäcker, selbst Anhänger des Kontinentalblocks, vertraute seinem Tagebuch an: »Der Glaube an nahen Frieden wird z. T. im Publikum ersetzt durch die Erwartung, es müsse auch noch mit Russland abgerechnet werden. Dem wird offiziell stark widersprochen. Meine Witterung geht aber mehr in der Richtung des Publikums, obgleich ich selbst den Sinn u. die Notwendigkeit eines solchen neuen Kriegs erst zugeben würde, wenn wir uns dem Frühjahr 1941 nähern und dann die Umstände danach sind, d. h. uns zwingen. England in Russland schlagen, ist doch kein Programm.«[5] Das Auswärtige Amt nutzte jedoch den Handel als Vorwand für die Einberufung eines politischen Treffens. Wenn Russland seine Lieferungen stoppte, dann konnte das verheerende Auswirkungen für die deutsche Kriegführung haben. Man hatte festgestellt, dass die Russen langfristige Projekte vernachlässigten und sich statt dessen auf kurzfristige Lieferungen im Austausch für Waffen und Munition konzentrierten, was ihnen einen sofortigen Vorteil brachte.[6]

Hitler stand nun vor dem Dilemma, entweder den Ribbentrop-Molotow-Pakt durch weitere Vereinbarungen in Südosteuropa zu aktualisieren oder die Kriegsvorbereitungen energisch voranzutreiben. Im Sommer 1940 scheint er in dieser Frage noch geschwankt zu haben. Ob er sich an eine Vereinbarung gehalten hätte, die Russland aus Europa und dem Balkan heraus hielt und statt dessen auf Kleinasien orientierte, bleibt eine hypothetische Frage. Der erste Schritt zu einer politischen Lösung war die Unterzeichnung des Dreimächtepakts am 27. September. Japan sollte die USA im Pazifik binden. Man hoffte, dass Italien und möglichst auch Franco-Spanien die britische Vorherrschaft im Mittelmeer schwächten, während Russland die imperialen Interessen Großbritanniens im Nahen Osten herausfordern konnte. Rumänien und Finnland wiederum sollten Deutschland mit wichtigen Rohstoffen und Öl versorgen. Dass Hitlers Russlandpläne diesen nicht vom Krieg gegen

England ablenkten, beweist sein Befehl, vor der Invasion die Luftwaffe einzusetzen. Diesen hatte er gegeben, nachdem er seine Generale tags zuvor von seiner Absicht informiert hatte, gegen Russland ins Feld zu ziehen. Außerdem hatten die Pläne zur Aufstockung des Heeres auf 180 Divisionen das Ziel, diese Strategie zu unterstützen und die Kriegsmaschine in Schwung zu halten. Während die ersten Planentwürfe für eine Invasion in Russland entstanden, arbeitete das OKW zugleich mit Hochdruck an den Operationen gegen Gibraltar und Ägypten. Hitler hoffte, über eine nochmalige Abgrenzung der Einflusssphären die Neuordnung Europas durchzusetzen.[7]

Anders als die Russen hatte Hitler jedoch keinen konkreten Plan für das Treffen. In den Verhandlungen wollte er auf die gewohnte Weise vorgehen. Aus der Darlegung seiner allgemeinen Vorstellungen von einem »neuen Europa« sollte sich Schritt für Schritt ein präziser Vorschlag für die Abgrenzung der Interessensphären ergeben, der Russland aus Europa und dem Balkan heraushalten und die militärische Überlegenheit Deutschlands widerspiegeln würde. Ribbentrop wurde nur über zweitrangige Fragen ins Bild gesetzt, die sich aus der Diskussion über die »hohe Politik« – Russlands Haltung zum Krieg, den Konflikt zwischen Italien und Griechenland, Russlands Position zur Achse und zu den Meerengen – ergeben konnten. Der Abkommensentwurf über die gegenseitige Abgrenzung der Interessensphären, den die Moskauer Botschaft vorbereitet hatte, war die einzige Richtlinie der deutschen Delegation, wurde aber während der Verhandlungen überhaupt nicht angesprochen.[8] Er deckte sich mehr oder weniger mit den Vorstellungen der Russen: Die Türkei sollte aus der Neuordnung Europas ausgeschlossen bleiben, Russland Stützpunkte auf der asiatischen Seite des Bosporus und Deutschland auf der europäischen erhalten. Für Russland lief eine alternative Lösung darauf hinaus, selbst nur den Bosporus zu kontrollieren, während ein befreundeter Staat, z. B. Bulgarien, die deutschen Interessen in Istanbul wahrnahm.[9] Kurz nach seiner Rückkehr von den Konsultationen in Berlin hatte Schulenburg gemeinsam mit Köstring und Botschaftsrat Walther eine Denkschrift verfasst, in der sie auf die Gefahren hinwiesen, die ein deutscher Angriff gegen die Sowjetunion mit sich bringen konnte. Dort erklärten sie nachdrücklich, dass ein Angriff der Sowjetunion nicht zu erwarten sei. Sollte man ihr jedoch einen solchen aufzwingen, dann werde die gesamte Bevölkerung fest zur Regierung stehen. Es sei zwar möglich, dass Russland die Ukraine, Weißrussland und die baltischen Staaten verliere, doch wären diese für Deutschland nur eine Last. Das Dokument wurde Halder am 2. November zugestellt, der seinen Eingang bestätigte. Es ist aber nicht bekannt, ob er Hitler über dessen Inhalt informierte.[10] Die Ansichten der Moskauer Botschaft kursierten allerdings ungehindert in den oberen Etagen des Auswärtigen Amtes, wie Weizsäcker berichtet:

»Man sagt, ohne Russland zu liquidieren, sei doch keine Ordnung in Europa zu schaffen. Warum soll es nicht neben uns in seinem dumpfen Bolschewismus schmoren. Solange es von Beamten des jetzt hier gesehenen Typs verwaltet wird, ist dieses Land weniger zu fürchten als in der Zarenzeit. Ich wäre dafür, den Krieg nicht in Länder zu tragen, wo die Abstände unsere Kräfte schwächen. Russland zu besetzen, bringt aber nicht einmal Getreidegewinn.«[11]

Dass Schulenburg, der das Treffen initiiert hatte, schließlich von den Gesprächen ausgeschlossen blieb, war ein schlechtes Omen für diese Gruppe.[12]

Hitlers Verhandlungsstrategie unterschied sich sehr von der russischen. Einerseits unterstützte er nach wie vor Ribbentrops Projekt eines »Westwalls«, der England von seinen möglichen Verbündeten isolieren sollte. Aber als die eigentliche Nagelprobe schien er nun die russische Haltung zum Balkan anzusehen. Aus deutscher Sicht hatte, wie Ribbentrop Mussolini erläuterte, »der Wiener Schiedsspruch den Russen deutlich gezeigt, wo die Grenze für ihre Expansion liege«. Der Kontinentalblock war also eine friedliche Alternative zu »Barbarossa«, der man sogar den Vorzug geben wollte. Die Voraussetzung war allerdings, dass die Sowjetunion das Diktat Deutschlands akzeptierte, das diesem auf Grund seiner militärischen Überlegenheit nach den Siegen in Nord- und Westeuropa zustand. Es war kein Geheimnis, dass am Bosporus und auf dem Balkan eine »gefährliche Überschneidung der Interessen« vorlag, die vermieden werden musste.[13]

Hitler enthüllte Mussolini am Vorabend der Konferenz, er habe nicht die Absicht, den Russen große Zugeständnisse zu machen; er könne höchstens die Türkei dazu drängen, der Sowjetunion »einige« Garantien bei den Meerengen sowie Sicherheitsarrangements in Baku und Batumi anzubieten. Die Gespräche waren von Anfang an zum Scheitern verurteilt, da Hitler erwartete, Zustimmung zur deutschen Vorherrschaft in Europa zu erhalten und die Russen zugleich von ihrem »alten Ziel, dem Bosporus«, auf den Indischen Ozean umorientieren zu können. Er war entschlossen, Stalin daran zu hindern, »über bestimmte gewisse Grenzen« hinaus zu gehen, d. h., »sich über Rumänien hinweg dem Bosporus zu nähern«. »Ein rumänischer Spatz in der Hand«, so fasste er seine Haltung zusammen, sei »mehr wert als eine russische Taube auf dem Dach«. Da Hitler aber wusste, wie sehr Stalin auf die Donau und Bulgarien fixiert war, kamen auch ihm Zweifel am Ausgang der Konferenz. Doch glaubte er nach wie vor, Stalin sei »klug genug«, sich der deutschen Vorherrschaft zu beugen und seine Ambitionen zurückzustellen. Wenn Stalin meinte, Europa werde in einem lang andauernden Krieg »ausbluten«, dann unterlag er damit nach Hitlers Meinung einem Irrtum. Konfrontiert mit 100 intakten Divisionen an seinen Grenzen, so erklärte Hitler seinem Stabschef, müsse sich Stalin mit der deutschen Präsenz in Finnland und Rumänien abfinden. Er werde »selbst im schlimmsten Falle für Deutschland kein Problem darstellen«.[14] Im Berliner diplomatischen Korps glaubte man, Hitler trete nach dem Scheitern einer Übereinkunft mit Großbritannien nun in Bismarcks Fußstapfen und suche, ungeachtet der ideologischen Differenzen, eine Verständigung mit Russland. Man hielt es sogar für möglich, dass die politische Kooperation den Bolschewismus in eine nationalsozialistische Richtung drängen könnte...[15]

Die Errichtung der Achse während Schulenburgs Aufenthalt in Berlin verlieh dessen Ideen, so paradox dies klingt, sogar noch größeres Gewicht. Der Dreimächtepakt war eindeutig ein Vehikel zur Schaffung des Kontinentalblocks und schloss ursprünglich die Sowjetunion mit ein. Dadurch sollte sie »im gegebenen Augenblick ... in freundschaftlicher Form ... freie Hand in Bezug auf die Erfüllung etwaiger Wünsche in der südlichen Richtung des Persischen Golfs oder Indiens erhalten«.[16] Welche Auffassung dazu in der Wilhelmstraße vorherrschte, brachte Weizsäcker prägnant zum Ausdruck:

»Russland haben wir sehr verschnupft mit der Garantie an Rumänien ... und gestern noch einmal kräftig durch den Dreieckspakt Deutschland-Italien-Japan. Es ist nötig, diese Überraschungen gegenüber Russland wieder gut zu machen, wenn dort nicht das Wetter umschlagen soll. Ein Angriff Russlands auf uns ist nicht zu befürchten. Denn militärisch und als Regime ist es nicht stark genug. Es könnte aber seinen Boden der englischen Intrige öffnen und vor allem die Lieferungen an uns einstellen.«

Die Russen wurden nicht nur vorab über die Errichtung der Achse in Kenntnis gesetzt, Weizsäcker versicherte dem sowjetischen Botschafter auch, dass man sich besonders bemühen wolle, Russland und Japan zu versöhnen.[17] Eine ähnliche Botschaft wurde direkt an Molotow gesandt. Man wies ihn vor allem auf den Paragraphen hin, der die Aufrechterhaltung des Sonderverhältnisses zur Sowjetunion klarstellen sollte. Um die bittere Pille zu versüßen, versprach Ribbentrop, Stalin persönlich zu schreiben und eine Einladung an Molotow auszusprechen, um in Berlin »Fragen einer gemeinsamen politischen Zielsetzung für die Zukunft« zu erörtern.[18] Ribbentrop suchte das deutsche Vorgehen in Finnland herunterzuspielen und bekräftigte, zwischen allen Unterzeichnern des Dreimächtepakts »habe von vornherein volle Übereinstimmung darüber bestanden, dass ihre Abmachungen die Sowjetunion überhaupt nicht berühren sollten«.[19] Diese Gedanken wollte er in seinem Brief an Stalin weiter präzisieren. Der einzige Haken an der Sache war die Erklärung, dass Deutschland fest entschlossen sei, die Garantie für Rumänien in die Tat umzusetzen und in diesem Lande eine deutsche Präsenz zu errichten – eine klare, nur leicht verhüllte Attacke gegen Russland. Als Grund für die deutsche Präsenz auf dem Balkan wurde allerdings die Bedrohung der rumänischen Ölfelder durch die Briten angeführt. Die Vertretungen Deutschlands auf dem Balkan erhielten die Weisung, alles »sorgfältig« zu vermeiden, was einen antirussischen Eindruck hervorrufen konnte.[20]

Ribbentrops Brief, den Schulenburg Stalin persönlich überreichen sollte, erwartete den Botschafter bei der Rückkehr nach Moskau. Schulenburg arbeitete sorgfältig an der Übersetzung des Textes, der, wie er fürchtete, »bei Molotow ernsthafte Verärgerung auslösen könnte«. Am 17. Oktober sah er sich schließlich gezwungen, Molotow den Brief zu übergeben. Zu diesem Zeitpunkt war dessen Inhalt allerdings im Wesentlichen bereits in die Presse durchgesickert. Der Brief, den Hitler persönlich unterstützte, enthielt keine der »frischen Ideen«, die Ribbentrop versprochen hatte. Zwar ging es darin vorrangig um den Gedanken, den Ribbentrop-Molotow-Pakt durch die »Abgrenzung der gegenseitigen Interessensphären« auf den neuesten Stand zu bringen, wenn man ihn aber genau las, wurden die Russen ziemlich deutlich gewarnt, sich auf dem Balkan nicht mit den Briten einzulassen. Die »freundschaftliche Empfehlung« war von einem verdeckten Hinweis auf die Überlegenheit der Wehrmacht begleitet, deren Truppen die Briten »überall da, wo sie sich stellten, zu Paaren getrieben« hätten. Mit der Anspielung auf jüngste britische Pläne, Baku und Batumi zu bombardieren, traf Ribbentrop den Kreml an seinem wunden Punkt. Auch wurde der deutsche Vormarsch auf dem Balkan als

Maßnahme gerechtfertigt, »die perfiden Pläne der Briten« unter Kontrolle zu bringen und vitale wirtschaftliche Interessen zu schützen. Es muss bezweifelt werden, dass Ribbentrops Darstellung, der Wiener Schiedsspruch sei »völlig improvisiert« gewesen, Stalin besänftigen konnte. Veranlasst durch die britischen Machenschaften, habe man ihn »in 24 Stunden« organisieren müssen, weshalb »zu irgendwelchen Verhandlungen oder Konsultationen keine Zeit« geblieben sei. Schulenburg, so vermutet der russische Bericht, habe den Text ergänzen müssen, damit er den sowjetischen Erwartungen entsprach. Dieser betonte, die Berliner Konferenz werde lediglich das Vorspiel für eine Zusammenkunft der vier Mächte sein. Dass man diese noch nicht öffentlich erwähne, entschuldigte er mit dem Hinweis, Japan und Italien seien noch nicht darüber konsultiert worden.[21]

Stalin war trotz allem durch die ausgesprochene Einladung sichtlich erleichtert. Er war bereit, Molotow in der ersten Novemberwoche nach Berlin zu senden, und ließ mit einigen Gesten sogar guten Willen erkennen. So zog er seine Einwände gegen die Mitarbeit Italiens in der Donaukommission zurück, was den Weg zu deren Einberufung Ende Oktober in Bukarest frei machte. Außerdem gab er seine Zustimmung zu einer Vereinbarung über Entschädigungen für deutsche Staatsbürger in den ehemaligen baltischen Staaten. Schulenburg erwähnte in seinem Bericht nach Berlin mit keinem Wort Molotows eindeutiges Misstrauen wegen der deutschen Militärpräsenz in Rumänien, des Transits deutscher Truppen über Norwegen nach Finnland und angeblicher deutsch-türkischer Verhandlungen.[22] Trotzdem konnte Hitler nicht entgangen sein, dass Stalins Antwort auf Ribbentrops flammenden Brief sehr nüchtern ausgefallen war. Stalin brachte lediglich die Hoffnung zum Ausdruck, dass die Beziehungen sich verbessern könnten, wenn »für die langfristige Abgrenzung der beiderseitigen Interessen eine dauerhafte Grundlage« geschaffen sei. Molotows Besuch betrachtete Stalin lediglich als Grundlage für Verhandlungen mit Ribbentrop in Moskau, die unter Umständen zu einem zweiten Ribbentrop-Molotow-Pakt führen konnten.[23]

Der Besuch des sowjetischen Außenministers in Berlin, der ganze 48 Stunden dauerte, ist von den Historikern in allen Einzelheiten rekonstruiert worden, weshalb er hier nicht rekapituliert werden soll. Die meisten stellen ihn jedoch als Komplott zur Zerschlagung des britischen Empires und zur Neuaufteilung der Welt dar, weniger als Ausdruck der heftigen Rivalität auf dem Balkan, wie dies hier geschehen ist.[24]

Molotows Verhandlungen in Berlin standen in scharfem Kontrast zu der pompösen Verabschiedung auf dem Belorussischen Bahnhof in Moskau am 11. November 1940, zu der sich zahlreiche hohe sowjetische Würdenträger eingefunden hatten. Der düstere, wolkenverhangene Himmel und der unangenehme Nieselregen, der Molotow am nächsten Morgen empfing, als sein Sonderzug in den Anhalter Bahnhof in Berlin einfuhr, waren kein gutes Omen. Die Begrüßung fiel allerdings herzlich und ermutigend aus. Molotow wurde von Ribbentrop und Feldmarschall Keitel willkommen geheißen. Der Bahnhof war mit Sowjet- und Nazifahnen über einem riesigen Blumenkorb in Rosa geschmückt. Vor dem Gebäude spielte eine Kapelle »Deutschland, Deutschland über alles« und seit 1933 zum ersten Mal die »Internationale«. Dann fuhr man Molotow in einem schwarzen Mercedes zum Luxushotel Bellevue, wo man wenig Zeit verlor. Kurz nach dem Frühstück wurde die Delegation zum ersten Gespräch in die Reichskanzlei gebracht.[25]

Schon dabei machte Molotow Ribbentrop klar, dass Russland mit Hitlers Vorstellung, Einflusssphären »in einer ganz großen Konzeption« zu bestimmen, nicht zufrieden zu stellen sei. Wenn man Molotows Direktive kennt, dann überrascht es nicht, dass der Vorschlag, Russland möge einen Zugang zum Persischen Golf anstreben, ihn in keiner Weise beeindruckte. Es folgte eine lange Diskussion über die Türkei und die Meerengen (die bezeichnenderweise in den deutschen Protokollen fehlt), in der man den Russen eine Revision des Vertrages von Montreux, allerdings ohne jegliche weiteren Sicherheiten, anbot.[26] Molotow informierte Stalin eilig von seinem ersten Eindruck, dass die deutschen »Antworten während des Gesprächs nicht immer klar sind und weitere Präzisierungen erfordern«. Ribbentrop sei einer präzisen Bestimmung der Einflusssphären absichtlich ausgewichen und habe für eine Grundsatzvereinbarung plädiert, die die Deutschen unmittelbar gegen England nutzen könnten.[27]

Wie Molotow weiter berichtete, empfing Hitler ihn mit dem Nazigruß, wobei er »seinen Arm unnatürlich beugte«. Er bat ihn in die Sesselecke des riesigen Raumes, wo Ribbentrop sich ihnen zugesellte. Hitler war »überraschend liebenswürdig. Es kam ihm sichtlich darauf an, Molotow sachlich und persönlich für sich zu gewinnen«. Da der sowjetische Außenminister sich auf Feindseligkeit eingestellt hatte, kann es nicht überraschen, dass er »von Hitlers Freundlichkeit erleichtert« wirkte, als er ins Hotel zurückkehrte.[28] Molotows unbeugsame Haltung verstärkte allerdings Hitlers Sorge über die weitere russische Außenpolitik und ließ bei ihm

Zweifel aufkommen, ob eine friedliche Übereinkunft möglich sei. Zwischen den beiden wichtigsten Begegnungen gab Stalin per Telegramm Molotow noch einmal Order, nicht von seiner Direktive abzuweichen. Stalin erinnerte ihn daran, dass »eine friedliche Lösung nicht dauerhaft wäre ohne sowjetische Garantien für Bulgarien und die Möglichkeit für sowjetische Truppen, dort einzumarschieren, um auf die Türkei Druck ausüben zu können«.[29]

Bei der folgenden Begegnung war Hitler, wie Molotow Stalin berichtete, »merklich erregt«, als der sowjetische Unterhändler die Forderung wiederholte, Deutschland möge seine Garantien für Rumänien zurücknehmen, die »gegen die Interessen Sowjetrusslands gerichtet sind, wenn man das so unverblümt sagen darf«. Nahezu wörtlich übermittelte er Stalins Forderung nach einer Garantie für Bulgarien »unter exakt den gleichen Bedingungen wie sie Deutschland und Italien Rumänien gewährt haben«. Er versprach, die Sowjetunion wolle sich nicht in die inneren Angelegenheiten Bulgariens einmischen, und bot im Grunde genommen an, es durch den Zugang zur Ägäis zu entschädigen. Eine derartige Lösung hätte aber Hitlers Absicht durchkreuzt, selbst Saloniki zu besetzen.

Molotow brachte Hitler noch mehr in Rage, als er eine Revision des Vertrages von Montreux ungerührt als papierne Garantie bezeichnete, während Russland eine »greifbare« anstrebe. In einem zweiten Telegramm hatte ihn Stalin, der in Moskau den Gang der Verhandlungen gespannt verfolgte, angewiesen, Hitler zu erklären, Russland interessiere nicht der Zugang zum Mittelmeer, sondern ein möglicher Angriff der Briten, wenn deren Schiffe in der Lage seien, ungehindert ins Schwarze Meer einzulaufen. Erneut berief sich Stalin auf die Geschichte: Molotow sollte Hitler daran erinnern, dass »die Sicherheit der sowjetischen Gebiete am Schwarzen Meer nicht ohne eine Lösung des Problems der Meerengen zu gewährleisten sei, wie die gesamte Entwicklung seit dem Krimkrieg im letzten Jahrhundert bis zur Landung ausländischer Truppen während der Intervention auf der Krim und in Odessa in den Jahren 1918 und 1919 bewiesen«. Stalin schien immer noch die Hoffnung zu nähren, dass nach diesen Grundsätzen ein Vertragsentwurf in Berlin ausgearbeitet und später in Moskau zum Abschluss gebracht werden könnte.[30]

Hitler, der über den erfolglosen Vorstoß der Sowjets bei König Boris informiert war, beendete das Thema mit der sarkastischen Bemerkung, die Rumänen hätten Deutschland und Italien um Garantien gebeten, während ihm eine ähnliche Bitte Bulgariens an Russland nicht bekannt sei. Auch Molotows ernste Vorbehalte gegen den Vorschlag, Russland möge dem Dreimächtepakt beitreten, konnten Hitlers Stimmung nicht verbessern. Molotow stellte außerdem die Bedingung, den Pakt völlig umzugestalten. Er habe zwar »nichts dagegen, sich an verschiedenen Aktionen der vier Mächte zu beteiligen, aber nicht im Rahmen des Dreieckspaktes, wo die UdSSR lediglich Objekt« sei.

Es blieb Ribbentrop überlassen, in der bizarren Atmosphäre eines Berliner Luftschutzbunkers den Gesprächsfaden wieder aufzunehmen, da schwere Bombenangriffe der Briten drastisch demonstrierten, wie nahe der Krieg und wie fraglich die Unbesiegbarkeit Deutschlands inzwischen war. Er bemühte sich, den Dreimächtepakt mit dem deutsch-sowjetischen Bündnis durch eine Definition der Einflusssphären in Einklang zu bringen, von der er, wie er selbst zugab, nur »rohe Gedanken« hatte. Der deutsche Außenminister zog ein gefaltetes Papier aus der Tasche und las den Vorschlag für eine Vereinbarung vor. Es war ein allgemein gehaltener Text, der den Wunsch der vier Mächte nach Festlegung der jeweiligen Interessensphären konstatierte und zu ständigen wechselseitigen Konsultationen aufforderte. In mehreren Geheimprotokollen sollten die territorialen Ansprüche aller Beteiligten umrissen werden. Wie erwartet, suchte man die Russen auf den Indischen Ozean abzudrängen. Der einzige Bezug auf ihre ursprünglichen Ziele war das Versprechen, eine Revision des Regimes der Meerengen unter deutscher Schirmherrschaft anzustreben. Laut Molotow genügten jedoch »papierne Abmachungen nicht … Die Sowjetunion müsse auf tatsächlichen Garantien für ihre Sicherheit bestehen«. Die Garantien für Bulgarien nahmen in Molotows Bericht großen Raum ein. Im deutschen Protokoll wurden sie dagegen nur kurz erwähnt, wahrscheinlich, um Hitler nicht noch mehr zu erzürnen.[31]

Hitlers Neigung zu einem Angriff auf die Sowjetunion wurde durch die Haltung der Russen weiter verstärkt, die sich hinsichtlich ihrer Sicherheitsinteressen auf dem Balkan absolut unnachgiebig zeigten. Aber Hitler gab Stalin noch eine Chance zur Umkehr (wie aus den russischen Berichten, nicht den deutschen, zu ersehen ist). Stalins Vorgehen in der Bulgarienfrage im Gefolge der Konferenz besiegelte jedoch, wie wir noch sehen werden, schließlich Russlands Schicksal. Dazu machten Ribbentrop und Göring während der Verhöre in Nürnberg übrigens durchaus glaubhafte Aussagen.[32] Hitler schien nun alles Interesse an Gesprächen verloren zu haben und erklärte, »er sei nicht … absolut sicher«, ob die gemeinsamen Pläne zur Zerschlagung des britischen Empires »sich durchführen ließen«.[33]

Zwar gewannen die Bulgaren und andere scharfe Beobachter zunächst den Eindruck eines erfolgreichen Verlaufs der Verhandlungen,[34] in Molotows letztem Telegramm an Stalin hieß es jedoch unzweideutig, die Gespräche hätten »nicht das erwünschte Ergebnis gebracht«. Er erläuterte, Hitler sei in der Bulgarienfrage »einer Antwort ausgewichen« und habe dabei auf Italien verwiesen. Ebenso unbefriedigend sei die Diskussion zur Frage der Türkei verlaufen. Ribbentrops beabsichtigte Reise nach Moskau wurde nicht mehr erwähnt. Molotow fasste zusammen: »Das sind die Hauptergebnisse. Nichts, worauf man stolz sein könnte, aber auf jeden Fall ist Hitlers Einstellung deutlich geworden, mit der man rechnen muss«.[35] Es habe sich herausgestellt, so erläuterte Molotow bei seiner Rückkehr nach Moskau, dass die Deutschen darauf hofften, »die Türkei in die Hand zu bekommen, indem sie ihr eine ähnliche Sicherheitsgarantie wie für Rumänien in Aussicht stellen, während sie uns mit dem Versprechen den Mund wässrig machen, bei einer Revision des Vertrages von Montreux zu unseren Gunsten zu helfen«. Die Sowjetunion sollte nunmehr daran gehen, das Regime der Meerengen durch direkte Verhandlungen mit der Türkei und »nicht hinter ihrem Rücken« zu verbessern. In den Korridoren des Kreml wurde tatsächlich die Möglichkeit »eines deutschen Feldzuges gegen Ägypten durch die Meerengen und die Türkei« debattiert.[36] Was den deutschen Vorschlag betraf, Russland solle sich gegen die britischen Interessen im Nahen Osten wenden, so war Molotow hier ganz eindeutig: »Die Deutschen und die Japaner, das ist klar, wollen uns mit aller Macht zum Persischen Golf und gegen Indien drängen. Wir haben es abgelehnt, darüber zu diskutieren, weil wir meinen, dass wir mit solchen deutschen Empfehlungen schlecht beraten wären.«[37] Und doch führten die von Ribbentrop im letzten Moment eingebrachten Vorschläge[38] nicht zu dem Eindruck einer unvermeidlichen Krise, sondern gaben kurzfristig Anlass zu einer gewissen Selbstzufriedenheit. Man konnte, so schien es, in aller Ruhe über »diplomatische Kanäle« weiter verhandeln. Als Molotow auf einem Begrüßungsempfang des italienischen Botschafters Rosso für die Repräsentanten der »befreundeten Staaten« erschien, wirkte er in der Tat »aufgeblasen und in Hochstimmung«.[39]

Die Verfechter des Kontinentalblocks in Ribbentrops Umgebung und auch Schulenburg hofften immer noch darauf, Stalin werde angesichts der Schwäche der Roten Armee schließlich einlenken. »Meinetwegen«, so kommentierte Weizsäcker, »kann man noch lange mit ihnen verhandeln. Krieg gegen Russland ist nicht möglich, solange wir noch mit England zu tun haben, und danach ist er unnötig.« Selbst Halder hatte die Hoffnung auf eine politische Lösung noch nicht aufgegeben.[40]

Hitler dagegen war nach der Berliner Konferenz mehr denn je überzeugt, dass die Briten sich deshalb nicht beugten, weil die Sowjetunion so unnachgiebig auftrat. Auch über den Kontinentalblock hatte er jegliche Illusionen verloren. Als Voraussetzung einer neuen Strategie, die eine Vereinbarung mit Russland ermöglichen sollte, sah er Spaniens Beitritt zum Dreimächtepakt an. Am 18. November hatte Ciano ihn informiert, dass Italien das Eintreten Spaniens in den Krieg und die Eroberung Gibraltars als den entscheidenden Todesstoß für die britische Marinepräsenz im Mittelmeer ansah. Als Hitler am nächsten Tag den spanischen Außenminister empfing, log er, dass sich die Balken bogen, und prahlte mit dem erfolgreichen Abschluss der Vorbereitungen des Unternehmens »Seelöwe«. Dabei waren diese während des Sommers mehr und mehr im Sande verlaufen, was vor allem daran lag, dass es der Luftwaffe nicht gelungen war, in der Schlacht um Britannien die Überlegenheit zu erringen. Zwar begründete man die Verzögerung der Landung in England nach außen hin mit den besonders schlechten Wetterbedingungen, in Wirklichkeit aber war die Invasion bereits am 17. September »auf unbestimmte Zeit« verschoben worden. Deutschland, so behauptete Hitler, »würde bei Aussicht auf eine 3 bis 4 wöchige Schönwetterperiode auch im Winter losschlagen«. Der spanische Außenminister Serrano Suner ließ sich davon jedoch nicht beeindrucken. Er verkündete Francos endgültige Entscheidung, sich aus dem Krieg heraushalten zu wollen.[41]

Kurz nach diesem Gespräch entwarf Hitler ein Telegramm an Mussolini, der ihn nach dem fehlgeschlagenen Einmarsch in Griechenland am 28. Oktober um Unterstützung gebeten hatte. Hitler stimmte widerwillig zu und versprach Hilfe im Winter, jedoch mit dem vielsagenden Einwand: »Ich möchte aber im Frühjahr, spätestens bis Anfang Mai, meine deutschen Kräfte wieder zurückerhalten ...«[42] Im übrigen hielt er sich nach wie vor bedeckt.

Zum ersten Mal sprach Hitler nun von Russland. Dieses »hänge wie eine drohende Wolke am Horizont und gebe sich ... entweder einen imperialistisch, national-russischen Anschein oder erscheine in international-kommunistischer Aufmachung, je nach den Ländern, um die es sich handele«. Allerdings gab er auch hier seine Idee einer »großen Weltkombination, die von Yokohama bis nach

Spanien reicht« nicht auf. Zugleich zeigte er sich entschlossen, auf dem Balkan zu bleiben, denn »Russland würde einmarschieren, genau so, wie dies im Baltikum geschehen sei. Ein etwa ausstehendes Vakuum würde sofort von Russland ausgefüllt werden.« In Zukunft wollte er aber nicht mehr auf eine Vereinbarung mit den Russen, sondern »mehr auf reale Machtmittel« setzen. Bis zum Frühjahr werde Deutschland eine wirksame Abschreckung in Form von 168 erstklassigen Infanteriedivisionen, darunter 20 Panzerdivisionen, besitzen. Als Äußerstes könne er eine Revision des Vertrages von Montreux zugestehen, wodurch das Schwarze Meer »für die Anlieger zu einer Art riesigem Hafen« werde, »in dem diese Staaten freie und ungehinderte Ein- und Ausfahrt hätten«.[43]

Allerdings hatte Hitler auf der Berliner Konferenz die Erkenntnis gewonnen, dass Bulgarien der Schlüssel für die Kontrolle über den Balkan war. Um die Russen von ihrer harten Linie abzubringen, teilte man ihnen kurz nach Abschluss der Konferenz mit, dass Ungarn, Rumänien und die Slowakei beabsichtigten, in Kürze dem Dreimächtepakt beizutreten.[44] Buchstäblich als Molotow in Berlin seinen Zug bestieg, erhielt Ribbentrop von Draganov die Versicherung, dass mit Moskau bisher keine Vereinbarung über gegenseitigen Beistand geschlossen worden sei. Allerdings erfuhr er auch, dass die Bulgaren zwar die Bolschewisierung fürchteten, aber »den Drang zu den Meerengen, eine traditionelle russische Balkanpolitik«, nicht ignorieren könnten. »Die Grenzen von San Stefano[45] zeigen, dass die Russen Adrianopolis und ganz Ostthrakien als Hinterland für die Verteidigung der Meerengen betrachten, das sie eines Tages in die Hand zu bekommen hoffen.« Ribbentrops Erwiderung, Deutschland wünsche »Frieden auf dem Balkan und [sei] mit [seinem] mächtigen Militärpotenzial in der Lage, diesen zu erzwingen«, klang wie eine Prophezeiung.[46]

Hitler ließ den Russen nur wenig Zeit, über die Folgen der Berliner Konferenz nachzudenken. Um einer sowjetischen Reaktion zuvorzukommen, beorderte er kaum drei Tage nach Molotows Abreise König Boris und dessen Außenminister Popov unter größter Geheimhaltung nach Berchtesgaden. Hitler nutzte die schwache Vorstellung der Italiener im Krieg gegen Griechenland, um sein beabsichtigtes Eingreifen in diesem Lande zu rechtfertigen. Er müsse verhindern, dass die Flugplätze in Thrakien und Saloniki den Briten in die Hände fielen, was eine ernste Gefahr für die rumänischen Ölfelder darstellen würde. Zu Hitlers deutlicher Verärgerung erschien König Boris, der seine Furcht vor einer russischen Reaktion nicht verhehlte, »weniger denn je geneigt«, dem Pakt beizutreten. Er wollte sich nicht über die Versicherung hinaus festlegen: »Sie haben dort unten einen kleinen treuen Freund, den Sie nicht verstoßen sollten.« Trotzdem war das Treffen von Bedeutung, denn es zeigte, dass Bulgarien sich zunehmend an Deutschland orientierte.[47]

Man kann sich unschwer vorstellen, welchen Schock die Nachricht von diesem Besuch im Kreml auslöste. Molotow und sein für Vorderasien zuständiger Stellvertreter Dekanosow ließen unverzüglich den bulgarischen Botschafter Stamenov kommen. In scharfen Worten machten sie ihm klar, dass die Sowjetunion entschlossen sei, rasch eine Vereinbarung zu schließen, bevor die Bulgaren sich auf die Achse verpflichteten. Sie hätten nicht die Absicht, eine Wiederholung des Rumänien-Syndroms hinzunehmen und Bulgarien zu einem »Legionärsstaat« werden zu lassen. Molotow konstatierte »freundlich, aber bestimmt«, Bulgariens Schicksal sei »für die Sowjetunion von Interesse, die, getreu ihren historischen Verpflichtungen, ein starkes Bulgarien wünscht«. Als Köder versprach er zunächst, die Sowjetunion werde helfen, alle Ansprüche Bulgariens gegenüber der Türkei, Jugoslawien und Griechenland durchzusetzen und dem Lande außerdem materielle Unterstützung gewähren. Dann jedoch warnte er diejenigen Kräfte im bulgarischen Parlament, die König Boris zu »einer Marionette« degradieren wollten, obwohl er »weise, gerecht und in der Tat um die Interessen des bulgarischen Volkes besorgt« sei. Auch versäumte Molotow nicht, Stamenov daran zu erinnern, dass sich »Russland in der Geschichte stets für die Unabhängigkeit und Souveränität Bulgariens eingesetzt hat«. In diesem Sinne »hält Russland in Form der Sowjetunion an dieser Politik fest und gibt den Gebietsforderungen Bulgariens gegenüber seinen Nachbarn volle Unterstützung«. In seinem Bericht hielt es Stamenov für angebracht, Popov davor zu warnen, Russland »außen vor zu lassen und vor vollendete Tatsachen zu stellen«.[48] König Boris war sich allerdings bewusst, dass er in Berchtesgaden nur knapp davongekommen war. Noch am Abend seiner Rückkehr nach Sofia wies er die sowjetischen Vorschläge zurück, allerdings nicht ohne vorher deren wesentlichen Inhalt nach Berlin übermittelt zu haben.[49]

Hitler glaubte allerdings immer noch, Stalin sei »zu klug, um Russland zu Englands Kanonenfutter zu machen«. Um die Russen von dem in Berlin eingeschlagenen Kurs abzubringen, suchte er die deutsche Präsenz auf dem Balkan in aller Eile zu formalisieren. Nun pilgerte General Antonescu nach Deutschland und wurde förmlich gezwungen, der Achse beizutreten. Aus den Gesprächen mit ihm erfuhr Hitler allerdings auch, dass sich die Russen nach wie vor weigerten, ihre Grenzen mit Rumänien zu fixieren. Zugleich forderten sie freie Durchfahrt für Kriegsschiffe auf der Donau bis Braila, also hinter die rumänischen Verteidigungslinien für die Moldau. Damit fand er nur bestätigt, dass sie eine Landbrücke nach Bulgarien errichten wollten. In den Gesprächen mit General Keitel stellte sich zudem heraus, dass die Türkei und Russland bei einer unmittelbaren Bedrohung des Balkans durch England eigene Sicherheitsarrangements anstreben könnten, und dies wahrscheinlich in Bulgarien.[50]

Die Deutschen übten daher weiter Druck aus. Auf der Rückreise von Berlin nach Ankara legte Papen in der bulgarischen Hauptstadt einen Zwischenaufenthalt ein. Dort überbrachte er eine Warnung Ribbentrops, »in welche Gefahren Bulgarien möglicherweise geraten könnte«, sollte es sich von den Russen eine Garantie aufzwingen lassen und diesen nicht sofort erklären, dass es sich für den Beitritt zum Dreimächtepakt entschieden habe. Als ob er von den Motiven Deutschlands und Russlands nichts ahnte, erklärte König Boris nach wie vor, jegliche Gefahr vermeiden zu können, wenn man ihm gestatte, »das Spiel so zu spielen, dass Bulgarien nicht der Zankapfel zwischen Deutschland und Russland werde«. Um seine Loyalität gegenüber Deutschland zu beweisen, gab er Molotows Angebot weiter, Bulgarien in den Grenzen von San Stefano wieder herzustellen. Er fügte jedoch hinzu, keinen Anspruch auf diese Krone zu erheben; sie sei »viel zu groß für den Kopf«. Er plane eine höfliche Ablehnung des sowjetischen Vorschlages mit der Begründung, Bulgarien habe keine Feinde. Gleichzeitig benutzte er die türkische Bedrohung weiterhin als Vorwand für sein Zögern, der Achse beizutreten. Bei der abschlägigen Antwort an die Russen werde es aber, wie König Boris versicherte, »keinen Zweifel über den endgültigen Platz Bulgariens« geben.[51]

Zwar informierten die Bulgaren Berlin pflichtschuldig über alle Kontakte mit Moskau, blieben jedoch dabei, dass die russische Bedrohung der Hauptgrund für ihr Zögern sei, sich dem Pakt anzuschließen.[52] In Berlin verlor Hitler allmählich die Geduld, zumal die strategische Bedeutung Bulgariens sich deutlich zeigte, als die Griechen Italien am 24. November in Albanien zurückschlugen. Zu diesem Zeitpunkt hoffte Hitler immer noch, Stalin von Garantien für Bulgarien abhalten zu können, wenn das Problem der Meerengen gelöst wurde. Wie er Draganov allerdings erklärte, »zöge er es vor, vollzogene Tatsachen zu schaffen, besonders Russland gegenüber, und habe die feste Überzeugung, dass Russland dann darauf ausginge, anderswo Geschäfte zu machen«. Als Draganov mit Hinweis auf die türkische Gefahr erläuterte, Bulgarien »würde (nicht) gerne einen ruhmvollen Rückzug nach englischem Muster den Griechen oder den Türken gegenüber machen müssen«, wurde Hitler ganz offen und brutal, wie es bei solchen Gelegenheiten seine Art war. Konstantinopel befinde sich in einem schlechten Verteidigungszustand, polterte er, und werde »im Nu vernichtet sein; so wie dies mit Coventry und Birmingham geschehen sei«. Sein eigener Plan war denkbar einfach. Da Stalin behauptete, Bulgarien interessiere ihn nur für den Durchmarsch seiner Truppen, genüge eine Revision des Vertrages von Montreux, um das Problem zu lösen. Im Augenblick beließ es Hitler dabei, die Bulgaren mit den Gefahren einer sowjetischen Besetzung zu schrecken, die »das Land mit Propaganda und Terror durchdringen« würde.[53]

Die Russen warteten jedoch nicht mehr passiv ab, sondern griffen zu der deutschen Methode, vollendete Tatsachen zu schaffen. Aus internen Quellen wussten sie, dass König Boris sich dem deutschen Druck widersetzte. Es hieß, nach den Erfahrungen Polens glaube er, dass »kleine Staaten in der Katastrophe enden«, wenn sie sich nur auf eine der Großmächte verlassen. Seinen Teil der Beute könne er auch noch haben, indem er der »neuen Ordnung« erst dann beitrete, wenn sie errichtet sei, und sich vorerst neutral verhalte.[54] Um des Königs Widerstand gegen offene Verhandlungen zu brechen, sandte Molotow seinen Stellvertreter Arkadi Sobolew unaufgefordert nach Sofia.[55] Den Anstoß zu dieser Reise gab die sowjetische Botschafterin in Stockholm, Alexandra Kollontai, eine entschiedene Gegnerin des Ribbentrop-Molotow-Pakts, die nach wie vor enge Kontakte zu dem Russland freundschaftlich gesinnten früheren bulgarischen Botschafter in Moskau, Antonov, unterhielt. Als die Nachricht von Sobolews Reise nach Sofia bekannt wurde, sagte sie ihm am Telefon, sie habe auf diesem überraschenden Schritt bestanden, »um der von der [bulgarischen] Regierung anvisierten Lösung zu Gunsten der Deutschen zuvorzukommen und diese zu verhindern«.[56]

Die Bulgaren erhielten die Nachricht von Sobolews Besuch in Sofia, der ein Zwischenstopp auf dem Wege nach Bukarest sein sollte, nur wenige Stunden vor dessen Eintreffen.[57] »Es ist eindeutig«, kabelte Stamenov, »dass die Russen Sofia überraschen wollen und befürchten, Hitler könnte ihnen zuvorkommen, weshalb mir [Molotow] fälschlicherweise sagte, Sobolew fliege direkt nach Bukarest. Ich habe den Eindruck, dass sie zu allem bereit sind, wenn nur der Vertrag mit uns zustande kommt.«[58] Sobolew wurde am Morgen des 25. November von Premierminister Filov empfangen. Für den Nachmittag vereinbarte man eine Audienz bei König Boris. Da Sobolew wusste, dass die Bulgaren Hitler über alle Kontakte mit den Russen informierten und er diesen nicht provozieren wollte, übergab er Filov seine Vorschläge nicht in schriftlicher Form, sondern trug sie nur mündlich vor.[59] In zwölf detailliert ausgeführten Punkten bot die Sowjetunion Bulgarien eine enge Zusammenarbeit an und versprach, dessen territoriale Forderungen mit durchzusetzen und dem Land im Falle eines Krieges mit der Türkei beizustehen. In der wichtigsten Klausel war jedoch von dem »vitalen Interesse Russlands an den Meerengen für die Sicherheit seiner Südgrenzen« die Rede. Man wollte König Boris nicht im Zweifel darüber lassen, dass Moskau ein Wiederaufleben »der Gefahr, die für Russland stets von Süden kam«, nicht zulassen werde. Dann wiederholte Sobolew das Angebot eines Beistandspaktes vom September 1939, der Bulgarien helfen könnte, »seine nationalen Ziele nicht nur in West- sondern auch in Ostthrakien zu erreichen«. Bulgarien wurde aufgefordert, mit Russland zusammenzuarbeiten, falls »für die UdSSR im Schwarzen Meer oder in den Meerengen« eine reale Bedrohung entstehe. Zwar benutzte der König später gerade diese Klausel, um seine Ablehnung des Angebots dadurch zu rechtfertigen, dass Bulgarien nicht in der Lage sei, militärischen Beistand zu leisten, doch war von vornherein klar, dass es den Russen nur darum ging, ihre Truppen durch Bulgarien marschieren zu lassen. Dabei versicherten sie, nicht in die inneren Angelegenheiten und die Souveränität Bulgariens eingreifen zu wollen. Um die Deutschen nicht zu provozieren, war Sobolew zudem bereit, die sowjetischen Einwände gegen Bulgariens Beitritt zum Dreimächtepakt fallen zu lassen. Wahrhaft verlockend aber klang die Ankündigung, im Falle eines Vertragsschlusses mit der Sowjetunion werde diese »sehr wahrscheinlich, beinahe sicher« selbst der Achse beitreten.[60]

Verblüfft fragte der bulgarische Premierminister nach, ob er richtig verstanden habe, dass Russland nichts mehr gegen den Anschluss Bulgariens an die Achse einzuwenden habe. Jedenfalls war er stärker an dem erneuten sowjetischen Angebot interessiert, einen Beistandspakt zu schließen, und behauptete sogar, sich an die Vorschläge vom September 1939 gar nicht mehr erinnern zu können. Als man seinem Gedächtnis nachhalf, erklärte er diese Frage für »so wichtig, dass Zeit notwendig ist, um sie gründlich zu prüfen«. Die generelle Haltung Bulgariens war für Sobolew damit jedoch klar. Filov verwies unablässig auf »Bulgariens komplizierte Lage«, womit er auf die feindselige Haltung der Türkei anspielte, Deutschland oder Italien dagegen während des ganzen Gesprächs nicht ein einziges Mal erwähnte. In diesem Sinne lehnte er das sowjetische Garantieangebot ab.[61] Die bulgarische Regierung, so kabelte Sobolew nach Moskau, »hat sich bereits mit Haut und Haaren den Deutschen verschrieben, weshalb sie keinerlei weitere Erläuterung der sowjetischen Vorschläge meinerseits wünscht«. Warnend hob er die Gerissenheit von König Boris hervor, der seine Minister und die bulgarische Politik fest im Griff habe.[62]

Bei seinen Angeboten an Bulgarien ging Stalin zunehmend von traditionellen Vorstellungen der russischen Politik aus. Er gab eindeutig zu verstehen, dass Russland im Unterschied zum Baltikum keinerlei Interesse daran habe, Bulgarien zu vereinnahmen oder zu bolschewisieren. Gegenüber Komintern-Chef Dimitroff, einem Bulgaren, erläuterte er, diese Haltung werde von der Bedrohung Russlands im Schwarzen Meer bestimmt. »Historisch ist die Gefahr stets von dort ausgegangen«, erklärte Stalin, »der Krimkrieg – die Einnahme Sewastopols – die Intervention Wrangels im Jahre 1919«. Deshalb richteten sich seine Bemühungen vor allem auf die Türkei, wo er Marinebasen haben wollte, damit die Meerengen »nicht gegen Russland benutzt werden« können. Er glaube daran, dass die Deutschen zwar gern die Italiener dort etablieren möchten, letzten Endes jedoch keine andere Wahl hätten, als den Vorrang der sowjetischen Interessen in dieser Region anzuerkennen. Wie Hitler zeigte er keinerlei Skrupel wegen des Schicksals der Türkei, falls diese sich wehren sollte. Was ist die Türkei? fragte er. »Dort leben zwei Millionen Georgier, eineinhalb Millionen Armenier und eine Million Kurden. Die Türken selbst sind höchstens sechs bis sieben Millionen.« Wenn nötig, könne man sie aus Europa vertreiben. Aber Stalin war klar, dass Bulgarien ihm bei seinen Bestrebungen im Wege stand. Ein Vertragsabschluss mit den Bulgaren war als Abschreckung für die Türkei gedacht und sollte die gesamte Situation auf dem Balkan verändern. Erneut zeigte sich, dass die Komintern den diplomatischen Zielen der Sowjetunion zu dienen hatte. Stalin wies Dimitroff an, im Parlament und in den politischen Kreisen Bulgariens eine intensive Kampagne für die »unverzügliche und bedingungslose Annahme« des sowjetischen Vorschlages zu organisieren.

Dabei unterlief Dimitroff jedoch ein schwerer Fehler. Stalin schwebte eine spontan wirkende Volksbewegung vor. Dimitroff dagegen übermittelte in seiner Weisung an das Zentralkomitee der

Bulgarischen Kommunistischen Partei Sobolews Vorschläge nahezu im Wortlaut. Diese wurden als Flugblätter gedruckt und überall im Lande verteilt. Die meisten Minister der bulgarischen Regierung erfuhren erst dadurch von dem sowjetischen Angebot. Was aber viel schlimmer war – sie gelangten bis nach Berlin, wo sie Hitlers Empörung über Russlands Vorgehen noch mehr anstachelten.[63] Auch Molotow geriet darüber in Zorn. »Unsere Leute in Sofia«, herrschte er Dimitroff am Telefon an, »haben Anspielungen auf den sowjetischen Vorschlag an Bulgarien verbreitet. Diese Idioten!«[64]

Während Sobolew seinen Coup in Sofia landete, holte Schulenburg, der die in den Berliner Gesprächen aufgetauchten Hindernisse beseitigen wollte, den Chef der Wirtschaftsabteilung der Wilhelmstraße, Schnurre, nach Moskau, weil er sich von einem Wirtschaftsabkommen günstige Bedingungen für die Fortsetzung der politischen Gespräche erhoffte. Aber diese Absicht scheiterte, als Molotow ihn ungeduldig in die politische Realität zurück holte und in schriftlicher Form die Bedingungen Russlands für eine Vereinbarung der vier Mächte präsentierte. Betrachtet man diese zusammen mit dem zum gleichen Zeitpunkt in Sofia vorgelegten Angebot, dann zeigt sich, dass Stalin keineswegs bereit war, die ihm von Hitler zugedachte Rolle im Rahmen eines Kontinentalblocks zu spielen. Russland forderte weiterhin, dass die deutschen Truppen in Finnland »unverzüglich zurückgezogen werden« und das Regime der Meerengen »in den nächsten Monaten« durch Abschluss eines Beistandspaktes mit Bulgarien und die Gewährung von Basen für Marine und Landstreitkräfte »im Rayon des Bosporus und der Dardanellen« verändert werde. Was die Einflusssphären betraf, so sollte die sowjetische weite Teile des Balkans, des Schwarzen Meeres sowie die Region südlich von Batumi und Baku umfassen, nicht aber ungefähr bis zum Indischen Ozeans verlaufen, wie es Hitler vorschwebte. Außerdem hatten Russland, Deutschland und Italien mit militärischen oder diplomatischen Mitteln sicher zu stellen, dass die Türkei dieses Arrangement akzeptierte. In fünf Geheimprotokollen war der Mechanismus für die Sicherheitsregelungen und die Schaffung der Einflusssphären exakt beschrieben. Damit legten die Russen eine endgültige und unzweideutige Definition ihrer Interessen in Südosteuropa vor, die eine völlige Missachtung der deutschen Vorstellungen bedeutete. Es schien unwahrscheinlich, dass der siegreiche Hitler, der eine völlig intakte Wehrmacht und das Industriepotenzial Europas hinter sich hatte, hier zurückstecken würde. Andererseits hätte ein Nachgeben der Sowjetunion in Bulgarien und bei den Meerengen eine noch stärkere Angreifbarkeit seiner Westgrenzen und – zum ersten Mal seit Peter dem Großen – einen russischen Rückzug aus der Europapolitik mit sich gebracht.[65]

Wie sehr sich Bulgarien bereits an Deutschland orientierte, wurde sichtbar, als man Sobolews Vorschläge noch am Abend von dessen Besuch dem deutschen Botschafter in Sofia, Richthofen, mit der Bemerkung übergab, man werde sie »selbstverständlich« ablehnen.[66] Aber Sobolews Besuch hatte die bulgarische Regierung in eine schwierige Lage gebracht. Popovs Klage über eine schwere Gallenkolik und Filovs plötzliche »Erkrankung« konnten eine Entscheidung nur wenige Tage hinausschieben. Als der Premierminister schließlich wieder genesen war, kam er nicht auf König Boris' Zusage an Hitler zurück, da diese unter den neuen Umständen »von Moskau als Provokation empfunden« werden konnte, sondern schlug einen Aufschub vor. Die ganze Episode scheint Hitlers Skepsis darüber bestätigt zu haben, ob die Russen seine Bedingungen je akzeptieren könnten.[67]

Die schriftliche Antwort, die Popov dem sowjetischen Botschafter übergab, ließ keinen Zweifel daran, wo Bulgariens Prioritäten lagen. Da er sich in seinen Gesprächen mit Hitler bereits vor Eingang der sowjetischen Vorschläge festgelegt habe, so argumentierte er, »könnte das Eintreten Bulgariens in Verhandlungen über einen anderen Vertrag einen Schatten auf die Loyalität der bulgarischen Außenpolitik werfen und ein mit uns und der Sowjetunion befreundetes Land befremden, ja sogar berechtigtes Misstrauen aufkommen lassen«. Natürlich konnte er Moskau weder mit der Versicherung beruhigen, die Existenz »eines starken und unabhängigen Bulgarien« sei »für Russland eine ausreichend wirksame Garantie«, noch mit der fadenscheinigen Behauptung, wenn Bulgarien dem Dreierpakt mit Russlands Verbündeten beitrete, werde das eine weitere Ausbreitung des Krieges verhindern. Schließlich nahm die bulgarische Regierung den Köder aus Sobolews Angebot zwar auf, reagierte aber nicht wie erwartet, sondern stellte lediglich »mit Befriedigung fest, dass die Regierung der Sowjetunion ebenfalls über den Beitritt zum Dreierpakt nachdenkt, was vor allem zeigt, dass Bulgariens Verhalten in diesem Fall nicht als gegen die Interessen der Sowjetunion gerichtet interpretiert werden kann«. Selbstverständlich erhielt Richthofen umgehend die schriftliche Antwort an die Russen sowie einen fast wörtlichen Bericht über Popovs Gespräche mit dem sowjetischen Abgesandten.[68]

Draganov, der sich während Sobolews Besuch in Sofia aufgehalten hatte, wurde nun rasch wieder nach Berlin geschickt. Er hoffte, die Glaubwürdigkeit Bulgariens durch die Offenlegung der sowjetischen Vorschläge wiederherstellen zu können. Aber Hitler reagierte hart; er fühlte einen schicksalhaften Entschluss nahen. Er habe kein Interesse an den Dardanellen, versicherte er Draganov, denn seine Schiffe könnten nicht ins Schwarze Meer einlaufen. Wenn es aber »einmal eine Auseinandersetzung mit Russland gäbe, so würde er die Russen auch nicht über das Schwarzer Meer, sondern irgendwo, wo es ihm passte, an der 2000 Kilometer langen gemeinsamen Grenze angreifen«. Hitler stellte auch nicht mehr England, sondern Russland als den Hauptgegner Deutschlands dar, denn er könne nicht zulassen, dass die Balkanhalbinsel bolschewisiert werde. »Er wolle mit dem Balkan Handel treiben, und da sei ihm ein Rumänien, ein Bulgarien lieber als eine bolschewisierte Wüste, wie sie heutc die Baltenstaaten darstellten«. Er hoffe immer noch, wenn Bulgarien den Dreierpakt unterzeichne, werde Russland begreifen, dass nichts mehr zu machen sei und sich, »wenn auch grollend, zurückziehen«.[69]

Bereits am nächsten Morgen rief Hitler seine Stabschefs zum ersten Mal seit der bekannten Sitzung vom 31. Juli 1940 zusammen, um die Pläne für einen Angriff auf Russland im Detail zu besprechen. Auf dieser Zusammenkunft änderte er das Codewort für das Unternehmen. Statt »Fritz« hieß es nun »Barbarossa«. Während man im Herbst noch an eine »periphere Strategie« als Teil einer großen Offensive gegen die britische Vorherrschaft im Mittelmeer gedacht hatte, beschränkten sich die neuen Pläne nun darauf, durch eine Reihe unkoordinierter Operationen den Druck abzubauen. Die Veränderung war augenfällig: Die Ablenkungsmanöver nahmen defensiven Charakter an, die Zerschlagung Russlands mutierte dagegen zum zentralen Punkt einer neuen aggressiven Strategie. Der Einmarsch in Griechenland wurde aus seinem bisherigen Zusammenhang genommen und in ein enges Verhältnis zu den Russlandplänen gestellt. Er hatte jetzt die Aufgabe, Deutschlands Südflanke zu sichern und die unmittelbare Gefahr vor Beginn der Offensive gegen Russland zu bannen. Noch am selben Tage informierte Hitler Mussolini, dass man auf eine Entente mit Russland erst zurückkommen könne, wenn die Bulgarienkrise geregelt sei.[70] Die operativen Pläne blieben sehr vage, was vor allem daran lag, dass die Stäbe einen totalen Vernichtungskrieg planten, Hitler dagegen das Problem der Vorherrschaft in Europa zu lösen gedachte. Bisher hatte man dieses in unmittelbarem Zusammenhang mit dem Festhalten der Russen an Bulgarien und der Donau, in geringerem Maße auch mit ihren Ansprüchen im Baltikum gesehen. Aus diesem geographischen Blickwinkel wurden Süd- und Nordflanke zu Schwerpunkten.[71] Die Diskrepanz zwischen der professionellen Sicht der Planer und Hitlers politischer Vision führte dazu, dass er sich mit den von ihnen entwickelten Zielen nicht voll identifizierte und zwischen der Orientierung auf eine Linie Wolga-Archangelsk, bzw. Moskau hin und her schwankte. Diese Diskrepanz kann man nicht einfach von der Hand weisen, da sie für die beträchtliche Konfusion bei der Umsetzung der Pläne in den frühen Stadien des Feldzuges im August 1941 verantwortlich ist.[72]

In jedem Fall bestärkte die Unnachgiebigkeit der Russen Hitler in dem Entschluss, zu Gewalt zu greifen, und auch seine rassistischen Vorurteile wirkten zunehmend in dieser Richtung. Solange eine eindeutige Entscheidung noch nicht gefallen war, beschränkte er sich jedoch auf Bemerkungen über die »Minderwertigkeit« des sowjetischen Soldaten und des kommunistischen Systems. Derartige Kommentare waren sicher weniger als ideologischer Ansporn denn als allgemeine Aufforderung an die Armee gedacht, mit der Planungsarbeit fortzufahren. Und tatsächlich war Halders Feststellung eine Woche später, dass Russland jede Gelegenheit nutze, um die Stellung Deutschlands zu schwächen, nach wie vor von der Hoffnung begleitet, ein Brückenschlag sei vielleicht noch möglich.[73]

Die Aussichten auf eine Versöhnung schwanden aber immer mehr. Die Russen lehnten alle Argumente der Bulgaren gegen einen Beistandspakt Punkt für Punkt ab und warnten sie weiterhin, wenn auch in verschleierter Form, der Achse beizutreten. Ein derartiger Schritt könne nur als Beweis dafür aufgefasst werden, dass Bulgarien »seine neutrale Haltung aufgibt und sich aktiv in Kriegshandlungen gegen die andere Staatengruppe hineinziehen lässt«, was eindeutig »eine militärische Bedrohung für Bulgarien« heraufbeschwören werde. Zwar versprach Popov, die sowjetischen Einwände zu bedenken, gab jedoch gleichzeitig zu verstehen, dass die Würfel bereits gefallen seien. In Bulgarien, so sagte er dem Botschafter, »ist man dem Feuer des Krieges sehr nahe und kann deutlicher spüren, woher uns und der UdSSR Gefahr droht«. Er riet Molotow auch davon ab, noch einmal auf die Möglichkeit sowjetischer Garantien zurückzukommen.[74]

Die Drohungen der Sowjetunion reichten andererseits aus, um König Boris erneut zum Nachdenken zu bewegen. Er warnte Draganov in Berlin, für die Russen sei »die Sache noch nicht abgeschlossen«, sie hielten an ihren Forderungen fest.[75] König Boris klammerte sich nun verzweifelt an die Neutralität des Landes und hoffte, damit sowohl Russland als auch Deutschland zufrieden zu stellen. Hitler dagegen brachte das Schwanken der Bulgaren zur Raserei, da er zu Recht vermutete, dass es mit dem Druck der Russen zusammenhing. Auch verwirrte ihn, dass Draganovs Bericht über die Verhandlungen nicht mit den Informationen von Richthofen übereinstimmte. Letzterer hatte in Sofia den Eindruck gewonnen, die Bulgaren hätten sich dafür entschieden, den sowjetischen Vorschlag abzulehnen und der Achse beizutreten, wenn auch in einer noch nicht klar definierten Zukunft. Draganov zog in Berlin das Bekenntnis zur Achse zwar nicht direkt in Zweifel, stellte aber doch die Frage, ob der Beitritt zum Dreimächtepakt »nicht dem Abschluss eines Vertrages mit der Sowjetunion gleichkomme«, und führte wiederholt die Gründe an, die seiner Meinung nach gegen einen sofortigen Beitritt Bulgariens zum Dreimächtepakt sprachen.[76]

Zwei Faktoren bestimmten nun die weitere militärische Strategie. Der erste war das Versagen Italiens auf dem Balkan, das die Gefahr der Errichtung britischer Stützpunkte in der Region von Saloniki verstärkte. Die Operationen gegen die Briten im Mittelmeer, zu denen Hitler wegen des Fehlschlags der Italiener in Griechenland gezwungen war, wurden nun mit dem Feldzug gegen Russland verknüpft. Als Hitler die Weisung »Marita« für den Krieg gegen Griechenland ausgab, waren ihm die politischen Implikationen der militärischen Vorbereitungen durchaus bewusst. Diese erforderten »sorgfältigste Führung« unter seiner persönlichen Kontrolle.

Der entscheidendere Faktor blieb jedoch die Weigerung der Russen, die deutsche Vorherrschaft in Rumänien zu akzeptieren, was sich auch in ihrer verhärteten Haltung zum Donaudelta zeigte. Als das Gerangel um Bulgarien noch in vollem Gange war, trat die Donaukonferenz erneut zusammen.[77] Die Russen blieben hart, und in den frühen Morgenstunden des 17. Dezember berichtete man nach Berlin, dass die Verhandlungen in einer Sackgasse steckten. Die Russen hatten eine schriftliche Erklärung vorgelegt, in der sie die gemeinsame Vermittlung Deutschlands und Italiens brüsk ablehnten und ihre Absicht bekräftigten, gemeinsam mit den Rumänen die ausschließliche Kontrolle über die Donaumündung und damit über den Zugang zum Schwarzen Meer herzustellen. In Berlin nahm man dies mit »Befremden« auf und sah die Positionen als »unvereinbar« und die Verhandlungen »zunächst als erschöpft« an.

Hitler sorgte dafür, dass sich die Konferenz sofort vertagte.[78] Aufmerksame Beobachter bewerteten den Zusammenbruch der Verhandlungen zu Recht als »die erste Kollision vitaler Interessen der UdSSR und Deutschlands und deshalb als höchst bedeutsam«.[79] Eine ähnliche Tendenz zeigte sich in Finnland, wo das Eingreifen in die finnischen Wahlen die Entschlossenheit der Sowjetunion erkennen ließ, das Land unter seiner direkten Kontrolle zu halten.[80]

Es ist deshalb kein Zufall, dass die Entscheidung über die Realisierung der Weisung Nr. 21, dem Unternehmen »Barbarossa«, am Morgen nach dem Scheitern dieser Verhandlungen fiel. Mit dieser Weisung wurde der Wehrmacht befohlen, »darauf vorbereitet zu sein, auch vor Beendigung des Krieges gegen England Sowjetrussland in einem schnellen Feldzug niederzuwerfen«. Der besondere politische, diplomatische und militärische Hintergrund, vor dem dieser Entschluss gefasst wurde, lässt ernste Zweifel daran aufkommen, dass dabei ideologische Überlegungen eine Rolle spielten. Zwar wurden wirtschaftliche Vorteile ins Kalkül gezogen, die Operation selbst zielte aber nicht darauf ab, neuen Lebensraum zu erobern, da das Hinterland mit dem Balkan und dem übrigen besetzten Europa bereits geschaffen war. Das Ziel bestand vielmehr darin, »die Abschirmung gegen das asiatische Russland aus der allgemeinen Linie Wolga-Archangelsk« zu erreichen. Damit sollte eine potenzielle Bedrohung seitens der UdSSR beseitigt und die Vollendung des Feldzuges gegen Europa ermöglicht werden – zur Sicherung der ausschließlichen Herrschaft Deutschlands über Europa.[81]

Nun ging man unverzüglich daran, »Marita« und danach auch »Barbarossa« umzusetzen. Die Stammtruppen in Rumänien wurden sofort aufgestockt und starke Sondereinheiten für Südrumänien unter dem Oberbefehl von Feldmarschall List aufgestellt. Ihre Aufgabe bestand darin, »über das befreundete Bulgarien hinweg und, ohne jugoslawisches oder türkisches Gebiet zu berühren, zur ägäischen Küste ... durchzustoßen und hierdurch den Engländer in diesem Raum auszuschalten«. Ende Januar 1941 wurden sieben oder acht Divisionen in dem Gebiet stationiert und Brückenköpfe an der Donau errichtet. Um das Misstrauen der Russen zu dämpfen, teilte man ihnen schließlich mit, dass Deutschland »ein Festsetzen der Engländer auf dem Balkan nicht dulden könne«.[82]

Zuweilen wird behauptet, die sowjetische Mobilisierung im März 1941 habe die Durchführung des Unternehmens »Barbarossa« ausgelöst. Wir haben gesehen, unter welch komplexen Umständen diese Entscheidung fiel. Dabei sollte man nicht vergessen, dass »Barbarossa« von Anfang an als Offensive der Wehrmacht geplant war, deren Dimensionen man zuvor überblickte, gleichzeitig aber das Potenzial des Gegners in arroganter Weise unterschätzte. Im Vergleich zu früheren Feldzügen, versicherte Hitler Keitel, »würde der Krieg gegen Russland wie ein Sandkastenspiel« sein.[83] Daher schlossen Hitler und die deutschen Militärs die Möglichkeit eines russischen Präventivschlages von vornherein aus. Generalmajor Erich Marcks, der eine frühe Version des Planes entwarf, klagte sogar, die Rote Armee werde den Deutschen »nicht den Gefallen tun und angreifen«.[84] Die Darstellung des Krieges als Präventivmaßnahme taucht zum ersten Mal in der Erklärung Hitlers an Stalin über den Beginn der Kriegshandlungen und in seiner Botschaft an die Wehrmacht vom selben Tage auf. Er wiederholte sie im Oktober 1941, als er einen Aufruf zum Sammeln von Winterkleidung für die Soldaten an der Russlandfront ergehen ließ. Darin erklärte er entschuldigend: »Die Lage war bereits im Mai so verdüstert, dass es keinen Zweifel mehr darüber geben konnte, dass Russland die Absicht hatte, bei der ersten Gelegenheit über uns herzufallen.«[85] Dieses Argument zeigte sicherlich bei jenen in seiner unmittelbaren politischen Umgebung Wirkung, die in die militärischen Pläne nicht eingeweiht waren. So schrieb z. B. Rudolf Heß im Herbst 1941 aus der britischen Gefangenschaft an seine Mutter: »Einige Auserwählte sind berufen, mit einer einzigen Tat das Schicksal von Jahrhunderten zu entscheiden. Ich denke hier an den Führer, der sich entschlossen hat, dem Angriff der Bolschewisten zuvorzukommen. Die ganze Bedeutung dieser Entscheidung wird erst viel später voll erkannt werden.«[86] In einem verzweifelten Versuch, die Schwierigkeiten bei der Realisierung seiner Blitzkriegstrategie gegen Russland zu verschleiern, wiederholte Hitler im Mai 1942, wenn er auf seine »schlecht informierten Generale gehört und gewartet hätte und die Russen uns nach ihren Planungen zuvorgekommen wären, hätte es auf dem wohl ausgebauten mitteleuropäischen Straßensystem für ihre Panzer kaum mehr ein Halten gegeben.«[87]

Natürlich bekräftigten einige deutsche Generale beim Nürnberger Prozess die Version eines Präventivkrieges. Im dafür günstigen

Klima des aufkommenden Kalten Krieges suchten sie ihre enthusiastische Vorbereitung des Unternehmens »Barbarossa« mit der Behauptung zu rechtfertigen, sie hätten Hitlers Entschluss unterstützt, einen Präventivkrieg zur Abwehr einer sowjetischen Expansion zu beginnen.[88] Die Vertreter der deutschen Nachrichtendienste haben das allerdings nie behauptet. General Paulus, der derartige Fakten in Nürnberg nur zu gern vorgelegt hätte, gab widerwillig zu, dass »irgendwelche Vorbereitungen für einen Angriff von Seiten Sowjetrusslands nicht bekannt geworden« seien. In Guderians Memoiren findet sich eine ähnliche Aussage. Auch Feldmarschall von Manstein bestätigte, die militärischen Arrangements der Sowjets hätten keine Angriffsabsichten erkennen lassen.[89] Bereits im September 1940, als die Pläne für die Offensive ausgearbeitet wurden, hatte der deutsche Militärattaché in Moskau, Generalleutnant Köstring, Halder informiert, dass die Rote Armee nach den Säuberungen in Trümmern liege und »sicher noch vier Jahre brauche, bis sie wieder den Stand erreicht habe, den sie vor Stalins Säuberungsaktionen hatte«.[90] Die deutschen Nachrichtendienste ließen sich auch von der geheimen sowjetischen Mobilisierung, die sie gespannt verfolgten, nicht in die Irre führen. Sie erwarteten, dass die Russen »defensive Konzentrationspunkte« errichteten, von denen sie bestenfalls isolierte und begrenzte Gegenangriffe starten konnten.[91] Dies wurde von der Propagandaabteilung der Wehrmacht absichtlich falsch ausgelegt, um so den Eindruck zu erwecken, »dass der Russe ›sprungbereit aufmarschiert war‹ und somit das deutsche Vorgehen eine absolute Notwendigkeit gewesen sei«.[92]

Die Vorstellung vom Präventivkrieg als positivem Element der Militärdoktrin ist in der deutschen Militärtradition viel tiefer verwurzelt als in der sowjetischen. Friedrich der Große sprach dieses Thema erstmalig in seinem *L'Antimachiavel* an.[93] Moltke arbeitete die Idee des Präventivkrieges 1886 aus, als er für einen raschen Feldzug plädierte, um den Russen in Polen zuvorzukommen. Graf von Schlieffen stützte sich auf seine Vorläufer, als er sein Eintreten für einen Präventivkrieg mit der Behauptung zu legitimieren suchte: »Wir befinden uns in der gleichen Situation wie Friedrich der Große im Siebenjährigen Krieg. Aus ganz Westrussland sind die Truppen vertrieben worden. Russland hat seine Aktionsfähigkeit auf Jahre hinaus verloren. Wir könnten nun mit unserem heimtückischsten und gefährlichsten Gegner, Frankreich, abrechnen und haben volle Handlungsfreiheit, das zu tun.« Als dem deutschen Generalstab klar wurde, dass ein Zweifrontenkrieg damit unvermeidlich war, erkannte er auch, dass nur dieses Mittel zur raschen Zerschlagung eines der Gegner und zur Beseitigung der potenziellen Gefahr an dieser Front taugte. Dieses Erbe spielte bei der Planung von »Barbarossa« eine wichtige Rolle. Der sowjetischen Militärdoktrin war der Präventivkrieg dagegen vollkommen fremd. Der »Präventivschlag«, ein völlig anderes Konzept, ein Manöver, das zur Theorie von den »Operationen in der Tiefe des Raumes« gehört, ist für sich genommen aber völlig frei von jeglicher expansionistischer Zielstellung.[94]

Die Notwendigkeit, einer russische Offensive entgegenzutreten, war ein reiner Vorwand, der in den letzten sechs Monaten vor Kriegsausbruch nur noch eine marginale Rolle spielte. Erneut beherrschte Hitlers programmatisches Konzept vom »Lebensraum im Osten« das Bild und lieferte die entscheidende Rechtfertigung für den Krieg gegen Russland.[95] Als die Entscheidung für »Barbarossa« einmal gefallen war und der Krieg immer näher kam, wurde das ideologische Credo dem strategischen Ziel fest angepasst und war nun stets deutlich sichtbar. So erklärte man dem japanischen Außenminister Matsuoka im Frühjahr 1941 in Berlin, jede Zusammenarbeit Deutschlands mit Russland sei ausgeschlossen, »da die geistigen Grundlagen sowohl der Armee als auch des übrigen Volkes völlig entgegengesetzt wären ... Es sei hier genau wie zwischen Feuer und Wasser eine Vereinigung unmöglich.«[96] Im März 1941 erläuterte Hitler, der Krieg könne nicht nur streng militärisch gesehen werden, denn es handele sich um »die entscheidende Auseinandersetzung mit dem ›jüdischen Bolschewismus‹«.[97] An Mussolini schrieb er einen Tag vor Beginn der Invasion mit einem Seufzer der Erleichterung:

»Abschließend darf ich Ihnen nun noch eines sagen, Duce. Ich fühle mich, seit ich mich zu diesem Entschluss durchgerungen habe, innerlich wieder frei. Das Zusammengehen mit der Sowjetunion hat mich bei aller Aufrichtigkeit des Bestrebens, eine endgültige Entspannung herbeizuführen, doch oft schwer belastet, denn irgendwie schien es mir doch ein Bruch mit meiner ganzen Herkunft, meinen Auffassungen und meinen früheren Verpflichtungen zu sein. Ich bin glücklich, dass ich diese Seelenqualen nun los bin.«[98]

Fünftes Kapitel

Über dem Balkan fällt der Vorhang

Die britische Sicht: Kooperation oder Verwicklung?

Die Versuche Großbritanniens, nach Cripps' Eintreffen in Moskau die Handelsgespräche wieder aufzunehmen, sollten zwar eindeutig die deutsche Kriegswirtschaft schwächen, müssen aber auch im Zusammenhang mit der Entwicklung auf dem Balkan gesehen werden. Cripps wies Molotow nachdrücklich auf die in jener Region lauernde Gefahr hin. »Die gesamte Halbinsel«, so erklärte er ihm im Sommer, werde »in Flammen aufgehen«, sollten Jugoslawien und die Türkei in den Krieg hineingezogen werden. In Moskau sah man derartige Warnungen von vornherein als bewusste Provokationen an. Bis zum Ausbruch des Großen Vaterländischen Krieges pflegte Molotow die deutsche Bedrohung bei solcher Gelegenheit als »Bluff« herunterzuspielen. Zugleich warnte er Maiski, den Briten nicht in die Falle zu gehen. Er versicherte ihm, dass die Sowjetunion, sollte sich die Lage dramatisch verändern, rasch handeln werde.[1]

Stalins Bereitschaft, eine Tür für London offen zu halten, hatte jedoch mit seiner wachsenden Erkenntnis zu tun, dass Hitler seine Ziele in England weder mit friedlichen Mitteln noch mit Gewalt zu erreichen vermochte. Wie alle Ausländer, die die deutschen Luftangriffe miterlebt hatten, war Maiski, sonst eher ein nüchterner Beobachter, vom Widerstand der Londoner begeistert und berichtete dem Kreml mehrfach von Churchills Kampfgeist. In allen Einzelheiten beschrieb er die vergeblichen Versuche der Luftwaffe, die Verkehrswege und die industrielle Infrastruktur zu zerstören, um eine Invasion vorzubereiten:

»Alle Londoner Brücken sind intakt. Auch das gesamte Eisenbahnsystem funktioniert mit nur gelegentlichen Unterbrechungen ... Jede Nacht versuchen die Deutschen die wichtigsten Londoner Bahnhöfe zu bombardieren, aber bisher ohne Erfolg. Busse, Straßenbahnen, Taxis und die U-Bahn arbeiten im Wesentlichen normal. Die Industrie, vor allem die Rüstungsbetriebe, haben einige unbedeutende Schäden erlitten.«[2]

Diesen Eindruck verstärkte eine ungewöhnliche Begegnung Maiskis mit Halifax in dessen kaltem und feuchtem Büro Mitte Oktober. Nur Stunden zuvor war eine mächtige Bombe im St.-James-Park explodiert, wobei alle Fenster des Foreign Office und des Buckingham Palace zu Bruch gegangen waren. Das Gespräch, das im Mantel vor dem offenen Kamin stattfand, überzeugte Maiski jedoch davon, dass Halifax nach wie vor in erster Linie daran interessiert war, Hitler auf den Balkan abzulenken, wo man den Russen die Hauptlast der Kämpfe zuschieben wollte – eine Situation, die ihnen aus den Verhandlungen von 1939 noch in guter Erinnerung war.[3]

Wenn England überlebte, so bedeutete dies, dass es auch auf einer künftigen Friedenskonferenz eine Rolle spielen werde. Daher waren die sowjetischen Bemühungen darauf gerichtet, hinsichtlich der sowjetischen Gebietsgewinne im Baltikum eine gemeinsame Sprache zu finden.[4] Über den Kontakt zu Großbritannien wollte man auch den wiederholten Versuchen Hitlers entgegen wirken, einen Separatfrieden abzuschließen. So hatte Maiski von Lord Beaverbrook, dem Zeitungsmagnaten und Minister für Flugzeugbau, erfahren, dass ein Abgesandter Hitlers diesem zumindest einmal ein Friedensangebot überbracht hatte. Beaverbrook war sicher, dass die Briten derartige Offerten ablehnten, solange Deutschland die unumstrittene Vorherrschaft in Europa anstrebte.[5] Nicht weniger wichtig war der Wunsch der Sowjetunion, die Deutschen hinzuhalten. Das musste auch ihr Geschäftsträger in Moskau mit Entrüstung feststellen, als Molotow ein vereinbartes Gespräch mit ihm überraschend »wegen hoher Arbeitsbelastung« um eine Stunde verschob. Als der deutsche Diplomat dann das Kremltor passierte, begegnete er dem britischen Botschafter, der gerade von Molotow kam.[6]

Natürlich war es kein Zufall, dass sich die Sowjetunion und England einander wieder annäherten, als sich im Gefolge des Wiener Schiedsspruchs der Konflikt auf dem Balkan zuspitzte. Cripps hatte also durchaus Recht, als er berichtete, »der Widerstand Großbritanniens zeigt Wirkung auf die Haltung der Sowjetregierung« und sei ausschlaggebend für Wyschinskis »freundliche und zuvorkommende« Haltung. Wieder einmal ließ sich die sowjetische Politik von bloßem Opportunismus leiten, dem jede Sentimentalität fremd war. »Wir leben jetzt im Dschungel«, pflegte Maiski sarkastisch zu bemerken, »Salongeplauder ist nicht angesagt«. Etwas profaner drückte es Wyschinski aus: »Die internationalen Beziehungen sind immer im Fluss und jähe Wendungen jederzeit möglich«.[7]

Da sich an der traditionell feindlichen Einstellung auf beiden Seiten jedoch nichts änderte, redeten die britische und die russische Regierung auch weiterhin aneinander vorbei. Während die Russen ihre Neutralität wahren und für ihre Stellung in der Nachkriegswelt vorsorgen wollten, blieb es das kurzfristige Ziel der Briten, Russland in den Krieg zu verwickeln. So war beispielsweise der britische Botschafter in Sofia, Rendell, ständig darum bemüht, seinen sowjetischen Partner Lawrischtschew zur Aktion anzutreiben. Diesen beschrieb er von oben herab als einen »ziemlich flegelhaften Burschen, der sich eindeutig vor der Verantwortung fürchtet, aber, so denke ich, mit gesundem Menschenverstand ausgestattet ist«. Die »angeregte« Unterhaltung »fand bei kaukasischem Brandy vom Berg Ararat (recht gut) und sowjetischen Zigaretten mit Pappmundstück (sehr schlecht) statt«. Aber es ist zu bezweifeln, ob Rendell, der Lawrischtschew »so viel Furcht wie möglich einjagen« wollte, damit dieser »das Vorgehen der Deutschen möglichst argwöhnisch verfolgt«, auf diese Weise den britischen Interessen diente. Höchstwahrscheinlich betrachtete man die Bemühungen des Botschafters eher als einen weiteren Beweis dafür, dass die Briten einen Konflikt zwischen Russland und Deutschland zu provozieren suchten.[8]

Als Schulenburg aus Deutschland mit den – wie sich später herausstellte – Vorschlägen für das Berliner Treffen zurückkehrte, sandte der frustrierte Cripps »böse« Telegramme an Halifax. Für ihn war klar, dass die einzige Chance für einen Dialog mit Russland darin bestand, über Nachkriegsarrangements zu sprechen und anzuerkennen, dass der Krieg in der Tat eine Wasserscheide in den internationalen Beziehungen darstellte. Er warnte, es sei

»unmöglich, die Geschichte der vergangenen zwanzig Jahre zu ignorieren, die die Sowjetregierung gelehrt hat, diejenigen, die heute das Kabinett führen, als der Sowjetunion zutiefst feindlich gesinnt zu betrachten. Daher prüfen sie die gegenwärtige Lage stets vor diesem Hintergrund anhaltender Feindschaft … Sie sind zu der Auffassung gelangt – und dafür finden sie in der Vergangenheit jede Menge Beweise – dass die Regierung Ihrer Majestät nicht bereit ist, das Gewicht oder den Einfluss der Sowjetunion in dem Maße anzuerkennen, wie sie es verdiente. Ihr Ausschluss von München, von allen nachfolgenden Konsultationen und Besprechungen über den Fernen Osten sind dafür nur zwei Beispiele.«

Da der Krieg bislang wenig dazu beigetragen hatte, die Sowjetunion von einer grundsätzlich neuen Haltung der Briten zu überzeugen, sah Cripps wenig Chancen für einen Wandel – es sei denn, die britische Regierung fände sich bereit, die Einverleibung der baltischen Staaten anzuerkennen.[9] Derartige Verhandlungen waren jedoch zum Scheitern verurteilt, da Halifax die Frage des Baltikums lediglich als »eine Möglichkeit« benutzte, »Molotow zu interessieren«. Und da das Leih- und Pacht-Abkommen, jenes massive Unterstützungsprogramm der USA für Großbritannien, nun voll funktionierte und nach der Wiederwahl von Präsident Roosevelt sogar noch aufgestockt werden konnte, erkannte der Kreml, dass »die Ostpolitik Londons zunehmend von Washington abhängt« und Großbritannien nicht mehr in der Lage sei, sich hinsichtlich der baltischen Staaten selbstständig zu entscheiden.[10]

Im Wesentlichen erschöpfte sich die britische Politik auch weiterhin in dem intensiven Bemühen, einen Keil zwischen Deutschland und Russland zu treiben. Das geschah selbst in den »heftigen Debatten« der Donaukommission unmittelbar vor Molotows Abreise nach Berlin.[11] Die britischen Vertretungen auf dem Balkan erhielten die Weisung, Schritte zu unternehmen, »um die Differenzen zwischen der sowjetischen und der deutschen Regierung über ein neues Donau-Regime zu schüren«. In diesem Sinne forderte Cripps die Russen ganz offen dazu auf, die Donaumündung einseitig unter Kontrolle zu nehmen. Er hoffte sogar, das Kabinett werde die Türkei überzeugen können, der britischen Marine die Durchfahrt durch die Meerengen ins Schwarze Meer zu gestatten, wo sie den Russen zu Hilfe eilen sollte. Mit der Ankündigung von Molotows Besuch in Berlin fanden jedoch all diese Bemühungen ein jähes Ende.[12]

Molotows Deutschlandbesuch kam für Cripps und die meisten ausländischen Beobachter in Moskau unerwartet. Whitehall reagierte auf der Stelle, indem es der Bombardierung der Ölfelder von Baku zustimmte. Cripps, weit weniger aufgeregt, wenn auch persönlich enttäuscht, schrieb das Streben Molotows nach Abgrenzung der Einflusssphären auf dem Balkan und Kontrolle über die Meerengen einer »vorübergehenden Anwandlung von Eigennutz« zu und hoffte, dass sich letzten Endes, möglicherweise im folgenden Jahr, die »grundsätzliche Feindschaft« wieder einstellen werde. Halifax überzeugte das Kabinett, bei einer moderaten Linie zu bleiben, zumal er aus Geheimdienstquellen wusste, dass »bei den Gesprächen zwischen Hitler und Molotow in Berlin nicht viel herausgekommen« war. Trotzdem schlug er vor, das Angebot eines Handelsabkommens mit Russland zurückzunehmen, da es die Russen, wie man vermutete, in den Berliner Verhandlungen als Trumpfkarte ausgespielt hatten.[13]

Churchills Kabinettsumbildung am Heiligabend 1940 und Anthony Edens Rückkehr ins Foreign Office lösten neue Erwartungen aus, auch weil sich die deutsch-sowjetischen Beziehungen im Gefolge der Berliner Konferenz weiter verschlechtert hatten. Bald nach den Feiertagen stattete Maiski dem Foreign Office einen Besuch ab, wo er Eden in Hochstimmung vorfand. Die düstere Atmosphäre in Halifax' Büro war nun Licht und Ordnung gewichen. Eden bot das Bild einer triumphalen Rückkehr. Er wollte Maiski davon überzeugen, dass in der Außenpolitik beider Länder kein grundsätzlicher Interessenkonflikt bestehe. Der Botschafter redete nicht lange um die Sache herum, sondern erklärte Eden unumwunden, wenn Großbritannien die Beziehungen wesentlich verbessern wolle, dann müsse es die Einverleibung der baltischen Staaten durch die Sowjetunion anerkennen. Bald stellte sich jedoch heraus, dass der Szenenwechsel noch keinen Politikwechsel bedeutete. Wie sein Vorgänger verfolgte auch Eden vor allem taktische Interessen, die darauf hinausliefen, Russland und Deutschland voneinander zu trennen. Maiski, der den Wandel unbedingt nutzen wollte, gab seine übliche Zurückhaltung diesmal auf und bekannte Eden, Russland wünsche natürlich nicht, Deutschland als siegreiche Macht in Europa zu sehen. Die sowjetische Außenpolitik, so formulierte er klar und prägnant, beruhe auf drei Prinzipien:

»Erstens diene seine Regierung den eigenen nationalen Interessen. Zweitens wünsche sie sich aus dem Krieg herauszuhalten. Drittens wolle sie vermeiden, dass der Krieg auf Nachbarländer Russlands übergreife. Die sowjetische Politik sei grundsätzlich nicht expansionistisch, denn die Sowjetunion habe bereits genügend Territorium. Sie treffe reine Vorsichtsmaßnahmen, um wichtige strategische Verteidigungspositionen zu sichern.«

Maiski brachte allerdings die Überzeugung des Kremls zum Ausdruck, dass Hitler, »der generell vorsichtig ist«, die russischen Interessen auf dem Balkan nicht verletzen werde. Was das sowjetische Bedürfnis betraf, gute Beziehungen zu den Balkanstaaten und zur Türkei zu unterhalten, so gewann er den Eindruck, dass Eden, der ständig zustimmend nickte, damit ausdrücken wollte: »So denke ich auch.« Im Folgenden tat Maiski natürlich alles, um seine

Vorgesetzten davon zu überzeugen, dass sich eine bedeutsame Veränderung vollzogen habe.[14]

Die Beamten der Nordabteilung des Foreign Office glaubten nicht so leicht an eine Aussöhnung mit Russland und tendierten zu Cripps' Vorschlag, das Angebot eines Handelsabkommens zurückzuziehen. Eden meinte hingegen, wenn man eine solche Erklärung unmittelbar nach seinem Eintreffen im Foreign Office abgab, könnten dies die Russen für eine neue Politik gegenüber der Sowjetunion halten, die er bei seinem Amtsantritt persönlich verfügt habe. Deshalb drängte er Cripps, diesen Entschluss noch einmal zu überdenken.[15] Es war typisch für Eden, naiv daran zu glauben, allein die Nachricht von seiner Ernennung werde zu einer Verbesserung der Beziehungen führen. Er ignorierte Cripps' Warnung, wenn nun keine konkreten Vorschläge folgten, werde dies von den Russen als Schwäche ausgelegt werden, da deren Politik »auf den Realitäten ihrer eigenen Situation und nicht auf Gefühlen« aufbaue.[16]

Wie zu erwarten war, bestärkte das erweiterte deutsch-sowjetische Handelsabkommen im Januar und die Ernennung Dekanosows zum Botschafter in Berlin[17] das Foreign Office in der Auffassung, Molotows Besuch habe weitergehende Folgen, als man zunächst geglaubt hatte. Cripps wandte sich auch weiterhin gegen die Annahme, dass »die grundsätzliche Feindschaft gegenüber Deutschland oder der Wunsch, sich auf eine Abwehr der deutschen Gefahr vorzubereiten, geringer geworden« seien. Daher setzte er sich für einen »flexiblen« Kurs ein, selbst wenn sich die russische Politik »langfristig« Deutschland unterordnen sollte. Seine nüchterne Einschätzung wurde jedoch von dem stellvertretenden Unterstaatssekretär Sargent völlig missdeutet, der Eden davon zu überzeugen suchte, seine ursprünglichen Annäherungsversuche einzustellen. Die Erwartung, Stalin werde das deutsche Ungeheuer zu »kaufen und zu besänftigen suchen«, verstärkte die fatalistische Annahme, ein deutsch-sowjetisches Abkommen stehe kurz vor dem Abschluss. Für Großbritannien könne von Veränderung nur dann die Rede sein, wenn »die britische Flotte in der Lage ist, das Schwarze Meer zu kontrollieren, und wenn britische Bomber über den Kaukasus fliegen«. Sargent konnte kaum seine Befriedigung verbergen, dass Cripps, solange diese Bedingungen herrschten, »sich in Moskau vergeblich abmühen wird«.[18] Er warnte Eden vor Maiskis »kalkulierten Indiskretionen« und seinen »notorischen … Freunden unter Journalisten und Parlamentariern«.[19] Alles in allem führte Edens Ernennung zu einem gewissen Wandel in Nuancen und Stil, aber das politische Konzept, das den Beziehungen zu Russland zu Grunde lag, blieb unverändert. Erleichtert notierte Cadogan in seinem Tagebuch: »Ich bin froh, A. [Eden] nicht ›ideologisch‹ und recht aufgeschlossen dafür zu finden, dass von diesen zynischen, blutbefleckten Mördern nichts zu erwarten ist.« Mochte Eden nun die Russen wohlwollend sehen oder nicht, in den folgenden Monaten war er absolut mit vergeblichen Versuchen beschäftigt, auf dem Balkan ein Bollwerk gegen die Deutschen zu errichten, weshalb er kaum Interesse am Verhältnis zur Sowjetunion aufbrachte.[20]

Wie wir bereits gesehen haben, hielt Stalin zwar ostentativ an der Neutralität fest, erwartete jedoch, dass der Krieg Entscheidungen rückgängig machen könnte, die er als historische Ungerechtigkeit für Russland empfand. Daher war der Maßstab für die Annäherung an England für ihn deren Haltung zu den baltischen Staaten und zur Türkei. Als daher Cripps nach Monaten endlich wieder Zugang zu Molotow fand, aber mit leeren Händen bei diesem erschien, holte er sich eine Abfuhr. Wie die seit 1939 gesammelten Erfahrungen bewiesen, erklärte Molotow bitter, sei England nach wie vor nicht gewillt, »die sowjetischen Interessen zu berücksichtigen«. Unter diesen Umständen »zeigte er sich offen gelangweilt und ungeduldig, erklärte schließlich, er habe nichts weiter zu sagen« und »werde sich nicht mehr persönlich für die britisch-sowjetischen Beziehungen interessieren«, solange die wichtigsten Hindernisse dafür nicht beseitigt seien.

Das Foreign Office ignorierte diese eindeutige Botschaft aus Moskau und weigerte sich auch weiterhin, die Frage selbst einer De-facto-Anerkennung der sowjetischen Kontrolle über das Baltikum auch nur in Betracht zu ziehen, obwohl Hugh Dalton, der Minister für wirtschaftliche Kriegführung, zu dem Schluss gekommen war, ein solcher Schritt werde »unser Recht nicht einschränken, die sowjetische Position in den baltischen Staaten letzten Endes in Frage zu stellen«. Da Cripps so wenig in der Hand hatte, bemerkte man in Moskau, dass er selbst keinen Kontakt zu den Kreml-Herren mehr suchte: »Jetzt ist es an ihnen, mich zu rufen, wenn sie etwas wollen«. Cripps, der vom Ausmaß der Spannungen zwischen Moskau und Berlin auf dem Balkan noch nichts ahnte, befürwortete trotz allem eine »Politik der Zurückhaltung«, bis »die Entwicklung auf den verschiedenen Kriegsschauplätzen oder wirtschaftlicher Druck, den wir gemeinsam mit Amerika ausüben können, sie zwingt, engere Beziehungen zu uns zu suchen«.[21]

Inzwischen erhielt Cripps Anfang Februar 1941, unmittelbar vor

Edens Abreise in den Nahen Osten, die endgültige Weisung, das Angebot des Handelsabkommens »unverzüglich« zurückzuziehen.[22] Dem folgte der Abbruch der Beziehungen zu Rumänien sowie die Schlussfolgerung des Verteidigungsausschusses des Kabinetts, die Türkei werde nicht in den Krieg eintreten, so dass ihr Wert in ihrer Neutralität liege. Noch wichtiger aber war, dass Churchill und Eden nun die Errichtung einer gemeinsamen strategischen Plattform auf dem Balkan zum Schutze Griechenlands befürworteten. Das bedeutete die Einstellung der Operationen in Benghasi und die Verlegung großer Truppenkontingente von Ägypten nach Griechenland, um für den erwarteten deutschen Angriff von Bulgarien her gerüstet zu sein.[23] Die Russen, die inzwischen die Initiative und die Fähigkeit verloren hatten, auf den deutschen Vormarsch im Balkan zu reagieren, wurden von diesen britischen Schritten aufgeschreckt. Verschiedene Berichte nährten Stalins Furcht, Churchill sei nun fieberhaft bemüht, die Russen zum Handeln zu zwingen, was zu einer »Interessenkollision zwischen Deutschland und der Sowjetunion führen« konnte.[24] Die übermächtige Furcht, in den Krieg auf dem Balkan verwickelt zu werden, bestimmte von nun an die außenpolitische Perspektive der Sowjetunion und lenkte sie von der tatsächlichen Bedrohung ab, die von Deutschland ausging.

Bulgarien wendet sich der Achse zu

Schulenburg war erschüttert darüber, welche Auswirkungen das fruchtlose Berliner Treffen für die Entwicklung auf dem Balkan hatte. Zwar war er sich durchaus bewusst, welchen Lauf die Dinge nahmen, bemühte sich aber trotzdem nach Kräften um einen erfolgreichen Abschluss der Handelsgespräche. Er brachte Schnurre aus Berlin mit und hoffte Hitler noch zu besänftigen, wenn es ihm gelang, »den großen Russenvertrag für 1941/42 in Berlin auf den Weihnachtstisch« zu legen. In einem persönlichen Appell an Ribbentrop und die militärischen Schlüsselfiguren pries er die von den Russen angebotenen beträchtlichen Konzessionen und beschwor die ungeheure Chance, »die in einem solchen Vertrage, dessen Kernstück 2,5 Millionen Tonnen Getreide sind, für Deutschland liegt«.[25]

Auch das Scheitern von Sobolews Mission[26] warf einen dunklen Schatten auf den Kreml. Stalin war weiterhin entschlossen, »einen Vormarsch der Deutschen auf dem Balkan zu verhindern, der die Meerengen bedrohen könnte«. Molotow nutzte jede Gelegenheit, um Schulenburg zu erklären, durch die Annexion Bessarabiens sei »die Sowjetunion ein Donaustaat geworden, weshalb man ihre souveränen Rechte und Interessen zu berücksichtigen« habe. Bei einer ihrer Begegnungen Anfang Januar 1941 erschien er mit einer großen Karte der drei Donauarme und forderte »stur und uneinsichtig«, Deutschland und Italien sollten Rumänien dazu bewegen, die ausschließlich sowjetische Kontrolle der Schifffahrt in der Flussmündung zu akzeptieren.[27] Ähnlich hartnäckig vertrat er auch die Forderung nach Konzessionen bei den finnischen Nickelvorkommen in Petsamo.[28]

Stalin erreichte zu seiner großen Entrüstung nicht die gewünschten Verhandlungen, sondern verlor den Kampf in Bulgarien, ohne einen einzigen Schuss abgefeuert zu haben. Daraufhin wurde Dekanosow eiligst an Stelle von Schkwarzew nach Berlin gesandt – nicht nur als prominenter Botschafter, sondern auch in besonderer Mission, da er gleichzeitig stellvertretender Außenminister blieb. Dekanosow, der von Geburt Armenier war, trat stets als Georgier auf, um sich bei Stalin und Berija beliebt zu machen.[29] Als Stalins Vertrauter hatte er an Molotows Begegnungen mit Hitler teilgenommen, während Schkwarzew demonstrativ ausgeschlossen wurde. Gerüchten zufolge war der Grund für Schkwarzews Ablösung sein Versagen bei der Unterrichtung des Kremls über die Wiener Verhandlungen, die zu dem bekannten Schiedsspruch führten.[30] Obwohl man Dekanosows Ernennung bei den Deutschen ankündigte, erhielt er keine Vorzugsbehandlung. Nicht nur auf seine Akkreditierung, sondern auch auf ein kurzes Gespräch mit Ribbentrop ließ man ihn lange warten.[31]

Bereits nach einer Woche in Berlin drängte er in Moskau ärgerlich darauf, man möge den Deutschen mitteilen, er sei in besonderer Mission gekommen und erwarte dringend, empfangen zu werden.[32] Seine Sorge war durchaus begründet. Als man ihn schließlich am 12. Dezember zu Ribbentrop vorließ, stellte die Übergabe einer signierten Fotografie Stalins, die man Ribbentrop während dessen Besuchs in Moskau versprochen hatte, einen besonders makabren Akt dar, waren doch die Deutschen in diesen Tagen fieberhaft damit beschäftigt, die Direktive des Falles »Barbarossa« zum Abschluss zu bringen. Zwar versprach Ribbentrop, das Foto auf seinem Schreibtisch zu platzieren, um an seinen bedeutenden Besuch stets in der Hoffnung zu denken, er werde »auch Erfolg für die Zukunft« bringen, insgesamt aber vermied er es sorgfältig, über Streitfragen zu sprechen. Angesichts der erneuten diplomatischen

Bemühungen, mit denen Stalin den Kriegsausbruch verhindern wollte, ist Ribbentrops Versicherung von Bedeutung, Deutschland hoffe, den Krieg »innerhalb des nächsten Jahres ... mit so wenig Opfern wie möglich« zu beenden. Anschließend verkündete Ribbentrop Hitlers Absicht, sich stärker dem Aufbau im Lande zu widmen. Und obwohl er von künftigen Verhandlungen sprach, spürte Dekanosow, dass der Außenminister die Begegnung so rasch wie möglich hinter sich bringen wollte.[33]

Am Tage nach der Unterzeichnung der Direktive für das Unternehmen »Barbarossa« gestattete Hitler es Dekanosow endlich, sein Beglaubigungsschreiben in der Reichskanzlei zu übergeben. Nachdem die Formalitäten beendet waren, bat Hitler den Botschafter in die Sesselecke und erklärte den Verzug ganz nebenbei mit der »unglaublich gespannten internationalen Lage«. Dekanosows Bemühungen, das Gespräch über politische Themen wieder in Gang zu bringen, wurden von Hitler einfach ignoriert, der »schweigend zuhörte und gelegentlich nickte«. Schließlich schlug er vor, dass diese Fragen am besten »über offizielle Kanäle« zu besprechen seien. Auf Dekanosows Bemerkung, da er am Berliner Treffen teilgenommen habe und Molotows Auffassungen genau kenne, könne der Gang der Verhandlungen beschleunigt werden, folgte keine Reaktion. Hitler interessierte offenbar lediglich Dekanosows angeblich gemeinsame ethnische Herkunft mit Stalin und sein junges Alter. Mit einundvierzig, so bemerkte Hitler, sei Dekanosow der jüngste Botschafter in Berlin, wo man in der Regel mindestens fünfundsechzig sein müsse, um diese Position zu erreichen. Es blieb Ribbentrop überlassen, Dekanosow beim Abschied mitzuteilen, dass er die Verhandlungen mit ihm fortführen werde.[34]

Als letztes Mittel versuchte Molotow nun den Abschluss des Handelsabkommens von Fortschritten im politischen Bereich abhängig zu machen.[35] Da Hitler über Weihnachten nicht in Berlin weilte, wurden alle Entscheidungen aufgeschoben. Schnurre hatte Weisung, in Moskau zu bleiben und die letzten Hindernisse aus dem Wege zu räumen, ohne sich dabei in politische Dialoge einzulassen. Die Verfechter des Kontinentalblocks im deutschen Auswärtigen Amt hatten die Hoffnung auf den gleichzeitigen Abschluss beider Vereinbarungen noch nicht aufgegeben.[36] Sie erwarteten, dass ein lukratives Handelsabkommen den Mechanismus der politischen Gespräche in Gang bringen werde. Weizsäcker verhinderte daher eine erneute Einberufung der Donaukonferenz, um »das Schauspiel eines ernstlichen Streites zwischen den Deutschen und Russen vor internationalen Zeugen« zu vermeiden.[37] Der Verzug stimmte Stalin jedoch noch nachgiebiger gegenüber den deutschen Forderungen, so dass das Handelsabkommen schließlich am 10. Januar 1941 unterzeichnet werden konnte.[38]

Indirekt bediente dieses Dokument sogar die Desinformationskampagne, die die Deutschen gerade gestartet hatten. In allen Einzelheiten waren dort die Lieferungen aufgeführt, die bis August 1942 erfolgen sollten, was dem Kreml das trügerische Gefühl gab, eine Atempause gewonnen zu haben. Um dem sowjetischen Wunsch nach Wiederaufnahme der politischen Verhandlungen entgegen zu kommen, wurde dem Abkommen sogar ein Geheimprotokoll beigefügt, das die sowjetischen Ansprüche hinsichtlich des deutschen Grenzverlaufs vom Fluss Igorka bis zur Ostseeküste, einschließlich des Streits über das im geheimen deutsch-sowjetischen Zusatzprotokoll vom 28. September 1939 genannte litauische Gebiet, regelte.[39]

Nach Berlin zurückgekehrt, erfüllte Schnurre das Schulenburg gegebene Versprechen und trug Hitler das Anliegen einer künftigen Kooperation mit Russland vor. Hitler hörte ihm aufmerksam zu, ließ aber durchblicken, dass es über den Balkan nichts mehr zu verhandeln gäbe. Insgesamt suchte er allerdings den Eindruck zu erwecken, dass »noch vieles in der Schwebe« sei. Zwar erklärte er sich bereit, Schulenburg zu Konsultationen in Berlin zu empfangen, ließ das Datum aber absichtlich offen und schob die Begegnung immer wieder hinaus. Anfang März klagte Schulenburg, dass Ribbentrop seinen Urlaubsantrag wieder nicht beantwortet habe.[40] Allmählich dämmerte ihm, was die ausbleibenden Instruktionen für weitere Verhandlungen bedeuteten: dass Hitler sich zum Krieg entschlossen hatte.[41]

Inzwischen nahm die Auseinandersetzung um den Balkan eine ungünstige Wendung. Die bulgarische Regierung konnte den Würgegriff zweier Großmächte nicht länger ertragen. Schon als sie Mitte Dezember die sowjetischen Vorschläge ablehnte, hatte sie den Kreml gebeten, »nicht nur logisch, sondern auch emotional« zu begreifen, wie sehr ein gegenseitiger Beistandspakt das auf dem Balkan entstandene delikate Kräftegleichgewicht erschüttern musste.[42] Mit Emotionen war Stalin jedoch nicht zu beeindrucken. Bei mehreren Gelegenheiten hatte Lunin, der Resident der GRU in Bukarest, seinen bulgarischen Partner gewarnt, Russland könne die Anwesenheit von 13 deutschen Divisionen an der rumänischen Südgrenze nicht ignorieren, »die über die Grenze hinweg in Richtung Bulgarien, Balkanhalbinsel und vielleicht sogar Russland zielen«. Er machte sich gar nicht die Mühe, die Umstände nach Art sowjetischer Diplomaten zu verschleiern und zu verbergen, dass »die Beziehungen zwischen Russland und Deutschland alles andere als normal« seien. Gleichzeitig wollte er aus naheliegenden Gründen den Eindruck erwecken, diese entwickelten sich »äußerst ungünstig für Deutschland«. Russland, so betonte er nochmals, könne dem deutschen Vormarsch auf dem Balkan nicht länger tatenlos zusehen. Dieser bedrohe das Schwarze Meer, das »ein russisches Meer ist und nur einen einzigen natürlichen Ausgang hat, den Bosporus und die Dardanellen, die unter russischer Kontrolle bleiben müssen«. König Boris, der den Report aufmerksam las, unterstrich Lunins Schlusssatz, Bulgarien sei »das Land, an dem [Russland] das größte Interesse hat. Wir wollen es nicht kontrollieren, wie unsere Feinde behaupten, die dabei an die baltischen Staaten denken. Dort war die Lage anders, denn diese Territorien haben einmal zum russischen Staat gehört und sind heute unser Lebensraum, weil sie uns den Zugang zur Ostsee bieten.« Das russische Interesse sei auf die bulgarische Schwarzmeerküste längs der Linie Warna-Burgas-Marmara beschränkt. Dass man Lunin selbst von Bukarest nach Warna versetzte, war für den König ein eindeutiges Zeichen, was bei der Schwarzmeerküste und den dortigen Kriegshäfen für Moskau auf dem Spiel stand.[43]

Es kann daher nicht überraschen, dass die anhaltende Furcht vor Russland den bulgarischen Premierminister Filov zu einer unnachgiebigen Haltung veranlasste, als er schließlich von einer weiteren diplomatisch motivierten Krankheit genas und Anfang Januar 1941 nach Berchtesgaden pilgerte. Zwar bekräftigte er dort erneut Bulgariens grundsätzliche Absicht, der Achse beizutreten, bat jedoch um einen weiteren Aufschub dieser Entscheidung, um die Russen nicht zu provozieren. Vergeblich versuchte er Hitler zu überzeugen, die Sache sei nicht eilig, da die bulgarische Regierung bereits Vorkehrungen getroffen habe, um eine Besetzung der bulgarischen Schwarzmeerküste durch die Sowjetunion zu verhindern. Hitler wiederum wollte Filov wie üblich mit den ideologischen Gefahren des Kommunismus für Bulgarien Angst einjagen, und auch Ribbentrop pflichtete dem mit der ominösen Bemerkung bei, dass »der russische Bär gewissermaßen durch die Dardanellen seine Tatze nach außen ausstrecken wolle«. Deshalb sei es notwendig, den Russen zuvorzukommen und die Interessensphären eindeutig zu markieren. Hitler ging jedoch noch einen Schritt weiter: Sollte Stalin an seinen Zielen festhalten, werde er seine Truppen einsetzen, »um ihn zu vernichten«. Auch die türkische Bedrohung konnte ihn nicht beeindrucken. Wenn Ankara sich zu rühren wage, erklärte Hitler und hob die Stimme, dann werde er seinen Außenminister nach Moskau schicken oder Molotow nach Berlin beordern, und mit der Türkei sei es vorbei.[44]

Der Druck, dem sich eine bulgarische Regierung ausgesetzt sah, die nach wie vor verzweifelt versuchte, sich nicht in die Auseinandersetzung hineinziehen zu lassen, führte zu widersprüchlichen Erklärungen. So wurde Filov nach Russe an der Donau gesandt, wo er »eine erstaunlich harte Rede« hielt und alle Unterstellungen zurückwies, Bulgarien könnte zu einem »Legionärsstaat« werden. Das war eine direkte Antwort auf die Vorwürfe Sobolews. Zur gleichen Zeit hielt Innenminister Gabrovski eine ebenfalls vielerorts veröffentlichte Rede, in der er erklärte, dass »Bulgarien nicht das Schicksal der baltischen Staaten teilen« wolle.[45] Aber nach Filovs Besuch bei Hitler waren die Würfel eigentlich gefallen. Kurz nach seiner Rückkehr empfahl er König Boris einzulenken. Nach Filovs eigenem Bericht war der König »sehr erregt, nervös und ungewöhnlich entschlossen. Zunächst erklärte er, er wolle eher abdanken, oder wir sollten uns in Russlands Arme werfen, selbst wenn wir dann bolschewisiert würden«. Doch nach einem langen emotionalen Redeschwall »beruhigte sich der König allmählich wieder und begann einzusehen, dass [Filov] Recht hatte«.[46]

Als letzten Versuch, das Unvermeidliche erneut hinaus zu schieben, setzte Draganow auf spezielle Weisung von König Boris noch einmal zum Rückzug an. Er argumentierte, Bulgarien sei doch »bereits Mitglied der Achse und verhalte sich schon bisher gegenüber deutschen militärischen Wünschen wie ein stiller Verbündeter«. Nach seiner Kapitulation wollte der König nur noch den Preis für diesen Schritt kassieren – den Zugang zur Ägäis im türkischen Adrianopolis (ohne Krieg mit der Türkei), dazu Saloniki und das griechische Mazedonien.[47]

Der entscheidende Schritt Deutschlands gegen Bulgarien fiel mit der Unterzeichnung des Handelsabkommens mit der Sowjetunion zusammen, was auch die anschließenden gedämpften Reaktionen in Moskau erklärt. Zwei Tage nach diesem Abschluss veröffentlichte Stalin, dem nun keine Trümpfe mehr geblieben waren, ein Kommuniqué, in dem er seine Entschlossenheit bekräftigte, die russischen Interessen in Bulgarien zu wahren und zugleich eine weitere Ausbreitung des Krieges auf dem Balkan zu verhindern. Das war zugleich ein Dementi des von Berlin ausgestreuten Gerüchts, der Einmarsch deutscher Truppen in Bulgarien sei »mit vollem Wissen und Zustimmung der UdSSR« erfolgt. Das Kommuniqué rief im Grunde genommen das bulgarische Volk dazu auf, über den Kopf der Regierung hinweg die Politik seiner Führer zu »entlarven«, dabei aber »Provokationen sorgfältig zu vermeiden« und nicht den Eindruck zu erwecken, die Kommunistische Partei handle eher »als Untergebene der Sowjetunion denn aus eigener Initiative«.[48] Wyschinski bestellte gar den bulgarischen Botschafter um 2.00 Uhr morgens ein und forderte von ihm die Veröffentlichung des Kommuniqués in der bulgarischen Presse. Wenn dies nicht geschehe, so warnte er, dann wäre das »schlecht« für Bulgarien. »Ich fragte ihn, was er mit ›schlecht‹ meine. Er antwortete, das sollte uns bald klar werden.«[49] Schulenburg bemühte sich seinerseits verzweifelt, eine weitere Verschlechterung der Beziehungen aufzuhalten, und versicherte gegenüber Berlin, das Kommuniqué sei weder gegen Deutschland gerichtet noch als Ultimatum zu verstehen, da es nichts über die Maßnahmen aussage, die die russische Regierung im Falle eines deutschen Einmarschs in Bulgarien zu ergreifen gedenke.[50]

Nachdem Hitler die Russen gezwungen hatte, endlich Farbe zu bekennen, fuhr er mit seinen militärischen Planungen fort. Er ordnete die Errichtung einer Brücke über die Donau an und befahl, die Truppen sollten sich für eine Überquerung des Flusses Ende Januar bereithalten. Zwei Tage nach den Protesten der Russen versprach er den Bulgaren einen Zugang zur Ägäis. In Sofia wurden Militärgespräche aufgenommen.[51] All diese Vereinbarungen wurden so aufdringlich und verfälscht wiedergegeben, dass Schulenburg Molotow zugestehen musste, sie hätten »die Repräsentanten in Brasilien und Mexiko vielleicht zufrieden gestellt«, seien aber »für den Botschafter in Moskau nicht ausreichend und sogar Unheil verkündend«. Er riet Molotow, Dekanosow zu stärkerem Druck auf Ribbentrop zu bewegen.[52] Nach Schulenburgs Empfehlung warnte Dekanosow Weizsäcker in der Tat, die Sowjetregierung werde »das Erscheinen irgendwelcher fremder Streitkräfte auf dem Territorium Bulgariens und der beiden Meerengen für eine Verletzung der Sicherheitsinteressen der UdSSR halten«.[53] Dabei gab es gar keinen Grund, die Russen vor den Kopf zu stoßen. Das Einrücken in Bulgarien wurde, ganz wie erwartet, als unvermeidlicher Schritt hingestellt, um die Briten aufzuhalten. Ein weiterer Versuch, Stalin einzulullen, war das Versprechen, »zur gegebenen Zeit« eine Revision der Meerengenkonvention anzustreben und die politischen Gespräche darüber »in absehbarer Zeit« wieder aufzunehmen.[54] Am 23. Januar sandte Filov endlich offiziell die positive Antwort Bulgariens an Hitler. Aus ihren eigenen Quellen am bulgarischen Hof erfuhren die Russen, dass die deutschen Truppen beim Überschreiten der bulgarischen Grenze keinen bewaffneten Widerstand zu fürchten hatten.[55]

Am Ende des Monats hatte man alle militärischen und diplomatischen Schritte abgestimmt und Vorsichtsmaßnahmen gegen eine mögliche sowjetische Reaktion getroffen. Hitler ordnete intensive Befestigungsarbeiten in Konstantza an, um die Öltanks »vor anonymen Bombenangriffen von See« zu schützen. Später befahl er den deutschen Truppen in der Norddobrudscha, sie sollten als erste in Bulgarien einrücken, um die Küste abzusichern. Die Bulgaren bereiteten ähnliche Maßnahmen in Warna und Burgas vor. Begleitende diplomatische Schritte unter deutscher Oberaufsicht waren eine bulgarisch-türkische Nichtangriffserklärung[56] und eine Absicherung gegen Jugoslawien.[57] Diese Aktionen stießen nur auf sporadischen Widerstand. Moltschilow, der bulgarische Botschafter in London, flehte Stalin an, endlich einzuschreiten. Er trat schließlich aus Protest dagegen zurück, dass sich Bulgarien »von einem potenziellen Opfer englischer oder deutscher Gewalt zu einem Komplizen« gewandelt hatte.[58] König Boris regierte sein Reich nicht mehr. Bis zum letzten Augenblick hatte er gehofft, eine Situation abzuwenden, die Bulgarien »zum Zankapfel zwischen Deutschland und der UdSSR« machen würde. Aber der König hatte, wie Draganov in einem Telegramm aus Berlin schrieb, es versäumt, »diese bittere Pille mit etwas Zucker zu versüßen« und die Russen vorab über das genaue Datum von Bulgariens Beitritt zur Achse zu informieren.[59] Die Briten waren genau so hilflos wie die Russen. Churchill konnte nicht mehr tun als zu drohen, das »Stillschweigen zu den Gräueltaten der Deutschen werde Bulgarien dazu verdammen, einmal gemeinsam mit Deutschland angeprangert zu werden«.[60]

Dass die Entwicklung in Bulgarien einer Entscheidung zustrebte, zeigte sich deutlich, als Draganov einer Begegnung mit Dekanosow auswich. Als sie sich schließlich doch trafen, schienen die Russen vor allem über die türkische Reaktion auf den Beitritt Bulgariens zum Dreimächtepakt besorgt zu sein. Gleichzeitig konnten sie nicht verhehlen, dass sie sich nun selbst von Deutschland bedroht sahen. Als Draganov behauptete, Russland hätte die Sympathien im bulgarischen Volk ausgenutzt, um das Land zu kontrollieren, betonte Dekanosow, die Sowjetunion verfolge »keine imperialistischen Ziele mehr« sondern sorge sich vor allem »um ihre Sicherheitsinteressen«:

»Wir in der Sowjetunion gehen oft in die Geschichte zurück, vor allem um zu prüfen, woher Russland in der Vergangenheit angegriffen wurde und wo die Gefahren für seine Existenz liegen. Gelegentlich muss man aber auch jüngere Beispiele betrachten. Wenn wir uns die ›neue Ordnung‹ Europas anschauen, von der so viele sprechen, darunter auch der Botschafter, dann stellen wir fest, dass diese von einem bestimmten Land ausgerufen wurde und dass kleine Staaten von dieser Hegemonialmacht Europas wirtschaftlich unterworfen werden. Schlimmer noch, die ›neue Ordnung‹ zeigt sich in vollständiger politischer Unterwerfung kleinerer Staaten unter diese Macht, meist im militärischen Bereich, wodurch sie zu Garnisonen dieser Macht herabsinken.«

Ihr historisches Erbe veranlasste die Russen, das britische Eingreifen in Griechenland und auf dem Balkan mit ähnlichem Misstrauen zu betrachten.[61]

Als der Zeitplan für die Verlegung deutscher Truppen nach Bulgarien fest stand, wurden der bulgarische Premierminister und sein Außenminister nach Wien beordert, um dort Bulgariens Beitritt zur Achse feierlich zu vollziehen. Popov fühlte sich »wie gekreuzigt und weigerte sich kategorisch, nach Wien zu fahren«, notierte Filov in seinem Tagebuch. Allerdings präsentierte er eine ganze Liste von Entschuldigungen, die ihn am Kommen hinderten. Auch König Boris konnte sich mit seinem eigenen Entschluss nicht so recht abfinden. Er gab Draganov die ganze Schuld und verlangte, diesen nach Unterzeichnung der Vereinbarung abzuberufen, »ohne ihm einen anderen Posten anzubieten«.[62] Die Russen unternahmen in ihrer Verzweiflung alle möglichen Versuche, den Bulgaren weiterhin Angst einzujagen, doch ohne Erfolg. Wyschinskis Vorwürfe waren »hart und deutlich, er gestattete es [dem bulgarischen Botschafter] kaum, ein Wort dazu zu sagen«. Wyschinski zitierte direkt aus den bulgarischen Zeitungen auf seinem Schreibtisch und fand den veränderten Ton »schockierend«. Schukow unternahm sogar einen schwachen Versuch, die bulgarische Armee über den Kopf der Regierung hinweg zum Handeln zu bewegen.[63]

Am 26. Februar besaß Molotow schließlich umfassende und konkrete Informationen über das deutsche Einrücken in Bulgarien.[64] Wie zu erwarten war, erhielt Schulenburg zwei Tage später die Order, den Einmarsch gegenüber Moskau als zeitweilige Maßnahme zu präsentieren, mit der man die Briten in Griechenland aufhalten wollte. Sein kurzer Bericht nach Berlin, der Molotows »sichtliche Besorgnis« über diesen deutschen Schritt mitteilte, erwähnte den bissigen Ton des Wortwechsels wieder einmal mit keiner Zeile. Molotow weigerte sich, die von Schulenburg vorgebrachten Gründe für bare Münze zu nehmen. Dieser hatte vergeblich versucht, den Außenminister davon zu überzeugen, dass es auch im Sinne der sowjetischen Ziele sei, die Pläne der Briten in Griechenland zu durchkreuzen. Aber schon die Tatsache, dass man Russland nicht vorab informiert hatte, wurde eindeutig als ein Zeichen gedeutet, das nichts Gutes ahnen ließ.[65] Ebenso Besorgnis erregend war die Flut absurder Rechtfertigungen des Abkommens von Seiten der Bulgaren. Diese stellten es als »ein Instrument des Friedens« dar, das »die weitere Entwicklung guter Beziehungen zur Sowjetunion« nicht behindern sollte.[66]

Um die Bedeutung ihres Schrittes herunterzuspielen, beriefen die Deutschen nun eiligst den Internationalen Donau-Beraterausschuss ein, der für den Flussabschnitt nördlich von Braila zuständig war. Sie taten alles, um die Russen mit üppigen Banketten, Exkursionen und »einer glanzvollen Opernaufführung« von Wagners »Tannhäuser« bei Laune zu halten. Alle Gespräche über Streitfragen wurden jedoch auf den 30. Juni vertagt. Die deutschen Unterhändler wussten genau, dass die Forderungen der Russen zu diesem Zeitpunkt bereits gegenstandslos sein würden.[67] Als Schulenburg die Russen am 1. März offiziell davon in Kenntnis setzte, dass Bulgarien dem Dreimächtepakt beitrete, blieb Molotow nur die Wiederholung der dürftigen Warnung, Russland könne angesichts des deutschen Vorgehens nicht »gleichgültig« bleiben, weil dieses die sowjetischen »Sicherheitsinteressen« untergrabe.[68]

Wieder einmal war Hitlers Spiel aufgegangen. Am späten Abend des 1. März bestellte Wyschinski Stamenov ein und warf Bulgarien vor, den Krieg auf den Balkan getragen zu haben. Das kürzliche Ultimatum schrumpfte nun zu der vagen Warnung zusammen, die Sowjetunion könne »getreu ihrer Friedenspolitik der bulgarischen Regierung bei ihrem gegenwärtigen Kurs keinerlei Unterstützung« gewähren. Molotow hatte auch keinerlei Möglichkeit, gegen die bulgarische Pressekampagne vorzugehen, die er für die Verbreitung von irreführenden Gerüchten über angebliche sowjetische Ziele verantwortlich machte.[69] In Moskau brauchte man Zeit, um die ernsten und weitreichenden Folgen des Abfallens von Bulgarien und Rumänien in ihrer vollen Tragweite zu begreifen. Schließlich waren, wie Maiski formulierte, weder Bulgarien noch Jugoslawien für Russland »eine Frage von Leben und Tod«. Sie waren lediglich im Zusammenhang mit Russlands eigentlichem strategischem Ziel, den türkischen Meerengen, von Bedeutung. Die Meerengen, so vertraute Maiski seinem Tagebuch an, waren allerdings »eine ganz andere Sache. Sie dürfen nicht aufgegeben werden! Das wissen die Deutschen ganz genau. Ich glaube, sie werden es deshalb nicht wagen, die Meerengen zu besetzen. Deutschland kann keine Konfrontation mit der UdSSR riskieren.«[70]

Der Drang nach den Meerengen

Der Rückschlag, den Molotow in Berlin erlitten hatte, und die Tatsachen, dass Bulgarien den Deutschen so rasch ins Netz gegangen war und Großbritannien sich in Griechenland zunehmend engagierte, rückten die Türkei immer mehr ins Blickfeld. Wie Bulgarien und Rumänien suchte auch die türkische Regierung nach Möglichkeiten, einerseits die Dominanz einer Großmacht auf dem Balkan zu verhindern und sich andererseits selbst aus dem Krieg herauszuhalten. Das Scheitern des Berliner Treffens nahm sie zunächst mit Erleichterung auf, da jede Vereinbarung zu ihrem Nachteil gewesen wäre. Besondere Sorge bereitete ihr der Gedanke, die Kontrolle der Meerengen mit den Russen teilen zu müssen. »Wenn Sie den Russen den kleinen Finger geben«, klagte der türkische Botschafter in Moskau, »dann nehmen sie bald die ganze Hand und verlangen die volle Kontrolle über die Meerengen.«[71] Molotow musste kaum einen Monat nach seiner Berlin-Reise feststellen, dass Hitler tatsächlich entschlossen war, ein größeres Engagement Russlands in der Türkei zu verhindern. Offenbar hatte Papen Saracoglu begreiflich gemacht, wie wichtig Hitler die türkische Unabhängigkeit für die Aufrechterhaltung des Kräftegleichgewichts war. Er erwartete, dass die Interessen Russlands denen Deutschlands untergeordnet und nur unter dessen Vormundschaft berücksichtigt wurden.[72] Aktays als Beruhigung gedachte Botschaft, Papen arbeite als Vermittler daran, dass die Türkei nicht in den Krieg hineingezogen werde, quittierte Molotow lediglich mit »einem sarkastischen Lächeln«. Der sowjetische Außenminister erwartete von der Türkei eine eindeutige Erklärung an Deutschland, dass sie im Schwarzen Meer nichts unternehmen werde, ohne vorher die Sowjetregierung zu konsultieren.[73] Viel größere Sorge bereitete ihm jedoch, dass die Forderungen, die er in Berlin zu den Meerengen gestellt hatte, den Türken bekannt werden könnten. Deshalb schlug er eine versöhnliche Note an, die ihn allerdings in die Schwierigkeit brachte, dass eine Demonstration der Schwäche die Türken ermutigen konnte, entweder ins deutsche oder ins britische Lager überzulaufen.

Deutsche, Bulgaren und Briten sorgten natürlich dafür, dass die Berliner Forderungen der Sowjets bekannt wurden.[74] Ähnlich vergeblich waren auch Molotows Versuche, die Mission Sobolews mit Befürchtungen wegen des italienischen Feldzugs gegen Griechenland zu begründen. Die Briten lieferten Saracoglu ausreichend Belege dafür, dass Molotow versucht hatte, »Bulgarien als Helfershelfer gegen die Türkei zu gewinnen« und die Sowjetunion »ihre Ambitionen hinsichtlich der Meerengen längst nicht aufgegeben« habe.[75] Saracoglu protestierte umgehend gegen den anvisierten russisch-bulgarischen Beistandspakt, der nach seiner Auffassung die Vereinbarung von 1929 über Konsultationen zwischen der Türkei und Bulgarien verletzte. Da es aber sein vorrangiges Anliegen war, die Türkei aus dem Konflikt herauszuhalten, gab er lediglich die feierliche Erklärung ab, keinerlei kriegerische Absichten zu hegen, und versprach, die Russen in allen Fragen mit Bezug auf Bulgarien oder das Schwarze Meer zu konsultieren. Das Misstrauen saß jedoch zu tief, um vertrauensbildende Maßnahmen zu erlauben. »Frieden«, bemerkte Molotow sarkastisch, existiere nur in »Gerüchten und Verhandlungen, während der Krieg leider Realität« sei.[76]

Als die deutsch-russischen Verhandlungen in eine Sackgasse geraten waren, starteten die Italiener eine neue Initiative zur Frage der Meerengen. Aber Mussolinis wenig beeindruckendes Muskelspiel, das er sehen ließ, während sein Feldzug gegen Griechenland in die Sackgasse geriet, führte den Russen nur ihre eigene Schwäche vor Augen. Mit wachsender Beklommenheit hatte Mussolini die sich anbahnende Krise zwischen Russland und Deutschland verfolgt, die die deutschen Positionen im Schwarzen Meer und im Mittelmeer stärkte.[77] In Moskau war man ehrlich überrascht von Mussolinis Wunsch, die Verhandlungen nicht nur wieder aufzunehmen, sondern sie auch unverzüglich in den politischen Bereich zu verlagern. Er war bereit, Russlands neue Grenzen, dessen »Rechte im Schwarzen Meer, in Asien und [dessen] Interessen auf dem Balkan« anzuerkennen. Im Gegenzug forderten die Italiener die Anerkennung ihrer eigenen Ansprüche im Mittelmeer. Sie drängten sogar darauf, die Verhandlungen unverzüglich in Moskau oder Rom auf der Ebene der Außenminister oder der Botschafter zu beginnen.[78]

Molotow stimmte sofort zu, bestand aber darauf, die Verhandlungen in Moskau, fern von den wachsamen Augen der Deutschen, stattfinden zu lassen.[79] Wenige Tage später bestätigte Rosso die Bereitschaft seiner Regierung, die Vorschläge vom Juni 1940 zu akzeptieren.[80] Die Italiener waren weiter bereit, Bulgarien den Zugang zur Ägäis zu gewähren, forderten aber für Italien und Deutschland das Öl und die Wirtschaft Rumäniens ein. Molotow wiederum legte Wert auf die Kontrolle der Donaumündung. Doch das Hauptziel der Sowjets blieben natürlich die türkischen Meerengen. Es ist merkwürdig, dass sowohl im Dialog mit Italien als auch bei den weiteren Vorstößen gegenüber der Türkei die Furcht vor einem erneuten britischen Eingreifen in der Region (falls Deutschland Italien im Krieg unterstützte) das Hauptmotiv bildete. Die Meerengen, so versicherte Molotow in der bekannten Weise, beträfen »Fragen der Sicherheit der Schwarzmeergrenzen der Sowjetunion. Russland hat nämlich nicht nur ein oder zwei Mal eine Invasion über die Meerengen erleben müssen. Im Krimkrieg drang der Feind durch die Meerengen ein. Im Jahre 1918 erfolgte die Intervention in Russland durch die Meerengen. 1919 griffen die Franzosen Russland über die Meerengen an.« Molotow könne sich gut vorstellen, dass das Übergreifen des Krieges auf Bulgarien die Briten, die sich bisher zurückgehalten hätten, zum Eingreifen zwingen könnte. »Dann«, so erklärte Molotow Rosso beim Essen,

»wird sich die Lage zuspitzen und die Sicherheitsfrage für die Sowjetunion noch ernster werden. Die Türkei wird sich kaum aus dem Konflikt heraushalten können, da sie einen Vertrag mit England hat. Außerdem besitzt England bereits eine Luftwaffenbasis und U-Boote in Lemnos am Eingang zu den Meerengen. Der Krieg wird ins Schwarze Meer getragen werden, was zweifellos die Haltung der Türkei zu den Meerengen beeinflussen wird. Eine derartige Entwicklung ist angesichts der Beziehungen zwischen der Türkei und England nicht unwahrscheinlich.«

Molotow ließ Rosso jedoch nicht im Zweifel darüber, dass Russland seine Interessen an den Meerengen durchsetzen werde, »koste es, was es wolle«.[81]

Die Tatsache, dass Hitler seinen Entschluss, Russland anzugreifen, noch immer vor Mussolini geheim hielt, verleitete diesen zu seinen Avancen gegenüber Moskau. Noch Ende Dezember hatte Hitler ihm versichert, Deutschlands Verhältnis zur Sowjetunion sei ein »sehr gutes« und er erwarte keinen »Schritt zu unseren Ungunsten, solange Stalin lebt«. Allerdings ignorierte der Duce Hitlers Warnung, es liege nicht im deutschen Interesse, »Bulgarien oder die Meerengen selbst dem Bolschewismus auszuliefern«. Rosso, der Cianos Politik zunächst missbilligte, sorgte seinerseits dafür, dass der exakte Inhalt der Vorschläge unverzüglich an Schulenburg übermittelt wurde.[82]

Ribbentrop war erstaunt, als er erfuhr, wie weit die Verhandlungen bereits gediehen waren. In seiner bekannt derben Art machte er sich über die italienischen Unterhändler lustig, weil sie ihr Recht zur Einfahrt ins Schwarze Meer aufgegeben hatten und zugleich die Russen ermutigten, mit ihren Kriegsschiffen ins Mittelmeer zu kommen. Es müsse vermieden werden, so belehrte er Alfieri, den italienischen Botschafter in Berlin, »dass die Balkanpolitik durch einen eiligen Abschluss mit den Russen behindert werde«. Alfieri musste seinerseits zugeben, er verstehe sehr gut, »dass Deutschland nicht wünsche, dass Russland gewissermaßen auf dem Umweg über ein Abkommen mit Italien in den Balkan zum Fenster wieder hereinsteige, während es eben erst zur Tür herausbugsiert worden sei«. Für den Fall, dass die Botschaft noch nicht deutlich genug war, legte Ribbentrop nach und brandmarkte sowjetische Versuche, die Italiener aus der Donaukommission auszuschließen.[83]

Schließlich lud Hitler Mussolini Ende Januar 1941 nach Berchtesgaden ein, wo er dessen bereits schwindende Hoffnung auf Unabhängigkeit endgültig zunichte machte. Die Russen, so warnte er ihn, hielten ihre Verträge absichtlich flexibel. »Wie jüdische Advokaten bevorzugen sie vage Formulierungen und ... zweideutige Definitionen«, um anschließend neue Forderungen zu stellen. Zwar verschwieg Hitler seinem Verbündeten nach wie vor den Plan, Russland anzugreifen, rechtfertigte aber die deutsche Präsenz in Rumänien als Absicherung gegen einen möglichen sowjetischen Angriff auf die Ölfelder oder die rumänischen Häfen. Eine weitere Demütigung erfuhr Mussolini durch schriftliche Weisungen des Auswärtigen Amtes, die ihn in Rom erwarteten. Darin verbot man ihm, »eine endgültige Formulierung und Festlegung« gegenüber den Russen ohne vorherige Konsultation.[84] Wenn er auch Federn lassen musste, so setzte Mussolini doch seine kläglichen Versuche fort, wieder Spielraum zu gewinnen, und bot Molotow eine Revision des Vertrages von Montreux an. Dieses Angebot, das Molotow eher »unklar« erschien, fiel jedoch mit Cripps' Versuchen Ende Februar zusammen, zwischen Russland und der Türkei zu vermitteln, und stieß deshalb ins Leere.[85] Die Italiener blieben am Ball, beschränkten ihre Gespräche aber nun auf Handelsfragen.[86]

Die Möglichkeit, zum nächsten Opfer der Deutschen zu werden, führte die Türkei dazu, ihre Haltung zur Sowjetunion im Januar etwas zu modifizieren. Deren Botschaften im Ausland lieferten Moskau detaillierte Angaben über den militärischen Aufmarsch der Deutschen in Rumänien. Man vermutete dahinter den Plan, deutsche Truppen über die Donau in Bulgarien einrücken zu lassen, um gemeinsam mit den Bulgaren die Türkei angreifen zu können. Diese unvermittelte Kehrtwende stieß in Moskau verständlicherweise auf Misstrauen, zumal die Eroberung der Meerengen immer als Bestandteil eines umfassenden Angriffsplanes gegen die Sowjetunion hingestellt worden war. Deutschland, so sagte man den Russen, »will die Briten daran hindern, Russland zu Hilfe zu kommen«. Stalin war nun zwischen der Furcht vor einem deutschen Sprung nach Süden und seiner alten Vorstellung,[87] England versuche Russland insgeheim in den Krieg mit Deutschland hineinzuziehen, hin und her gerissen. Der russische Botschafter in Bukarest, der genau wusste, wie seine Herren dachten, filterte die Informationen entsprechend und deutete an, die Besetzung der Meerengen sei wohl eher als Vorspiel für einen Angriff auf Ägypten und Syrien zu betrachten. Eine ähnliche Interpretation lag auch Dekanosows Bericht aus Berlin zugrunde. Dieser meinte, die Türkei solle als Sprungbrett zur Eroberung Bakus benutzt werden.[88]

Offenbar versetzte den Kreml nun die Vorstellung in Panik, die Deutschen könnten spiegelgleich zu den russischen Bestrebungen weiter in Richtung der Meerengen vorrücken. Zwar erklärte Maiski in London nach wie vor, »seine Regierung wünsche nicht, dass sich irgendeine Großmacht auf dem Balkan festsetzt«, aber Eden schien er »weniger sicher als in der Vergangenheit zu sein, dass diese unerwünschte Entwicklung nicht eintritt«.[89] Vergeblich versuchte Schulenburg in Moskau Molotow davon zu überzeugen, dass es dazu nicht kommen werde, solange die Türkei nicht am Krieg beteiligt sei. Molotow beunruhigte vielmehr, dass die Gegenvorschläge, die die Sowjetunion nach der Berliner Konferenz für eine Regelung vorgelegt hatte, nun schon über zwei Monate einer Antwort harrten.[90]

Da Stalin aber, wie die Sandkastenspiele des russischen Militärs vom Januar 1941[91] gezeigt hatten, über keine wirksame militärische Option verfügte, griff er abermals zu seinen geliebten diplomatischen Winkelzügen. Zumindest hier fühlte er sich nicht von inkompetenten und unzuverlässigen Generalen behindert, sondern hielt alle Fäden selbst in der Hand. Hinter den Kulissen hatte Maiski bereits Anfang Januar die dringende Weisung erhalten, über den türkischen Botschafter in London, Aras, den Stein wieder ins Rollen zu bringen. Den Köder bildete der Abschluss eines gegenseitigen Beistandspaktes. Die Furcht der Russen war so groß, dass

Maiski Aras drängte, mit Ankara telefonisch in Kontakt zu treten. Der Botschafter wich aber aus und schlug statt dessen vor, einen Kurier zu schicken. Damit war Maiski klar, dass Aras sich »nicht ernsthaft« engagieren wollte. Die lang erwartete abschlägige Antwort Saracoglus ging erst nach Ablauf eines Monats ein und zeugte von der Sorge, einen übereilten Schritt zu tun.[92]

Mit dem deutschen Einmarsch in Bulgarien drohten nun die Deutschen statt der Russen in Adrianopolis aufzutauchen, das kaum einen Steinwurf von den Meerengen entfernt lag. Die Türken versuchten dennoch weiterhin verzweifelt, sich aus allem herauszuhalten. Ihre Nichtangriffserklärung mit Bulgarien war eindeutig auf die konkrete deutsche Bedrohung zurückzuführen und sollte verhindern, dass dieses Land zu einer Schachfigur der deutschen Taktik wurde.[93] Außerdem sahen die Türken darin eine »bequeme Waffe« gegen die Versuche der Briten, sie in den Krieg hineinzuziehen und damit die Meerengen für die Navy zu öffnen.[94] Öffentlich zogen sie es jedoch vor, dies als eine Garantie gegen Russland hinzustellen. Laut Aktay wünsche Bulgarien jeden Konflikt mit der Türkei zu vermeiden, habe aber, »was noch wichtiger ist ..., endlich erkannt, wohin Freundschaft mit der Sowjetunion führt«.[95] Die Russen ließen sich jedoch nicht täuschen. Wie Dekanosow Draganov in Berlin erklärte, wussten sie genau, dass die Deklaration gegen die deutsche »Bedrohung der Meerengen« gerichtet war, »die russische Interessen verletzt«. Nach außen schlossen sie aber auch weiterhin »einen Konflikt zwischen Deutschland und Sowjetrussland kategorisch aus«. Zwar hatten sie sich mit dem Schicksal Bulgariens offenbar abgefunden, zogen aber »eine neue rote Linie – die Verwicklung der Türkei in den Krieg«. Nach dem im Jahre 1936 revidierten Vertrag von Montreux konnte sie als kriegführender Staat die Meerengen für Kriegsschiffe aller Flaggen öffnen, wie sie es für richtig hielt.[96]

Als sich abzeichnete, dass Bulgarien Ende Januar der Achse beitreten werde, suchten England, Russland und die Türkei eiligst nach einer Verständigung, um das Vorrücken der Deutschen zu den Meerengen aufzuhalten. Nicht beeindruckt von den unvermeidlichen Stimmungsschwankungen, die das harte Diplomatenleben in Moskau mit sich brachte, hielt Cripps hartnäckig an der Überzeugung fest, Russlands wohlwollende Neutralität gegenüber Deutschland sei allein auf das Streben zurückzuführen, sich militärisch für den Konflikt zu rüsten, den er selbst für unvermeidlich hielt.[97] Zwar erwartete er nicht, dass die Russen Deutschland mit Gewalt von den Dardanellen fern halten würden, glaubte aber immerhin, dass sie es mit diplomatischen Mitteln versuchen könnten.[98] Es fiel ihm nicht schwer, den »Klub« – Aktay sowie den griechischen und den jugoslawischen Botschafter – von seiner Meinung zu überzeugen. Auf Cripps' Anraten deutete Aktay gegenüber Molotow eine solche Möglichkeit an. Dieser räumte ein, die Situation sei »ernst und kompliziert«. »Der Appetit kommt beim Essen – deutsche Truppen stehen bereits an der bulgarischen Grenze«, grollte er. Zum ersten Mal forderte er die Türkei unverhüllt auf, sich dem Druck zu widersetzen.

Ähnliche Fühler streckte man auch zu den Briten aus. Nun hieß es, es sei »nicht im Interesse der Sowjetunion, dass sich deutscher Einfluss auf dem Balkan ausbreitet«, keine Politik gelte »für immer und ewig«.[99] Das britische Außenministerium blieb jedoch misstrauisch und skeptisch. Ähnlich wie die britischen Nachrichtendienste,[100] verschloss es sich dem Gedanken, Russland und Deutschland könnten es aus wechselseitiger Feindschaft und unterschiedlichen Interessen zu einem offenen Konflikt kommen lassen. Befangen in ideologischen Vorbehalten und politischem Wunschdenken, wiederholte man nur die bekannte Theorie, Russland und Deutschland verbinde vor allem die gemeinsame Feindschaft gegen Großbritannien. Man traute Stalin tatsächlich zu, »einen Handel mit Hitler einzugehen, in dem er entgegen russischen Interessen auf dem Balkan Bulgarien den Deutschen überlassen und Hitler im Gegenzug Stalin unterstützen könnte, wenn dieser versuche, der Türkei die Meerengen abzunehmen«.[101]

Man kann sich unschwer vorstellen, wie entsetzt Stalin und Molotow waren, als Bulgarien Ende Februar tatsächlich dem Dreimächtepakt beitrat. Als scharfer Beobachter des Kreml sah Cripps nun günstige Bedingungen für einen neuen Versuch, die Russen enger an die Alliierten zu binden. Eden hielt sich gerade in der Türkei auf, wo er eine letzte Anstrengung unternahm, die Scherben des Balkanblocks noch einmal zu kitten. Ein Geheimtreffen mit Molotow auf der Krim war leicht zu bewerkstelligen. Cripps bemühte sich, Eden die Bedeutung eines solchen Schrittes vor Augen zu führen. Vorausgesetzt, man wäre »nicht zu ängstlich, selbst um einen Besuch zu bitten«, könnten sich die Russen »geschmeichelt fühlen«; außerdem wäre dies eine »Ermutigung für unsere Freunde in Südosteuropa«. Das Foreign Office blieb jedoch bei seiner Meinung, Stalin stehe kurz davor, eine neue Vereinbarung mit Deutschland zu schließen. Es nahm Cripps den Vorstoß nicht nur übel, sondern wollte ihn sofort zu Konsultationen nach London zurückbeordern.[102] Auch Churchill mochte von einem solchen Besuch nichts hören, da er den Russen Edens »persönliche Sicherheit oder Freiheit« nicht anvertrauen wollte.[103]

Eden selbst, der später auch mit Cripps gegen Churchills Führungsanspruch zusammenarbeiten sollte,[104] war für dessen Vorschläge durchaus aufgeschlossen, da sie in seine eigenen Pläne passten. Wie Stalin war auch Eden seit seinem Amtsantritt überzeugt, der »Drang nach Osten« werde in erster Linie über den Balkan und durch Anatolien realisiert werden, was eine besondere Gefahr für Ägypten heraufbeschwor. Der Aufbau der deutschen Kontrolle über Rumänien schien ihm darauf zu zielen, »nicht nur die Ölfelder vor jedem möglichen Luftangriff unsererseits zu schützen, sondern auch das Sprungbrett für einen Angriff gegen die Meerengen zu schaffen«. Eine Zeitlang hatte man das Vorhaben Edens, durch einen Besuch in Ankara einen Balkanblock unter Teilnahme der Türkei und Russlands zu schaffen, im Kabinett unterdrücken können. Aber bald nach seinem Amtsantritt informierte Eden den britischen Botschafter in der Türkei, Knatchbull-Hugessen, dass die Haltung der Türkei wohl »von ihrer Sicht auf die mögliche Haltung der Sowjetregierung« abhängen werde. »Die Geschichte zeigt deutlich«, schloss er, »dass sie alles tun wird, um einen Konflikt mit Russland zu vermeiden. Entscheidend dafür wird sein, in welchem Maße die Russen die Pläne der Deutschen hinnehmen oder gar aktiv unterstützen.«[105]

Wie es seine Art war, startete Cripps die Aktion nun auf eigene Faust. Auf seine inoffiziellen Sondierungen holte er sich aber eine negative »offizielle« Antwort des Kreml. Der Vorwand lautete, die Zeit sei »noch nicht reif für die Lösung wichtiger Fragen bei einem Treffen ... Dies umso mehr, da es politisch nicht vorbereitet ist«. Als er nachfragte, ob »nicht reif« bedeute, dass »ein solcher Zeitpunkt in der Zukunft kommen« könne, gab man ihm zu verstehen, »das sei nicht ausgeschlossen, aber die Zukunft könne man schwer voraussagen«. Cripps ging jedoch einen Schritt weiter und bat die Russen, für ihn einen Flug nach Istanbul zu arrangieren, damit er dort Eden treffen und eine türkisch-sowjetische Verständigung herbeiführen könne. Und die Russen schienen tatsächlich interessiert, diese Mission zu unterstützen. Sie hofften sehr darauf, dass erstens ein neuer Balkanblock entstehe, der die Bulgaren vielleicht noch davon abhalten könnte, endgültig ihre Unterschrift unter das Abkommen mit Deutschland zu setzen. Zweitens sollte eine engere britisch-türkische Zusammenarbeit verhindert werden, von der sie ausgeschlossen wären. Für einen Augenblick empfanden die wenigen Sympathisanten Russlands im Foreign Office diese Geste gar als einen Durchbruch in den britisch-sowjetischen Beziehungen, was selbst Maiski »überaus naiv« fand. »Meinen sie wirklich«, vertraute er seinem Tagebuch an, »dass wir beim gegenwärtigen Stand der britisch-sowjetischen Beziehungen offen besonderes Interesse an Verhandlungen zwischen Eden und Cripps in Ankara bekunden können?« Andererseits zeigte das brennende Interesse an dieser Reise stärker als je zuvor, wie bewusst man sich der deutschen Gefahr war.[106]

Am nächsten Morgen geleitete man Cripps in aller Frühe[107] auf dem internationalen Flughafen von Moskau zu einer großen zweimotorigen Douglas, die man eigens für seine Mission bereitgestellt hatte. Das war an sich schon ein höchst ungewöhnlicher Vorgang, da der Flugverkehr durch die strengen Kriegsregelungen stark eingeschränkt war. Außerdem handelte es sich um den ersten Flug nach Istanbul über das Schwarze Meer. Nicht zufällig erfolgte der erste Zwischenstopp zum Auftanken auf einem riesigen Luftwaffenstützpunkt, wo man über 80 Jagdflugzeuge aufgereiht hatte, die den britischen Botschafter offenbar beeindrucken sollten. Nach wie vor befürchtete man einen britischen Bombenangriff auf Baku. Der Rest des Fluges in günstiger Höhe knapp über der Wolkendecke in Richtung Cherson und Burgas verlief ohne Zwischenfälle. Bei der Landung konnte Cripps die enge Einfahrt in den Bosporus, diesen entscheidenden Wasserweg, gut erkennen. Die Maschine flog in geringer Höhe über die Berge um Istanbul und glitt schließlich über das Marmarameer nach Yeshilköy, wobei sie einem heftigen Sturm mit Gewittern nur um knappe zehn Minuten entging. Sie wurde von einer großen Gruppe von Offizieren aller drei Teilstreitkräfte und von Zivilisten empfangen. Nach einer Fahrt durch die engen Straßen der Altstadt und dem Übersetzen auf das Ostufer, für das er die Jacht des britischen Botschafters benutzte, erreichte Cripps gerade noch den Nachtzug nach Ankara.

Dort traf er in den frühen Morgenstunden des nächsten Tages ein und beriet sich sofort mit Knatchbull-Hugessen. Eden, der sich bis 5.00 Uhr morgens in einem Cabaret vergnügt hatte, tauchte erst am späten Vormittag auf. Er war von seinem Lieblingsplan besessen, einen Balkanblock unter Einbeziehung Jugoslawiens zu schaffen. Cripps wiederum gewann den Eindruck, die überschwängliche türkische Gastfreundschaft lasse Eden glauben, er habe das Abkommen mit der Türkei schon in der Tasche. Mit dem Gespräch kam man jedoch nicht sehr weit, da es bereits Zeit für das große Mittagessen in der Botschaft war. Am Abend folgte ein Folkloreprogramm, das man speziell für Eden arrangiert hatte. Cripps ließ sich jedoch nicht so leicht entmutigen. Er stieg zu Eden in den Sonderzug, der ihn über Nacht nach Istanbul bringen sollte, und hoffte, das Thema Russland unterwegs ansprechen zu können.

Die Reise war als Rückkehr nach Ägypten getarnt. Nach »einer pompösen Verabschiedung mit Militär, Musik und einer jubelnden Menge« setzte sich der Zug in Richtung Adana nach Osten in Bewegung. Eine dreiviertel Stunde später raste er mit geschlossenen Vorhängen und unverminderter Geschwindigkeit über den Bahnhof von Ankara in westlicher Richtung zurück und nahm Kurs auf Istanbul. Der Luxuszug war üppig versorgt mit allem, was man für Essen, Trinken und Rauchen benötigte – gute Bedingungen also für Cripps, der Eden davon überzeugen wollte, die Entscheidungen zu den baltischen Staaten noch einmal zu überdenken. Der Außenminister gab sich zwar höflich und aufmerksam, sagte aber nichts zu und versprach lediglich, unverzüglich nach seiner Rückkehr in London eine Entscheidung zu treffen.

Cripps verbrachte einen großen Teil des Tages in Istanbul damit, »allerlei Leute von Flüchtlingen & Geheimagenten bis zu Mitarbeitern des Foreign Office & Journalisten zu treffen«.[108] Selbst dem Sultanspalast, den man eigens für ihn geöffnet hatte, stattete er einen kurzen Besuch ab. Dann bestieg er den Nachtzug nach Ankara, wo er den russischen Botschafter Winogradow treffen sollte. Dieser war wenig beeindruckt von seiner kurzen, flüchtigen Begegnung mit Eden auf einem Ball, den die Türken zu dessen Ehren gaben. In seinen Augen machte Eden viel »äußeres Geschrei« und erging sich »in Allgemeinheiten«, die wenig Sachkenntnis über die vertrackte Situation auf dem Balkan verrieten. Er hegte offenbar einen naiven Glauben an die Loyalität der Türkei und schien nicht besonders interessiert zu sein, über das Verhältnis zu Russland zu sprechen, was er bereitwillig Cripps überließ.[109] Cripps fand den jungen Winogradow »lebendig und sehr angenehm – ich glaube, auch intelligent«. Ihre Gespräche kulminierten in einem gemeinsamen Memorandum, das sie Saracoglu übermittelten. Winogradows Mitwirkung hinterließ den Eindruck, die Russen seien nun begierig, wieder in engeren Kontakt mit der Türkei zu treten und sowohl über materielle als auch militärische Hilfe zu sprechen. Cripps verließ Ankara am Abend zu seiner »vierten Nacht auf Schienen!«, überzeugt, dass »ein nützliches Stück Arbeit« getan war, das »zumindest die Chance auf eine gewisse Verbesserung im türkisch-russischen Verhältnis« eröffnete.

Damals waren kaum Folgen von Cripps' Initiative zu erkennen. Edens Widerwille, sich eindeutig festzulegen, und seine offensichtliche Machtlosigkeit, nährten in Moskau den Verdacht, er wolle lediglich im Verein mit Churchill Englands Haut retten, indem er Russland in den Krieg hineinzog.[110] Zumindest war dies der Eindruck, den Winogradow von den beträchtlichen britischen Bemühungen hatte, die Russen zu einer öffentlichen Unterstützungserklärung für die Türkei zu bewegen, die sich unweigerlich gegen Deutschland gerichtet hätte und auf dem ziemlich dubiosen Glauben beruhen sollte, Edens Besuch habe die »Treue der türkischen Regierung zu den übernommenen Verpflichtungen« bewiesen. Cripps und Knatchbull-Hugessen erwarteten, dass die Türken unverzüglich Truppen in Thrakien stationierten. Die Russen dagegen wollten konkrete türkische Vorschläge sehen und deuteten sogar an, die Sowjetregierung könnte eine türkische Bitte um Rüstungsmaterial »positiv prüfen«.[111]

Aus den russischen Archiven geht hervor, dass die Sowjetunion ebenso wie Großbritannien und die Balkanstaaten über die weiteren Schritte Deutschlands außerordentlich besorgt war. Die Furcht vor England hielt jedoch an, da es sich nun direkt auf dem Balkan engagierte. Außerdem tauchte mit dem Abbruch des Unternehmens »Seelöwe« das Schreckensbild eines Separatfriedens wieder auf. Die Türken setzten ihre Hoffnung, die deutsche Bedrohung noch aufhalten zu können, auf eine Zusammenarbeit Großbritanniens mit der Sowjetunion, die Jugoslawiens Widerstand gegen Deutschland stärken und damit dessen weitere Expansion in Grenzen halten konnte.

Stalin verfiel auf dubiose Mittel, um mit britischer Unterstützung eine Wiederannäherung an die Türkei zu erreichen. Einerseits wünschte er, die britisch-türkische Zusammenarbeit möge stark genug sein, um Hitlers Vormarsch über Adrianopolis hinaus zu stoppen. Andererseits blieb England ein potenzieller Feind in der Region, der an der Besetzung der Meerengen gehindert werden musste. Der Eindruck, dass »Eden von der Türkei keine Zusage erhalten konnte, sich England anzuschließen, falls Deutschland in Griechenland einmarschierte« wurde daher mit beträchtlicher Erleichterung aufgenommen. Und doch betrachtete man Versuche solcher Freunde Russlands wie R. A. Butler, der Stalin davon überzeugen wollte, dass das Vorrücken Deutschlands in den Nahen Osten »enorme Gefahren nicht nur für England, sondern auch für die UdSSR in sich birgt«, nach wie vor als bewusste Provokation.[112]

Mit verschlungenen Manövern, die indirekt über die Botschaft in London abgewickelt wurden, deutete die Türkei die Möglichkeit eines »sowjetisch-türkischen Bündnisses« vage an. Mit solchen Aktionen sollten die Russen von einseitigen militärischen Schritten abgehalten werden; gleichzeitig waren sie zur Abschreckung gegen Hitler gedacht. Angesichts der sehr akuten Gefahr ließ sich Maiski jedoch nicht hinters Licht führen, sondern bestand darauf, dass jedes Bündnis in einem Militärabkommen münden müsse. Dessen Wahrscheinlichkeit unter britischer Schirmherrschaft war denkbar gering, denn Churchill war niemals ein begeisterter Befürworter des Balkanblocks gewesen.[114] Er suchte auch Eden davon abzubringen, der immer noch von einer Hauptstadt des Nahen Ostens zur anderen eilte. Der Premierminister übermittelte ihm die pessimistische Sicht des Verteidigungsausschusses, »Griechenlands Schicksal noch abzuwenden, es sei denn, die Türkei oder Jugoslawien greifen ein, was höchst unwahrscheinlich ist«. Die Briten hatten sich offenbar damit abgefunden, aus Griechenland und vom Balkan »mit Schimpf und Schande verjagt zu werden«.[115]

Cripps war jedoch nicht mehr aufzuhalten. Als er am 6. März nach Moskau zurück kam, empfing ihn Wyschinski zu einem ungewöhnlich herzlichen Gespräch von über zwei Stunden. Dieser wollte wissen, ob »die Türken sich einem deutschen Versuch zur Besetzung der Meerengen widersetzen werden«. Auch ihn ließ der Gedanke nicht los, die Türkei könnte ebenfalls der Achse beitreten, was Cripps allerdings vehement bestritt. Wyschinski fürchtete eine Provokation, war aber besonders über den Umstand beunruhigt, dass Cripps von seinem Treffen mit Eden mit leeren Händen zurückgekehrt war. Auch die Türken hatten nichts Konkretes vorgeschlagen, während Cripps im Grunde genommen versuchte, das alte Vorhaben eines Balkanblocks wieder zu beleben, das man Stalin bereits im Juli 1940 angeboten hatte. Mit seiner impulsiven Art schadete Cripps jedoch seinem eigenen Anliegen. Er vertrat vehement die Auffassung, die Balkanepisode der Deutschen sei lediglich das Vorspiel zu »dem viel wichtigeren Plan, die Sowjetunion anzugreifen«. Die Rolle der Türkei müsse daher in diesem Zusammenhang gesehen werden. Cripps erklärte Wyschinski eindringlich, dass das Überleben der Türkei allein »von der materiellen und moralischen Hilfe« abhänge, »die England und Russland ihr gewähren«. Ob das den Sowjets glaubhaft erschien, ist zu bezweifeln, zumal Cripps zugeben musste, dass er sich lediglich auf Gerüchte stützen konnte. Nun spielte Cripps seinen zweifelhaftesten Trumpf aus, der Moskaus Misstrauen nur noch steigerte. Er warnte, ein Angriff auf die Sowjetunion könnte »es den Deutschen ermöglichen, einen Frieden mit England zu schließen, bei dem sie auf Belgien und Frankreich verzichteten, um die Sowjetunion dafür zu bekommen«. Jetzt kamen nicht nur dem Kreml Zweifel über Cripps' Motive, sondern auch aus London musste er sich harte Kritik anhören. Das Foreign Office vermutete wohl völlig richtig, »ein Teil des Preises, den die Sowjetregierung von der Türkei für jegliche Hilfe erwarte, könnten Zugeständnisse bei den Meerengen sein«.[116] Andererseits hatte der Kreml aus eigenen Quellen auf dem Balkan erfahren, dass die Türken zwar nicht die Absicht hätten, außerhalb ihrer Grenzen zu kämpfen, aber entschlossen seien, »keinen Zollbreit ihres Bodens kampflos aufzugeben«. In Moskau stellte das sowjetische Verteidigungsministerium dem türkischen Militärattaché die Frage, wie die Türkei auf einen deutschen Vormarsch nach Thrakien und bis zu den Meerengen reagieren werde. Seine Antwort war eindeutig: »Natürlich werden wir uns verteidigen!« Aber auch hier witterte man eine Provokation, als er warnend erklärte, sollten die Deutschen den Bosporus erreichen, dann stünden auch sowjetische Interessen »auf dem Spiel … und dies wäre eindeutig nur der erste Schritt in einem größeren Plan, die Sowjetunion anzugreifen. Die Briten hätten dann keine Möglichkeit, Ihnen zu helfen«.[117]

Die trügerische Voraussage, die Deutschen könnten die Meerengen besetzen und dann gegen Russland losschlagen, verstärkte Stalins Argwohn vor einer britischen Provokation. Das dringende Interesse an den Meerengen war letztlich aber stärker als alle Zweifel. Selbst auf die Gefahr hin, sich eine Abfuhr zu holen, machten die Russen schließlich den ersten Schritt. Am 9. März überreichten sie Aktay, dem türkischen Botschafter in Moskau, eine Erklärung, in der es hieß, »sollte die Türkei von einer ausländischen Macht angegriffen werden und ihre Grenzen mit Waffengewalt verteidigen müssen, dann könne sie sich auf ihren Nichtangriffspakt mit der Sowjetunion, auf das volle Verständnis und die Neutralität der Sowjetregierung verlassen«. Diese Zusicherung zeugte von Stalins Wunsch, das eine zu tun und das andere nicht zu lassen. Vorbei waren die nicht so fernen Tage, da er gehofft hatte, mit deutscher Hilfe eine Revision des Regimes der Meerengen zu erreichen. Während er sich weiter hartnäckig an die Neutralität klammerte, sandte er eine vorsichtige Warnung nach Berlin. Diese wurde von Aktay mit offener Erleichterung aufgenommen, da »das Schweigen der Sowjetunion Raum für alle möglichen Vermutungen und Befürchtungen ließ«.[118]

Cripps wurde von dieser Erklärung nur Minuten nach deren Übergabe an Aktay in einem »unerwartet herzlichen und langen Gespräch mit Wyschinski« in Kenntnis gesetzt. Für ihn war dies

»ein Anzeichen dafür, dass die Sowjetregierung in den letzten Tagen den Entschluss gefasst hat ..., sich dem deutschen Vormarsch auf dem Balkan stärker zu widersetzen, statt sich zu fügen oder zu dieser Frage ein neues Arrangement mit Deutschland anzustreben«. Er überschätzte die Erklärung nicht, hielt sie aber für wichtig genug in einem Land, »wo alles indirekt, in Anspielungen oder Andeutungen geschieht«. Solange die Einstellung zu Russland insgesamt noch ungünstig blieb, erwartete er jedoch keine dramatischen Veränderungen. »Ein schöner Spätwintertag«, so telegrafierte er nach London, »wird oft für den Frühlingsanfang gehalten, während dieser noch in weiter Ferne liegt«. Aber als Mann von Visionen blieb er bei seiner Meinung: »Die Situation ist so im Fluss, dass ... wir bereit sein müssen, jede Chance sofort zu nutzen, die das politische Klima hier bietet.« Die britische Regierung, so schloss er ein langes, polemisches Telegramm an Eden, sei, »wenn sie realistisch sein wolle, verpflichtet, die vollendeten Tatsachen in den baltischen Staaten zu akzeptieren«. In Edens Abwesenheit betrachtete man die Erklärung im Foreign Office lediglich als einen Ausdruck wohlwollender Neutralität und als Zusicherung, »die Gelegenheit nicht für einen Dolchstoß [gegen die Türkei] zu nutzen«. Das wirkliche Ziel bestehe jedoch darin, »die Türkei in den Balkankrieg hineinzuziehen«.[119]

Churchill wollte nichts davon hören, Druck auf die Türkei auszuüben. Bevor das Kabinett überhaupt Cripps' Vorschläge erörtern konnte, teilte er Cadogan bereits mit, dass sie ihm »nicht gefallen. Er meint, diese russische Erklärung könnte ein Trost für die Türken sein, aber er zweifelt, ob man sie ermutigen sollte, die Sowjets weiter zu drängen, denn das könnte diese nur wieder verschrecken.«[120]

Hitler verlor keine Zeit, diesen neuen Flirt im Keim zu ersticken. Saracoglu teilte er mit, die Anwesenheit deutscher Truppen in Bulgarien sei eine Vorsichtsmaßnahme, um »den britischen Einfluss auf dem europäischen Kontinent zu beseitigen«. Es folgte die Zusicherung, diese Maßnahme richte sich »in keiner Weise gegen die territoriale oder politische Integrität der Türkei«. Er habe angewiesen, dass die Truppen in gewisser Entfernung von der türkischen Grenze stationiert werden sollen und erwarte Gleiches von der türkischen Seite. Mit einem Briefaustausch zwischen Hitler und dem türkischen Präsidenten Inönü über gegenseitigen Gewaltverzicht wurden die Russen vollkommen kalt gestellt. Dies umso mehr, als Inönü noch einen Schritt weiter ging und zusicherte, keiner ausländischen Macht türkisches Gebiet zu überlassen.[121]

Als Hitlers Brief bekannt wurde, nahm der äußerst misstrauische Stalin an, die ganze Aktion sei von den Briten inszeniert worden, um die Sowjetunion in den Krieg zu locken. Den Russen lag jedoch alles daran, einen offenen Konflikt mit Deutschland zu vermeiden. Daher wechselte Winogradow rasch wieder die Tonlage und wies verbreitete Gerüchte zurück, die Deutschen wollten die Meerengen besetzen, »um am Ende einen Konflikt mit der Sowjetunion zu beginnen«. Als ob es für die sowjetische Initiative von vor kaum zwei Wochen keinerlei Ursache gegeben hätte, erklärte er, dass »Deutschland stets seine guten Absichten gegenüber der Sowjetunion versichert« habe. Zugleich erwähnte er jedoch, die Sowjetunion halte »die Augen weiter offen«. Zwar bestehe sie auf ihrer Neutralität, werde »aber nicht tatenlos bleiben, wenn sie ihre Interessen bedroht sieht«. Der Verdacht einer britischen Verschwörung, um Russland in den Krieg hineinzuziehen, feierte also fröhliche Urständ, ebenso die Alternative von Friedensangeboten an Deutschland.[122] Da die Türken nun Hitlers Zusicherung in der Tasche hatten, entspannten sie die Lage wieder etwas, indem sie am 17. März die sowjetische Erklärung akzeptierten und ihrerseits zusagten, sich jeglicher feindseliger Handlungen zu enthalten, sollte die Sowjetunion sich im Kriegszustand befinden.[123]

Diese neue Verständigung machte Hitler jedoch unverzüglich zunichte, der dem türkischen Botschafter in Berlin in allen Einzelheiten die Forderungen nach Stützpunkten an den Dardanellen und der Truppenstationierung in Bulgarien enthüllte, die Molotow ihm im November vorgetragen hatte. In der Tat machten in Ankara »die Erklärungen des Führers den größten Eindruck, dass Russland als Bedingung für den Beitritt zum Dreimächtepakt die Ingerenz an den Meerengen gefordert habe«. Dem triumphierenden Hitler fiel es nur allzu leicht, sich als Hüter türkischer Interessen darzustellen, der sich »der Liquidation des Balkans und der Türkei durch Russland« in den Weg stellte.[124]

Die Erkenntnis der Russen, dass sich das Beistandsabkommen zwischen der Türkei und Großbritannien in der Schwarzmeerregion und im Kaukasus unter gewissen Umständen gegen die Sowjetunion richten konnte, machte die Lage noch komplizierter. Genau das sollte die Erklärung verhindern. Tatsächlich war bei Geheimgesprächen mit Eden in Nikosia vereinbart worden, dass die Royal Air Force im Falle eines deutschen Einmarschs in die Türkei sofort die Flugplätze in Thrakien und Yeshilköy bei Istanbul nutzen dürfe, wie auch das Flugfeld von Antalya.[125] Der Chef des NKGB, Merkulow, hatte für den Kreml zahlreiche Berichte über eindeutig antisowjetische Aktivitäten des türkischen Geheimdienstes in der Nordtürkei und im Kaukasus zusammengestellt. So war etwa in Erzerum ein Sonderbüro zur Koordinierung der Agententätigkeit in diesem Gebiet eingerichtet worden. Dieses arbeitete an Plänen, im Kaukasus eine autonome Region unter türkischem Schutz zu schaffen. Die konkretesten Informationen betrafen jedoch Weisungen des türkischen Generalstabs an seine Aufklärungseinheit, Material über die Verteilung und Stationierung der Roten Armee im Kaukasus, über den Zustand der Eisenbahnen, Straßen und Brücken vom Kaukasus in die Türkei zu sammeln. Außerdem beschaffte man Informationen über die Stellungen der sowjetischen Artillerie und der Marine in dieser Region und interessierte sich besonders für die Luftabwehr in den Öl produzierenden Gebieten.[126]

Die Russen konnten gegen all diese Aktivitäten nur verbale Proteste vorbringen. Über die gegenseitigen Versicherungen, den Nichtangriffspakt zwischen beiden Staaten einzuhalten, wurde in der sowjetischen Presse am 25. März ausführlich berichtet.[127] Schulenburg, der nach wie vor bemüht war, das tief erschütterte Verhältnis zwischen Deutschland und Russland zu retten, tat alles, um die Erklärung als »eine unbedeutende Episode« herunterzuspielen. Rosso dagegen, der deutlicher sagte, was er dachte, verstand sie als Ausdruck des russischen Missfallens über das deutsche Vorgehen auf dem Balkan. Sie sei eine Warnung an Deutschland hinsichtlich seiner Verhandlungen mit Jugoslawien[128] und eine »platonische Hilfe für die Türkei«. Hitler teilte Schulenburgs Meinung natürlich nicht. Er betrachtete das Verhalten der Russen als einen »unfreundlichen Akt«. Seine Antwort war jedoch kein weiteres Abkommen, sondern der Aufmarsch seiner Divisionen an den Grenzen der Sowjetunion.[129]

Sechstes Kapitel

Die Rote Armee wird alarmiert

Die sowjetischen Verteidigungspläne

Die Euphorie und Erleichterung, die sich kurz nach der Unterzeichnung des Ribbentrop-Molotow-Pakts ausgebreitet hatten, schwanden rasch wieder, als die Rote Armee bei den eigentlich zweitrangigen Kämpfen in Polen und Finnland beträchtliche Schwächen zeigte. Nach und nach wurde deutlich, dass die Atempause, die der Pakt gebracht hatte, längst nicht ausreichte. Die Folgen der Säuberungen für die Kampfbereitschaft der Armee traten nun in aller Deutlichkeit hervor. Diesen Aderlass des Offizierskorps konnte Stalin schwerlich ignorieren. Von Mai 1937 bis September 1938 waren 36 700 Mann in der Armee und 3000 in der Kriegsmarine, 90 Prozent der Stabschefs der Militärbezirke und ihrer Stellvertreter, 80 Prozent der Korps- und Divisionskommandeure sowie 90 Prozent aller Stabsoffiziere und Stabschefs beseitigt worden. Das Niveau der Überlebenden an Bildung und Intelligenz war spürbar niedriger. Als die Deutschen ihren Angriff begannen, waren 75 Prozent der Offiziere und 70 Prozent der Politoffiziere weniger als ein Jahr im aktiven Dienst.[1] Um eine Division befehligen zu können, sind normalerweise mehrere Jahre Ausbildung und Erfahrung notwendig, doch der Druck der Umstände machte unverdient rasche Beförderungen unumgänglich. Aber selbst unter diesen extremen Bedingungen musste die Rekonstruktion der Armee Schritt für Schritt durchgeführt werden.

Enormen Schaden hatten die Säuberungen auch deshalb angerichtet, weil sie die einzigartige sowjetische Militärdoktrin unterminierten. Als die Architekten der Roten Armee in der bewegten revolutionären Zeit der zwanziger und frühen dreißiger Jahre nach einem neuen Ansatz suchten, entwickelten sie eine ganz eigene Doktrin, die sowohl generellen Ansprüchen als auch den nationalen Besonderheiten der Sowjetunion gerecht werden sollte. Diese radikalen Neuerungen gehen auf die exzellente Troika der Generale Tuchatschewski, Triandafilow und Isserson zurück. Ihr Hauptmerkmal bestand darin, die überwiegend Clausewitzsche Kategorisierung der Kriegführung weiter zu verfeinern, indem man der strategischen und taktischen Ebene noch eine weitere hinzufügte, die man die »operative«[2] nannte.

Das war jedoch nicht die einzige Neuerung. Hinzu kam noch die theoretische Annahme tiefgreifender Spannungen zwischen beiden Ebenen, zwischen dem »Ziel« und den einzusetzenden »Mitteln«, zwischen Aktionen, um den Feind zu binden (skowywanie) und zu schlagen (udar). Im Unterschied zu der in Europa verbreiteten Vorstellung, die recht mechanisch zwischen defensiven und offensiven Mitteln der Kriegführung unterschied, versuchten die Russen also ein kognitives, harmonisches Verhältnis zwischen beiden herzustellen. »Operatives Können« bezeichnete die Fähigkeit, derartige Spannungen zu erkennen und in einer konkreten Situation aufzulösen, um so das Ziel zu erreichen. Seit den frühen zwanziger Jahren wurde allgemein anerkannt, dass dic Vorbereitung und Realisierung der Verteidigung als Voraussetzung eines erfolgreichen Angriffs ein Grundelement für die Ausnutzung derartiger Spannungen war.

Mit der Einführung der Felddienstvorschrift (polewoi ustaw) im Jahre 1929 erhielten die Vorausabteilungen, also die leichten Erkundungstrupps, eine ganze Skala von Aufgaben, die von der Aufklärung für die Umgruppierung der eigenen Kräfte bis zu Kampfhandlungen reichten, die den Gegner an der Besetzung von, Schlüsselpositionen hindern und seine Vorbereitungen auf die Offensive stören sollten. Der Umfang dieser Aktionen hing vom Mechanisierungsgrad dieser Vorausabteilungen ab, die in engem Kontakt zu den Hauptkräften handeln mussten, um entsprechende Deckung zu erhalten.[3]

Tuchatschewski veröffentlichte 1936 seine Arbeit *Probleme der Verteidigung der UdSSR*, in der er diese Fragen analysierte. Die umfassende Verbindung von Defensive und Offensive hatte nichts Geheimnisvolles, Aggressives oder Ideologisches an sich, sondern beruhte auf der engen Verwandtschaft beider Bereiche. Selbst wenn das strategische Ziel eine defensive Ausrichtung hatte, konnten die operativen Manöver, die »Vorstöße in die Tiefe des Raumes«, dynamischen Charakter annehmen.[4] So war die sowjetische Strategie für den Fall einer Invasion von der Absicht bestimmt, den Krieg so rasch wie möglich auf das Gebiet des Feindes zu tragen. Das Ziel der Verteidigung bestand darin, dem Gegner die Initiative zu entreißen und die Voraussetzungen für einen Gegenangriff zu schaffen.[5] Diese Konzepte hatten in die Felddienstvorschrift von

1936 Eingang gefunden, die »den gleichzeitigen Einsatz von Panzern, Panzerwagen, Luft- und Luftangriffskräften vorsah, um die Verteidigung des Gegners bis hin zur taktischen Verteidigung und operativen Tiefe zu durchdringen«. Die Voraussetzung für die erfolgreiche Realisierung einer solchen Strategie war der Aufbau wirksamer mobiler Formationen, was seinerseits eine rasche Industrialisierung und eine tiefgreifende Reform der Streitkräfte erforderte. Das wiederum machte eine beträchtliche Erweiterung der Panzereinheiten und den Aufbau von Luftlandedivisionen notwendig, die mit den Bodentruppen zusammenwirkten. Hier sei nur daran erinnert, dass die Industrialisierung nicht in erster Linie militärischen Zwecken diente. Die technologische Revolution auf dem Gebiet der Rüstung war ein Nebeneffekt der Industrialisierung, nicht deren Haupttriebkraft. Die Veränderung beim Aufbau der Streitkräfte begann um 1933 mit der Entwicklung kombinierter Einheiten von mechanisierten und Panzertruppen, die für operative und taktische Aufgaben eingesetzt werden konnten.[6]

Dieses Konzept erreichte seinen Höhepunkt mit der Einführung von sogenannten »tiefen Operationen«, die die Spannungen der operativen Ebene nutzten. Sie sahen den Einsatz von tief gestaffelten gepanzerten und mechanisierten Einheiten vor, die mit Infanterie und Artillerie bei dem Versuch zusammenwirkten, die Linien des Feindes zu durchbrechen und den Überraschungserfolg für operative Manöver im Hinterland des Feindes zu nutzen. Dieser Durchbruch sollte der Theorie zufolge die notwendigen Bedingungen für eine rasche Gegenoffensive der Grenztruppen bilden, um die Hauptkräfte des Gegners auf seinem eigenen Gebiet zu vernichten. Der Schlüssel für die Verwandlung dieser taktischen Erfolge in einen tatsächlichen Sieg lag in der wirksamen Durchführung der operativen Handlungen.[7]

Die Armee musste also zunächst in tiefer Staffelung aufmarschieren, woraufhin sich die Sicherungskräfte in linearer Ausrichtung längs der Grenze um die Stützpunkte herum aufbauten. Mechanisierte Einheiten und Infanteriedivisionen wurden als zweite Staffel in der Tiefe postiert. Die dritte Staffel diente als Basis für das Heranführen weiterer Truppen, wenn die Operation im Gange war. Die Aufgabe der Vorausabteilungen bestand also darin, den ersten Schlag aufzufangen und zugleich die Hauptmerkmale im Vorgehen des Feindes zu erkennen. Ihr Handeln schuf die Voraussetzung dafür, dass die erste Staffel die Gegenoffensive starten, damit die Entfaltung des Feindes stören und seine Manöver durchkreuzen konnte. Im dritten Stadium wurde die zweite Staffel (die meist mechanisiert und gepanzert war) zur Gegenoffensive in die Tiefe des Raumes eingesetzt, was zur Beseitigung der vom Gegner ausgehenden Bedrohung führte.[8]

Als man die schwerwiegenden Defizite der Armee erkannte, leitete man kurz nach dem Winterkrieg eine rasche Reorganisation des Oberkommandos ein. Auf der Plenartagung des Zentralkomitees der Partei am 28. März 1940 kam es zu einer Sensation, als der Volkskommissar für Verteidigung, Woroschilow, »offen über die Mängel [der Armee] sprach«. Alle Stabschefs mussten aufs Podium und sich entsprechende Kritik anhören. Der Verweis auf die harten Winterbedingungen wurde nur als schwacher Rechtfertigungsversuch abgetan. Russland, so warf man ihnen vor, sei ein Land des Nordens und habe seine größten Siege im Winter errungen: »Alexander Newski gegen die Schweden, Peter I. gegen die Schweden und Finnen, Alexander I. gegen Napoleon. Die alte Armee hatte viele gute Traditionen, die man nutzen muss.« Der Schlüssel zur Verbesserung wäre eine kompetente militärische Führung gewesen, doch das Plenum musste feststellen, dass die Wirklichkeit düster aussah: »Von den Kommandeuren sind 60 Prozent gut und 40 Prozent dumm, charakterlos oder feige.«[9]

Am 8. Mai wurde Timoschenko, der im russisch-finnischen Krieg die Karelischen Truppen mit bemerkenswertem Erfolg befehligt hatte, zum Marschall befördert und an Woroschilows Stelle zum Volkskommissar für Verteidigung ernannt. Hitler und Stalin überschätzten auch weiterhin die Stärke der Briten und beobachteten mit Unruhe, wie diese in Narvik einen Brückenkopf errichteten, der sich in Wirklichkeit in einer prekären Lage befand. Vor allem aber hatte Hitlers Erfolg in Dänemark Besorgnis und Verwirrung in Moskau ausgelöst. Der Generalstab war gerade dabei, Demobilisierungspläne zu realisieren und sich mit den Mängeln zu befassen, die während des Winterkrieges aufgetreten waren. Neue Operationspläne wurden noch nicht erarbeitet.[10] Der Demobilisierungsplan vom 9. Mai 1940, den Woroschilow ausgearbeitet hatte, ist von größter historischer Bedeutung. Er wurde Stalin einen Tag vor dem deutschen Überfall auf Frankreich vorgelegt und zeigt, dass die Rote Armee eine massive Demobilisierung vorbereitete, die nur durch die Ablenkungskriege in Polen und Finnland unterbrochen wurde. Nach Abschluss der Kampfhandlungen am 4. April ging man erneut daran, die Truppen im Kaukasus sowie in den Militärbezirken Odessa und Kiew auf ihre ursprüngliche Stärke zurückzuführen. Mit der Mobilisierung für den Polen- und Finnlandfeldzug war die Armee auf 1 736 164 Soldaten angewachsen. Statt aber ihre Anzahl noch weiter ansteigen zu lassen, bemühte man sich, diese durch die Entlassung »der einberufenen Reservisten« wieder abzubauen. Für die Artillerie erging die besondere Empfehlung, »alle Korps auf den zu Friedenszeiten üblichen Stand« zurückzuführen. Die einzige Ausnahme waren vier Korps, die in den Kaukasus verlegt wurden. Zu Friedenszeiten standen somit ganze 153 000 Artilleristen unter Waffen. Analoge Maßnahmen betrafen die Kavallerie. Auch Luftwaffe und Panzerkräfte, so beschloss das Politbüro, sollten »auf den zu Friedenszeiten üblichen Stand zurückgeführt werden«. Die Ausnahmen bildeten hier drei neu zu schaffende Panzerbrigaden, die man in den baltischen Staaten stationieren wollte, sowie zwei weitere für die Kaukasusregion. Aus dem Gesamtbestand der Armee von 3,2 Millionen sollten 686 329 Mann ohne Verzug entlassen werden.[11] Das zeigt, dass in den frühen Stadien des Krieges kein Masterplan vorlag, nach dem man die Zermürbung der Krieg führenden Staaten für die eigene militärische Expansion nutzen wollte.

Der Krieg in Frankreich löste eine abrupte Veränderung der sowjetischen Sicht aus und führte zu einem grundsätzlichen Kurswechsel. Alles, was Stalin ab Mitte Mai 1940 unternahm, war von der deutschen Bedrohung bestimmt, die ihm nun zunehmend bewusst wurde. Die dringenden Reorganisationsmaßnahmen, die das Militär in der zweiten Maihälfte trafen, waren eindeutig auf den sensationellen Sieg der Wehrmacht zurückzuführen, der im Grunde genommen den Zusammenbruch der Westfront bedeutete. Man leitete diese Schritte ein, als das Ausmaß der deutschen Erfolge in Frankreich klar wurde, und steigerte sie nach dem Fall von Paris. Chruschtschow beschreibt in seinen Memoiren sehr plastisch die Panik, die Stalin ergriff, als die Nachricht über die Besetzung von Paris den Kreml erreichte: Stalin »stieß ein paar handfeste Flüche aus und sagte, nun würde Hitler uns bestimmt fertig machen«.[12]

Wie sehr sich die sowjetisch-deutschen Beziehungen nach dem Frieden von Compiègne verschlechterten, wird häufig übersehen. Es sind Zweifel angebracht, ob Stalins scheinbares Hinnehmen der deutschen Erfolge tatsächlich bedeutete, er sei, »von ideologischen Vorbehalten geblendet«, letztlich unfähig gewesen, zwischen größeren und geringeren Gefahren zu unterscheiden. Ebenso strittig ist, ob er die Einverleibung der baltischen Staaten tatsächlich als »den Lohn für seine Treue zu Hitler« ansah.[13] Eine wesentlich einleuchtendere Erklärung stammt von einem so scharfen Beobachter wie dem amerikanischen Geschäftsträger in Moskau. Nach seiner Meinung war die sowjetische Politik »weitgehend defensiv und von der Furcht vor einer möglichen Aggression seitens verbündeter Mächte bestimmt ... vielleicht auch von Sorge darüber, was ein siegreiches Deutschland weiter unternehmen wird«.[14]

Konfrontiert mit der nahezu unversehrten Wehrmacht, suchten die Russen die Deutschen zu beschwichtigen und vermieden jede Provokation.[15] Molotows Gratulation an Schulenburg zu dem »glänzenden Erfolg der deutschen Wehrmacht«, die in Churchills Kriegsgeschichte so wichtig genommen wird, zeugt von dem verzweifelten Versuch, die Deutschen zu besänftigen und von Aktionen im Osten abzuhalten. Molotows Worte waren lediglich die Vorbemerkung zu der sehr dürftigen Erklärung für die Annexion der baltischen Staaten und der »äußerst dringlichen« Forderung, die Bessarabienfrage zu lösen.[16] Auf jeden Fall ging das diplomatische Einlenken Hand in Hand mit hektischen Anstrengungen, die sowjetische Verteidigung zu verstärken.[17] So hing die Besetzung der baltischen Staaten am 15. und 16. Juni ganz offenkundig mit den Ereignissen in Frankreich zusammen. Die antideutschen Aspekte der überstürzten Verlegung von Truppen an die Westfront, die plötzliche Umwandlung öffentlicher Institutionen in Militärorgane und die Verlegung des Oberkommandos der Baltischen Flotte in den vorgeschobenen Marinestützpunkt in Tallinn – all das war kaum zu verbergen und wurde von den Deutschen sehr wohl registriert.

Die Besetzung der baltischen Staaten verlängerte allerdings die Grenze zu Deutschland, die nun theoretisch schwerer zu verteidigen war. Andererseits entstand so wieder eine Pufferzone, die durchaus den Erfordernissen der sowjetischen Verteidigung entsprach. Russlands strategische Position verbesserte sich außerdem dadurch, dass man die Schaffung eines »baltischen Brückenkopfes« verhinderte, der als Sprungbrett für Angriffe gegen Leningrad und Minsk dienen konnte, wie es im Bürgerkrieg tatsächlich der Fall gewesen war. Des weiteren unternahm Stalin entgegen seinen öffentlichen Bekundungen intensive Anstrengungen, um die neue und die alte sowjetische Grenze stärker zu befestigen.[18]

Die Besetzung der baltischen Staaten wirft schwerwiegende moralische Fragen auf. Die Sowjetisierung dieser drei Länder hatte mit Ideologie wenig zu tun; vielmehr war sie eine recht verlogene und zynische Art, die besetzten Gebiete unter Kontrolle zu nehmen. Die für Stalin so typischen Gewaltmaßnahmen verschärften noch die Ungerechtigkeit und wirkten sich langfristig auf das Verhältnis Moskaus zu diesen Staaten aus. Während die Okkupation aus moralischer Sicht verurteilt werden kann und muss, war sie andererseits von der Bedrohung bestimmt, der sich die Sowjetunion ausgesetzt sah.[19]

Als der russischen Führung plötzlich bewusst wurde, dass ein Krieg bevorstand, aus dem sie sich bisher hatte heraushalten wollen, galt ihre größte Sorge seiner Anfangsphase. In Anbetracht der brillanten deutschen Blitzkriegstaktik im Westen und auch später auf dem Balkan musste man mit einem Überraschungsangriff rechnen, der es der russischen Armee unmöglich machen konnte, die Initiative an sich zu reißen. Es war nun durchaus wahrscheinlich, dass die Deutschen ihren Aufmarsch beendeten, bevor auf der russischen Seite die entsprechenden Maßnahmen getroffen werden konnten. Schukow und andere bezeugen, dass der Generalstab nach der Kapitulation Frankreichs ganze Nächte über Plänen verbrachte, die die »Operationen in der Tiefe des Raumes« mit den Erfordernissen der Verteidigung auf dem zu erwartenden Schlachtfeld in Einklang bringen sollten. Die neuen Mobilisierungspläne wurden erst am 22. Mai ernsthaft in Angriff genommen, als die deutsche Armee geradezu unbesiegbar erschien, und konnten daher kaum aggressive Züge tragen. Sie kehrten lediglich den bislang vorherrschenden Trend um, große Teile der Armee zu entlassen. Da man den Beitrag der deutschen Panzerkräfte zum erfolgreichen Blitzkrieg voll erkannt hatte, wurde am selben Tag in aller Eile ein Plan für die Beschleunigung des Baus des Panzers T-34 aufgestellt, der die großen Bestände veralteter Panzer ersetzen sollte. Dieser Plan, in aller Eile aus dem Boden gestampft, wurde Anfang Juli noch einmal überarbeitet.[20]

In keiner dieser Reformen sind revolutionäre Rhetorik oder Praxis zu entdecken. Selbst die militärischen Dienstgrade der Zarenarmee führte man endgültig wieder ein. Etwa 4000 Offiziere, die man während der Säuberungen festgesetzt hatte, wurden aus den Gefängnissen entlassen und übernahmen erneut Kommandoposten. Einer von ihnen war der damalige Oberst und spätere Marschall Konstantin Rokossowski, der den Befehl über ein neu formiertes mechanisiertes Korps übernehmen sollte. Zu den im Juni beförderten 1000 Offizieren gehörten Kirill Merezkow und Georgi Schukow, die nun vor ihrer Ernennung zu Stabschefs den Rang von Armeegenerälen erhielten.

Ebenso wichtig war auch die Einführung einer neuen Disziplinarordnung. An die Stelle der bisher gültigen kommunistischen Bestimmungen, die von egalitären Vorstellungen und ideologischer Motivierung geprägt waren, traten nun streng traditionelle Vorschriften. In seiner Abschlussrede auf der Militärkonferenz vom Dezember 1940 sprach Timoschenko eindringlich von der Notwendigkeit, Disziplin durchzusetzen und die Moral der Streitkräfte zu erhöhen – als wichtige Voraussetzung für den Erfolg im »modernen Krieg«, wie es jetzt hieß.[21] Außerdem wurden die »bürgerlichen« Formen der Ehrenbezeigung, insbesondere das Grüßen der Vorgesetzten, wieder eingeführt. All diese Veränderungen enthielt die »Disziplinarvorschrift« vom August 1940. Auch das System der doppelten Unterstellung wurde abgeschafft, wodurch der Politkommissar seine bisherige Macht und Kontrolle über den Truppenkommandeur verlor.[22]

Anstatt die große westliche Militärregion zu erhalten, die als Sprungbrett hätte dienen können, um gegen die Konzentrationsräume der Deutschen loszuschlagen, wurden vier neue Regionen gebildet. Die Region West hingegen teilte man in die Militärbezirke Leningrad, Baltikum, Sonderbezirk West, Sonderbezirk Kiew und Odessa auf. Jeder dieser Militärbezirke erhielt ein vorgeschobenes Hauptquartier, das mit der Verteidigung seines Territoriums betraut wurde.

Der einzige Verteidigungsplan, der vor Ausbruch des zweiten Weltkrieges erstellt wurde, stammt von Marschall Boris Schaposchnikow, der 1938 Stabschef war. Er ging von einer Bedrohung an zwei Fronten aus – der größeren im Westen durch Deutschland, Italien, Finnland und die baltischen Staaten sowie einer weiteren im Osten durch Japan. Die Bedrohung an der Westfront sah man in zwei Varianten. Zum einen erwartete man einen Schlag der Deutschen nördlich der Pripjat-Sümpfe längs der Achse Minsk-Smolensk in Richtung Moskau, zum anderen einen Angriff im Süden, wenn wirtschaftliche Erwägungen im Vordergrund stehen sollten.[23] Nach und nach stellte sich der Staat auf eine mögliche Kriegssituation ein, aber in bemerkenswert defensiver Weise. Im Juli 1940 brachte der neugebildete Oberste Militärrat die Pläne von 1938 schließlich auf den aktuellen Stand, der die Kapitulation Frankreichs mit berücksichtigte.[24] Auf Schaposchnikows Weisung vom 19. August, der nach wie vor von recht verschwommenen potenziellen Gefahren für Russland in West und Ost ausging, wurden sie von General Alexander Wassilewski noch einmal überarbeitet. Die neue Direktive berücksichtigte allerdings bereits die Tatsache, dass die Folgen des Geheimprotokolls zum Ribbentrop-Molotow-Pakt nun Italien, Ungarn, Rumänien und Finnland in das Lager der Deutschen trieben, wodurch Russland sich einem Bündnis gegenübersah, das ein beträchtlich angewachsenes Territorium umfasste.

Der politische und strategische Aufruhr auf dem Balkan verschob das Schwergewicht nach und nach von der Mitte zu den Flanken. Aber auch in Schaposchnikows Direktive erwartete man den Hauptschlag nach wie vor im zentralen Bereich, nördlich des Flusses San längs der Achsen Vilnius-Minsk und Brest-Baranowitschi. Ein deutscher Vormarsch in Richtung Kiew und Lublin erschien weniger wahrscheinlich. Daher wurde als Aufgabe der sowjetischen Truppen sehr allgemein formuliert, »den in Westpreußen und im Warschauer Gebiet konzentrierten deutschen Kräften eine Niederlage zuzufügen«.[25]

Da sich der Konflikt auf dem Balkan im folgenden Monat zuspitzte, modifizierten Timoschenko und der neu ernannte Stabschef, Kirill Merezkow, ihren Plan. Dieser wurde Stalin am 19. September 1940 vorgelegt. Wie wir bereits gesehen haben,[26] ergaben die von der GRU Ende August beschafften Informationen, dass von dem deutschen Aufmarsch in der Tat eine reale Gefahr für Russland ausging. Obwohl die Verlegung deutscher Truppen nach Osten nun in vollem Gange war, gelang es General Jodl, mit einer Desinformationskampagne, die den Eindruck erwecken sollte, »dass der Schwerpunkt der Belegung im südlichen Gouvernement, im Protektorat und in der Ostmark liegt, und dass die Belegung im Norden verhältnismäßig gering sei«, Stalin in seiner Fehleinschätzung zu bestärken.[27] Er tendierte nun dazu, die Truppenkonzentrationen als einen Schritt zur Befestigung von Deutschlands Ostgrenze zur UdSSR zu werten, die während des Frankreichfeldzuges vernachlässigt worden war. Allerdings machte die Art und Weise der Truppenmassierung unmissverständlich klar, dass Hitler nun vitale russische Interessen auf dem Balkan ins Visier nahm. Das mag dazu beigetragen haben, die Aufmerksamkeit der Sowjets im Herbst 1940 auf ihre Südgrenzen zu lenken.[28]

Mitte August übergaben die Grenzorgane des NKWD den ersten ausführlichen Bericht über die Verlegung deutscher Truppen nach Osten seit Abschluss des Frankreichfeldzuges. Ungeachtet früherer Warnungen wurde dieser Bericht jedoch von den Vorgängen auf dem Balkan in den Hintergrund gedrängt. »Unter dem deutschen Flugpersonal und der Zivilbevölkerung wird davon gesprochen«, so heißt es dort, »dass einige der Truppen aus Frankreich auf die Balkanhalbinsel gegen die Briten geworfen werden, um die rumänischen Seehäfen zu besetzen.«[29] Die Agenten der GRU auf dem Balkan untermauerten diese politische Einschätzung mit dem Argument, dass diese Region »das entscheidende Zentrum der politischen Entwicklung bleibt, besonders, da hier ein direkter Konflikt lebenswichtiger Interessen Deutschlands und der Sowjetunion entstanden ist«. Sie zitierten auch den deutschen Botschafter in Belgrad, der in einem engen Kreis von Vertrauten erklärt hatte: »Für die Deutschen hat der Balkan so große Bedeutung, dass er in die Neuordnung Europas einbezogen werden muss. Da die UdSSR dem jedoch nie zustimmen wird, ist ein Krieg mit ihr unumgänglich.« Dutzende Gerüchte dieser Art waren unter den Diplomaten im Umlauf.[30]

Bei ihrer Umorientierung nach Süden kamen die Planer nun in gewissem Maße auf Ideen zurück, die der bekannte Militärtheoretiker Alexander Swetschin Anfang der dreißiger Jahre entwickelt hatte. Er war davon ausgegangen, dass ein britisch-französisches Bündnis die Hauptgefahr für die UdSSR sei. Ausgehend von den Erfahrungen des Krim- und des Bürgerkrieges erwartete er den Hauptstoß vom Schwarzen Meer her, während ein Angriff auf die Ukraine nur als komplementär erschien. Ergänzende Offensiven wurden über die Pripjat-Sümpfe und das Baltikum erwartet. Tuchatschewski hatte diese Theorie ad acta gelegt, als die Bedrohung durch Nazideutschland in den Vordergrund trat. Aber sie hatte auch Ende 1940 noch ihre Wirkung, da Deutschland Großbritannien als Hauptgefahr in der Region ablöste, was eindeutig mit dem deutschen Vorrücken auf der Balkanhalbinsel zusammenhing.[31]

Wie schon ihre Vorgängerin vom August ging auch diese Direktive von einer akuten deutschen Bedrohung aus. Diese ergab sich nicht nur aus der stürmischen Entwicklung auf dem Balkan, sondern auch aus der bereits zuvor erfolgten Konzentration von nahezu 100 deutschen Divisionen an der Nordgrenze Rumäniens. Die beiden wichtigsten Varianten einer deutschen Offensive blieben der Hauptschlag von Preußen aus nördlich des Flusses San und der Vorstoß nach Süden in Richtung Kiew mit einer Unterstützungsaktion im Norden. Aber die Verlagerung des Schwerpunktes nach Südosteuropa hatte gravierende Folgen. Die Art und Weise der Truppenmassierung versetzte Hitler in die günstige Lage, beide Varianten weiter zu verfolgen. Er konnte mit den Italienern zusammenwirken, sie auf dem Balkan platzieren und die Russen so »mit einer beträchtlichen Gefahr« konfrontieren. Dieses Bündnis konnte durch die Einbeziehung der Streitkräfte Ungarns und Rumäniens sowie die volle Ausnutzung der wirtschaftlichen Ressourcen des Balkans weiter gestärkt werden. Hitler konnte den Aufmarsch zudem als Brückenkopf für den Einfall in die Ukraine mit ihren reichen landwirtschaftlichen und industriellen Ressourcen benutzen. Daher hieß es in der Direktive, dass man »den Hauptschlag der vereinten Kräfte des Gegners« im südwestlichen Sektor zu erwarten habe. Diese Südorientierung wirkte noch lange nach. Selbst in seiner Direktive vom 13. Juni 1941[32] erkannte der Chefplaner der Armee, General Watutin, die tödliche Gefahr noch nicht und richtete die zweite Staffel als Hauptreserve in südwestlicher Richtung aus. Als die Deutschen dann ihre Offensive nördlich der Pripjat-Sümpfe starteten, war die Rote Armee zu komplizierten Manövern gezwungen, um ihre Truppen von Kiew an die Hauptfront im Westen zu werfen.

Die relativ geringe Zahl der zur Verfügung stehenden Truppen, die sich nun einer Bedrohung entlang der ganzen Grenze vom Süden bis zum Norden gegenübersahen, löste schwere Spannungen im gesamten Verteidigungssystem aus. Die Planer, die vor allem die politische Entwicklung auf dem Balkan scharf beobachteten, begannen zu zweifeln und legten nun zwei Alternativen vor. Doch die Vorgänge auf dem Balkan lenkten das Schwergewicht nach wie vor auf die südliche Variante, was die Lage in beiden Sektoren gewissermaßen entspannen sollte. Nach diesem Plan wollte man »die Hauptkräfte der Roten Armee ... südlich von Brest-Litowsk aufmarschieren lassen, die im ersten Kriegsstadium mit einem mächtigen Schlag in Richtung Lublin, Krakow und Breslau Deutschland von den Balkanstaaten abschneiden und von dieser wichtigen wirtschaftlichen Basis trennen könnten, was zugleich entscheidenden Einfluss auf die Balkanstaaten hinsichtlich ihrer Beteiligung am Krieg ausüben sollte«. Deutschland von den Balkanstaaten zu trennen, gewann damit »höchste politische Bedeutung«.

Die zweite Variante folgte der ursprünglichen Direktive und sah vor, die Armee nördlich von Brest-Litowsk mit dem Auftrag einzusetzen, »den Hauptkräften der deutschen Armee im Bereich von Ostpreußen eine Niederlage zu bereiten und dieses zu erobern«. Auch hier ließen die Planer jedoch ihre eigene Präferenz erkennen, indem sie darauf hinwiesen, dass dieser Kriegsschauplatz nicht vorbereitet sei und es bei der Ausführung dieses Schlages zu Schwierigkeiten kommen werde, was wiederum die Balkanstaaten bewegen könnte, sich dem Krieg gegen Russland anzuschließen und eine Front im Süden zu eröffnen.

Während sich das Schwergewicht also eindeutig nach Süden verlagerte, erkannte man durchaus, dass die ganze Situation im Fluss war und die Verteilung der Truppen »von den politischen Bedingungen in der Anfangsphase des Krieges« abhing. So reflektierte diese Direktive zwar die Auseinandersetzungen auf dem Balkan, erging aber vor dem einseitigen deutschen Schiedsspruch vom 30.

August 1940,[33] der den Weg zur uneingeschränkten Herrschaft Deutschlands über die Halbinsel bahnte. Anfang Oktober, also nach dem Schiedsspruch, legten Timoschenko und Schukow, damals Kommandeur des Kiewer Militärbezirks, Stalin Abänderungen dieses Planes vor, die die Voraussetzungen dafür bildeten, die Südwestfront zum Hauptkriegsschauplatz zu erklären. Nun wurden Maßnahmen getroffen, um die Befestigung der neuen »Molotow-Linie« zu beschleunigen, damit »in Zukunft, wenn die neuen Verteidigungsräume im besetzten Polen geschaffen sind, mehr Truppen frei werden, um die Hauptkonzentration im Südosten zu verstärken«. Zudem wurden Sondermaßnahmen eingeleitet, um die Eisenbahn- und Straßenverbindungen nach dem Südwesten zu verbessern.[34] Als im Dezember nach und nach Informationen über Hitlers Entscheidung für das Unternehmen »Barbarossa« eingingen, galt es bereits als sicher, dass »der Hauptschlag der vereinten Kräfte des Gegners« vom Balkan kommen werde.[35]

Der Umstand, dass das Schwergewicht des Truppenaufmarsches im Südwesten lag, hatte also nichts mit einem vorgefassten Plan zu tun, die rumänischen Ölfelder zu überrennen und zu besetzen, wie gelegentlich vermutet wird. Es handelte sich vielmehr um die Massierung der Truppen in dem Raum, wo man die Hauptgefahr – die deutsche Besetzung der rumänischen Ölfelder und von dort ein rasches Vordringen in Richtung Ukraine und Baku – erwartete. Vom Herbst 1940 bis zum Frühjahr 1941 ergab die Truppenkonzentration an dieser Flanke durchaus einen Sinn. Schließlich ließ Hitler erst am 17. März 1941 von seiner Idee einer doppelten Zangenbewegung in der Ukraine ab und entschied sich für den konzentrierten Hauptstoß im mittleren Abschnitt.[36] Das bedeutete, dass die sowjetischen Aufmarschpläne nach den Kriegsspielen vom Januar im Februar 1941 nur geringfügig verändert wurden und in dieser Form als Grundlage für die Mobilmachung dienten.[37]

Der Bankrott der Militärs

Die anfängliche Selbstzufriedenheit im Kreml nach der Berliner Konferenz verflüchtigte sich bald, als mit dem eskalierenden Kampf um den Balkan die Situation immer bedrohlicher wurde. Am Morgen des 5. Dezember 1940 sah der neu ernannte Botschafter in Berlin, Dekanosow, wie gewöhnlich seine Post durch. Dabei stieß er auf einen anonymen Brief, der schwerwiegende militärische Aussagen über Hitlers Absicht enthielt, die Sowjetunion im Frühjahr 1941 anzugreifen.[38] Eine Woche später lag Stalin der Inhalt einer Rede von General Keitel vor Korps- und Divisionskommandeuren in Berlin vor. Zwar räumte dieser ein, ein neutrales Russland stelle »keine Gefahr für Deutschland im Osten« dar, bestätigte jedoch Hitlers Verärgerung darüber, dass Stalin es »ablehnte, Verhandlungen über die ›Neuordnung Europas‹ und über die Aufteilung der Welt in ›Einflusssphären‹ zu führen«. In dem Bericht hieß es weiter, Hitler sei entschlossen, Saloniki zu besetzen und seine Truppen durch Bulgarien marschieren zu lassen, »gleichgültig, ob Russland zustimmt oder nicht«.[39] Sicher erhielt Stalin auch eine Information über Hitlers Rede vor dem Oberkommando der Wehrmacht vom 18. Dezember 1940, wo es von antisowjetischen Anspielungen nur so wimmelte und der Krieg im Osten als ein Ziel des Dritten Reiches bezeichnet wurde.[40]

Die alarmierendste Nachricht erreichte Stalin jedoch mitten in einer Tagung des Oberkommandos, die er Mitte Dezember einberief, um eine lange Liste von Mängeln zu erörtern, die eine Sonderkommission des Zentralkomitees vorgelegt hatte. Ganze elf Tage nach Ausgabe der Weisung 21 zum Unternehmen »Barbarossa« ließ der Militärattaché in Berlin, General Tupikow, in Moskau die Alarmglocken läuten:

»AN DEN LEITER
DER HAUPTVERWALTUNG AUFKLÄRUNG
DES GENERALSTABS DER ROTEN ARMEE
BERLIN, 29. Dezember 1940

[Name gelöscht] informiert: [Name gelöscht] hat aus bestinformierten hohen Militärkreisen erfahren, dass Hitler Befehl gegeben hat, Vorbereitungen für Krieg gegen die UdSSR zu treffen. Krieg wird im März 1941 erklärt werden.

Weisung ist ergangen, die Information zu überprüfen.«

Die Bestätigung folgte auf dem Fuße: Tupikow garantierte für seine Quelle. Deren Nachricht beruhe »nicht auf Gerüchten, sondern auf einer schriftlichen Weisung Hitlers«, die »höchst geheim und nur wenigen Personen bekannt ist«. Molotows Berlin-Besuch erinnerte die Informanten an die Reise des polnischen Außenministers, Oberst Beck, im Jahre 1939, den man zu Verhandlungen mit Hitler geladen hatte, als die Pläne für die Besetzung Polens bereits fertig gestellt waren. Tupikows Brief und die entsprechende Einschätzung wurden Stalin persönlich übergeben.[41] Er kannte auch die

Weisungen an die Luftwaffe, mit umfangreichen Aufklärungsflügen über den sowjetischen Grenzgebieten zu beginnen.[42]

Ein umfassender Bericht der Chefs der NKGB der Ukraine und Belorusslands nannte weitere Aktionen: die Einrichtung eines Kommandopostens des OKH in Warschau, massive Truppenverlegungen, das Umfunktionieren ziviler Behörden zu Kasernen, die Befestigung wichtiger Eisenbahnknotenpunkte und den Bau von Luftabwehrstellungen. Die Zahl der Zwischenfälle an der sowjetisch-deutschen Grenze stieg dramatisch an: Waren es von der Unterzeichnung der bilateralen Vereinbarungen mit Deutschland bis zum Juni 1940 nur 22 kleinere Vorkommnisse gewesen, die die lokalen Verantwortlichen rasch regelten, so stieg deren Zahl im zweiten Halbjahr 1940 auf 187.[43] Ein abgefangenes Telegramm der japanischen Botschaft in Bukarest enthielt die Information des deutschen Botschafters: »Die Lage ist in ihr entscheidendes Stadium getreten. Deutschland hat seinen Aufmarsch von Finnland bis zum Schwarzen Meer abgeschlossen und ist überzeugt, dass es einen leichten Sieg erringen wird. Auch Rumänien bereitet sich so gut wie möglich vor, so dass es in der Lage sein wird, sofort einzugreifen.«[44]

Zugleich gingen alarmierende Berichte darüber ein, wie ungenügend die Rote Armee auf den Krieg vorbereitet war. Anfang Dezember klagte Timoschenko vor dem Zentralkomitee darüber, dass im Verteidigungsministerium noch kein Operationsplan für den Krieg vorliege. Den Stabschef hatte man bisher nicht einmal über die Lage an der Grenze informiert. In einem weiteren Bericht wies Merkulow warnend auf den desolaten Zustand der Truppen an den Ostgrenzen hin.[45] Stalin reagierte darauf mit der Einberufung einer außerordentlichen Tagung des Oberkommandos der Roten Armee Ende Dezember in Moskau.[46] In intensiven Gesprächen wurden alle Aspekte einer Reorganisation der Streitkräfte erörtert – das Ausbildungsprogramm, die »operative Kunst«, die gepanzerten und mechanisierten Einheiten, die Luftwaffe usw. Zwar waren in den einzelnen Vorträgen noch Reste jenes Niveaus zu erkennen, die das sowjetische Militär in den dreißiger Jahren ausgezeichnet hatte, die bedrückende Atmosphäre und Stalins Beharren, »neue Kriegsideologien« zu schaffen, ließ die Tagung jedoch in allgemeiner Verwirrung enden.

Ungeachtet des Tabus, mit dem Tuchatschewski belegt war, griffen sowohl Schukow als auch Timoschenko nach dessen Theorien wie nach einem Rettungsring. Sie erwarteten, dass die Rote Armee in der Lage sei, den Feind in der Anfangsphase des Krieges zu stoppen und später unter Ausnutzung dieses Erfolges den »Hauptschlag« zu führen. Ihr Vertrauen in diese Doktrin war jedoch etwas erschüttert durch die Furcht vor Stalin und vor allem durch die Faszination, die von der in Westeuropa demonstrierten Taktik des Blitzkrieges ausging. Außerdem hatten die Säuberungen die meisten Urheber der neuen Theorie hinweggerafft, so dass die Fähigkeit begrenzt war, die Doktrin tiefgründig zu erfassen und in Aktionen umzusetzen. Erst mit der Schlacht von Kursk im Sommer 1943 sollte man das alte Niveau wieder erreichen, woraufhin auch beeindruckende russische Siege folgten.[47] Die Versuchung, Elemente des deutschen »Wundermittels« in die Doktrin vom »modernen, zeitgenössischen Krieg« aufzunehmen, wie Stalin und einige seiner Generale es nannten, war geradezu unwiderstehlich. So setzten sich die Generale Romanenko, Stern, Pawlow und Schukow nahezu fanatisch für den Ausbau der Panzerverbände ein und klagten über das niedrige Tempo der Produktion.[48]

Schukow und in gewissem Maße auch Timoschenko in seinem Schlusswort kamen einer vollen Rehabilitierung von Tuchatschewskis Theorien sehr nahe. Schukow sah keine Alternative zur Schaffung einer operativen Verteidigungszone, die es möglich machte, das Hinterland wirksam zu reorganisieren und Truppen für operative Manöver bereitzustellen. Diese sollte sich für eine Infanteriedivision über eine Tiefe von acht bis zehn Kilometern und für eine Armee über 80 bis 100 Kilometer erstrecken. Die Verteidigung sollte in Etappen gestaffelt erfolgen: zunächst das Aufhalten des Feindes, danach das Stören seiner Angriffslogik und die Gegenoffensive, die zur Vernichtung des Gegners führen musste, schließlich synchrone Schläge, um den Durchbruch in verschiedenen Richtungen zu erweitern.[49]

Beim Abschluss der Tagung spielte Timoschenko die unmittelbare Bedrohung Russlands durch die »mächtigste« Armee der Welt in keiner Weise herunter. Doch es war wohl die Furcht vor Stalin, die ihn dazu veranlasste, Zuversicht zu verbreiten und den Anwesenden das Gefühl zu geben, dass »der Krieg gegen Deutschland zwar lang und schwer sein wird, unser Land aber alles besitzt, was für einen Kampf um den vollen Sieg notwendig ist«. Dieser Abschluss lenkte in gewisser Weise von den schweren Mängeln ab, die sich während der Tagung herausgestellt hatten, insbesondere von Schukows unverblümter Kritik am Verteidigungsministerium.[50]

Die Tagung war kaum beendet, als man die Kommandeure erneut unerwartet in den Kreml zitierte. Stalin blickte grimmig drein.

Schukow fiel auf, dass dies »nicht derselbe Stalin« war, der ihn nach seinem Sieg über die Japaner in der Schlacht am Chalchin-Gol im Herbst 1939 empfangen hatte. Auch Mitglieder des Politbüros waren anwesend. Nichts Gutes verhießen bereits die einleitenden Worte Stalins, dass er nach Timoschenkos Schlussrede eine schlaflose Nacht verbracht habe. Dessen Bemerkung, der Redetext sei ihm vorab zugegangen, unterbrach er mit den Worten: »Sie glauben doch nicht etwa, dass ich die Zeit habe, jedes Papier zu lesen, das mir zugeschoben wird!« Molotow schlug vor, Timoschenko möge eine neue Direktive für die Rote Armee ausarbeiten. Diese neue Direktive, die von den kurz darauf folgenden Kriegsspielen geprägt war, lag der Mobilmachung im Frühjahr und dem Aufmarsch der Armee an der Westfront vor Kriegsausbruch zugrunde.[51]

Von den beiden Kriegsspielen, die in den ersten zwei Januarwochen des Jahres 1941 stattfanden, war das zweite, das erst kürzlich bekannt geworden ist, das wichtigere. In diesem Spiel, das noch im Einzelnen erörtert werden soll, trug Schukow mit den »Roten« einen Gegenangriff an der Südwestfront vor. Das war das Szenario, das Stalin am meisten fürchtete. Die spätere Truppenaufstellung wurde aus diesem Spiel abgeleitet. Wenn man die drei Operationsdirektiven vom 20. bis 23. Juni 1941 genau analysiert, dann zeigt sich, dass sie direkt auf den Dokumenten dieses Kriegsspiels basieren. Der bekannte russische Militärhistoriker Anfilow bekennt, dass der Befehlshaber der Westfront, General Pawlow, beim Vorstoß der Deutschen im Jahre 1941 die Papiere dieses Kriegsspiels hervorholte und sich bei der Vorbereitung seiner Gegenreaktion davon inspirieren ließ.[52]

Die Bedeutung der Kriegsspiele ist kaum zu überschätzen.[53] Dort testete man die Pläne, die vorsorglich ausgearbeitet worden waren, und prüfte die wichtigsten theoretischen Probleme von Angriff und Verteidigung vor dem Hintergrund potenzieller Bedrohungen von außen. Sie ergeben ein genaues Bild des strategischen Denkens in der Sowjetunion vor Ausbruch des Krieges. In keinem dieser beiden wichtigsten Kriegsspiele war ein Angriffs- oder Präventivschlag der Sowjetunion vorgesehen. Im Gegenteil, »die Ausgangssituation der Spiele«, bezeugt etwa General Sacharow, »war geprägt von dramatischen Episoden für die östliche Seite, die gleichsam vorweg nahmen, was im Juni 1941 nach dem wortbrüchigen Überfall der faschistischen deutschen Streitkräfte auf die Sowjetunion an unseren Grenzen tatsächlich geschah«.[54]

Beide Spiele gingen also von einer deutschen Offensive an verschiedenen Fronten aus und untersuchten die notwendigen Verteidigungsmaßnahmen.[55] Beim ersten dieser Spiele, das vom 2. bis 6. Januar 1941 stattfand, ging man davon aus, dass die Deutschen im mittleren und nördlichen Bereich angriffen. Der Hauptstoß der »Blauen« (der Deutschen) erfolgte mit 160 Divisionen unter Schukows Befehl südlich von Brest in Richtung Wladimir-Wolynski und Tarnopol. Nördlich davon führten 60 Divisionen eine Diversionsattacke aus, die die Roten vom Hauptstoß ablenken sollte. Diese Truppen wurden aus Ostpreußen in Richtung Riga und Dwinsk sowie aus dem Raum Suwalki und Brest in Richtung Baranowitschi herangeführt. Die sowjetische Verteidigung stand unter Pawlows Befehl. Zwar gelang es den Deutschen, tief in die sowjetischen Verteidigungsräume vorzudringen, aber sie konnten sich nicht entfalten, und der Angriff versandete. Die Alarmsirenen schrillten jedoch, als Pawlow nicht in der Lage war, den Feind zurückzuschlagen, und das Spiel damit endete, dass sich die Deutschen in den sowjetischen Verteidigungsstellungen festsetzen.

Das zweite Spiel fand vom 8.-11. Januar in weit größerem Umfang statt. Nun tauschten Pawlow und Schukow die Rollen. Während das erste Spiel auf einen relativ kleinen Raum beschränkt war, der auch die baltischen Staaten umfasste, beruhte das zweite auf dem überarbeiteten Operationsplan und ging davon aus, dass der Hauptkriegsschauplatz an der Südwestfront und auf dem Balkan liege. Nun handelte es sich um größere Schlachtordnungen gegen einen Hauptstoß, der von Süden kommen und das sowjetische Hinterland stark bedrohen sollte. Im Unterschied zu Pawlow legte Schukow seine Verteidigung nach der Doktrin der »tiefen Operationen« an, hielt den Hauptstoß im Süden auf und zielte mit seinem eigenen Hauptschlag gegen die Blauen ins Hinterland des Gegners, womit er die deutschen Hauptkräfte von ihrem Nachschub abschnitt und eine schwerwiegende Störung des Angriffs erreichte. Er scheiterte jedoch beim nachfolgenden Versuch, den deutschen Angriff durch verschiedene Manöver der Reservetruppen zurückzuschlagen, weil er zu große Räume überwinden musste.[56]

Die Spiele erschütterten die Zuversicht, die noch die vorausgegangene Tagung des Oberkommandos bestimmt hatte. Die Angreifbarkeit und die Defizite der Verteidigung traten nun offen zu Tage. Auch die Schiedsrichter kamen zu wenig schmeichelhaften Urteilen über die Leistung der Armee:

»Die Ergebnisse des ersten Spiels haben gezeigt, dass das operative und strategische Denken der meisten Kommandeure der höchsten Ebene längst nicht vollkommen ist. Das erfordert weitere beharrliche Anstrengungen, um die Fähigkeit zur Führung großer Verbände zu verbessern und den Charakter derartiger Operationen, ihrer Organisation, Planung und praktischen Ausführung zu beherrschen.«

Angesichts dieses harten Urteils war Stalin wohl kaum geneigt, sich auf ein militärisches Abenteuer einzulassen. Bestenfalls konnte er hoffen, dass die wichtigsten Mängel der Verteidigung, die die Spiele offenbart hatten, behoben wurden, bevor die Deutschen zum Angriff bliesen.[57]

In verschiedenem Maße ergaben beide Kriegsspiele eine »dramatische Situation« für die Kräfte der Roten, ähnlich der, in die sie am 22. Juni 1941 tatsächlich gerieten. Die hohen Offiziere, die an den Spielen teilgenommen hatten, wollten gerade zu ihren Einheiten zurückkehren, als sie am 13. Januar in den Kreml beordert wurden. Wieder waren Mitglieder des Politbüros anwesend. Vom Ergebnis der Spiele ganz offenbar erschüttert, gab Merezkow einen konfusen, unlogischen Bericht, der der Lage in keiner Weise gerecht wurde. Stalin unterbrach ihn mitten in seinen Darlegungen mit der Bemerkung, im Kriege komme es darauf an, nicht nur »arithmetische Berechnungen anzustellen, sondern auch die operativen Fähigkeiten der Kommandeure zu bedenken«. Als Pawlow versuchte, die Spannung mit der scherzhaften Bemerkung zu lockern, die Roten hätten ja »nur im Spiel« einen Rückschlag erlitten, hörte sich Stalin den Rest des Berichtes gar nicht mehr an. Seine Kritik an Merezkow war vernichtend und endete mit den Worten: »Das Schlimme ist, dass wir keinen geeigneten Stabschef haben«. Damit war der schockierte Merezkow auf der Stelle entlassen. Am nächsten Nachmittag holte man Schukow von den Kriegsspielen direkt in den Kreml, wo man ihm den Beschluss des Politbüros mitteilte, ihn als Stabschef einzusetzen. Er übernahm diesen Posten am 31. Januar 1941, nachdem er in Kiew seine Sachen gepackt hatte. Zuvor gab es eine umfangreiche Säuberung im Oberkommando, bei der zahlreiche hohe Befehlshaber ihre Posten verloren.[58] Zwar hatte auch Schukow auf der Beratung wegen seines vorbehaltlosen Eintretens für die Offensivtheorien Kritik einstecken müssen, sein relativer Erfolg in den Kriegsspielen, besonders auf dem entscheidendem Kriegsschauplatz im Südwesten, sowie das Ansehen, das er sich am Chalchin-Gol erworben hatte, schienen Stalin aber überzeugt zu haben. Schukow war auch der einzige Offizier, der an einer Sitzung teilnehmen durfte, die konkrete Lehren aus den Kriegsspielen zu ziehen versuchte. Letztlich wurde beschlossen, die modernisierte Operationstheorie wieder aus der Schublade zu holen, nach der man in gewisser Entfernung von der Front befestigte Räume schuf, um die Manövrierfähigkeit im operativen Bereich zu erhöhen und eine rein statische Verteidigung zu vermeiden.[59] Aber weder die Kriegsspiele noch die Beratung der Militärs konnten das strategische Hauptproblem lösen: die Sowjetunion stand unmittelbar vor einer »militärisch höchst bedrohlichen Phase«. Vor allem nahm man weiterhin an, dass »die Verteidigung für das Erreichen der geplanten Ziele im Wesentlichen eine unterstützende Rolle spielen wird«. Daher dachte man nur wenig über die Möglichkeit nach, sich gegen Umfassungsmanöver zur Wehr setzen zu müssen.[60]

Die bedenkliche Situation in den Streitkräften, die die Beratung der Militärs und die Kriegsspiele ans Licht gebracht hatten, können ebenso wie die Berichte des NKWD über den Zustand der Fronten als Erklärung dafür dienen, weshalb Stalin den Krieg so verzweifelt hinauszuschieben versuchte und beim Aufmarsch seiner Truppen in den Monaten vor Kriegsausbruch mit so großer Vorsicht zu Werke ging.[61] Als der Balkan bereits verloren war, betrachtete er die Diplomatie noch immer als das beste Mittel, um Hitler auszumanövrieren. Von großer Bedeutung war auch die Erkenntnis, dass die Industrie den neuen Anforderungen in so kurzer Zeit nicht gerecht werden konnte. Eine Untersuchung des NKWD zur Zeit der Kriegsspiele ergab, dass beim Generalplan für den Eisenbahnbau große Rückstände eingetreten waren. Auch der Plan für Notfälle, den der Stabschef der Roten Armee ausgegeben hatte, wurde nicht erfüllt. Es existierte somit kein abgestimmter Plan für die Nutzung der Eisenbahn in den ersten Kriegsmonaten, und wie die Mobilisierung auf diesem Gebiet bewerkstelligt werden sollte, war überhaupt nicht beraten worden. Die Eisenbahnstrecken, die in Richtung Front führten, waren kaum in der Lage, 30 Prozent des voraussichtlichen Transportaufkommens zu bewältigen. In der zentralen Region Minsk waren z. B. nur 16,7 Prozent der für den Ausbau der Strecken bereitgestellten Mittel eingesetzt worden. Im Durchschnitt waren kaum 12 Prozent der Pläne für den Ausbau des Eisenbahnnetzes erfüllt. Die schweren Panzer mussten auf 60-Tonnen-Waggons an die Front transportiert werden. Die Sowjetunion besaß jedoch nur 387 solcher Waggons, und im ganzen Jahr 1940 war nicht ein einziger neu gebaut worden. Für die Errichtung eines adäquaten Transportsystems in Richtung Front waren kaum 50 Prozent der notwendigen Güter – Schienen, Telegrafenmasten oder Eisenbahnschwellen – vorhanden. Schließlich traf auch noch die Hiobsbotschaft ein, dass die Arbeit an einem Mobilmachungssystem im Baltikum »noch nicht einmal begonnen« hatte.[62] Im ganzen Jahr 1941 unternahm der Rat der Volkskommissare intensive Anstrengungen, um die »Produktion von Verteidigungsgütern« zu steigern, wobei man das Schwergewicht auf die Errichtung neuer Industriekomplexe legte, die den gewachsenen Anforderungen gerecht werden sollten.[63]

Dunkle Wolken ziehen auf

Entgegen der gängigen Auffassung beschafften die sowjetischen Nachrichtendienste früher als ihre westlichen Partner exakte, zutreffende Informationen über die deutschen Absichten Ende 1940.[64] Nach der stürmischen Entwicklung in den letzten Monaten des Jahres 1940 folgte Anfang 1941 eine relativ ruhige Periode. Das war teilweise darauf zurückzuführen, dass der diplomatische Dialog mit Deutschland auf Eis lag. Zudem verhinderten die Winterbedingungen größere Truppenbewegungen, so dass man auf Spekulationen angewiesen blieb.

Diese Pause führte aber nicht zu Nachlässigkeiten. Da die drohende Gefahr nun erkannt war und man sich vor allem durch verbesserte Aufklärung und Gegenaufklärung zur Wehr setzen musste, führte man Anfang Februar eine grundlegende Reform der Nachrichtendienste durch. Das Innenministerium wurde aufgeteilt: das Volkskommissariat für Innere Angelegenheiten (NKWD) wurde mit der Innenpolitik betraut, während das Volkskommissariat für Staatssicherheit (NKGB) sich auf die Auslandsaufklärung konzentrierte.[65] Dessen neu ernannter Chef, Wsewolod Merkulow, machte Stalin unverzüglich darauf aufmerksam, dass das deutsche Oberkommando »systematische Vorbereitungen für einen Krieg gegen die Sowjetunion trifft«. Eine Besprechung hoher deutscher Offiziere, bei der operative Karten verwendet wurden, ergab den Plan, den europäischen Teil der UdSSR von Leningrad bis zum Schwarzen Meer abzutrennen und dort einen Deutschland freundschaftlich gesinnten Staat zu errichten. Das Kriegsziel bestand darin, die Industriezentren Russlands vollständig unter Kontrolle zu nehmen.[66] Diese zentrale Schlussfolgerung wurde von zahlreichen Einzelinformationen mit strategischer Bedeutung gestützt. Ein typischer Fall war der Bericht eines Obergruppenführers und Ritterkreuzträgers, der in Bukarest einen Arzt aufsuchte. Als er diesen etwas näher kannte, teilte er ihm im Vertrauen mit, dass die Angriffspläne gegen England aufgegeben seien. Zehn Millionen Mann, so erläuterte er, seien inzwischen zur deutschen Armee eingezogen worden, die sich »langweilten« und auf Kampf brannten. Diese Kriegsmaschine könne nicht länger »ungenutzt« bleiben. Er legte folgenden Plan dar:

»Wir werden durch die Ukraine und das Baltikum marschieren. Ganz Europa wird unter unsere Herrschaft fallen. Für die Bolschewiken ist nur Platz hinter dem Ural. Der Führer hat entschieden, Europa von seinen gegenwärtigen und künftigen Feinden zu befreien. Unser Feldzug gegen Russland wird militärisch ein Spaziergang sein. Für Odessa, Kiew und weitere Großstädte sind bereits Gouverneure ernannt.«[67]

Aus Berlin berichtete »Hauptfeldwebel«, dass die Luftaufklärung über sowjetischem Gebiet »in vollem Gange ist«. Flugzeuge, die in Bukarest, Königsberg und im norwegischen Kirkenes aufstiegen, erfassten die Grenze in ihrer ganzen Länge. Die Fotos liefen in der Aufklärungsabteilung der Luftwaffe zusammen. Russischen Widerstand schloss man von vornherein aus. Die Rote Armee werde in acht Tagen zusammenbrechen. Stalin sah sich in seiner Konzentration auf die südwestliche Grenze weiterhin bestätigt, da die meisten Informationen Hitlers Absicht zu bestätigen schienen, Russland von seiner Industrie- und Wirtschaftsbasis in der Ukraine abzuschneiden. Wenn die Ukraine geschlagen war, wollte die Wehrmacht zum Kaukasus abschwenken und dann nach Norden in Richtung Ural marschieren. Die ganze Operation sollte in 25 Tagen abgeschlossen sein.[68] Diese Einschätzung gab dem Bericht des »Korsen« Recht, Halder glaube an eine »leichte Eroberung« der Ukraine und halte auch die Einnahme der Ölförderanlagen von Baku ohne Zerstörungen für eine »einfache Aufgabe«. Der Ausschuss für den Vierjahresplan war angewiesen worden, eine Liste der Wirtschaftsobjekte aufzustellen, die Deutschland bei der Eroberung des europäischen Teils der Sowjetunion in die Hände fielen.[69]

Die noch vagen strategischen Informationen wurden durch konkrete operative Berichte mehr als bestätigt. Die GRU blieb bei ihrer Auffassung, dass das deutsche Oberkommando »weiter mit großer Intensität an der Pioniervorbereitung des Kriegsschauplatzes UdSSR und den Austausch älterer Einheiten durch frische arbeitet«. Man ging jetzt davon aus, dass die deutsche Kriegsmaschine in Folge der Reorganisation der Wehrmacht auf 250 bis 260

Infanteriedivisionen, 20 Panzerdivisionen und 15 motorisierte Divisionen aufgestockt werden könnte.[70] Mitte Februar übermittelte der Berliner NKGB-Resident Kobulow einen Sonderbericht, der im Politbüro und im Zentralkomitee zirkulierte. Dieser enthüllte die beharrlichen Anstrengungen der Wehrmacht, das Heer durch die Nutzung und Mobilisierung der Ressourcen in den besetzten Gebieten auf acht Millionen Mann aufzustocken. In kürzester Frist waren 25 neue Infanteriedivisionen, fünf Panzerdivisionen und fünf motorisierte Divisionen aus dem Boden gestampft worden. Ähnliche Tendenzen waren in allen an Deutschland angrenzenden Staaten zu beobachten. Der Bericht sagte voraus, dass Russland im Frühjahr an allen Fronten längs der gesamten Grenze mit einem starken Ausbau der dort stationierten gegnerischen Armeen zu rechnen habe.[71]

Mitte März sandte Golikow Stalin ein alarmierendes Dokument. Dieses analysierte Deutschlands Industriepotenzial, welches es vermutlich in die Lage versetzte, an zwei Fronten zugleich Krieg zu führen. Bei Golikow gingen von den Militärattachés in verschiedenen Hauptstädten täglich Besorgnis erregende Informationen zu dieser Frage ein. Die wirtschaftliche Seite dieser Prozesse drängte deren politische Bedeutung allerdings nicht in den Hintergrund. So berichtete z. B. der Militärattaché in Bukarest, dass ein deutscher Major einem Freund erklärt hatte: »Wir haben unsere Pläne grundlegend umgestellt. Wir zielen jetzt nach Osten, auf die UdSSR. Wir werden sowjetisches Getreide, Kohle und Öl in die Hand bekommen. Dann werden wir unbesiegbar sein und den Krieg gegen England sowie die Vereinigten Staaten fortsetzen können.« Die Wehrmacht war offenbar dabei, den Angriff gegen die Sowjetunion mit der rumänischen Armee abzustimmen. Der Startschuss sollte in drei Monaten fallen.[72]

Golikows Berichte malten die Reorganisation und verstärkte Stationierung deutscher Truppen auch während der Wintermonate in den düstersten Farben. Seit September 1940 sei die Zahl der Infanteriedivisionen von 228 auf 263 angewachsen. Zu den bisher 15 Panzerdivisionen waren fünf neue hinzugekommen, zu den zehn motorisierten Divisionen ebenfalls fünf. Dann folgten genaue Zahlen über deren Verteilung auf die verschiedenen Verbände, alles in übersichtlichen Tabellen angeordnet, um die Botschaft deutlich werden zu lassen. Diese Aufstockung wirkte noch bedrohlicher, wenn man bedachte, dass die Deutschen bei der Schlacht um Frankreich nur zwei bis drei Panzerdivisionen besessen hatten. Golikow wies zudem auf die großen Fortschritte hin, die die Luftwaffe bei der Entwicklung und Herstellung neuer Flugzeugtypen erreicht hatte. Auch hier wurde im Einzelnen exakt aufgeführt, welche Verbesserungen und Neuerungen man bei solchen Maschinen wie der Heinkel N-113, der Focke-Wulf FB-187 und 198 sowie dem »Jaguar« von Messerschmitt eingeführt hatte. Golikow überschätzte allerdings die deutschen Produktionskapazitäten, als er davon ausging, dass sie 25 000 bis 30 000 Maschinen im Jahr herstellen könnten. Außerdem traute er der deutschen Luftwaffenindustrie zu, Bomber mit einer Reichweite von 1700-2000 Kilometern, einer Flughöhe von 6000-7000 Metern und einer Geschwindigkeit von 750 km/h zu bauen. In weiteren bedrohlich klingenden Berichten hieß es, die Deutschen beschleunigten die Produktion der modernen Panzer vom Typ Mark VII und hätten die schweren Maschinen verbessert, die ihnen in Frankreich in die Hände gefallen waren. Furcht erregend war auch die präzise Beschreibung der Fortschritte in der chemischen Kriegführung. Dort hieß es, dass »die für militärische Zwecke tätige Chemieindustrie jeden Augenblick den Masseneinsatz von Gas ins Auge fassen kann«.[73]

Kurze Zeit später teilte das NKWD der Regierung (gewöhnlich ein Euphemismus für Stalin, Molotow und gelegentlich das Politbüro) und dem Zentralkomitee Informationen aus dem deutschen Hauptquartier mit, nach denen Halder erwarte, die Russen ohne große Schwierigkeiten überwältigen zu können. In dem Bericht wurde der anvisierte Feldzug mit dem Bedarf an Rohstoffen begründet, die Deutschland aus der Ukraine zu beziehen hoffte. Diese Berichte sind insbesondere dann erstaunlich, wenn man sie mit den sehr allgemeinen und banalen Informationen vergleicht, die die britischen Nachrichtendienste zu jener Zeit beschafften.[74] Wie leichtgewichtig musste Churchills Warnung gegen die folgende Erkenntnis wirken:

»Der Stabschef des Heeres, Generalleutnant Halder, sagt gewisse Erfolge und die rasche Besetzung der Sowjetunion, vor allem der Ukraine, durch deutsche Truppen voraus, wo nach seiner Einschätzung erfolgreiche Operationen durch den besseren Zustand von Eisenbahnen und Straßen begünstigt werden. Er sieht auch die Besetzung von Baku und dessen Ölindustrie als leichte Aufgabe an. Die Deutschen werden offenbar in der Lage sein, die dortigen Kriegsschäden rasch zu beheben. Halder glaubt, die Rote Armee sei nicht in der Lage, einem Blitzangriff deutscher Truppen ernsthaften Widerstand entgegenzusetzen; es wird ihr nicht einmal gelingen, deren Nachschublager zu zerstören.

Oberst Becker seinerseits unterstreicht den enormen wirtschaftlichen Effekt, den die militärischen Operationen gegen die UdSSR bringen werden.«[75]

Zugleich meldete die Abwehr eine beträchtliche Zunahme der Gerüchte, dass die deutsche Offensive gegen Russland noch vor der Unterwerfung Großbritanniens erfolgen werde. Man zitierte Cripps, der dies von Generalstabschef John Dill erfahren haben wollte. Auch bei Edens Besuch in Ankara sei Ähnliches zur Sprache gekommen.[76] Als sich die Aufmerksamkeit auf Südosteuropa verlagerte, bestätigten die sowjetischen Militärattachés in den Balkanstaaten, die Deutschen wollten den Angriff gegen die britischen Inseln verschieben und statt dessen gemeinsam mit Ungarn, Rumänien und Bulgarien zunächst die Ukraine erobern, um dann im April/Mai nach Baku vorzustoßen.[77] Ein deutscher Informant ließ in Bukarest durchblicken, Hitler sei entschlossen, mit dem raschen Einsatz einer riesigen Militärmaschine »zuzuschlagen und Europa von seinen gegenwärtigen Widersachern zu befreien. Unser Einmarsch in Russland wird ein militärischer Spaziergang sein.« Entschieden wies er die Vorstellung zurück, Hitler wolle einen Zweifrontenkrieg vermeiden – und für den Gedanken, Hitler schätze die Freundschaft zwischen beiden Staaten, hatte er nur Spott und Hohn übrig: »Das war einmal, und jetzt haben wir gar keine zwei Fronten. Die Lage hat sich verändert. England werden wir nach und nach mit Luftschlägen und U-Booten in die Knie zwingen. England ist keine Front mehr.«[78] Was die Art und Weise der Attacke betraf, so deuteten Informationen aus dem Stab der Luftwaffe darauf hin, dass die Deutschen für Ende April oder Anfang Mai einen Luftschlag planten.[79]

Die bislang nur tröpfelnden operativen Informationen schwollen Mitte März zu einem Strom an, der den Vormarsch der Deutschen auf dem Balkan in Vorbereitung auf die Operation »Marita« widerspiegelte. Dieser fixierte die Sowjets noch stärker auf die Bedrohung, der sie sich auf dem südwestlichen Kriegsschauplatz gegenübersah. Stalin scheint von der Entwicklung vollkommen überrollt worden zu sein. Zweifellos hoffte er, Hitler werde sich auf dem Balkan festfahren. Eine weitgehend exakte Einschätzung des deutschen Aufmarsches auf dem Balkan erreichte Moskau Mitte März. Sie zeugte davon, wie intensiv dieser Prozess ablief, der schwere Verkehrsstörungen verursachte.

Es wäre allerdings falsch anzunehmen, dass die entsprechenden Truppenmassierungen an den Westgrenzen Russlands unbeachtet blieben. Informationen von hier besagten, wenn auch etwas lakonisch, dass in diesem Raum inzwischen etwa 100 Divisionen konzentriert waren.[80] Aus Berlin erhielt Stalin die Nachricht, dass die Luftwaffe in den Ostgebieten mit erhöhtem Tempo Kräfte konzentrierte. Quellen, die dem Generalstab nahe standen, teilten mit, dass »die Deutschen den Entschluss gefasst haben, im Frühjahr dieses Jahres die Militäraktion gegen die Sowjetunion zu starten. Sie gehen davon aus, dass die Rote Armee in die Flucht geschlagen und nicht einmal in der Lage sein wird, die Getreidevorräte zu vernichten.«[81] Aus Paris hieß es, die dortigen Infanterieeinheiten seien nach Osten verlegt und durch unerfahrene Truppen ersetzt worden.[82] Dem entsprachen Berichte aus Vichy, dass Infanterie- und Panzerdivisionen, die in Nordfrankreich für den Angriff auf Großbritannien bereit gestanden hatten, nun nach Rumänien und Bulgarien verlegt wurden.[83] Ebenso alarmierend war die Nachricht aus Wien, dass General Antonescu dort mit Göring über die Beteiligung Rumäniens an einer möglichen deutschen Offensive gegen die UdSSR gesprochen habe.[84]

Man könnte es sich leicht machen und Stalin, wie Churchill das in seinen Memoiren tut, als »einfaches Gemüt« hinstellen. Einerseits zeichneten viele Informationen ein recht eindeutiges Bild der deutschen Bedrohung, andererseits stellten zusätzliche Fakten die Gefahr zwar nicht in Frage, ließen aber Zweifel an der Unvermeidlichkeit des Krieges aufkommen und verschiedene Szenarien als möglich erscheinen, unter denen der Krieg Realität werden konnte. Außerdem kam hier die bestens bekannte menschliche Schwäche der Nachrichtendienste ins Spiel – Informationen wurden entweder so zurecht geschneidert, dass sie die Auffassungen der Führung bestätigten, oder so mehrdeutig dargeboten, dass politische Erwartungen auch durch selektives Lesen befriedigt werden konnten. Der Maßstab blieb in jedem Fall die übermächtige Furcht vor einer vorzeitigen, unnötigen Verwicklung auf dem Balkan.

Die »Kriegssaison« wurde im Frühjahr 1941 mit Hitlers Eingreifen auf dem Balkan eröffnet, was von vornherein die Annahme bestätigte, ein Krieg gegen die Sowjetunion sei »undenkbar, bevor England niedergeworfen ist«.[85] Diese Einschätzung folgte nicht gerade strategischer Logik, sondern war eher eine Folge von Hitlers intensiver Desinformationskampagne, die die Aufmerksamkeit von den Truppenverlegungen ablenken sollte und mit der Wiederaufnahme der Luftangriffe auf London einher ging.[86] Wie der sowjetische Militärattaché in Budapest allerdings treffend feststellte, hatte die britische Propaganda die Kriegsgerüchte »fabriziert«. Danach war der Krieg gegen England »in vollem Gange« und Deutschland »an friedlichen Wirtschaftsbeziehungen mit der Sowjetunion interessiert«.[87]

Mit seinem zweiwöchentlichen Bericht vom 20. März stimmte Golikow prompt den Ton für die Einschätzung des Kreml: »Die meisten Geheimdienstinformationen, die auf die Wahrscheinlichkeit eines Krieges gegen die Sowjetunion im Frühjahr 1941 hinweisen, stammen aus britischen und amerikanischen Quellen, deren unmittelbares Ziel es zweifellos ist, die Beziehungen zwischen der UdSSR und Deutschland zu stören.« Daran schlossen sich ohne weiteren Kommentar 16 Informationen an, die nach seiner Auffassung »besondere Aufmerksamkeit« verdienten. Diese waren allerdings stark bearbeitet, um dem zu entsprechen, was man für Stalins vorgefasste Meinung hielt. Aus einer Zusammenschau dieser Berichte ergab sich mit nahezu axiomatischer Kraft, dass Deutschland Russland nicht angreifen werde, bevor England geschlagen war. Einige Informationen berichteten von einer vermuteten Auseinandersetzung in der deutschen Führung zur Frage des Krieges.[88] Der lange Bericht spielte die Informationen über die tatsächlichen Pläne der Deutschen für den Feldzug herunter, da man annahm, dass der Krieg mit diplomatischen Mitteln noch abgewendet oder zumindest hinausgeschoben werden konnte. Insgesamt entsprach er der Einschätzung, mit der man die Kriegsspiele im Januar geführt hatte. Einen deutlichen Kontrast setzte lediglich eine frische Information aus schwedischen Quellen in Berlin, die sich später als absolut zutreffend herausstellte, der man jedoch misstraute, da sie über Cripps kam.[89] Diese beschrieb mit großer Exaktheit die drei Hauptstöße längs der gesamten Front, wobei sich das Schwergewicht immer mehr ins Zentrum verlagerte. Selbst die Namen der Kommandeure wurden genannt und der 20. Mai als Zeitpunkt des Angriffs mitgeteilt (Hitler war später gezwungen, diesen wegen der Aktion auf dem Balkan und Verzögerungen beim Truppenaufmarsch zu verschieben). Aber Golikow stellte »andere Quellen« stärker heraus, die annahmen, Deutschland werde die Sowjetunion erst »nach dem Sieg über England« angreifen, und dann aus zwei Hauptrichtungen – von Norden, wahrscheinlich von Finnland her, und vom Balkan. Golikow sicherte sich allerdings etwas ab, indem er auch die abweichende Auffassung aus Rumänien erwähnte, Hitler habe seine Pläne geändert und werde die Sowjetunion vor Abschluss des Englandfeldzuges attackieren, da die Westfront im Grunde genommen nicht mehr existiere. Man sollte dieser Abschweifung aber nicht zu viel Gewicht beimessen, da sie vor dem eindeutigen Gesamteindruck des Dokuments verblasste, »dass die Eröffnung von Feindseligkeiten gegen die Sowjetunion erst im Gefolge eines Sieges über England oder eines für Deutschland günstigen Friedensschlusses mit ihm erfolgen wird«. Noch verhängnisvoller aber war die eindeutige Feststellung, dass »Gerüchte und Dokumente über die Unvermeidlichkeit eines Krieges gegen die Sowjetunion in diesem Frühjahr als Desinformation bewertet werden sollten, die von britischen und möglicherweise auch von deutschen Geheimdiensten stammen«.[90] Dieses Meinungsbild herrschte in Moskau vor, als Anfang April der Vorhang über Jugoslawien fiel und die Kriegsdrohung sich weiter verdichtete.

Siebentes Kapitel

Am Scheideweg: Staatsstreich in Jugoslawien

Als Bulgarien Hitler ins Netz gegangen war, wandte er sich, wie erwartet, sofort Jugoslawien zu. Die Kontrolle über dieses Land wurde entscheidend für seine operativen Pläne: Es sollte als Schutzschild gegen Russland dienen – an der linken Flanke des bevorstehenden Feldzuges gegen Griechenland und an der rechten des Unternehmens »Barbarossa«. Das ergab sich aus den Erfordernissen der Operation »Marita«, der Besetzung Griechenlands, die sich bereits verzögert hatte. Der Durchmarsch der Truppen durch Jugoslawien war jedoch entscheidend, wenn das Unternehmen »Barbarossa« noch im Frühsommer starten sollte. Die Herstellung der Kontrolle über Jugoslawien ermöglichte eine rasche Besetzung Salonikis und damit eine Verkürzung des Feldzuges, so dass man den Zeitplan für »Barbarossa« mehr oder weniger einhalten konnte.[1]

Milan Gavrilovic, der links orientierte Führer der Serbischen Agrarpartei, traf im Juni 1940, kurz nach dem Fall Frankreichs, in Moskau ein, um sowjetische Unterstützung dafür zu erbitten, den jugoslawischen Regenten, Prinz Paul, von Deutschland zu trennen. Schon bei seinem ersten Besuch im russischen Außenministerium regte er die Gründung einer Balkanunion an, die auf slawophilen Ideen beruhen und in der das Russische die verschiedenen slawischen Dialekte ablösen sollte. In seinen Memoiren behauptet der stellvertretende Leiter der sowjetischen Auslandsaufklärung, General Sudoplatow, dass er damals gemeinsam mit Abwehrchef Fedotow Gavrilovic »in aller Form« als Agenten angeworben habe.[2] Ob dies nun wahr ist oder nicht, Gavrilovic arbeitete zweifellos eng mit dem Kreml zusammen, wurde allerdings von Anfang an verdächtigt, gemeinsam mit Cripps Russland in den Krieg hineinziehen zu wollen.

Da sie Provokationen fürchteten, beschränkten die Russen ihre Gespräche mit Gavrilovic zunächst demonstrativ auf »Ethnographie, Geographie, Literatur, Kunst, Sprachen und eine historische Debatte über die Ursprünge des serbischen Volkes«.[3] Im Grunde genommen im Exil und von seinem eigenen Außenministerium abgeschnitten, konnte Gavrilovic die Russen nach und nach davon überzeugen, sich der Unterstützung der jugoslawischen Militärs zu versichern, die mit der pro-deutschen Haltung der Regierung nicht einverstanden waren. Tatsächlich kam es im September 1940 zu Geheimgesprächen in Paris,[4] wo der jugoslawische Stabschef unverzüglich eine Wunschliste präsentierte. Ungewöhnlicherweise wurde daraufhin der neu ernannte jugoslawische Militärattaché von Verteidigungsminister Marschall Timoschenko und Stabschef General Merezkow empfangen.[5] Nach dem Fiasko von Molotows Berlin-Besuch wurden die Waffenangebote nun konkreter. Oberstleutnant Bozina Simic, der mit der Roten Armee im Bürgerkrieg gekämpft hatte, erkor man zum Leiter einer Militärdelegation, die Moskau besuchen sollte. In Berichten aus der sowjetischen Vertretung in Belgrad hieß es, dass »die Offiziere auf Paraden und in den Kasernen offen unsere Soldatenlieder zum Lobe Stalins singen«.[6] Sondierungen liefen auch über die jugoslawische Botschaft in Ankara. Die deutschen Garantien für Rumänien hatten beide Staaten zweifellos einander näher gebracht, da sie der Sowjetunion den Weg auf den Balkan versperrten, der nun unter die totale Vorherrschaft der Deutschen geraten war.[7]

Hitler handelte jedoch unverzüglich, um ein Anwachsen des sowjetischen Einflusses in Jugoslawien im Keime zu ersticken. Bald nach Molotows Besuch in Berlin begab sich der jugoslawische Außenminister Cincar-Markovic wie bereits andere Balkanführer vor ihm auf den ausgetretenen Pfad nach Berchtesgaden, wo Hitler ihn vor den »aus den Testamenten Peters des Großen und der Kaiserin Katharina entlehnten« panslawischen Ambitionen Russlands warnte.[8] Zu diesem Zeitpunkt war, wie der deutsche Gesandte in Belgrad nach Berlin weitergab, Jugoslawiens Unterwerfung bereits durch die uneingeschränkte Anerkennung der militärischen Überlegenheit Deutschlands auf dem Kontinent und die wachsende Erkenntnis bestimmt, dass die pro-russische Orientierung Jugoslawien nichts einbrachte.[9] Hitlers Bestreben, Jugoslawien für den Dreimächtepakt zu rekrutieren, stand jedoch zunächst die Furcht der jugoslawischen Streitkräfte im Wege, das Land könnte als Sprungbrett für eine Invasion in Griechenland benutzt werden.[10] Die Kluft zwischen Militär und Politikern sollte nach dem dramatischen Putsch vom März 1941 für das Verhältnis zwischen Jugoslawien und Russland noch eine wichtige Rolle spielen.

Da die jugoslawische Regierung Anfang 1941 immer weiter ins deutsche Lager abdriftete, stoppten die Russen das Waffengeschäft.

Um Provokationen zu vermeiden, die zu Konflikten mit Deutschland führen konnten, warnte Molotow die sowjetischen Diplomaten in Belgrad vor Versuchen der Briten und der Deutschen, sie »in Gespräche zu ziehen, die später für Spekulationen dienen könnten, die Sowjetunion für ihre eigenen Interessen auszunutzen«.[11] Auch die harten Maßnahmen Belgrads gegen eine »kommunistische Subversion« und die Ausweisung des TASS-Korrespondenten waren wohl kaum geeignet, das Klima zu verbessern.[12]

Da für Hitler nach Bulgariens Beitritt zur Achse die Zeit knapp wurde, beorderte er den jugoslawischen Premierminister Cvetkovic gemeinsam mit Cincar-Markovic nach Berchtesgaden. Cvetkovic versuchte nach dem bereits bekannten Muster vergeblich eine Entscheidung über den Achsen-Beitritt hinauszuzögern, indem er auf Einwände der Sowjetunion verwies und die wachsenden sowjetisch-deutschen Spannungen auszunutzen suchte. Ribbentrop wies derartige Versuche zurück und versicherte seinem Gast, Stalin sei »ein nüchterner, klarer Mann«, der genau wisse, dass ein Konflikt mit Deutschland »zur Vernichtung seines Regimes und seines Landes führen würde«. Hitler suchte Cvetkovic die russische Karte mit der geschickt platzierten Mitteilung aus der Hand zu schlagen, Molotow habe in Berlin Bulgarien territoriale Veränderungen auf Kosten Jugoslawiens angeboten. Am Ende des Besuchs war alles bereit für eine Begegnung Hitlers mit Prinz Paul, den er ebenfalls mit seiner bekannten Mischung aus Drohung und Überredung bearbeitete.[13]

Das diplomatische Spiel, das Stalin bislang so geschickt gespielt hatte, geriet Anfang 1941 ins Stocken. Da Rumänien und Bulgarien bereits zu Deutschlands Satelliten geworden waren, stand Jugoslawien nun auf dem Balkan allein zwischen Russland und Deutschland. Stalin hatte die strategische Debatte in London über eine britische Unterstützung für Griechenland gespannt verfolgt. Ihm war nicht entgangen, dass die Briten den Balkan nicht allein gegen die »tatendurstige deutsche Armee« zu mobilisieren vermochten. So hatte z. B. Eden Maiski eindringlich gewarnt, Jugoslawiens Abdriften ins deutsche Lager und »der Verlust von Saloniki« seien »eine Bedrohung der Meerengen, an deren Zukunft Russland ein historisches Interesse hat«. Gerade deshalb war Stalin zunehmend von einem Plan der Briten überzeugt, Russland auf dem Balkan in eine verfrühte Konfrontation mit den Deutschen zu treiben. Und da er sich so sehr auf die Briten und Jugoslawen konzentrierte, vernachlässigte er die wirkliche Gefahr, die bereits ganz in seiner Nähe lauerte.[14]

Stalin erfuhr natürlich von den Garantien, die Hitler Jugoslawien für den Beitritt zur Achse anbot. Da er erwartete, dass die jugoslawischen Politiker und der Hof sich dem Druck fügen würden, betrachtete er den bevorstehenden Besuch der von Simic geleiteten Militärdelegation in Moskau als Teil einer britischen Verschwörung.[15] Die Sympathien für Russland im jugoslawischen Volk schienen durch Prinz Pauls pro-britische Einstellung und Cincar-Markovics deutschfreundliche Haltung weitgehend aufgewogen zu werden. Daher spielte man Gavrilovics Vorschläge für eine Zusammenarbeit als »Sondierungen« herunter, da er keinen guten Stand bei der jugoslawischen Regierung hatte und seine diplomatischen Fähigkeiten sich angeblich »vor allem im Schachspiel zeigten«.[16] Im jugoslawischen Kabinett stellte der stellvertretende Vorsitzende der Agrarpartei, Tupanjanin, der ebenfalls vom NKWD bezahlt wurde, die Aufrichtigkeit der jugoslawischen Initiative in Frage, da beide Staaten »gerade erst Fühlung miteinander aufgenommen« hätten.[17]

Inzwischen erhielt Stalin von »Sophokles«, dem Militärattaché in Belgrad, die Nachricht, Prinz Paul habe bei seiner Begegnung mit Hitler Anfang März dem Beitritt zur Achse zugestimmt. Aus dem Palast berichteten verlässliche Quellen, Hitler habe, um die Jugoslawen von der russischen Option abzuhalten, dem Prinzen seine Absicht enthüllt, den Krieg gegen England fallen zu lassen und statt dessen im April/Mai die Ukraine und Baku zu erobern. Ebenso bedeutsam war »Sophokles'« Mitteilung, dass »die reale Macht in Jugoslawien jetzt beim Generalstab liegt, ohne den der Ministerrat nichts unternehmen wird«.[18] Dass die Streitkräfte die Regierung offenbar ignorierten, ließ neue Hoffnung aufkeimen. Diese wuchs, als sich Simic bei Geheimgesprächen im Verteidigungsministerium positiv zu einer Zusammenarbeit gegen die deutsche Gefahr äußerte. Das Misstrauen gegen eine britische Verschwörung schrumpfte weiter, als Jugoslawien sich weigerte, Eden und General Dill in Belgrad zu empfangen – was bedeutete, dass es offenbar »die Waage im Gleichgewicht halten« wollte.[19] Der deutsche Botschafter signalisierte der Wilhelmstraße, die jugoslawische Regierung tage in Permanenz, und dies sicher nicht, um Kaffee zu trinken.[20]

Wie schon im Falle Bulgariens war die Sowjetunion auch jetzt bemüht, die Bevölkerung Jugoslawiens zu ihrer Unterstützung zu mobilisieren. Das geschah über diplomatische Kanäle und die Komintern. Der sowjetische Botschafter in Jugoslawien, Lebedew, wurde beauftragt, die Unaufrichtigkeit der jugoslawischen Avancen gegenüber Russland bloßzustellen, die nur vom deutsch-jugoslawischen Zusammenspiel »hinter den Kulissen« ablenken sollten.[21] Der Chef der Jugoslawischen Kommunistischen Partei, Tito, erhielt die Weisung, »die Partei gegen die Kapitulation vor den Deutschen zu mobilisieren. Unterstützen Sie die Bewegung des Widerstandes der Massen gegen den Einmarsch deutscher Soldaten in Jugoslawien. Fordern Sie Freundschaft mit der Sowjetunion.«[22] Die Öffentlichkeit in Belgrad wurde mobilisiert, um von der Regierung konkrete Vorschläge zu fordern. Zugleich lancierte Tupanjanin auf Weisung Moskaus Informationen über die bevorstehenden Verhandlungen mit den Militärs in die Öffentlichkeit. Gavrilovic übte direkten Druck auf Cincar-Markovic aus, indem er auf die schweren innenpolitischen Folgen hinwies, die ein Scheitern dieser Verhandlungen mit sich bringen könnte. Er versuchte den Premierminister mit dem Hinweis zu ködern, falls die Vorschläge seiner Regierung in Moskau auf Ablehnung stießen, werde das Volk den Russen und nicht der eigenen Regierung die Schuld geben. Selbst wenn die Russen grundsätzlich zustimmten, aber harte Bedingungen stellten und die Verhandlungen hinzögen, sei die Regierung entlastet. Letztlich hat es aber den Anschein, dass er mit der Anbahnung dieser Verhandlungen vor allem herausfinden wollte, in welchem Maße die offenbare Verärgerung der sowjetischen Militärs über die Deutschen vom Kreml geteilt wurde.[23]

Das britische Foreign Office kam der Wahrheit mit der Annahme ziemlich nahe, dass Stalin »mit Jugoslawien spielt ..., um Hitler zu beeindrucken und bessere Bedingungen zu erwirken«.[24] Die Verhandlungen in Moskau waren von der Entschlossenheit der Sowjets geprägt, ein Militärbündnis zu schließen, das das Gleichgewicht mit Deutschland wiederherstellte und Hitler an den Verhandlungstisch zwang.[25] Ihr Motiv war dem ganz ähnlich, das Chamberlain nach der deutschen Besetzung Prags im März 1939 zu seiner Garantieerklärung für Polen veranlasst hatte. Beide Seiten bewegten sich jedoch weiterhin vorsichtig. Stalin argwöhnte nach wie vor – vielleicht weil er selbst diese Absicht verfolgte – die Jugoslawen nutzten die Verhandlungen mit Russland lediglich als Trumpfkarte in den Gesprächen mit Deutschland, und die Briten versuchten wie bisher, Russland in den Krieg zu treiben. Er wusste genau, dass Eden während seiner langen Reise durch den Nahen Osten bemüht war, aus der Türkei, Griechenland und Jugoslawien einen Verteidigungsblock zu schmieden.[26]

Diese Haltung verhärtete sich weiter, da Cripps nicht müde wurde, die Russen auf die deutsche Gefahr hinzuweisen. Nicht ahnend, dass für Prinz Paul bereits alles entschieden war, setzte Cripps seine Versuche fort, Russland zur Hilfe zu bewegen. Bereits während seiner Gespräche mit Winogradow in Ankara hatte er angedeutet, die Deutschen könnten ihren Angriff auf Griechenland über Jugoslawien vortragen. Er schloss nicht aus, dass die jugoslawische Armee, die »nicht schlecht« sei, sogar Großbritannien unterstützen könnte, wobei er natürlich hoffte, Edens Idee des Balkanblocks neues Leben einzuhauchen. Cripps deutete an, England könnte sich an den geheimen Militärgesprächen in Moskau beteiligen, deren Existenz Winogradow nicht einmal zuzugeben bereit war.[27] Kurz nach seiner Rückkehr aus der Türkei erfuhr Cripps dann von Gavrilovic, nach Simics Gesprächen seien die Moskauer Militärorgane »begierig«, ein Abkommen mit Jugoslawien zu schließen.[28]

Als die Nachricht von der Entscheidung des jugoslawischen Regenten, dem Dreimächtepakt beizutreten, am Nachmittag des 22. März 1941 Cripps' Botschaft erreichte, trat er sofort in Aktion. Wie gewöhnlich malte er gegenüber Wyschinski die deutschen Ziele in den düstersten Farben. Der stellvertretende Außenminister, der diese Information »sehr ernst« nahm, versprach sogleich, diese mit seiner Regierung zu besprechen. Dabei ließ es Cripps aber nicht bewenden. Er schickte Gavrilovic mit dem Vorschlag zu Wyschinski, ein Kommuniqué gegen die allgemeine Auffassung zu veröffentlichen, die Sowjetunion überlasse »den Balkan und Jugoslawien der deutschen Interessensphäre«.[29] Mit seinem Eifer konnte Cripps Stalin nur in dem Verdacht bestärken, es handle sich um eine britische Verschwörung. Als Cripps am Abend desselben Tages noch einmal in den Kreml fuhr, wo er eine Fortsetzung des »freundschaftlichen Gesprächs« erwartete und die Hindernisse für die deutschen Pläne auf dem Balkan darzulegen begann, falls die Russen Jugoslawien dazu ermutigten, seine Unabhängigkeit zu wahren, fiel ihm Wyschinski grob ins Wort. Er konfrontierte den Botschafter mit einer ganzen Liste angeblicher feindseliger Akte, die Großbritannien gegen Moskau begangen hatte.[30] Gavrilovic wurde gegen Mitternacht ebenfalls ins Außenministerium einbestellt, wo er Wyschinski »offensichtlich erregt und mitfühlend, aber auch voller Sorge« vorfand. Dieser schien zu befürchten, dass es sich bei den Bemühungen, Russland zum Eingreifen zu bewegen, nachdem Jugoslawien eine unwiderrufliche Entscheidung getroffen habe, um eine Falle handle.[31]

Die Desinformationen der Deutschen bestärkten Stalin in seiner Haltung. In Ankara dementierte der deutsche Botschafter Papen ganz entschieden alle Gerüchte, die Deutschen wollten Jugoslawien als Sprungbrett benutzen, um die Meerengen zu besetzen. Die Russen suchte er mit der Behauptung zu beschwichtigen, das Bündnis mit Jugoslawien sei ausschließlich darauf gerichtet, die Briten auf dem Balkan und im Schwarzen Meer unter Kontrolle zu halten. Deutschland könne »den Krieg nur gewinnen, wenn es Hand in Hand mit den Russen geht«.[32]

Am 27. März wurden die Karten jedoch neu gemischt. Der Befehlshaber der jugoslawischen Luftwaffe, General Susan Simovic, inszenierte in Belgrad mit Unterstützung der Streitkräfte einen unblutigen Putsch. Prinz Paul wurde abgesetzt und floh ins Ausland. Seinen Platz auf dem Thron nahm der junge König Peter ein. Für eingeweihte Beobachter war vollkommen klar, dass dieser Coup für Moskau überraschend kam. Die Sowjetunion konnte wohl kaum »verdeckt oder offen« in eine Aktion involviert sein, hinter welcher der britische Stab für Sonderaktionen stand. Zwar hatte man den stellvertretenden GRU-Chef, General Solomon Milstein, in Begleitung einiger »Illegaler« eiligst nach Belgrad entsandt, seine Aufgabe bei dieser Affäre war aber wohl darauf beschränkt, die »britische Verschwörung« zu beobachten.[33]

Trotz seiner ausgezeichneten Quellen ahnte Stalin nichts von Hitlers harter und unwiderruflicher Entscheidung, »Jugoslawien militärisch und als Staatsgebilde zu zerschlagen«, selbst wenn das Unternehmen »Barbarossa« deshalb um vier Wochen hinausgeschoben werden musste. Aber auch Hitler erwartete eine Überraschung, hatte er doch angenommen, Russland werde nicht reagieren.[34] Stalin fiel es zunehmend schwerer, sich von der Unterstützung des Volkes für die Insurgenten nicht mitreißen zu lassen. Die jugoslawische Regierung versuchte vergeblich, die verbreiteten Demonstrationen gegen den Pakt zu unterdrücken. Auch der sowjetische Botschafter konnte seine Begeisterung kaum verbergen, als er nach Moskau berichtete, dass »die ganze Bevölkerung Belgrads auf die Straßen strömte, Nationalflaggen schwenkte« und man es ihr gestattete, »ihren Gefühlen freien Lauf zu lassen«. Mehr noch, die Massen schienen ihre Hoffnung auf die Sowjetunion zu setzen. Ein Bündnis mit Moskau, so kommentierte Lebedew, sei an die Erwartung geknüpft, dass »der Schandvertrag mit der Achse und besonders mit dem verhassten Deutschland aufgekündigt wird ... Seit dem frühen Morgen haben sich Tausende Menschen vor der sowjetischen Botschaft versammelt und fordern auf Spruchbändern ein Bündnis mit der Sowjetunion!« Danach zogen die Demonstranten vor die benachbarte deutsche Botschaft, riefen feindselige Losungen und schlugen die Fenster eines deutschen Reisebüros ein. Die Zahl der Demonstranten »wuchs so stark an, dass die Menge am Abend nicht mehr bis zur Botschaft gelangen konnte. Aber weiterhin forderte sie ein Bündnis mit der Sowjetunion«.[35]

Weiter wurde von harter Kritik an der deutschfreundlichen Politik der Regierung berichtet. Die Armee musste mobilisiert werden, als die jugoslawische Delegation inkognito aus Wien zurückkehrte, ohne den Belgrader Hauptbahnhof zu benutzen. Von der trotzigen Atmosphäre in Belgrad mitgerissen, schätzte Lebedew reichlich verfrüht ein, der Putsch habe der starken politischen Präsenz Deutschlands in Jugoslawien ein Ende gesetzt. Er äußerte bereits die Hoffnung, dieser werde eine dramatische Umkehrung der politischen Trends nicht nur in den Balkanstaaten, sondern auf dem ganzen europäischen Kontinent einleiten.[36] Diesen Eindruck verstärkte der Chef der militärischen Aufklärung, General Golikow. Auch er hob den pro-sowjetischen Charakter der Demonstrationen hervor, bei denen Losungen wie »Für ein Bündnis mit der Sowjetunion!« und »Es leben Stalin und Molotow!« dominierten. Er erwartete nun, dass die Armee die Geheimklauseln des Abkommens ablehnen werde, die den deutschen Truppen freien Durchmarsch nach Süden gewährten. Selbst die Möglichkeit, dass Jugoslawien wieder aus der Achse ausscheren könnte, schloss er nicht aus. Seine Ansicht, die gerade aufgestellten 48 Divisionen seien entschlossen und in der Lage, eine deutsche Invasion abzuwehren, wurde natürlich vom Chef des Stabes unterstützt.[37]

Stalin war zweifellos erleichtert, hatte aber keine Eile, Deutschland militärisch so dreist herauszufordern, wie es gewöhnlich in der Literatur dargestellt wird. Er blieb vorsichtig, da es ein offenes Geheimnis war, dass der Putsch die jugoslawische Politik nicht vollkommen umgekehrt hatte. Nachdem Simovic zur Macht gekommen war, teilte er dem König seine Absicht mit, bei der Achse zu bleiben. Umgehend versicherte er dem deutschen Botschafter, Jugoslawien wolle »die Zusammenarbeit mit den Achsenmächten, insbesondere mit Deutschland, fortsetzen« und »nach Möglichkeit zur Neutralitätspolitik zurückkehren«.[38] Stalin verfolgte daher das begrenzte Ziel, seine Unterstützung im Volke zu kanalisieren, um Hitler von einer Ausweitung des Krieges und die Briten von einer Ausnutzung der brisanten Situation abzuhalten. Da vor dem Putsch kein direkter Dialog mit der Belgrader Regierung stattgefunden hatte, suchte Russland Jugoslawien jetzt über die kommunistische Partei daran zu hindern, der Achse beizutreten. Unter den neuen Umständen war man nun bestrebt, die Begeisterung des Volkes zu dämpfen. Der Generalsekretär der Komintern, Dimitroff, wurde von Molotow umgehend angewiesen, alle Demonstrationen abzusetzen, weil diese, wie er befürchtete, »von den Briten und einheimischen Reaktionären für ihre Zwecke genutzt werden könnten«.[39] Tito erhielt den Auftrag, »die eingefleischten britischen Kriegstreiber und großserbischen Chauvinisten« im Auge zu behalten, »die das Land mit ihren Provokationen in ein militärisches Gemetzel treiben«. Stalin hoffte eindeutig, das Kräfteverhältnis wieder ins Gleichgewicht zu bringen, indem er Jugoslawiens Souveränität erhielt und verhinderte, dass es zur »Munition in den Händen der britischen Imperialisten ... oder zum Sklaven der deutschen und italienischen Aggressoren« wurde.[40]

Inzwischen stieg Gavrilovics Ansehen in Moskau, da er in dem neu gebildeten Kabinett einen Ministerposten erhielt. Seine Reise nach Belgrad, wo er gegen die Unterzeichnung des Paktes protestieren wollte, war rein zufällig durch schlechtes Wetter aufgehalten worden.[41] Als das neue Regime etabliert war, übermittelte Simovic den Russen unverzüglich das mündliche Angebot für einen Pakt über gegenseitigen Beistand, der mit einem »wirklichen Bündnis« gleichzusetzen war. Noch stärker drängte am selben Abend der neue Verteidigungsminister bei einem Geheimtreffen mit dem sowjetischen Botschafter in seiner eigenen Residenz auf einen solchen Schritt. Ilic bekräftigte seine Absicht, »volle politische und militärische Zusammenarbeit mit der Sowjetunion aufzunehmen«. Er versicherte, die Armee sei entschlossen, sich einer deutschen Invasion »konsequent zu widersetzen«. Zwischen der Regierung und den Streitkräften schien sich eine wachsende Kluft aufzutun.[42]

Am 31. März erreichte eine neue Flut von Geheimdienstberichten Stalins Schreibtisch, darunter ein wichtiger von Merkulow, der eine alarmierende Information Golikows über die Möglichkeit eines baldigen Krieges bestätigte.[43] Das Verteidigungsministerium drängte nun zunehmend auf die Fortsetzung der Verhandlungen mit Jugoslawien. Am frühen Morgen des nächsten Tages tauchte Lebedew gemeinsam mit dem Militärattaché Suchonin und einem Dolmetscher in Simovics Privatwohnung auf. Dort teilte er dem Premierminister mit, Molotow habe soeben das Angebot eines Paktes akzeptiert und erwarte ungeduldig eine Delegation in Moskau, um den Abschluss zu tätigen. Simovic rief unverzüglich seinen Außenminister Nincic an und beauftragte ihn, Gavrilovic zum Delegationsleiter zu ernennen, so dass die Verhandlungen bereits vor Eintreffen der übrigen Delegationsmitglieder beginnen konnten.[44]

Als aber Lebedew am nächsten Morgen erneut mit Nincic zusammentraf, hatte er den Eindruck, dass das Kabinett gespalten war. Er vermutete, die jugoslawische Regierung wolle bei einem letzten Versuch, den Konflikt noch abzuwenden, den sowjetischen Einfluss in Berlin nutzen. Etwas naiv glaubte sie offenbar, Hitler werde Jugoslawien in Ruhe lassen, wenn Stalin ihm mitteile, dass »die Sowjetunion enorme Sympathien für das jugoslawische Volk empfindet«. Andererseits musste Stalin erleichtert sein, dass sich das Kabinett dem britischen Druck, auf dem Balkan eine neue Front zu eröffnen, entschlossen widersetzte.[45] In Moskau sah man die Möglichkeiten, die der Putsch eröffnete, insgesamt jedoch mit gemischten Gefühlen. Timoschenko schien große Hoffnung in die Fähigkeit Jugoslawiens zu setzen, eine deutsche Invasion abzuwehren, während Stalin ein begrenztes Abkommen als Karte in seinem komplizierten diplomatischen Spiel empfand. Sein vorrangiges Anliegen blieb dabei die Neutralität der Sowjetunion und die Anerkennung ihrer Interessensphären. Diese begrenzte Zielstellung kam auch in Schdanows Weisung an die Komintern zum Ausdruck. »Die Entwicklung auf dem Balkan«, so erklärte er, »ändert nichts an unserer generellen Orientierung ... Wir billigen die deutsche Expansion auf dem Balkan nicht. Aber das bedeutet nicht, dass wir den Pakt mit Deutschland aufgeben und uns England zuwenden.«[46] Der Putsch war ein Geschenk des Himmels, eine Gelegenheit, die Konfrontation mit Deutschland noch abzuwenden: Ein kluges Abkommen mit Jugoslawien konnte Hitler zurückhalten und wieder an den Verhandlungstisch bringen. Sollte es jedoch zu Feindseligkeiten kommen, konnte Russland immer noch neutral bleiben und zugleich sicherstellen, dass die Jugoslawen die Wehrmacht zwei oder mehr Monate beschäftigten, wodurch der Krieg gegen Russland zumindest um ein Jahr hinausgeschoben werden konnte. Das erklärt, weshalb die Sowjets Jugoslawien Munition und Rüstungsgüter anboten, bevor deren Niederlage in ihrem ganzen Ausmaß sichtbar wurde.[47] Der Rahmen für die Verhandlungen war also bereits abgesteckt, bevor die jugoslawische Delegation in Moskau eintraf. Sie waren vom gemeinsamen Wunsch beider Regierungen bestimmt, den Krieg eher abzuwenden, als effektiven Widerstand gegen Hitler zu leisten. Weit davon entfernt, die Übereinkunft Jugoslawiens mit Deutschland aufzugeben, war man bemüht, sie zu modifizieren, damit sie »den Interessen Jugoslawiens entspricht«.[48]

In der Zwischenzeit wurden hastig alle Vorkehrungen getroffen, damit die jugoslawische Delegation über Istanbul nach Moskau gelangen konnte. Jedoch allein für die Visa-Erteilung brauchte man einen ganzen Vormittag, so dass die beiden Offiziere erst am 2. April mittags mit einem Sonderflugzeug starten konnten. Hin und her gerissen zwischen dem Drang zu reagieren und der Furcht vor einer Provokation, forderten die Russen die Entfernung der Hoheitszeichen von der Maschine, damit sie nicht identifiziert werden konnte. Nach dem Flug von Belgrad über Saloniki nach Istanbul leitete man die Abgesandten auf Grund eines unverständlichen Fehlers in Richtung Ankara weiter. Nach kurzem Aufenthalt durften sie nach Odessa weiter fliegen und erreichten Moskau schließlich am frühen Nachmittag des 4. April.[49]

Stalin hatte gehofft, die Demonstration seiner Solidarität mit Jugoslawien werde ausreichen, um Hitler von einem Angriff abzuhalten. Während die Delegation noch unterwegs war, veränderte sich die Situation jedoch dramatisch. Da sich die Nachrichten über offensive Truppenmassierungen an der Grenze häuften, erhöhten die Jugoslawen ihr Angebot und forderten nun ein volles militärisches und politisches Bündnis mit Russland. Natürlich musste dieser Vorschlag Stalin übermittelt werden, aber Wyschinski hatte nur wenig Zweifel, dass »es kaum ratsam war, eine derartige Vereinbarung zu unterzeichnen«. Für die Jugoslawen war es doch viel besser, sich vor Provokationen, ob nun britischen oder deutschen, zu hüten und zugleich Stärke zu zeigen, denn »die Unabhängigkeit eines Staates wird am besten von einer starken Armee geschützt«. Gavrilovic bestand allerdings darauf, dass »ein Bündnis mit der Sowjetunion der feste Wunsch und die Erwartung« seiner Regierung sei.[50] Und in der Tat rief der Premierminister Lebedew zu sich und stellte ihn vor vollendete Tatsachen: Die jugoslawische Regierung betrachte die Vereinbarung als »bereits existent, wenn sie de facto auch noch nicht unterzeichnet ist«. Simovic verlasse sich darauf, dass Stalin »in Berlin eine entschiedene sowjetische Demarche unternehme, um eine deutsche Intervention zu stoppen oder Jugoslawien zumindest Zeit zu verschaffen, um seine Mobilmachung abzuschließen«. Da der Ausbruch von Feindseligkeiten nun nicht länger auszuschließen war, forderte er die Russen auf, Jugoslawien Munition zu liefern und Truppen im Lande zu stationieren. Um Stalin zum Handeln zu bewegen, spielte Simovic ihm sogar die frische Information über Hitlers Angriffsabsichten gegen Russland zu, die Prinz Paul gerade von diesem erhalten hatte.[51]

Eine neue Flut erschreckender Nachrichten, die vom 2. bis 4. April eingingen, verschärfte Stalins Dilemma noch. Aus Görings Hauptquartier meldete »Korse«, dass die Militärs die Entwicklung in Jugoslawien »außerordentlich ernst« nähmen. Der Stab der Luftwaffe »trifft aktive Vorbereitungen für eine Aktion gegen Jugoslawien«, die nach seiner Auffassung unmittelbar bevorstand. Selbst die Vorbereitungen gegen Russland seien dafür »zeitweilig« eingestellt worden. Die Erwartungen in Moskau stiegen weiter durch die Andeutung, der Stab der Luftwaffe befürchte, dass die Aktion gegen Jugoslawien drei oder vier Wochen dauern könnte, wodurch »der Angriff gegen die Sowjetunion sich verspätet und sogar der richtige Zeitpunkt für die Aktion gegen die Sowjetunion verpasst werden kann«.[52] Aus Belgrad deutete »Sophokles« an, die Deutschen übten psychologischen Druck auf die Jugoslawen aus, um sie von einer weiteren Annäherung an Russland abzuhalten. Man habe ihnen Hitlers Absicht mitgeteilt, »im Mai einen Krieg gegen die Sowjetunion zu beginnen und in sieben Tagen Moskau zu erreichen«. Der jugoslawische Militärattaché in Berlin habe zudem erfahren, dass die Offensive von drei Heeresgruppen unter dem Kommando der Feldmarschälle Rundstedt, List und Beck vorgetragen werden solle. Das stellte sich später als der exakte deutsche Plan heraus. Stalins Taktik ließ sich jedoch nach wie vor rechtfertigen, da der Bericht annahm, einer Offensive werde ein Ultimatum an die Sowjetunion vorausgehen, der Achse beizutreten und wirtschaftliches Entgegenkommen zu zeigen. Es kam also entscheidend darauf an, nun keinen Fehler zu begehen.[53]

Vor dem Hintergrund dieser Berichte begannen die Verhandlungen mit der jugoslawischen Delegation am frühen Nachmittag des 4. April. Die Russen waren inzwischen eindeutig gegen ein Militärbündnis, das von Deutschland zweifellos als Provokation aufgefasst worden wäre. Zur Rechtfertigung klammerten sie sich an das schwache technische Argument, eine solche Vereinbarung erfordere »eine genaue wechselseitige Prüfung der dafür zur Verfügung stehenden Kräfte«. Statt dessen warben sie für einen Freundschafts- und Nichtangriffsvertrag. Um die Atmosphäre zu testen, informierte Molotow Schulenburg, wie es die Bestimmungen des Ribbentrop-Molotow-Paktes erforderten, von der Entscheidung, einen solchen Pakt zu unterzeichnen. Schulenburg wiederum verharmloste in seinem Bericht nach Berlin den dramatischen Ton des Gesprächs. Wenn sich die Ereignisse in Jugoslawien weiter so entwickelten, drohten sie seine Bemühungen zunichte zu machen, Hitler zu einem modernen Bismarck aufzubauen. In früheren Berichten hatte Schulenburg Gerüchte über ein militärisches Eingreifen der Sowjets als eine »böswillige jugoslawische Intrige« zurückgewiesen.[54] In der Hoffnung, die Russen von der Fortsetzung der Verhandlungen abzubringen, warnte er, die zeitliche Nähe des Abkommens zu den Ereignissen in Belgrad würde »in der Welt einen unerwünschten Eindruck hervorrufen«. Molotow hingegen betonte die Grenzen der Vereinbarung, die »nicht einmal so weit gehe wie der deutsch-jugoslawische Vertrag« und an dem Verbleib Jugoslawiens bei der Achse nichts ändere.

Aus den russischen Akten wird allerdings klar, in welch gespanntem und gereiztem Ton diese Begegnung verlief. Schulenburg wies Molotow offenbar warnend darauf hin, dass Berlin die heftigen antideutschen Demonstrationen in Belgrad als »feindseligen Akt« betrachten werde. Er gab deutliche Hinweise auf die eigentlichen deutschen Absichten, indem er Zweifel äußerte, ob der jugoslawisch-deutsche Pakt überhaupt noch gültig sei, da seine Unterzeichner in Belgrad im Gefängnis säßen. Molotows eifrige Versuche, die Vereinbarung der Russen zu verteidigen, die man »nach reiflicher Überlegung « erzielt habe und die das gute Verhältnis zu Deutschland nicht beeinträchtigen sollte, stießen auf taube Ohren. Schulenburg erwiderte, er könne nur »hoffen, dass Molotow und nicht er« Recht behalte. Gegenüber seinen Kollegen äußerte er die Befürchtung, die Sowjetunion sei diesmal »zu weit« gegangen. Die Nachricht, dass er unverzüglich zu Konsultationen nach Berlin abreise, konnte entweder als Zeichen dafür genommen werden, dass die neue Eindämmungspolitik bereits Wirkung zeigte oder eher als Warnung, dass sich die Beziehungen stetig verschlechterten.[55]

Wyschinski drängte daher Gavrilovic, Schulenburg vorsichtshalber zu beruhigen. Aber dieses Treffen zeigte nur noch deutlicher, wie falsch der Kreml die Lage einschätzte. In der Annahme, Hitler habe »von seinen engsten Mitarbeitern nicht genügend verlässliche Informationen über die Situation erhalten«[56], bestand Gavrilovic unter Hinweis auf seinen neuen Ministerrang darauf, dass seine Botschaft dem Führer persönlich zugeleitet werden möge. Er machte den Deutschen große Vorhaltungen, dass sie Jugoslawien mit Druck in die Achse gezwungen hätten. Es sei »zu viel«, so protestierte er, »von einem Volk, das man als niedere Rasse betrachte und das den Alliierten verpflichtet sei, zu verlangen, nicht nur seine Neutralität aufzugeben, die es behalten wolle, sondern im Kampf gegen diese Alliierten zu helfen und die Deutschen auch noch zu lieben«. Diese persönliche Botschaft an Hitler stimmte mit der sowjetischen Position überein. Zwar bekräftigte Gavrilovic die Verbundenheit mit der Achse, forderte jedoch, der Dreimächtepakt dürfe »Jugoslawiens vitale Interessen und seine Ehre nicht beschädigen«. Er schloss mit der Warnung, »noch größere Fehler zu begehen als diesen ersten. Wir werden mit dem Mut der Verzweiflung bis zum letzten Soldaten um jeden Zollbreit unseres Bodens kämpfen. Wir behaupten nicht, dass wir Deutschland besiegen können, aber bald werden wir Deutschland und Italien in eine sehr schwierige Lage bringen.« In ähnlicher Weise äußerte er auch gegenüber Rosso die Erwartung, dass Mussolini »seinen Einfluss in Berlin nutzt, um einen Konflikt zu vermeiden, der für beide Länder sehr gravierend wäre«.[57]

Die Verhandlungen waren inzwischen so heikel geworden, dass die Telegramme zwischen Moskau und Belgrad nur noch Stalin und Molotow persönlich vorgelegt wurden, während Wyschinski, der die Verhandlungen zu führen hatte, nur allgemein von ihrem Inhalt Kenntnis erhielt. Wie wir wissen, wollte Stalin in der Jugoslawienfrage Stärke demonstrieren, um Hitler an den Verhandlungstisch zurückzubringen. Das Gespräch mit Schulenburg, das mit jüngsten Geheimdienstberichten übereinstimmte, ließ nun die Alarmsirenen schrillen. Russland konnte sich nicht damit abfinden, dass Constanta, Burgas und nun auch die jugoslawischen Nebenflüsse der Donau den Deutschen in die Hände fielen. Der Zusammenbruch Jugoslawiens, der letzten unabhängigen Bastion auf dem Balkan, öffnete den Deutschen den Weg zu den türkischen Meerengen und sicherte zugleich ihre rechte Flanke, falls sie sich gegen Russland wenden sollten. Aber die Furcht vor einer Provokation, die Schulenburgs Warnung noch verstärkt hatte, und der Verdacht, Gavrilovic handle »unter Cripps' Einfluss«, beherrschten auch weiter Stalins Denken.[58]

Das letzte bisschen Hoffnung, das Gavrilovic noch hatte, schwand dahin, als er am späten Nachmittag erneut zu Wyschinski gerufen wurde. Zu seinem Erstaunen musste er feststellen, dass die Russen den Hauptparagraphen des Abkommens ohne Vorankündigung verändert hatten, womit aus einem Nichtangriffs- und Freundschaftspakt nun eine Neutralitätserklärung geworden war. Wyschinskis Versicherung, »schon die öffentliche Ankündigung« der Vereinbarung sei »ein wichtiger Schritt zur Stärkung des Friedens auf dem Balkan«, konnte ihn nicht beeindrucken. Das Gespräch endete ergebnislos. Bei einer weiteren Begegnung verurteilte der »äußerst nervöse« Gavrilovic das neue russische Angebot als eine stark verwässerte Version des ursprünglichen Vorschlages, ein politisches und militärisches Bündnis zu schließen. Er gab vor, sich erst noch mit Belgrad konsultieren zu müssen, und verschob deshalb die für den nächsten Tag vorgesehene Unterzeichnung des Abkommens. Um das Verhältnis zu den Deutschen zu klären, war es für die Russen jedoch wichtig, möglichst rasch eine

Vereinbarung zu schließen, bevor die Deutschen militärisch aktiv werden konnten. Daher warnte man Gavrilovic, bevor man auseinander ging, die Zeit laufe davon, und »was heute möglich ist, kann morgen bereits unmöglich sein«.[59] Mitglieder des Politbüros versammelten sich an diesem Abend in Stalins Landhaus und unterstützten das Abkommen. Man erwartete, dass die jugoslawische Regierung ebenfalls zustimmen werde.[60]

Stalin war sich am nächsten Morgen sicher, die Deutschen und die Briten mit ihren eigenen Waffen geschlagen zu haben. Ohne einen einzigen Schuss war es ihm gelungen, die Interessen der Sowjetunion gegenüber Hitler durchzusetzen. Gleichzeitig hatte er es vermeiden können, einen verfrühten Krieg führen zu müssen. Im russischen Außenministerium fiel auf, dass Molotow im Unterschied zu den letzten Tagen »froh gestimmt und recht optimistisch« wirkte. Er stellte klar, dass General Simovics »Träume von einem gegenseitigen Beistandspakt« für die Sowjetunion nicht annehmbar seien.[61] Molotows Optimismus war aber nur von kurzer Dauer, denn nun kamen frühere Differenzen mit Jugoslawien wieder zum Vorschein. Als die Verhandlungen erneut aufgenommen wurden, bestand die jugoslawische Delegation darauf, zu dem ursprünglichen Freundschaftsvertrag zurückzukehren. Nun, da Russland nicht mehr unmittelbar in die Feindseligkeiten hineingezogen werden konnte, gab Wyschinski bereitwillig zu, dass ein Zusatzabkommen zwischen Jugoslawien und Großbritannien »angebracht« wäre, weil es den Anschein eines Separatfriedens beseitigen und die Gefahr eines deutschen Angriffs gegen Russland verringern könnte.[62]

Da der Krieg mit jeder Stunde näher rückte, war der jugoslawischen Regierung mit Lebedews allgemeinen Worten wenig geholfen, die Sowjetunion führe »bereits einen Kampf um die Sicherung des Friedens für Jugoslawien« und sei bemüht, »die notwendigen politischen Grundlagen für die Festigung eines solchen Friedens in der Zukunft zu schaffen«. Wie Lebedew noch am selben Abend erfuhr, steckten die Verhandlungen inzwischen aber in einer Sackgasse. Statt das Volk moralisch aufzurichten, konnte das Abkommen »Jugoslawiens Position eher noch verschlechtern«.[63] Ein Neutralitätspakt lag nicht in Jugoslawiens Interesse, denn er gab Hitler im Grunde genommen freie Hand, Krieg gegen das Land zu beginnen. Daher lehnten die Jugoslawen den Vorschlag ab und wiesen Gavrilovic an, auf dem Abschluss eines Vertrages über Freundschaft und gegenseitigen Nichtangriff zu bestehen. Zugleich unternahmen sie einen letzten Versuch, die Deutschen mit der Nachricht zu versöhnen, die Verhandlungen in Moskau seien in einem Augenblick der »Erregung« in Folge des Aufstandes begonnen worden, würden aber inzwischen vom ganzen Kabinett abgelehnt, das »keine Verständigung mit Moskau, sondern mit Berlin wolle«.[64]

Die Vertragsunterzeichnung sollte ursprünglich am 5. April um 22.00 Uhr vor sich gehen. Gegen Mitternacht informierte Dekanosow Stalin aus Berlin, dass der deutsche Einmarsch in Jugoslawien unmittelbar bevorstehe.[65] Nachfragen beim Fernmeldeministerium ergaben, dass die jugoslawische Delegation in dieser Nacht kein Telegramm erhalten hatte. Nun folgte hektische Betriebsamkeit. Um 1.00 Uhr morgens machte man Gavrilovic ausfindig, der sich auf einen Spätempfang des amerikanischen Botschafters zurückgezogen hatte.[66] Er zeigte sich jedoch ausweichend und wenig kooperativ, als er Wyschinski am Telefon sagte, er erwarte eine Antwort seiner Regierung erst am späten Vormittag. Für Wyschinski war dies jedoch keine Antwort. Es wurden daher besondere Vorkehrungen getroffen, damit Gavrilovic von seiner Botschaft aus direkt mit Simovic telefonieren konnte.[67] Gavrilovic war inzwischen so misstrauisch geworden, dass er selbst die Möglichkeit nicht mehr ausschloss, die Russen könnten ihm eine Falle stellen. Daher mutet das folgende Telefonat reichlich bizarr an:

»Hier ist General Simovic.«
»Woher sprechen Sie, General?«
»Woher? Warum fragen Sie das?«
»Wo sind Sie, General? Zu Hause oder im Büro?«
»Aber warum fragen Sie das?«
»Ich muss es wissen, General.«
»Ich bin zu Hause.«
»In welcher Straße? Welche Hausnummer?«
»Sie wissen doch ganz genau, wo ich wohne! Wir sind schließlich Nachbarn!«
»Das tut nichts zur Sache. Nennen Sie mir Ihre Adresse.«
»Gladstone-Straße 2.«

»Gut«, antwortete Gavrilovic, der erst jetzt überzeugt war, tatsächlich mit seinem Premierminister zu sprechen. Sehr rasch zeigte sich jedoch eine grundlegende Meinungsverschiedenheit. Der Premierminister, der noch keine Antwort von den Deutschen hatte und ständig mit Nachrichten über den unmittelbar bevorstehenden Angriff bombardiert wurde, wollte um jeden Preis eine Vereinbarung abgeschlossen sehen:

»Unterschreiben Sie, was die Russen Ihnen vorlegen.«
»Ich kann nicht, General. Ich weiß, was meine Pflicht und meine Aufgabe ist.«
»Sie müssen unterschreiben.«
»Ich kann nicht, General, vertrauen Sie mir.«
»Unterschreiben Sie, Gavrilovic!«
»Ich weiß, was ich tue, General. Ich kann dieses Dokument nicht unterzeichnen.«
»Gut, wenn Sie einen Befehl brauchen, dann befehle ich Ihnen hiermit zu unterschreiben.«
»Ich weiß, was ich tue, glauben Sie mir.«
Mit diesen Worten warf Gavrilovic den Hörer auf die Gabel.[68]

Eine Minute später klingelte das Telefon erneut. Es war der Leiter der Nahostabteilung des sowjetischen Außenministeriums, Nowikow. Gavrilovic behauptete, die Verbindung sei schlecht gewesen, und er sei nicht sicher, ob er tatsächlich mit General Simovic gesprochen habe. Er »glaube«, dass er angewiesen sei, das Abkommen zu unterzeichnen, wünsche aber »trotzdem, dass die Erwähnung der Neutralität gestrichen wird«. Als Wyschinski noch einmal mit ihm zu sprechen versuchte, blieb Gavrilovic hart und schrieb nun seiner Regierung den Wunsch zu, »den Begriff der Neutralität aus dem Text des Abkommens zu entfernen«. Dabei wusste Gavrilovic genau, »dass man das Telefongespräch zweifellos mitgeschnitten hatte und Stalin darüber informiert war«. Das ist offenbar der Grund, weshalb Wyschinski darauf bestand, die gesamte Delegation möge sich um 2.30 Uhr morgens im Kreml einfinden. Nun ging Gavrilovic zur Verzögerungstaktik über und bedauerte, dass die Delegationsmitglieder nicht auffindbar seien. Das war für die »Protokollabteilung« des Außenministeriums kein großes Problem. Schließlich arbeitete sie bei der Beschattung ausländischer Diplomaten eng mit dem NKWD zusammen. Die Jugoslawen wurden denn auch prompt in einem Moskauer Restaurant, in der amerikanischen Botschaft usw. ausfindig gemacht. Um weitere Probleme zu vermeiden, erhielt Nowikow persönlich die Weisung, sie zum Kreml zu bringen. Unterwegs erfuhr er von Gavrilovic, die Mission warte gar nicht auf »Weisungen von der Regierung« und habe »nicht die Absicht, den Vertrag zu unterzeichnen«. Diese Botschaft gab er unverzüglich an seine Vorgesetzten weiter.

Da man das Schlimmste befürchtete, geleitete man Gavrilovic in Molotows Büro, wo er angenehm überrascht war, einen gelassenen, gut gelaunten Stalin anzutreffen. An diesen wandte sich Molotow völlig unerwartet mit dem Vorschlag, »das Wort ›Neutralität‹ aus dem ganzen Text zu streichen«. Die Schuld für diesen angeblichen Schnitzer schob er Wyschinski zu. Man schien es nun so eilig mit dem Abschluss des Vertrages zu haben, dass keine Zeit mehr blieb, die veränderte Version ins Serbokroatische zu übersetzen. So wurde der neu geschriebene russische Text am 6. April gegen 3.00 Uhr morgens unterzeichnet. Da Deutschland der Hauptadressat war, lief die Meldung bereits eine Stunde später über alle Sender. Stalin bestand allerdings darauf, als Unterzeichnungsdatum den 5. April einzusetzen. Damit sollte der Eindruck vermieden werden, das Dokument sei im vollen Wissen um die deutsche Invasion in Jugoslawien oder gleichzeitig mit ihr signiert worden.[69]

Die Teilnehmer sahen sich dann in einem anderen Raum eine Wochenschau an, während Molotow ein Bankett improvisieren ließ, das bis 7.00 Uhr morgens dauerte. Stalins nonchalante Reaktion auf die deutsche Drohung gegen Jugoslawien und Russland: »Sollen sie kommen. Wir haben starke Nerven!«, wird häufig zitiert, aber nicht im richtigen Zusammenhang. Wie wir gesehen haben, drängte Stalin aus Furcht vor einer Invasion auf das Abkommen. Das Ziel der Russen war eigentlich gewesen, Deutschland vom Einmarsch in Jugoslawien abzuhalten. Nun, da dieser unvermeidlich schien, ging es vor allem darum, die Atempause zu verlängern und durch einen härteren Widerstand Jugoslawiens den Angriff auf Russland hinauszuzögern. Stalin tat alles, um Selbstsicherheit zu demonstrieren. In allen Einzelheiten beschrieb er die Neuerungen in der Roten Armee und deren Fähigkeit, Jugoslawien zu helfen. Sein persönliches Eingreifen war zumindest insofern wirksam, als es Gavrilovics Meinung über Stalin dramatisch veränderte: »Er hat einen großartigen Willen, er kontrolliert alles, er erfasst alles, seine Seele ist voller Kraft und Energie. Der unvergleichliche Stalin, oh, der große Stalin.«[70]

Während der Verhandlungen mit den Jugoslawen hatte Stalin widerwillig die Ansicht der Militärs und Molotows akzeptiert, ein Abkommen könnte Hitler immer noch von einem langen Zermürbungskrieg abhalten. Als die Jugoslawen sich in Hochstimmung von Stalin verabschiedeten, eröffnete Hitler den Angriff auf Jugoslawien mit einem erbarmungslosen Bombardement Belgrads, das die Stadt in Schutt und Asche legte. Trotz der früheren Berichte der Nachrichtendienste schien Stalin überrascht, als er die Nachricht vom deutschen Angriff erhielt.[71] Zwei Stunden nach seiner Abfahrt vom Kreml rief er Molotow von seiner Datsche aus an.

Es folgte ein kontroverses Gespräch, in dessen Verlauf Stalin Molotow drängte, das für den Abend angesetzte Bankett abzusagen. Stalin argumentierte, der Angriff lasse das Abkommen in neuem Licht erscheinen, und das Bankett könne »äußerst provozierend wirken«.[72] Die Tatsache, dass *Prawda* und *Iswestija* an diesem Tag erst gegen Mittag erschienen, zeugt von diesen Differenzen und Befürchtungen. Als die Zeitungen dann schließlich herauskamen, war immer noch Molotows Linie vorherrschend, denn man versuchte, das Beste aus dem Vertrag herauszuholen, ohne Deutschland damit zu provozieren. Beobachter betrachteten die Vereinbarungen als eine »bedeutsame moralische und politische Unterstützung für Jugoslawiens Politik des Widerstandes«. Diese zeigte sich auch in dem »ungewöhnlichen Schritt, ein Foto von der feierlichen Unterzeichnung über fünf Spalten hinweg zu drucken, ... was es seit der Unterzeichnung des Ribbentrop-Molotow-Paktes nicht mehr gegeben« hatte.[73] Der Kommentar war allerdings sehr vorsichtig gehalten und richtete sich sowohl an Jugoslawien als auch an Deutschland. Man bemühte sich, die Freundschaftsklausel als eine Möglichkeit zu präsentieren, »den Frieden zu stärken und die Ausbreitung des Krieges zu verhindern«. Das hektische Hin und Her, das diesem Vertragsabschluss vorausgegangen war, suchte man selbstverständlich zu verbergen. Das Dokument wurde, im Gegenteil, als natürliche Folge des Durchbruchs in den Beziehungen von vor einem Jahr hingestellt. Zugleich ließ es erkennen, worum es der Sowjetunion in Jugoslawien ging, wo nämlich »die wichtigsten Nebenflüsse der Donau die Hauptstraßen darstellen, die von Italien, Deutschland und Ungarn über Belgrad nach Saloniki und Istanbul führen«. Noch bedeutsamer vielleicht war die verdeckte Warnung vor einem lang anhaltenden Krieg, sollten die Feindseligkeiten nicht rasch beendet werden.[74]

Aber auch Stalins latente Furcht, die Briten könnten ihn in den Krieg hineinziehen, meldete sich wieder. Die Tinte auf dem Vertrag war kaum trocken, als man von Simic forderte, den jugoslawischen Militärattaché »unverzüglich abzuberufen«, weil man diesem eine pro-britische Haltung nachsagte. Einen Monat später bezeichnete Timoschenko die jugoslawische Militärmission offen als »britische Provokateure«, die die Russen glauben machen wollten, die Unterzeichnung des Abkommens sei ein »Beitrag zum Frieden, stärke den Widerstandswillen der Jugoslawen und die Vorbehalte der Deutschen gegen einen Angriff«, während sie es in Wahrheit mit den Briten hielten.[75]

Zugleich arbeitete man fieberhaft daran, die jugoslawische Gegenwehr zu stärken, ohne die Sowjetunion direkt an den Aktionen zu beteiligen. Das Verteidigungsministerium offerierte unverzüglich eine eindrucksvolle Liste von Jagdflugzeugen für Lang- und Kurzstrecken sowie Panzer- und Flugzeugabwehrkanonen und einige Gebirgsbatterien und Mörser. Der eindeutige Akzent auf militärischem Material, das bei Kämpfen im Gebirge nützliche Dienste leisten konnte, zeugte von der sowjetischen Hoffnung auf einen langen Zermürbungskrieg.[76] Man gab den Jugoslawen zu verstehen, die Rückkehr zu einem Verhältnis der »Freundschaft« sei nun erfolgt. Damit sollte der Eindruck vermieden werden, wenn der Krieg ausbreche, werde die Sowjetunion »ihre Hände in Unschuld waschen und das Land seinem Schicksal überlassen«.[77] Diese anfängliche Kühnheit der Russen ist teilweise auch auf die milde deutsche Reaktion zurückzuführen. Da Operation »Marita« bereits in vollem Gange war, lag den Deutschen viel daran, Stalin ruhig zu stellen. Schulenburg erhielt die Weisung, Molotow von der Operation »ohne besonderes Empressement in sachlicher und nüchterner Form« in Kenntnis zu setzen. Es ist bezeichnend, dass man dabei auf den frisch unterzeichneten sowjetisch-jugoslawischen Vertrag mit keinem Wort einging, während die Invasion als eine Maßnahme zur Verhütung einer englisch-jugoslawischen Zusammenarbeit hingestellt wurde. Um die Pläne für das Unternehmen »Barbarossa« zu verschleiern, kündigten die Deutschen zudem ihre Absicht an, sich aus Jugoslawien wieder zurückzuziehen, sobald ihre Ziele auf dem Balkan erreicht seien.[78]

Aber die schockierende Erkenntnis, dass der deutsche Feldzug in Südosteuropa noch rascher vorankam als der vorherige in Frankreich, führte den Russen mit aller Deutlichkeit vor Augen, welches Schicksal sie erwartete. Drei Tage nach der brutalen Bombardierung Belgrads hatten die deutschen Truppen die jugoslawische Gegenwehr bei Skopje durchbrochen und Saloniki eingenommen. Dank der Erfolge an dieser Front und des Vormarsches der Panzerdivisionen von General Kleist auf Belgrad, konnte die 2. Armee ihren Hauptstoß sogar früher als geplant beginnen. Am Abend des 10. April vollendeten die deutschen Truppen zwei Tage vorfristig die Besetzung Zagrebs, und am 13. April hatten sie Belgrad unter Kontrolle. Ähnlich entwickelte sich auch der Krieg in Griechenland. Nachdem der griechische Premierminister Selbstmord begangen hatte, ergab sich die Armee am 23. April. Den Briten erging es nicht besser. Am 16. April traten sie den Rückzug an. Am 25. April wurde die Hakenkreuzfahne über der Akropolis gehisst, und vier Tage später erreichten die deutschen Truppen die Südspitze des Peloponnes. Damit war der Doppelfeldzug gegen Jugoslawien und Griechenland zu Ende. Die Landung deutscher Fallschirmjäger am 20. Mai auf Kreta konnte nur noch als Nachspiel gelten. Am 27. Mai fiel Chania, und am 1. Juni wurde der letzte britische Soldat aus der Souda-Bucht evakuiert.[79]

Während dieser Feldzug ein rasches Ende fand, erfuhr Stalin aus NKWD-Quellen in der deutschen Botschaft von Schulenburgs Besorgnis, dass das Abkommen »eine bedeutende Veränderung des außenpolitischen Kurses der Sowjetunion« darstelle. Der Botschafter zerbrach sich darüber den Kopf, was Stalin wohl geritten haben mochte, eine Vereinbarung mit einem Staat zu schließen, der unmittelbar vor seiner Vernichtung stand.[80] Tief erschüttert verfolgte Stalin das Schicksal Belgrads, den raschen Vormarsch der Deutschen und die Besetzung von Skopje kaum zwei Tage nach Ausbruch der Kampfhandlungen.[81] Wiederum zwei Tage später erhielt er die Nachricht, dass auch die Griechen ihre Widerstandskraft »äußerst pessimistisch« bewerteten. Die in Griechenland stationierte britische Armee von 100 000 Mann hatte nicht in die Kämpfe eingegriffen, und in Athen herrschte die Meinung vor, alle britischen Pläne für Europa seien gescheitert.[82] Am 11. April um Mitternacht bestätigte Gavrilovic die Berichte aus verschiedenen jugoslawischen Botschaften im Ausland über den Ernst der Situation. Die meisten, darunter auch die in Moskau, waren inzwischen von Belgrad abgeschnitten.[83] Am nächsten Morgen ließ Stalin ein letztes Mal die Muskeln spielen. In der *Iswestija* warnte er Ungarn davor, die Lage auszunutzen und sich dem Raubzug anzuschließen.[84]

Die jugoslawische Episode hatte schwerwiegende Folgen. Stalins verschiedene Manöver, aus einer Position der Stärke wieder in Verhandlungen mit Hitler zu kommen, waren mit der Unterwerfung Jugoslawiens und Griechenlands gescheitert. Er hatte sich eindeutig verrechnet. Nun sah er sich der fast völlig intakten Wehrmacht gegenüber, die früher als erwartet längs der ganzen Grenze aufmarschiert war, bevor der angestrebte Dialog mit Hitler zustande kam. Seine nun folgenden verzweifelten Versuche, die Lage noch zu retten und Hitler zu beschwichtigen, indem er jede Provokation vermied, waren vielleicht die wichtigste direkte Ursache für die Katastrophe, die am 22. Juni über die Sowjetunion hereinbrach. Stalins Taktik verschlechterte das ohnehin gespannte Verhältnis zu den Militärs noch mehr. Bevor der jugoslawische Militärattaché Ende Mai aus Russland ausgewiesen wurde, rief man ihn noch einmal ins Verteidigungsministerium. Timoschenko verhehlte ihm gegenüber nicht, dass er mit dem Ausbruch des Krieges rechnete. Dem Diplomaten erklärte er ausdrücklich, seine Ausweisung müsse stattfinden, um die Deutschen zu besänftigen. Nach dieser Begegnung zeigte sich der Militärattaché überzeugt, dass Timoschenkos Position inzwischen erschüttert war, weil er das Abkommen mit Jugoslawien so konsequent unterstützt und daran geglaubt hatte, dass die jugoslawische Armee mindestens einen Monat lang den deutschen Angriffen standhalten und danach zu einem lang andauernden Partisanenkrieg übergehen könnte. Inzwischen war sein Name fast völlig aus den Zeitungen verschwunden, selbst die Armeezeitung *Krasnaja swesda* erwähnte ihn kaum noch.[85]

Auf dem Höhepunkt von Glasnost gab das sowjetische Außenministerium einige Dokumente über die sowjetisch-jugoslawischen Verhandlungen für die Öffentlichkeit frei.[86] Es wollte damit den falschen Eindruck erwecken, der Titel »Freundschafts- und Nichtangriffspakt« sei eine außerordentliche Leistung gewesen. Wie wir gesehen haben, war Stalin bestrebt, dem von den jugoslawischen Streitkräften vorgeschlagenen Militärbündnis um jeden Preis zu entgehen und das Freundschaftsabkommen sogar zu einem Neutralitätspakt herabzustufen. Während des ganzen Konflikts waren die Anführer des jugoslawischen Putsches uneins über das Bündnis mit Russland. Schließlich spielten sie die deutsche, die britische und die sowjetische Karte gleichzeitig aus, was ihre politischen Bemühungen innerhalb einer Woche zunichte machte. Die Geschichte zeigte sich jedoch gnädig mit beiden Seiten, als sie den reichlich romantischen Mythos eines wirklichen Entschlusses entstehen ließ, den Ansturm Nazideutschlands noch im letzten Augenblick aufzuhalten.

Achtes Kapitel

Churchills Warnung an Stalin

Der britische Nachrichtendienst und »Barbarossa«

Moskaus Glaube, Churchill wolle Russland in den Krieg hineinziehen, verstärkte sich noch durch die eklatanten Niederlagen, die Großbritannien auf dem Schlachtfeld erlitt. Vor diesem Hintergrund sandte Churchill Stalin seine berühmte Warnung vor den Absichten der Deutschen. Churchills anmaßender Bericht über diese erfolglose Botschaft überschattet die Fülle anderer weit wichtigerer Nachrichten zu »Barbarossa«, die Stalin erhielt.[1] Churchills Darstellung der dramatischen Ereignisse in Folge dieser Warnung ist seitdem vielfach unkritisch wiederholt worden. Sie kommt einem auch zuerst in den Sinn, wenn es um das Drama geht, das zum Kriege führte. Bevor das umfangreiche Material über den Zweiten Weltkrieg in den britischen Archiven Mitte der siebziger Jahre für die Öffentlichkeit zugänglich gemacht wurde, galt Churchills voluminöse Geschichte des Zweiten Weltkrieges mit ihrer überzeugenden, aber weitgehend auf seine Person zentrierten und daher gelegentlich irreführenden Interpretation der Ereignisse als so authentisch, dass selbst sowjetische Historiker sie häufig zitierten. Das Verhältnis zu Russland am Vorabend des Großen Vaterländischen Krieges, in dem Cripps eine wichtige Rolle spielte, ist dafür ein typisches Beispiel. Dieses Verhältnis ist vor allem aus Sicht des Kalten Krieges, Cripps' politischer Herausforderung an Churchill im Jahre 1942 und der anhaltenden politischen Rivalität beider nach dem Kriege dargestellt worden. Die besagte Warnung diente Churchill als Ausgangspunkt für einen hochgradig tendenziösen Bericht über die Ereignisse, die dem deutschen Einmarsch in Russland vorausgingen, und hat die Phantasie und das Denken der Leser bewegt. Churchill beurteilt Stalin und dessen Kommissare als »die meist überlisteten Stümper des Zweiten Weltkrieges«, übergeht dabei aber die Tatsache, dass die Briten die Bedeutung Russlands als potenziellem Verbündeten im Kriege damals nicht erkannten.[2]

Cripps' erbitterter Streit mit Churchill muss im Rahmen der bereits beschriebenen endlosen Debatte gesehen werden, die in England über die britisch-sowjetischen Beziehungen geführt wurde.[3] In Ankara hatte Cripps noch Eden gedrängt, das Misstrauen der Sowjets, Großbritannien betreibe ihnen gegenüber eine »hoffnungslos feindselige Politik, durch den Abschluss einer politischen Regelung in der Frage des Baltikums« zu zerstreuen. Er wandte sich auch, was ganz ungewöhnlich war, mit der Warnung direkt an das Kabinett, es wäre »verheerend, wegen einer fehlenden Weisung hier eine Gelegenheit zu verpassen«.[4] Als Attlee Cripps' Telegramm am 31. März zur Sprache brachte, war im Kabinett von den Beziehungen zu Russland Monate lang keine Rede gewesen. Dann aber hatte Churchill, wenn man seinem Bericht über die Warnung an Stalin Glauben schenkt, das Gewicht erkannt, das Russland in der nächsten Phase des Krieges zufiel. Diese angebliche Weitsicht ist aus den Protokollen über die Diskussionen im Kabinett allerdings nicht abzulesen. Das Problem blieb zunächst in der Zuständigkeit des Foreign Office.[5] Eden, der sich immer noch in Athen aufhielt, billigte ganz nebenbei die Empfehlung des Außenministeriums, Cripps' »unkluge und nutzlose Initiative« zurückzuweisen.[6]

Die Bewertung der Geheimdienstberichte über die deutschen Absichten war von der im Foreign Office vorherrschenden politischen Meinung beeinflusst.[7] Diese Vorurteile behinderten die Analyse der umfangreichen Geheimdienst-Informationen über den Aufmarsch und die Absichten der Deutschen, von denen einige auf die Entschlüsselung deutscher Codes zurückgingen. Seit Kriegsausbruch hielt die Militäraufklärung engen Kontakt zum Foreign Office und hatte sich dessen Sicht der sowjetisch-deutschen Beziehungen zu eigen gemacht. Cadogan, der Unterstaatssekretär, der in Edens Abwesenheit das Foreign Office im Kabinett vertrat, stand in fast täglichem Kontakt mit den Stabschefs. Victor Cavendish-Bentinck war nicht nur der Vertreter des Foreign Office im Gemeinsamen Geheimdienstausschuss, sondern stand diesem sogar vor. Zudem zirkulierten die Wochenberichte des Foreign Office in allen Nachrichtendiensten und dienten dort als politische Richtlinie für die Mitarbeiter, die die Berichte zusammenstellten.[8]

Als erschwerend für die richtige Einschätzung des heraufziehenden Konflikts erwies sich auch die Tatsache, dass die Informationen über die Rote Armee sehr dürftig waren und noch dazu von einem extrem voreingenommenen Stabschef zusammengefasst wurden. Die Militäraufklärung stand nicht nur unter dem Einfluss der vorherrschenden politischen Orientierung, sondern auch eines überkommenen Bildes der russischen Armee, das über all die Jahre beibehalten worden war und zum Teil bis auf den Krimkrieg zurückging, in seinen wichtigsten Zügen aber aus dem Ersten Weltkrieg stammte. Diesem Bild hatten auch die weitgehenden theoretischen, technologischen, strukturellen und strategischen Reformen in der Roten Armee seit der Revolution nichts anhaben können. Es herrschte also eine grundsätzlich abschätzige Haltung vor, die nicht nur, wie allgemein argumentiert wird, auf die Säuberungen der Jahre 1937/38 zurückzuführen war. In einem reichlich verstaubten Abschlussurteil, das auf ähnlichen Papieren aus den zwanziger und dreißiger Jahren beruhte, hieß es: »Zwar ist die Truppenstärke groß, aber ihre Ausrüstung weitgehend überholt. Sie leiden an inneren Defekten, die sich gegen die Deutschen schwerwiegend bemerkbar machen werden. Ihre Kriegstüchtigkeit ist gering. Am besten sind sie in der Verteidigung und zu Lande, da sie sich in die Weite ihres Territoriums zurückziehen können.«[9]

Frühe Berichte aus verschiedenen Quellen über Hitlers Kriegspläne im Osten wurden leichthin abgetan. Man war der allgemeinen Meinung, sie beruhten auf »irreführenden Gerüchten« oder schlichtem »Wunschdenken«. Die generelle politische Sicht auf die Sowjetunion führte zu dem Schluss, die Kollaboration der Russen mit Deutschland gehe so weit, dass sie »bereit sind, bereits bei der Androhung von Gewalt nachzugeben«.[10] Eine andere Erklärung bewertete die ungewöhnliche Konzentration deutscher Truppen auf dem Balkan als eine Defensivmaßnahme gegen Russland. Informationen aus Moskau, dass der sowjetische Generalstab bei den Kriegsspielen im Januar von einem deutschen Angriff auf Russland ausgegangen sei, wurden nicht ernst genommen.[11]

Deutlichere Gerüchte von einem bevorstehenden deutschen Angriff auf Russland gingen im März aus verschiedenen Hauptstädten ein und wiesen darauf hin, dass eine deutsche Wendung nach Osten »in den Grenzen des Möglichen« lag. Cavendish-Bentinck schloss eine deutsche Invasion nicht aus: »Hitler kann aus opportunistischen Gründen gelegentlich von den in *Mein Kampf* dargelegten Prinzipien abgehen, aber früher oder später werden sie wieder zur Grundlage seiner Politik werden«. Solche seltenen Ketzereien fanden jedoch kein Echo. Dieses »zweifelhafte, anonyme Gerede«, so erklärte Cadogan, werde von den Deutschen verbreitet, um die Russen »einzuschüchtern«, und könne deshalb nicht als »sichere Orientierung« für eine veränderte Einschätzung dienen.[12] Ein detaillierter Bericht aus Stockholm über die Absichten Deutschlands schloss mit den Worten: »Alle militärischen Kreise in Berlin sind davon überzeugt, dass es in diesem Frühjahr einen Konflikt mit Russland geben wird, und halten den Erfolg für sicher.« Aber auch dies wurde im Foreign Office als »die üblichen widersprüchlichen Gerüchte« verworfen.[13]

Die wachsende Flut von Geheimdienstberichten konnte jedoch bald nicht mehr ignoriert werden. Nun schrieb man sie folgerichtig einem »Nervenkrieg« der Deutschen zu, dessen Absicht es sei, »ein Klima der Nervosität in Moskau zu erzeugen, um Russland von einem möglichen Eingreifen in die deutschen Balkanpläne abzuhalten oder den Boden zu bereiten, um der sowjetischen Regierung weitere Zugeständnisse abzuringen«. Man äußerte Zweifel, ob »Rotkäppchen nun den Mut haben wird, sich diesen Gefahren zu stellen«. Eher erwartete man, dass es »den großen bösen Wolf mit einer fortgesetzten Anpassungspolitik beschwichtigen« werde.[14]

Cripps erkannte mit seiner ganz anderen politischen Sicht die drohende deutsche Gefahr für Russland. Als er Anfang März 1941 von seinem Kurzbesuch in Ankara zurückkehrte,[15] war er fest überzeugt, wie er Botschafterkollegen sagte, dass es »noch vor dem Sommer« zum Krieg zwischen Russland und Deutschland kommt. Cripps erwartete, dass Hitler die Widerstände gegen den Zweifrontenkrieg überwinden und Russland angreifen werde, bevor England zu stark werden und Deutschland an der Eröffnung einer zweiten Front hindern könnte. In einem Hintergrundgespräch mit Presseleuten sagte Cripps voraus, Hitler werde Russland »nicht später als Ende Juni« angreifen. Seinen ersten Bericht an das Foreign Office über die deutschen Absichten sandte Cripps am 24. März, als die Spannungen um Jugoslawien stiegen. Seine Information war angesichts des frühen Zeitpunkts geradezu prophetisch. Sie stammte aus einer Berliner Quelle und kam über Vilhelm Assarsson, den gut informierten schwedischen Botschafter in Moskau.[16] Wie diese Information bewertet und weiter verwendet wurde, wirft ein Schlaglicht auf die britische Haltung zu dem heraufziehenden Konflikt und den Folgen für die sowjetische Außenpolitik und soll daher ausführlicher behandelt werden. Die genannte Information bestätigte im wesentlichen Cripps' Eindruck, dass die Deutschen entschlossen waren, »gegen Russland einen Blitzkrieg zu führen und das gesamte Gebiet bis zum Ural zu erobern«:[17]

»6. Die Deutschen haben folgenden Plan: Die Angriffe gegen England werden mit U-Booten und aus der Luft fortgesetzt, aber es wird keine Invasion geben. Zugleich werden sie gegen Russland losschlagen.

7. Dieser Angriff wird von drei großen Armeen vorgetragen: der ersten in Warschau, die von Bock befehligt, der zweiten, die in Königsberg steht, und der dritten in Krakau unter dem Befehl von List.[18]
8. Die Vorbereitungen werden mit größter Umsicht getroffen, so dass der Angriff völlig unerwartet erfolgen kann. Es wäre keine Überraschung, wenn dies im Mai geschähe.«[19]

Cripps hoffte, mit einer klugen und umsichtigen Verwendung dieser Information die Sowjetunion stärker an England binden zu können. Er hielt es für durchaus möglich, dass die Russen ihre schwierige Lage begriffen und ihre Haltung änderten. Zugleich war er der Meinung, dass die Information Maiski auf indirektem Wege – über einen Dritten, z. B. den chinesischen oder den türkischen Botschafter – zugespielt werden müsste. Ein »indirektes, verdecktes« Vorgehen, so riet er, »machte mehr Eindruck als eine direkte Mitteilung, deren Motiv ihnen suspekt wäre«. Sein Vorschlag wurde jedoch von hohen Beamten sofort vom Tisch gefegt, die die Information als »Teil des Nervenkrieges gegen Russland« sahen, mit dem dieses »in eine engere Partnerschaft mit Deutschland gezwungen« werden sollte. Auch der Vorsitzende des Gemeinsamen Geheimdienstausschusses, Cavendish-Bentinck, wies den Bericht zurück. Aus deutscher Sicht sei die Besetzung Russlands »reine Prahlerei. Dem Kriegsministerium liegt keinerlei Bestätigung deutscher Truppenkonzentrationen gegen Russland vor, auch gibt es nicht die geringste Aktivität deutscher Flugzeuge in dieser Richtung. Deshalb verfolgen derartige Drohungen gegen Russland offenbar das Ziel, die sowjetische Regierung einzuschüchtern, sie zu einem Bündnis mit Deutschland zu bewegen … und uns in die Irre zu führen.« Ähnliche Informationen, die auch weiterhin aus verschiedenen Richtungen eingingen, wurden von der Militäraufklärung, die auf ihrer vorgefassten Meinung beharrte, als Desinformation der Deutschen abgetan.[20] Eine ausgewogenere Einschätzung der deutschen Absichten zirkulierte in verschiedenen Zweigen der Militäraufklärung, aber in der damals vorherrschenden Atmosphäre wurde sie als »nicht überzeugend« verworfen.[21]

Die verschlüsselte Warnung

Churchill berichtet, dass er im März 1941 erregt und erleichtert den Bericht eines der »zuverlässigsten Gewährsleute« Großbritanniens las, »der wie ein Blitzstrahl die östliche Kulisse erhellte«. Gemeint ist eine Information, die die Briten über Ultra erhielten, den Apparat, den sie zur Entschlüsselung des deutschen Funkverkehrs entwickelt hatten. Aus den abgefangenen Funksprüchen ging hervor, dass drei Panzerdivisionen und andere wichtige Einheiten einen Tag nach Jugoslawiens Beitritt zur Achse[22] vom Balkan in die Gegend um Krakau verlegt worden waren. Als die Deutschen von dem Putsch in Belgrad erfuhren, hatte man sie aber unverzüglich zurückgerufen. Die rasche Verlegung großer Panzerverbände nach Polen und dann wieder zurück auf den Balkan, so argumentierte Churchill, könne »nur bedeuten, dass Hitler beabsichtigte, Russland im Mai anzugreifen ... Die Tatsache des Belgrader Umschwungs ... konnte möglicherweise einen Aufschub bis Juni bedeuten.«[23] Aber war Churchills Erkenntnis wirklich genial? War dieser einzelne Bericht tatsächlich der alleinige Grund dafür, dass er seine Meinung über die deutschen Absichten änderte und sich entschloss, Stalin persönlich zu warnen? Wurde Churchill im Unterschied zu allen Nachrichtendiensten und dem ganzen Außenministerium plötzlich die Gefahr bewusst, die auf Russland lauerte? Wie kam Churchill dazu, den Juni als wahrscheinlichen Zeitpunkt der Invasion vorauszusagen? Die Antworten auf diese Fragen zeigen, wie verheerend sich Churchills Warnung auf Stalins eigene Bewertung der heraufziehenden Gefahr auswirkte.

Ebenso wie Stalin hatte Churchill ein Verfahren eingeführt, nach dem die Aufklärung ihre Originalberichte für ihn zusammenstellte. Major Desmond Morton selektierte sie weiter und legte sie dann Churchill täglich in einer besonderen roten Mappe vor. Es handelte sich um abgefangene Telegramme feindlicher, aber auch befreundeter Botschaften, vor allem aber Mitschnitte von deutschen Funksprüchen, die man über Enigma beschaffte. Den Code der deutschen Marine hatte man inzwischen geknackt, so dass regelmäßig Informationen nach Bletchley Park flossen, wo die große Entschlüsselungsaktion stattfand. Dagegen hatte man nach wie vor Schwierigkeiten, den Funkverkehr der Wehrmacht zu dechiffrieren. Bis zum Beginn des Unternehmens »Barbarossa« erhielt Churchill nur fragmentarische Berichte über den deutschen Truppenaufmarsch.

Angesichts der dramatischen Entwicklung in Jugoslawien beanspruchten vor allem die verzweifelten Versuche von Eden und General Dill, eine wirksame Barriere gegen Deutschlands Vordringen nach Südosteuropa und in den Nahen Osten zu errichten und es insbesondere von der Türkei abzulenken, Churchills Aufmerksamkeit.[24] Wie Stalin, so prüfte auch Churchill Deutschlands Absichten gegenüber Russland vor dem Hintergrund der Entwicklung in dieser Region. Am späten Abend des 28. März 1941 sandte er Eden, der sich gerade in Athen aufhielt, detaillierte Instruktionen zur britischen Gesamtstrategie. Nur im letzten Punkt findet sich darin ein flüchtiger und höchst hypothetischer Hinweis auf die Möglichkeit einer deutsch-sowjetischen Konfrontation. »Ist es nicht möglich«, so vermutete er, »wenn sich eine Front auf der Balkan-Halbinsel aufbaut, dass Deutschland es dann für besser hält, [die notwendigen Truppen] von Russland abzuziehen?«[25] Mit anderen Worten, Churchill sah den Balkan und den Nahen Osten als Hitlers Hauptziel, und nur wirksamer Widerstand in diesen Gebieten konnte Hitler seiner Meinung nach auf Russland lenken.

Als aber Generalmajor Sir Stewart Menzies, der Chef (»C«) des Geheimdienstes MI6, Churchill am nächsten Morgen einen von Enigma aufgefangenen Funkspruch vorlegte, kehrte er bereits wieder zu seiner früheren Einschätzung zurück. Diese Nachricht enthielt den Befehl an drei von fünf Panzerdivisionen und an zwei motorisierte Divisionen, darunter eine SS-Division, zur Verlegung aus Rumänien in die Gegend von Krakau. Ihr Transport sollte am 3. April beginnen und am 29. beendet sein. Wie wir aus den jetzt zugänglichen Geheimdienstberichten an Churchill ersehen können, war es »C«, der Churchill in seiner prägnanten Sprache auf die Tatsache aufmerksam machte, dass diese Direktive vor dem Putsch in Jugoslawien ausgegeben wurde, »weshalb es interessant sein könnte zu verfolgen, ob sie immer noch ausgeführt wird«.[26] Churchill erkannte allerdings den Zusammenhang mit den Plänen der Deutschen gegenüber der Sowjetunion nicht sofort. Es ist auch ziemlich sicher, dass er, entgegen seiner späteren Darstellung, diese »schwerwiegende Nachricht« nicht unverzüglich an Stalin sandte. Statt dessen übermittelte er sie eiligst an Eden, weil er annahm, dieser könnte die widerwilligen Griechen, Türken und Jugoslawen mit einer solchen Trumpfkarte überzeugen, eine stabile Front gegen Hitler aufzubauen. Daher betonte er die südliche Richtung des deutschen Vorstoßes, der nach seiner Meinung die Wehrmacht zumindest zeitweilig von Russland ablenken werde:

»Der schlechte Mensch hat große Panzerstreitkräfte etc. konzentriert, um Jugoslawien und Griechenland einzuschüchtern, in der Hoffnung, Ersteres oder beide kampflos zu gewinnen. Kaum fühlte er sich sicher, dass Jugoslawien mit der Achse gehe, verlegte er drei von fünf Panzerdivisionen in die Nähe des Bären, in der Annahme, dass der Rest ausreichen werde, um die griechische Angelegenheit zu bereinigen. Der Umschwung in Belgrad machte ihm jedoch einen Strich durch die Rechnung und führte zum Abbruch des Transports nach Norden. Nach meiner Meinung kann dies einzig bedeuten, dass Jugoslawien bald möglichst angegriffen werden wird, vielleicht auch die Türkei. Es hat den Anschein, dass starke Kräfte auf der Balkanhalbinsel eingesetzt werden; der Bär muss inzwischen noch ein bisschen warten.«[27]

Zeit, aber vor allem Einfluss von außen waren notwendig, um Churchill die volle Tragweite dieses Berichtes vor Augen zu führen und ihn entsprechend handeln zu lassen. Hierbei ist wichtig, dass Churchill Eden während dessen langer Abwesenheit im Nahen Osten als Außenminister vertrat und daher alle wichtigen Informationen auf direktem Wege erhielt. Als er noch über dem Telegramm an Eden saß, machte ihn Cadogan auf Nachrichten aufmerksam, die die Enigma-Berichte bestätigten.[28] Auch Cripps' sehr ausführliches Telegramm zu diesem Thema wurde ihm vorgelegt. Sowohl das Datum der geplanten Invasion als auch die Entscheidung, die Russen zu alarmieren, korrespondieren viel mehr mit Cripps' Telegramm als mit dem Enigma-Bericht. Zu einem deutlichen Kurswechsel kam es frühestens am 30. März, als die Möglichkeit eines deutschen Überfalls auf Russland in einem zweiten Telegramm Churchills an Eden deutlicher anklang. Das geschah aber erst, nachdem sowohl die Luftaufklärung als auch der Entschlüsselungsdienst der Regierung den Enigma-Bericht dechiffriert hatten und zu einer ähnlichen Schlussfolgerung gekommen waren. Aber selbst zu diesem Zeitpunkt vermied es Churchill, sich an der bereits beschriebenen und lange aufgeschobenen Debatte über die britisch-sowjetischen Beziehungen vom 31. März aktiv zu beteiligen.[29]

Die Entscheidung, Cripps' Vorschlag zu akzeptieren und den Russen die gesammelten Informationen zu übermitteln, brauchte noch etwas länger. Offenbar wurde Churchill in dieser Richtung von weiteren Berichten beeinflusst, die am 30. März aus Belgrad und am 2. April vom Staatssekretär im amerikanischen Außenministerium, Sumner Welles, eingingen. Sie bestätigten Nachrichten aus Athen, wo Prinz Paul nach dem Putsch Zuflucht gesucht hatte. Hitler hatte ihm bei der Begegnung am 4. März in Berchtesgaden seine Absicht eröffnet, gegen Russland loszuschlagen. Zugleich stellte sich heraus, dass Göring dem japanischen Außenminister Matsuoka bei dessen Besuch in Berlin mitgeteilt hatte, Deutschland werde Russland im Frühjahr angreifen, ganz gleich, wie der

Feldzug gegen England ausgehe.[30] Cripps, überzeugt davon, dass die Gefahr real sei, und wie üblich voller Tatendrang, äußerte am 31. März, falls sich die Enthüllungen bestätigten, könnten sie »hier wirkungsvoll eingesetzt werden«.

An diesem Punkt muss zwischen Cripps' Bedenken gegen die Übergabe der Information und denen des Außenministeriums sorgfältig unterschieden werden. Cripps bereitete vor allem Sorge, die Russen könnten dies als einen erneuten Versuch interpretieren, sie in den Krieg hineinzuziehen. Das Foreign Office hingegen erwartete keinen deutschen Angriff und wollte deshalb keinen Schritt unternehmen, der den Deutschen bei den Phantom-Verhandlungen nützen könnte. Die neue Nachricht drohte die tief verwurzelte Auffassung zu untergraben, dass ein sowjetisch-deutsches Bündnis im Entstehen sei. Sollten die Russen die Warnung akzeptieren, hätte dies eine britisch-sowjetische Annäherung auf die Tagesordnung gesetzt. Deshalb ist es nicht verwunderlich, dass sich Cadogan an dem Tag, als Churchill über eine Warnung an Stalin nachzudenken begann, mit voller Unterstützung des Chefs der Nordabteilung des Foreign Office, Laurence Collier, gegen Cripps' und Halifax' Vorschläge wandte, die Russen auf die Gefahr aufmerksam zu machen. Es habe keinen Sinn, so schrieb er in einer Notiz, die Russen immer wieder zu warnen, es sei denn, man könnte damit »aus unserer Sicht eine positive Wirkung erzielen, das heißt, sie müssten es so verstehen, dass sie ungeachtet aller Zugeständnisse, die sie Hitler machen, *in jedem Falle* angegriffen werden«. Kurz gesagt, die Übergabe dieser Nachricht sei nutzlos, bevor die Russen »stark genug sind, darauf entsprechend zu reagieren«.[31] Inzwischen hatte die vorherrschende politische Sicht auch die Nachrichtendienste erreicht und dominierte deren Denken. Am 1. April zog die Militäraufklärung den Schluss, dass »das Ziel der Bewegung der Panzerdivisionen und motorisierten Verbände der Deutschen zweifellos darin bestand, militärischen Druck auf Russland auszuüben, um es daran zu hindern, in die deutschen Pläne auf dem Balkan einzugreifen«.[32]

Wenn man über Churchills Warnung an Stalin nachdenkt, muss man berücksichtigen, dass sich der Premierminister bis zu diesem Zeitpunkt so gut wie gar nicht für die Beziehungen zu Russland interessiert hatte.[33] Sein plötzlicher Eifer, die Russen zu warnen, stand darüber hinaus in scharfem Kontrast zu der Haltung, die er bis dahin eingenommen hatte. Im Februar, als die Aussichten für Großbritannien noch besser waren, hatte er sich gegen eine halbherzige Warnung an die Russen gewandt, »solange es um Großbritanniens Sache in Griechenland so schlecht steht«.[34] Nun aber trieb ihn der Gedanke um, dass Deutschland seine Gesamtstrategie geändert haben könnte. Sein plötzliches Handeln war allerdings recht spontan und berücksichtigte nicht den delikaten politischen Rahmen, in den seine Botschaft passen musste. Mit seinem Schritt löste er in Moskau eine Entwicklung aus, die für den Umgang mit der deutschen Gefahr bald schwerwiegende Folgen haben sollte. Die Botschaft, die Stalin auf die genannte Veränderung aufmerksam machen sollte, entstand schließlich am 3. April und lautete wie folgt:

»Ich habe zuverlässige Informationen von einem vertrauenswürdigen Agenten, dass die Deutschen, als sie glaubten, Jugoslawien in ihr System einbezogen zu haben – also nach dem 20. März –, drei von fünf Panzerdivisionen aus Rumänien nach Südpolen zu verlegen begannen. So wie sie von der Revolution in Serbien erfuhren, wurde diese Bewegung in ihr Gegenteil verkehrt. Eure Exzellenz werden die Bedeutung dieser Tatsachen leicht ermessen können.«

Wie Churchill zutreffend schreibt, war die Nachricht »kurz und geheimnisvoll« abgefasst. Damit verfolgte der Verfasser, wie er sich später erinnerte, die Absicht, »Stalins Aufmerksamkeit zu wecken und ihn zum Nachdenken zu bringen.«[35] Cripps wurde aufgefordert, die Warnung, wenn möglich, Stalin »unter vier Augen« zu übergeben.[36]

Das Foreign Office, das als Verbindungsglied zwischen Churchill und seinem Botschafter in Moskau fungierte, war in seinen bisherigen Vorstellungen gefangen und wollte diese neue Wendung nicht ohne weiteres akzeptieren. Sargent und Cadogan, die offenbar befürchteten, Cripps werde weiter vorpreschen als gewünscht, wenn es ihm erst einmal gelang, zu Stalin vorzudringen, übermittelten ihm eilig eine »Leitlinie für das Gespräch«. Da Cripps die Quelle der Nachricht nicht kannte, konnte die Instruktion des Foreign Office die Wirkung, die Churchill sich vorgestellt hatte, nur abschwächen. Die Instruktion verkörperte zwei Denkschulen – diejenige Churchills und die skeptische Haltung des Foreign Office. Cadogan begann mit einer thesenartigen Zusammenfassung von Churchills Warnung:

»Die Veränderung der militärischen Arrangements der Deutschen bedeutet ganz sicher, dass Hitler auf Grund der Aktion in Jugoslawien seine ursprünglichen Pläne, der Sowjetregierung zu drohen, jetzt aufgeschoben hat. Wenn das zutrifft, dann sollte es der Sowjetregierung möglich sein, diese Gelegenheit zu nutzen, um ihre Position zu stärken. Dieser Aufschub zeigt, dass die Kräfte des Gegners nicht unbegrenzt sind, und welche Vorteile so etwas wie eine Einheitsfront bringen könnte.«

Die Zweideutigkeit dieser Weisung sprang deutlich ins Auge. Im zweiten Absatz argumentierte Cadogan, Hitler wolle mit seinem Druck lediglich weitere Zugeständnisse erpressen, ohne Russland wirklich angreifen zu wollen. Der erste Entwurf dieser Weisung war so unbefriedigend, dass Churchill persönlich diesen Absatz strich und die militärische Bedeutung seiner Information hervorhob. Aber auch damit gab das Dokument Churchills Drängen und seine Bewertung dieser neuen Nachricht nicht adäquat wieder. Mehr noch, während Churchills Warnung mit Cripps' Empfehlung konform ging, nicht um Unterstützung für Großbritannien bei seinen Schwierigkeiten in Südosteuropa zu bitten, geschah in der Instruktion genau dies:

»2. Die Sowjetregierung könnte ihre eigene Position vor allem dadurch stärken, dass sie der Türkei und Griechenland sowie über Letzteres auch Jugoslawien materielle Hilfe gewährt. Diese könnte den Deutschen größere Schwierigkeiten auf dem Balkan bereiten und ihren Angriff auf die Sowjetunion, für den es so viele Anzeichen gibt, weiter hinausschieben. Wenn allerdings jetzt nicht jede Gelegenheit genutzt wird, den Deutschen Knüppel zwischen die Beine zu werfen, wird die Gefahr in einigen Monaten erneut auftauchen.
3. Natürlich sollten Sie nicht andeuten, dass wir irgendwelche Hilfe von der Sowjetregierung benötigen oder sie anders als in ihrem eigenen Interesse handeln soll. Was wir ihr allerdings begreiflich machen wollen, ist, dass Hitler die Absicht hat, sie früher oder später anzugreifen, wenn er dazu in der Lage ist ...«[37]

Churchill erweckt beim Leser seiner Memoiren den falschen Eindruck, er habe bis zum 12. April nicht wieder von Cripps gehört.[38] Ebenso unergründlich ist, dass er die dramatische Unterzeichnung des sowjetisch-jugoslawischen Vertrages nicht erwähnt, die genau an dem Tag erfolgte, als seine Warnung in der britischen Botschaft in Moskau einging, und sie sofort als überholt erscheinen ließ. Das Abkommen zeigte eindeutig, dass Stalin sich der deutschen Bedrohung durchaus bewusst war, dass er jeden Schritt fürchtete, der die Deutschen provozieren konnte, und zugleich die Versuche der Briten mit Misstrauen verfolgte, Russland in den Krieg zu verwickeln.[39]

Bereits am 5. April kabelte Cripps an Churchill, es stehe »unter den gegenwärtigen Bedingungen ganz außer Frage, Stalin persönlich eine Botschaft übergeben zu wollen«. Er erinnerte Churchill daran, dass man ihn seit der ersten und einzigen Begegnung im Juli 1940 nicht mehr zu Stalin vorgelassen habe. Von diesem Argument überzeugt, stimmte Churchill zu, Cripps möge die Nachricht statt dessen Molotow überreichen.[40] Sein Telegramm überkreuzte sich jedoch mit einem weiteren von Cripps. Die Entwicklung in Jugoslawien hatte bei dem Botschafter ernste Bedenken aufkommen lassen, ob es klug sei, die Warnung überhaupt noch zu übergeben. Cripps informierte Churchill über die Veröffentlichung des Jugoslawien-Vertrages durch die Russen und über die Bedeutung, die man diesem Schritt in Moskau beimaß. Da die Russen sich der deutschen Gefahr offensichtlich bewusst waren, drängte Cripps nun Churchill, die Übergabe der Warnung neu zu überdenken. Er selbst, der griechische, der türkische und der jugoslawische Botschafter hatten Stalin bereits ähnliche Informationen zugespielt. »Unter den gegenwärtigen Umständen«, erklärte er emphatisch, »hielte ich es für klüger, nicht weiter einzugreifen, da für uns alles bestens läuft«. Das Foreign Office, das die Russen aus ganz anderen Gründen nicht alarmieren wollte, stimmte Cripps' dringender Empfehlung zu, die Botschaft zurückzuziehen.[41]

So ließ man also zu, dass die Sache einschlief. Das Foreign Office war absolut nicht bereit, angesichts der Entwicklung auf dem Balkan seine Sicht auf die Dinge zu ändern. Churchills Aktion führte zu der Idee, Cripps eine Zusammenstellung weiterer Nachrichten zu übersenden, die von unschätzbarem Wert gewesen wären, hätten die Russen darauf positiv reagiert. Aber die unwidersprochene Annahme, eine sowjetisch-deutsche Einigung stehe unmittelbar bevor, verhinderte auch in diesem Falle ein ausgewogenes Urteil.

Cavendish-Bentinck lehnte es schließlich ab, das Material den Russen zu übergeben, da die Berichte nicht mehr als »ein Sammelsurium ziemlich unbestätigter und vielleicht unzutreffender Informationen« seien. Die dürftigen Fakten betrachtete man als »Vorbereitungen im Unterschied zu Absichten«. Ihre politische Voreingenommenheit hinderte die britischen Politiker daran, die Anzeichen für einen heraufziehenden deutsch-sowjetischen Konflikt wahrzunehmen. Sie hielten immer noch hartnäckig an unbestätigten Hinweisen fest, ein deutsch-sowjetisches Bündnis stehe unmittelbar bevor.[42]

Während man in London die Dinge weiterhin so sah, hatte Cripps in Moskau die günstigen Umstände genutzt und Stalin über Gavrilovic die Information zugespielt, die man von Prinz Paul über das Treffen mit Hitler erhalten hatte. Der jugoslawische Botschafter gab weiter, wie ernst die Russen diese nähmen. Tatsächlich bestätigten Telegramme des türkischen Botschafters Aktay, die das NKWD aufgefangen hatte, die Information der Schweden und Hitlers Offenbarung gegenüber Prinz Paul. Im Grunde genommen standen den Russen inzwischen fast alle Quellen zur Verfügung, die die Briten selbst besaßen – von Enigma einmal abgesehen, das man auf keinen Fall preisgeben wollte.[43] Die Bitte um ein besonderes Gespräch mit Molotow, so protestierte Cripps, könnte diesen zu der Annahme verleiten, »ich wollte Ärger mit Deutschland machen. Es könnte die starke Wirkung von Prinz Pauls Gespräch möglicherweise sehr abschwächen.« Churchill setzte sich jedoch unerwartet über Cripps' Vorbehalte hinweg. Er bestand darauf, es sei schließlich seine »Pflicht«, Stalin darauf hinzuweisen – selbst wenn dieser die Information inzwischen bereits aus anderen Quellen kannte –, dass »die Bindung deutscher Panzerdivisionen auf dem Balkan diese Bedrohung verringert und Russland eine Atempause verschafft habe. Je mehr Unterstützung die Balkanstaaten erhalten, desto länger werden Hitlers Truppen dort gebunden sein.« Erneut war die Warnung eindeutig an jene Unterstützung gekoppelt, die die Briten auf dem Balkan von Stalin erwarteten.[44]

Am 8. April wiederholte Cripps als Antwort auf eine erneute Aufforderung, Molotow aufzusuchen, sein Argument und fügte hinzu, die Russen seien über den Inhalt von Prinz Pauls Gespräch mit Hitler bereits informiert, »dem sie offenbar Glauben schenken und großes Gewicht beimessen«. Außerdem wisse er von den Militärattachés in Moskau und Ankara, dass die Rote Armee eine Teilmobilisierung vorgenommen habe. Wenn er jetzt um ein besonderes Gespräch mit Stalin nachsuche, so argumentierte Cripps, dann werde dieser einen Zusammenhang mit der Entwicklung in Jugoslawien herstellen und annehmen, Großbritannien wolle »Spannungen mit Deutschland schüren«.[45]

Da Cripps schon auf sein erstes Telegramm keine definitive Antwort erhalten hatte, zeigte Cadogan sich nun geneigt, die Übergabe der Warnung ganz abzublasen. Auch war inzwischen Eden von seiner ausgedehnten Nahostreise zurückgekehrt. Eine Entscheidung darüber, ob man die Annexion des Baltikums durch die Sowjetunion anerkennen wollte, war seit langem überfällig. Es sei »eine schwierige Entscheidung«, räumte Eden ein, schloss sich aber bald der im Foreign Office vorherrschenden Auffassung an, unter starkem deutschen Druck werde Stalin »es vorziehen, sich Hitlers Drohungen und Schmeicheleien zu beugen, statt einen offenen Bruch zu riskieren, zu dem eine solche Politik führte«. Zugeständnisse im Baltikum seien dazu bestimmt, »die Annäherung zu besiegeln und nicht etwa erst zu erkaufen«. Daher tendierte er zu Cripps' Ansicht, dass eine Warnung zu diesem Zeitpunkt kontraproduktiv sein könne.[46]

Unerwartet griff jedoch erneut Churchill ein. Cripps' Argumente ignorierend, wiederholte er noch einmal, es sei seine »Pflicht«, Stalin von diesen Tatsachen in Kenntnis zu setzen. Für deren Gewicht sei es unerheblich, ob sie selbst oder die Botschaft, die sie vermittelten, »unerwünscht« seien. Noch einmal erhielt Cripps nun eine entsprechende Weisung. Darin wurde die militärische Bedeutung der Atempause hervorgehoben, die Russland gewann, während Hitler auf dem Balkan gebunden war. Churchills Weisung galt zwar als Befehl, doch Eden ging an seinem ersten Tag im Foreign Office nach der Nahostreise trotzdem den Vorgang noch einmal durch und nahm in letzter Minute eine Änderung vor: Zwar wies auch er Cripps an, die Botschaft zu überbringen, stellte aber erneut die letzte Entscheidung seinem Ermessen anheim. Es ist interessant, dass dieses unerhörte Hin und Her in Churchills Memoiren mit keinem Wort erwähnt wird.[47]

Auch wenn Churchill dieser Warnung höchste Bedeutung beimisst, sollte man bedenken, dass das Gezerre um ihre Übergabe Teil der intensiven internationalen Aktivitäten jener Tage war, die in Churchills Memoiren völlig ausgeblendet werden. Cripps hatte die britische Regierung vergeblich gedrängt, ihre Politik gegenüber Russland für den Fall festzulegen, dass sich die internationale Konstellation veränderte. Nach der Unterzeichnung des jugoslawisch-sowjetischen Vertrages, die mit Churchills Botschaft an Stalin zusammenfiel, nahm Cripps seine Werbung für eine De-facto-Anerkennung der russischen Kontrolle über das Baltikum wieder auf. Eden wetteifert in seinen Memoiren mit Churchill um den Preis, als Erster das Fundament für die Große Allianz gelegt zu haben. Angeblich zeigten die klaren deutschen Absichten und Russlands wiederholte Versuche, sich einer deutschen Aggression entgegenzustemmen, dass »die Zeit gekommen war, die Beziehungen zu Russland zu regeln«, was für Eden, wie er uns versichert, hohe

Priorität hatte.[48] Das war aber nicht wirklich der Fall. Cadogan fiel es leicht, Eden zur Ablehnung von Cripps' Vorschlägen zu überreden. Die Ereignisse, von denen in Edens Memoiren die Rede ist, wurden nicht als »eindeutiger Beweis« dafür angesehen, dass Russland die Politik der Zusammenarbeit mit Deutschland aufgegeben hatte. Im Gegenteil, Eden ging immer noch davon aus, dass Stalin eher Hitlers Drohungen nachgeben als einen offenen Bruch riskieren werde und weit davon entfernt sei, sich zu »nutzlosen Gesten hinreißen zu lassen«. Cripps' Aufgabe beschränkt sich nun darauf, die Entwicklung genau zu beobachten, um den Zeitpunkt für eine mögliche Wende in den Beziehungen zu erkennen.

Dieser trauerte jedoch der verpassten Gelegenheit nach und beklagte sich bitter, er habe »hier nur wenige Karten, aber die meisten sind mir von der Regierung Seiner Majestät aus der Hand genommen worden«. Ganz sich selbst überlassen, blieb ihm nichts anderes übrig, wie er seiner Familie schrieb, als »auf eigene Faust mein Bestes zu tun, damit diese Leute mir Gehör schenken«.[49] Das war leichter gesagt als getan. Da Jugoslawien dem Untergang entgegenging, waren die Russen argwöhnischer denn je, man könnte versuchen, sie nun ebenfalls in den Krieg hineinzuziehen. Welchen Anlass Cripps auch zu nutzen versuchte, ein Gespräch mit Wyschinski kam nicht zustande. Als er schließlich dem stellvertretenden Außenminister einen »reichlich scharfen Brief« schrieb, wurde er mitten aus einem Essen des schwedischen Botschafters am 9. April heraus ins Ministerium einbestellt. Man gab ihm aber gar nicht erst die Chance, ein politisches Gespräch zu beginnen. Wyschinski hatte sich ganz in sein Schneckenhaus zurückgezogen. Zurück in der Botschaft, schrieb Cripps ihm einen persönlichen Brief.[50] In diesem Schriftstück, das mehr als zehn Seiten umfasst, beklagte er, dass die Sowjetunion Sicherheitszonen für ihre eigenen Grenzen anstrebe, statt die Neutralität des Balkans als Region zu gewährleisten. Zwar ging der Brief den schweren Rückschlägen der britischen Truppen in Griechenland voraus, vor dem Hintergrund dieser Ereignisse musste er jedoch Stalins Misstrauen verstärken, Großbritannien versuche erneut, ihn in den Krieg zu treiben, um die eigene Lage zu erleichtern. Daher war für ihn der entscheidende Satz in Cripps' Brief die Empfehlung:

»Der gegenwärtige Augenblick ist für die Sowjetregierung ganz entscheidend, denn es erhebt sich unweigerlich die Frage, ob es besser ist, abzuwarten und mit der ganzen Stärke der deutschen Armeen allein fertig zu werden, wenn sie den Zeitpunkt bestimmen und die Initiative ergreifen können, oder ob es ratsamer wäre, sofort zu handeln und die sowjetischen Streitkräfte mit den noch ungeschlagenen Armeen Griechenlands, Jugoslawiens und der Türkei zu vereinen, zu denen geringfügige britische Unterstützung mit Personal und Material käme. Diese Armeen wären zusammen über drei Millionen Mann stark und könnten eine große Zahl deutscher Truppen in schwerem Gelände binden.«

Damit legte Cripps den Kern von Churchills Botschaft bloß, dass dies »vielleicht die letzte Gelegenheit für die Sowjetregierung ist, zu handeln, um einen direkten Angriff auf ihre Grenzen durch die deutschen Armeen abzuwenden«.[51]

Erst als Cripps seine eigene Warnung ausgesprochen hatte, erreichte ihn Edens Order, die Übergabe von Churchills Warnung einzuleiten. Daraufhin ließ Cripps eine seiner typischen Bomben hoch gehen und erwiderte, dass er selbst Wyschinski soeben in einem persönlichen Brief gewarnt habe. Er äußerte folgende Befürchtung: »Die Sowjetregierung würde meiner Meinung nach nie die Kürze und das Fragmentarische eines solchen Kommentars verstehen, da ihr die Tatsachen selbst zweifellos bekannt sind. Sie würde nie begreifen, warum er ihr in einer so formellen Weise zugeleitet wird, wenn weder eine Erläuterung der Haltung der Sowjetregierung verlangt wird noch eine Anregung für die von ihr zu ergreifenden Maßnahmen darin enthalten ist.« Die Weiterleitung der Botschaft, so erklärte er emphatisch, »wäre nicht nur wirkungslos, sondern ein ernster taktischer Fehler«. Im Foreign Office löste Cripps' unerklärliche Aktion, einen so schwerwiegenden politischen Brief an Wyschinski zu übergeben, zwar größte Verblüffung aus, doch sah man ein, dass es nun keinen Sinn mehr habe, die Sache weiter zu verfolgen. Am 15. April setze Eden Churchill von Cripps' Antwort in Kenntnis, der er die kurze Begleitnotiz hinzufügte, dass »Sir Stafford Cripps' Argumente gegen die Weiterleitung Ihrer Botschaft« nicht von der Hand zu weisen sind. Churchill setzte sich jedoch über all diese Vorbehalte hinweg. Eden teilte er mit: »Ich messe der Weiterleitung dieser persönlichen Botschaft an Stalin besondere Wichtigkeit bei. Ich kann nicht verstehen, weshalb man sich dagegen wehrt. Der Botschafter kennt nicht die militärische Bedeutung des darin beschriebenen Vorgangs. Ich bitte, meinem Wunsch zu entsprechen.« Es gab noch eine weitere kurze Verzögerung, da Eden in London abwesend war, bis Cripps am 18. April schließlich die endgültige Weisung erhielt, ungeachtet seiner Vorbehalte die Warnung zu übergeben. Dafür sollt er jeden möglichen Weg nutzen und von den zusätzlichen Bemerkungen des Foreign Office das verwenden, was »noch angebracht« sei.[52] So erreichte die Warnung Stalin schließlich am 21. April.

Wenn Churchill und Eden im Nachhinein behaupten, diese Warnung gehöre zu den Grundlagen der Großen Allianz, dann muss dies durchaus bestritten werden. Die dramatischen Ereignisse, die sich häufenden Geheimdienstberichte und selbst Churchills Eingreifen hatten die im Foreign Office vorherrschende politische Meinung nicht verändert. Die erklärte Politik der Regierung blieb eine »stark reservierte« Haltung und die Weigerung, neue Verhandlungen zu initiieren. Zwar informierte Eden auf Cripps' Drängen das Kabinett am 21. April von seiner Absicht, neue Gespräche zu beginnen, fügte aber sogleich hinzu, er sei »nicht sehr zuversichtlich, gute Ergebnisse zu erzielen«. Er habe nicht die Absicht, »die Sowjets gegenüber Großbritannien gnädig zu stimmen«, in der Hoffnung, »dass dabei etwas herauskommt«.[53] Als ob er selbst nie darauf gedrängt hätte, Stalin eine Warnung zukommen zu lassen, wandte sich auch Churchill gegen weitere »übertriebene Bemühungen«, »Zuneigung« zu demonstrieren, und forderte statt dessen »ernste Zurückhaltung«.[54] Eden beeilte sich, dem Premierminister beizupflichten, dass »aus weiteren Bemühungen um Russland zur Zeit nichts zu gewinnen« sei.[55]

Warum Churchill so hartnäckig auf seiner Warnung bestand, ist leicht zu verstehen, wenn man die verheerenden militärischen Rückschläge bedenkt, die Großbritannien zu jener Zeit hinnehmen musste. Auf Grund der Folgen, die diese Entwicklung für die Lage im Lande, aber auch für die Positionen Großbritanniens auf dem Balkan und im Nahen Osten hatte, war es dringend notwendig geworden, Russlands Unterstützung zu gewinnen. Es ist somit kein Zufall, dass Churchill gerade am 1. April so enormes Interesse für den Enigma-Bericht zeigte. An diesem Tag hatte er von General Wavell das Telegramm erhalten, in dem dieser den Erfolg von Rommels Offensive in der Cyrenaica beschrieb. Diese war »früher und stärker« eingetreten, als er erwartet hatte, so dass die Briten sich zurückziehen mussten. Churchill sah die Folgen dieser Niederlage sofort und sandte Wavell folgende dringende Warnung: »Viel wichtiger als der Geländeverlust ist der Gedanke, dass wir uns den Deutschen nicht zum Kampf stellen und schon ihr Erscheinen ausreicht, dass wir viele Meilen zurückweichen. Das kann böse Auswirkungen auf dem Balkan und in der Türkei haben ... Stellen Sie den besten Aktionsplan auf, dessen Sie fähig sind, aber, um Himmels willen, kämpfen Sie!«[56] Das erste Hin und Her über die Aushändigung der Warnung fiel mit der Entscheidung zusammen, die abebbende deutsche Offensive in der Westlichen Wüste zeitweilig zum Stehen zu bringen, um Truppen nach Griechenland verlegen zu können. Diese Aktion sollte vor allem die niedergeschlagene Öffentlichkeit wieder aufrichten und hatte wenig mit taktischen oder strategischen Überlegungen zu tun. Eine plötzliche russische Gefahr im Rücken der Deutschen schien (insbesondere nach der Eröffnung der Jugoslawienfront am 6. April) nunmehr die einzige Chance zu sein, diese in Griechenland zum Stehen zu bringen.[57]

Wavell war nicht in der Lage, seine Front zu stabilisieren, und musste am 7. April eingestehen, dass Tobruk in akuter Gefahr sei. Churchill reagierte sofort und warf Wavell vor, er sei nicht in der Lage, »den richtigen Ton für unsere Öffentlichkeit zu finden«. London sei der Ort, »wo die Stimmung gehalten werden muss«. Diese war inzwischen so deprimierend geworden, dass Wavell von Churchill die Weisung erhielt, Tobruk »auf Leben und Tod, ohne einen Gedanken an Rückzug« zu halten.[58] Churchill hatte die Kürze und den verschlüsselten Charakter seiner Botschaft an Stalin damit erklärt, dass er dessen Aufmerksamkeit wecken und einen vertraulichen Kontakt zu ihm herstellen wollte. Als die Lage in Griechenland nach dem 10. April immer prekärer wurde, schien er diesem Argument keine große Bedeutung mehr beizumessen. An jenem Tag kehrte Eden mit leeren Händen aus dem Nahen Osten zurück, und das Kabinett musste niedergeschlagen zur Kenntnis nehmen, dass in Libyen 2000 Mann, darunter drei Generale, in die Gefangenschaft gegangen waren. Die Verzweiflung wuchs, als London erneut bombardiert wurde. Die Aussicht auf eine plötzliche dramatische Entwicklung an der Ostfront war der einzige Hoffnungsschimmer. Beherrscht von diesem Gedanken und völlig ungerührt von der Wirkung, die eine angebliche Geheiminformation in einer öffentlichen Rede auf die Russen haben musste, brachte Churchill in einer Rundfunkansprache am 9. April und dann noch einmal in einer Parlamentsrede am 27. des Monats seine Hoffnung zum Ausdruck, Hitler möge auf dem Balkan kehrtmachen, um »die Kornkammern der Ukraine und die Ölfelder des Kaukasus« zu erobern.[59] Diese merkwürdige Begleitmusik der angeblichen Geheimbotschaft machte deren erhoffte Wirkung endgültig zunichte.

Am 15. April musste Churchill zugeben, die Deutschen seien bei ihrer Offensive anscheinend so erfolgreich, dass sie nun Ägypten ernsthaft bedrohten. Er könne aber nicht gleichzeitig weiterhin Ägypten verteidigen und die Gegenwehr in Griechenland aufrechterhalten.[60] Als die Warnung in Moskau übergeben wurde, war die Lage inzwischen so prekär geworden, dass Churchill ernste Befürchtungen beschlichen über »das Schicksal des Krieges im Nahen Osten, den Verlust des Suezkanals, Frustration oder Verwirrung unter den enormen Kräften, die wir in Ägypten zusammengezogen haben und das Ende jeder Aussicht auf amerikanische Hilfe über das Rote Meer«. Am 22. April teilte Wavell Churchill schließlich bedauernd mit, es sei »die Zeit gekommen, die Öffentlichkeit mit einer offiziellen Erklärung auf den bevorstehenden Fall Griechenlands vorzubereiten«.[61] Churchill betrachtete den möglichen Verlust Ägyptens und des Nahen Ostens als »eine Katastrophe ersten Ranges für Großbritannien, das nur noch vom Einmarsch [der Deutschen] und endgültiger Eroberung übertroffen« werden konnte. Die Situation hatte sich so dramatisch zugespitzt, dass Wavell die Weisung erhielt, in den kommenden Schlachten »kein Aufgeben von Offizieren und Soldaten zu tolerieren, bevor die entsprechende Einheit nicht mindestens 50 Prozent Verluste hat ... Generale und Stabsoffiziere, die vom Feind überrascht werden, haben sich mit der Pistole zu verteidigen.«[62]

Kriegsgerüchte und ein Separatfrieden

In dem Maße, in dem sich die militärische Situation verschlechterte, wuchs auch der Argwohn gegenüber den Absichten der Briten. Als die Kriegshandlungen im Winter zum Stillstand gekommen waren, glaubten die Russen, Hitler werde Deutschlands wirtschaftliche Lage nun durch selektive militärische Aktionen im Nahen Osten zu konsolidieren suchen. Für den Wiederbeginn der »Kriegssaison« erwartete man dann den entscheidenden konzentrierten Schlag gegen Großbritannien. Im April wurde jedoch klar, dass an der britisch-deutschen Front eine Pattsituation bestand. Nach der Niederlage der Briten in Griechenland war aber kaum noch vorstellbar, dass sie jemals wieder in der Lage sein könnten, eine Entscheidung auf dem Schlachtfeld zu erzwingen. Ein Friedenskompromiss bot sich an.[63]

Diplomatie und Nachrichtendienst der Sowjetunion sahen es daher als ihre wichtigste Aufgabe an, möglichst frühzeitig die Anzeichen für einen Separatfrieden zu erkennen. Maiski war einer der wenigen Menschewiken, die die Säuberungen in hohen Funktionen überlebt hatten. Wahrscheinlich rettete ihm sein Ansehen in London auf dem Höhepunkt der kollektiven Sicherheitspolitik das

Leben, und dessen war er sich wohl bewusst. Seine frühere politische Zugehörigkeit hatte ihn Umsicht gelehrt, daher tat er alles, um seine Loyalität gegenüber Stalin zu demonstrieren. Zum Lohn dafür wählte man ihn im Februar 1941 als Vollmitglied in das Zentralkomitee der Partei. Bei dieser Gelegenheit betonte Molotow, seine Wahl sei Ausdruck der Anerkennung, dass Maiski »als Bevollmächtigter Botschafter unter schwierigen Umständen sehr gute Arbeit leistet und man zeigen muss, dass die Partei Diplomaten schätzt, die den Willen der Partei ausführen«.[64] Das Gewicht von Maiskis Berichten ist bisher unterschätzt worden. Nur wenige Diplomaten waren in London so hoch angesehen. Seine intime Kenntnis der politischen Szene Englands erwies sich als entscheidend für die Bewertung der britischen Politik im Kreml vor Ausbruch des Krieges.

Als der Balkan in Flammen aufging, reagierte Maiski mit äußerster Vorsicht und Zurückhaltung. »Abwarten und Tee trinken« war seine Devise. Es sei »in diesen Tagen schwer, Prophet zu sein«, und er habe nicht die Absicht, »aus dem Kaffeesatz zu lesen«. Das sorgfältige Studium seiner Kontakte, Tagebuchnotizen und Telegramme nach Moskau vermittelt jedoch viel Einsicht in die Auffassungen, die damals im Kreml herrschten. Die wichtigste Aufgabe der sowjetischen Diplomatie lag in der Bekämpfung der negativen Stimmung, die die deutsch-sowjetischen Beziehungen zu belasten drohte.[65] Die meisten Besucher des Botschafters, darunter der vorherige Ständige Stellvertreter des Außenministers, Vansittart, versuchten ihn mit allen Mitteln davon zu überzeugen, dass die Sowjetunion durchaus das nächste Opfer Deutschlands sein könnte. Maiski, der einen guten Draht zum Kreml hatte, neigte dazu, dies als eine fixe Idee der Briten abzutun, die die Deutschen überall sahen, »selbst unter dem eigenen Bett«. Er informierte Moskau getreulich über seine standhafte Abwehr solch unverblümter Versuche, Russland in den Krieg zu treiben.[66]

Zweifellos war Maiski skeptisch, dass Churchill um Frieden bitten könnte. Gleichzeitig glaubte er jedoch eine gut abgestimmte Kampagne der britischen Regierung entdeckt zu haben, »die Sowjetunion mit Deutschland zu schrecken«. Besonders verärgert war er über die bereits genannten öffentlichen Reden Churchills vom 9. und 27. April, in denen dieser vor einer künftigen Aktion Deutschlands gegen Russland warnte. »Seit wann«, fragte Maiski ironisch Churchills engen Berater Brendan Bracken, »sorgt sich Churchill so sehr um die Interessen der Sowjetunion?« In dieser komplizierten Lage, so warnte er, seien die Erklärungen des Premierministers »peinlich, ja, geradezu taktlos. In Moskau bewirken sie das Gegenteil von dem, was er beabsichtigt.« Maiski wurde noch misstrauischer, als er erkannte, dass Churchill gar keine konkreten Beweise für die deutschen Absichten hatte. Der Botschafter zog daraus den Schluss, »dass der Kampagne der britischen Regierung und der Presse über einen bevorstehenden Angriff Deutschlands gegen die Sowjetunion jede Grundlage fehlt. Der Wunsch ist der Vater des Gedankens.«[67] Lloyd George berichtete Maiski, er habe den Premierminister »deprimiert und ruhelos« vorgefunden. Weder das Debakel in Libyen noch die enormen Erfolge der Deutschen auf dem Balkan habe er vorausgesehen. Churchill, so meinte er, lebe »in der Gewissheit eines deutschen Überfalls auf die Ukraine und wartet nur darauf, dass die UdSSR den Briten wie eine reife Frucht in den Schoß fällt«. [68]

Als der schwedische Botschafter in London, Björn Prytz, Churchill Anfang Mai die skeptische Frage stellte, wie England den Krieg gewinnen wolle, antwortete Churchill darauf mit einer bezaubernden Fabel:

»Es waren einmal zwei Frösche, ein Optimist und ein Pessimist. Als sie eines Abends auf ihrer Wiese herumhüpften, stieg ihnen der wunderbare Geruch von Milch aus der nahe gelegenen Molkerei in die Nase. Die Frösche ließen sich verführen und sprangen durch ein offenes Fenster hinein. Wie sie meinten, hatten sie Glück, denn sie fielen direkt in eine große Kanne voller Milch. Was tun? Der pessimistische Frosch schwamm im Kreise herum, sah, dass der Rand der Kanne hoch und glatt war. Er konnte ihn nicht erklimmen und fiel in tiefe Verzweiflung. Er legte sich auf den Rücken, zog die Beine an und sank so auf den Grund der Kanne. Der Optimist wollte nicht so ruhmlos untergehen. Auch er sah die hohe glatte Wand des Behälters, entschloss sich aber zu kämpfen. Die ganze Nacht hindurch schwamm der Frosch in der Milch herum und schlug sie mit seinen Beinen, so dass sie gründlich durchgerührt wurde. Und was geschah? Wie Sie sicher erraten, hatte der Frosch am Morgen aus der Milch ein großes Stück Butter gestampft und wurde so gerettet.«

Maiski verwendet in seinen Memoiren diese Geschichte, um Churchill im Nachhinein als die Führungspersönlichkeit darzustellen, die allen Widrigkeiten die Stirn bot. Liest man seine Tagebücher, wird allerdings sichtbar, dass er zu jener Zeit einen ganz anderen Eindruck hatte. Während die Memoiren mit dieser heroischen Geschichte enden, geht aus den Tagebüchern hervor, dass Prytz von Churchills dramatischer Begabung wenig beeindruckt war. Zu Maiski bemerkte er, dem Premierminister fehle jede Strategie und sein Handeln sei die reine Improvisation. Er scheine keine Vorstellung zu haben, wie er den Krieg gewinnen solle. Da er keine eigenen Erfolge vorweisen könne, sei er nach Prytz' Eindruck auf die fixe Idee eines bevorstehenden Konflikts zwischen Deutschland und Russland verfallen. Sollte es tatsächlich zu einem solchen Krieg kommen, sei Churchill »bereit sich mit jedem zu verbünden, der die Oberhand gewinnt, und sei es der Teufel selbst«. So gelangte Maiski zu der Überzeugung, dass Churchill, der für sich keine Alternative sah, zunehmend daran interessiert sei, Russland durch das Ausstreuen von Gerüchten in den Krieg zu locken.[69]

Da sich wiederum die Deutschen über diese Gerüchte zunehmend irritiert zeigten,[70] ging man eiligst daran, diese zu zerstreuen. Auf einem Empfang der sowjetischen Botschaft in Washington nahm Botschafter Umanski Halifax beiseite und beklagte sich mehrfach bitter darüber, dass »es in Kreisen der britischen Regierung nach wie vor Feindschaft zur Sowjetunion gibt. Der Geist von München hat offenbar überlebt«. Umanski griff Churchill mit der Bemerkung heftig an, dieser habe in seiner jüngsten Rede etwas gesagt, was man »bei allem Respekt nur als Taktlosigkeit bezeichnen kann. Er hat so getan, als wollte Deutschland die Ukraine nicht nur schlucken, sondern könnte das auch mit Leichtigkeit tun. Das ist absurd und beleidigend.« So laut, dass in der Nähe stehende deutsche Botschaftsangehörige es hören konnten, rühmte Umanski die Erfolge der Roten Armee am Chalchin-Gol und betonte, Russland sei nicht Daladiers Frankreich.[71]

Das Gefühl der Russen, eine falsche Bewegung, eine militärische Provokation oder ein diplomatischer Fauxpas könnten einen Krieg auslösen, führte zu einer Vorsicht, die an Paranoia grenzte. Ob nun Zufall oder nicht – als nach dem Fall Jugoslawiens und nach Churchills Warnung die Furcht vor einer Provokation und einem Separatfrieden wuchs, schränkte man Maiskis Bewegungsfreiheit stark ein. Wie alle sowjetischen Diplomaten wurde auch er von einer großen Zahl NKGB-Mitarbeiter in seiner Botschaft streng überwacht. Er konnte kaum noch ein Gespräch führen, ohne dass jemand mithörte, weshalb er Gäste häufig auf einen Spaziergang bis ans hintere Ende des Botschaftsgartens führte, wenn er ungehindert mit ihnen sprechen wollte.[72] Nach seiner Begegnung mit Eden am 16. April folgte ihm sein neuer Botschaftsrat K. V. Nowikow auf Schritt und Tritt. Zweifellos hatte er eine entsprechende

Weisung aus Moskau. Auch Eden schien er ein »Wachhund des Kreml« zu sein. Maiski gab Nowikows Anwesenheit in allen Berichten an, auch wenn es sich nur um kurze Gespräche handelte. Ob er von den Sicherheitsorganen oder vom Außenministerium angewiesen war, den Botschafter zu überwachen, auf jeden Fall behinderte dieses beispiellose Verhalten dessen Kontakte zu Eden, wie er selbst in seinem Tagebuch einmal scherzhaft beschrieb:

»Eden rief mich an, lud mich zu sich ein, bat mich aber, allein zu kommen, weil auch E[den] allein sein werde. Ich erwiderte, ich hätte keinen Grund, N[owikow] nicht mitzubringen. Als wir das Vorzimmer betraten, erschien die Sekretärin und erklärte, N. sollte besser dort warten. Ich ging aber gemeinsam mit N. zu E. hinein. Als er uns zusammen sah, lief er vor Verwirrung rot an, wie ich ihn noch nie gesehen hatte, und rief: ›Ich will nicht unhöflich sein, aber ich sage noch einmal, dass ich heute den Botschafter allein eingeladen habe, nicht den Botschafter und seinen Rat.‹ Ich erwiderte, zwischen N. und mir gebe es keine Geheimnisse, und ich verstehe nicht, weshalb er mich bei dem Gespräch nicht begleiten sollte. E. antwortete hitzig, er habe persönlich nichts gegen N., könne aber keinen Präzedenzfall schaffen. Wenn der sowjetische Botschafter mit seinem Rat erscheine, könnten das andere auch tun. Wenn man seinen Rat mitbringen dürfe, warum dann nicht auch zwei oder drei Sekretäre? Der Botschafter käme dann nicht mehr allein, sondern mit einer ganzen Delegation. So könne man nicht arbeiten. E. habe noch niemals einen Botschafter in Begleitung empfangen, und er habe auch nicht die Absicht, das zu ändern. Ich zuckte die Schultern, N. blieb, aber E. wirkte während des ganzen Gesprächs düster und aufgebracht. Die Situation war unerträglich. Wenn mir so etwas noch einmal passiert, verabschiede ich mich sofort und kehre in die Botschaft zurück.«[73]

Es ist wohl keine Frage, wen Maiski mehr fürchtete, Stalin oder Eden.

Das Schreckgespenst des Separatfriedens

Die verspäteten Versuche, ein sowjetisches Eingreifen auf dem Balkan zu erreichen, ließen in Moskau zweifellos die Erinnerung an die Ereignisse des Spätsommers 1939 wach werden und schürten das Misstrauen, die Briten wollten den Krieg nach Osten lenken.

Dazu kam neue Furcht vor einem Separatfrieden. Bevor Cripps Churchills letzte Weisung erhielt, die Warnung zu übermitteln, beklagte er sich bei Eden, die Regierung habe mit ihrer Unentschlossenheit, ob und in welcher Form sie nun enge Beziehungen zu Russland entwickeln wolle, diese gefährliche Situation zum großen Teil selbst heraufbeschworen. Nach dem Debakel in Südosteuropa sei Russland für den Druck der Achse noch empfänglicher geworden. Ohne weitere Weisungen aus London abzuwarten, sandte Cripps als letzten Versuch ein 14 Seiten langes Memorandum voller Verlockungen und Drohungen an Molotow, um die Russen doch noch in den Bannkreis der Alliierten zu ziehen. Diese impulsive Reaktion war von dem Wunsch diktiert, Schulenburgs Pläne zu durchkreuzen, den man unerwartet zu dringenden Konsultationen nach Berlin gerufen hatte.[74] Cripps teilte Eden seine Befürchtung mit, Schulenburg könnte aus Berlin »sehr bald mit einem neuen, weitgehenden Angebot an die Sowjetunion im Austausch für ihre umfassende wirtschaftliche Zusammenarbeit mit Deutschland zurückkehren, dazu mit einer verdeckten Drohung, was geschehen werde, wenn die Sowjetunion ablehne«.[75]

Bei Übergabe der Botschaft hielt Cripps in der für ihn typischen belehrenden Art Wyschinski einen Vortrag über den politischen Kurs, den Russland seiner Meinung nach einschlagen sollte. All das zusammen genommen roch stark nach Provokation. Cripps beschränkte sich nicht darauf, die Russen auf eine Gefahr aufmerksam zu machen, die nach seiner Überzeugung nicht mehr nur hypothetisch war, sondern bereits die Gestalt eines sehr konkreten deutschen Planes für das Frühjahr angenommen hatte. Er verfiel auf den, wie er meinte, »raffinierten« Trick, die Russen für Großbritannien zu gewinnen, indem er ihre Furcht vor einem Separatfrieden schürte. Es zeigte sich jedoch bald, dass das Foreign Office es ganz zu Recht abgelehnt hatte, dieses »zweischneidige Schwert einzusetzen, das Stalin dazu bewegen kann, noch hartnäckiger an seiner Beschwichtigungspolitik festzuhalten«.[76]

Seine Andeutung, ein Separatfrieden sei möglich, wenn Russland seine Politik nicht ändere, hatte lange nachwirkende, möglicherweise verhängnisvolle Folgen:

»Es ist nicht ausgeschlossen, dass Großbritannien (vor allem bestimmte Kreise im Lande), wenn der Krieg sich lange Zeit hinzieht, versucht sein könnte, ein bestimmtes Arrangement anzustreben, um den Krieg auf einer Basis zu beenden, die kürzlich erneut von bestimmten deutschen Kreisen angeregt wurde. Danach soll Westeuropa zu seinem früheren Zustand zurückkehren, wenn Deutschland nicht daran gehindert wird, seinen Lebensraum nach Osten auszudehnen. Ein derartiger Vorschlag könnte auch in den Vereinigten Staaten von Amerika Resonanz finden. In diesem Zusammenhang sei daran erinnert, dass die Erhaltung der Integrität der Sowjetunion kein so direktes Interesse der britischen Regierung ist wie die Erhaltung der Integrität Frankreichs oder einiger anderer westeuropäischer Staaten.«

Allerdings fügte er vorsichtigerweise noch die Formulierung hinzu (die auf Stalin sicherlich absolut keinen Eindruck machte), dass »im Augenblick, zumindest, was die Regierung Seiner Majestät betrifft, keinerlei Aussicht auf einen solchen Verhandlungsfrieden besteht«. Wyschinski hielt es nicht einmal für nötig, seine Regierung zu konsultieren, als er Cripps' Memorandum zurückwies, das für ihn die tödliche Kombination eines »Separatfriedens« mit dem Versuch darstellte, Russland in den Krieg zu ziehen. Er lehnte es mit der ausdrücklichen Begründung ab, dass »für die Erörterung so weit gefasster politischer Probleme keinerlei Voraussetzungen bestehen«. Außerdem hatte Wyschinski schon eine Antwort auf Cripps' ausführlichen persönlichen Brief vom 11. April vorbereitet, die aus ganzen vier Zeilen im gleichen Sinne bestand.[77]

So tief saßen bei den Russen inzwischen Misstrauen und Vorurteil, dass Wyschinski bei seiner persönlichen Berichterstattung an Stalin behauptete, Cripps habe »seine Nervosität kaum verbergen können«. Der Botschafter beklagte sich über diese Behandlung und bedauerte, die Information über die deutsche Gefahr überhaupt mitgeteilt zu haben. Mit nahezu unverhüllter Feindseligkeit gab Wyschinski Cripps den Rat, es sei »seine Sache« zu entscheiden, welche Informationen er übermitteln wolle, aber er hätte ihn wohl kaum dazu ermutigt, sich übermäßig zu bemühen, solange die Bedingungen für eine politische Diskussion nicht reif seien. Dem bulgarischen Botschafter erklärte Wyschinski am selben Tage unverblümt, Stalin »lässt nicht zu, dass die Sowjetunion in den Krieg hineingezogen wird«. Von Quellen aus der britischen Botschaft hatte Stalin außerdem erfahren, dass diese Kriegsgerüchte ausstreue, um »die neutralen Staaten, besonders die Sowjetunion, einzuschüchtern«.[78]

Diese Drohungen gaben dem Bericht eines NKGB-Informanten innerhalb der Botschaft über ein internes Pressegespräch am 6. März, unmittelbar nach Cripps' Rückkehr aus Ankara, neues Gewicht. Dabei hatte der Botschafter seine Überzeugung geäußert,

Hitler könnte Russland angreifen und dabei durchaus einen Zweifrontenkrieg riskieren. Ebenso sei es aber möglich, dass er

»versucht, zu folgenden Bedingungen Frieden mit England zu schließen: Wiederherstellung Frankreichs, Belgiens und Hollands, Eroberung der UdSSR. Solche Friedensbedingungen hätten eine gute Chance, in England akzeptiert zu werden, denn dort wie in Amerika gibt es einflussreiche Kreise, denen es durchaus recht wäre, die UdSSR liquidiert zu sehen. Sollte die Situation in England sich weiter verschlechtern, könnten sie die Regierung zwingen, auf Hitlers Friedensbedingungen einzugehen.«[79]

Cripps hatte in der Tat seinem amerikanischen Kollegen, Steinhardt, anvertraut, dass er sich die Zustimmung seiner Regierung zu einem deutschen Einmarsch in Russland als Gegenleistung für Frieden durchaus vorstellen könnte.[80] Dass er tatsächlich an die Möglichkeit eines Separatfriedens glaubte, hing vor allem mit seiner Isolierung in Russland und seiner Abwesenheit aus London während der Luftangriffe zusammen, da Churchill sich zunehmend das unerschütterliche Ansehen einer nationalen Führungsfigur erwarb. Als Zeuge von Churchills »bester Stunde« neigte Maiski dazu, die Möglichkeit eines Separatfriedens geringer zu bewerten, was der im Kreml vorherrschenden Meinung widersprach.[81] In der Praxis schwankte er daher permanent zwischen seiner eigenen Überzeugung und dem, was Stalin seiner Meinung nach von ihm erwartete. Am Ende stellte sich heraus, dass auch sein Schwanken zur Verkennung der heraufziehenden Gefahr im Kreml beitrug.

Einen Tag nachdem Cripps mit Molotow die Möglichkeit eines Separatfriedens erörtert hatte, sah er sich schließlich gezwungen, Churchills Botschaft zu übermitteln. Nach seinem Brief an Wyschinski vom 11. April und dem Gespräch mit ihm vom 18. April hielt er es nicht mehr für ratsam, die begleitenden Gedanken vorzutragen, die nur noch als Wiederholung wirken konnten.[82] Verunsichert durch das fehlgeschlagene Abkommen mit Jugoslawien, waren die Russen nun geradezu besessen von dem Gedanken, Churchill habe die Absicht, einen Keil zwischen die Sowjetunion und Deutschland zu treiben. Um jedem Eindruck geheimer Machenschaften mit Großbritannien vorzubeugen, gaben sie den Hauptinhalt von Cripps' Memorandum sofort an die Deutschen weiter.[83] Die offizielle sowjetische Reaktion bestand aus unverblümten Vorwürfe in der *Prawda*, die sich gegen die Vereinigten

Staaten und Großbritannien gleichermaßen richteten.[84] Die Furcht, Großbritannien könnte eine politische Lösung mit Deutschland hintertreiben, hing auch mit der Hoffnungslosigkeit in London zusammen, die, wie Maiski aus seinen Gesprächen mit britischen Politikern wusste, überwältigend war.[85] Nun erfüllte sich die Voraussage der Nordabteilung des Foreign Office, nach Übergabe der Warnung seien »weitere Initiativen gegenüber der Sowjetregierung ganz und gar nutzlos, weil man sie als Beweis für unsere verzweifelte Lage nehmen wird, was Molotows Neigung nur verstärken kann, einen Kompromiss mit den Deutschen zu schließen«.[86] Weit verbreitete Gerüchte, von denen einige dem sowjetischen Geheimdienst zugespielt wurden, verstärkten im Kreml noch das Gefühl, dass Russland von den Briten nicht einmal bei einem deutschen Überfall Beistand erwarten konnte. Sie »werden dann entweder rasch mit Deutschland Frieden schließen oder die militärischen Aktionen gegen Deutschland einstellen«.[87] Zu dem Zeitpunkt, als Churchills Warnung Stalin erreichte, hatte sie eindeutig den negativen Effekt, den Argwohn auf der sowjetischen Seite noch zu verstärken. »Schauen Sie sich das an«, sagte Stalin zu Schukow, »sie drohen uns mit den Deutschen und den Deutschen mit der Sowjetunion; sie hetzen uns gegeneinander. Es ist ein raffiniertes politisches Spiel.«[88]

Maiski erhielt den Auftrag, bei Eden den Inhalt von Cripps' Memorandum zu verifizieren, das in Moskau einen Schock ausgelöst hatte. In beispielloser Manier hatte man es Maiski in vollem Wortlaut nach London übermittelt. All die Warnungen und Memoranda betrachtete Moskau als einen bewussten Versuch, Russland an Großbritanniens Seite in den Krieg zu verwickeln, indem man den Anschein von Verhandlungen erweckte. Das zweite Memorandum war besonders beunruhigend, denn Maiski hatte Eden gerade erst eine Woche zuvor gewarnt, derartige Dokumente seien »in der falschen Sprache abgefasst, um überhaupt Wirkung zu erzielen«. Das jüngste dieser Art klinge »wie ein schlechter Witz«. Indem er die Diskussion vom Balkan auf das Baltikum lenkte, wollte er die Absichten der Briten testen. Eine britische Erklärung zu diesem Thema hätte die Deutschen in die Schranken verwiesen und den Beweis geliefert, dass ein Separatfrieden nicht auf der Tagesordnung stand. Mit ähnlicher Absicht schnitt Maiski auch das Thema des Nahen Ostens an, um so herauszufinden, ob die britische Armee dort etwa mit voller Absicht nachgegeben hatte. Butler gab sich defätistisch und bekannte, nach dem Fall Jugoslawiens sei die Lage der englisch-griechischen Truppen »katastrophal geworden«.

Sein vager Optimismus, dass »schwere Monate vor England liegen, es aber letzten Endes siegreich daraus hervorgehen wird«, war nur ein schwacher Trost.[89]

Nachspiel

Es ist zweifelhaft, ob Churchills Botschaft an Stalin überhaupt eine Warnung darstellte. Auch die militärische Bedeutung, die Churchill ihr beimaß, kann man bestreiten. Er hat stets darauf bestanden, dass seine Mitteilung an Stalin weniger eine allgemeine Warnung vor den Absichten der Deutschen als vielmehr ein Hinweis auf die Defizite und Schwächen der deutschen Truppen sein sollte. Hätten die Russen daraufhin gehandelt, hätte dies sicher ähnliche Folgen gehabt wie die brillante Doppelaktion der Wehrmacht gegen Jugoslawien und Griechenland. Als diese die Operation »Marita« plante, hatte sie Truppen im Überfluss. Zwar unterbrach das die Vorbereitungen für »Barbarossa«, aber aus der dafür bereitgestellten enormen Streitmacht von 152 Divisionen wurden lediglich 15 für die Operationen in Jugoslawien und Griechenland abgezogen. Da sich die Truppenverlegungen für »Barbarossa« ohnehin in gemessenem Tempo vollzogen[90], waren die meisten für den Russlandfeldzug bestimmten Divisionen noch gar nicht aufgebrochen. Tatsächlich wurden dann ganze vier Divisionen vor ihrem geplanten Einsatz im Osten nach Süden in Marsch gesetzt. Von den fünf für den Süden vorgesehenen Einheiten hatte sich nur die 14. Division bereits nach Osten bewegt, bevor sie den Befehl erhielt, nach Süden zu schwenken, was letztlich Churchill alarmiert hatte. Wie der Militärhistoriker M. van Creveld mit seiner Enthüllung dieses langjährigen Mythos höchst überzeugend nachgewiesen hat,[91] brachte das griechische Intermezzo, das die Wehrmacht in keiner Weise überforderte, nur eine geringfügige Verzögerung des Aufmarsches für »Barbarossa« mit sich.[92]

Dass Churchill die Warnung später in einen leicht veränderten Zusammenhang stellte, ist auf zwei kritische Entwicklungen im Oktober 1941 zurückzuführen: Cripps' beispielloses Abweichen von Churchills Führungsanspruch und Stalins wachsende Empörung darüber, dass die Briten angesichts erneuter deutscher Schritte gegen Moskau keinerlei wesentlichen Beitrag zum Kriegsgeschehen leisteten. Diese Kombination war besonders gefährlich angesichts der starken Sympathien für Russland in der britischen Bevölkerung und der Unzufriedenheit unter Churchills engsten Gefolgsleuten im Kriegskabinett, vor allem bei Beaverbrook und Eden. Diese Probleme werden in Churchills Memoiren mit keinem Wort erwähnt. Cripps klagte über die »ungeduldigen und irrelevanten Telegramme«, die Churchills nicht »würdig« seien. Er wandte sich auch weiterhin gegen Churchills Strategie, die er folgendermaßen beschrieb: »zwei relativ zusammenhanglose Kriege zum großen Vorteil für Hitler statt eines einzigen Krieges auf der Grundlage eines abgestimmten Planes«. Churchill wurde klar, wie er gegenüber Beaverbrook bekannte, dass Cripps »einen Angriff gegen uns vorbereitet«.[93] Cripps' unablässiges Drängen auf eine britische Ablenkungsaktion erreichte Mitte Oktober seinen Höhepunkt, als der Verteidigungsausschuss, bisher Churchills Domäne, sich für die Verlegung von zwei Divisionen, die ursprünglich für Nordafrika vorgesehen waren, in den Kaukasus entschied.[94]

Churchills veröffentlichte Version seiner Warnung an Stalin stammt aus dieser turbulenten Zeit. Sie ist davon geprägt, dass Beaverbrook an Stalins Klage auf der Moskauer Konferenz am Anfang jenes Monats erinnerte, er habe keine Warnung vor »Barbarossa« erhalten. In einer Notiz an Beaverbrook warf Churchill nun seinerseits Cripps wütend »Unverschämtheit« vor, da er die Botschaft im April zurückgehalten hatte. Er ließ die ganze Episode noch einmal Revue passieren und wies Cripps wegen der »hartnäckig obstruktiven Behandlung dieser Angelegenheit große Verantwortung« zu.[95] Dieser Wutausbruch hatte natürlich wenig mit der Warnung vom April zu tun, sondern war Ausdruck der aktuellen Streitereien. Churchill nutzte die Gelegenheit auch, um die Verantwortung für den Tiefstand, auf den die Beziehungen zu Stalin inzwischen gesunken waren, von sich abzuwälzen. Hätte Cripps seine Weisungen befolgt, so argumentierte er, »dann wäre zwischen ihm und Stalin ein gewisses Verhältnis entstanden«. Diese Interpretation, die kaum sechs Monate nach den bewussten Vorgängen erfolgte, ignorierte weitgehend das politische Klima, das Mitte April geherrscht hatte. Churchills Vorwürfe waren so weit von der Realität entfernt, dass selbst Eden sich dagegen wandte, der sonst, wie bekannt, gegenüber Churchill große Zurückhaltung übte. Damals, so äußerte er sehr delikat, »waren die Russen wenig geneigt, überhaupt irgend welche Botschaften entgegenzunehmen ... Ähnlich reagierten sie auch auf spätere Mitteilungen, die ich Maiski übergab.«[96] Ungeachtet dieses Einspruchs nahm Churchill sein Gespräch mit Beaverbrook fast wörtlich in seine Kriegsmemoiren auf, Edens Eintreten für Cripps dagegen nicht.

Es ist interessant, Cripps' Dilemma mit dem des amerikanischen

Botschafters in Moskau, Laurence Steinhardt, zu vergleichen, der sich Anfang März in einer ähnlichen Situation befand. Die damals noch neutralen Amerikaner verfügten über bessere Geheimdienstquellen in Berlin und überall in Südosteuropa. Anfang März hatten sie genügend Hinweise für die Vorbereitung einer deutschen Offensive, um der sowjetischen Regierung eine Warnung zukommen zu lassen. Nachdem Steinhardt jedes Pro und Kontra abgewogen hatte, riet er dem amerikanischen Außenminister Cordell Hull davon ab. Zur Begründung erklärte er, die Russen könnten einen solchen Schritt »weder als aufrichtig noch als selbstständig empfinden«.[97]

Neuntes Kapitel

Japan: Der Weg nach Deutschland

Russlands Fehlschlag in Jugoslawien und Hitlers Straffeldzug auf dem Balkan zerstörten Stalins Traum, eine sowjetische Vorherrschaft in der Region zu errichten. Schlimmer noch, die reale Gefahr, in der Russland schwebte, wurde ihm nun in ihrer ganzen Größe bewusst. Geheimdienstberichte aus verschiedenen Quellen stapelten sich seit längerem auf Stalins Tisch. Ende März warnte der Chef der Auslandsaufklärung des NKGB den Verteidigungsminister, Marschall Timoschenko, dass die deutschen Absichten ernst zu nehmen seien. Er führte 21 eindeutige Hinweise auf die Verlegung und Massierung deutscher Truppen an den Grenzen des Landes seit Ende Februar und insbesondere im ganzen Monat März auf.[1] Am selben Tag ließ er Stalin unmissverständlich wissen, dass die Informationen der Agenten des NKGB und zusätzliche Angaben eine »beschleunigte Verlegung deutscher Truppen zur sowjetischen Grenze« ergaben. Man nutze das Eisenbahnsystem und requiriere Transportmittel, um Truppen, Artillerie und Munition aus Deutschland nach Osten zu befördern. Auch seien Sofortmaßnahmen getroffen worden, um die Straßen zu den Grenzregionen auszubauen.[2]

Mitte April hatte sich beim NKGB eine so lange und eindrucksvolle Liste deutscher Truppenkonzentrationen angesammelt, dass man sich sicher genug fühlte, trotz Stalins bekannter Einstellung die Militäraufklärung davon in Kenntnis zu setzen. Dem folgte eine Woche später die unglaubliche Nachricht von 43 neuen Verletzungen des sowjetischen Luftraumes durch deutsche Flugzeuge. Allein die enorme Zahl der Flüge in kaum zwei Wochen und die Tatsache, dass sie in vielen Fällen über 220 Kilometer tief in sowjetisches Gebiet eingedrungen waren, schloss die Möglichkeit aus, dass es sich um Navigationsfehler handelte.[3] Obwohl er sonst mit Stalin übereinstimmte, räumte der Chef der Militäraufklärung, General Filip Golikow, nun ein, dass man allein in den ersten beiden Aprilwochen eine massive Verlegung von Truppen aus Deutschland zur russischen Grenze festgestellt habe. Sie seien in den Bezirken Warschau und Lublin konzentriert. Sämtliche Informationen ließen nur einen Schluss zu: »Der Transfer von Truppen und das Anlegen von Munitions- und Treibstoffdepots an der Grenze der UdSSR werden fortgesetzt.«[4] Diese Vorgänge konnten nicht länger ignoriert werden. Die Stalin vorgelegten Zahlen belegten, dass die Deutschen seit Februar ihre Präsenz an der Grenze um 37 Infanteriedivisionen, drei oder vier Panzerdivisionen und zwei motorisierte Divisionen verstärkt hatten.

Die Desinformation der Deutschen, die Verwirrung über die Truppenbewegungen während der Kämpfe auf den Nebenschauplätzen Griechenland und Jugoslawien sowie das gemessene Tempo des Truppenaufmarsches ließen Stalin jedoch nach wie vor die Möglichkeit, an Hitlers letztem persönlichen Ziel zu zweifeln, über das er so gut wie nichts wusste. Die Wirkung von Geheimdienstinformationen wird davon bestimmt, welchen Zugang die Politiker zu den Verfassern haben und ob Letztere einen hohen Grad an Selbstständigkeit wahren können. Im Allgemeinen, und bei Stalin im Besonderen, richtet sich die Zusammenstellung solcher Informationen nach einem konzeptionellen Rahmen, den die Politiker selber vorgeben. Die Verfasser der Berichte kämpfen sich durch ein Meer von Informationen, die sie zur Verfügung haben, um der Führung die richtigen Antworten zu den Fragen zu liefern, die diese bewegen. Das Selektionsverfahren lenkt sie und nach ihnen auch die Politiker unweigerlich von bestimmten entscheidenden Daten ab. Das Ergebnis kann zuweilen kontraproduktiv, ja sogar verheerend sein.

Nach dem Zusammenbruch Jugoslawiens beschäftigte Stalin viel weniger die Frage, wie wahrscheinlich der Krieg nun geworden war, als vielmehr die Chance, den militärischen Konflikt durch eine politische Lösung noch abzuwenden. Das Archivmaterial bestätigt Sudoplatows Erinnerung, dass nahezu die Hälfte der bei der GRU und den russischen Nachrichtendiensten eingehenden Informationen angedeutet hätten, der Waffengang könnte noch vermieden werden und die Gerüchte seien ausgestreut worden, um Russland in den Krieg zu verwickeln. »Die Akte wurde von Tag zu Tag dicker, da wir immer mehr Berichte über Aktivitäten der Briten erhielten, die darauf abzielten, bei der deutschen Führung die Befürchtung auszulösen, die Sowjetunion könnte in den Krieg eintreten.«[5] Daher müssen erst einmal diese Akten zur Kenntnis genommen werden, bevor wir Stalins Beschwichtigungsversuche erörtern können.[6]

Ab Mitte April erinnerten die Berichte, die auf Stalins Tisch kamen, an eine Speisekarte, aus der er auswählen konnte, was ihm am besten schmeckte. NKWD-Chef Merkulow entschied sich dafür, alle Informationen an Stalin weiterzugeben, die auf eine Spaltung zwischen der politischen und der militärischen Führung in Deutschland hindeuteten. Zumeist handelte es sich dabei um Berichte von »Hauptfeldwebel«. Wenn man die Warnungen im Originalzustand mit den Stalin vorgelegten Fassungen vergleicht, dann zeigt sich, dass man sie in der Regel darauf trimmte, die Beschwichtigungstendenz zu stützen. Die Informationen aus dem deutschen Establishment wurden so ausgelegt, dass sie eine günstige Atmosphäre für weitere Verhandlungen mit Hitler suggerierten.

Die sowjetische Vertretung in Berlin hatte bereits seit Kriegsbeginn ein Zerwürfnis in der deutschen Führung ausgemacht. Unterstützt von »mächtigen Industriellen«, schien Hitler eine weitere Zusammenarbeit mit der Sowjetunion zu befürworten. Man glaubte, dass nur ein zu vernachlässigender harter Kern von Naziideologen, angetrieben von einem ausgeprägten Antisowjetismus, das Dritte Reich weiter ausdehnen wollte.[7] Anfang März 1941 konzentrierten die verschiedenen Nachrichtendienste ihre Aufmerksamkeit natürlich auf die zunehmenden Hinweise und Gerüchte eines deutschen Planes, Russland zu überfallen. Generell räumte man zwar ein, dass gewisse Kreise in Berlin einen Krieg befürworteten und vielleicht sogar Kriegspläne schmiedeten, hielt es aber für unvorstellbar, dass die deutsche Führung, die um die Stärke der Roten Armee wisse, einen derartigen Kurs billigen könnte.

Diese Vorstellung einer in sich zerstrittenen deutschen Führung hatte zwei Konsequenzen: Sie suggerierte, dass immer noch Möglichkeiten für eine politische Lösung bestünden, und schürte auf der russischen Seite extremen Argwohn gegen britische Versuche, Russland zu einem vorzeitigen Kriegseintritt zu provozieren.[8] Mit diesen widersprüchlichen Informationen konfrontiert, favorisierte Stalin mehr und mehr die Berichte, die auf das genannte Zerwürfnis hinwiesen. Es ist kein Zufall, dass die Russen die Welle der Kriegsgerüchte mit jener Kampagne verglichen, die die westlichen Demokratien in ihren Augen nach dem Münchener Abkommen betrieben hatten, um Deutschland nach dem Osten zu lenken.[9] Zugleich tat man die nicht zu überhörenden Debatten im Moskauer diplomatischen Korps, dass ein Krieg bevorstehe »gegen die südlichen Gebiete der UdSSR, die reich an Getreide, Kohle und Öl sind«, weitgehend als bewusste Provokation ab, die man Edens hektischen Versuchen zuschrieb, einen Balkanblock zusammenzuzimmern.[10]

Stalins besondere Beachtung fand ein Bericht des »Korsen«, dass Ribbentrop und wahrscheinlich auch Hitler die einmütigen Empfehlungen des Vierjahresplanausschusses unterstützten, Deutschland könne »viel mehr gewinnen«, wenn es weiterhin Handel mit Russland treibe, anstatt sein Gebiet zu besetzen. Wirkliche Gefahr schien von der Wehrmacht auszugehen, die das Problem aus rein militärstrategischer Sicht sah und offenbar auf neue Kämpfe brannte. Zwar gingen die Kriegsvorbereitungen eindeutig weiter, und der Aufmarsch der deutschen Armee an der sowjetischen Grenze erinnerte sehr an die Vorgänge im Grenzgebiet zu Holland vor dem Einmarsch in die Benelux-Staaten, aber noch immer schien keine unmittelbare Gefahr zu drohen, da man die Türkei für das nächste Opfer hielt, bevor sich Deutschland gegen Russland wenden konnte.[11]

Der sowjetische Spion Richard Sorge, der heute von einer romantischen Aura umgeben ist, wird häufig als Quelle der eindeutigsten Warnungen zitiert. Als Vertrauter des deutschen Botschafters in Tokio, Ott, und dessen Militärattachés, hatte Sorge Zugang zu höchst wertvollen Informationen. Die Historiker haben seine Berichte nach Moskau zumeist nur selektiv zitiert und die Teile ausgewählt, die sich schließlich als zutreffend erwiesen. Was sich jedoch im Nachhinein als absolut zuverlässige Angaben herausstellte, war mit irreführenden Trends vermischt, die lediglich die eingeengte und oft falsche Sicht der deutschen Botschaft wiedergaben. Gerüchte und korrekte Einschätzungen waren auch hier miteinander verwoben. Der widersprüchliche Charakter der Informationen gab Stalin somit die Möglichkeit, an seiner Beschwichtigungspolitik festzuhalten, und rechtfertigte seine Hoffnung, den Ausbruch von Feindseligkeiten noch umgehen zu können.

Sorges erster bedeutsamer Bericht vom 10. März 1941 stellte den deutschen Druck auf Japan dar, »seine Rolle im Dreimächtepakt« gegen die Sowjetunion »zu verstärken«, statt sich nach Süden zu wenden. Dieser Information, die mit Sonderkurier aus Berlin eintraf, lag die Ergänzung bei, eine solche Haltung sei »in militärischen Kreisen besonders verbreitet«, was den Kreml in seiner falschen Sicht auf die Lage in Berlin noch bestärkte. Die Warnung wurde zudem durch die geradezu axiomatische Annahme weiter abgeschwächt, das deutsche Militär werde sich erst in einen neuen Krieg stürzen, »wenn der jetzige beendet ist«. Nach Stalins Meinung bedeutete diese Information, die ja durchaus auf die Gefahr hinwies, dass die Atempause bis zu Englands Niederlage genutzt werden konnte, wenn es gelang, den Interessenkonflikt in Deutschland noch zu verstärken.[12] Im Mai berichtete Sorge nach Moskau, Hitler sei entschlossen, »die Sowjetunion zu vernichten und den europäischen Teil für sich zu behalten, um die Rohstoff- und Getreideressourcen zu erlangen, die er für die Herrschaft über Europa benötigt«. Auch diese Erklärung ließ allerdings Raum für politische Manöver, denn sie deutete an, Krieg sei nur dann »unvermeidlich«, wenn die Russen weiter Probleme machten. Auch der abschätzigen Meinung der deutschen Generale über die Rote Armee und ihre Verteidigungsfähigkeit konnte entgegengesteuert werden, indem man Kraft und Selbstsicherheit demonstrierte, wie das z. B. in Stalins Rede vor den Absolventen der Militärakademien am 5. Mai geschah.[13] In diesem Monat teilte Sorge seinen Vorgesetzten mit, eine Gruppe gerade aus Berlin eingetroffener deutscher Offiziere sei überzeugt, dass der Krieg Ende Mai beginnen werde. Sie hätten Weisung, bis zu diesem Zeitpunkt mit der Transsibirischen Eisenbahn nach Berlin zurückzukehren. Aus derselben Quelle kam jedoch auch die Meinung, dass die Kriegsgefahr für das Jahr 1941 generell zurückgegangen sei.[14]

Schließlich warnte Sorge Moskau in einem seiner berühmtesten Berichte Anfang Juni, der deutsche Botschafter in Tokio sei aus Berlin informiert worden, dass »der Angriff gegen die Sowjetunion in der zweiten Junihälfte beginnt«, und sei nun »zu 95 Prozent sicher«, dass der Krieg ausbrechen werde. Der Botschafter sei deshalb so überzeugt, weil er Instruktionen erhalten habe, die Übermittlung wichtiger Informationen über Russland zu minimieren und auch den Transport von Gummi über die Sowjetunion so weit wie möglich einzuschränken. Ein nachfolgendes Telegramm, dessen Original bisher nicht auffindbar ist, reduzierte das Gewicht der ersten Information ein wenig. Sorge verfolgte die Spur dieser Nachricht bis zum deutschen Militärattaché, Oberstleutnant Scholl, der Berlin am 6. Mai, fast einen Monat zuvor, verlassen hatte. Aus Stalins Sicht lag dieser Zeitpunkt noch vor dem »Durchbruch« in den »Verhandlungen« mit den Deutschen. Als Sorge nachfragte, räumte der deutsche Botschafter in Tokio ein, er habe keine direkte Bestätigung aus Berlin. Scholl habe ihm jedoch im Vertrauen mitgeteilt, der geplante Angriff sei wegen eines »wichtigen taktischen Fehlers« der Roten Armee noch wahrscheinlicher geworden: Die Rote Armee war linear und nicht in tiefer Staffelung aufmarschiert.[15]

Die Illusion, das deutsche Lager sei gespalten, war nicht nur in

Moskau tief verwurzelt. Mitte März sah Stalin den Bericht eines Agenten in der britischen Botschaft über eines von Cripps' vertraulichen Pressegesprächen. Cripps hatte dem Journalisten gesagt, das Verhältnis zwischen der Sowjetunion und Deutschland habe sich »spürbar verschlechtert« und Krieg sei »unvermeidlich«. Aber was noch wichtiger war, auch er philosophierte über die »Spaltung« zwischen dem deutschen Militär und Hitler, der gegen einen Zweifrontenkrieg sei. Cripps erwartete, dass Hitler einen Separatfrieden mit England anstreben und vielleicht auch erreichen werde, um so den Weg für seinen Feldzug im Osten frei zu machen. Es ist geradezu paradox, dass diese Informationen und weitere Andeutungen, die direkt von Cripps kamen, Stalin nur darin bestärkten, die Annäherung mit Hitler zu suchen, um einer solchen Vereinbarung zuvorzukommen.[16]

Gerüchte über sowjetisch-deutsche Verhandlungen, die aus der gut informierten schwedischen Vertretung in Berlin stammten, kursierten unter den Moskauer Diplomaten in großer Zahl. Buchstäblich alle beschrieben in ihren Informationen, dass in Deutschland zwei Tendenzen festzustellen seien – »eine, die eine Wiederannäherung an die UdSSR mit Hilfe diplomatischen und militärischen Drucks favorisiere, und die andere, die die direkte militärische Eroberung der wirtschaftlichen Ressourcen der UdSSR fordere«. Nahezu einig war man sich darin, die deutsche Wehrmacht und das Volk seien »für das Losschlagen gegen Russland«, während Hitler seine Ziele offenbar mit der für ihn typischen Kombination aus Einschüchterung und Überredung zu erreichen trachte. Im Mai erwartete man daher die Entscheidung für Krieg oder volle Zusammenarbeit.[17] Diese Annahme war so weit verbreitet, dass Halifax im Mai eine aus Berlin stammende Nachricht nach London übermittelte, nach welcher

»Russland, das sich seiner Schwäche gegenüber Deutschland bewusst ist, allmählich nachgibt und bereit ist, Deutschland wirtschaftliche Privilegien in der Ukraine und in der Region Baku zu gewähren. Ribbentrop scheint ein solches Arrangement zu befürworten, aber das deutsche Militär soll dagegen sein, weil Russland damit eine Atempause zur Stärkung seines Militärpotenzials erhielte. Diese Kreise meinen, es wäre vorteilhafter für Deutschland, Russland jetzt anzugreifen, da es noch nicht vorbereitet sei. Es heißt, Hitler habe sich zwischen diesen beiden Theorien noch nicht entschieden.«[18]

In seinem ausführlichen Bericht an Stalin vom 20. März[19] erging sich Golikow lang und breit über die Hypothese der Spaltung. Auch er betonte, unter den Deutschen seien zwei Ansichten vorherrschend:

»Die erste: Die UdSSR ist gegenwärtig militärisch und innenpolitisch schwach, weshalb es klug wäre, die günstige Gelegenheit zu nutzen, um gemeinsam mit Japan die UdSSR, die sowjetische Propaganda und das Damoklesschwert, das ständig über Deutschland schwebt, ein für allemal loszuwerden. Die zweite: Die UdSSR ist nicht schwach; wie die Geschichte gezeigt hat, sind die russischen Soldaten gute Verteidiger. Man sollte kein Risiko eingehen. Es wäre besser, gute Beziehungen zur Sowjetunion zu pflegen.«

Grob gesagt, glaubte man, die deutsche Wehrmacht unter Görings Führung dränge auf einen Krieg gegen Russland und befürworte einen Separatfrieden mit Großbritannien. In einigen Berichten war in der Tat von Geheimgesprächen und Sondierungen auf beiden Seiten die Rede. Derartige Schritte festzustellen, stand natürlich ganz oben auf der Prioritätenliste der Nachrichtendienste. Von Hitler und Ribbentrop hieß es, sie seien äußerst vorsichtig, weshalb man auch Hitlers Entscheidung nicht voraussagen könne. In einigen Informationen, die sich vom allgemeinen Chor abhoben, wurde gar berichtet, Hitler erwäge drei Alternativen, wo er seine unbeschäftigten 228 Divisionen im Jahre 1941 einsetzen sollte: Er konnte entweder in England einmarschieren, Nordafrika angreifen oder sich in der Tat gegen die Sowjetunion wenden. Viel Raum nahmen auch Mitteilungen darüber ein, dass man beschränkte Kriegsziele verfolge, etwa Rumänien und Finnland bei der Rückeroberung der Gebiete zu helfen, die sie an die Sowjetunion verloren hatten.[20]

Die hohe Stellung von »Hauptfeldwebel« im deutschen Luftfahrtministerium hatte auch einen Nachteil. Dieser war sehr gut platziert, um einen ständigen Strom von strategischen und operativen Informationen zu sichern. Zugleich vermittelte diese Quelle aber ein einseitiges Bild, das sich auf die Sicht des Ministeriums beschränkte. Da er von Entwicklungen in anderen Bereichen des Militärs wenig wusste, überhöhte er die Rolle der Luftwaffe als Speerspitze des Feldzuges gegen Russland. Er übermittelte ein Szenario, in dem Göring als der aktivste Repräsentant des antisowjetischen Lagers erschien, der häufig gegen Hitlers Willen auf Krieg drängte. In seinen Berichten nach Moskau beschrieb »Hauptfeldwebel« in grellen Farben den Konflikt zwischen Göring und Ribbentrop, der »bis in ihr persönliches Verhältnis hineinreicht«. Das verführte ihn zu unbegründeten Spekulationen, wie beispielsweise zu der Theorie, Brauchitsch scheine den Gedanken des Krieges zu verfechten, hingegen sei »die Mehrheit des deutschen Offizierskorps gegen Hitler eingestellt, weshalb der Gedanke an einen Angriff gegen Russland unter ihnen nicht populär« sei.[21]

Eine Woche später übergab Merkulow an Stalin und Timoschenko eine überarbeitete Zusammenstellung der jüngsten Meldungen, um die »Kriegstreiber« zum Schweigen zu bringen und die Versöhnung mit Deutschland zu fördern. Zwar wurde im ersten Teil die Kriegsgefahr nicht bestritten, zugleich aber angedeutet, die deutschen Siege in Nordafrika stärkten die Hoffnung, »den Krieg mit England durch Schläge gegen dessen Kommunikationslinien und Ölreserven im Nahen Osten zu gewinnen«. Im zweiten und wichtigsten Teil fand der Bericht von »Hauptfeldwebel« über die Kluft zwischen Militärs und Politikern in Deutschland breiten Raum. Aus der angenommenen Kriegsmüdigkeit der Truppen zog er allerdings den Schluss, dass die Schlagkraft der Wehrmacht im Vergleich zu 1939 abgenommen habe. Für den dritten Teil der Zusammenfassung wählte man einen Bericht aus, der von der Betroffenheit in der Luftwaffe angesichts der qualitativen Überlegenheit der russischen Bomber und Jagdflugzeuge handelte.[22]

Auch die Kenntnisnahme von Informationen ausländischer Nachrichtendienste bestärkte Stalin in seiner Meinung. Über Anthony Blunt, einen der »Cambridge Five«, kam er zumindest an einige der wöchentlichen Geheimdienstberichte des Foreign Office heran. Im Bericht der Woche vom 16.–23. April hieß es, dass »die Vorbereitungen der Deutschen auf einen Krieg gegen Russland fortgesetzt werden, obwohl bislang keine absoluten Beweise dafür vorliegen, dass die Deutschen die Sowjetunion im Sommer 1941 angreifen werden«.[23] Eine Zusammenstellung von Informationen, die die Londoner Residentur über die Bewertung der deutschen Pläne durch britische Nachrichtendienste erarbeitete, stützte die Spaltungstheorie. In einem Papier über »deutsche Pläne und Perspektiven« für den Zeitraum 4.-11. Mai hieß es aus Himmler nahestehenden Quellen, ein Blitzkrieg hätte das Ziel, Moskau zu erobern und eine Regierung einzusetzen, die mit Deutschland kollaborieren werde. Wenn dies in der Tat das Kriegsziel war, dann konnte Stalin noch hoffen, Hitler davon zu überzeugen, dass er nach wie vor sein bester Verhandlungspartner sei. Noch gewichtiger war aus Stalins Sicht die zusätzliche Information, die einer früheren Einschätzung widersprach und die vorherrschende Meinung in London bestätigte, Deutschland suche mit Russland zu einer Vereinbarung zu gelangen. Während die deutsche Wehrmacht auf Krieg dränge, seien die Politiker für Verhandlungen. »Angeführt von Ribbentrop«, so hieß es dort, »behaupten sie, in Verhandlungen mit Russland könne Deutschland alles erreichen, was es brauche, das heißt, Beteiligung an der wirtschaftlichen und administrativen Kontrolle der Ukraine und des Kaukasus. Deutschland wird mit einer friedlichen Lösung mehr gewinnen als durch die Kontrolle besetzter Gebiete, wo der sowjetische Verwaltungsapparat beseitigt ist.«[24]

Auch bewusste Desinformation trug zu der Fehleinschätzung bei, etwa die ausgestreuten Gerüchte über anhaltende Vorbereitungen der Wehrmacht und angebliche Truppenkonzentrationen für den Einmarsch in Großbritannien.[25] Dabei erzielten diejenigen Desinformationen, die den Selbstbetrug Stalins unterstützten, die nachhaltigste Wirkung. »Lyzeumsschüler« sandte weiterhin sein Gebräu von korrekten Nachrichten und Falschmeldungen. Nachdem er eine recht akkurate, wenn auch ziemlich allgemeine Vorstellung vom Umfang der Truppen gegeben hatte, die gegen Russland aufmarschiert waren, fügte er noch eine Beruhigungspille hinzu. Ein Krieg zwischen der Sowjetunion und Deutschland, so versicherte er der Residentur, sei trotz der Unterstützung im deutschen Volke »unwahrscheinlich«. Hitler werde keinen Krieg riskieren, »der die Einheit der Partei zerstören könnte«. Sowjetische Vorbehalte wirksam nutzend, erläuterte er, Hitler sei gegen einen Krieg, der ihn mindestens sechs Wochen kosten werde, selbst im Falle eines Sieges. In dieser Zeit gäbe er England die Möglichkeit, mit Hilfe der USA sein Potenzial zu stärken. Die Truppenkonzentrationen seien daher lediglich eine Demonstration seiner »Entschlossenheit zum Handeln«. Hitler gehe davon aus, dass Stalin Entgegenkommen zeigen und alles tun werde, um den Intrigen gegen Deutschland eine Ende zu setzen und »die Lieferung verschiedener Güter, vor allem von Öl, zu erhöhen«. Deutschland könne mit einem Krieg wenig gewinnen, da dieser in Russland allgemeines Chaos auslösen werde. Zwar seien die Deutschen sicher, dass sie die russische Armee schlagen könnten, die sich in Finnland und Polen »völlig unfähig« gezeigt habe. Wenn die Deutschen kämpfen müssten, dann wären sie in sechs Wochen in der sowjetischen Hauptstadt und hätten den gesamten europäischen Teil der Sowjetunion unter ihrer Kontrolle. »Lyzeumsschüler« tat dies jedoch als Plan für einen Eventualfall ab.[26]

Sehr bald hatte man die »Spaltungstheorie« weiterentwickelt und in eine »Ultimatumstheorie« eingebaut. Bereits am 2. April übermittelte »Hauptfeldwebel« eine Nachricht von »Lyzeumsschüler«, Hitler sei nun entschlossen, »die Getreide- und Ölressourcen der Sowjetregierung zu nutzen«. Als raffinierter Doppelagent bot »Lyzeumsschüler« damit eine gefährliche Mischung an. Es war klar, dass für die im Kreml vorherrschende Sicht das Wort »nutzen« auf Verhandlungen hindeuten konnte und der Truppenaufmarsch lediglich als Druckmittel aufgefasst werde. Auch »Hauptfeldwebel« wertete die Kriegsvorbereitungen als »Demonstration« der deutschen Entschlossenheit. Seine Einschätzung, dass »dem tatsächlichen Beginn von Kriegshandlungen ein Ultimatum an die Sowjetregierung, dem Dreimächtepakt beizutreten, vorausgehen« werde, erregte sofort Stalins höchste Aufmerksamkeit. Hitler werde nur dann Krieg beginnen, wenn Stalin »sich weigert, die deutschen Forderungen zu erfüllen«. Diese Konstellation erforderte natürlich ein umsichtiges Vorgehen, denn das Ultimatum werde gestellt werden, wenn die Schlachten um Jugoslawien und Griechenland entschieden seien. Diese Telegramme verheimlichte man Stalin bis zum 14. April, als mit dem siegreichen Einmarsch der Wehrmacht in Belgrad nicht mehr zu übersehen war, wie sehr er sich in Jugoslawien verrechnet hatte. Berija und Merkulow übergingen die Entscheidung der dreiköpfigen Analysegruppe der Auslandsaufklärung, die Information über den Krieg nicht weiterzugeben, weil sie nicht mit der Sicht der Führung übereinstimmte. Nur wenige Tage später tauchte das Ultimatum in einem zweiten Telegramm erneut auf. Nun wurde die »Ultimatumtheorie« vom NKGB übernommen, weil sie nur zu gut zu Stalins Ansichten passte.[27] Sehr bald fand eine ähnliche Einschätzung auch im Diplomatischen Korps Verbreitung, wo sie noch hektischere Betriebsamkeit auslöste.[28]

Einen Monat später, unmittelbar vor Beginn der Verhandlungen mit den Deutschen, von denen noch die Rede sein wird, übermittelte die Berliner Residentur die beruhigende Botschaft aus dem Wirtschaftsministerium, dass »die Sowjetunion die Aufforderung erhalten wird, sich an der Seite der Achse am Krieg gegen Großbritannien zu beteiligen. Als Garantie wird man von ihr das Abtreten der Ukraine und vielleicht der baltischen Staaten verlangen.« Eine solche Nachricht entwertete natürlich gegensätzliche Informationen, etwa die, dass Hitler gegenüber hohen Offizieren erklärt habe: »In nächster Zukunft werden außerordentliche Dinge geschehen, die manchen ganz unverständlich erscheinen werden.

Aber die Schritte, die wir im Auge haben, sind notwendig, da der rote Mob in Europa sein Haupt erhebt.«[29]

Nun stellte Stalin seinen Nachrichtendiensten die dringliche Aufgabe, die Forderungen Deutschlands herauszubekommen. So entstanden wiederholt Berichte über das angebliche Bedürfnis der Deutschen, noch umfangreichere Lieferungen aus der Sowjetunion zu erwirken. »Lyzeumsschüler« lieferte seinerseits auch weiterhin geschickt zusammengestellte Falschinformationen, die sich auf dem gefährlichen Grat zwischen Glaubhaftigkeit und Täuschung bewegten. Als der Truppenaufmarsch nicht länger zu übersehen war, räumte er ein, die Vorbereitungen der Wehrmacht auf den Krieg seien abgeschlossen; sie warte nur auf den Marschbefehl. Aber die entsprechenden Daten waren unterschiedlich auslegbar. Die deutsche Einwilligung in den Pakt mit Japan wurde als ein Schritt erklärt, der Zeit gewinnen sollte. Hitler sei in Sorge, dass Japan nach dem Beispiel Italiens trotz seiner Schwäche einen abenteuerlichen Krieg gegen Russland beginnen und Deutschland vorzeitig in den Konflikt hineinziehen könnte. Der Wunsch, den Krieg um alles in der Welt zu vermeiden, ließ Stalin begierig nach jeder Information greifen, die auf Hitlers Bereitschaft deutete, eine politische statt einer militärischen Lösung zu suchen. Nach den Meldungen von »Lyzeumsschüler« sorgte sich Hitler vor allem über den Mangel an bestimmten Gütern, vor allem Öl und Weizen, so dass er die Ressourcen der Sowjetunion dringend benötigte. Die Ukraine war für ihn die »Kornkammer des ganzen europäischen Kontinents«. Eine weitere Atempause war auch deshalb in Sicht, weil Hitler sich angeblich entschieden hatte, den Krieg aufzuschieben und zunächst »die Entwicklung auf dem Balkan und den Erfolg des Feldzuges gegen Ägypten abzuwarten«.[30]

Kurz nach dem Einmarsch in Jugoslawien sandte die Residentur eine Information nach Moskau, die von einem mit »X« bezeichneten Major stammte. Da der Krieg gegen Großbritannien sich hinziehe, habe sich Hitler entschlossen, die Sowjetunion jetzt anzugreifen, damit sie in Zukunft nicht noch stärker werde. Nun trat die Möglichkeit in den Vordergrund, dass der Krieg gegen Russland dem gegen England vorausgehen könnte. Diese Option wurde mit Hilfe der Ultimatumtheorie jedoch wieder abgeschwächt, für die sich mehr als genug Bestätigungen fanden. So beharrte z. B. ein gewisser Franz Kosch, Arbeiter in einer Elektrofabrik in Berlin und gewöhnlich eine verlässliche Quelle, darauf, dass Hitler ein umfassendes Handelsabkommen für 90 Jahre anstrebe und im Gegenzug bereit sei, der Umwandlung der Türkei und Finnlands in Sowjetrepubliken zuzustimmen.[31] »Petroleum« wiederum, Direktor einer führenden Ölgesellschaft lettischer Nationalität, berichtete, die Enttäuschung der Deutschen über die Handelsbeziehungen mit Russland ließen sie in Europa nach »Bedingungen suchen, die die UdSSR zwingen könnten, Deutschland wesentliche Zugeständnisse zu machen«.[32]

Während Stalin ungeduldig auf das Ergebnis von Schulenburgs Besprechungen mit Hitler in Berlin wartete[33], gingen ihm ständig Berichte dieser Art zu. In der Tat verlautete aus einer verlässlichen Quelle, der Sonderplanungsausschuss in Berlin sei zu dem Schluss gekommen, dass der Mangel an wirtschaftlichen Gütern Deutschland zwingen werde, »die Getreide- und Ölressourcen der Sowjetunion auszubeuten«. Es gab sogar Hinweise darauf, dass Hitler versuchen werde, einen freien ukrainischen Staat zu gründen, der Deutschland untertan sei.[34]

Anfang Mai wurde in vielen Geheimdienstberichten dem Kreml nach dem Munde geredet. Während die Hinweise sich häuften, dass es Mitte Mai zum Krieg kommen werde, blieb »Hauptfeldwebel« bei seiner verhängnisvollen Einschätzung, Deutschland werde »der Sowjetunion zunächst ein Ultimatum stellen und darin größere Exportlieferungen sowie die Einstellung der kommunistischen Propaganda fordern. Um dieses Vorhaben durchzusetzen, werde man deutsche Kommissare in die Industrie- und Landwirtschaftszentren der Ukraine senden; die deutsche Wehrmacht werde einige ukrainische Regionen besetzen«. Die Andeutung derartiger Bedingungen wirft ein Schlaglicht darauf, welche Zugeständnisse Stalin erwog, als er in die Pseudoverhandlungen mit Schulenburg ging. Der »Nervenkrieg« werde durch irreführende Gerüchte angeheizt, hieß es in einem weiteren Telegramm Kobulows aus Berlin. »Hauptfeldwebel« war nach wie vor der Meinung, dass eine Mehrheit der deutschen Offiziere und gewisse Kreise in der Nazipartei »tatsächlich gegen einen Krieg mit der Sowjetunion eingestellt sind«. Solch ein Krieg werde als sinnlos angesehen und könne »zu Hitlers Sturz führen«.[35]

Auf Weisung aus Moskau spielte die Bukarester Botschaft Berichte herunter, in denen von deutschen Konsultationen mit den rumänischen Stabschefs als einem Schritt zur »so genannten Vorbereitung eines Angriffs auf unser Land« die Rede war. Derartige »tendenziöse und unglaubhafte« Gerüchte wurden englischen Quellen zugeschrieben. Man deutete sogar an, dass »die Briten die Besetzung der griechischen Inseln nahe der Meerengen durch Deutschland absichtlich zugelassen haben, um so eine Bedrohung der Sowjetunion zu schaffen und diese in den Krieg hineinzuziehen«. Damit verfolgten die Briten zwei Ziele: »Die Zerstörung der UdSSR einerseits und die Schwächung Deutschlands andererseits. Beide passen in ihr Konzept.«[36] Eine Reihe abgefangener Telegramme von Cripps, die man Stalin vorlegte, schien dies zu bestätigen. Cripps versicherte Eden darin, dass Hitlers nächste Schritte davon abhingen, ob er ein vollständiges Einlenken Russlands erreichen könne, was »sich in der nächsten Zeit zeigen wird« – ein klarer Hinweis auf Schulenburgs Rückkehr aus Berlin. Er glaubte, so lange Russland die Deutschen nicht provoziere, werde Hitler den Krieg aufschieben. Aus diesem Grunde schlug er eine Reihe von Maßnahmen vor, um einen Keil zwischen Deutschland und Russland zu treiben. Derartige Vorschläge alarmierten Stalin in höchstem Maße und lenkten ihn von der wahren Gefahr ab.[37]

Das Abdriften des Krieges auf den Balkan und die britisch-deutschen Kämpfe in Griechenland gaben den Spekulationen neue Nahrung, dass die Türkei das nächste Opfer sein könnte, womit sich Deutschland den Weg zur Eroberung Ägyptens, des Suezkanals, Syriens und Irans, möglicherweise auch Spaniens und Gibraltars bahnen wolle.[38] Selbst so zuverlässige Agenten wie »Dora« in Zürich, die später für ihre exakten Warnungen berühmt wurde, lieferten irreführende Informationen. Ihre Quellen in Berlin sagten aus, Krieg werde es erst dann geben, wenn der britischen Marine der Zugang zum Schwarzen Meer versperrt sei und die Deutschen Kleinasien besetzt hätten. Daher schien es durchaus logisch, dass Hitler als nächste Ziele Gibraltar und den Suezkanal ansteuerte, um die Royal Navy aus dem Mittelmeer zu vertreiben.[39] Die Truppenkonzentrationen an der Südwestgrenze Russlands wurden zumindest teilweise so erklärt, dass damit die Verlegung deutscher Truppen durch Südrussland nach dem Iran und dem Irak erzwungen werden sollte. Eine solche Achse, die die Besitzungen der Briten in diesem Raum bedrohte, sollte diese ebenfalls von einer objektiven Bewertung der deutschen Gefahr ablenken.[40]

Als Schulenburg nach Moskau zurückkehrte, teilte »Hauptfeldwebel« der Sowjetregierung mit höchster Dringlichkeit mit, er habe aus der Verbindungsstelle zwischen Luftfahrt- und Außenministerium erfahren, dass die Entscheidung »für einen Angriff gegen die Sowjetunion endgültig gefallen« sei. Dieser werde »jeden Tag« erwartet. Noch Besorgnis erregender war die Andeutung, dass Ribbentrop, »der bisher kein Verfechter eines Angriffs gegen die UdSSR war, Hitlers Entschluss in dieser Frage akzeptiert hat und nun die Aktion gegen Russland ebenfalls unterstützt«. Mehr noch, mit der finnischen Luftwaffe hätten Stabsgespräche begonnen, während Bulgarien, Ungarn und Rumänien um Schutzmaßnahmen nachsuchten.[41] Höchstwahrscheinlich wurde dieses Telegramm Stalin aber gar nicht vorgelegt. Hingegen informierte man ihn an diesem Tag, dass Wirtschaftsminister Funk einen Überblick über die wirtschaftlichen Ressourcen Deutschlands abgeschlossen habe. Seine Schlussfolgerung muss Stalin gefreut haben, denn dort hieß es, wenn in diesem Jahr nicht Frieden mit England geschlossen und die wirtschaftliche Zusammenarbeit wieder aufgenommen werde, müsse Deutschland »die Wirtschaftsbeziehungen mit Japan und der Sowjetunion ausbauen, mit letzterer auch durch Gewalt, wenn friedliche Mittel versagen«. Die künftige Zusammenarbeit hänge von der Fähigkeit der Sowjetunion ab, ihre Rohstofflieferungen zu erhöhen.[42]

Angesichts der eindeutigen Gefahr musste Stalin das prekäre Gleichgewicht zwischen Zugeständnissen und demonstrativer Selbstsicherheit wahren, um die Deutschen davon abzuhalten, auf seine Schwäche zu reagieren. Sein kompliziertes politisches Spiel, das im Nachhinein angesichts der bevorstehenden Invasion geradezu absurd erscheint, fußte auf der Logik der Ereignisse. Stalin wurde von seiner Umgebung kaum herausgefordert. Da er mit der Methode des »teile und herrsche« regierte, die eigene Denkungsart auch bei seinen Gegnern voraussetzte und selbst potenzielle Verbündete nur mit extremem Misstrauen betrachtete, konnte jene Selbsttäuschung kolossale Ausmaße annehmen. Da Alternativen ihn immer weniger erreichten, klammerte er sich hartnäckig an seine eigene Überzeugung, erstickte abweichende Meinungen und zwang das gesamte politische und militärische System, ihm nach dem Munde zu reden.[43] Auch wurde seine Einschätzung durch genügend Belege gestützt, von denen nur ein geringer Teil auf bewusste Täuschungsmanöver Hitlers zurückzuführen war.[44] Viel schwerer wogen irreführende Hinweise, die von Gegnern der Politik Hitlers kamen – in erster Linie von Schulenburg und in gewissem Maße selbst von Ribbentrop. Am Ende blieb Stalin davon überzeugt, dass er mit raffinierten politischen Manövern den Krieg abwenden oder zumindest hinausschieben könnte. Das hoffte er durch ein Eingehen auf Ribbentrops Aufforderung zu erreichen, Russland möge der Achse beitreten, die dieser am Ende von Molotows Besuch in Berlin im November 1940 ausgesprochen hatte.

Die Entscheidung, einen Konflikt mit Deutschland um jeden Preis zu vermeiden, scheint kaum zwei Tage nach Abschluss des Paktes mit Jugoslawien gefallen zu sein. Molotow wies Dekanosow an, mit Weizsäcker die Sondierungsgespräche über die bilateralen Beziehungen wieder aufzunehmen. Weizsäcker seinerseits notierte, dass Dekanosow »keine Silbe der Kritik an unserem Einschreiten in Jugoslawien« vorbrachte. Im Gegenteil, er schien am Besuch des japanischen Außenministers Matsuoka in Berlin interessiert zu sein. Weizsäcker versicherte ihm, dass dies eine Fortsetzung der Bemühungen sei, den Dreierpakt auszubauen, der »die Verhinderung jeder Kriegsausweitung bezwecke«.[45] Der Botschafter in Vichy wurde vorgeschickt, um den Deutschen die Absicht der Sowjetunion zu versichern, den Ribbentrop-Molotow-Pakt nach Geist und Buchstaben einzuhalten. Russland garantierte, im Hinblick auf Jugoslawien keine »Verpflichtung militärischer oder politischer Art einzugehen«. Es wünsche sehr, die Erfahrung von 1914 nicht zu wiederholen, da es durch die Verteidigung Serbiens in den Krieg hineingezogen wurde.[46]

Die wichtigste Reaktion auf den Zusammenbruch Jugoslawiens war der hastige Abschluss des Neutralitätspaktes mit Japan am 13. April, der auf der Rückreise des Außenministers Matsuoka von Berlin über Moskau erfolgte. Der Abschluss des Ribbentrop-Molotow-Pakts hatte seiner Zeit direkte Auswirkungen auf die sowjetische Politik im Fernen Osten gehabt. Die enge Zusammenarbeit mit China versiegte. Tschiang Kaischek, Guomindang-Führer und Staatschef des nationalistischen China, konnte die Russen nicht einmal damit locken, dass er ihnen ein Militärbündnis anbot und sie aufforderte, in China Militärbasen zu errichten.[47] Sein militärischer Sondergesandter, der Ende April mit dem noch konkreteren Vorschlag nach Moskau kam, eine gemeinsame Plattform »zur Abwehr der japanischen Aggression« zu bilden, wurde nicht zu Stalin vorgelassen und musste mit leeren Händen wieder abreisen.[48] Auch diese Initiativen sah Stalin als britische Versuche an, Russland am Krieg zu beteiligen.[49]

In dem Maße, wie sich Russland von China löste, zeigte es sich versöhnlicher gegenüber Japan.[50] Molotow reagierte allerdings sehr vorsichtig auf die japanischen Avancen, weil er fürchtete, wie er gegenüber dem japanischen Botschafter in Moskau, Togo, freimütig bekannte, Japan könnte dies als Trumpfkarte in den Gesprächen mit den USA nutzen.[51] Als die Kapitulation Frankreichs unmittelbar bevorstand, änderte er jedoch seinen Ton. Statt der bilateralen Beziehungen, die bisher Gesprächsgegenstand waren, wollte er nun zu den »Hauptfragen« kommen, »die mit den verschiedenen Veränderungen in der internationalen Lage zusammenhängen, auch denen, die noch zu erwarten sind«.[52] Zur Empörung

Chinas folgte die rasche Demarkation der Grenze in der Mandschurei, womit Molotow die Auflösung des alten »Antikominternpakts« zu beschleunigen hoffte.[53] Diese frühen Schritte reinigten die Atmosphäre und schufen die Voraussetzungen für weitere Zusammenarbeit, als Prinz Fumimaro Konoe im Juli 1940 Premierminister wurde und eine Verbesserung der Beziehungen zu Deutschland und Russland erreichte. Er erhoffte sich von der neuen dreiseitigen Verständigung eine »goldene Chance« für Japan, das Chaos in der internationalen Arena zu nutzen, um die Südexpansion voranzutreiben. Matsuoka, der sich bereits als Japans Vertreter im Völkerbund enthusiastisch für ein besseres Verhältnis zu Russland eingesetzt hatte, wurde nun Außenminister.[54] Seine großen außenpolitischen Pläne passten zu denen Stalins und Ribbentrops. Er hoffte, der Aufbau einer Dreierachse werde den Weg zu einer »Vier-Mächte-Entente« mit der Sowjetunion ebnen, und teilte Ribbentrops Vision von einer neuen Weltordnung, in der diese vier Mächte ihre Einflusssphären in Europa, Asien und Afrika gegenseitig absteckten. Die Deutschen betrachtete er als Makler der neuen Ordnung. Japans Marsch nach Süden gegen die britischen Besitzungen fand auch in Berlin starke Unterstützung. Der deutsche Botschafter versprach dem neuen Außenminister, Deutschland werde »alles tun, was in seinen Kräften [steht], um eine freundschaftliche Verständigung zu fördern.« Er werde »zu diesem Zweck jederzeit seine guten Dienste zur Verfügung stellen«.[55]

Aber erst die wachsenden Spannungen auf dem Balkan und die Errichtung der Achse im Herbst 1940 lösten aktivere praktische Schritte Russlands aus. Molotow tat etwas, was sonst überhaupt nicht seine Art war – er lud Botschafter Togo zu einem Frühstück ein, bei dem sie endgültig übereinkamen, dass die Differenzen zwischen beiden Staaten geklärt werden müssten, damit Russland in irgendeiner Form Anschluss an den Dreimächtepakt finde.[56] Berija hatte Stalin bereits über Hitlers Absicht informiert, einen Pakt zwischen der Sowjetunion und Japan zu befördern, um »der Welt die engen Beziehungen und übereinstimmenden Ziele der vier Mächte zu demonstrieren«. Damit sollten die Vereinigten Staaten davon abgehalten werden, Großbritannien zu Hilfe zu eilen.[57] Stalin wollte sich jedoch nicht an den Neutralitätspakt binden, den der scheidende japanische Botschafter ihm anbot, bevor er sich bei Molotows bevorstehendem Besuch in Berlin nicht mehr Klarheit über Hitlers Absichten verschafft hatte.[58]

Matsuoka ließ die Zeit nicht ungenutzt verstreichen. Er sandte Generalleutnant Tatekawa, der »als starker Mann« galt, nach Moskau, wo er »mit den Russen Klartext reden« und die Wende herbeiführen sollte. Dem schwedischen Botschafter kam er wie »eine der Buddhastatuen vor, die man für ein paar Rubel auf dem Markt erstehen kann – mit einem riesigen Bauch, dem einzigen lebendigen Teil an dem sonst völlig bewegungslosen kleinen Kerl«. Tatekawas äußerliche Erscheinung war jedoch irreführend und verbarg eine dynamische Persönlichkeit. Seinen militärischen Rang betrachtete er als Vorteil, da er überzeugt war, dass in Kriegszeiten »die Staaten nur mit dem Schwert in der Hand Zwiesprache halten können«.[59] Bereits bei seiner ersten Begegnung mit Molotow am 1. November schlug er einen Nichtangriffsvertrag analog zum Ribbentrop-Molotow-Pakt vor. Stalin wusste, wie sehr Konoe daran interessiert war, die Gefahr einer zweiten Front im Norden auszuräumen, und hatte daher keine Eile. Selbst mit den Nachkriegsregelungen befasst, die, wie er hoffte, bald in Berlin zustande kommen würden, erwartete er als angemessenen Preis die Anerkennung der Souveränität Russlands über Nordsachalin und seiner Fischereirechte, wodurch er das demütigende Abkommen von Portsmouth nach Zerschlagung der russischen Marine im Jahre 1905 rückgängig machen wollte. Derartige Bedingungen, so erklärte Molotow dem Botschafter nachdrücklich, seien nur »ein fairer Ausgleich« dafür, dass man Japan »im Süden freie Hand« lasse. Schließlich riskiere Russland damit eine Abkühlung seiner Beziehungen zu den Vereinigten Staaten und China.[60]

Als die Verhandlungen Molotows in Berlin scheiterten, blieb Stalin vorsichtig, weil er sich nicht den Zorn der Briten und der Amerikaner zuziehen wollte. Die Japaner, denen sehr an einer Vereinbarung lag, hatten sich inzwischen auf ihren ursprünglichen Vorschlag eines Neutralitätspaktes zurückgezogen und regten an, die Klärung der Streitfragen auf einen späteren Zeitpunkt zu verschieben. Daraufhin griff Stalin zur Verzögerungstaktik und verwickelte die Japaner in zähe Verhandlungen über die Fischereirechte.[61] Als die Fischereikonvention Ende Januar endlich abgeschlossen war, verlegte sich Stalin auf ähnlich mühsame Gespräche über ein Handelsabkommen.[62]

Insgesamt verliefen die Verhandlungen mit den Japanern parallel zu den Entwicklungen an der Westfront, die ab Mitte Februar immer bedrohlicher wurden. Da die Gespräche nicht vorankamen und die Gerüchte von einem Krieg sich verdichteten, der Japan in Feindseligkeiten mit Russland verwickeln konnte, beschloss Matsuoka, nun die Zügel selbst in die Hand zu nehmen. Nach außen hin bestand das Ziel seiner Europareise darin, Japans Schritte mit denen seiner Achsenpartner abzustimmen. Aber »bei einer Tasse Tee« in seiner Residenz vertraute er dem russischen Botschafter an, für ihn sei die Begegnung mit der sowjetischen Führung bei einem Zwischenaufenthalt in Moskau »das wichtigste Ziel der Reise«. Dass dieses Treffen geheim gehalten werden sollte, begründete er mit der Gegnerschaft im eigenen Lande, tatsächlich aber waren es die Deutschen, von denen er befürchtete, sie könnten Japan zu Schritten gegen Russland drängen. Als begeisterter Reisender bat er die Russen, ihm einen Eisenbahnwagen mit Küche und Schlafkabine zur Verfügung zu stellen, damit ihm der lange Weg durch Sibirien leichter werde.[63] Unterwegs trank er Wodka und zeigte sich seiner diplomatischen Fähigkeiten sicher, indem er seiner Umgebung darlegte, wie er »Hitler und Stalin an seinen Fäden tanzen lassen« wollte. Während der Zug durch die öden, Schnee bedeckten Weiten rollte, schrieb Matsuoka »kurze Gedichte voller feinsinniger Gedanken oder versenkte sich tief in Meditation und schlürfte dazu aus Pulver bereiteten, schwachen Tee«.[64]

Für Stalin, der sein diplomatisches Geschick einsetzen wollte, um die Kriegsgefahr noch abzuwenden, war dieser Besuch ein Gottesgeschenk für die Bemühungen, den Dialog mit Hitler, der seit Molotows Besuch in Berlin auf Eis lag, wieder in Gang zu bringen. Dazu ermutigte ihn auch Matsuokas Ankündigung vor dem japanischen Parlament, er sei »ernsthaft bemüht, ein grundlegend verbessertes Verhältnis« zu Russland herbeizuführen, das den Ideen des Dreimächtepakts entspreche.[65] Tatekawa erhielt in Moskau die Mitteilung, es sei nun an der Zeit, »von den kleinen Themen zur Regelung der Hauptfragen überzugehen«. Dieser hoffte wiederum, dies könnte bei Matsuokas Aufenthalt in Moskau erreicht werden.[66] Es roch freilich stark nach einer Verschwörung, als der japanische Botschafter Molotow zu mehreren Essen einlud, Schulenburg und Rosso aber demonstrativ davon ausschloss.[67]

Was Matsuokas Bedenken wegen Deutschland betraf, so brachte ihm Ribbentrop persönlich eine gewisse Beruhigung. Dieser jagte nach wie vor seinem Traum nach, den Kontinentalblock durch die Errichtung einer »Großen Mauer« vom Atlantik bis zum Pazifik zu schaffen, und drängte deshalb Japan, Singapur zu erobern und damit seine Kriegshandlungen in den Pazifik zu tragen. Um dies zu erreichen, musste er die Angriffspläne gegen Russland vor Japan geheim halten, weil diese Japan als Verbündeten Deutschlands in Gefahr bringen und in einen unerwünschten Krieg verwickeln konnten. Gegenüber dem japanischen Botschafter Oshima gab

Ribbentrop sogar seiner Hoffnung Ausdruck, die Verhandlungen mit Russland wiederbeleben und dessen Beitritt zur Achse erreichen zu können.[68] Daraufhin wurde unmittelbar vor Matsuokas Abreise nach Moskau die Verhandlungsebene angehoben. Man traf Vorkehrungen für Begegnungen des japanischen Außenministers mit Stalin persönlich auf der Hin- und Rückreise, was in der bisherigen sowjetischen Praxis ohne Beispiel war.[69] Als Matsuoka am 24. März in Moskau eintraf, sprach er gegenüber Molotow vorsichtig den Gedanken eines Nichtangriffspaktes an. Inzwischen aber hatte Molotow darauf aufmerksam gemacht, dass der Nichtangriffsvertrag mit China aus dem Jahre 1937 es den Russen verbot, eine analoge Vereinbarung mit Japan zu schließen. Daher schlug er statt dessen einen Neutralitätspakt vor.[70]

Bei der Begegnung mit Stalin erinnerte Matsuoka an seine Bemühungen, bereits 1932 einen Nichtangriffspakt mit Russland zustande zu bringen, die damals eine feindselige öffentliche Meinung in Japan zunichte gemacht hatte. Er und Konoe seien jetzt »entschlossen, eine Verbesserung der Beziehungen zwischen beiden Staaten durchzusetzen«. Matsuoka schien geradezu besessen zu sein, Stalin für sein Vorhaben zu gewinnen. Er entwickelte eine ausgeklügelte Theorie des japanischen Herrschaftssystems, das zwar in einer kapitalistischen Umgebung von einem Kaiser geführt werde, aber geradezu als »moralischer Kommunismus« anzusehen sei. Durch ihren Beitritt zum Dreimächtepakt wolle die gegenwärtige Regierung »die Vernichtung der Angelsachsen« und mit ihnen »des Kapitalismus und Individualismus« erreichen. Sollte Stalin solche Ansichten teilen, dann sei Japan »bereit, mit ihm Hand in Hand zu gehen«. Stalin konnten diese Ergüsse nur belustigen, doch er sah sehr klar, welche praktischen Möglichkeiten sie ihm boten. Er wollte Matsuoka als Mittelsmann nutzen und bat ihn daher, Ribbentrop die Botschaft zu bringen, die Angelsachsen seien niemals Russlands »Freunde gewesen und könnten es auch jetzt gewiss nicht werden«.

Weiter betonte Stalin, unterschiedliche ideologische Auffassungen sollten kein Hindernis für eine Annäherung der beiden Staaten sein. Bald zeigte sich jedoch, dass Matsuoka die eigentlichen Verhandlungen erst führen wollte, nachdem er bei Hitler auf den Busch geklopft hatte.[71] Die Aussichten schienen glänzend. Auf einem Empfang, der am selben Abend für den japanischen Außenminister stattfand, sprach dieser ganz unverblümt von der Notwendigkeit, die Achse zu stärken und Russland den Zugang zu ermöglichen. Er ließ deutlich seine Absicht erkennen, für ein solches

Arrangement während seines Berlin-Aufenthaltes den Weg zu ebnen.[72] Dementis von Maiski in London besänftigten Stalins Argwohn, der von wilden Gerüchten genährt worden war, Matsuoka könnte nach London reisen und dort eine Übereinkunft mit den Briten suchen, die Japan den Rücken frei halten sollte, um gemeinsam mit Deutschland gegen Russland ins Feld zu ziehen.[73]

Als Matsuoka vom 27. bis 29. März in Berlin Gespräche führte, ereignete sich der Putsch in Jugoslawien und brachte die deutsche Führung in eine Zwickmühle. Einerseits wollte sie Japan davon abhalten, in Moskau eine Vereinbarung zu unterzeichnen. Andererseits lag ihr ebenso viel daran, dass die Japaner Singapur angriffen. Diese aber hielten es eindeutig für notwendig, zunächst mit den Russen übereinzukommen, bevor sie sich in den Krieg stürzten. Daher hüllte sich Hitler über seine Angriffspläne gegen Russland in Schweigen, die Japan dazu hätten verleiten können, seinen Südfeldzug zu verschieben und ebenfalls in Russland auf Beutezug zu gehen. Bald wurde Matsuoka jedoch klar, dass sein großer Plan, Russland für den Kreuzzug gegen die Angelsachsen zu gewinnen, keine Aussicht auf Erfolg hatte. Ribbentrop klagte, die sowjetische Haltung zum Balkan könne nicht hingenommen werden, da Deutschland die Balkanhalbinsel für seine Wirtschaft brauche und nicht die Absicht habe, sie unter russische Vorherrschaft fallen zu lassen. Sollte Stalin, den er als »gerissen« charakterisierte, nicht so kooperieren, wie der Führer es »für richtig hielte, würde er Russland zerbrechen«. Matsuoka versuchte auf seine bekannte indirekte Weise, wenn auch ohne Erfolg, den Trend umzukehren. Er berichtete Hitler, Stalin habe ihm erklärt, dass »Sowjetrussland mit Großbritannien niemals gut gestanden habe und niemals gut stehen würde«. Man bedeutete ihm jedoch recht eindeutig, bei seinen Gesprächen in Moskau nicht auf den Beitritt Russlands zur Achse zurückzukommen, »da dies nicht ganz in den Rahmen der gegenwärtigen Lage passen dürfte«. Im letzten Gespräch warnte Ribbentrop Matsuoka – möglicherweise unter dem Eindruck der Entwicklung in Jugoslawien und auf direkte Weisung Hitlers – ganz eindeutig davor, einen Nichtangriffspakt mit Russland zu schließen. Sollte Russland Japan angreifen, während dieses seine Kriegsziele im Süden verfolgte, werde Deutschland sich mit ihm anlegen. Ribbentrops letzte Worte bei der Verabschiedung enthielten einen klaren Hinweis auf »Barbarossa« und ließen zugleich alles in der Schwebe. Er könne dem japanischen Kaiser nicht versichern, »dass ein Konflikt zwischen Deutschland und Russland ausgeschlossen sei. Die Dinge lägen im Gegenteil so, dass ein solcher Konflikt, wenn er auch nicht wahrscheinlich wäre, doch als möglich bezeichnet werden müsse«.[74]

Matsuoka erfasste sofort, wie die Dinge standen. Obwohl Hitler bei ihrer Begegnung am 1. April das Thema kaum berührte, war der Außenminister sehr bemüht, sich für seine Miniaturverhandlungen in Moskau zu entschuldigen. Er verschwieg, dass die Initiative von ihm ausgegangen war, rechnete aber eifrig vor, wenn man die Zeit für die Übersetzung abzog, habe er »mit Molotow vielleicht zehn Minuten und mit Stalin 25 Minuten gesprochen«. Den Inhalt der Gespräche gab er akkurat wieder, vergaß aber zu erwähnen, dass er Stalin einen Nichtangriffspakt angeboten hatte. Etwas ermutigender verliefen die Gespräche in Rom mit Ciano, der nicht müde wurde, an dem deutschen Vormachtstreben herumzunörgeln. Er lobte Matsuoka dafür, dass dieser nach Möglichkeiten suche, den Dreimächtepakt zu erweitern, und bestärkte ihn darin, »das Verhältnis zwischen Japan und der UdSSR zu klären und zu verbessern«.[76]

Am 6. April war Matsuoka wieder in Moskau. Bereits am nächsten Morgen traf er mit Molotow zusammen. Die dramatischen Ereignisse, die zwischen den beiden Besuchen in Jugoslawien abgelaufen waren, hatten Stalins Haltung spürbar verändert.[77] Als Matsuoka am 13. April Moskau verließ, marschierte die Wehrmacht in Belgrad ein. Stalin hatte die von Deutschland ausgehende Gefahr inzwischen voll erfasst und war verzweifelt bemüht, mit Berlin wieder ins Gespräch zu kommen. Das japanische Angebot erlangte nun plötzlich ganz entscheidende Bedeutung. Daher ist es nicht verwunderlich, dass Matsuoka Molotow schon bei der ersten Begegnung »wesentlich milder gestimmt« vorfand.[78] Der japanische Außenminister redete nun nicht mehr um die Sache herum. Verhandlungen über Handel und Fischereirechte interessierten ihn nicht; die überließ er seinem Botschafter. Sein Besuch sei »nicht von zufällig übereinstimmenden aktuellen Interessen sondern von dem Wunsch bestimmt, das Verhältnis für die nächsten 50 bis 100 Jahre zu verbessern«. Kurz gesagt, »sein größter Wunsch« sei es, »einen Nichtangriffspakt zu schließen und dabei über andere wichtige Fragen hinwegzusehen«. Natürlich habe er nichts dagegen, auch über die Spannungen im deutsch-sowjetischen Verhältnis zu sprechen. Dabei deutete er an, »den Vertrag jetzt zu schließen, wäre wie ein ›Meister-Schlag‹ im Baseball, wenn der Ball mit höchstem Drive in die richtige Richtung getrieben wird«.

Für den Kreml lag der Reiz eindeutig darin, dass ein solcher Schritt die Verhandlungsposition gegenüber Deutschland beträchtlich stärkte. Bedenken der Russen zerstreute Matsuoka mit der Andeutung, von einem gemeinsamen Angriff gegen die Sowjetunion sei in Berlin nicht die Rede gewesen. Molotow blieb allerdings dabei, dass die Voraussetzung für einen Neutralitätspakt die Rückgabe von Südsachalin sei, das Russland im Krieg von 1905 an Japan hatte abtreten müssen. Diese Bedingung, die den Vertragsabschluss seit über einem Jahr blockierte, zeigt eindeutig, dass Stalin nach wie vor eine umfassende Vereinbarung anstrebte, die Bestandteil einer endgültigen Nachkriegsregelung werden konnte. Das Gespräch endete daher ergebnislos, allerdings gab Matsuoka seine Absicht bekannt, die Abreise um eine Woche bis zum 13. April, der nächsten planmäßigen Fahrt der Transsibirischen Eisenbahn, aufzuschieben.[79]

Nach den ersten Vorgesprächen schien Matsuoka bereit, sich dem Neutralitätspakt zu widmen. Molotow, der erkannt hatte, wie dringend Japan diese Vereinbarung brauchte, stellte aber nun die Aufhebung der japanischen Konzessionen in Nordsachalin als weitere Vorbedingung. Matsuoka, der dies nicht zugestehen wollte, kam deshalb auf das deutsche Angebot zurück, Russland Zugang zu den warmen Meeren – dem Persischen Golf und dem Indischen Ozean – zu verschaffen, was nach seiner Meinung die Konzessionen in Nordsachalin zu einer »Nebensache« schrumpfen ließ. Nun befanden sich die Verhandlungen in einer Sackgasse. An diesem Abend bestieg Matsuoka nach einem Essen mit Molotow den Zug »Roter Pfeil« nach Leningrad. Offenbar hoffte er, wenn er sich von der Hauptstadt entferne, werde dies den Kreml unter Druck setzen, seine Haltung zu überdenken.[80]

Als Matsuoka am 11. April nach Moskau zurückkehrte, teilte er Molotow die Bereitschaft des Kaisers mit, einen Neutralitätsvertrag zu schließen, lehnte es aber ab, die Aufhebung der japanischen Konzessionen in Sachalin auch nur in Erwägung zu ziehen. Molotow hingegen, der auf das dringende japanische Bedürfnis setzte, dic russische Gefahr zu neutralisieren, pokerte hoch, indem er drohte, die Gespräche für beendet zu erklären, da es wohl leider notwendig sei, »für eine politische Vereinbarung günstigere Umstände abzuwarten«. Aber auch Matsuoka spielte sein Blatt mit eisernen Nerven. Er präsentierte Molotow den Entwurf eines Briefes, den er im Zug von Leningrad nach Moskau verfertigt hatte. Diesen sollte Molotow bei der Unterzeichnung des Neutralitätspaktes an die japanische Delegation übergeben. Das Schreiben gab der Hoffnung Ausdruck, dass ein ähnliches Abkommen zur Frage der Konzessionen in Kürze abgeschlossen werde. Als Molotow sich immer noch stur stellte, schien das Matsuoka nicht aus der Ruhe zu bringen. In den Tagen bis zu seiner Abreise sah er sich in Moskau um, besichtigte technische Institute der Akademie der Wissenschaften und Betriebe des Motorenbaus, stattete sogar dem sehr zurückhaltenden Schukow, dem Erzfeind und Helden des Chalchin-Gol, einen Besuch ab, auf den er jedoch einen »schlechten Eindruck« machte. Am Abend des 12. April sah er sich eine Aufführung von Tschechows *Drei Schwestern* an.[81]

Während Matsuoka die Schätze der Eremitage und des Kreml genoss und in Moskau technologische Neuerungen zur Kenntnis nahm, sah Stalin mit wachsender Sorge die verheerenden Folgen seiner Fehlkalkulation in der Jugoslawienfrage. Soeben hatte er Berichte darüber erhalten, dass die Griechen ihre Fähigkeit zum Widerstand »äußerst pessimistisch« einschätzten. Die 100 000 Mann umfassenden britischen Truppen in Griechenland hatten noch keine Feindberührung mit der Wehrmacht gehabt. In Athen war man der Meinung, der ganze britische Plan für Europa sei »gescheitert« und äußerte »größte Besorgnis über den weiteren Verlauf des Krieges«.[82] Zudem zeigte eine ganze Flut von Geheimdienstberichten die klare Absicht der Wehrmacht, ihren Drang nach Osten fortzusetzen, sobald der Balkanfeldzug beendet war. Nach Berichten der Residentur in Berlin sei Matsuoka in die deutsche Hauptstadt gekommen, um sich von den Deutschen den Krieg gegen Russland bestätigen zu lassen, wie diese es versprochen hatten, als Japan dem Dreimächtepakt beitrat.[83] Das sinnlose Kräftemessen in Jugoslawien, das Stalin von Anfang an nicht geheuer gewesen war, konfrontierte ihn nun mit der dringenden Notwendigkeit, die Achse wieder zu beschwichtigen.

Nach der Theatervorstellung geleitete man Matsuoka zum Kreml, wo Stalin ihn erwartete. Der japanische Außenminister wiederholte seinen Wunsch, einen Neutralitätsvertrag abzuschließen, den er »nicht nur für Japan, sondern auch für die UdSSR als nützlich und zweckmäßig« erachtete, allerdings »ohne jede Zusatzbedingungen und präsentiert als ein diplomatischer Blitzkrieg«. Stalin äußerte die Befürchtung, der Dreimächtepakt sei das Haupthindernis für einen solchen Vertrag. Matsuoka beruhigte ihn jedoch und wiegte ihn in dem Glauben, Ribbentrop habe ihm angedeutet, dieser werde das deutsch-sowjetische Verhältnis ganz sicher verbessern. Wie bereits im Gespräch mit Molotow stellte Matsuoka auch hier den Neutralitätspakt als Bestandteil eines größeren Planes hin, Russland in die Dreimächtevereinbarungen einzubeziehen. Um die Russen von der Sachalinfrage abzulenken, erging er sich noch einmal ausführlich über das Vorhaben, Asien in Einflusssphären der beiden Staaten aufzuteilen, wie man das Molotow bereits in Berlin vorgeschlagen hatte. Das interessierte Stalin weit mehr als Matsuokas Ergüsse über den »moralischen Kommunismus« Japans. Die Bedeutung des Vertrages lag für ihn nicht darin, sein Glaubensbekenntnis weiter zu verbreiten, sondern eine »Zusammenarbeit mit Japan, Deutschland und Italien in wichtigen Fragen zu ermöglichen«. Hitlers derzeitige Abneigung, den Pakt auf vier Mächte zu erweitern, schrieb er dessen Überzeugung zu, den Krieg allein gewinnen zu können. Dass Stalin gerade diesen Zeitpunkt für den Abschluss eines Neutralitätspaktes mit Japan wählte, war also nicht nur von seiner Furcht vor einem Zweifrontenkrieg bestimmt. Er verstand diesen eindeutig als »einen ersten Schritt, und einen sehr gewichtigen, für künftige Zusammenarbeit in den Hauptfragen«. Außerdem gab er zu, den japanischen Zielen zunächst misstraut zu haben. Nun aber sei er davon überzeugt, dass man mit ihm kein »diplomatisches Spiel« treibe und Japan »aufrichtig und ernsthaft an der Verbesserung der Beziehungen zur Sowjetunion interessiert« sei. Er lobte Matsuoka für seine »ehrliche und direkte Sprache«. Es sei «sehr selten, einen Diplomaten zu finden, der offen sagt, was er denkt. Bekanntlich hat Talleyrand gegenüber Napoleon ganz richtig bemerkt, dass ›die Sprache dem Diplomaten gegeben ist, um seine Gedanken zu verbergen‹. Wir Russen und Bolschewiken denken anders und glauben, dass es auch in der Diplomatie möglich ist, offen und ehrlich zu sein.«[84] Nun gab man sich die größte Mühe, die Bestätigung der Vereinbarung durch den Kaiser in kürzester Frist zu erreichen. Sie wurde am Nachmittag des 13. April in Hochstimmung unterzeichnet. Ungewöhnliche Bilder von Stalin und Matsuoka, Arm in Arm, schmückten die Zeitungen am nächsten Morgen.

Die geradezu surrealistisch wirkende Abschiedszeremonie auf dem Jaroslawler Bahnhof soll hier im einzelnen beschrieben werden, weil sie deutlich zeigt, wie sehr sich Stalin in seiner Hoffnung, das Unglück noch abzuwenden, in eine regelrechte Selbsttäuschung steigerte.[85] Er war überzeugt, seine Gegner mit einem Geniestreich überlistet zu haben. Cripps, der begierig war, Russland im Krieg mit Deutschland zu sehen, interpretierte den Pakt und die Art, wie Stalin Matsuokas Eitelkeit beim Abschied schmeichelte, als Beweis dafür, »wie weit Russland zu gehen bereit ist, um angesichts der Gefahr aus dem Westen seine Ostgrenze abzusichern«.[86] Das war damals die gängige Meinung. Sie wird bis heute vor allem von russischen Historikern immer wieder geäußert, die in dieser

Geste wie bereits in dem Abkommen mit Jugoslawien einen Schritt gegen Hitler und kein groß angelegtes Beschwichtigungsmanöver sehen wollen.[87]

Der transsibirische Express, der einmal wöchentlich fuhr, wurde eineinhalb Stunden lang aufgehalten, da die Zeremonie im Kreml noch im Gange war. Als Matsuoka und Tatekawa schließlich gegen 18.00 Uhr am Bahnhof eintrafen, waren sie noch ganz benommen von dem, was sie bei einem improvisierten Bankett im Kreml nach Abschluss des Vertrages zu sich genommen hatten. Kaum waren sie am Bahnhof angekommen, als Stalin, der nur selten in der Öffentlichkeit auftauchte und selbstverständlich noch nie einen Gast auf dem Bahnhof verabschiedet hatte, zum Erstaunen der großen Zahl der anwesenden Diplomaten und Journalisten auf der Bildfläche erschien. Er trug einen Militärmantel, Lederstiefel, Überschuhe und seine braune Schirmmütze. Einige Schritte hinter ihm trippelte Molotow, der dauernd grüßte und rief: »Ich bin ein Pionier und immer bereit!« Wenn wir dem Urteil des bulgarischen Botschafters Glauben schenken, dann war er allerdings von allen Beteiligten noch »am wenigsten betrunken«.

Von einem Reporter mit spitzer Feder stammt eine sehr exakte und lebendige Beschreibung dessen, was dann geschah:

»Stalin umarmte die Japse und klopfte ihnen auf die Schulter, als ob sie seine engsten Freunde seien. Da kaum einer der Japse oder der Russen die Sprache des anderen verstand, war der am meisten gehörte Laut ein ›Ah...Ah‹. Stalin trat an den bejahrten, kleinwüchsigen japanischen Botschafter im Generalsrang heran, hieb ihm mit einem Grinsen und einem ›Ah...Ah‹ so heftig auf die Schulter, dass dieser, mit kahler, fleckiger Glatze und kaum 1,35 Meter groß, drei oder vier Schritte zurücktaumelte, worüber Matsuoka in schadenfrohes Gelächter ausbrach.«

Zur bemerkenswertesten Geste kam es aber, als Stalin Oberst Krebs von der deutschen Botschaft entdeckte und sich plötzlich von der Gruppe der Japaner löste. Er klopfte Krebs auf die Brust, schaute ihm einige Sekunden lang forschend ins Gesicht und fragte dann: »Deutscher?« Der über 1,90 Meter große deutsche Offizier, der hoch über Stalin aufragte, stand stramm und stammelte in schlechtem Russisch eine bejahende Antwort. Stalin schlug ihm auf den Rücken, schüttelte seine Hand und erklärte mit tiefer Überzeugung: »Wir sind Ihre Freunde gewesen und werden immer Ihre Freunde sein.« Worauf Krebs antwortete: »Ganz sicher.« Allerdings bemerkte der schwedische Militärattaché, dass er »davon nicht sehr überzeugt schien«.[88] Für den bulgarischen Botschafter, der fließend Russisch sprach und ein erfahrener Kremlbeobachter war, wollte Stalin damit seine Entscheidung signalisieren, sich der Achse anzuschließen. Er fragte sich außerdem, ob Matsuoka »nicht den Vermittler zwischen Russland und Deutschland« gespielt habe.[89] Als Stalin sich zum dritten Mal von Matsuoka verabschiedete, drückte er ihm fest die Hand, umarmte ihn und erklärte mit etwas brüchiger Stimme: »Wir werden Europa und Asien organisieren«. Dann begleitete er Matsuoka persönlich in den Wagen und blieb auf dem Bahnsteig stehen, bis der Zug aus dem Bahnhof rollte. Die anwesenden Japaner waren von der besonderen Ehre, die ihnen hier zuteil geworden war, so gerührt, dass sie Stalin bis zu seinem Wagen geleiteten. Wie der rumänische Botschafter berichtete, »kletterte der kleine Botschafter Tatekawa auf eine Bank, winkte mit dem Taschentuch und schrie mit durchdringender Stimme: ›Spasibo! Spasibo! (Danke! Danke!)‹«[90]

Bevor Matsuoka sowjetisches Gebiet verließ, sandte er Stalin von der Grenzstation zur Mandschurei einen herzlichen persönlichen Brief, der die ganze historische Bedeutung dieser Episode zeigt. Darin beschreibt er, welch tiefen Eindruck er von Russland, seinem Volk und seinen Errungenschaften gewonnen habe. »Die gar nicht förmliche und so herzliche Atmosphäre bei Abschluss des Vertrages bleibt ohne Zweifel einer der glücklichsten Augenblicke meines Lebens. Dass Ihre Exzellenz die Freundlichkeit hatten, persönlich zur Verabschiedung auf dem Bahnhof zu erscheinen, wird stets ein Zeichen wahrhaft guten Willens nicht nur für mich persönlich, sondern für mein ganzes Volk bleiben.« Ein weiterer Brief folgte nach der Ratifizierung des Vertrages. Darin beglückwünschte Matsuoka Stalin zu dem Mut, den er bei diesem »diplomatischen Blitzkrieg« bewiesen habe.[91]

Das Abkommen bahnte in der Tat den Weg zur Wiederaufnahme der Gespräche mit Deutschland. Der türkische Botschafter Aktay meldete nach Ankara, dass »die Balkansiege auf den dunklen Schädeln der Sowjets wie Blitze eingeschlagen haben … Die Umschmeichelung der Japaner durch Stalin bei dem sowjetisch-japanischen Abkommen geschieht ganz und gar, um das Herz Deutschlands zu gewinnen.« Stalin, so schloss er, »steht … im Begriffe, ein blindes Werkzeug Deutschlands zu werden«.[92] Matsuoka war wie Ciano in der Tat daran interessiert, Deutschland von einem Angriff auf Russland abzuhalten, sollte Japan einmal seinen Marsch nach Süden antreten. Die Japaner sparten keine Mühe, dem deutschen Botschafter in Tokio, Ott, begreiflich zu machen, Matsuoka »habe bei Stalin absolute Friedensbereitschaft vorgefunden. Stalin habe ihm versichert, dass von einem Paktieren Russlands mit den angelsächsischen Mächten keine Rede sein könne.«[93] Ein weiteres Telegramm der deutschen Botschaft in Tokio betonte, Russland sei von den deutschen Erfolgen so beeindruckt, dass es »sich zum Paktabschluss bereit gefunden habe. Damit habe Russland sich zum Zusammengehen mit den Mächten des Dreierpaktes entschieden. Der Dreimächtepakt sei durch den lang angestrebten russisch-japanischen Ausgleich jetzt erst zum vollwertigen Instrument der Politik der Achsenmächte und Japans geworden.«[94]

Es war wohl kaum ein Zufall, dass Stalin diesen entscheidenden Zeitpunkt nach Matsuokas Besuch in Moskau und während Schulenburgs Aufenthalt in Berlin[95] wählte, um die ideologischen Fesseln abzustreifen, die seinen politischen Spielraum bisher eingeengt hatten. Der deutsche Einmarsch in Jugoslawien hatte wegen der Frage, ob man noch von einem Verteidigungskrieg sprechen könne, zu einer Spaltung in der jugoslawischen kommunistischen Partei geführt. Bereits vorher war es unmöglich gewesen, die Partei auf den Moskauer Kurs festzulegen und davon abzuhalten, nach dem Putsch gegen die Deutschen zu agieren. Das ideologische Hickhack war letztlich zu riskant und der Nutzen der kommunistischen Gefolgsleute insgesamt gering, im Falle von Jugoslawien und Bulgarien sogar kontraproduktiv.[96] Es war nun nicht mehr zu übersehen, dass die Interessen des Staates das Sendungsbewusstsein des Kreml überwogen. Es sei an der Zeit, so drängte der russische Botschafter in Vichy, »nicht mehr überall die Hand und das Auge Moskaus zu sehen«. Die Sowjetunion, so erklärte er unmissverständlich, verfolge eine Politik des Realismus, nicht der Gefühle. Gefühle, so sagte er, »haben wir für kleine Kinder und Tiere, aber in der Praxis verbietet sich für uns eine Politik der Gefühle gegenüber jeglichem Staat, sei er nun slawisch oder nicht, groß oder klein«.[97]

Am 20. April begaben sich die Mitglieder des Politbüros nach einer glänzenden Vorstellung tadschikischer Tänzer im Bolschoi-Theater[98] gegen Mitternacht zu ihrer üblichen nächtlichen Zusammenkunft in den Kreml. Auch der Generalsekretär der Komintern, Dimitroff, war geladen. Stalin nutzte die Gelegenheit, um seine neuesten Ansichten über die Zukunft des Weltkommunismus kundzutun. Mit seinen Worten von einem »nationalen Kommunismus« rüttelte er an den Grundfesten der Komintern:

»Die kommunistischen Parteien sollen völlig unabhängig werden und nicht mehr Sektionen der KI [Kommunistischen Internationale] sein. Sie sollen sich zu nationalen kommunistischen Parteien unter verschiedenen Namen – Arbeiterpartei, marxistische Partei usw. wandeln. Der Name ist nicht wichtig. Wichtig ist, dass sie sich auf ihr eigenes Volk, ihre eigene Basis orientieren und ihre besonderen Aufgaben wahrnehmen. Sie alle sollen ein kommunistisches Programm haben, das auf einer marxistischen Analyse beruht. Sie sollen aber nicht von Moskau abhängig sein, denn wir können nicht all die Probleme lösen, die in den einzelnen Ländern unterschiedlich sind. Die Internationale wurde zu Marx' Zeiten gegründet, weil man eine weltweite Revolution erwartete. Auch Lenin hat die Komintern unter ähnlichen Umständen aufgebaut. Heute haben die *nationalen* Aufgaben für jedes Land den Vorrang. Klammert euch nicht daran, was *gestern* war. Berücksichtigt in vollem Umfang die neuen Bedingungen, die sich herausgebildet haben.«[99]

Man verlor keine Zeit, um diese Entscheidung in die Tat umzusetzen. Schon am nächsten Morgen gingen Dimitroff und die Mitglieder des Präsidiums der Komintern daran, neue Aufnahmebedingungen zu entwerfen, die an die Stelle der von Lenin im Jahre 1921 aufgestellten einundzwanzig Punkte treten sollten. Nun betonte man »die *volle Selbstständigkeit* der einzelnen kommunistischen Parteien, ihre Umwandlung in *nationale* Parteien der Kommunisten im jeweiligen Land, die sich von einem kommunistischen Programm leiten lassen, ihre konkreten Aufgaben nicht nach der eigenen Überzeugung, sondern nach den Bedingungen ihrer Länder entscheiden und die Verantwortung für ihre Beschlüsse und Aktionen selbst übernehmen.[100] Als Nächstes setzte Stalin durch, dass bei den Feierlichkeiten zum 1. Mai die gängigen kommunistischen Losungen durch solche ersetzt wurden, die die Werte der Nation und der nationalen Befreiung priesen.[101] Schdanow mahnte Dimitroff, Stalin betrachte einen »unkritischen Kosmopolitismus« als »Nährboden für Spione und Agenten des Feindes«. Er erwarte, dass die Veränderungen »wirklich durchgesetzt werden, damit nicht der Eindruck entsteht, man habe nur die Kleider gewechselt. Es soll auch nicht so aussehen, als sei das Exekutivkomitee der Komintern zwar entmachtet, während in Wirklichkeit nach wie vor ein internationales Führungszentrum existiert«.[102] Stalins Reaktion am Morgen des 22. Juni zeigt, wie weit er sich in seinem Denken von einem revolutionären Krieg entfernt hatte. Zweifellos erleichtert wies er Dimitroff an, die Komintern könne zwar noch »eine

Weile fortbestehen ... und die Parteien in den Regionen eine Bewegung zur Verteidigung der UdSSR aufbauen. Stellen Sie aber nicht die Frage der sozialistischen Revolution. Das sowjetische Volk wird einen Vaterländischen Krieg gegen das faschistische Deutschland führen. Die aktuelle Frage ist der Sieg über den Faschismus«.[103]

Zehntes Kapitel

»Appeasement«: Ein neuer Pakt zwischen Deutschland und der Sowjetunion?

Stalins beispielloser Auftritt bei der Verabschiedung Matsuokas symbolisierte, wie sehr er Deutschland zu beruhigen trachtete. Dieser Schritt hatte besondere Bedeutung, da man wusste, dass an diesem Abend »Herr von Schulenburg, von düsteren Vorahnungen erfüllt, den Zug nach Berlin bestieg«, in der Hoffnung, »einer überstürzten Entscheidung ... zuvorzukommen«.[1] Er war es, der die Konsultationen in Berlin angeregt hatte, wenn auch später Ribbentrop und Weizsäcker behaupteten, es sei ihre Idee gewesen.[2] Die Dringlichkeit dieses Schrittes ergab sich daraus, dass Stalins Haltung zu Jugoslawien Hitler den letzten Vorwand geliefert hatte, seinen Plan zu verwirklichen und den Konflikt mit Russland durch Gewalt zu lösen. Die Gegner dieses Kurses gingen notgedrungen ein kurzzeitiges Bündnis mit dem Auswärtigen Amt ein. Wie Stalin trieb auch Hitler Keile zwischen Militärs, Politiker und Beamtenschaft, um seine Macht zu behaupten.[3] Die zunehmenden Gerüchte eines bevorstehenden Feldzugs waren in Berlin nicht mehr zu überhören, was klar auf Hitlers tiefes Misstrauen gegen Russland hindeutete.[4] Aber weder Ribbentrop noch das Auswärtige Amt wussten, wie weit die militärischen Vorbereitungen bereits vorangeschritten waren. Die Weisung für das Unternehmen »Barbarossa« war ihnen unbekannt. Sie sahen nur, dass Hitler das Interesse am diplomatischen Prozess verloren hatte und das Auswärtige Amt eindeutig auf Distanz hielt. Die Befürworter des Kontinentalblocks hatten viel Boden verloren, suchten aber weiter nach Wegen, um das Steuer noch herumzureißen.

Der zunehmend isolierte Ribbentrop reichte nun im Frühjahr 1941 widerwillig seinen Berufsdiplomaten die Hand, um einen letzten, wenn auch kläglichen Versuch zu unternehmen, Hitler doch noch von einem Angriff auf Russland abzubringen. Es folgten verschiedene zusammenhanglose Aktionen in dieser Richtung. Sowohl Weizsäcker als auch Ribbentrop schienen zu hoffen, sie könnten Deutschlands Achsenpartner für ihr Vorhaben gewinnen. Aber Hitler hielt seine Pläne auch vor den Verbündeten geheim, um keine offene Debatte über seine Strategie führen zu müssen. Die Opposition konnte daher nur verdeckt handeln und in Andeutungen sprechen. So hatte Weizsäcker beispielsweise gegenüber dem italienischen Botschafter in Berlin, Dino Alfieri, einem einflussreichen Mitglied des Faschistischen Rates in Rom, mehrfach die Möglichkeit eines kommenden Krieges angedeutet. In einem Gespräch mit Ribbentrop am 14. Mai bemerkte Mussolini, dass »es ihm vorteilhaft erscheine, wenn man eine Politik der Zusammenarbeit mit Russland durchführen könne«.[5] Dabei schien ihm die Idee zu behagen, dass die Deutschen ansonsten in Russland viele Federn lassen müssten.[6] Wichtiger noch waren Weizsäckers Versuche, Matsuoka, den man bei seinem Besuch in Berlin über die deutschen Absichten ebenfalls im Unklaren gelassen hatte, ins Bild zu setzen. Auch der deutsche Botschafter in Tokio, Ott, und der Oberbefehlshaber der Kriegsmarine, Admiral Raeder, wirkten dabei mit.[7]

Schulenburg konnte einfach nicht glauben, dass Hitler sich bereits für den Krieg entschieden hatte. Er zweifelte sogar daran, dass dieser »die Kriegsgerüchte kennt«. Vor allem verachtete er Ribbentrop, dem er vorwarf, »Hitler systematisch vor ihm abzuschotten und allein von seinen eigenen Informationen und Ratschlägen abhängig zu machen«. Seit der Ernennung Ribbentrops hatte Schulenburg nur einige wenige Worte mit Hitler wechseln können, als sie bei Molotows Besuch in Berlin zufällig aufeinandertrafen.[8] Bevor er nun die Reise nach Berlin antrat, verfasste er gemeinsam mit seinen wichtigsten Mitarbeitern – Botschaftsrat Hilger, seinem Stellvertreter Tippelskirch und dem Militärattaché, General Köstring, – ein Memorandum, in dem sie sich noch einmal sehr eindringlich gegen einen Angriff auf Russland aussprachen. Schulenburg blieb bei seiner Überzeugung, dass Russland und Deutschland darin einig seien, eine Vorherrschaft des angelsächsischen Blocks in Europa zu verhindern. Daher neigte er dazu, die Kriegsgerüchte als »reine Phantastereien«, als britische Propaganda abzutun. Er glaubte fest daran, »was die Deutschen in einem Krieg gegen die Sowjetunion gewinnen könnten«, sei »leichter und sicherer durch friedliche Verhandlungen zu erreichen«. Zwar teilte der Botschafter die allgemeine Meinung, dass die Wehrmacht in der Lage sei, die Rote Armee zu zerschlagen, warnte aber davor, dass eine Besetzung Russlands ein nicht beherrschbares Chaos auslösen könnte. Er persönlich glaubte nicht, dass Hitler zum Angriff übergehen werde, »bevor England geschlagen ist«. Rosso, der wesentlich zynischer und weniger idealistisch eingestellt war, erklärte dem skeptischen Schulenburg niedergeschlagen: »Schließlich gibt es genügend Beispiele dafür, dass die Wahnsinnigen, die heute die Welt regieren, zu jeder Dummheit fähig sind.«[9]

Wie es ihm schon zur Gewohnheit geworden war, gab Schulenburg eine tendenziöse Darstellung der Vorgänge um den sowjetisch-japanischen Neutralitätspakt. Der Bericht zielte darauf ab, seine Position bei dem bevorstehenden Besuch in Berlin durch eine authentische Wiedergabe von Stalins Auffassungen zu stärken. Er betonte, wie versöhnlich sich dieser gegeben habe, zitierte dessen Versicherung gegenüber Matsuoka, er sei ein überzeugter Anhänger der Achse und ein Gegner Englands und Amerikas. Danach beschrieb Schulenburg in dramatischen Worten die Szene zwischen Stalin und Krebs. Von sich aus fügte er hinzu, Stalin habe auch ihn in der Menge ausfindig gemacht, ihm demonstrativ den Arm um die Schultern gelegt und gesagt: »Wir werden Freunde bleiben, und *Sie müssen jetzt alles dafür tun*!«[10]

Schulenburgs Mitarbeiter in der Botschaft unterstützten seine Bemühungen auch nach der Abreise durch eine ganze Reihe von Telegrammen, in denen sie die kooperative Haltung der Russen hervorhoben. Am 15. April informierten sie das Auswärtige Amt, dass diese nun auf eine Regelung des Grenzdisputs im Baltikum auf der Grundlage früherer Vorschläge der Botschaft drängten. Dies sei, so betonten sie, ein bedingungsloses Eingehen auf die deutschen Forderungen, was sie sehr bemerkenswert fanden.[11] Eine ähnliche Initiative zur Regelung der Grenzstreitigkeiten mit Rumänien erging am selben Tage.[12] Einen Tag später telegrafierte Tippelskirch schon wieder, wenn auch nur, um die Ansicht von Vertretern der japanischen Botschaft in Moskau mitzuteilen, dass der Pakt »nicht nur Japan, sondern auch der Achse diene, dass die Beziehungen der Sowjetunion zur Achse durch ihn günstig beeinflusst werden und dass die Sowjetunion zur Zusammenarbeit mit der Achse bereit sei«. Erneut kam Tippelskirch auf die unglaubliche Szene am Bahnhof bei Matsuokas Abreise zurück. Für ihn war klar, dass Stalin diese Gelegenheit genutzt hatte, um »in Gegenwart der ausländischen Diplomaten und Pressevertreter seine Einstellung zu Deutschland zu demonstrieren«.[13] Eine Woche später informierte er Berlin, dass in den Beziehungen zwischen Finnland und der Sowjetunion »in letzter Zeit eine Beruhigung eingetreten« sei und die Russen nicht länger auf Konzessionen für den Nickelabbau bei Petsamo drängten.[14]

Als Krebs sich bei dem Verbindungsoffizier der Roten Armee beschwerte, jugoslawische Offiziere erschienen in Moskau nach wie vor in Uniform, wurde Gavrilovic prompt aufgefordert, diese sofort aus Russland verschwinden zu lassen. Krebs versicherte man, deren Anwesenheit in Moskau habe »keine politische Bedeutung, da die jugoslawische Armee und Regierung nicht mehr existieren«.[15] Als wichtiger Stimulus für einen Durchbruch in Berlin sollte eine Meldung der Nachrichtenagentur TASS vom 19. April dienen, die eindeutig Stalins Handschrift trug und unmißverständlich den sowjetischen Wunsch nach einer neuen Vereinbarung mit Deutschland erkennen ließ. Das Abkommen mit Japan wurde nicht mit der deutschen Bedrohung, sondern mit dem Molotow im vergangenen November in Berlin präsentierten Vorschlag in Zusammenhang gebracht, »dass die Sowjetunion dem Dreimächtepakt beitreten solle. *Zu jener Zeit* [Hervorhebung von mir – G. G.] hielt es die Sowjetregierung nicht für möglich, diesen Vorschlag zu akzeptieren«. Damit wollte man offenbar sagen, dass sich die Umstände nun geändert hätten.[16]

Nach Schulenburgs Eintreffen in Berlin suchte das Auswärtige Amt Stalins neue versöhnliche Haltung zu nutzen, um die Frage direkt mit Hitler und der Wehrmacht zu besprechen. An diesen Bemühungen war auch Karl Schnurre, der Architekt des Handelsabkommens mit Russland, beteiligt. Am 21. April teilte er dem Oberkommando der Wehrmacht die »Klage« des stellvertretenden Volkskommissars für Außenhandel, Alexej Krutikow, mit, der sich gerade in Berlin aufhielt, dass »Deutschland nicht genügend für Transportmöglichkeiten sorge, um die von der Sowjetunion gelieferten Güter von der deutsch-sowjetischen Grenze abzutransportieren«. Er deutete sogar die Möglichkeit an, die Sowjetunion könnte ihre Lieferungen noch erhöhen.[17]

Eine Audienz für Schulenburg wurde von Hitler mehrfach verschoben.[18] Weizsäcker, der sich »die Versuche fast ganz abgewöhnt hatte, auf dem Weg über Ribbentrop das zu erreichen«, was er »politisch für richtig hielt«, überwand am 21. April seinen Stolz und ertrotzte sich geradezu ein dringendes Gespräch mit Ribbentrop. Obwohl dieser sich widersetzte, reiste Weizsäcker für einen zehnstündigen Aufenthalt nach Wien und sprach noch am selben Abend im Hotel Imperial mit dem Außenminister. Weizsäcker unterstützte Schulenburgs Memorandum, das Hitler bereits zugegangen war, und warnte Ribbentrop, ein Krieg gegen Russland »würde ein Unglück sein«. Ribbentrop hielt sich zwar bedeckt, Weizsäcker erfuhr jedoch aus dessen Umgebung, dass der Außenminister Hitlers Auffassung nicht teilte.[19]

Nach all diesen Bemühungen sah sich Ribbentrop schließlich

Stalin, der Generalsekretär der Komintern, Georgi Dimitroff, Verteidigungsminister Kliment Woroschilow und das Politbüro-Mitglied Lasar Kaganowitsch (von rechts) auf Stalins Datsche

Außenminister Molotow an seinem Schreibtisch

Churchill und Maiski beim Lunch im Wintergarten der sowjetischen Botschaft in London

Botschafter Maiski mit seinen Mitarbeitern in der Botschaft

Graf von der Schulenburg und Molotow bei der Unterzeichnung des Ribbentrop-Molotow-Pakts

Der jugoslawische Botschafter in Moskau, Milan Gavrilovic, mit seiner Tochter bei der Rückkehr nach Moskau zu den Verhandlungen über einen Neutralitätspakt nach dem Umsturz in Belgrad

Verteidigungsminister Marschall Timoschenko inspiziert im Sommer 1940 in Begleitung des Stabschefs, General Merezkow, und dessen Nachfolgers, General Schukow, eine Artillerie-Einheit

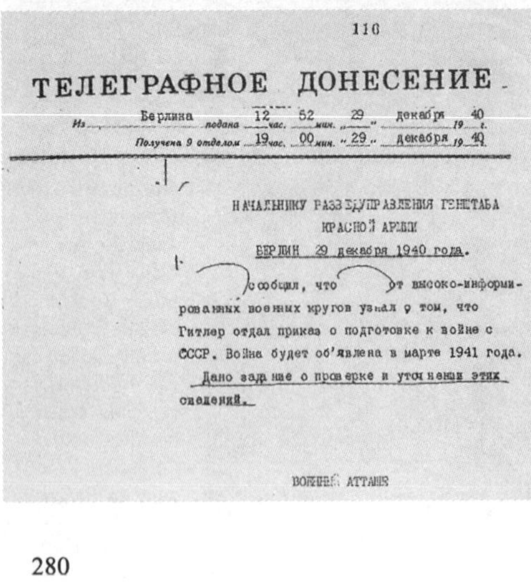

110

ТЕЛЕГРАФНОЕ ДОНЕСЕНИЕ

Из Берлина подана 12 час. 52 мин. „29" декабря 1940 г.
Получена 9 отделом 19 час. 00 мин. „29" декабря 1940

НАЧАЛЬНИКУ РАЗВЕДУПРАВЛЕНИЯ ГЕНШТАБА
КРАСНОЙ АРМИИ

БЕРЛИН 29 декабря 1940 года.

сообщил, что от высоко-информированных военных кругов узнал о том, что Гитлер отдал приказ о подготовке к войне с СССР. Война будет объявлена в марте 1941 года.

Дано задание о проверке и уточнении этих сведений.

ВОЕННЫЙ АТТАШЕ

Die Stalin zugeleitete Warnung des sowjetischen Militärattachés in Berlin über Hitlers Entschluss zum Unternehmen »Barbarossa«, 29.12.1940

Molotow schreitet in Begleitung von Außenminister Ribbentrop und Feldmarschall Keitel die Ehrengarde ab, Berlin, November 1940

Hitler empfängt Molotow, Berlin, November 1940

Die Bombardierung Belgrads durch die Luftwaffe, 6.4.1941

König Boris von Bulgarien besucht Hitler in Berchtesgaden

Der japanische Außenminister Matsuoka besteigt in Wladiwostok einen Zug der Transsibirischen Eisenbahn nach Moskau

Stalin und Matsuoka bei der Unterzeichnung des Neutralitätspakts mit Japan im April 1941 durch Molotow

General Schukow an der Front, Mai 1941

Der ehemalige britische Botschafter in Belgrad, Sir Ronald Campbell (links), und Sir Stafford Cripps, der zu Konsultationen nach London beordert wurde, 12. Juni 1941

genötigt, persönlich bei Hitler zu intervenieren. Er erreichte, dass dieser Schulenburg empfing.[20] Als die Begegnung dann stattfand, scheint sich Ribbentrop endgültig entschieden zu haben. Allerdings agierte er sehr vorsichtig und wollte zunächst Hitlers Stimmung erkunden, bevor er sich weiter vorwagte. Am Abend vor dem Gespräch sandte er Schulenburg aus seinem Sonderzug die Weisung, über sein Gespräch mit Hitler einen Vermerk anzufertigen und ihm diesen umgehend zuzustellen.[21] In der Zwischenzeit rief er Weizsäcker dringend aus Salzburg an und forderte von ihm die Meinung des Auswärtigen Amtes zu Schulenburgs Memorandum, da er selbst an einer Niederschrift für Hitler über das russische Problem arbeite. Weizsäcker hatte im Winter 1940 Ribbentrop mindestens zweimal ausführliche Argumente gegen einen Krieg übermittelt. Am 6. März hatte er eine lange Denkschrift verfasst, in der er seine Argumente gegen einen Russlandkrieg darlegte und sogar ein Militärbündnis vorschlug. Dieses Dokument war allerdings niemals bis zu Ribbentrop gelangt. Nun diktierte er den Kernsatz ins Telefon, mit dem er bestritt, dass »wir England in Russland schlagen könnten«. Sein Hauptgedanke lautete: »Ein deutscher Angriff auf Russland würde den Engländern nur neuen moralischen Auftrieb geben. Er würde dort bewertet als deutscher Zweifel am Erfolg unseres Kampfes gegen England. Wir würden damit nicht nur zugeben, dass der Krieg noch lange dauern werde, sondern könnten ihn auf diesem Wege geradezu verlängern, statt ihn abzukürzen.«[22]

Mit wem Schulenburg während seines zweiwöchigen Aufenthaltes in Berlin außerdem zusammentraf, ist kaum bekannt geworden. Hitlers militärische Direktiven bekam er nicht zu Gesicht. Man kann aber davon ausgehen, dass er von den in Berlin umherschwirrenden Gerüchten erfuhr und von seinen hochrangigen Freunden in der Wehrmacht und im Auswärtigen Amt genügend Informationen erhielt. Am Vorabend seines Gesprächs mit Hitler war er bei Schnurre zum Abendessen eingeladen. Dieser hatte bereits selbst vergeblich versucht, an Hitler heranzukommen, und war äußerst skeptisch, ob Schulenburg Hitler noch umstimmen könnte.[23]

Am Nachmittag des 28. April wurde Schulenburg endlich zu Hitler vorgelassen. Dieser empfing ihn allein in der Reichskanzlei. Sein Memorandum lag in einem versiegelten Umschlag auf dem Tisch. Hitler ignorierte es während des Gesprächs und erging sich statt dessen in allgemeinen Worten über die internationale Lage.[24] Misstrauisch gegen Schulenburg und darauf bedacht, seine wahren Pläne nicht zu verraten, stellte Hitler in abschätzigem Ton die

Frage, »welcher Teufel die Russen wohl geritten« habe, einen Freundschaftspakt mit Jugoslawien zu schließen. Er suchte seinen übereifrigen Botschafter mit verschiedenen Vorwürfen gegen Stalin zu bremsen, die später auch als Vorwände für den Angriff auf Russland dienen sollten. Eines dieser Themen war Stalins Eingreifen auf dem Balkan. Vor allem aber ereiferte sich Hitler über eine angebliche russische Mobilisierung. Wie Weizsäcker sich später erinnerte, hatte Hitler »die Stirn, Schulenburg bei dieser Gelegenheit die deutschen militärischen Vorbereitungen im Osten als defensiv hinzustellen, etwa wie gegenüber Matsuoka«.[25] Als Schulenburg erklärte, diese Schritte der Russen seien ihrem »Drang nach 300-prozentiger Sicherheit« geschuldet, wies Hitler dies schroff zurück. Vergeblich versuchte Schulenburg Hitler mit der Bemerkung herauszulocken, in Moskau sei man »sehr unruhig über die Gerüchte, die einen deutschen Angriff auf Russland voraussagen«. Ebenso wenig vermochte er Hitler mit den Worten zu beeindrucken, Stalin dränge auf eine neue Vereinbarung und sei zu weitgehenden Zugeständnissen bereit. Nach kaum einer halben Stunde war das Gespräch zu Ende. Bei der Verabschiedung aber ließ Hitler ganz unvermittelt die Worte fallen: »Und noch eins, Graf Schulenburg, einen Krieg gegen Russland beabsichtige ich nicht!«[26]

Schulenburg kehrte mit Ribbentrops persönlichem Flugzeug noch rechtzeitig nach Moskau zurück, um an den Maifeierlichkeiten im Kreml teilnehmen zu können. Botschaftsrat Hilger, der viele Jahre später, nachdem ein Historiker sein Gedächtnis aufgefrischt hatte, seine Memoiren niederschrieb, erinnerte sich, wie Schulenburg ihn kurz nach der Landung in Moskau beiseite nahm und ihm erklärte, dass »die Würfel gefallen« seien und Hitler ihn angelogen habe.[27] Diese Erklärung hat die Historiker jahrzehntelang von dem entscheidenden Schlusskapitel in Schulenburgs Bemühungen abgelenkt, Hitlers Entschluss in letzter Minute doch noch zu ändern. Zwar hatte der Botschafter seine Zweifel, was Hitlers Aufrichtigkeit betraf, hoffte aber trotzdem nach wie vor, in Moskau einen Überraschungscoup landen zu können. Am Ende erreichte er genau das Gegenteil. Er bestärkte nämlich Stalin in dem inbrünstigen, aber trügerischen Glauben, der Krieg könne noch abgewendet werden. Wie die dramatischen Entwicklungen jener Tage zeigen, nährte Schulenburg zweifellos die Hoffnung, Stalin zu einer persönlichen Initiative zu überreden, die Hitlers Argwohn zerstreuen und gegenseitiges Vertrauen wiederherstellen könnte.

Er stützte dabei Stalins irrige Auffassung, dass »einige Leute in Hitlers Umgebung ihn endgültig dazu überreden wollen, es auf eine

Kraftprobe mit der Sowjetunion ankommen zu lassen. Andere, darunter Ribbentrop, haben ihm von einem solchen Schritt dringend abgeraten, zumindest, solange England noch nicht in die Knie gezwungen ist. Hitler scheint letzterer Auffassung zuzuneigen, hält sich aber nach wie vor alles offen.« Botschaftsrat Walther, der Schulenburg nach Berlin begleitet hatte, erklärte bei der Rückkehr, ein bewaffneter Konflikt mit Deutschland sei »in diesem Jahr unwahrscheinlich«. Sollten die Russen allerdings mit Provokationen wie in Jugoslawien fortfahren, dann wisse er nicht, »wozu der Führer sich dann gezwungen sieht«. Unter den gegenwärtigen Umständen erwarte er, dass Deutschland sich mit den Russen verständige, obwohl diese kaum in der Lage seien, »dazu etwas zu sagen«. Da Schulenburg jedoch keinerlei konkrete Vorschläge in der Hand hatte, ergriff er nicht selbst die Initiative, sondern wartete darauf, in den Kreml gerufen zu werden.[28]

Stalin mühte sich weiter hartnäckig, die deutsche Gefahr abzuwenden. Die Furcht vor Deutschland war inzwischen so groß geworden, dass Schdanow ihn geradezu anflehte, die Maidemonstration auf dem Roten Platz zu verschieben, um den Deutschen keinen »Vorwand zum Angriff« zu liefern. Für Stalin aber war es viel wichtiger, die wilden Gerüchte zum Schweigen zu bringen, ein Krieg sei deshalb unvermeidlich, weil die Rote Armee so schwach sei, dass die Wehrmacht durch Russland gehen werde, »wie das Messer durch die Butter«. Solche Gerüchte konnten durchaus zu dem Entschluss beitragen, einen abenteuerlichen Kreuzzug gegen Russland zu wagen.[29] Verhandlungen über einen Pakt mit Deutschland mussten daher aus einer Position der Stärke geführt werden. Mitte April hatte Stalin die Sicherheitsdienste angewiesen, den deutschen Militärattaché auf einer langen Besichtigungstour durch die sowjetischen Rüstungsfabriken in Sibirien zu begleiten, um Berlin mit der technischen und militärischen Stärke der Sowjetunion zu beeindrucken.[30] Seit dem Fall Jugoslawiens war die akute Kriegsgefahr nicht mehr zu übersehen. Folgerichtig hatten die sowjetischen Botschafter in aller Welt die Weisung erhalten, Kriegsgerüchte entschieden zu dementieren und zugleich darauf hinzuweisen, dass man dabei wohl »die Stärke der Roten Armee und ihre kämpferischen Qualitäten« vergesse.[31] Alexandra Kollontai, die als Nazigegnerin bekannt war, erhielt den Auftrag, das schwedische Außenministerium aufzusuchen und dort die Gerüchte von einem möglichen Krieg als »völlig haltlos« zu dementieren. Noch bemerkenswerter war, dass sie sogar Andeutungen zurückwies, Russland könnte »Schritte gegen das Vorgehen der Deutschen auf dem Balkan« ins Auge fassen, »selbst wenn Deutschland die Türkei angreife«. Das war ein besonders erstaunliches Eingeständnis, wenn man bedenkt, dass sich der ganze Streit mit Deutschland seit dem letzten Jahr um die Kontrolle der Meerengen entwickelt hatte. Ihre Äußerung war kein Zufall, denn auch Botschafter Winogradow erklärte gegenüber den Türken »entschieden«, sollte Deutschland in der Türkei eingreifen, werde die Sowjetunion »absolut passiv« bleiben.[32] Auch als beispielsweise eine sehr verlässliche Quelle den sowjetischen Botschafter in Bukarest auf die massiven deutschen Truppenkonzentrationen an der moldauischen Grenze ansprach, wies dieser die »Gerüchte« leichthin als »übertrieben« zurück. Diese widerspiegelten wohl kaum »die Absichten der deutschen Militärs, da diese weder die militärische Stärke der Sowjetunion noch die Gefahr übersehen können, die ihnen droht«, sollten sie einen Angriff wagen.[33] Auch Umanski in Washington gab sich in Anwesenheit deutscher Offiziere alle Mühe, sein Vertrauen in die Fähigkeit der Roten Armee zu demonstrieren, der Wehrmacht die Stirn zu bieten.[34] In Moskau tat Wyschinski eine Warnung Steinhardts mit der Behauptung ab, die Beziehungen zu Deutschland beruhten auf Vereinbarungen, die beide Seiten einhielten. Die Russen hätten »keine schwachen Nerven« und seien »stark genug, sich zu verteidigen«.[35]

Vor diesem Hintergrund hielt Stalin seine heute berühmte Rede vom 5. Mai vor den Absolventen der Militärakademie. Die bizarre Version, Stalin hätte die Rote Armee auf einen Aggressionskrieg gegen Deutschland vorbereitet, gründet sich vor allem auf diese Rede und die ihr folgenden Trinksprüche.[36] Die Ansprache wurde jedoch auf dem Höhepunkt der Beschwichtigungskampagne gehalten, in der ihr eine eindeutige Rolle zukam. Sie war ohne Zweifel zur Abschreckung gedacht. Mit einer dreisten Demonstration von Zuversicht sollten die Deutschen davon abgehalten werden, den Krieg vom Zaune zu brechen. Gleichzeitig wollte Stalin der Armee Mut machen, falls es doch dazu kam. Da die Rede so eindeutig demonstrativen Charakter trug, ließ man den Hauptinhalt absichtlich durchsickern, damit die ausländischen Vertretungen darüber berichteten.[37] Sie sollte den zunehmenden Gerüchten vom beklagenswerten Zustand der Roten Armee entgegenwirken. In zahlreichen Berichten hieß es, die Wehrmacht sei »im Erfolgsrausch«, mit der Übermacht der deutschen mechanisierten Einheiten werde die Besetzung des Landes bis nach Moskau und zum Ural »keine ernsten Schwierigkeiten« bereiten. Der Glaube an die Schwäche der Roten Armee ermutigte also die Wehrmacht, einen Krieg gegen

Russland zu befürworten, bevor der Englandfeldzug abgeschlossen war.[38]

Die Rede passte auch zu den bereits erwähnten Weisungen an die sowjetischen Diplomaten, die Stärke der Roten Armee möglichst stark herauszustreichen. Zugleich sollte sie die Moral der Armee selbst verbessern. Schdanow hatte zuvor mehrfach Warnungen der Militärs erhalten, die Friedenspropaganda und die »pazifistische Stimmung« beeinträchtigten den »Kampfgeist ... und das Bewusstsein der Nation, in einer kapitalistischen Umkreisung zu leben«. Deshalb empfahlen sie, als »wichtigste internationale Aufgabe« der Armee zu definieren, »die Sowjetunion, das Vaterland des Weltproletariats, zu verteidigen«. Die Presse und die Schulen erhielten den Auftrag, die Bevölkerung in einer Kampagne auf den Krieg einzustimmen. Statt jedoch zu Bildern aus der Revolution zu greifen, benutzte man solche aus der Geschichte, die die Vergangenheit Russlands verherrlichten. Man regte an, Theaterstücke über Suworow und Kutusow zu zeigen, die Geschichte des Krieges von 1812 und die Verteidigung von Sewastopol zu studieren.[39] Die unmittelbar drohende Kriegsgefahr erforderte nun eine drastische Indoktrinierung der Streitkräfte, die man in der letzten Zeit vor allem mit Losungen wie »Nichteinmischung« und »Frieden« traktiert hatte. Der neu ernannte Politkommissar der Roten Armee, Schtscherbakow, gab den Auftakt für diese neue Richtung im Sinne von Stalins Rede. In einer wichtigen Direktive griff er auf Lenins Rechtfertigung eines Krieges zurück, der die Sowjetunion aus der kapitalistischen Umkreisung herausführen und »den endgültigen Sieg des Sozialismus beschleunigen« werde. Ungeachtet der eindeutig geopolitischen und pragmatischen Ziele, die zur Teilung Polens, zur Annexion Bessarabiens und der baltischen Staaten geführt hatten, wurden diese den Soldaten nun als Erfolge der Leninschen Ideen präsentiert. Dessen Gedanken von 1915, als er in Wirklichkeit den »Verteidigungskrieg« bedauert und zugleich gefordert hatte, sich nicht in den imperialistischen Krieg hineinziehen zu lassen, wurden nun in ihr Gegenteil verkehrt, um eine »offensive« Stimmung zu schüren.

Die Verteidigung durch strategischen Rückzug und Nutzung der Tiefe des Raumes als Voraussetzung für eine Gegenoffensive war seit längerem Bestandteil der sowjetischen Militärdoktrin. Verteidigung und Angriff verschmolzen miteinander als untrennbare, aufeinander folgende operative Manöver. Seit den Säuberungen hatte Stalin den Militärakademien allerdings verboten, sich weiter mit theoretischen Studien zu befassen. An die Stelle der Militärdoktrin waren vereinfachte Losungen getreten, um den schweren Rückschlag für das Militär zu verhüllen. »Wenig Blut vergießen, und dies auf fremdem Territorium«, bemerkte Molotow später ironisch über diese Zeit, »war nichts als eine Propagandalosung. Agitation überwog die Politik, aber auch das war notwendig, ohne das ging es nicht.«[40] Der Rückgriff auf Lenins verhängnisvolle Losungen sollte daher im Zusammenhang mit der drohenden deutschen Gefahr und nicht als Rückfall in messianische Träume gesehen werden. Die Losungen betonten in der Tat, dass die Truppen »im Geiste eines glühenden Patriotismus, revolutionärer Entschlossenheit und der entschiedenen Bereitschaft« zu indoktrinieren seien, »dem Feind einen vernichtenden Schlag zu versetzen«. Das sei am besten dadurch zu erreichen, dass man »patriotische Gefühle, die unendliche Liebe zum sozialistischen Vaterland und den Geist kühner Opferbereitschaft im Volke wiederbelebt«. Die Direktive hob besonders hervor, dass man Mut propagieren und die Furcht vor dem Feind bekämpfen müsse.[41]

In der genannten Rede sprach Stalin auch ausführlich und in allen Einzelheiten über den enormen Fortschritt, den die Rote Armee in technologischer und operativer Hinsicht erreicht habe. Dann zog er die Unbesiegbarkeit der Deutschen in Zweifel. Die Schwäche Deutschlands sei seine Unfähigkeit, Verbündete für sich zu gewinnen. Damit spielte er – wie bereits in den Verhandlungen mit Matsuoka – auf eine mögliche Rolle Russlands an. Besonders die kurzen Trinksprüche Stalins sind jedoch deutlich überbewertet worden. Sie waren vor allem darauf gerichtet, die Moral seiner Zuhörer zu stärken und ihnen die Gefahr vor Augen zu führen, in der Russland schwebte. Als sich Timoschenko Anfang Juni auf diese Rede bezog, um einen Operationsplan in Kraft zu setzen, erklärte ihm Stalin mit Nachdruck: »Das war zum Volke gesprochen, um seine Wachsamkeit zu erhöhen. Sie aber müssen begreifen, dass Deutschland niemals allein auf sich gestellt gegen Russland kämpfen wird.«[42] Die ersten beiden Trinksprüche waren reine Losungen, die auf ein tieferes Eindringen in die Theorie abzielten und die Artillerie als »Gott der modernen Kriegführung« priesen. Im dritten Trinkspruch erklärte Stalin selbstbewusst und ganz im Sinne seiner Rede, dass die Armee mit dem Abschluss ihrer Modernisierung und Umstrukturierung in der Lage sei, »von der Verteidigung zum Angriff überzugehen«. Der Wortlaut blieb jedoch im Unterschied zum Gestus der Rede defensiv. Stalin schloss mit den Worten: »Die Verteidigung unseres Landes muss offensiv geschehen … Die Rote Armee ist eine moderne Armee. Eine moderne

Armee aber ist eine Angriffsarmee.«[43] Das allerdings war wenig mehr als eine recht unbeholfene Rückkehr zu den bereits erörterten Theorien, die man mit den Säuberungen eigentlich abgeschafft hatte, dazu ein Appell an die Moral der Truppe und, was noch wichtiger war, eine unmissverständliche Botschaft an Deutschland.

Selbstvertrauen wurde in ähnlicher Weise auch nach außen demonstriert. In seiner traditionellen Rede zum 1. Mai verknüpfte Timoschenko auf ganz eigene Weise die Demonstration von Stärke mit dem Appell, »den Krieg zu beenden und den Frieden wiederherzustellen ... je eher, desto besser«. Die Deutschen sollten in der Roten Armee eine Kraft sehen, mit der sie rechnen mussten, besonders jetzt, da sie in »Kriegsbereitschaft« versetzt war.[44] Dass Stalin sich auf Abschreckung verlegte, kann auf einen Bericht von »Hauptfeldwebel« über die Ergebnisse der Reise einer deutschen Luftwaffendelegation nach Moskau zurückzuführen sein. Besonders beeindruckt hatte die Deutschen die moderne Produktionslinie der neuen Iljuschin-18 mit ihrem 1200-PS-Motor, zu dem sie kein Pendant besaßen. Offenbar war ihr Bericht eine »unangenehme Überraschung« für Göring, der »eindeutig für einen Krieg gegen die UdSSR« eintrat, denn das Papier ließ die »Risiken und die Sinnlosigkeit eines solchen Abenteuers« deutlich werden.[45]

Die beschriebenen Abschreckungsversuche verblassten allerdings gegenüber den Bemühungen, die Deutschen wieder zu versöhnen. Dazu gehört etwa der heftige Flirt mit Vichy. Mitten in der Jugoslawienkrise traf ein neuer Botschafter aus Vichy in Moskau ein. Bergery, der einst seine politische Laufbahn ganz links bei Léon Blum begonnen hatte, war inzwischen beträchtlich nach rechts gerückt. Als »Anwalt einer hundertprozentigen Zusammenarbeit mit Deutschland« bot er Stalin eine ausgezeichnete Möglichkeit, die Deutschen auszuforschen. Dies um so mehr, da es in Moskau ein offenes Geheimnis war, dass er seinen Botschafterposten als Sprungbrett für das Amt des Außenministers zu nutzen gedachte.[46] In Vichy erklärte der neue, aber erfahrene sowjetische Botschafter Bogomolow unverzüglich, Frankreich, das »allein und isoliert« sei, werde »die Freundschaft einer Großmacht wie Sowjetrussland« zu schätzen wissen. Die Russen, so erklärte er, pflegten gute Beziehungen zu Deutschland und wünschten sich ein ähnliches Verhältnis auch zu Frankreich.[47]

Besonders imponierte den Russen, dass Bergery mit deutscher Zustimmung das Manövrierfeld zu erweitern suchte. Nach seiner Meinung mussten die Deutschen begreifen, dass ein europäischer Block nicht unter der Vorherrschaft eines einzelnen Staates, sondern nur in »Zusammenarbeit verschiedener Staaten« zu erreichen sei. »Das neue Europa« benötigte nach seiner Meinung »die Zusammenarbeit Frankreichs und Russlands ... Es ist unmöglich, Europa ohne den Geist und die Ressourcen Russlands wiederaufzubauen.«[48] Die Bemühungen schienen sich auszuzahlen, als Pétains Stellvertreter, Admiral Darlan, Mitte Mai in Vichy mit Hitler zusammentraf. Bogomolow verfolgte die Begegnung mit Spannung. Als er nach Moskau kam, um Stalin persönlich Bericht zu erstatten, nutzte Bergery die Gelegenheit, um ihm mit »rhetorischer Eleganz und logischer Schärfe« zu verdeutlichen, dass Russland sich aktiv an den Plänen für die Umgestaltung Europas beteiligen sollte. Er holte sogar den Sechs-Punkte-Vorschlag über Zusammenarbeit aus seiner Brieftasche hervor, den man Hitler offeriert hatte. Dessen Kernpunkt war die wirtschaftliche Unabhängigkeit und Kooperation Frankreichs in einer Friedens-, nicht einer Kriegswirtschaft.[49]

Aber die sowjetische Beschwichtigungspolitik galt in erster Linie Deutschland. In Erwartung konkreter Vorschläge, die Schulenburg aus Berlin mitbringen wollte, übernahm Stalin am 5. Mai das Amt des Ministerpräsidenten der UdSSR. Zu diesem Entschluss trugen sicher auch die Lehren aus dem Fehlschlag in Jugoslawien bei. Er wollte damit wohl eher die Beschränkungen beseitigen, die ihm seine Stellung als Generalsekretär der Kommunistischen Partei in den delikaten Verhandlungen mit den Deutschen auferlegte, und weniger das Militär unter seine Kontrolle nehmen. Nur er allein konnte die Loyalität gegenüber Deutschland so glaubwürdig demonstrieren, dass dieses keinerlei Rechtfertigung für Vorwürfe gegen Moskau fand. Bereits in den Verhandlungen mit Japan scheint Stalin wie ein Staatsoberhaupt agiert zu haben. Das hatte er bisher stets sorgfältig vermieden und zwischen Staat und Partei streng getrennt. In dem Kommuniqué vom 17. April über das Abkommen mit Japan hieß es: »Genosse Stalin führte am 12. April mit dem japanischen Außenminister ein Gespräch über die sowjetisch-japanischen Beziehungen. Dabei war auch Molotow *anwesend*« [Hervorhebung von mir – G. G.]. Ergänzend dazu wurden einige Tage später in der Roten Armee die alten zaristischen Uniformen wieder eingeführt, revolutionäre Befehle und Symbole dagegen abgeschafft. Auch die sowjetischen »Vertreter« im Ausland erhielten wieder den traditionellen Rang von Botschaftern.[50] In der Verlautbarung über die Tagung des Zentralkomitees vom 4. Mai verzichtete man zudem auf die üblichen Formeln von der Notwendigkeit, »die Tätigkeit der Staats- und Parteiorgane umfassend zu koordinieren« und sprach statt dessen davon, »die Autorität der Staatsorgane in der gegenwärtigen angespannten internationalen Situation« bei der »Verteidigung des Landes« zu erhöhen.[51]

Diese Entwicklung passte nur zu gut in Schulenburgs Pläne. Am 3. Mai kabelte er nach Berlin, die Titelseite der neuesten *Prawda* trage ein Foto von der Regierungstribüne während der Parade zum 1. Mai, wo Dekanosow die Ehre habe, direkt neben Stalin zu stehen. Schulenburg erklärte seinen Vorgesetzten, dies bedeute eindeutig »eine besondere Hervorhebung des Berliner Botschafters«.[52] Dass Stalin das Amt des Ministerpräsidenten übernommen habe, sei ein Gottesgeschenk, weil es bestätige, dass seine »realistische Politik« gegenüber Deutschland fortgeführt und gestärkt werde.[53]

Am 7. Mai tat Schulenburg den ungewöhnlichen Schritt, Dekanosow und den Leiter der Westabteilung des Volkskommissariats für Auswärtige Angelegenheiten, Pawlow, zum Frühstück in seine Residenz einzuladen, wo keine potenziellen Informanten zugegen waren. Verschiedene Historiker haben behauptet, Schulenburg habe während dieser geheimen Zusammenkunft Dekanosow Hitlers Absicht enthüllt, Russland anzugreifen. Anastas Mikojan, Mitglied des Politbüros und Volkskommissar für Außenhandel, dessen Memoiren seinerzeit zu einer ganzen Reihe von Fehlinterpretationen der Politik Stalins geführt haben, behauptet, Schulenburg habe Dekanosow ganz offen gewarnt. Beim Frühstück soll er ihm unverblümt erklärt haben: »Herr Botschafter, vielleicht hat es das in der Geschichte der Diplomatie noch nie gegeben, denn ich enthülle Ihnen jetzt das Staatsgeheimnis Nr. 1: Teilen Sie bitte Herrn Molotow mit, der, so hoffe ich, Herrn Stalin informieren wird, dass Hitler beschlossen hat, am 22. Juni einen Angriff auf die Sowjetunion zu starten. Sie fragen mich, warum ich das tue? Ich bin im Geiste Bismarcks erzogen, der stets gegen Krieg mit Russland war …« Als Stalin über dieses Treffen informiert wurde, soll er dem Politbüro am Abend gesagt haben: »Wir müssen davon ausgehen, dass die Desinformation jetzt bereits die Botschafterebene erreicht hat.«[54]

So spannend diese Enthüllung klingen mag, von den vorliegenden Notizen über diese Begegnung wird sie in keiner Weise bestätigt. Sie widerspricht auch Hilgers Aussage, dass Schulenburg vor einem solchen Schritt zurückschreckte, weil er befürchtete, »Kopf und Kragen zu verlieren«, wenn er die Russen offen warnte. Beide verlegten sich deshalb offenbar darauf, wie Hilger schreibt, »die Sowjetregierung über den Ernst der Lage aufzuklären« und Stalin zu einer diplomatischen Initiative zu bewegen, um »Hitler in Verhandlungen zu verwickeln, die ihn, wenigstens vorübergehend, der Vorwände zu einer militärischen Aktion gegen die Sowjetunion berauben würden«.[55] Das stimmt mit Molotows anscheinend zutreffender Erinnerung überein, dass Schulenburg »nicht warnte, sondern nur andeutete. Solche Andeutungen kamen von vielen, die uns in den Konflikt treiben wollten. Aber Schulenburg zu glauben …, wo so viele Gerüchte und Vermutungen herumschwirrten!«[56]

Die genannte Initiative war natürlich keine dramatische Warnung, obwohl Hilger das den Leser gern glauben machen möchte; schließlich lag der Nürnberger Prozess noch nicht lange zurück, als er sein Buch schrieb. Eher handelte es sich um das Ergebnis von Schulenburgs längeren Bemühungen, den Krieg zu verhindern. Tatsächlich fanden drei Begegnungen am 5., 9. und 12. Mai statt, die Hilger zu einer einzigen zusammengefasst hat, wodurch er noch größere Verwirrung stiftete.[57] Was zwischen den drei Gesprächen vorging, ist für das Verständnis der Politik des Kreml im letzten Monat vor Ausbruch des Konflikts ganz entscheidend.

Beim ersten Frühstück legte Schulenburg seinen Köder aus, indem er auf Hitlers jüngste Rede Bezug nahm, die den Balkanfeldzug ausgewertet hatte.[58] Hitler, so sagte er Dekanosow mit Nachdruck, habe die gegenüber Molotow in Berlin abgegebene Erklärung bekräftigt, dass Deutschland weder territoriale noch politische Ambitionen in der Region hege und nur auf die dortige Entwicklung reagiere. Dabei fällt ins Auge, dass Schulenburg Dekanosow absichtlich verschwieg, wie sehr der Neutralitätspakt mit Jugoslawien Hitler gegen den Strich ging – was wohl auf sein Bemühen zurückzuführen ist, eine erneute Plattform für gemeinsame Verhandlungen zu schaffen. Er gab lediglich zu verstehen, während seines Aufenthaltes in Berlin sei Hitler über das Abkommen verblüfft gewesen, das er »schwer verständlich und merkwürdig« gefunden habe. Dekanosow verhehlte nicht, dass der Pakt mit Jugoslawien den Zweck verfolgte, die sowjetischen Interessen auf dem Balkan zu befördern, was Russland gerade durch einen Dialog mit Deutschland zu erreichen hoffte. Er erinnerte Schulenburg daran, dass die Sowjetunion vor Abschluss dieses Vertrages die Zusicherung erhalten hatte, der jugoslawischen Regierung liege daran, »die guten Beziehungen zu Deutschland aufrechtzuerhalten, mit allen ihren Nachbarn in Frieden zu leben, vor allem mit Deutschland, weshalb sie ihren Beitritt zum Dreimächtepakt auch nicht annullierte«.

Schulenburg wiederum machte den Ernst der Lage deutlich, indem er einräumte, er habe zwar alles getan, um Hitler davon zu überzeugen, dass die sowjetische Politik auf normale Beziehungen mit den Nachbarstaaten gerichtet sei. Er könne aber nicht von »hundert Prozent Erfolg« sprechen und habe »nach wie vor ein etwas ungutes Gefühl über die jüngsten Aktivitäten der Sowjetregierung«. Diese Bemerkung war aber weniger als Warnung denn als Vorspiel zu dem Plan gedacht, den er nun entwickelte, um eine weitere Verschlechterung der Beziehungen aufzuhalten. Hitlers Argumentation leicht modifizierend, erklärte Schulenburg Dekanosow, der Führer habe die deutschen Truppenkonzentrationen als Maßnahme gegen jüngste Gerüchte über die Mobilisierung und den Aufmarsch der Roten Armee und die Unvermeidlichkeit eines bewaffneten Konfliktes gerechtfertigt. Dabei denke er vor allem daran, dass die russische Mobilisierung auch im Jahre 1914 den Kriegsausbruch beschleunigt hatte. Schulenburg hoffte offenbar, durch persönliche Diplomatie die Russen zu Maßnahmen drängen zu können, mit denen sie den offensichtlichen Schaden ihrer jüngsten Aktionen auf dem Balkan wieder gutmachen konnten. Die versöhnlichen Gesten Stalins überzeugten ihn davon, dass es noch möglich sei, den heraufziehenden Konflikt auf diplomatischem Wege zu lösen. Allerdings musste die Initiative von Stalin persönlich ausgehen.

Da Schulenburg wenig in der Hand hatte, griff er auf die Gerüchte zurück. Diese zu nutzen, um eine breitere Übereinkunft zustande zu bringen, war allerdings riskant. Schulenburgs langer Aufenthalt in Berlin hatte in Moskau und London zu Spekulationen geführt, die offenbar Stalin und auch die Briten daran hinderten, die Aussichten nüchtern abzuwägen. Die Deutschen ihrerseits konzentrierten nach Schulenburgs Rückkehr nach Moskau ihre Desinformationskampagne vor allem auf den Botschafter selbst und die russische Seite. Berlin lag offenbar viel daran, die Gerüchtewelle über einen bevorstehenden Krieg zu stoppen, so dass derartige Gerüchte in der Korrespondenz mit Schulenburg stets dementiert wurden. Man ließ ihn tatsächlich in dem Glauben, die deutschen Truppenkonzentrationen seien lediglich »die Rückendeckung für die Balkanoperationen«. Während seines Aufenthaltes in Berlin hatte Schulenburg den Eindruck gewonnen, dass die Gerüchte von Kräften stammten, die am Ausbruch der Feindseligkeiten interessiert waren und Hitlers Argwohn gegenüber Russland verstärken sollten. Als Schulenburg die Papiere durchsah, die sich während seiner langen Abwesenheit auf seinem Schreibtisch in Moskau angehäuft hatten, fiel ihm eine dringende Direktive des Stabschefs in die Hände, die ihn darauf aufmerksam machte, dass »die Gerüchtemacherei für die ruhige Weiterentwicklung der deutsch-russischen Beziehungen sehr bedenklich« sei. Die Botschaft habe die Aufgabe, solche Gerüchte zu unterdrücken und ihnen entgegenzutreten.[59]

Am Tag vor der genannten Begegnung wurde Schulenburg auch vom Leiter der Politischen Abteilung des Auswärtigen Amtes gedrängt, den Gerüchten entgegenzutreten, die die Briten als »Brunnenvergiftung« verbreiteten. Man wollte ihn sogar glauben machen, dass man in der ersten Maihälfte acht Divisionen vom Osten nach dem Westen verlagern werde.[60] Daher gab er Dekanosow den praktischen Rat, offizielle Verlautbarungen wie etwa TASS-Meldungen, die nach der Entwicklung auf dem Balkan wie Pilze aus dem Boden schossen, möglichst zu entschärfen. Schulenburg ließ nicht erkennen, dass Hitler auf Krieg aus sei, sondern erwähnte mehrfach Hitlers Zurückhaltung und interpretierte die »Vorsichtsmaßnahmen« an Russlands Westgrenze als Reaktion auf dessen Mobilmachung. Das erklärt zum Teil Stalins Unentschlossenheit, eigene Truppen offen und wirksam aufmarschieren zu lassen, was in Berlin als Provokation aufgefasst werden konnte.

Bei dem besagten Frühstück erzählte Schulenburg also Dekanosow, welch verheerende Auswirkungen die Gerüchte hätten. Er warnte dringend, »Gerüchte von einem bevorstehenden Krieg zwischen der Sowjetunion und Deutschland« seien »höchst brisant«, ihnen müsse »das Rückgrat gebrochen werden«. Dabei vergaß er nicht zu erwähnen, dass er auf eigene Initiative handle und keinen Auftrag seiner Regierung habe. Konkrete Vorschläge überließ er den Russen. Aus seiner Sicht schuf er mit diesem ungewöhnlichen Schritt die Voraussetzungen für eine Verbesserung der Beziehungen und verriet keine Staatsgeheimnisse. Dekanosow konnte zwar nur schwer glauben, dass eine so wichtige Mitteilung auf Schulenburgs eigene Initiative zurückging, erkannte aber das Gewicht der Sache. Er wandte sich ganz allgemein der Wiederbelebung der Verhandlungen zu und erinnerte Schulenburg daran, dass Moskau noch auf eine Antwort auf die Vorschläge vom November warte. Letztlich kam man überein, auf dieser inoffiziellen Ebene weiter zu sprechen.

Der Appell, die Gerüchte zu dementieren, fiel auf fruchtbaren Boden. Über die deutschen Truppenkonzentrationen kursierten zwei sich widersprechende Versionen von Gerüchten. Die erste lief darauf hinaus, dass die Massierung von Truppen ein Faustpfand für kommende Verhandlungen sei, die in einem Militärbündnis enden könnten. Nach der zweiten stand ein Krieg unmittelbar bevor.

In Russland schrieb man Letztere allerdings den unablässigen Versuchen Großbritanniens zu, Russland in den Krieg zu verwickeln. Während die Feldzüge auf dem Balkan mit rationalen Gründen zu erklären waren, stellte man sich bei dem Krieg gegen Russland völlig andere Motive vor. Da die militärischen Ziele eines solchen Feldzuges bisher nicht klar definiert waren, verschmolzen Mittel und Zweck miteinander. Diese besondere Art der Planung erschwerte es dem Kreml sehr, das wahre Ausmaß der deutschen Gefahr zu erkennen, obwohl Informationen im Überfluss vorlagen. Stalins Beurteilung des deutschen Aufmarsches und der verschiedenen diplomatischen Manöver war auch weiterhin von seiner Kriegsfurcht bestimmt. Zur gleichen Zeit wuchs in Großbritannien die öffentliche Kritik an Churchill. In Südeuropa hatten sich die Reste des britischen Expeditionskorps nach Kreta zurückgezogen, wo ihnen eine verheerende Schlacht bevorstand. Aus den anfänglichen Siegen der Briten über die italienischen Truppen in Nordafrika war eine wilde Flucht geworden, als General Erwin Rommel die belagerte Festung Tobruk umging und in Richtung Kairo und zum Suezkanal vorstieß. Die Deutschen hatten die Luftüberlegenheit über dem Mittelmeer und konnten so einen wirksamen Belagerungsring um die strategische britische Marinebasis auf Malta ziehen. Zugleich musste die britische Handelsflotte auf dem Atlantik schwere Verluste hinnehmen, wodurch Englands Lebensader stark bedroht war.

Wenn man Stalins Stimmungslage zu jener Zeit bedenkt, dann vermutete er wahrscheinlich, Hitler benutze Schulenburg im Nervenkrieg, um für die bevorstehenden Verhandlungen bessere Bedingungen herauszuschlagen. Und wie 1939, als die Russen in Berlin nur inoffiziell sondiert hatten, fürchtete Stalin erneut, eine offene Erklärung könnte in möglichen deutsch-britischen Verhandlungen gegen ihn benutzt werden und ihn lächerlich machen. Schulenburgs Mitteilung missachtete er allerdings nicht, sondern handelte stillschweigend danach. Schon einen Tag später trat die *Prawda* Behauptungen entgegen, die starken Truppenkonzentrationen an der Westgrenze der Sowjetunion bedeuteten eine Veränderung des Verhältnisses zu Deutschland. Man ging nun systematisch daran, die Gerüchte zu unterdrücken. So erklärte Molotow beispielsweise dem japanischen Botschafter, dass »die Gerüchte von einem bevorstehenden Angriff Deutschlands auf die UdSSR reine britisch-amerikanische Propaganda und ohne jede Grundlage« seien. »Im Gegenteil, die Beziehungen zwischen beiden Staaten« entwickelten sich »ausgezeichnet«.[61]

Schulenburg schrieb die Übernahme des Ministerpräsidentenamtes durch Stalin seiner eigenen Initiative zu, konnte aber sein ungenehmigtes Handeln nicht nach Berlin berichten. Nach seiner traumatischen Begegnung mit Hitler war ihm bewusst geworden, dass die einzige Hoffnung, den Krieg noch abzuwenden, im direkten Dialog zwischen Stalin und Hitler lag. Er erinnerte sich an die einzige positive Bemerkung Hitlers während des Gesprächs, dass Stalin »die Seele der russischen Politik des Konsens und der gegenseitigen Verständigung mit Deutschland« sei.[62]

Schulenburg gedachte nun in zweierlei Richtung aktiv zu werden. In Moskau wollte er Stalin dazu ermutigen, sich direkt an Hitler zu wenden. In seinen Berichten nach Berlin dagegen spielte er die Rolle des unbeteiligten Beobachters, um die versöhnliche Haltung der Russen hervorzuheben und damit für Stalins Initiative den Boden zu bereiten. Seine Telegramme nach Berlin sollten daher in diesem Zusammenhang gelesen werden. Da Hitler über die Entwicklung in Jugoslawien verbittert schien, kam es Schulenburg sehr darauf an, die Erinnerung daran auszulöschen und das Ganze als Entgleisung hinzustellen. Dafür machte er Molotow zum Sündenbock. Die eingetretenen Veränderungen in der russischen Regierung stellte er dementsprechend als »eine erhebliche Einschränkung dessen bisheriger Befugnisse« dar. Nach Schulenburgs Meinung seien die Gründe in »den außenpolitischen Fehlgriffen der letzten Zeit zu suchen ..., die zu einer Abkühlung der deutsch-sowjetischen freundschaftlichen Beziehungen geführt haben [ein deutlicher Hinweis auf den Pakt der Sowjetunion mit Jugoslawien], deren Entstehung und Erhaltung von Stalin zielbewusst betrieben wurden, während Molotows eigene Initiative sich in einer oft engstirnigen Verfechtung von Einzelpositionen erschöpfte«. Schulenburg betonte nicht nur die Bedeutung von Stalins neuer Funktion, sondern bereitete Berlin auch schon auf den nächsten Schritt vor, indem er voraussagte, dass »Stalin seine neue Stallung dazu benutzen wird, um in eigener Person an der Aufrechterhaltung und Weiterentwicklung der guten sowjetischen Beziehungen zu Deutschland tätig zu werden«. Er nutzte gleichfalls die Gelegenheit, um Bergerys Gedanken zu vermitteln, dass nämlich die Sowjetunion Bestandteil eines neu geordneten Europas sein müsse.[63]

Während Schulenburg noch auf Antwort aus Berlin wartete, lud ihn Dekanosow seinerseits am 9. Mai in das prunkvolle Gästehaus des sowjetischen Außenministeriums in der Spiridonowka zum Frühstück ein. So ungeduldig und begierig Schulenburg darauf war, Stalins neue Haltung zu erfahren, um danach seinen Plan vorantreiben zu können, so vorsichtig agierte Dekanosow auf Stalins Weisung und versuchte stets die Balance zwischen demonstrativer Selbstsicherheit und der Bereitschaft zu Zugeständnissen in den kommenden Verhandlungen zu halten. Da er Hitlers Vorwürfe kannte, setzte Dekanosow zu langen Ausführungen über sowjetische Klagen an, wurde aber von Schulenburg unterbrochen: »Wir sind hier doch nicht zusammengekommen, um einen juristischen Disput zu führen ... Als Politiker und Diplomaten haben wir uns mit der aktuellen Situation zu befassen und zu überlegen, welche Gegenmaßnahmen eingeleitet werden können.«

Das war für Dekanosow das Stichwort, einen gut durchdachten Plan in Gang zu setzen, der eindeutig von Stalin genehmigt, wenn nicht gar entworfen war. Als Reaktion auf Schulenburgs Hinweis im vorangegangenen Gespräch hatte man an diesem Morgen in der Presse einen Köder ausgelegt, der die Gerüchte über angebliche Truppenkonzentrationen an der Westgrenze als »wirre Phantastereien« abtat. Stalin, so hieß es dort, habe »ein außenpolitisches Ziel von überwältigender Wichtigkeit für die Sowjetunion gestellt, das er mit persönlichen Bemühungen zu erreichen hofft«.[64] Dekanosow schlug nun vor, ein gemeinsames deutsch-sowjetisches Kommuniqué zu veröffentlichen, welches verlauten sollte, die jüngsten Gerüchte über eine Verschlechterung der deutsch-sowjetischen Beziehungen oder gar die Möglichkeit eines militärischen Konfliktes seien völlig grundlos und würden von Elementen ausgestreut, die Russland schaden wollten. Die Gerüchte unterdrücken, um später zu einer Vereinbarung kommen zu können, sollte in der Tat auch die berüchtigte TASS-Meldung vom 13. Juni.[65]

Schulenburg wollte jedoch den Einsatz erhöhen und Berlin mit Stalins neuer Haltung maximal beeindrucken. Daher schlug er vor, Stalin möge an Matsuoka, Mussolini und Hitler gleichlautende persönliche Briefe richten und verkünden, er habe das Amt des Ministerpräsidenten übernommen, um sicherzustellen, dass die UdSSR »künftig eine freundschaftliche Politik gegenüber Ihrem Lande führen« werde. Er regte weiterhin an, dass Stalin im zweiten Teil seines Briefes an Hitler ein gemeinsames Dementi der Gerüchte von einem bevorstehenden Angriff vorschlagen möge, so wie es Dekanosow angeregt hatte. »Der Führer wird eine Antwort senden, und nach Meinung von S[chulenburg] wird das Problem dann beigelegt sein.« Bei dieser Aufforderung an die Russen sprach Schulenburg nicht mehr davon, dass dies seine persönliche Initiative sei. Im Gegenteil, er verbreitete die Gewissheit, sollte Stalin sich mit einem persönlichen Brief an Hitler wenden, werde dieser mit einem Sonderflugzeug einen Kurier schicken, und alles werde »dann sehr schnell gehen«. Dekanosow konnte natürlich seine Befugnisse nicht überschreiten und musste zunächst Stalin konsultieren. Man kam jedoch überein, dass es sehr rasch eine dritte, die entscheidende Zusammenkunft geben sollte.[66]

Stalin handelte nun energisch im Sinne seiner Versöhnungsdiplomatie. Unverzüglich entsandte er einen Vertreter der Sowjetunion zur rebellischen Regierung von Raschid Ali nach Bagdad. Dieser hatte mit Unterstützung der Deutschen am 3. April die Macht übernommen. Am 8. Mai erhielten der norwegische und der belgische Botschafter in Moskau in arroganten Noten die Mitteilung, dass ihre Akkreditierung nicht mehr gültig sei. Sie wurden unverzüglich aus Moskau ausgewiesen, und auch die Anerkennung ihrer Exilregierungen wurde zurückgenommen. Stattdessen erkannte Stalin auf der Stelle die neuen Regierungen an. Während die Geheimgespräche noch liefen, beorderte Wyschinski unerwartet Gavrilovic zu sich und teilte ihm die Entscheidung mit, dass seine Regierung nicht mehr anerkannt werde. Gavrilovic nahm die Nachricht »finster und zornig« auf. Allerdings räumte er ein, die Absicht der sowjetischen Diplomatie durchaus zu erkennen.[67]

Schulenburg konnte nicht wissen, dass die Dinge in Berlin inzwischen einen völlig anderen Verlauf genommen hatten. Als er noch vom Moskauer Flugplatz zu seiner Residenz fuhr, rollte Ribbentrops Sonderzug schon in den Bahnhof Friedrichstraße ein. Am Abend des 29. April war ein Kurier zu ihm nach Wien geflogen und hatte ihm den von Schulenburg angefertigten Bericht über das Gespräch mit dem Führer gebracht.[68] Obwohl dieser nichts Gutes ahnen ließ, hoffte Ribbentrop immer noch, Hitler von seiner Absicht abbringen zu können, wie es ihm nach Molotows Besuch schon einmal gelungen war. Zu seinem großen Bedauern fand er Hitler jedoch entschlossen, Verhandlungen im Keime zu ersticken und keine Störung der Vorbereitungen für das Unternehmen »Barbarossa« zu dulden. Hitler forderte von Ribbentrop uneingeschränkte Unterstützung. Er »lehnte jeden weiteren derartigen Schritt entschieden ab und verbot überhaupt, mit irgendjemand über diese Angelegenheit zu sprechen; alle Diplomatie werde an der ihm klar gewordenen russischen Haltung nichts mehr ändern, sie könne ihm aber das bei einem Angriff wichtige taktische Überraschungsmoment nehmen«.[69]

Da sich Hitler unnachgiebig zeigte, trat Ribbentrop, wie bei ihm nicht anders zu erwarten, den Rückzug an. Seinen Frust ließ er an Weizsäcker aus, dem er vorwarf, an entscheidenden Wendepunkten der Geschichte stets »negativ zu sein«. Weizsäcker glaubte allerdings nach wie vor, dass Ribbentrop trotz der Ablehnung des Memorandums durch Hitler den Krieg mit Russland im Prinzip ablehnte.[70] Unmittelbar vor Beginn des Unternehmens »Barbarossa« traf Ciano auf einen Ribbentrop, der sich mit dem Gedanken an den Krieg abgefunden hatte. Er war allerdings »weniger überschwänglich als sonst und erinnerte sogar daran, wie begeistert er das Moskauer Abkommen und die kommunistischen Führer gepriesen hatte, die er mit denen der alten Nazipartei verglich«.[71]

Für Weizsäcker gab es nun keinen Zweifel mehr, dass Hitler sich entschlossen und Ribbentrop eingelenkt hatte. Am 1. Mai schilderte ihm ein Gewährsmann aus Hitlers Umgebung (wahrscheinlich General Geyer), der Führer sei zu folgender Meinung gekommen: »Russland kann gewissermaßen nebenbei und ohne Beeinträchtigung des Kampfes gegen England erledigt werden. England fällt noch in diesem Jahr, mit und ohne den Russlandkrieg. Das britische Empire ist dann aufrechtzuerhalten, aber Russland muss unschädlich gemacht werden.«[72]

Schulenburg, der Berlin in großer Eile verlassen hatte, war über das Nachspiel seines Gesprächs mit Hitler nicht informiert.[73] Da sich seine Initiative entwickelte, streckte er in einem persönlichen Telegramm an Weizsäcker vom 7. Mai die Fühler aus. In dem Bestreben, seinen heimlichen Schritten halboffiziellen Charakter zu verleihen, deutete er die Möglichkeit an, Stalin Glückwünsche der deutschen Regierung zu überbringen. Er wusste, wie viel Hitler an dem Verhältnis zu Vichy-Frankreich lag,[74] und setzte sein Gespräch mit Bergery als Druckmittel ein. Dieser hatte sich offen für einen Kontinentalblock ausgesprochen, »in den die große Sowjetunion mit ihrem Überfluss an Rohstoffen eingeschlossen sein muss«. Schulenburg griff aber auch zur Peitsche. In Berlin hatte er die Ansicht gehört, ein Blitzkrieg in Russland könnte mit einer raschen Einnahme von Moskau und dem Sturz des kommunistischen Regimes enden. Wie er inzwischen von Weizsäcker erfahren hatte, war die Armee jedoch der Meinung, dass es zwar leicht sein werde, den Krieg bis Moskau vorzutragen, das Erreichen des Urals allerdings weit schwieriger sei.[75] Daher fügte er ein Postskriptum an, in dem er ganz nebenbei mitteilte, das Ausbleiben von Luftschutzübungen in Moskau bestätige die Information, dass »die Sowjetregierung irgendwo bereits seit längerem einen mit allen Schikanen (Nachrichtenmitteln usw.) ausgerüsteten Kriegssitz vorbereitet hat, den sie in ganz kurzer Zeit erreichen kann. In Moskau wird sie keinesfalls bleiben.« Das war ein klarer Hinweis auf Napoleons schlimme Erfahrungen mit der Taktik der verbrannten Erde, die Alexander I. im Jahre 1812 angewendet hatte. Um schließlich zu sondieren, ob die Kriegsvorbereitungen ungehemmt weitergingen, wies Schulenburg darauf hin, dass die notwendigen Vorkehrungen getroffen werden müssten, um die Sicherheit der Botschaftsmitarbeiter zu gewährleisten, wenn es zu Feindseligkeiten kommen sollte.[76]

Am 12. Mai kam Dekanosow erneut zum gemeinsamen Frühstück in Schulenburgs Residenz. Es war bereits das dritte innerhalb einer Woche. Diesmal ergriff Dekanosow sogleich selbst die Initiative und verkündete feierlich, Stalin und Molotow seien gewillt, einen persönlichen Brief an Hitler zu schreiben. Wie ungeduldig Stalin war, zeigt seine Bitte, dass Schulenburg und Molotow keine Zeit verlieren und angesichts der vorgesehenen Abreise Dekanosows nach Berlin noch am selben Tag gemeinsam einen Entwurf erstellen sollten.[77] Schulenburg hatte jedoch eine Stunde vor Dekanosows Eintreffen per Kurier zwei unerwartete Mitteilungen aus Berlin erhalten,[78] die seine Absichten zu durchkreuzen schienen. Die eine – ein kurzer Brief von Weizsäcker – machte ihm nur allzu klar, woher der Wind wehte. Die einzige Reaktion auf Schulenburgs Schreiben war die Empfehlung, beim Ausbruch von Feindseligkeiten Vorkehrungen für die sichere Evakuierung seiner Mitarbeiter zu treffen. Diese sollten, so hieß es dort, »im gegebenen Augenblick ans Tageslicht gezogen werden«. Danach folgte die lakonische, aber eindeutige Nachricht, seine übrigen Vorschläge seien Ribbentrop gar nicht vorgelegt worden, »da dieses ja wohl nicht gelohnt hätte«. Der zweite Brief vom Leiter der Politischen Abteilung des Auswärtigen Amtes, Ernst Wörmann, demonstrierte Schulenburg, dass jeder seiner Schritte seit der Begegnung mit Hitler genauestens beobachtet wurde. Man tadelte ihn dafür, dass er in Moskau den Zweck seiner Gespräche in Berlin hatte durchblicken lassen und einen Pessimismus verbreite, der sich zu Gerüchten verdichtet habe, der Botschafter »verpacke bereits … seine Privatsachen in Kisten«.[79]

In seinem Aktenvermerk über das Gespräch berichtet Dekanosow, dass Schulenburg von Anfang an »nicht die Initiative ergriff und das Gespräch nicht auf das Thema unserer früheren Debatten brachte. Er erwähnte nur, er habe an diesem Morgen einen ganzen Stapel von Depeschen erhalten, darunter Briefe von Weizsäcker und Wörmann, die aber nichts Neues oder Interessantes enthielten.« Schulenburg habe sich Dekanosows Vorschläge, die dieser offenbar als wichtigen Durchbruch erachtete, »ziemlich regungslos« angehört und dann erwidert, er habe die Verhandlungen in den letzten Tagen »aus eigener Initiative und ohne Genehmigung« geführt. Er sei nicht bevollmächtigt, mit Molotow zu verhandeln und habe auch »Zweifel, ob er eine derartige Weisung erhalten« werde. Er schien auch ziemlich beunruhigt darüber zu sein, dass in der deutschen Presse bezeichnenderweise keinerlei Berichte über Stalins jüngste Schritte zur Versöhnung mit Deutschland erschienen seien.

Das Gespräch war eine merkwürdige Mischung aus Anspielungen auf die Wahrscheinlichkeit eines Krieges und anhaltenden Versuchen Schulenburgs, bei seiner Desinformationsstrategie zu bleiben. All das konnte die Verwirrung im Kreml nur noch steigern. Als sie sich zum Frühstück niedersetzten, ließen Schulenburg und Hilger zynische Bemerkungen fallen, die Dekanosow als Hinweise auf einen möglichen »Rückzug Schulenburgs von der politischen Bühne« auffasste. Dieser versuchte jedoch nach wie vor seine Initiative zu retten, indem er eine ganze Reihe von Alternativen aufzeigte:

»Es wäre gut, wenn Stalin auf eigene Initiative und spontan Hitler eine Brief schriebe. Er, Schulenburg, werde Molotow recht bald (wegen bestimmter Arrangements in der Ostsee) aufsuchen, habe aber keinen Auftrag und kein Recht, die genannten Themen bei diesem Gespräch zu erörtern. Es wäre gut, wenn Molotow im Gespräch mit ihm [Schulenburg] diese Frage selbst ansprechen oder ich [Dekanosow] hier in Moskau die Zustimmung erlangen könnte, in Berlin einen ähnlichen Vorschlag an Weizsäcker oder Ribbentrop heranzutragen.«

Diese Zurückhaltung, die sich so sehr von Schulenburgs Angeboten wenige Tage zuvor unterschied, muss Stalin zweifellos vor ein Rätsel gestellt haben. Einerseits war es möglich, dass Schulenburg, der gerade von einem Gespräch mit Hitler kam, tatsächlich die deutsche Position vertrat und nur versuchte, durch Druck bessere Bedingungen zu erlangen. Ebenso konnte man annehmen, dass die Frage in Deutschland noch nicht geklärt war und man mit vorsichtigem Verhalten noch eine Vereinbarung zustande bringen konnte. Andererseits war das Ganze vielleicht eine Falle für Russland, und jeder voreilige Schritt konnte als Trumpfkarte in künftigen Verhandlungen mit Großbritannien eingesetzt werden. In der Tat ließ Schulenburg während des Gesprächs die völlig spekulative Bemerkung fallen, nach seiner Meinung sei »der Tag nicht mehr fern«, da England und Deutschland »eine Vereinbarung erreichen und das Unglück der Zerstörung und Bombardierung ihrer Städte zu einem Ende bringen müssen«.[80] Diese Worte wurden im Kreml an diesem Abend sicherlich noch oft erörtert, als von Radio Berlin die Nachricht kam, Rudolf Heß sei eigenmächtig zu einer Friedensmission nach Schottland geflogen.[81]

Bei Schulenburg, der seine Initiative von Anfang an sehr zögerlich vorgetragen hatte,[82] zeigte der Tadel aus Berlin unverzüglich Wirkung. Kurz nachdem Dekanosow gegangen war, schrieb er zwei Briefe. Seine Antwort an Wörmann war höchst defensiv; die verschiedenen Beschuldigungen wies er zurück. Er versicherte ihm, dass die »sehr teuren Teppiche immer noch an ihrem alten Platz liegen, die Bilder meiner Eltern und anderer Verwandten wie bisher an den Wänden hängen und sich in meiner Residenz überhaupt nichts verändert hat, wie jeder Besucher selbst sehen kann«. Dann machte er eine Geste, die bei ihm noch nie vorgekommen war. Er schloss den Brief mit den Worten »Heil Hitler«. Ähnlich handelte auch Weizsäcker in Berlin, der sich darüber beklagte, das Schulenburgs Schritte natürlich ihm vorgehalten würden. Er bekannte, er hätte besser das Rezept der Armee befolgen und »keinen Zweifel in die Seele des Werdenden senken« sollen. Danach brachte er seine Zuversicht in den Sieg der Wehrmacht zum Ausdruck.[83] In einem Brief an seine Freunde, das Ehepaar Herwarth, bekannte Schulenburg noch am selben Tag: »Die uns hier besonders interessierende Angelegenheit ist unverändert bedrohlich. Wir rechnen jetzt, dass die Krise etwa Ende Juni eintritt ... Sogar Arbeit haben wir nur noch wenig ... Die Ruhe – hoffentlich ist es keine Ruhe vor dem Sturm! – kommt uns ein wenig unheimlich vor.« Wie er bereits Dekanosow am Morgen angedeutet hatte, trug er sich mit Plänen, nach Deutschland zurückzukehren und sich um die Einrichtung der Burg Falkenberg zu kümmern, die er gerade erworben hatte.[84]

In seinem zweiten Telegramm an das Auswärtige Amt bemühte sich Schulenburg nach wie vor, die Krise zu entschärfen und den Boden für eine Initiative Stalins über Dekanosow zu bereiten. Daher lenkte er Berlins Aufmerksamkeit erneut auf das «außerordentliche« Ereignis, dass Stalin das Amt des Ministerpräsidenten übernommen hatte und auf die »Hervorhebung Dekanosows« während der Parade zum 1. Mai, die »als ein besonderer Vertrauensbeweis Stalins« angesehen werden sollte. Dann folgte eine eindringliche Darlegung der Versöhnungsschritte der Sowjetunion, bei der er seine eigene Rolle allerdings völlig aussparte. Schließlich der logische Schluss:

»Es lässt sich mit Sicherheit annehmen, dass Stalin sich ein außenpolitisches Ziel von überragender Wichtigkeit für die Sowjetunion gesteckt hat, das er mit Einsatz seiner Person zu erreichen hofft. Dieses Ziel besteht, wie ich fest glaube, darin, dass Stalin in einer von ihm für ernst gehaltenen internationalen Lage die Sowjetunion vor einem Konflikt mit Deutschland bewahren will.«[85]

Die gleiche Botschaft enthielt auch Schulenburgs Bericht über das Gespräch mit Molotow vom 22. Mai. Er wurde nicht müde, Berlin eindringlich zu erläutern, dass in dem Augenblick, da Stalin Ministerpräsident wurde, »die beiden stärksten Männer der Sowjetunion«, Stalin und Molotow, nun Positionen innehaben, die »für die Außenpolitik der Sowjetunion entscheidend« seien. Ihre Politik sei »vor allem auf die Vermeidung eines Konflikts mit Deutschland« gerichtet.[86] Später sandte er einen einseitigen Bericht über Stalins Rede vor den Absolventen der Militärakademien nach Berlin, der die Einschätzung enthielt, Stalin scheine es »darauf angekommen zu sein, seine Gefolgschaft auf einen ›neuen Kompromiss‹ mit Deutschland vorzubereiten«.[87]

Letzten Endes trug Schulenburgs Verhalten Anfang 1941, besonders aber im entscheidenden Monat Mai 1941 dazu bei, Stalins Hoffnung auf eine diplomatische Lösung des Konflikts am Leben zu erhalten und ihn von der tödlichen Gefahr abzulenken, die bereits ganz nahe war. Er bestärkte Stalin in der Überzeugung, dass Churchill in seiner verzweifelten Lage Russland in den Konflikt hineinzuziehen suche, indem er Gerüchte von einem »unvermeidlichen Krieg« ausstreue.[88] Statt, wie häufig angenommen wird, als letzte Warnung zu dienen, bestärkten die Geheimverhandlungen Stalin in dem Glauben, eine Beschwichtigung Hitlers sei noch möglich. Misstrauisch wie immer, startete er sogar eine kühne Aktion, um die deutschen Kuriere mit der Diplomatenpost im Hotel Metropol abzufangen. Einer wurde im Badezimmer seiner Suite eingeschlossen, der andere in einem blockierten Fahrstuhl festgehalten, während man den Inhalt des Aktenkoffers fotografierte. Schulenburg bekräftigte in seinen Berichten, wie wir wissen, stets das Vertrauen in Stalins Wunsch nach Fortsetzung der Verhandlungen.[89]

So ist durchaus verständlich, dass Tatekawa in Moskau erwartete, Hitler und Stalin könnten sich »irgendwo an der Grenze treffen«.[90] Schukow berichtet, er habe während eines Gesprächs Anfang Juni den an Hitler adressierten Brief auf Stalins Schreibtisch liegen sehen.[91] Als Dekanosow bei seiner Rückkehr nach Berlin am 14. Mai nicht zu Ribbentrop gelangen konnte, nahm er die guten Dienste von Meissner in Anspruch, der ein enges Verhältnis zum Präsidenten des NKGB in Berlin, Kobulow, hergestellt hatte. Meissner, der während eines langen Aufenthaltes in Russland fließend Russisch sprechen gelernt hatte, war ein Mann der alten Schule, hatte unter Präsident Hindenburg gedient und soll Hitler nahegestanden haben.[92] Er hatte – allerdings in unbedeutender Stellung – auch an den Gesprächen mit Molotow in Berlin teilgenommen.[93] Der Anschein von Verhandlungen, die in der ersten Juniwoche ihr Ende fanden, ließ Stalin kurzzeitig an die Möglichkeit glauben, man könnte mit den Deutschen eine neue Vereinbarung erreichen. Nach Bereschkow, damals junger 1. Sekretär an der sowjetischen Botschaft in Berlin, habe er sogar angedeutet, »dass die Reichskanzlei neue Vorschläge zur Festigung der sowjetisch-deutschen Beziehungen ausarbeitet, die der Führer Moskau in Kürze vorlegen will«.[94]

Das Gefühl, ein einziger falscher Schritt, sei es nun eine militärische Provokation oder ein diplomatischer Fehler, könnte den Krieg herbeiführen, steigerte Stalins Vorsicht fast bis zum Verfolgungswahn. Dies behinderte auch zunehmend die Tätigkeit der Nachrichtendienste, je näher der Krieg kam. Schulenburgs Andeutung in den Gesprächen mit Dekanosow, die Gerüchte selbst könnten Kriegshandlungen auslösen, machte die Sache noch komplizierter. Faktisch wurden die Botschaften daran gehindert, Informationen über die Absichten der Deutschen zu sammeln, wodurch den Russen entscheidende Tatsachen entgingen. Ein eklatantes Beispiel war der verzweifelte und vergebliche Versuch der Briten, Maiski unmittelbar vor Ausbruch des Krieges eine Information von »Ultra« zuzuspielen.[95] Ähnliches ereignete sich in jeder sowjetischen Vertretung. Die Botschafter klammerten sich ängstlich an ihre Weisungen, siebten die Informationen und frisierten sie so, dass sie in die Sicht der Führung passten. Als z. B. der finnische Botschafter in Istanbul seinem russischen Kollegen die exakte Information geben wollte, dass inzwischen 125 Divisionen an der russischen Grenze standen, unterbrach ihn Winogradow mit der zynischen Bemerkung: »Vielleicht kann uns der Herr Botschafter sagen, ob er die Divisionen persönlich gezählt hat?« Statt die Unterredung weiterzuführen, berichtete er dienstbeflissen und stolz nach Moskau, er habe nicht die Absicht gehabt, »das Gespräch zu dieser Frage fortzusetzen, und deshalb das Thema gewechselt«.[96]

Die Informationen, die Stalin über die Absichten der Deutschen zugingen, wurden, von den direkten Kriegsvorbereitungen vor Ort einmal abgesehen, immer zweideutiger, da man sie sämtlich durch die Brille des Vorurteils las. Ein Beispiel war ein Gespräch des türkischen Präsidenten Inönü mit Botschafter Papen, in dem Ersterer seine Besorgnis über ein mögliches Treffen Hitlers mit Stalin äußerte. Der deutsche Botschafter beruhigte ihn mit der Bemerkung, selbst wenn »die Beziehungen zwischen Deutschland und Russland verbessert werden« sollten, werde Deutschland »Russland auch weiter unter Kontrolle halten« und sei »stark genug, auch an der Ostfront Krieg zu führen«. Selbst diesen Bericht betrachtete Stalin nur als einen weiteren Beweis dafür, dass ein solches Treffen und die Verbesserung der Beziehungen tatsächlich auf der Tagesordnung standen.[97]

So konnten auch Nachrichten, denen aus heutiger Sicht entscheidende Bedeutung zukommt, bei der damaligen Stimmungslage im Kreml ambivalent erscheinen. Der verlässliche und erfahrene Militärattaché in Bukarest erfuhr von einem Gewährsmann, der Gast des deutschen Generalstabes gewesen war, dass die Vorbereitungen für den Feldzug abgeschlossen seien und man im Juni mit dem Ausbruch des Krieges rechne. Der Informant erklärte, wenn es 1941 nicht zum Kriege komme, dann wäre das ein »Wunder«. Dann aber räumte er die Möglichkeit ein, die Stalin sofort viel mehr interessierte, dass Hitler auch »ein äußerst raffiniertes Spiel treiben« könne. Hier verwies er auf die Tatsache, dass Hitler es bisher offenbar vermeide, seine Absichten gegenüber Moskau deutlich werden zu lassen oder Verhandlungen mit Nachbarstaaten Russlands zu führen. Er habe auch mit den Japanern bisher nicht über den Krieg gesprochen. Die Aussage, dass »niemand auch nur den leisesten Zweifel an einem raschen Sieg über die UdSSR hegt«, konnte als Teil des Nervenkrieges angesehen werden. Für eine solche Interpretation sprach auch die Bemerkung, in Berlin wisse man, dass eine Besetzung der Sowjetunion verheerende Auswirkungen auf die Wirtschaft haben werde. Damit blieb es Stalin überlassen, der »Überzeugung« des Informanten zu glauben oder nicht zu glauben, der Krieg sei »unvermeidlich« und die deutsche Armee werde »früher als angenommen« in Moskau stehen.[98]

Bald darauf wechselten vier deutsche Deserteure aus Infanterie, Artillerie und Kriegsmarine die Front. Sie beschrieben exakt und in allen Einzelheiten den Aufmarschplan der deutschen Truppen. Es kann nicht verwundern, dass Merkulow es auch in diesem Falle vorzog, lediglich einen ziemlich tendenziösen Bericht über die Stimmung und die politische Haltung dieser Soldaten weiterzugeben. Darin betonte er, dass die Truppen müde seien und nach Hause wollten. Bereits 20 ihrer Kameraden seien wegen Desertion vors Kriegsgericht gestellt worden. Viele Soldaten zeigten »Sympathie mit der Sowjetunion« und fürchteten sich vor der »starken Roten Armee mit ihrer riesigen Anzahl von Flugzeugen und Panzern auf einem gewaltigen Territorium«. Die faschistische Propaganda sei in der Kriegsmarine besonders wirksam, aber auch hier entwickle sich eine »wachsende Antikriegsstimmung«. Einige Soldaten äußerten die Meinung, Hitler führe »Deutschland in einen Krieg, in dem die Arbeiterklasse nichts zu gewinnen hat«. Ganz nebenbei enthielt der Bericht auch Aussagen darüber, dass einige Einheiten »sich den Kampfgeist bewahrt haben und bereit sind, alle Befehle ihrer Vorgesetzten zu erfüllen ... Darunter nennen sie ›den bevorstehenden Krieg‹ gegen die Sowjetunion«.[99]

Dekanosow wählte für seine Berichte nach Moskau die vorherrschende Meinung aus, dass die deutschen Industriellen gegen den Krieg seien und die Sowjetunion an Deutschland Gebiete abtreten werde. Die russische Frau des chinesischen Botschaftsrates, die bei einem Abendessen neben Dekanosow saß, sagte diesem: »Es wäre mir ein Gräuel, wenn die Ukraine an Deutschland abgetreten wird ... Das habe ich von Deutschen gehört.« Ähnlich äußerte die Tochter des türkischen Rates, es täte ihr sehr leid um den Kaukasus, wenn man ihn Deutschland überlassen sollte. Weiter zitierte Dekanosow ausführlich die Meinung des türkischen Botschafters Gerde, die deutsche Regierung sei in einer »hoffnungslosen Lage«, es fehle an Öl und Getreide, und die riesige Armee habe nichts zu tun. Der Truppenaufmarsch auf dem Balkan und in Rumänien ziele eindeutig nach Norden, er nehme aber an, damit solle »Druck auf die Sowjetunion ausgeübt werden«. Der türkische Diplomat führte Dekanosow mit der Bemerkung in die Irre, General Brauchitsch habe Züge inspiziert, die in Richtung Westen rollten. Daraus zog der sowjetische Botschafter den Schluss, dass »die Truppenverlegungen an die sowjetische Grenze den Zweck verfolgen, die Aufmerksamkeit von geplanten Aktionen im Westen abzulenken«. In Erwartung neuer Verhandlungen konzentrierte sich Dekanosow darauf, diesen Gerüchten nachzugehen und herauszufinden, in welchem Maße sie die Position der Regierung widerspiegelten.[100] Darüber berichtete er dem Kreml:

»Parallel zu den Gerüchten, die über einen bevorstehenden Krieg zwischen Deutschland und der Sowjetunion im Umlauf sind, werden in Deutschland auch Gerüchte über eine Annäherung zwischen Deutschland und der Sowjetunion ausgestreut – entweder auf der Grundlage weitgehender ›Zugeständnisse‹ seitens der Sowjetunion, oder der ›Aufteilung der Einflusssphären‹ und der Zusicherung der Sowjetunion, sich nicht in die europäischen Angelegenheiten einzumischen. Dies wird mit der Übernahme der Funktion des Ministerpräsidenten durch Stalin in Zusammenhang gebracht.«

In diesem Sinne übermittelte er auch Aussagen über das Neutralitätsabkommen mit Japan und die kürzliche Anerkennung der Regierungen der von Deutschland besetzten Territorien durch Stalin.

Das Streben des Kreml nach neuen Verhandlungen zeigt auch Dekanosows Auswahl langer Zitate aus deutschen Zeitungen, in denen es hieß, dass »die gegenwärtige Politik der UdSSR die ›Neuordnung‹ Europas voll und ganz unterstützt«. Ebenso eifrig übermittelte der Botschafter Informationen, die auf eine wachsende Kluft in Deutschland hindeuteten. Nach seiner Meinung seien die »klügeren und seriöseren Leute (vor allem die deutschen Industriellen) besorgt über die Verschlechterung des Verhältnisses zur Sowjetunion und äußern sich zufrieden über die gegenwärtigen wirtschaftlichen Beziehungen zur UdSSR. Andererseits nehmen Militärkreise ... eine aggressivere Haltung zur Sowjetunion ein.« Was die Bedingungen für eine Vereinbarung betraf, so deutete Dekanosow an, in den meisten Gerüchten, die aus verschiedenen Quellen stammten, sei davon die Rede, Deutschland »die Ukraine für 5, 35 oder 99 Jahre zu verpachten«. Von größtem Gewicht war möglicherweise seine erklärte Überzeugung, dass die Gerüchte von der deutschen Regierung stammten. Allerdings ließ ihre große Zahl auch bei ihm den Zweifel aufkommen, es könnte sich letzten Endes doch um »die Fortsetzung der ideologischen (und konkreten) Vorbereitungen auf einen Krieg gegen die Sowjetunion« handeln.[101]

Ende Mai wurden Timoschenko und Schukow in den Kreml gerufen. Sie nahmen an, Stalin werde es ihnen angesichts der alarmierenden Geheimdienstberichte nun endlich gestatten, die Armee in Kriegsbereitschaft zu versetzen. Daher waren sie völlig überrascht, als Stalin ihnen Schulenburgs Bitte übermittelte, Gruppen von Deutschen auf sowjetischem Gebiet nach Gräbern deutscher Soldaten suchen zu lassen, die seit dem Ersten Weltkrieg als vermisst galten. Für Schukow war klar, wie er gegenüber Schdanow zornig erklärte, dass der Zweck dieser Aktion einzig darin bestand, die Gebiete aufzuklären, in denen die Deutschen anzugreifen gedachten. Timoschenko nutzte seinerseits die Gelegenheit, um auf die wachsende Zahl von Verletzungen des sowjetischen Luftraums hinzuweisen und um die Erlaubnis zu bitten, die deutschen Flugzeuge abschießen zu dürfen. Stalin klammerte sich jedoch nach wie vor an den Glauben, die deutsche Wehrmacht handle auf eigene Faust. »Ich bin nicht sicher«, sagte er zum Abschluss der Diskussion, »ob Hitler von diesen Flügen weiß«. Gegen Schukows Einwände schien ihm Hitlers jüngste Erklärung zu genügen, unerfahrene junge Piloten hätten noch gewisse Navigationsprobleme. Außerdem informierte er Schukow über ein Geheimtreffen Dekanosows mit Hitler, in welchem dieser versichert habe, die Truppenverlegungen zur sowjetischen Grenze hätten den Zweck, diese für die Offensive im Westen umzugruppieren und London zu täuschen. Auch erwähnte er wieder die »Ultimatumstheorie«, nach der die Deutschen »uns nur einschüchtern wollten«. Selbst als die Zahl der Flüge Anfang Juni dramatisch anschwoll, meinte Stalin lediglich, Molotow möge Hitler über Schulenburg von diesen Vorkommnissen informieren.[102]

Das Streben, dem Kreml nach dem Munde zu reden, überschattete nun alles andere. In seinem Abschlussbericht für den Monat Mai revidierte Golikow, als ob ihm die harten Fakten, die sich auf seinem Tisch häuften, nicht bekannt seien, seine frühere Einschätzung der deutschen Prioritäten im Gefolge des Balkanfeldzuges. Danach sei das deutsche Oberkommando gegenwärtig damit befasst: erstens, die westlichen Verbände für den Kampf gegen England neu aufzubauen; zweitens, die Kräfte gegen die UdSSR zu verstärken; drittens, die zur Verfügung stehenden Reserven zu konsolidieren. Er hob die angeblich für den Einmarsch in Großbritannien vorgesehenen Einheiten auf 120 bis 126 an und stellte sie den 120 bis 122 Divisionen gegenüber, die gegen die Sowjetunion aufmarschiert waren. Der Reserve ordnete er 44 bis 48 Divisionen zu. Bei den Truppenkonzentrationen an der russischen Grenze schätzte er nach wie vor die Südwestfront am wichtigsten ein. Die 29 Divisionen im Nahen Osten reichten nach seiner Meinung aus, um die Operationen dort fortzusetzen, während man zugleich im Westen vor dem Hauptschlag gegen die britischen Inseln eine Umgruppierung vornahm. Abschließend stellte er fest, dass »die Umgruppierung der deutschen Armee nach dem Balkanfeldzug im Wesentlichen abgeschlossen ist«. Dabei verschloss er die Augen vor der Tatsache, dass in den drei Wochen vor dem Angriff noch bedeutende Truppenverlegungen an die sowjetische Grenze erfolgten.[103]

Nun schwankten auch die Nachrichtendienste. Auf einem Bankett des japanischen Botschafters Oshima wurde die zunehmende Wahrscheinlichkeit eines deutschen Angriffs auf die Sowjetunion debattiert und der 15. oder der 20. Juni als mögliche Daten genannt. Man erörterte verschiedene Szenarien für den Überfall. Aber auch diese erschreckend präzise Information wurde in den konzeptionellen Rahmen des Kreml eingeordnet. So entstand daraus die Annahme, dass der Krieg erst auf ein britisch-deutsches Abkommen folgen werde, das möglicherweise von Vorschlägen abhänge, die Heß in London überbracht habe. Es galt als ziemlich sicher, dass dem Krieg die harte Forderung an die Sowjetunion vorausgehen werde, der Achse beizutreten und Deutschland »wirksamere ökonomische Unterstützung« zu leisten. Am Ende lief alles darauf hinaus, dass die »Kriegsdrohung« den Zweck verfolge, die Sowjetunion »unter Druck zu setzen«.[104]

Elftes Kapitel

Die »militärisch höchst bedrohliche Phase«

Alarmzustand

Das ganze Ausmaß des deutschen Aufmarsches war vor Ort erst in der zweiten Aprilhälfte klar zu erkennen. Seine Anfangsphase war auf die Mobilmachung und die Schaffung der notwendigen Infrastruktur beschränkt. Dies geschah langsam, Schritt für Schritt, von Mitte Dezember bis März. Auch die zweite Phase vollzog sich in gemäßigtem Tempo von Mitte März bis Mitte April. Die massive dritte und vierte Phase, die Verlegung der motorisierten Einheiten, setzte Ende April ein. Die Reserven wurden erst herangeführt, als die Kampfhandlungen bereits eröffnet waren.[1] Die allmähliche, aber systematische russische Mobilmachung und Dislozierung der Kräfte stellte eine direkte Reaktion auf die deutsche Bedrohung dar, an der die Flut von Geheimdienstberichten nun keinerlei Zweifel mehr gestattete.[2]

Schukow, der eben erst den Posten des Stabschefs übernommen hatte, war von den eingehenden Berichten mit wachsender Sorge erfüllt. Besonders frustrierten ihn die Beschränkungen, die man ihm auferlegte. Die äußerst gespannte Aufmerksamkeit, die Stalin dem »großen Spiel« der Diplomatie widmete, mit dem er Russland vor dem Krieg zu bewahren hoffte, stand in scharfem Gegensatz zu dem geringen Interesse, das er für die militärischen Vorgänge und für seinen neuen Stabschef zeigte. Stalins totalitäres Regime beruhte auf einer strikten Trennung der verschiedenen Herrschaftsbereiche. Daher war die Rote Armee in den politischen Prozess nicht eingeweiht und hatte von dessen Auswirkungen kaum eine Vorstellung. Stalins Datsche, sein Büro im Kreml und in geringerem Maße das Politbüro waren wahrscheinlich die einzigen Orte, wo der militärische und der politische Bereich zusammenkamen, aber Schukow und Timoschenko waren dort nur gelegentlich zugelassen. Als der Krieg näher rückte, wurden der Armee offenbar wichtige Informationen vorenthalten, vielleicht, damit sie nicht zu sehr zum Handeln drängte.[3]

Ende Februar erwirkte Timoschenko für Schukow eine Audienz bei Stalin. »Denken Sie daran«, instruierte er den Stabschef, als sie gemeinsam zu Stalins Datsche fuhren, »dass er sich keine langen Vorträge anhört. Alles, was Sie mir in drei Stunden darlegen, müssen Sie ihm in zehn Minuten sagen.« Stalin saß gerade mit Molotow und anderen Mitgliedern des Politbüros beisammen. Die Arbeit des Stabschefs wurde dadurch nicht leichter, dass Stalin sich zu jener Zeit sehr auf seine alten Genossen, die Generale Mechlis und Kulik stützte, die ihm ergeben und stets zu Diensten waren, denen es aber an soliden militärischen Kenntnissen fehlte. Auch Schdanow und Woroschilow waren zur Hand, um Stalins Sicht auf die militärischen Fragen zu unterstützen.[4] Von dieser Umgebung eingeschüchtert, beschränkte sich Schukow auf die kurze Bemerkung: »Angesichts der komplizierten militärpolitischen Situation ist es notwendig, rechtzeitig dringende Maßnahmen zu ergreifen, um Mängel an der Westfront zu beheben.« »Sind Sie scharf darauf, sich mit den Deutschen anzulegen?« warf Molotow ein. Aber Stalin hieß ihn schweigen und gestattete Schukow, seine Ausführungen zu beenden, bevor das Essen serviert wurde. Die Stimmung auf der Datsche war nicht so, wie Schukow befürchtet hatte. Das Essen war einfach, wie immer, wenn Stalin zu Hause empfing: dicker ukrainischer Borschtsch, Buchweizengrütze und viel geschmortes Rindfleisch, danach Kompott und frisches Obst. Stalin gab sich leutselig, scherzte und schlürfte den leichten georgischen roten Chwantschkara, den er auch den Gästen anbot, obwohl die Mehrheit Weinbrand vorzog. Beim Abschied ermutigte Stalin Schukow, seine Planungen fortzusetzen, warnte ihn jedoch vor »hochfliegenden, unrealistischen Projekten, für die Russland die Mittel fehlen«.[5]

Der erste Aufmarschplan war daher diffus und begrenzt. Nach dem überarbeiteten Zeitplan legte man den Abschluss der Mobilmachung auf den 15. Juli fest.[6] Die Planer mussten dabei ähnlich wie ihre deutschen Kollegen in einem politischen Vakuum agieren. Im Unterschied zu den Deutschen hatten sie jedoch nicht die Unterstützung ihrer Führung, was sie davon abhielt, mit ihrer ganzen Phantasie und Initiative nach Möglichkeiten zu suchen, der Gefahr entgegenzutreten. Der Plan, der Stalin schließlich am 11. März in einem einzigen handschriftlichen Exemplar vorgelegt wurde, entsprach exakt dem Mobilmachungsbefehl und ließ jeden Einfallsreichtum vermissen. Erst als die Gefahr ab April konkrete Gestalt annahm, suchte Schukow dies beharrlich, wenn auch erfolglos zu ändern. Bis Kriegsausbruch wurde dieser Plan nur geringfügig abgewandelt, um dem Tempo, dem Umfang und der Aufstellung der deutschen Truppen gerecht zu werden, die man den detaillierten zweiwöchigen Berichten Golikows entnahm. Diese aber wurden, wie wir wissen, den Ansichten der Führung zunehmend angepasst.

Der Plan vom März trug ausgeprägt defensiven Charakter. An seinem Beginn stand die Feststellung: »Die äußerst komplizierte politische Situation in Europa zwingt uns, der Verteidigung unserer Westgrenzen ungeteilte Aufmerksamkeit zu widmen.« Bei der Bewertung der Gefahren, die Russland drohten, hob Schukow hervor, dass man nach wie vor mit einem Zweifrontenkrieg zu rechnen habe: »Unter diesen Umständen muss die Sowjetunion zu einem Krieg an zwei Fronten bereit sein – im Westen gegen Deutschland, das von Italien, Ungarn, Rumänien und Finnland unterstützt wird, im Osten gegen Japan entweder als offenem Feind oder in ›bewaffneter Neutralität‹, die jederzeit in einen offenen Konflikt umschlagen kann.« Die deutsche Gefahr wurde zwar noch als potenziell angesehen, da Schukow keinerlei dokumentarische Angaben über die Operationspläne der Deutschen vorlagen, aber ihr gebührte eindeutig der Vorrang. Wenn Deutschland seine Angriffspläne gegen Großbritannien aufgab, konnte es insgesamt etwa 200 Divisionen an der sowjetischen Grenze aufmarschieren lassen, darunter 165 Infanterie-, 20 Panzer- und 15 motorisierte Divisionen. Schukow scheint die gewaltigen Kräfte, die gegen Russland ins Feld geführt werden konnten, überschätzt zu haben. Er ging davon aus, dass Deutschland zusammen mit seinen Verbündeten etwa 233 Infanteriedivisionen, über 20 Panzerdivisionen mit insgesamt 10 810 Panzern und 15 motorisierte Divisionen aufbieten konnte, die von 11 600 Flugzeugen und 20 050 Geschützen unterstützt wurden. Die Einschätzung einer Panzergruppe wäre für den Mai 1940 noch zutreffend gewesen. Damals ging man davon aus, dass jede Division etwa 500 Panzer umfasste. Was die Russen nicht wussten: Die Deutschen hatten im Jahre 1941 die Zahl ihrer Panzerdivisionen dadurch verdoppelt, dass sie die Zahl der Panzer pro Division halbierten.

Anhand der Pläne von Oktober 1940 ging man nach wie vor davon aus, dass die Deutschen ihre Offensive im Südwesten starteten, um die Ukraine zu besetzen. Diese könnte von Schlägen im zentralen Bereich und im Norden von Ostpreußen her in Richtung Riga und Dwinsk sowie im mittleren Abschnitt in Richtung Brest unterstützt werden. Hierbei sollte man aber bedenken, dass Schukow im Unterschied zur allgemein verbreiteten Ansicht nicht die Möglichkeit ausschloss, der Hauptschlag könnte auch im mittleren Abschnitt aus Richtung Warschau auf einer Achse Riga-Dwinsk geführt werden. Diesen Überlegungen folgte die Entscheidung, den größten Teil der Armee im west- und südwestlichen Abschnitt zu stationieren und im Osten nur starke Noteinheiten zu belassen, um die Japaner aufzuhalten und ihre Offensive zu stoppen, falls sie einen Krieg beginnen sollten. Dafür wurden 40 Infanteriedivisionen, darunter sechs mechanisierte und sieben gepanzerte, bestimmt. Schukow behielt 171 Infanteriedivisionen, 27 motorisierte Divisionen, 35 Panzerdivisionen und sieben Kavalleriedivisionen, um die gesamte Westfront abzusichern.[8] Stalin erwog zunächst, selbst diesen amorphen Plan abzulehnen, weil er befürchtete, Hitler damit zu provozieren. Schließlich gab er ihm aber seinen Segen, als die Deutschen Ende März gegen Jugoslawien und Griechenland losschlugen, was eine neue Welle beunruhigender Geheimdienstberichte auslöste.[9]

Wenn man Schukows Drängen auf einen massiveren Truppenaufmarsch ab Ende April verstehen will, muss man untersuchen, welche Informationen tatsächlich auf seinen Tisch kamen. Zwar wurden besonders die Warnungen von Agenten wie Sorge und »Hauptfeldwebel« nachträglich romantisiert, die wichtigsten militärischen Informationen kamen jedoch von den Hunderten von Beobachtern, die über alle wichtigen Eisenbahnknotenpunkte und Straßenkreuzungen auf der deutschen Seite der Westgrenze verteilt waren. Sie übermittelten Moskau ein stets aktuelles und exaktes Bild vom deutschen Aufmarsch. Zugleich floss Stalin von den Militärattachés und von der militärischen Aufklärung ein ständiger Strom recht genauer Informationen zu. Diese strategischen Informationen beeinflussten natürlich Stalin, wie wir wissen,[10] bei seinem Versuch, den Krieg mit diplomatischen Mitteln abzuwenden. Die Haltung der Armee wurde jedoch von den harten Fakten bestimmt, die die Beobachter lieferten und die von Schukow und dessen Stab genauestens geprüft wurden. Die Streitkräfte genossen eine gewisse Handlungsfreiheit bei der Wahl der Mittel, um der Gefahr entgegenzutreten. Stalin war über das Vorgehen der Militärs voll informiert und duldete es auch, solange es ihm bei seinen politischen Manövern nicht in die Quere kam.

Mitte März wies das NKGB, das die Aufklärungstätigkeit führte, den Agenten »Sidorow« an, die vor Ort gesammelten Fakten zusammenzustellen. Sein lebendiger und detaillierter Bericht lenkte die Aufmerksamkeit auf die enorme Zahl von Zügen, die für die Verlegung der Truppen nach Zielen im Osten längs der gesamten sowjetischen Grenze bereitgestellt wurden. Er beschrieb die riesigen Staus, die der zusätzliche Militärtransport auf den Hauptstrecken verursachte, die von Deutschland, von Wien und Budapest nach Osten führten. Ein Großteil der Transporte kam nicht aus Deutschland, sondern direkt aus den besetzten westlichen Ländern.[11] Die Züge von Berlin nach dem ehemaligen Polen waren nun fast ausschließlich für das Militär reserviert. Zivilisten brauchten eine besondere Reisegenehmigung. Die Transporte gingen meist nachts ab, um ihren Umfang zu verschleiern. Seit dem 3. März rollten täglich drei bis vier Züge mit Truppen und Ausrüstungen von West nach Ost. In den polnischen Häfen entluden Schiffe Rüstungsmaterial.[12]

Im April stieg auf den Hauptstrecken der Eisenbahn im ehemaligen Polen der Druck weiter an. Man beobachtete den Bau neuer Hangars und Flugfelder im Grenzgebiet und nahm auch die großen Anstrengungen zum Ausbau und zur Verbesserung des Straßen- und Schienennetzes wahr.[13] Die genaue Beobachtung des Verkehrs ergab Mitte April, dass größere Truppenteile, die in Jugoslawien eingesetzt waren, über Budapest nach Wien zurückkehrten. Nach kurzer Pause verlegte man sie nach Polen und an die russische Grenze. Auch die ungarische Armee war bereits in Alarmzustand versetzt. Die Soldaten sprachen ganz offen von einem Feldzug zur Eroberung der Karpato-Ukraine.[14]

In der letzten Märzwoche enthüllte »Korse«, dass die Deutschen die Grenzgebiete weiter intensiv fotografisch erfassten, insbesondere die Umgebung von Kiew. Er erwartete, dass der Krieg Ende April oder Anfang Mai ausbrechen werde. Bei der Wahl des Zeitpunktes war die Absicht entscheidend, den Angriff zu starten, solange der Weizen noch grün war, um die zurückweichende Rote Armee daran zu hindern, die Getreidefelder in Brand zu stecken. In diesem Zusammenhang sollte man jedoch den ambivalenten Charakter der Berichte aus Berlin bedenken.[15] Während Timoschenko und Schukow diese Berichte absolut ernst nahmen, tendierten Stalin und Berija dazu, vor allem auf die Schlusseinschätzung von »Hauptfeldwebel« zu achten, dass »die Wahrscheinlichkeit des Krieges nur 50 Prozent beträgt und alles nach wie vor ein Bluff sein kann«.[16]

Eine weitere bedeutsame Enthüllung von »Hauptfeldwebel« Anfang April war die Tatsache, dass der Planungsstab der deutschen Luftwaffe die Pläne für den Angriff gegen die Sowjetunion fertiggestellt hatte. Der Krieg sollte mit schweren Bombenangriffen auf Eisenbahnknotenpunkte, Straßenkreuzungen, Fernmeldeanlagen und Truppenkonzentrationen beginnen. Industrieobjekte wollte man weitgehend schonen, weil die Deutschen sie intakt zu besetzen und nach dem kurzen Krieg zu nutzen hofften. Mit den Bombenangriffen sollten vor allem die Kommunikationslinien und der Nachschub von Reserven an die Front gestört werden. »Hauptfeldwebel« verbürgte sich dafür, dass diese Information authentisch war, denn er hatte sie Dokumenten entnommen, die durch seine Hände gegangen waren. Da jedoch nach Stalins Überzeugung eine Spaltung in der deutschen Führung existierte, legte auch »Hauptfeldwebel« sich nicht eindeutig fest, ob der Krieg tatsächlich ausbrechen werde. Statt dessen wies er darauf hin, dass »die endgültige Entscheidung, zu der ich keinen Zugang habe, bei Hitler liegt«. Daher beschrieb »Hauptfeldwebel« den Angriff zwar als »unmittelbar bevorstehend«, schloss aber nicht aus, dass der beabsichtigte Feldzug gegen Jugoslawien zu einer Verzögerung führen konnte. Was die Planung betraf, so desinformierte er Moskau auch weiterhin, der Hauptschlag werde gegen die Ukraine mit Unterstützung aus Richtung Ostpreußen erfolgen.[17] Der Hauptinhalt dieser Information wurde der Roten Armee exakt übermittelt. Zugleich gab man ihr zu verstehen, dies sei noch kein »ausreichender Grund für die Annahme«, dass »die oberste Führung bereits endgültig über die Offensive entschieden« habe.[18]

Die Militärattachés, besonders die in den Balkanstaaten, lieferten kontinuierlich ausgezeichnete Informationen. Ein großer Teil erreichte Stalin nicht, fand aber seinen Weg zu den Streitkräften. So enthüllte Ende März ein Jugendfreund von Antonescus Neffen, Hitler habe dem rumänischen Führer bei der Begegnung im Januar seinen Entschluss mitgeteilt, Russland anzugreifen. Diese Information wurde von Göring während einer Begegnung mit Antonescu in Wien bestätigt. Der Monat Mai sollte der kritische Zeitpunkt sein.[19]

In seinem Zweiwochenbericht von Anfang April gab sich Golikow keine Mühe, die ernste Gefahr zu verhehlen, die der Aufbau der deutschen Kriegsmaschine längs der ganzen Grenze bedeutete. Außerdem sah er eine klare Verlagerung des Schwergewichts zum mittleren Frontabschnitt, wo man bereits 84 Divisionen identifiziert hatte. Neue Hauptquartiere waren in Allenstein in Preußen und in Zakopane, 85 Kilometer südlich von Krakau, eingerichtet worden.[20]

Sehr beunruhigend war auch die steigende Zahl von Aufklärungsflügen, die tief in sowjetisches Gebiet reichten. Am Ende des Monats erbeuteten die Russen von einem Piloten, der bei Rowno notlanden musste, belichtete Filme und eine zerschlissene Karte der sowjetischen Grenzgebiete, was klare Auskunft über den

Zweck seines Fluges gab. Stalin, der begierig Schulenburgs Rückkehr aus Berlin mit neuen Vorschlägen erwartete, zwang Timoschenko, »als Ausnahme … den Grenztruppen den Befehl« zu erteilen, »die auf Sowjetgebiet herüberfliegenden deutschen Flugzeuge nicht unter Feuer zu nehmen, solange derartige Überfliegungen nicht häufig vorkommen«.[21]

Am 15. April, nach dem Fiasko in Jugoslawien, übergab Golikow einen zweiten Unheil drohenden Bericht. Zwar fehlte jegliche analytische Einschätzung, aber das lakonische Dokument war ausführlich genug, um die aufschlussreichen Veränderungen im Schema des deutschen Aufmarsches zu verdeutlichen. Mit dem Einleitungssatz stimmte Golikow, wie stets, den Ton für den ganzen Bericht:

»Vom 1. bis 15. April ist es zu einer großangelegten Truppenverlegung auf Eisenbahnen, Straßen, mit Kraftwagenkolonnen und gezielten Märschen aus Deutschland selbst, aus den westlichen Gebieten Ostpreußens und aus dem Generalgouvernement [Polen] in Richtung der sowjetischen Grenze gekommen. Konzentrationen erfolgen vor allem in Ostpreußen, in der Gegend um Warschau und in den Bezirken südlich von Lublin. Innerhalb von 15 Tagen wurden die deutschen Truppen an den Ostgrenzen um drei Infanteriedivisionen, zwei motorisierte Divisionen und 17 000 bewaffnete ukrainische Nationalisten sowie eine Luftlandeeinheit aufgestockt. Die Gesamtzahl der deutschen Divisionen aller Art in Ostpreußen und Polen allein beläuft sich auf 78.«

Danach identifizierte Golikow die verschiedenen Einheiten und ihre Standorte. Er endete mit der unheilvollen Schlussfolgerung, dass »die Verlegung von Truppen und die Einlagerung von Munition und Treibstoff an den Grenzen der UdSSR fortgesetzt wird«.[22] Einige Tage später erfuhr der Militärattaché in Budapest aus zuverlässiger Quelle, dass die Deutschen nun insgesamt 265 Divisionen zu ihrer Verfügung hatten, darunter 180 Infanteriedivisionen, zehn motorisierte Divisionen, 18 Panzerdivisionen, fünf Luftlandedivisionen, sechs Divisionen der Gebirgsjäger, zwei oder drei Kavalleriedivisionen und 40 Divisionen, die nicht näher spezifiziert werden konnten. Davon lagen nach Meinung des Gewährsmannes derzeit etwa 75 an der Westgrenze Russlands, während 45 auf dem Balkan konzentriert waren. Die Masse dieser Kräfte stand Russland am mittleren und nördlichen Abschnitt gegenüber.[23]

Angesichts derart bedrohlicher Nachrichten konnte Schukow kaum untätig bleiben. Stalin im Kreml war jedoch von seinem Plan, die Deutschen zu beschwichtigen, ebenso besessen wie von seinem tiefen Argwohn gegenüber britischen Versuchen, Russland in den Krieg zu ziehen. Schukow ging daher an die fast unmögliche Aufgabe, den Verteidigungsplan vom Vormonat weiterzuentwickeln, ohne den Kreml gegen sich aufzubringen. Das versöhnliche Anschreiben zu dieser neuen Direktive an General Pawlow, den Befehlshaber der Westfront, zielte eindeutig auf Stalin. Darin hieß es, der Nichtangriffspakt mit Deutschland »sichert den Frieden an unserer Westgrenze. Die Sowjetunion hat nicht die Absicht, Deutschland und Italien anzugreifen. Es hat auch nicht den Anschein, dass diese Staaten die Sowjetunion in der nahen Zukunft angreifen wollen.« Schukow gab sich die größte Mühe, Stalins zwanghafte Furcht vor einer Provokation mit der tatsächlichen Bedrohung durch Deutschland in Einklang zu bringen. Listig verwies er auf die Gefahr, die für Russland »nicht nur von solchen Gegnern wie Finnland, Rumänien und England ausgeht, sondern auch von möglichen Gegnern wie Deutschland, Italien und Japan.« Weiter erging er sich über die jüngsten Entwicklungen auf dem Balkan, die Einfälle Deutschlands in Bulgarien, Rumänien und Finnland, die anhaltende Konzentration deutscher Truppen an der russischen Grenze und die zunehmende Stärke der Achse, die sich unter veränderten Umständen durchaus gegen die Sowjetunion richten könne. Damit gab die Direktive dem Hauptanliegen der Militärs Ausdruck, die Verteidigung der Westgrenze der Sowjetunion habe »außerordentliche Bedeutung« erlangt.

Von dem deutschen Vormarsch auf dem Balkan und in Südeuropa irregeführt und von der Annahme ausgehend, dass Hitler sich vor allem von ökonomischen Interessen leiten lasse, erwartete Schukow, dass dieser »die Ukraine zu erobern versucht« und den Hauptschlag in der Gegend zwischen Berditschew und Kiew führen werde. Diese Offensive konnte durch Schläge aus Westpreußen in Richtung Minsk und Riga sowie aus Brest in Richtung Wolkowysk und Baranowitschi unterstützt werden. Schukow schloss aber auch die Möglichkeit nicht aus, dass der Hauptschlag von Preußen her über Warschau in Richtung Riga oder Kowno und Dwinsk mit Unterstützungsaktionen in Richtung Minsk geführt werden könnte.

Die wichtigste Herausforderung für Schukow, der er bis Kriegsausbruch nicht gerecht werden konnte, war das Problem, angesichts der ungeheuren Ausdehnung des Kampfgebietes der zweifachen Gefahr im Mittel- und Südabschnitt entgegenzutreten. Man muss jedoch bedenken, dass die Russen auch deswegen die deutschen Absichten nicht klar erkennen konnten, weil der Streit über die Endziele des Feldzuges im deutschen Oberkommando längst nicht geklärt war. Während Guderian einen tödlichen Schlag gegen Moskau führen wollte, strebte Hitler danach, die Ukraine und Leningrad zu besetzen. Der Kompromissplan sah schließlich einen Krieg in zwei Etappen vor. Sein Erfolg hing von der Fähigkeit der Wehrmacht ab, die Hauptkräfte der Sowjetarmee zu zerschlagen und sie daran zu hindern, sich geordnet über den Dnepr zurückzuziehen und neu zu gruppieren. Um den Streit beizulegen, wollte man die Ziele noch einmal abwägen, wenn die deutsche Armee sich auf der Linie Leningrad-Orscha-Dnepr neu formiert hatte. Daher wurden die Kräfte zunächst mehr oder weniger gleichmäßig auf die drei Abschnitte verteilt. Die Heeresgruppe Nord unter Feldmarschall von Leeb, die aus einer Panzergruppe, der 16. und der 18. Armee bestand, erhielt den Auftrag, die sowjetischen Truppen in den baltischen Staaten zu zerschlagen und Leningrad einzunehmen. Die starke Heeresgruppe Mitte unter Feldmarschall von Bock bestand aus 35 Infanterie-, 9 Panzer- und 6 motorisierten Divisionen. Sie erhielt den Befehl, die Linie Brest-Grodno-Vilna-Smolensk zu durchbrechen und Smolensk einzunehmen. Die Heeresgruppe Süd unter dem Oberbefehl von Feldmarschall Gerd von Rundstedt, zu der 32 Infanterie-, 5 Panzer- und 3 motorisierte Divisionen gehörten, sollte Kiew angreifen. Stalin, der mit seinen Beratern den deutschen Aufmarschplan zu ergründen suchte, konnte offenbar zu mehreren Schlussfolgerungen gelangen, von denen keine zwingend eine Verlagerung des Schwergewichts nach der Mitte oder dem Norden vorsah. Dabei war ihm die sowjetische Aufklärung eine schlechte Hilfe, weil sie, wie wir wissen, widersprüchliche Informationen lieferte.[24]

Die spezifische Weisung an General Pawlow ging über die vagen Richtlinien des Aufmarschplanes vom März hinaus. Hier dürfen wir nicht aus dem Auge verlieren, dass sie zu einer Zeit formuliert wurde, als Stalins Beschwichtigungsversuche noch in vollem Gange waren. Schukow musste im Einleitungsteil die Gefahr beträchtlich herunterspielen, um mit der Meinung des Kreml konform zu gehen. Da ihm die Möglichkeit der eigenen Initiative, etwa eines Präventivschlages, genommen war, musste er sich eine andere Reaktion auf einen deutschen Angriff überlegen. Aber auch als Schukow unter diesen Bedingungen seinen Hauptschlag konzipierte, hielt er sich streng an die von Tuchatschewski eingeführten Grundsätze der Operation in der Tiefe des Raumes.[25] In der Anfangsphase des Krieges, bei der man von einem deutschen Angriff ausging, hatten die in den befestigten Räumen stationierten Kräfte die Aufgabe, den Feind aufzuhalten, dessen mächtigen Schlag aufzufangen und sich »hartnäckig zu verteidigen«. Um den beiden deutschen Vorstößen zu begegnen, plante Schukow, die Offensive gegen die Truppenkonzentrationen des Feindes in der Gegend um Lublin/Radom zu führen und danach die Übergänge über die Weichsel zu besetzen. Zur Unterstützung des Hauptstoßes sollte ein weiterer Schlag in Richtung Warschau folgen, dieses besetzt und eine Verteidigungsstellung am Fluss Narew errichtet werden. Sollten diese Operationen Erfolg haben, mussten sie zur Einkreisung und Vernichtung der Hauptkräfte der Deutschen östlich der Weichsel führen. Am zehnten Tag der Operation sollte die Rote Armee an der Weichsel stehen.

Angesichts der Zwänge, unter denen Schukow agierte, ging nur ein einziges Exemplar der Direktive in der Handschrift von General Wassilewski, stellvertretender Stabschef und Leiter der Planungsabteilung, hinaus. Pawlow erhielt die Weisung, dieses Dokument streng unter Verschluss zu halten. Der Plan sollte in Aktion treten, wenn ein chiffriertes Telegramm mit den Worten »Ausführung beginnen« in seinem Hauptquartier einging. Erst dann sollte die Kriegsmaschine anrollen und die folgenden Teilpläne umsetzen: erstens, den Plan für den Schutz der Grenzen und deren Verteidigung während der ganzen Zeit der Konzentration der Truppen; zweitens, den Plan für die Massierung und den Aufmarsch der Truppen; drittens, den Plan für die Ausführung der ersten Operation durch die 13. und die 4. Armee sowie den Plan für die Verteidigung durch die 3. und die 10. Armee.[26] Stalin, der die Verhandlungen mit Schulenburg erwartete,[27] beschränkte sich für den Augenblick auf rein administrative Maßnahmen. Am Abend des 23. April erörterte er in seinem Arbeitszimmer im Kreml mit Schukow und Merezkow sowie dem allgegenwärtigen General Kulik die Bereitstellung von drei Armeegruppen, die der potenziellen deutschen Gefahr entgegentreten sollten.[28] Vorerst ergriff Schukow nur die Notmaßnahme, den mittleren Abschnitt durch die Stationierung der 231. und 224. Schützendivision in voller Kampfbereitschaft zu verstärken.[29]

Die euphorische Erwartung eines Durchbruchs an der diplomatischen Front, die man Anfang Mai noch gehegt hatte, schlug am Ende des Monats in depressive Stimmung um. Das unheilvolle Schweigen Berlins wurde nur vom Ohren betäubenden Lärm der riesigen deutschen Kriegsmaschine übertönt, die an der gesamten Länge der russischen Grenze in Stellung ging. Für Golikow war es nun nahezu unmöglich geworden, zwischen Schukow und Stalin zu lavieren – während der eine von den Zeichen des bevorstehenden Krieges aufs Höchste alarmiert war, suchte der andere noch immer nach einer Gelegenheit für neue Verhandlungen mit den Deutschen. Ende April bat Golikow den Militärattaché in Berlin, General Tupikow, um eine grundsätzliche Einschätzung der deutschen Absichten. Als dieser die mehr als 150 Telegramme und zwei Dutzend Berichte, die er in den vergangenen drei Monaten an die GRU gesandt hatte, noch einmal Revue passieren ließ, stellte er die kontinuierliche, nicht enden wollende Verlegung von Truppen an die Ostfront als den wichtigsten und beständigsten Charakterzug der deutschen Politik fest. Er untermauerte seinen Bericht mit einem exakten Schema des Aufmarsches der deutschen Truppen, bei dem das Schwergewicht auf dem nördlichen und mittleren Abschnitt der russischen Grenze lag. Ebenso bezeichnend und Besorgnis erregend war für ihn, wie offen Hitler – vor allem auf dem Balkan – die russischen Interessen missachtete. Aber selbst dieser Bericht war nicht frei von Zweideutigkeiten, die auch eine andere Bewertung zuließen. Tupikow betrachtete den Ribbentrop-Molotow-Pakt als einen wirksamen Stabilisator der Beziehungen mit Deutschland, wenn er sich von diesem auch nur eine zeitweilige Atempause versprach. Ebenso wie andere neigte er dazu, das ihm unverständliche Verhalten der Deutschen der dringenden Notwendigkeit zuzuschreiben, die wirtschaftlichen Ressourcen Russlands in die Hand zu bekommen. Er zitierte einen Mitarbeiter Görings mit den Worten: »Wenn die Ratten hungrig sind, nagen sie sich auch durch eine Stahlpanzerung, um an ihr Brot zu kommen.« Die Lage war so ernst geworden, dass man deutschen Wissenschaftlern nachsagte, sie arbeiteten daran, »selbst aus Abwasser Nahrung zu gewinnen«. Tupikow, der Stalin eigentlich vor der militärischen Gefahr warnen wollte, begriff nicht, dass derartige Wertungen dem Kreml die Tür für eine Vereinbarung durch weitere Zugeständnisse auf politischem Wege nach wie vor offen ließen und damit Schukows Position untergruben. Allerdings hieß es in der Zusammenfassung eindeutig, dass »in den unmittelbaren Kriegsplänen der Deutschen die UdSSR als Nächste an der Reihe ist«.[30]

Ein weiteres ominöses Signal waren Informationen über systematische Bemühungen der Deutschen, Russlands Nachbarn für sich zu gewinnen. Eine interne Denkschrift des Auswärtigen Amtes beschrieb Antonescus offene Feindschaft gegenüber Russland. Die Deutschen stachelten ihn an, Bessarabien für Rumänien zurückzufordern. Auch wiesen Berichte aus der Region darauf hin, dass »die Deutschen die rumänischen Grenzen und die Schwarzmeerküste befestigen, im Moldaugebiet Truppen konzentrieren und Maßnahmen ergreifen, um die Ölfelder vor Luftangriffen zu schützen.« Sie ließen kaum Zweifel daran, »wie weit die Kriegspläne und die Vorbereitung Deutschlands auf einen Krieg gegen die Sowjetunion bereits gediehen sind«.[31] Deutsche Offiziere in Rumänien verhehlten nicht einmal, dass der Krieg gegen Russland Mitte Juni beginnen werde. Unter deutscher Oberaufsicht baute man in raschem Tempo neue Luftwaffenbasen. Mit den rumänischen Offizieren gab es Absprachen zur Vorbereitung der Besetzung Bessarabiens.[32] Besonders exakte Informationen des NKGB beschrieben die verschiedenen Maßnahmen der Deutschen, »um die Vorbereitung des Kriegsschauplatzes« an der sowjetisch-ungarischen Grenze zu beschleunigen. Hohe deutsche Offiziere erkundeten die Region, fotografierten die sowjetischen Posten und Brücken am Bug. Alle diese Informationen passten zu den gut dokumentierten systematischen Truppenverlegungen an die Grenze, die seit dem 27. März im Gange waren. Fabriken waren auf die Produktion knapper Rüstungsmaterialien umgestellt worden und arbeiteten nun rund um die Uhr. Metallschutzhauben für Kanonen wurden an der Maginot-Linie in Frankreich abgebaut und an die russische Grenze transportiert. Die Zahl der Erkundungsflüge nahm immer mehr zu. Agenten erhielten Weisung, die Standorte von Stabsquartieren, Rundfunksendern und Flugplätzen auszukundschaften. Schließlich hieß es, der deutsche Kommandeur eines Grenzpostens habe auf einer Zusammenkunft ortsansässiger Bauern am 10. April erklärt: »Griechenland hat kapituliert, bald werden wir Jugoslawien erobert haben ... Einen Monat Pause, und wir beginnen den Krieg gegen Russland.«[33]

Zu dieser Zeit machte Golikow den Kreml noch beharrlich auf die »wachsenden Truppenkonzentrationen gegen die Sowjetunion längs der gesamten West- und Südwestgrenze einschließlich Rumänien und Finnland« aufmerksam. Wie schizophren die Situation dennoch war, zeigte sich in seinem laufenden Bericht vom 5. Mai. Einerseits schilderte er die enormen Anstrengungen der Deutschen – in kaum zwei Monaten hatten sie ihre Kräfte um 37 Divisionen aufgestockt und etwa die Zahl ihrer Panzerdivisionen von sechs auf zwölf erhöht. Zugleich lenkte er die Aufmerksamkeit auch auf die Ausweitung der Operationen gegen England im Nahen Osten (Türkei und Irak) und in Nordafrika. Er schloss nicht aus, dass Spanien das nächste Opfer sein könnte.[34]

Die Residentur Warschau beschrieb die offenen Kriegsvorbereitungen, die in der Stadt und ihrer Umgebung abliefen. Zwischen dem 10. und 20. April marschierten deutsche Truppen in einem nicht enden wollenden Strom Tag und Nacht durch die Straßen der Stadt; zugleich wurden Artillerie, Flugzeuge und schweres Gerät auf Güterzügen nach Osten transportiert. Warschau bereitete sich auf Luftangriffe vor – Autoscheinwerfer wurden geschwärzt, Fenster verdunkelt und die Zivilverteidigung organisiert. Lastwagen wurden beschlagnahmt, die Schulen vorzeitig in die Sommerferien geschickt und in zivilen Behörden Militärlazarette eingerichtet. Die deutschen Offiziere im ehemaligen Polen lernten Russisch und studierten Karten von Russland. Der berühmte Ingenieur Todt, der die Siegfried-Linie errichtet hatte, war mit Befestigungsarbeiten an der Grenze beschäftigt, wo nicht weniger als 35 000 jüdische Zwangsarbeiter eingesetzt wurden.[35] Der Strom exakter Feldinformationen schwoll ab Mitte Mai immer stärker an und zeichnete ein deutliches Bild der Schlussstadien des deutschen Aufmarsches. Ein typischer Bericht bestand aus Dutzenden kurzen, exakten Informationen wie: »Am 25.4.1941 wurden acht Infanteriedivisionen festgestellt und identifiziert, die nach Sokalski marschierten«. Dazu lieferte das ukrainische NKGB genaue Angaben über den Straßenbau, die Befestigung von Eisenbahnstationen und -knotenpunkten sowie weitere Kriegsvorbereitungen.[36]

Überstürzter Aufmarsch

Die enormen deutschen Truppenkonzentrationen stürzten Schukow und Timoschenko in ein schweres Dilemma, denn nach Tempo, Umfang und Ausmaß ihres Aufmarsches lagen die Deutschen ganz offenbar weit vor den Russen. Daher suchten sie verzweifelt nach Mitteln, um die Lücke zu schließen. Als Stalin am Abend es 12. Mai mit Dekanosow das enttäuschende Ergebnis dessen letzten Geheimtreffens mit Schulenburg besprochen und vielleicht auch die Anspielungen des Botschafters auf Hitlers Absichten überdacht hatte, beorderte er die beiden Generale in den Kreml. In einem Gespräch, das fast zwei Stunden dauerte und an dem auch Molotow teilnahm, stimmte Stalin widerwillig beschränkten Maßnahmen zur Stärkung der Verteidigung des Kiewer und des westlichen Militärbezirks zu. Am nächsten Morgen erhielten die 16., die 19., die 21. und die 22. Armee, dazu die 21. motorisierte Division – insgesamt über 800 000 Mann –, den Befehl, aus dem Hinterland an die Front vorzurücken. Schukow, der Stalins

Gemütszustand genau erfasst hatte und diesen nicht provozieren wollte, ließ die Verlegung äußerst diskret ablaufen.[37]

Dieser Truppenaufmarsch fiel besonders begrenzt aus, wenn man ihn mit Schukows Plänen vom Vormonat vergleicht,[38] als er angesichts gewisser deutscher Schwachstellen vorgeschlagen hatte, bei einem eventuellen Kriegsausbruch sofort zur Gegenoffensive überzugehen. Die neuen Weisungen schienen lediglich dafür bestimmt zu sein, auf den deutschen Aufmarsch zu reagieren und in Erwartung eines Angriffs den ganzen Grenzraum abzusichern. In den Plänen waren die sensibelsten Regionen vermerkt und Maßnahmen vorgesehen, um der deutschen Bedrohung zu begegnen. Die Aufmarschbefehle wiederum teilten jeden Militärbezirk in fünf oder sechs Sicherungsbezirke auf. In den Weisungen, die die Frontkommandeure erhielten, ging man von einer deutschen Offensive aus und wies die Truppen – reichlich optimistisch – an,

»das Eindringen des Feindes zu Land und in der Luft zu verhindern, Mobilmachung und Aufmarsch der Hauptkräfte durch hartnäckige Verteidigung längs der Grenzen zu sichern und zu schützen, Mobilmachung und Aufmarsch des Feindes aufzuklären, die Luftüberlegenheit zu gewinnen und die Konzentration feindlicher Truppen zu stören, die sowjetische Mobilmachung und Truppenkonzentration vor Luftangriffen des Feindes abzusichern und alle Aktionen feindlicher Luftlande- oder Aufklärungs- und Diversantengruppen zu unterbinden.«

Den Truppen wurden ihre Sicherungsabschnitte zugewiesen, daraufhin rückten sie in befestigte Stellungen ein. Sie erhielten den Befehl, diese in Kampfbereitschaft zu bringen und die notwendigen Voraussetzungen für die Aufstellung von Sicherungskräften in der Pufferzone bis zur Grenze zu schaffen, um sich bei Ausbruch der Feindseligkeiten den Deutschen entgegenzuwerfen und sie in Kämpfe zu verwickeln. Jetzt ordnete man die Gefahr für die Achse Siavena-Iasi-Belzy-Bapniarka noch vor der Bedrohung für Kischinjow, Galati, Wolgrad und Tiraspol ein, wodurch deutlich wird, dass man nicht mehr den Balkan, sondern die Ukraine als das eigentliche Ziel der Deutschen ansah.

In den Aufmarschbefehlen für den Militärbezirk Odessa forderte man den Aufbau einer Verteidigungslinie von Korscheniz bis zur Donaumündung bei Kilia und längs der gesamten Schwarzmeerküste bis zu den Meerengen. Die Seestreitkräfte im Schwarzen Meer erhielten Befehl, Angriffe von See in Richtung Odessa,

Krim und Kaukasus abzufangen. Stalin fürchtete also nach wie vor, die Briten könnten einem deutschen Angriff Vorschub leisten. Sehr deutlich lässt sich erkennen, unter welchen Zwängen Schukow agierte. Bei Ausführung des Aufmarsches warnte er die Frontkommandeure, »die erste Überschreitung der Staatsgrenzen« dürfe nur auf »spezielle Weisung des Stabschefs« erfolgen, die in Kraft trete, wenn ein Chiffretelegramm mit der Parole eintreffe, »den Sicherungsplan für 1941 ausführen«. Die Befehle selbst wurden nur in zwei handgeschriebenen Exemplaren ausgefertigt, von denen eines bei Schukow verblieb und das andere in den Safes der Befehlshaber der einzelnen Fronten deponiert wurde.[39] Auf der Ebene der Armeen verschmolzen die neuen Aufmarschbefehle mit Schukows Weisung vom April. Am 14. Mai erließ General Pawlow genauere Befehle an die Armeekommandeure. Der Befehlshaber des Abschnitts Grodno erhielt den Sonderbefehl, die Deutschen aufzuhalten, um günstige Bedingungen für einen Gegenschlag mechanisierter Einheiten zu schaffen. Aber auch hier zielte der Schlag ins Hinterland des Feindes vor allem darauf, den Deutschen die Möglichkeit eines weiteren Angriffs zu nehmen.[40]

Hätte Schukow genügend Zeit zur Verfügung gehabt, die Armee an der Grenze in Stellung zu bringen, dann hätte er die Verteidigung zweifellos auf die einzige Art und Weise organisiert, die die sowjetische Militärdoktrin anerkannte – als Kombination defensiver und offensiver Maßnahmen. Tatsächlich versuchte der Generalstabschef kaum drei Tage nach Realisierung der zusätzlichen Sicherungsmaßnahmen (und vor dem Hintergrund des Fiaskos in Jugoslawien) Stalin zu überzeugen, er möge selbst die Initiative ergreifen. Da Schukow in das fintenreiche diplomatische Spiel nicht eingeweiht war, versetzte ihn der vorsichtige Mobilmachungsplan in wachsende Unruhe. Am 15. Mai arbeiteten er und Timoschenko eine weitere Direktive aus, als direkte Fortsetzung der im April ergangenen. Während er damals die Kernfrage der »frühen Kriegsphase«, den Zeitpunkt des Gegenschlages, noch sehr vage gehalten hatte, wollte Schukow diesmal mit einem Präventivschlag in die Vorhand kommen. Dabei ließ er sich keinesfalls von ideologischen oder expansionistischen Motiven leiten. Der Plan hatte das klar definierte und begrenzte Ziel, einem deutschen Schlag zuvorzukommen, den er nun für unausweichlich hielt. Dabei ging es nicht darum, den deutschen Staat, ja nicht einmal dessen Streitkräfte zu vernichten, sondern allein den deutschen Angriff zu unterlaufen. Es ist möglich, dass Schukow diesen Gedanken bereits bei der Begegnung mit Stalin im Kreml am 14. Mai um Mitternacht vorgetragen hat. Wahrscheinlicher aber ist, dass er in einer Besprechung am 19. Mai diskutiert wurde, bei der auch der stellvertretende Leiter der Planungsabteilung, General Watutin, anwesend war.[41] Die Idee stammte eindeutig von den Militärs und wurde von Stalin rundweg abgelehnt, weil sie seine Versuche störte, eine politische Lösung zu erreichen.

Stalin war zu diesem Zeitpunkt immer noch nicht auf einen deutschen Überfall eingestellt, was auch darauf zurückzuführen ist, dass sich die Sowjetunion sowohl vor dem Zweiten Weltkrieg 1939, als auch vor dem Großen Vaterländischen Krieg 1941 in einer wenig beneidenswerten politischen Lage befand. Erst im Nachhinein lassen sich mit viel Mühe Alternativen erkennen, die sie hätte verfolgen können. Aber selbst dann wäre der Schlag bestenfalls abgemildert, nicht aber abgewendet worden. Das Ausmaß der militärischen Erfolge der Deutschen in Frankreich und auf dem Balkan hatte keiner der Akteure des »großen Spiels«, wie Stalin es nannte, vorausgesehen. Vor dem Krieg war Stalin nach Molotows Aussage der Meinung gewesen, »dass wir erst 1943 in der Lage sein werden, mit den Deutschen gleichzuziehen«.[42] Stalins Vorsicht bei den militärischen Vorkehrungen war vor allem von seiner Annahme bestimmt, er könnte mit geschickter Politik und entsprechenden Schritten den Ausbruch der Feindseligkeiten hinausschieben oder gar abwenden. Als dann klar war, dass es zum Krieg kommen werde, schwenkte Stalin nicht etwa entschlossen auf die neue Doktrin um oder gestattete dies zumindest den Militärs, sondern blieb bei dem für ihn typischen Führungsstil und gab konfuse Weisungen aus, die der wechselnden Lage gerecht werden sollten. Damit schuf er nicht die Voraussetzungen für die militärische Planung, die notwendig gewesen wären, um Doktrin und strategische Ziele in Übereinstimmung zu bringen.

Schukows Plan für einen Präventivschlag ist im Grunde ein nicht signierter Entwurf mit Korrekturen, die Schukow selbst auf den Seitenrändern vornahm. Dass er nur begrenzte Ziele verfolgte, ergibt sich aus dem Rahmen für die Operation, der bereits im ersten Absatz abgesteckt wird:

»Da Deutschland die Armee gegenwärtig in vollem Mobilisierungszustand hält und auch das Hinterland umfassend mobilisiert hat, ist es in der Lage, einen Überraschungsangriff gegen uns zu führen. Um das zu verhindern, halte ich für entscheidend, es dem deutschen Oberkommando auf keinen Fall zu gestatten, die Initiative zu ergreifen. Es gilt, dem Aufmarsch des Gegners zuvorzukommen und die deutsche Armee zu einem Zeitpunkt anzugreifen, da sie sich mitten in der Entfaltung befindet, bevor sie die Front umfassend organisiert und das Vorgehen der einzelnen Kräfte koordiniert hat.«

Möglicherweise hoffte Schukow, den relativen Erfolg wiederholen zu können, den er beim zweiten Kriegsspiel im Januar erzielt hatte, als seine Südwestfront in Richtung Westen bis zur Weichsel vordringen konnte. Der Plan enthielt Elemente der Theorie der »tiefen Operationen«, die er in der Schlacht am Chalchin-Gol erfolgreich angewandt hatte.

Schukow ging davon aus, dass die Rote Armee in der Lage sei, den geschätzten 100 deutschen Divisionen, die tief gestaffelt im mittleren Bereich der Westfront von der Grenze bis nach Warschau standen, mit 152 eigenen Divisionen entgegenzutreten. Durch groß angelegte Umfassungsschlachten und taktische Manöver wollte er unter den deutschen Truppenkonzentrationen in diesem Abschnitt ein Chaos anrichten und sie vom linken Flügel abschneiden. Mit diesen Aktionen sollte die Rote Armee den von Deutschland besetzten Teil Polens und Ostpreußen unter ihre Kontrolle bringen und durch diesen ersten Erfolg die Voraussetzungen für weitere Umfassungsschlachten gegen die Nord- und die Südflanke der deutschen Wehrmacht schaffen.[43]

Ganz gegen seine Gewohnheit befahl Stalin am 24. Mai das gesamte Oberkommando in den Kreml, darunter Timoschenko, Schukow, Admiral Kusnezow, Watutin und die Befehlshaber der wichtigsten Fronten, den Kommandeur des Kiewer Militärbezirks, General Kirponos (mit den wichtigsten Mitgliedern seines Stabes), sowie Pawlow. In einer Besprechung, die fast drei Stunden dauerte, diskutierten sie offenbar die mit der deutschen Bedrohung zusammenhängenden Probleme und die Maßnahmen, die dagegen zu treffen waren. Stalin lehnte es jedoch weiterhin ab, über die bereits eingeleiteten Sofortmaßnahmen hinauszugehen.[44]

Man behauptet oft, dass Russland, wäre Stalin damals den Empfehlungen der Militärs gefolgt, die Anfangsphase des Krieges besser überstanden hätte. Aber Stalins Vorsicht erschien vernünftig – nicht nur wegen der bereits beschriebenen politischen Zusammenhänge, sondern auch aus militärischen Gründen. Schukows Überlegungen basierten auf dem Stand des deutschen Aufmarsches von Mitte Mai. Er selbst konnte seine Truppen nicht vor Ende Juni vollständig in Stellung bringen. Zu diesem Zeitpunkt wären ihnen aber die Deutschen an Zahl nach wie vor weit überlegen gewesen. Noch ernüchternder wirkten hier die Lehren aus den Kriegsspielen, die gezeigt hatten, wie wenig vorbereitet die russische Armee war. Im Nachhinein gab Schukow zu, dass sein Vorschlag ein schrecklicher Fehler war: Hätte man der Roten Armee gestattet, zu jenem Zeitpunkt zuzuschlagen, dann wäre sie augenblicklich vernichtet worden.[45] Schukow widersprach später Marschall Wassilewski, der in einem Interview, das man fast 20 Jahre lang nicht veröffentlichte, argumentiert hatte, Stalin habe einen Fehler begangen, als er nicht die gesamten Sicherungskräfte und auch die zweite Staffel an der Grenze aufmarschieren ließ. Auf den Seitenrändern des Interviews, das im Archiv des Politbüros liegt, vermerkte Schukow: »Wassilewskis Meinung entspricht nicht voll der Realität. Ich glaube, die Sowjetunion wäre schon frühzeitig geschlagen worden, wenn wir alle unsere Kräfte vor Kriegsausbruch an der Grenze aufgebaut und die deutschen Einheiten die Möglichkeit erhalten hätten, sie, wie es ihr Plan vorsah, bereits an der Grenze einzukesseln und zu zerschlagen … Hitlers Truppen hätten dann ihren Feldzug entfalten können, Moskau und Leningrad wären bereits 1941 gefallen.«[46]

Der sowjetische Truppenaufmarsch wurde als Notmaßnahme in höchster Eile und großer Unordnung vollzogen. Er kam zu früh, denn die Armee und ihre Hilfskräfte hatten noch nicht ihre Kampfstärke erreicht und waren schlecht ausgerüstet. Das wusste man in Moskau genau, was Stalin nur noch mehr dazu veranlasste, den Krieg so weit wie möglich hinauszuzögern. Bereits am 29. April meldete Kirponos an Schukow, der Mobilmachungsplan vom Februar sei »noch nicht voll realisiert«. Vier Tage nach Inkrafttreten des Mobilmachungsbefehls informierte Generalleutnant Purkajew Schukow aus Kiew, die Versorgung der Armeen mit Munition und Verpflegung komme nur »äußerst langsam« voran. Es hatte den Anschein, dass der Versorgungsplan für das ganze Jahr nicht erfüllt werden konnte. Am 6. Juni klagte der Kommandeur der 5. Panzerdivision darüber, dass seine Einheiten ungeachtet des Mobilmachungsbefehls noch nicht die geforderte Stärke erreicht hätten und er über keinerlei operative Weisungen verfüge. Daraus zog er den Schluss: »Der Rückstand bei der Auffüllung der Personalstärke macht es unmöglich, die Durchführung der Mobilmachungsbefehle entsprechend dem Mobilmachungsplan für 1941 abzuschließen«. Am selben Tag teilte der stellvertretende Befehlshaber des Baltischen Militärbezirks Schukow mit, auf Grund logistischer Schwierigkeiten, der noch nicht vollständig geschaffenen materiellen Infrastruktur und der mangelnden Kommunikation werde »die Erfüllung des Mobilmachungsplanes nicht möglich sein«.[47]

Dass man unter diesen Umständen zögerte, zu einer kühnen Verteidigungspolitik überzugehen, kann kaum überraschen. Am 17. Mai gaben Schukow und Timoschenko gemeinsam mit Schdanow einen Bericht über »die Ergebnisse der Überprüfung der Kampfausbildung im Winterhalbjahr 1941 und Befehle für das Sommerhalbjahr« heraus, in dem die bei der Inspektion der Armee im Winter 1940/41 festgestellten Mängel aufgeführt werden. Diese lassen weitere Zweifel an der Fähigkeit der Roten Armee aufkommen, in diesem Stadium einen Präventivschlag zu führen. Die Inspektion ergab nämlich, dass die Armee insgesamt keine besondere Wachsamkeit, Kampfbereitschaft, Standhaftigkeit in der Verteidigung oder Bereitschaft zur Abwehr einer Invasion von Panzereinheiten an den Tag legte. Die Bewertung der Verteidigungsaufgaben führte somit zu dem düsteren Ergebnis, dass in der Winterperiode nur wenige erfüllt worden waren. Auch ein Überblick, den das Volkskommissariat für Verteidigung und die Militärbezirke zusammenstellten, ergab, dass die meisten Einheiten die Mobilmachungsbefehle nicht durchgeführt hatten. Folgerichtig waren die neuen Weisungen, die die Grundlage für die Ausbildung im Sommerhalbjahr 1941 bilden sollten, von einer defensiven Orientierung und dem aktuellen Zustand der Streitkräfte geprägt. Die Befehle der Kommandeure der Motschützen- und Panzereinheiten zeigen noch unverhüllter, dass ganz einfache Fertigkeiten wie die Verbindung und Koordinierung zwischen den Einheiten, präzises Schießen und Nachtgefechte nicht beherrscht wurden.[48]

Eine wirksame Verteidigung sollte auf dem System befestigter Stützpunkte aufbauen, das eilig längs der neuen »Molotow-Linie«, ca. 300 Kilometer westlich der bisherigen Grenze, errichtet wurde. Diese befestigten Räume, die in gewissem Abstand von der Grenze angelegt wurden, sollten vor allem als Vorposten für die Sicherungskräfte der ersten Staffel dienen und diesen in der Anfangsphase des Krieges Logistik- und Feuerunterstützung geben. Die Sicherungskräfte sollten das Gelände bis zur Grenze besetzen, den Feind aufhalten, den ersten Schlag auffangen und günstige Voraussetzungen dafür schaffen, dass die zweite Staffel zum Gegenangriff übergehen konnte. Der Plan war bereits im Herbst 1940 ausgearbeitet worden, wurde aber »den neuen politischen und militärischen Problemen« nicht gerecht, die sich aus dem Ribbentrop-Molotow-Pakt ergaben. Seine Ausführung litt auch unter dem grundsätzlichen strategischen Fehler, dass man Hitlers Hauptschlag in Richtung Kiew und nicht an der weißrussischen Front erwartete.[49]

Im Jahre 1938 waren 13 befestigte Räume, bestückt mit 25 Maschinengewehrbataillonen und einer Gesamtstärke von 18 000 Mann, eingerichtet worden. Bis zum deutschen Einmarsch in Polen kamen acht weitere hinzu. In den strategischen Plänen für 1940/41 war die Schaffung von 20 stark befestigten Räumen längs der neuen Grenze vorgesehen. Die Entscheidung, die alte Verteidigungslinie zu schleifen und die Geschütze an der neuen aufzustellen, wurde von Stalin persönlich getroffen. Das Projekt stieß allerdings auf endlose technische Probleme bei der Verlegung der Technik aus den alten in die neuen Befestigungsanlagen.[50]

Der Militärrat der Roten Armee trat im Februar und März 1941 zweimal zusammen, um darüber zu beraten, wie der Bau der neuen Befestigungslinie beschleunigt werden könnte. Anfang Mai verstärkte das Politbüro den Druck, um die Hindernisse zu überwinden, die dem Abschluss dieser Arbeiten im Wege standen. Die Verantwortung dafür wurde den Pioniertruppen aus der Hand genommen und direkt dem früheren Stabschef Schaposchnikow übertragen.[51] Mitte April prüften die politischen Organe der Roten Armee die prekäre Lage der befestigten Räume und kamen zu dem schwerwiegenden Schluss, dass sie »zum großen Teil militärisch noch nicht bereit« seien. Man warf dem Verteidigungsministerium vor, die Befestigungsanlagen nicht mit den entsprechenden Waffensystemen und Ausrüstungen versorgt zu haben. Folgerichtig gab der Generalstab die Weisung aus, die Bauarbeiten, bei denen bereits täglich 140 000 Arbeitskräfte eingesetzt waren, zu beschleunigen. Die Weisung begann indes mit dem Eingeständnis, dass »die Errichtung befestigter Verteidigungsanlagen im Rahmen langfristiger Bauarbeiten und die Herstellung der Kampfbereitschaft dieser Anlagen ungeachtet mehrerer Befehle des Generalstabes der Roten Armee in unannehmbar langsamem Tempo vorangehen«.[52]

Die Regierung stellte zehn Millionen Rubel, für jene Zeit eine enorme Summe, zur Verfügung, um die Bauarbeiten an der neuen Befestigungslinie voranzutreiben. Noch am 4. Juni griff das Politbüro ein und drängte auf die beschleunigte Vollendung der Arbeiten bis Oktober 1941. Die ersten Anlagen für 45 000 Mann sollten am 1. Juli bereit sein, der Rest – für 75 000 Mann – im Oktober. Diese Arbeiten waren in vollem Gange, als die Deutschen losschlugen.[53] Zwischen den befestigten Räumen klafften noch Lücken von 50 bis 60 Kilometern, in denen die Sicherungskräfte ohne jeden Schutz waren. Ursachen dafür waren nicht nur die Verlegung der Grenze, sondern auch der Mangel an Baumaterial wie Zement, Holz und Stacheldraht sowie die fehlende Zeit.[54]

Bis Mai hatte Stalin dem Chef der Plankommission und stellvertretenden Ministerpräsidenten Wosnessenski Recht gegeben, der die Forderungen des Generalstabs für übertrieben hielt. Unter dem wachsenden Druck des Stabschefs im Frühjahr stimmte Stalin schließlich zu, die Produktion beträchtlich zu erhöhen, um die neu aufzustellenden Armeen ausrüsten zu können.[55] Erst Anfang Mai willigte er ein, die gepanzerten Einheiten durch die Bildung von 20 neuen mechanisierten Korps wesentlich aufzustocken. Um die Wirtschaft auf den Krieg einzustellen, folgten im zweiten Halbjahr 1941 enorme Anstrengungen zur Erhöhung der Produktion von Waffen und Munition sowie zur Umstrukturierung der gesamten Industrie. Der Löwenanteil des Ausstoßes an neuen Panzern des Typs KV3 und des verbesserten T-34 fiel erst auf das Jahresende, was mit Stalins Einschätzung übereinstimmte, im Sommer 1941 noch nicht auf einen deutschen Angriff vorbereitet zu sein und den Krieg bis zum nächsten Jahr hinauszögern zu können. Wie dem auch sei, bis zum Jahresende waren die Russen in der Lage, maximal 2800 T-34 herzustellen.[56]

Auch am Zustand der Luftstreitkräfte gab es wenig zu loben. Im April gestand die Regierung in einem Bericht an das Politbüro ein, dass »die Unfälle und Havarien in den Luftstreitkräften der Roten Armee nicht reduziert werden konnten, ja, wegen der Nachlässigkeit der Piloten und der kommandierenden Offiziere, die zu einer Missachtung grundlegender Flugregeln geführt hat, sogar noch angestiegen sind«. »Mangelnde Disziplin« führte dazu, dass täglich zwei bis drei Piloten bei Unfällen starben. Timoschenko warf man vor, er habe dem Befehlshaber der Luftstreitkräfte, Rytschagow, dabei geholfen, dem Politbüro den schlechten Zustand der Luftwaffe zu verheimlichen.[57] Was die Produktion des Jagdflugzeuges LAGG-3 betraf, von dem eigentlich bereits 593 Maschinen fertiggestellt sein sollten, so musste der Chef der Luftstreitkräfte Stalin eingestehen, dass diese nicht planmäßig voranschreite. An den bisher ausgelieferten 158 Maschinen seien zahlreiche Mängel aufgetreten.[58]

Schukow hat Stalins Verhalten zu jener Zeit im Ganzen recht nachsichtig beurteilt. Zwar lastete er ihm die Verantwortung an, erklärte aber zugleich: »Nichts ist leichter, als die Ereignisse neu zu interpretieren, wenn sie vorüber sind und man die Folgen kennt. Und nichts ist komplizierter, als vertrackte Probleme zu untersuchen und dabei die verschiedenen Kräfte, die Vielfalt widersprechender Meinungen, Informationen und Tatsachen abzuwägen, die zu einem bestimmten historischen Zeitpunkt vorliegen.«[59] Schukow kam zu dem Schluss, dass Stalin völlig auf die »Kriegsdrohung des faschistischen Deutschlands fixiert war. Sein ganzes Denken und Handeln war von einem einzigen Wunsch beherrscht – den Krieg zu verhindern oder seinen Ausbruch hinauszuschieben, was er sicher zu erreichen glaubte ... Unter diesen schwierigen Umständen wurde aus J. W. Stalins Wunsch nach Verhütung des Krieges sein Glaube, dass er die Kriegsgefahr mit friedlichen Mitteln erfolgreich beseitigen könnte. Er verließ sich auf seine ›Weisheit‹, dünkte sich aber zu schlau und durchschaute nicht die hinterhältige Taktik und die Pläne der Hitler-Regierung.«[60]

Bis Ende Mai 1941 tendierten die verschiedenen nachrichtendienstlichen Kanäle dazu, ausgewogen und recht exakt über den deutschen Aufmarsch zu berichten. Aber als Stalin sich weigerte, den Umfang der Gefahr zur Kenntnis zu nehmen und sich immer mehr darauf konzentrierte, Provokationen zu vermeiden, wirkte sich das auch auf die Nachrichtendienste aus. Golikows 14-tägiger Bericht vom 15. Mai war in dieser Hinsicht ein Wendepunkt. Zwar ignorierte er die unmittelbare Gefahr nicht, wies aber auch auf die Verstärkung der deutschen Truppen hin, die für Aktionen gegen England, im Nahen Osten und in Afrika vorgesehen waren.[61] Am Ende des Monats legte Golikow Stalin eine detaillierte Aufstellung der deutschen Truppenkonzentrationen vor, die unterschiedliche Bewertungen der Lage zuließ. Wie man annehmen kann, wurde dem Chef der militärischen Aufklärung zu diesem Zeitpunkt angesichts der wachsenden Kluft zwischen Stalin und dem Stabschef bewusst, dass Stalin auf jede Andeutung, die Deutschen könnten in Kürze einen Krieg vom Zaune brechen, gereizt reagierte. Schließlich ließ sich immer schwieriger vorhersehen, ob Stalin eine Nachricht als »Gerücht« abtun oder als »Tatsache« anerkennen werde. Das zeigte sich auch in den verfehlten Versuchen, den deutschen Aufmarsch im Westen und im Osten unter gleichen Vorzeichen zu sehen.

Nach Golikows quantitativen Einschätzungen (zur Qualität äußerte er sich nicht) hatten die Deutschen 122 bis 126 Divisionen für den Krieg gegen England im Westen vorgesehen und eine ähnliche Zahl, 120 bis 122 Divisionen, an der Ostfront stationiert. Das Bild war nicht ganz so ausgeglichen, denn 44 bis 48 Divisionen hielt Hitler in Frontnähe in Reserve und konnte sie jederzeit in den Kampf werfen. Auch die Divisionen in Norwegen konnten gegen Russland eingesetzt werden. Insgesamt bedrohten Russland nun drei Speerspitzen: in Westrussland 23 bis 24 Divisionen (18 oder 19 von der Infanterie, zwei von den Panzertruppen und drei motorisierte Divisionen); im mittleren Abschnitt 29 Divisionen (24 von der Infanterie, vier von den Panzertruppen und eine motorisierte Division); im Raum Lublin-Krakow 36 bis 38 Divisionen (24 oder 25 von der Infanterie, sechs von den Panzertruppen und fünf motorisierte Divisionen); in der Slowakei fünf Divisionen der Gebirgstruppen; an der Grenze der Karpato-Ukraine vier Divisionen. Dazu kamen Kräfte von Deutschlands Verbündeten.

Golikow tat nun alles, um sich Stalins vorgefasster Meinung anzupassen. Er zog den recht einfachen Schluss, dass die Deutschen sich im Nahen Osten erschöpft hatten und nun ihre Kräfte in Frankreich umgruppierten, um »eine Großoffensive gegen die britischen Inseln zu starten«. Da die Armeen aber ziemlich gleichmäßig auf die beiden Fronten aufgeteilt waren, enthielt er sich einer eindeutigen Schlussfolgerung. Golikow stellte einfach fest, dass »die Umgruppierung der deutschen Truppen nach dem Balkanfeldzug im Wesentlichen abgeschlossen ist«. Derartige Berichte bereiteten eindeutig den Boden dafür, dass sich der Kreml noch weiter in seinen falschen Vorstellungen verirrte.[62]

Gegensätzliche Einschätzungen zeigten sich auch im Moskauer diplomatischen Korps. Gafencu erfuhr aus Bukarest, dass »der unvermeidliche und unmittelbar bevorstehende« Angriff am 15. Juni beginnen werde. Eine ähnliche Auffassung vertrat der türkische Botschafter Aktay. Selbst Bergery, der neue Botschafter von Vichy-Frankreich, wollte authentische Informationen darüber haben, dass Hitler zu einem heiligen Kreuzzug gegen den Bolschewismus entschlossen sei. Cripps bezog sich auf eine ähnliche Information aus Stockholm, dass der Krieg am 15. Juni beginnen werde, hielt diese jedoch für »zu schön, um wahr zu sein«. Andererseits liefen Schulenburg und seine Mitarbeiter mit »glücklichen und zufriedenen Mienen« umher, als seien sie sich keinerlei Gefahr bewusst. Rosso erhielt aus Berlin ein Telegramm, in dem es hieß, nach gut informierter Quelle seien »Verhandlungen zwischen russischen und deutschen Vertretern in Königsberg im Gange, in denen es u. a. um das Durchmarschrecht deutscher Truppen durch die Ukraine« gehe. Der schwedische Botschafter, ein langjähriger aufmerksamer Kreml-Beobachter, fragte sich, ob die Tatsache, dass die Gerüchte ausgerechnet in Bukarest und Stockholm aufgetaucht seien, nicht auf eine deutsche Quelle hinweise, deren Ziel es sei, »Moskau in Spannung zu halten, was Stalins Widerstand gegen deutschen Druck abbauen könnte … Deshalb bestreitet die deutsche Botschaft, etwas von irgendwelchen sowjetisch-deutschen Verhandlungen zu wissen. Derartige Gespräche könnten durchaus auch über inoffizielle Kanäle laufen.«[63]

Zwölftes Kapitel

Rudolf Heß' Flug nach England

Die Verschwörung

Der Flug von Hitlers Stellvertreter Rudolf Heß am 10. Mai 1941 zu einer Friedensmission nach England ist eine der merkwürdigsten Episoden des Zweiten Weltkrieges. Allerdings ist der bedeutende Einfluss, den diese Affäre auf die sowjetische Einschätzung der Absichten Englands und Deutschlands unmittelbar vor dem 22. Juni 1941 hatte, von den Historikern bisher weitgehend übersehen worden. In Moskau sah man diese Mission vor dem Hintergrund von Churchills Warnung, Cripps' unablässigen Drohungen mit einem Separatfrieden und Schulenburgs neuer Initiative. Der hartnäckige Verdacht eines britisch-deutschen Zusammenspiels, der für das anhaltende gegenseitige Misstrauen auch nach dem deutschen Überfall auf die Sowjetunion mit verantwortlich war, gipfelte schließlich in Stalins unerbittlicher Forderung, Heß müsse bis zu seinem Tode in Spandau inhaftiert bleiben. Wie groß sein Argwohn gegen Heß war, zeigte sich erstmalig im Herbst 1942. Auf dem Höhepunkt der Debatte um die Eröffnung der zweiten Front warf Stalin Churchill vor, er halte Heß »in Reserve«.[1] Cripps, damals Mitglied des Kriegskabinetts, erhielt den Auftrag, einen umfassenden und präzisen Bericht über die ganze Sache zu erstellen. Aber auch dieser beruhigte Stalin nicht, da der Zensor darauf bestand, die Hinweise auf die Gespräche von Lord Simon und Lord Beaverbrook mit Heß im Jahre 1941 zu streichen, von denen Stalin allerdings wusste.[2]

Wie nachhaltig die Heß-Affäre Stalin beschäftigte, zeigte sich bei Churchills Besuch in Moskau im Oktober 1944. Nachdem die beiden Osteuropa exakt nach Prozenten unter sich aufgeteilt, gut gegessen und getrunken hatten, kam Stalin auf Heß zu sprechen. Von Churchill stammt eine unbekümmerte, aber exakte Darstellung dieses Gesprächs, in dem er sagte:

»Heß glaubte, er könne der Mann sein, der England für Deutschland rettet. Obwohl ihm untersagt war, jemals ein Flugzeug zu führen, weil er als verrückt galt, konnte er sich einer Maschine bemächtigen und kam herübergeflogen. Er hoffte, über den Duke of Hamilton, der Lord Steward [königlicher Kammerherr] war!!, direkt zum König zu gelangen. Daraufhin brachte Stalin ziemlich unerwartet einen Toast auf den britischen Geheimdienst aus, der Heß nach England gelockt habe. Er hätte nicht landen können, ohne Signale zu erhalten. Hinter der Affäre müsse der Geheimdienst gesteckt haben.«

Churchill reagierte empört, aber Stalin blieb bei seiner Meinung. Er meinte einfach, der britische Geheimdienst habe Churchill vielleicht nicht eingeweiht. Schließlich informiere auch der russische Geheimdienst »die Sowjetregierung oft nicht über seine Absichten und rückt erst mit der Wahrheit heraus, wenn die Sache beendet ist ...«[3]

Diese Vorstellung stimmt mit zahlreichen Verschwörungstheorien überein, die seither im Westen für bare Münze genommen werden. Sie sind inzwischen arg ins Kraut geschossen und reichen von der Behauptung, nicht Heß, sondern ein »Double« sei in England gewesen, bis zu dem Vorwurf aus dem Munde hochgeachteter Historiker, Heß sei im Gefängnis keines natürlichen Todes gestorben, sondern vergiftet worden. Typisch für diese Art von Literatur ist *Ten Days to Destiny: The Secret Story of the Hess Peace Initiative and British Efforts to Strike a Deal with Hitler* von John Costello. Das Buch erschien 1991 und wurde sofort ins Russische übersetzt. Es fasst die verschiedenen Verschwörungstheorien zusammen und bewahrt sie so für die Nachwelt. Die Öffnung der bisher geheimen britischen Akten über Heß im Sommer 1992 hat sie jedoch sämtlich ad absurdum geführt.[4]

Wenn man die 18 000 Seiten Dokumente über die Heß-Affäre, die heute im British Public Record Office einzusehen sind, im Zusammenhang mit dem Archivmaterial der russischen Sicherheitsdienste liest, dann zeigt sich, dass der britische Geheimdienst eine bewusste Desinformationskampagne betrieb, die mit einem Misserfolg endete und seither zu argen Fehlinterpretationen geführt hat. Dennoch bestätigt die riesige Dokumentensammlung im wesentlichen die beiden Schlüsselbehauptungen, die Churchill in seinen Memoiren über diese Episode äußert. Heß, so schreibt Churchill, »kam zu uns aus eigenen freien Stücken und war, wenn auch ohne Beglaubigung, so etwas wie ein Gesandter.« Sein zweites Urteil ist in unserem Zusammenhang noch wichtiger: »Wenn man sich überlegt, wie eng Heß mit Hitler verbunden war, überrascht es einen, dass er von dem bevorstehenden Angriff auf Russland, für den so ungeheure Vorbereitungen im Gange waren, nichts wusste, oder dass er sie, falls er sie kannte, verschwieg.«[5] Das Archivmaterial enthüllt allerdings eine bemerkenswerte Tatsache, für die es bisher nur bruchstückhafte Hinweise gab:[6] Die ganze Affäre wurde vom britischen Foreign Office und dem Geheimdienst manipuliert, um die Verhandlungen zu stören, die sich nach ihrer Meinung zwischen Hitler und Stalin anbahnten. Die Wirkung, die damit zusammenhängende Äußerungen zu jener Zeit in Moskau hatten, war zweifellos viel bedeutsamer als die Fragen, die später durch die Verschwörungstheorien hochgespielt wurden.

Die Mission

Heß startete am 10. Mai um 17.45 Uhr mit einer Messerschmitt Bf110, einem Flugzeugtyp, den die Briten ME 110 nennen. Der kühne Flug und die Orientierung erforderten beträchtliche Kenntnisse. Heß sprang nach Einbruch der Dunkelheit in der Uniform eines deutschen Luftwaffenhauptmanns über Eaglesham in Schottland ab. Er landete etwa 19 Kilometer vom Landsitz des Duke of Hamilton entfernt. Obwohl später behauptet wurde, er habe einen offiziellen Friedensvorschlag mit sich geführt, fand man bei ihm keinerlei Dokumente außer einem Foto, das ihn mit seinem Sohn zeigte, und der Visitenkarte des berühmten Experten für Geopolitik, Professor Karl Haushofer, dessen Sohn Albrecht höchstwahrscheinlich die treibende Kraft hinter dem ganzen Unternehmen war.[7]

Aus dem Archivmaterial geht zweifelsfrei hervor, dass die Royal Air Force Heß nicht erwartet und deshalb auch keinen Sicherheitskorridor für ihn eingerichtet hatte. Die Luftabwehr in dieser Gegend war allerdings bei weitem nicht so dicht, wie oft behauptet wird. Die Maschine wurde nach 22.00 Uhr in etwa 5000 Meter Höhe entdeckt und von zwei Spitfires verfolgt, die sie allerdings wieder verloren, weil Heß schneller flog als sie. Als Heß die schottische Westküste erreicht hatte, nahm auch ein Nachtjäger vom Typ »Defiant« die Verfolgung auf. Als dieser jedoch mit der Messerschmitt gleichauf war, sprang Heß bereits ab.[8]

Wäre Heß bei seiner Landung in Schottland tatsächlich vom Geheimdienst SIS (auch bekannt als MI6) erwartet worden, wie Costello und andere behaupten, dann hätte das an seiner Behandlung in den ersten Stunden nach seiner Ankunft sichtbar werden müssen. Immerhin landete Heß tatsächlich unweit vom Landsitz des Duke of Hamilton. Hätte man ihn erwartet, dann wäre er nicht stundenlang herumgeirrt. Sein Empfang gestaltete sich jedoch recht unglücklich, was am besten beweist, welche Verwirrung er mit seinem Auftauchen auslöste. Die Nachricht von Heß' Landung erreichte die Home Guard [Bürgerwehr] über die Polizeistation Giffnock, die ihrerseits von Bürgern benachrichtigt wurde, gegen 23.12 Uhr sei ein Flugzeug bei Eaglesham House abgestürzt. Heß' Festnahme erfolgte völlig spontan. Ein Offizier, der in der Gegend wohnte, holte sich zwei Soldaten aus einem nahe gelegenen Lager und begab sich zum Absturzort. Inzwischen hielt man Heß im Haus des Bauern fest, auf dessen Feld er gelandet war. Unter dem Namen Alfred Horn brachte man ihn zum Stützpunkt der Bürgerwehr.

Kurz nach Mitternacht forderte diese bei den schottischen Highlanders eine Eskorte an, um den Piloten in die Obhut der Armee zu bringen. Er wurde eindeutig von niemandem erwartet, denn der Dienst habende Offizier wies die Bürgerwehr an, ihn für die Nacht in einer Zelle der Polizeistation von Giffnock unterzubringen, obwohl Mitglieder der Bürgerwehr einwandten, Horn scheine »von gewisser Bedeutung zu sein und sollte von einer Militäreinheit in Gewahrsam genommen werden«. Eine Untersuchung der Affäre durch die Militäraufklärung brachte später eine ganze Reihe größerer Pannen ans Licht, zu denen es nicht gekommen wäre, hätte der britische Geheimdienst dessen Flug nach England organisiert. So kümmerte sich beispielsweise kaum jemand darum, dass der Gefangene ein Offizier war und deshalb entsprechend verhört werden musste. Der Nachrichtendienst der Air Force ignorierte zudem die Mitteilung, die er am 11. Mai gegen 1.00 Uhr morgens erhielt: der Gefangene behaupte, eine wichtige Person zu sein und wolle gegenüber dem Geheimdienst eine Erklärung abgeben.[9] Erst als man weiter nachfragte, und der Ankömmling erklärte, er habe eine Botschaft für den Duke of Hamilton und wolle mit den zuständigen Personen sprechen, willigte die Armee schließlich ein, sich seiner anzunehmen. Der Polizeiinspektor, der ihn brachte, zog sich erst zurück, nachdem er sein eigenes Verhör durchgeführt und Heß' Habseligkeiten kontrolliert hatte.

An diesem Verhör beteiligte sich auch ein gewisser Oberst Donald, der zufällig gerade anwesend war. Donald holte Roman Battaglia, einen Mitarbeiter des polnischen Konsulats in Glasgow, als Dolmetscher herbei. »Es ist einfach unglaublich«, kritisierte später »C«, der Chef des Geheimdienstes SIS, »dass etwas Derartiges zugelassen wurde«. Battaglia fiel sofort auf, dass der Pilot Heß wie aus dem Gesicht geschnitten sei, was dieser jedoch bestritt. Heß verhielt sich insgesamt ruhig, wirkte aber leicht verärgert, möglicherweise deshalb, weil Battaglia, der ein »etwas gestelztes« Englisch sprach, ihn in Anwesenheit von 15 bis 20 Angehörigen der Bürgerwehr befragte. Battaglia gab später anlässlich seiner Befragung durch den militärischen Nachrichtendienst an, er sei überrascht gewesen,

»dass seines Wissens kein Versuch gemacht wurde, [Heß'] Identität oder Integrität zu überprüfen; dass unter den 15 oder 20 Anwesenden kein offizieller Vernehmungsbeamter zu sein schien und dass man ihm [Battaglia] von allen Seiten Fragen zurief, darunter auch solche, die er für ehrenrührig hielt und deshalb nicht stellte. Von dem Verhör wurde kein exaktes Protokoll angefertigt. Die Leute liefen im Raum herum, wie sie wollten, begafften den Gefangenen und die Sachen, die er bei sich hatte.«

Allmählich dämmerte es den Beteiligten jedoch, dass sie es nicht mit einem gewöhnlichen Piloten zu tun hatten, denn seine Uniform war von besonders guter Qualität und kaum getragen. Nun behandelte man Heß »etwas höflicher« und geleitete ihn gegen 2.00 Uhr morgens zum nächsten Stützpunkt der Armee nach Maryhill Barracks.[10]

Als sich herausgestellt hatte, dass es sich um Heß handelte, nahm »C« die Militäraufklärung ins Gebet. Besonders empörte ihn, wie Heß' erstes Verhör nach Mitternacht abgelaufen war, obwohl dieser ausgesagt hatte, eine wichtige Botschaft mit sich zu führen. Die Beschuldigten gaben die Verantwortung jedoch sogleich an den Duke of Hamilton weiter und erklärten: »Es kann nur angenommen werden, das die Entscheidung, bis zum nächsten Morgen nichts zu unternehmen, vom Duke of Hamilton getroffen wurde«. Diese Vermutung hat sich seitdem gehalten und zu der abwegigen Behauptung geführt, Hamilton sei in die Machenschaften des SIS verwickelt gewesen. Das kann auf einen Brief des bekannten Berliner Professors für politische Geographie, Albrecht Haushofer, zurückgehen, den dieser im Herbst 1940 an Hamilton gesandt hatte und der von der Militäraufklärung abgefangen worden war. Rein zufällig war dieser Brief, mit dem ein Friedensangebot sondiert werden sollte, nur wenige Tage vor Heß' Ankunft beim Empfänger eingegangen. Ein Zufall muss aber nicht gleich eine Verschwörung sein.

Für die Tatsache, dass Hamilton den Gefangenen nicht sofort

um 3.00 Uhr morgens befragte, kann es eine Reihe von Gründen geben. So ist durchaus möglich, dass man Hamilton am Telefon nicht mitteilte, der Pilot, der sich Alfred Horn nannte, habe eine politische Botschaft bei sich. Heß war nicht der einzige Deutsche, der in jener Nacht bei einem der schwersten Luftangriffe abgeschossen wurde. Für einen Oberst wie den Duke of Hamilton war es durchaus nicht normal, mitten in der Nacht ein Verhör durchzuführen. Hamilton ging erst zu Bett, nachdem er eine Liste von Luftwaffenoffizieren durchgesehen hatte, denen er bei den Olympischen Spielen von 1936 begegnet war. Einen Horn fand er dabei nicht. Die Verzögerung ist also schlimmstenfalls als Nachlässigkeit zu betrachten.[11]

In diesem Zusammenhang ist aber noch ein anderer Aspekt von Bedeutung. Selbst wenn Hamilton (was sehr unwahrscheinlich ist) vermutet haben sollte, dass es sich bei dem Piloten um Heß handelte, kann seine Reaktion nicht überraschen. Als geachteter Oberst der Air Force, der gerade dabei war, den Ruf eines Beschwichtigungspolitikers abzuschütteln, fand er sich plötzlich in der peinlichen Situation wieder, dass ein Nazi ausgerechnet ihm ein Friedensangebot überbringen wollte.[12] Seine Lage wäre noch prekärer geworden, wenn eine deutsche Verlautbarung ihn mit Heß' Mission in Zusammenhang gebracht hätte. Dies hätte mit Sicherheit den falschen Eindruck erweckt, er sei in die ganze Angelegenheit verwickelt. Zufällige Briefe, die der Zensurbehörde ins Netz gingen, bestätigen dies. Hier nur ein einziges Beispiel: »Ich frage mich, ob etwas dran ist, dass dieser Elende mit dem Duke of Hamilton bekannt war. Offenbar haben sich viel zu viele Angehörige unseres Adels mit den Nazis eingelassen.«[13] Hamilton war in dieser Sache so empfindlich, dass er die Regierung in eine peinliche Lage brachte, als er den langjährigen Kommunistenführer Harry Pollitt anzeigte, weil dieser erklärt hatte, Hamilton sei »ein Freund von Heß«. Die Kommunisten, ohnehin zutiefst misstrauisch und möglicherweise von Moskau instruiert, erkannten die unerwartete Gelegenheit, Heß öffentlich befragen zu lassen.[14] Letzten Endes erkannte man aber offiziell an, dass es notwendig sei, »den Duke of Hamilton von dem unglückseligen und unbegründeten Verdacht, der ihn umgab, zu befreien«.[15] Als Cripps im November 1942 einen Bericht über die ganze Affäre für das Kabinett anfertigte, legte er besonderen Wert darauf, Hamilton zu entlasten. Er erklärte dort deutlich, dass »das Verhalten des Duke, was Rudolf Heß betraf, in jeder Hinsicht ehrenhaft und korrekt war«.

Hamilton sah sich den gefangenen Piloten schließlich am nächsten Morgen um 10.00 Uhr an. Dabei eröffnete ihm Heß, wer er in Wirklichkeit war. Hamilton war jedoch nicht willens oder nicht in der Lage, sich an eine Begegnung mit Heß während seines Besuchs in Berlin zu erinnern. Ganz sicher hatte er seitdem keinen Kontakt mehr mit ihm gehabt. In einem Vieraugengespräch legte Heß den Zweck seines Fluges dar und erklärte, dies sei »eine humanitäre Mission, der Führer wolle England nicht besiegen und wünsche ein Ende der Kampfhandlungen«. Er betonte zwar, dass seine Ansichten denen Hitlers sehr nahe seien, die Aktion habe er jedoch auf eigene Faust unternommen.[16] Diese Erklärung, die Heß beharrlich wiederholte,[17] führt uns zu der kritischen Frage, welche Rolle Hitler in der ganzen Affäre spielte. Maiski zieht es vor, dies in seinen Memoiren völlig offen zu lassen: »Wer ist denn Heß? Ein getarnter Abgesandter Hitlers? Oder ein irrer Einzelgänger? Oder der Vertreter einer Gruppierung innerhalb der nazistischen Oberschicht, die durch die Perspektive eines zu langen Krieges beunruhigt ist?«[18] Die britischen Archivdokumente, die heute zugänglich sind, widerlegen die uferlosen Spekulationen, die über die Jahre verbreitet wurden und dem britisch-sowjetischen Verhältnis beträchtlichen Schaden zugefügt haben. Immer noch trifft man auf verzweifelte Versuche, wenigstens Teile dieser Theorien zu retten. Peter Padfield hat in seiner neuesten Arbeit über Heß[19] viele von Costellos Ideen übernommen. Aber als das Buch druckfertig war, wurden die Archive geöffnet, und er musste ein ausführliches Nachwort anfügen, das seine Argumente im Grunde entkräftet. Allerdings bleibt auch er bei der Annahme, Heß sei mit Hitlers Zustimmung nach England gekommen, und greift dafür auf die Aussage eines französischen Kriegsberichterstatters, eines gewissen André Guerber, aus der Zeit kurz nach dem Krieg zurück. Guerber behauptete damals in einem Zeitungsartikel, er habe »bei Kriegsende in den Ruinen der Berliner Reichskanzlei« Dokumente gefunden, »aus denen klar hervorgeht, dass Hitler persönlich entschieden hat, Heß nach England zu schicken«. Guerber behauptete, Heß habe den auf Briefpapier der Reichskanzlei gedruckten Entwurf eines Friedensvertrages mit sich geführt, der ihm kurz nach der Ankunft abgenommen worden sei. Dieses vier Punkte umfassende Dokument ist jedoch nirgendwo aufgetaucht. Nach Guerbers eigenem Bekenntnis unterschied sich nur der vierte Punkt wesentlich von den mündlichen Vorschlägen, die Heß damals vortrug: Dieser habe angeblich gelautet, Großbritannien sollte sich in einem deutsch-russischen Krieg gegenüber Deutschland wohlwollend neutral verhalten.[20]

Als das britische Archivmaterial veröffentlicht war und sich als völlig harmlos herausgestellt hatte, konnten die alten Verschwörungstheorien nur noch durch hemmungslose Spekulationen aufrecht erhalten werden. Padfield zitiert die Aussage eines gewissen John Howell, der ihm wiederum von einem Mann deutscher Herkunft erzählte, ohne freilich dessen Namen preiszugeben. Dieser sei mit einigen anderen Deutsch sprechenden Personen von Ivone Kirkpatrick, einem Deutschlandexperten im Foreign Office, eingeladen worden, um die Bedingungen eines präzisen Friedensvorschlages zu analysieren, den Heß angeblich aus Deutschland mitgebracht hatte. Dieses Dokument sei in deutscher Sprache auf Briefpapier der Reichskanzlei verfasst gewesen. Eine englische Übersetzung habe beigelegen. Die Gruppe, so behauptete Howell, habe sich unter tiefster Geheimhaltung im Sitz der BBC in Portland Place getroffen. Nach Aussage des Informanten enthielten »die ersten zwei Seiten des Vorschlages in allen Einzelheiten Hitlers Ziele in Russland, seine exakten Pläne zur Eroberung des Ostens und zur Vernichtung des Bolschewismus«.[21] Der Informant verwechselte dieses Papier wahrscheinlich mit jenem, das Heß für seine Begegnung mit Lord Simon vorbereitet und in dem er seine Gedanken zum ersten Mal schriftlich niedergelegt hatte.[22]

Es wird oft behauptet, Heß' offizielle Vorschläge hätten Churchill oder den britischen Geheimdienst in solche Verlegenheit gebracht, dass sie kurz entschlossen anordneten, diese aus Heß' beschlagnahmter persönlicher Habe zu entfernen. Im Bericht der Bürgerwehr über die Festnahme von Heß heißt es: »Hauptmann Barrie nahm die bei dem Gefangenen gefundenen Gegenstände an sich und trug sie in eine Liste ein. Ein Exemplar der Liste ist diesem Bericht beigefügt.«[23] Die fortlaufende Seitennummerierung in der Originalakte der Militäraufklärung zeigt, dass daran nicht manipuliert wurde. Die Akte selbst wirkt allerdings im Vergleich zu den Dokumenten des Foreign Office recht ramponiert. Es ist ziemlich wahrscheinlich, dass die besagte Liste ihr nicht von Anfang an beigelegen hat.

Die Verfechter der Theorie, dass Heß' Flug Teil eines in Berlin erdachten cleveren Planes war, zeigen sich weiterhin bemüht, eine entsprechende Kontinuität nachzuweisen. Dazu gehört die Behauptung, Hitler habe Heß am 20. April nach Madrid gesandt, wo er Kontakt zur britischen Regierung aufnehmen sollte. Dieser Gedanke ist wahrscheinlich dadurch entstanden, dass der britische Botschafter in Madrid, Sir Samuel Hoare, als notorischer Verfechter der Beschwichtigungspolitik galt und eine solche Initiative sicher begrüßt hätte.[24] Eine gründliche Recherche in den Archiven widerlegt jedoch diese Behauptung. So richtete das Foreign Office eine Anfrage an die Madrider Botschaft, Informationen zu »Berichten aus Vichy« einzuholen, nach denen »Heß mit einem persönlichen Brief Hitlers an Franco nach Madrid geflogen« sei. Gerüchten zufolge ging es dabei um eine Vereinbarung über das Durchfahrtsrecht für deutsche Schiffe durch die Straße von Gibraltar. In einem zweiten Telegramm vom 25. April wurden derartige Gerüchte dementiert. Frank Roberts, künftiger Botschafter in Moskau und damals in der Europaabteilung des Foreign Office tätig, erklärte, dass »die Aufregung des letzten Wochenendes zumindest verfrüht war«. Das bezog sich allerdings nicht auf den angeblichen Flug von Heß, sondern auf die Bedrohung Gibraltars, die die Briten damals in Atem hielt. Die Information selbst war in sich widersprüchlich. Ein Besuch Heß' in Spanien hätte in der Tat mögliche interne Kontakte mit britischen Geheimdienstvertretern oder selbst mit dem britischen Botschafter, Sir Samuel Hoare, vermuten lassen. Aber das Durchfahrtsrecht durch die Straße von Gibraltar wäre nur mit militärischen Aktionen gegen Großbritannien zu erzwingen gewesen. In seiner Antwort auf eine Anfrage der Militäraufklärung ging Frank Roberts auf die Gerüchte gar nicht ein, sondern erklärte eindeutig, er könne Berichte nicht »bestätigen, dass Heß den deutschen Botschafter in Barcelona getroffen haben soll. Wenn Heß hier war, dann ist seine Ankunft bemerkenswert geheim gehalten worden, denn es sind nicht einmal Gerüchte darüber im Umlauf«. Auch Hoare hätte »automatisch« von derartigen Gerüchten Meldung gemacht.[25] In Moskau war man wiederum der Meinung, das Gerede um angebliche Friedensverhandlungen von Heß in Spanien sei von den Briten hinterlistig verbreitet worden, um von ihrer eigenen prekären Situation abzulenken und Russland in den Krieg zu ziehen.[26]

Aus dem Archivmaterial gewinnt man den Eindruck, dass Heß nicht in Hitlers Auftrag kam und auch nicht vom britischen Geheimdienst nach England gelockt wurde. Auch hatte er keine offiziellen Vorschläge bei sich. Ein Jahr nach Heß' Eintreffen in England – er war inzwischen gründlich befragt worden und wurde rund um die Uhr bewacht und beobachtet – fällte Cadogan ein klares Urteil: »Es ist jetzt ziemlich klar, dass Heß' Eskapade ein verrücktes Abenteuer auf eigene Initiative war, von dem die deutschen Behörden keine Kenntnis hatten.«[27] Cadogan musste es wissen, denn er hatte den Auftrag, den Umgang aller Dienststellen, einschließlich der Sicherheitsdienste, mit Heß zu koordinieren. Heß selbst bekannte in einem Brief an Haushofer: »Ich kann nicht bestreiten, dass ich gescheitert bin. Aber ich kann auch nicht bestreiten, dass *ich mein eigener Pilot war* [Hervorhebung von mir – G. G.]. In dieser Hinsicht habe ich mir nichts vorzuwerfen. Zumindest hielt ich selbst das Steuer in der Hand.«[28]

Eine weitere Quelle, die die Version zu stützen scheint, Heß habe Deutschland mit vollem Wissen Hitlers verlassen, ist ein Zeitungsinterview, das seine Frau bei Kriegsende gab. Diese stützte sich jedoch auf ihre Erinnerung an Heß' letzte Begegnung mit Hitler in Berlin am 4. Mai, als »ihre Stimmen lauter wurden ... sie aber nicht wirklich miteinander stritten«.[29] Diese Einzelaussage steht im Gegensatz zu Heß' umfangreicher Korrespondenz mit seiner Familie während des Krieges und ist kein Beweis für die genannten Behauptungen. In einem langen Brief an seine Mutter beschrieb Heß, wie sorgfältig er den Flug vorbereitet hatte. Darin betonte er, dass »die vielen Abende, die ich *heimlich* mit Karten, Tabellen, Rechenstab und Reißbrett verbrachte, sich gelohnt haben«. In einem weiteren Brief begründete er, warum er nicht von Berlin gestartet sei. Offenbar hatte Hitler ihm verboten, ohne Genehmigung von dort aufzusteigen. »Da hätte ich mich auch gleich selbst festnehmen können«, erklärte er seiner Mutter. »Aber es war gut, dass aus dem Start von Berlin nichts wurde. Dort hätte ich meine Vorbereitungen nicht geheim halten können; früher oder später wären sie dem Führer zu Ohren gekommen. Mein Plan wäre gescheitert, und ich hätte mir Sorglosigkeit vorwerfen müssen.«[30] Selbst wenn, was sehr unwahrscheinlich ist, Heß' Mission in Deutschland offiziell unterstützt wurde, so ist es andererseits doch offensichtlich, dass die britische Regierung davon nichts wusste und Heß auch nicht für Hitlers offiziellen Abgesandten hielt.

Die wirkliche Triebkraft hinter Heß' Mission war mit ziemlicher Sicherheit Albrecht Haushofer. Wie weit er unmittelbar in die Sache verwickelt war, liegt immer noch etwas im Dunkeln, aber der Brief, den er am Tag des Fluges in Berchtesgaden schreiben musste, macht seinen Einfluss auf Heß und auf die Kontakte deutlich, die dieser in England herstellen sollte.[31] Das jüngste Buch von Lord James Douglas-Hamilton zeigt ganz eindeutig, worin die Verbindung von Haushofer zu Heß bestand. Schon bei seiner ersten Begegnung mit dem Duke of Hamilton brachte Heß seine Mission mit den Haushofers in Zusammenhang.[32] Diese Aussage wiederholte Heß später in Unterhaltungen mit seinem behandelnden Arzt.[33] Im ersten Brief an seine Frau aus dem Gefängnis bat Heß sie, »dem General [Karl Haushofer] zu schreiben, an dessen

Träume ich oft denken muss«.[34] Wie sehr Haushofer ihn inspiriert hatte, zeigt ein Brief, den Heß an ihn richtete: «Sie sagten, sie glaubten nicht, ich sei wahnsinnig, nur ›manchmal tollkühn‹. Sie dürfen mir glauben, wenn ich sage, dass ich diesen Wahnsinn, diese Tollkühnheit nicht einen Augenblick bedauert habe. Eines Tages wird der letzte Teil Ihres Traums, der für meinen Plan so gefährlich war, sich erfüllen, und ich werde vor Sie treten.«[35] Ebenso aufschlussreich war seine Aussage, dass sein Vorhaben schon im Dezember 1940 feststand und er bereits mehrere missglückte Versuche unternommen hatte, nach England zu fliegen. Möglicherweise entschied er sich, als Hitler den Entschluss gefasst hatte, Russland anzugreifen (wenn er davon wusste), und nachdem die Berliner Gespräche zusammengebrochen waren, an denen er selbst teilgenommen hatte. Andererseits kann ihn auch Ribbentrops Idee eines Kontinentalblocks aufgeschreckt haben, weil diese vorsah, die Sowjetunion an der Aufteilung des britischen Weltreiches zu beteiligen.

Fiktive Verhandlungen

Nachdem Hamilton mit Heß gesprochen hatte, meldete man die Angelegenheit nach London. Cadogan, der die Behandlung der Vorgänge persönlich übernahm und dem »C« sowie weitere Zweige der Geheimdienste unterstellt wurden, erfuhr von der Affäre am 11. Mai. Dabei wurde Heß' Identität nach wie vor geheim gehalten: »Ein deutscher Pilot ist bei Glasgow gelandet und hat nach dem Duke of Hamilton gefragt. Dieser ist so beeindruckt, dass er heute Abend noch nach London fliegen und mich in Nr. 10 aufsuchen will ... Eine halbe Stunde später hörte ich, dass der Premierminister Seine Gnaden auf dem Flugplatz abholen und nach Chequers bringen lässt.«[36]

Hamilton wollte zunächst sofort den König aufsuchen. Am Abend des 11. Mai steuerte er sein Flugzeug selbst nach London, wurde aber bei seiner Ankunft von Cadogan überzeugt, zunächst mit Churchill zu sprechen.[37] So brachte man ihn noch am späten Abend zum Premierminister nach Ditchley, wo Churchill in einem kleinen Kreis von Freunden einen amerikanischen Film ansah. Hamilton legte nicht einmal seine Pilotenjacke ab, sondern zog Churchill sofort beiseite und enthüllte ihm die Identität des Piloten. Churchill scheint völlig überrascht gewesen zu sein. Er behandelte Hamilton, »als ob dieser unter Kriegsstress und Halluzinationen leide«. Wie es seine Art war, hieß Churchill Hamilton dann doch willkommen und meinte: »Also, ob nun Heß oder nicht Heß, ich schaue mir jetzt erst einmal die Marx Brothers an.« Als der Film dann um Mitternacht zu Ende war, setzte er sich allerdings für über drei Stunden mit Hamilton zusammen, fragte ihn aus und überlegte gemeinsam mit ihm, welche Folgen Heß' Anwesenheit in Großbritannien haben könnte.[38]

Es sollte nicht unerwähnt bleiben, dass Churchill zu keiner Zeit auch nur den Gedanken an Verhandlungen mit Heß erwog. An diesem wichtigen Punkt kam es ihm darauf an, die Mission propagandistisch maximal auszubeuten und jeden falschen Schritt zu vermeiden. Von Anfang an wies er darauf hin, dass Heß »wie andere Naziführer ein potenzieller Kriegsverbrecher ist und bei Kriegsende gemeinsam mit seinen Kumpanen sicher wie ein Bandit behandelt werden wird.« Churchill wollte in jedem Fall verhindern, dass nun Politiker zu Heß pilgerten, die sich Hoffnungen auf einen raschen Frieden machten. Daher ordnete er an, dass Heß »in einem passenden Haus nicht zu weit von London in strenger Isolation gehalten wird. Das Haus soll von ›C‹ mit dem Notwendigen ausgestattet und alles unternommen werden, um ihn zu beobachten und alles von Wert aus ihm herauszuholen«.[39] Einige Tage später wies Churchill an, »meinen Gefangenen«, wie er Heß jetzt nannte, nach London zu überführen. Diejenigen, die immer noch der Verschwörungstheorie anhängen, sollten wissen, dass Heß, nachdem er zum Kriegsverbrecher erklärt worden war, sofort in die Obhut der Armee und nicht der Geheimdienste überging.[40] Der Premierminister bestimmte auch, Heß müsse »in strengster Abgeschiedenheit« gehalten werden. »Seine Betreuer sollten sich mit Gesprächen zurückhalten«. »Die Öffentlichkeit«, so warnte er, werde »nicht dulden, wenn wir mit diesem berüchtigten Kriegsverbrecher viele Umstände machen, es sei denn, aus nachrichtendienstlichen Gründen.«[41] Später versicherte Churchill in verschiedenen Schreiben an Roosevelt, er werde sich nicht mit Heß' Vorschlägen befassen. Diese enthielten »die alte Aufforderung an uns, alle unsere Freunde zu verraten, um zeitweilig den größeren Teil unserer eigenen Haut zu retten«.[42]

Am Morgen des 12. Mai ging Eden zusammen mit Hamilton von Whitehall über die Straße nach Downing Street Nr. 10. Gemeinsam mit Ivone Kirkpatrick vom Foreign Office, der Heß in Berlin begegnet war, betrachteten sie von Hamilton mitgebrachte Fotografien, auf denen Heß zu sehen war. Als Vorsichtsmaßnahme flog Kirkpatrick mit Hamilton zurück nach Schottland, um Heß persönlich zu identifizieren. Bislang hatte die Presse von der sich anbahnenden Sensation noch keinen Wind bekommen. Kirkpatrick erkannte Heß wieder und gewann sogar sein Vertrauen. Dieser hatte offenbar zeitweilig den Eindruck, sein Angebot werde ernst genommen. Ohne sich seines Irrtums bewusst zu sein, legte Heß die Gründe für sein Unternehmen dar. So konnte Kirkpatrick Heß geschickt auf die Themen lenken, die die Regierung interessierten. Heß beharrte allerdings darauf, er sei »ohne Hitlers Wissen gekommen, um die Verantwortlichen in England zu überzeugen, da es den Krieg nicht gewinnen könne, wäre es das Klügste, jetzt Frieden zu schließen. Aber er betonte, er kenne Hitler seit langem und gebe dessen Ansichten wieder.« Zu dem Friedensplan erläuterte Heß, England sollte Deutschland »in Europa freie Hand lassen, wofür Deutschland England im Empire völlig freie Hand lassen« werde.

Weniger erfolgreich war Kirkpatrick, was Russland betraf. Hier suchte er Heß in die Falle zu locken, indem er behauptete, Hitler könne nicht mit Russland umspringen, wie er wolle, da dieses zum asiatischen Kontinent gehöre. Heß umging das Thema mit einer rätselhaften und irreführenden Bemerkung, die zeigt, dass er in Hitlers Pläne nicht eingeweiht war: »Deutschland hat gewisse Forderungen an Russland zu stellen, die erfüllt werden müssen, ob in Verhandlungen oder im Ergebnis eines Krieges.« Sogleich fügte er jedoch hinzu, es gäbe keinen Grund »für Gerüchte, dass Hitler einen baldigen Angriff auf Russland plant«. Hitlers Politik sei es, aus Russland das Maximale herauszuholen, solange das möglich sei. Wann er seine Forderungen präsentiere, bestimme er allein. Dies war schon die weitest gehende Äußerung von Heß über Russland, die Hitlers wahre Pläne eher verschleierte, als enthüllte. Damit bestätigte Heß nämlich die Einschätzung der Militäraufklärung, dass es vor dem Krieg zunächst zu Verhandlungen kommen werde.[43] Heß war schließlich total überrascht, als man ihm die Nachricht von dem Überfall auf Russland brachte. Er murmelte nur: »Nun haben sie also doch angegriffen!«[44]

In Hitlers Hauptquartier wurde die Nachricht von Heß' Verschwinden mit Überraschung und Wut aufgenommen. Hitlers Dolmetscher Schmidt berichtete, es sei »als hätte eine Bombe im Berghof eingeschlagen«. Ähnliche Äußerungen sind auch von den Generalen Keitel und Halder sowie von Albert Speer bekannt. Die harte Behandlung der Adjutanten von Heß', Pintsch und Leitgen, durch die Gestapo weist ebenfalls in diese Richtung. Auch auf dem Augsburger Flugplatz kam es zu Festnahmen. Als später bekannt wurde, dass Heß Kontakte zu Astrologen und Anthroposophen gehabt hatte, wurden auch hier zahlreiche Verantwortliche verhaftet und die Organisationen verboten. Albrecht Haushofer, der Heß zu der Aktion angeregt hatte, wurde zu Hitler gebracht und gezwungen, einen ausführlichen Bericht über seine Kontakte mit Heß zu schreiben.

Die Briten hofften zunächst, durch eisernes Schweigen aus der Verwirrung in Deutschland Nutzen ziehen zu können. Aber dies ging nicht auf. Um ihnen zuvorzukommen, gingen die Deutschen bereits am 12. Mai um 20.00 Uhr an die Öffentlichkeit. Es hieß, Heß sei »anscheinend in einem Anfall von Wahnsinn« mit einem Flugzeug aufgestiegen und seitdem vermisst. Die Meldung war absichtlich vage gehalten, weil die Deutschen tatsächlich nicht wussten, was mit ihm geschehen war. Die Luftwaffe versicherte Hitler, die Chance, dass er England erreicht habe, sei gering.[45] Als der deutsche Rundfunk die Nachricht sendete, rief Churchill »in höchster Aufregung« Eden an und forderte, »sofort etwas zu verlautbaren«. Um Mitternacht kam dann die erste britische Erklärung heraus.[46] Die Deutschen schlugen am nächsten Morgen mit einer ausführlichen Meldung zurück. Sie gaben den Inhalt eines Briefes von Heß an Hitler bekannt, in dem dieser dem Führer seine Ergebenheit bekundete: Die Deutschen glaubten, mit wahrheitsgetreuer Information die mögliche britische Propaganda am besten unterlaufen zu können, da man erwartete, dass England den Flug als Zeichen für eine wachsende Kluft in der deutschen Führung hinstellen werde.[47]

Churchill hoffte seinerseits, auf die für ihn typische Weise maximalen Nutzen aus der Affäre zu ziehen, indem er eine dramatische Rede im Parlament halten wollte, die jede Kritik zurückweisen und Optimismus verbreiten sollte. Das Volk, so wollte er erklären, werde »von dieser bemerkenswerten Episode sowohl gefesselt als auch erfreut sein, und eines ist sicher: dass der Stellvertreter des Führers Deutschland und seinen Chef in dieser Situation verlassen hat, wird in den Reihen der deutschen Wehrmacht, in der Nazipartei und im deutschen Volk tiefe Verwirrung und Bestürzung auslösen«.[48] Als die Deutschen ihre erste Meldung veröffentlicht hatten, diktierte und redigierte Churchill sorgfältig eine sechs Seiten lange Erklärung. Wenn er diese als Rede gehalten hätte, wären viele der unglückseligen und lang anhaltenden Folgen der Affäre nicht eingetreten. Aber die Erklärung blieb auf dem Papier. Sie zeigt jedoch, wie weit Churchill zu gehen bereit war, um die Wahrheit über Heß und das Wesen seiner Vorschläge zu enthüllen. Das betraf auch dessen Angebot, die Einflusssphären untereinander aufzuteilen, sowie die unbequeme Behauptung, er sei nach England gekommen, weil er den Eindruck hatte, dass es dort eine starke pazifistische oder defätistische Bewegung gäbe, mit der er verhandeln könne. Churchill wollte damals auch die verheerenden Gerüchte zerstreuen, die sich bis zur Öffnung der Archive im Jahre 1992 halten sollten, denn er enthüllte, Heß habe sich nach seinem Bekunden »aus eigenem Antrieb auf diese Mission begeben, um die britische Nation vor der Vernichtung zu retten«. Mit einer solchen Erklärung hätte Churchill auch die Entschlossenheit der Regierung demonstriert, jegliche Verhandlungen mit Heß abzulehnen, den er als »Mittäter und Komplizen Hitlers bei allen Morden, Wortbrüchen und Grausamkeiten« bezeichnen wollte, »mit denen das Naziregime sich Deutschland unterworfen hat und nun auch Europa unterwerfen will«. Es hätte sich gezeigt, dass er Heß als Kriegsverbrecher sah, »dessen Schicksal wie das der anderen Führer der Nazibewegung, einer Entscheidung der alliierten Staaten vorbehalten bleiben muss, wenn der Sieg errungen sein wird«. Man muss allerdings hervorheben, dass Churchill vor allem erwog, wie eine solche Rede in Deutschland und den USA wirken werde. Russland kam ihm dabei überhaupt nicht in den Sinn. Typisch für Churchill war auch, dass er Heß' Bedingung, seine (Churchills) Regierung müsse erst gestürzt werden, bevor man zu Verhandlungen schreiten könnte, natürlich für sich behielt.[49]

Die Erklärung, die Downing Street Nr. 10 letzten Endes zusammen mit einer kurzen Rundfunkmeldung herausgab, konnte kaum jemanden befriedigen. Die Neugier der Öffentlichkeit wurde mit der Versicherung angestachelt, »sobald [Heß] von seinen Verletzungen genesen« sei, werde »seine Erklärung sorgfältig geprüft werden«. Auch die Bemerkung, bislang sei es unmöglich, »Heß' Eskapade zu erklären«, heizte die Phantasien nur weiter an. Churchill bat das Parlament um Verständnis, selbst wenn eine Erklärung vorliege, könne es »nicht im öffentlichen Interesse sein, dass ich ihren Inhalt sofort verkünde«. Churchills engster Berater in Geheimdienstfragen, Major Desmond Morton, billigte zwar dessen Wunsch, eine ausführliche Erklärung abzugeben, sah aber auch voraus, wozu längeres Schweigen führen könnte: »Nach meiner Meinung wäre es sehr vorteilhaft, wenn man sofort eine offizielle Erklärung abgeben und die Propaganda entsprechend orientieren könnte. Je länger wir abwarten, desto fauler wird der Apfel.«[50] Aber Cadogan hatte Eden bereits davon überzeugt, dass man die Deutschen besser im Unklaren lassen und noch mehr aus Heß herausholen sollte, »indem wir so tun, als ob wir mit ihm verhandeln, und vermeiden, dass man einen Helden aus ihm macht«.[51]

Dass die offizielle Erklärung dann so kurz ausfiel, löste nur Fragen aus und bereitete den Boden für alle möglichen Verschwörungstheorien. Da die Öffentlichkeit den Kern von Heß' Vorschlägen nicht kannte, tappte sie, was das Ziel der Mission und die Reaktion der Regierung betraf, weiter im Dunkeln. Dabei empfahl auch Informationsminister Duff Cooper Churchill, »auf Grund des enormen Interesses an der Geschichte von Rudolf Heß erscheine es ihm äußerst wichtig, Informationen darüber zu veröffentlichen, wenn nötig, auch in Raten«.

Der Drang, etwas über die Affäre zu erfahren, war enorm. Roosevelt drängte Churchill, ihn ins Bild zu setzen, »denn aus dieser Entfernung kann ich Ihnen versichern, dass Heß' Flug die Amerikaner in Atem hält. Die Geschichte sollte so viele Tage oder sogar Wochen, wie nur möglich, am Leben gehalten werden«. Ähnliche Empfehlungen gab Halifax aus Washington.[52] Roosevelts Äußerungen entsprachen genau der Spannung, die in Moskau herrschte. Am 14. Mai erklärte Churchill erneut seine Absicht, vor dem Parlament zu sprechen. Aber das Foreign Office ließ sich nicht umstimmen. Dort überwog die Besorgnis, weil Heß' Aussagen gegenüber Kirkpatrick und »die relativ zutreffenden Äußerungen der Deutschen über die Gründe« von Heß' Flug nach Großbritannien einander so nahe waren. Churchill könnte folglich mit seiner Rede »den deutschen Rundfunk bestätigen«. Dann werde das deutsche Volk wahrscheinlich »erleichtert aufatmen und sagen: ›Das also ist der Grund, weshalb unser lieber Rudolf uns verlassen hat. Das war dumm von ihm, aber er ist kein Verräter, und wir brauchen nicht zu fürchten, dass er unsere Geheimnisse preisgibt.‹« Churchills beabsichtigte Rede lief auch den Plänen des Foreign Office zuwider, eine Desinformationskampagne zu starten, die ein angebliches Zerwürfnis in den oberen Rängen der Nazihierarchie vorgaukeln sollte. Churchill blieb allerdings bei seinem Wunsch, die Rede zu halten. Noch spät nachts rief er Eden an und diktierte ihm, was er sagen wollte. Eden hat eine sehr lebendige Schilderung dieser Begebenheit hinterlassen:

»Ich kletterte aus dem Bett, änderte den Entwurf und gab ihn durch. Einige Minuten später rief Winston wieder an und sagte, das gefalle ihm nicht. Duff [Cooper] war furchtbar verärgert. Max [Beaverbrook] dagegen stimmte mir zu. Was sollte er denn nun halten – seine ursprüngliche Rede oder gar keine? Ich erwiderte: ›Keine Rede‹. ›Also, dann eben keine Rede!‹ Und wütend knallte er den Hörer auf die Gabel.«[53]

Man hielt sich also an die Linie, »sehr wenig zu sagen und die Deutschen im Unklaren darüber zu lassen, was Heß tun und was er aussagen könnte«.[54] Zu Edens Erstaunen nahm Churchill am 19. Mai noch einen Anlauf, um im Kabinett ausführlich über die Angelegenheit zu sprechen. Aber mit Beaverbrooks Hilfe gelang es ihm auch ein drittes Mal, die Sache im Keim zu ersticken.[55] An jenem Abend ging Eden wieder in der Überzeugung zu Bett, dem Premierminister die Sache ausgeredet zu haben. Das Informationsministerium brachte es allerdings nicht fertig, sich diese Gelegenheit entgehen zu lassen. Von dort drängte man Churchill, mit einer persönlichen Erklärung so viel wie möglich aus der Heß-Affäre herauszuholen.[56] Am nächsten Tag lud Beaverbrook einige Journalisten zum Mittagessen ein und teilte ihnen dort vertraulich mit, dass Churchill von einer öffentlichen Rede abgesehen habe, weil »wir im Augenblick so viel Spekulationen, Gerüchte und Diskussionen über Heß haben wollen, wie nur irgend möglich«. Zwar hieß es in dem Entwurf eines Telegramms an Roosevelt, den man für Churchill vorbereitete, es sei »wünschenswert, dass die Presse ihn und sein Abenteuer nicht romantisch verklärt«. Aber Churchill fügte eigenhändig hinzu: »Wir halten es für das Beste, der Presse eine Weile freie Bahn zu geben und die Deutschen im Unklaren zu lassen«.[57] Die führenden Zeitungen spielten die Sache natürlich hoch, besonders als Heß von Schottland in den Tower von London überführt wurde. Einige Blätter sahen dies als Anzeichen für eine unmittelbar bevorstehende Begegnung mit dem Premierminister. Die neue Gerüchtewelle passte nur allzu gut in das Klima der Debatten und Spekulationen, das seit Mitte April herrschte. Wie es bei Churchill oft vorkam, verlor er bald das Interesse an Heß, da man ihm bei der Sache nicht seinen Willen ließ. Außerdem nahmen ihn der Krieg um Kreta und die gewaltigen Seeschlachten völlig gefangen, die bald darauf mit der Versenkung der britischen *Hood* und der deutschen *Bismarck* ihren Höhepunkt erreichten. Der Premierminister suchte lediglich noch Roosevelts Neugier zu befriedigen, indem er ihm eine exakte Zusammenfassung der bislang mit Heß geführten Gespräche sandte.[58] Das Londoner diplomatische Korps hielt insgesamt nicht viel von dem Gedanken an einen Separatfrieden, viele blieben aber überzeugt, dass Heß die Mission mit Hitler abgestimmt habe. Das war wesentlich auf eine bedauerliche Rede des Labourführers und Mitglieds des Kriegskabinetts, Ernest Bevin, zurückzuführen, die man, da es keine Erklärung der Regierung gab, weithin für den offiziellen Standpunkt hielt.[59]

Kirkpatrick hatte kurz nach Heß' Ankunft folgende Strategie entwickelt: »Da die Deutschen gegen Verhandlungen mit der jetzigen Regierung Vorbehalte haben, sollte man Heß in dem Glauben wiegen, es gäbe eine Chance, die jetzige Administration abzulösen. Wenn man ihn vielleicht mit einem Mitglied der Konservativen Partei zusammenbrächte, der den Eindruck erweckte, er lasse sich auf die Idee ein, die jetzige Administration loszuwerden, dann wird Heß unter Umständen offen reden.«[60] Auf diesen Gedanken kam man zurück, als Heß sich deprimiert verschloss, weil sein Plan offenbar fehlgeschlagen war. Verzweifelt erklärte er, er sei »einer Geheimdienstclique in die Hände gefallen« und werde wie ein gewöhnlicher Kriegsgefangener behandelt. Aus Cadogans Briefwechsel mit Churchill ergibt sich ohne jeden Zweifel, dass Heß keinerlei Pläne aus Hitlers Reichskanzlei mitgebracht hatte. Daher betrachtete man es als eine Hauptaufgabe, »Licht in die Frage zu bringen, ob Heß von Hitler als Teil einer beabsichtigten Friedensoffensive gesandt worden ist«.[61]

Am 26. Mai bat Eden Lord Simon, den Lordkanzler, mit Heß zu sprechen. Er sollte diesem zwar sagen, dies geschehe mit dem Wissen der Regierung, zugleich aber andeuten, dass sein Verhältnis zu Churchill und Eden gespannt sei. Wirkliche Verhandlungen waren dabei nicht vorgesehen. Den Rahmen für das Gespräch setzte eindeutig Simon, der darauf bestand, dieses als eine »nachrichtendienstliche« Aktion mit dem klar umrissenen Ziel zu sehen, Heß »eine günstige Gelegenheit zu geben, über seine ›Mission‹ frei zu sprechen und zu erkennen, ob aus seinem Bekenntnis nützliche Informationen über die Strategie und die Absichten des Gegners zu erlangen sind«. Wie Hamilton war auch Simon äußerst empfindlich, was seine früheren Verbindungen zu den Beschwichtigungspolitikern betraf, und forderte deshalb Garantien, dass »über das Gespräch unter keinen Umständen etwas nach außen dringt«.[62]

Churchill hoffte, Simon werde die Gründe herausfinden, weshalb Heß so offensichtlich über die internationale Lage besorgt war und »jetzt so ernsthaft einen zusammengeflickten Frieden will«.[63] Zwar glaubten Cadogan und »C« nur wenig an einen Erfolg, aber das Foreign Office bestand darauf, Heß herauszulocken und besonders nach Hitlers Absichten gegenüber Russland zu befragen.[64] Kirkpatrick wies Simon ausführlich ein und gab ihm die Fragen im Wortlaut vor, die er Heß stellen sollte. Diese waren stark von der Sicht des Foreign Office geprägt. Unter anderem sollte Simon Heß mit der Frage provozieren, welchen Sinn ein Friedensschluss mit Großbritannien haben könnte, wenn Deutschland »sich anschickt, einen Vertrag mit Russland zu unterschreiben und damit den russischen Bolschewismus nach Europa zu bringen. Wenn Deutschland nur an Europa interessiert ist, dann sollte es seine Pläne mit Russland aufgeben, denn Russland ist eine asiatische Macht, die außerhalb der deutschen Einflusssphäre liegt«. Damit wollte man Heß entlocken, ob Deutschland tatsächlich eine Vereinbarung mit Russland anstrebe oder sich auf Krieg vorbereite.[65]

Lord Simon hatte in der Tat die besten Chancen, Informationen aus Heß herauszuholen. Solange Heß nicht wusste, wen er vor sich hatte, blieb er äußerst misstrauisch. Er forderte, zwei deutsche Zeugen und der Duke of Hamilton sollten zugegen sein, von dem er annahm, »dass er nicht der politischen Clique oder dem Geheimdienstring angehört, die ihn daran hindern, die richtigen Leute und den König zu sprechen«.[66] Dann teilte man Heß mit, der Unterhändler werde Lord Simon sein, dem die Verfassung als Lordkanzler eine gewisse Unabhängigkeit verleihe. Man erinnerte Heß auch daran, dass er Simon bereits begegnet sei, als dieser in der Funktion des Außenministers Hitler aufgesucht hatte. Heß blühte auf und »war wie ausgewechselt ... Der Chefunterhändler war ihm offenbar in angenehmer Erinnerung geblieben«.[67]

Nach einem schlechten Start in diesen Tag, an dem er das Mittagessen zurückgewiesen und darüber geklagt hatte, dass ihm die Milch zum Frühstück nicht bekommen sei, stärkte man Heß mit einem Glas Portwein und etwas Traubenzucker. »C« brachte Simon am frühen Nachmittag in den Tower, wo dieser gemeinsam mit Kirkpatrick unter den Decknamen Dr. Guthrie und Dr. McKenzie bei Heß eintrat. Sie sprachen drei Stunden lang mit ihm. Das Protokoll verzeichnet Heß als »Jonathan«. Welchen Sinn diese Pseudonyme hatten, bleibt ein Rätsel, denn Heß wusste, wen er vor sich hatte. David Irving meinte, damit sollte das Wachpersonal irregeführt werden, aber auch dann ist unklar, weshalb man Heß mit einem Decknamen belegte. Simon hatte alle von Heß übergebenen Dokumente genau studiert und sich gut in die Materie eingearbeitet. Auch hatte man ihm gesagt, dass Heß ohne einen offiziellen Vorschlag angekommen sei. Als dieser jedoch hörte, es stünden »Verhandlungen« bevor, fertigte er umfangreiche schriftliche Aufzeichnungen an. Diese übergab er Simon später als seine offiziellen Vorschläge.[68]

Bereits in der ersten Gesprächsrunde wurde Simon klar, dass die Erklärung, an der Heß vor der Begegnung mehrere Tage lang so gewissenhaft gearbeitet hatte, wenig Neues enthielt. Die hingekritzelten Gedanken, die er Simon übergab, bestätigen in keiner

Weise die Annahme, Heß hätte schriftliche Vorschläge mitgebracht, die eindeutige Hinweise auf das Unternehmen »Barbarossa« und die Zukunft Russlands enthielten.[69] Simon kam zu dem eindeutigen Schluss, dass Heß, wie er Churchill berichtete, »auf eigene Initiative gekommen ist. Sein Flug ist nicht auf Weisung, mit Erlaubnis oder auch nur Wissen von Hitler erfolgt. Es ist sein alleiniges Unterfangen. Sollte er sein Ziel erreichen und uns zu Verhandlungen über eine Art von Frieden bewegen, der Hitler vorschwebt, dann wäre er rehabilitiert und hätte seinem Führer gut gedient.« Außerdem gewann er den zutreffenden Eindruck, dass Heß nicht zu den Politikern gehörte, die am Krieg beteiligt waren, und wenig von den strategischen Plänen wusste, da er allein mit der Führung der Partei befasst war. Heß' Plan war bestenfalls der »aufrichtige Versuch, nach Hitlers Vorstellungen zu handeln, wie er sie aus vielen Gesprächen kannte«. Experten des MI6, die das Gespräch analysierten, kamen zu dem Schluss, Heß sei unfähig, auf Argumente, vor allem politischer Natur, zu antworten.[70] Das korrespondierte mit dem Eindruck, den der stellvertretende amerikanische Außenminister Sumner Welles bei einer Begegnung mit Heß am 3. März gewonnen hatte. Er war schockiert, da er erwartet hatte, dass Heß »einen starken und bestimmenden Einfluss auf die deutsche Politik« ausübe. In dem Gespräch stellte sich aber heraus, das Heß »nur wiederholte, was man ihm aufgetragen hatte ... Er hatte sich mit den zur Debatte stehenden Themen überhaupt nicht befasst und sich keine eigenen Gedanken darüber gemacht«.[71] Mit diesem gescheiterten Versuch, von Heß Informationen zu erlangen, endeten die »halboffiziellen Gespräche«. Cadogan sagte dazu unverblümt, Heß klinge wie eine »gesprungene Schallplatte«.[72]

Die Annahme, das Schweigen und die Desinformation hätten der Verschleierung der von Heß überbrachten Informationen gedient, werden also von den heute zugänglichen Dokumenten nicht bestätigt. Als die deutschen Truppen die Grenzen der Sowjetunion überschritten, prüfte der SIS das von Heß erhaltene spärliche Material noch einmal und kam zu dem Schluss, dass es »nun völlig ausgequetscht und nichts mehr herauszuholen« sei.[73] Dass man mit der ganzen Sache so stümperhaft umgegangen war, hing vor allem mit den Differenzen darüber zusammen, wie man sie für die Propaganda am besten nutzen konnte. Von einer Verschleierungsoperation war nie die Rede, da es kaum etwas zu verschleiern gab. Major Desmond Morton sprach sicher im Sinne Churchills, als er eine offizielle Erklärung anregte, die die vorhandenen Fakten enthalten sollte. Wenn es nach ihm ginge, so sagte er Eden, dann sollte »jeder, der in dieser Sache mit der Öffentlichkeit zu tun hat, Zugang zu *allen* Dokumenten dieses Falls erhalten, und dann ginge es nicht mehr nur um eine formale Verlautbarung der Regierung«.[74] Nachdem Churchill die langen Gesprächsaufzeichnungen »Guthrie-Jonathan« durchgesehen hatte, kam er zu dem Schluss, Heß' Äußerungen seien »wie ein Gespräch mit einem geistig behinderten Kind, das Mord oder Brandstiftung begangen hat«. Er teilte nicht einmal die allgemeine Meinung, dass Heß »Hitlers geheimste Gedanken wiedergibt«, sondern äußerte sich belustigt darüber, dass »er uns etwas von dem Klima in Berchtesgaden vermittelt, das künstlich und abstoßend zugleich ist«. Damit schwand bei Churchill auch jedes Interesse, sich zu der Affäre öffentlich zu äußern.[75]

Da Heß in den zahlreichen Verhören stets das Gleiche erklärte und alle seine Aussagen bis zum letzten hörbaren Murmeln vom SIS aufgezeichnet wurden, kann man seine Version der Ereignisse als glaubhaft annehmen. Der Chefpsychologe der britischen Armee, der Heß untersuchte, gewann »den starken Eindruck, dass seine Geschichte insgesamt der Wahrheit entspricht«. Da Heß außerdem nicht fließend Englisch spreche, müsse es ihm schwer fallen, eine völlig falsche Version überzeugend darzubieten. Er vermutete auch, dass Heß' Geisteszustand alles andere als stabil sei: »Er ist ein etwas paranoider Typ. Er weist einen abnormen Mangel an Einsicht oder Selbstkritik auf. Außerdem ist er etwas introvertiert und hypochondrisch veranlagt. Dieser Mann hinterlässt bei mir den Eindruck mangelnder innerer Ausgeglichenheit, einer psychopathischen Persönlichkeit ...«[76]

Den bolschewistischen Hasen jagen

Da es den Briten nicht gelang, aus Heß etwas Nützliches für die Propaganda herauszuholen, richteten sie alle Anstrengungen nun darauf, ihn für ihre Russlandpolitik zu nutzen. Bevor man überhaupt entschied, Heß in dieser Richtung auszubeuten, hatte das Schweigen der Briten in dieser Affäre bereits Gerüchte ausgelöst, die im Kreml noch lange Zeit nachwirken sollten. Sir Archibald Clark Kerr, Cripps' Nachfolger als britischer Botschafter in Moskau, führte das Misstrauen im Oktober 1942 darauf zurück, dass man die Russen über die Affäre nicht ins Bild gesetzt hatte. Er stellte Churchill die Frage, was dieser wohl dächte, wenn Ribbentrop nach Moskau geflogen wäre und man England über das Ziel seiner Mission im Unklaren gelassen hätte.[77] Heß, so erläuterte Clark Kerr, sei »wie ein Skelett im Schrank«, das mit seinem Klappern das Publikum immer wieder aufstöre. Man hatte den Eindruck, Churchill halte Heß bewusst als Trumpfkarte in der Hinterhand, um Verhandlungen über einen Separatfrieden aufzunehmen, sollte der Krieg in eine kritische Phase treten.[78]

In den Zusammenhang der Russlandpolitik geriet die Heß-Affäre offenbar in der Nacht vom 14. zum 15. Mai 1941, als Eden und Beaverbrook entschieden, sie für ihre Propaganda einzusetzen. Churchill stimmte nur widerwillig zu. Damit waren die Rollen in dem komplizierten Spiel verteilt, das Heß für eine Veränderung der sowjetischen Politik nutzen sollte. Kaum war dieser in Großbritannien gelandet, als Cripps dem Foreign Office bereits das große Interesse mitteilte, das dessen Mission in Moskau ausgelöst habe. Er erfasste sofort, wie brisant die Affäre war, und schlug deshalb vor, diese »goldene Gelegenheit« zu nutzen, um die Befürchtungen der Sowjets entweder zu schüren oder auszuräumen:

»1. Heß-Affäre hat Sowjetregierung zweifellos sehr verwirrt und alte Furcht vor Friedensschluss auf ihre Kosten wiederaufleben lassen.

2. Ich weiß natürlich nicht, in welchem Maße, wenn überhaupt, Heß zu reden bereit ist. Wenn ja, dann hoffe ich sehr, dass Sie dringend die Möglichkeit in Erwägung ziehen, seine Enthüllungen zu nutzen, um den Widerstand der Sowjets gegen den Druck der Deutschen zu unterstützen, entweder (a), indem Sie ihre Furcht verstärken, die Sache allein ausbaden zu müssen, oder (b), indem Sie den Gedanken fördern, dass die Sache, wenn man sie jetzt und gemeinsam angeht, gar nicht so schlimm ist, oder wenn sie am besten beides tun, denn es ist durchaus nicht unvereinbar.«

Auch Halifax befürwortete den Gedanken, mit allen Informationen, die eine Spaltung in der deutschen Führung wahrscheinlich machten, Druck auf die Russen auszuüben. Sargent, der Architekt der Sowjetpolitik im Foreign Office, schien allerdings entschieden dagegen zu sein, auf einen britisch-deutschen Separatfrieden anzuspielen, weil das Stalin seiner Meinung nach in Panik versetzen und in die Arme der Deutschen treiben konnte. Cripps blieb daher nichts anderes übrig, als stillzusitzen und abzuwarten, ob und wann er Informationen über Heß erhielt.[79]

Als sich aber bereits nach wenigen Tagen herausstellte, dass es nur begrenzte Möglichkeiten gab, Heß für die Propaganda gegen

Deutschland einzusetzen, kam Sargent auf Cripps' Idee zurück. Da Heß sich über die deutschen Absichten in Russland in Schweigen hüllte, war Cripps Gedanke nur durch Falschinformationen zu realisieren. Diese sollten ein Zerwürfnis in der Naziführung wegen der deutschen Pläne in Russland suggerieren. Weiter sollte es heißen, bei Heß handle es sich im Unterschied zu Göring und Ribbentrop, die ihm verhasst waren, um »einen der fanatischsten Nazis«, der entschlossen sei, als Wächter über die Reinheit der nazistischen Lehre jegliche Vereinbarung zwischen Russland und Deutschland zu verhindern.[80]

Dass man so rückhaltlos auf diesen Kurs einschwenkte, ohne die offensichtlichen Risiken zu bedenken, hängt mit der Einschätzung des deutschen Aufmarsches an der russischen Grenze durch die britischen Nachrichtendienste zusammen. Wie Stalin erfassten sie bis Ende Mai 1941 nicht, wie nahe ein Krieg zwischen Deutschland und der Sowjetunion bereits war. Sie blieben bei ihrer Auffassung, dass der deutsche Aufmarsch im Osten lediglich das Vorspiel für Verhandlungen mit der Sowjetunion sei. Der Gemeinsame Geheimdienstausschuss erkannte Anzeichen dafür, »dass eine weitere Vereinbarung zwischen beiden Staaten kurz vor dem Abschluss steht«. Neueste Informationen deuteten zudem an, dass »Hitler und Stalin beschlossen haben können, ein weitgehendes Abkommen über politische, wirtschaftliche und sogar militärische Zusammenarbeit abzuschließen, dessen Grundlage allerdings noch unklar ist«. Mit Krieg rechnete man daher nur, »falls die Sowjetunion sich weigert, auf die deutschen Forderungen einzugehen oder sich nicht an eine getroffene Vereinbarung hält«. Die frustrierte Stimmung, die im Foreign Office herrschte, war im Grunde genommen nur das Eingeständnis dafür, dass die Diplomatie »völlig versagt« hatte. Im Falle Russlands, so gestand Cadogan grollend ein, könne man nichts tun, »es sei denn, man hat die Möglichkeit, (a) ihm zu drohen, oder (b) es zu bestechen. Russland hat (a) *keinerlei* Furcht vor uns, und (b) haben wir ihm *nichts* zu bieten. Da kann man mit Worten und Papieren jonglieren, so viel man will, man erreicht überhaupt nichts.«[81] Diese Schlussfolgerung brachte schließlich das Foreign Office und die Nachrichtendienste auf die Idee, Heß »geschickt« zu nutzen,[82] um die Russen von einer Vereinbarung mit Hitler abzuhalten. Wie wirkungsvoll eine solche Politik sein konnte, hing zweifellos davon ab, ob entsprechende Verhandlungen überhaupt im Gange waren. Da Stalin gerade erst von Schulenburg darin irregeführt worden war, eine baldige Versöhnung stünde tatsächlich auf der Tagesordnung, fand dieser nun in der Heß-Affäre seine Auffassung bestätigt, England und Deutschland könnten einander näher kommen. Wenn man in Betracht zieht, dass die Befragung von Heß im Grunde genommen bis zum deutschen Überfall auf Russland andauerte, dann hatte die Affäre zweifellos eine verheerende Wirkung auf Stalins Denken in den entscheidenden Monaten vor dem deutsch-sowjetischen Krieg.

Am 16. Mai legte Sargent ein neues Papier vor, in dem er seine Sicht prägnanter und wirkungsvoller darlegte. Die Desinformation, die er gegen die Russen in Gang setzen wollte, beruhte auf folgenden Prämissen:

»Heß hält sich selbst für den Hüter der ursprünglichen Lehre des Nazismus, dessen Hauptziel darin besteht, dass dieser Deutschland und Europa vor dem Bolschewismus retten soll. Hitler ist nun von jüngeren Gefolgsleuten der Partei, die reine Opportunisten sind, und von der Wehrmacht überzeugt worden, eine Regelung mit der Sowjetunion anzustreben und diese als vollwertigen Achsenpartner zu gewinnen. Das konnte Heß nicht ertragen und flog deshalb in unser Land.«

Wenn man das Stalin wirksam nahe brachte, dann konnte dieser tatsächlich zu dem Schluss kommen, Hitler wolle ihn lediglich an Deutschland heranziehen, um einen Fuß in die russische Tür zu bekommen. Hatte Hitler seine Position dann weiter gestärkt, konnte er versuchen, Stalin zu stürzen, um die extremeren Elemente der Nazi-Partei zufrieden zu stellen. Das Foreign Office zögerte allerdings, auf diesen Kurs einzuschwenken – nicht aufgrund der möglichen Auswirkungen auf die Russen, sondern aus Furcht, diese Desinformation könnte den Deutschen zu Ohren kommen, die man schließlich weiter im Unklaren lassen wollte. Außerdem stellte Eden zu Recht fest, die Russen könnten dadurch sogar angeregt werden, noch energischer nach einer Vereinbarung mit den Deutschen zu streben, wenn sie erfuhren, dass Hitler in ähnlicher Richtung dachte.[83]

Letztlich kam es Sargent, der voller Tatendrang war, in den Sinn, die Russen dadurch hinters Licht zu führen, dass man »einen Geheimkanal« benutzte. Cadogan stimmte der Idee begeistert zu, jedoch unter der Voraussetzung, »die Russen nicht zu sehr zu verschrecken!« Damit meinte er (ebenso wie Eden) offenbar das gefürchtete deutsch-sowjetische Militärbündnis.[84]

Das Foreign Office willigte schließlich am 23. Mai in die Direktive des MI6 »zur Nutzung der Heß-Affäre über illegale Kanäle im

Ausland« ein. Es begrüßte dieses Vorhaben als »eine klare Warnung an die Sowjetregierung, sich vor Hitlers gegenwärtigen Angeboten von Zusammenarbeit und Freundschaft zu hüten«. Aus der Sicht des Kreml ähnelten diese Anspielungen Churchills Warnung und den Drohungen, die Cripps in Moskau ausgestoßen hatte. Dabei hatte man angedeutet, wenn die Russen auf die deutschen Forderungen eingingen, werde Hitler aus der Vereinbarung Nutzen ziehen, sie dagegen hätten es am Ende allein auszufechten. Der Vorsitzende des Gemeinsamen Geheimdienstausschusses, Cavendish-Bentinck, leitete wirksame Maßnahmen ein, »um sicherzustellen, dass diese Einflüsterung« über verschiedene Kanäle »unverzüglich sowjetische Ohren erreicht«. Entsprechende Weisungen für die »Flüsterpropaganda« erhielten die britischen Botschaften in Stockholm, New York und Istanbul am 23. Mai. Sie war »allein für Russland bestimmt und ausschließlich über Kanäle zu verbreiten, die direkt zu den Sowjets führen«. Nach der Direktive sollten unabhängig von einander »so viele Gerüchte wie möglich« ausgestreut werden.[85]

Auch die Abteilung für politische Aufklärung im Foreign Office war der Meinung, dass aus der Heß-Affäre kein realer Nutzen zu ziehen sei. Sie drängte allerdings darauf, aus Heß' antibolschewistischer Einstellung so viel wie möglich herauszuholen. Das Foreign Office stand daher vor der Frage, entweder die gerade begonnene »Flüsterkampagne« fortzusetzen oder die Russen darüber zu informieren, was Heß wirklich gesagt hatte. Zwar versuchte Duff Cooper das Thema im Kabinett zur Diskussion zu stellen, aber Eden und Cadogan setzten sich durch. So blieb die »Flüsterkampagne« in Kraft, bis der deutsche Überfall auf Russland sie schließlich gegenstandslos machte.[86]

Die neue Orientierung entwickelte bald ein Eigenleben. Eden informierte die führenden Vertreter der britischen Presse im Foreign Office und schärfte ihnen ein, dass »Heß seine Mission, die auf eine Spaltung in der deutschen Führung hinweist, sehr ernst nimmt«. Der Vertreter der *Times* war am Ende des Gesprächs überzeugt, dass Heß versucht habe, »einen Friedensplan zu übermitteln«, wofür er von Hitler eine offizielle Vollmacht besitze. Derartige Auffassungen kursierten überall in London.[87] Am 10. Juni, als Simon mit Heß sprach, beschränkte sich die Desinformation nicht mehr auf Flüsterpropaganda. Eden erweckte bei Maiski den trügerischen Eindruck, Heß sei »aus Deutschland geflohen, weil er – zwar nicht mit Hitler, aber mit einigen hohen Persönlichkeiten seiner Umgebung wie Ribbentrop und Himmler – Streit hatte«.[88]

So paradox das klingen mag, so gut passte es zu Stalins Selbsttäuschung, den Krieg noch abwenden zu können.

Die Flüsterkampagne hatte kaum begonnen, als Cripps, der nicht wusste, welch triviale Dinge Heß beim Verhör geäußert hatte, einen eigenen Versuch unternahm, die Affäre auszunutzen. Wie stets standen bei ihm die scharfe Beobachtung und gründliche Analyse der Situation im Widerspruch zu seiner Ungeduld im praktischen Handeln. »Ich habe immer noch die Hoffnung, dass die Sowjetregierung nichts zugesteht, was ihre Kriegsvorbereitung wesentlich beeinträchtigen könnte«, kabelte er an Eden, »da ich glaube, dass sie keine Illusionen über die eigentlichen Absichten Deutschlands hat und entschlossen ist, sich dort zur Wehr zu setzen, wo sie dies nach ihrer eigenen Einschätzung tun muss, wenn sie nicht untergehen will«. Er war überzeugt, dass »angesichts der offensichtlichen Abneigung der Sowjetregierung, sich gegenwärtig auf einen Krieg mit Deutschland einzulassen, die Versuchung sehr groß sein muss, in Grenzfällen ›zu nachgiebig zu sein‹.« Cripps vermutete daher, dass die Russen in entsprechenden Fällen danach handelten, wie sie die relative Stärke Großbritanniens bzw. Deutschlands einschätzten. Die von Heß erlangten Informationen wollte er nutzen, um »die Entscheidungen der Sowjetregierung in solchen Grenzfällen zu beeinflussen, sie vor allem davon abzuhalten, auf den genannten äußeren Faktor zu spekulieren, mit anderen Worten, sie zu überzeugen, dass sie zwar jetzt etwas zum Festhalten haben, was ihnen später aber gar nichts mehr nützen wird«.[89]

Zwar hielt man Cripps davon ab, eigene Schritte zu gehen, weihte ihn aber in die Desinformationskampagne ein, bei der man seinem Rat zu folgen schien:

»Wir verbreiten über verdeckte Kanäle, dass Heß' Flug auf eine wachsende Kluft wegen Hitlers Politik der Zusammenarbeit mit der Sowjetunion hinweist. Wenn Hitler diese fortsetzt, dann strebt er kurzfristige Vorteile an, denn er weiß, dass er sie schließlich aufgeben und jegliche Versprechen gegenüber der Sowjetunion brechen muss, so dass die Beziehungen am Ende schlechter sein werden als am Anfang. Die Sowjets ihrerseits werden potenzielle Freunde verlieren, Zugeständnisse machen und schließlich Deutschland in geschwächtem Zustand allein gegenüberstehen.«[90]

Die Reibungen zwischen Duff Cooper und Eden hielten den ganzen Mai an. Maiski setzte Eden unter ständigen Druck, den Gerüchten Einhalt zu gebieten. Schließlich entschloss sich der Außenminister, die halboffiziellen Indiskretionen aus seinem Hause zu beenden. Am 5. Juni kehrte Eden zu der offiziellen Linie zurück, in der Affäre Schweigen zu bewahren. Das Foreign Office behielt sich jedoch das Recht vor, auch weiterhin mit Mitteln der Geheimpropaganda »bolschewistische und andere Hasen zu erfinden und zu jagen«. Wenig Aufmerksamkeit fand Cadogans ironische Bemerkung, dass »Gerüchte viel unverantwortlicher und, ohne Nachteile zu bringen, widersprüchlicher und verwirrender sein können«.[91] Edens Versuche, der Militäraufklärung und dem Informationsministerium Zügel anzulegen, blieben ohne Erfolg; bis zum deutschen Überfall auf die Sowjetunion unternahmen beide Institutionen alles, um seine Entscheidung zu unterlaufen. Die Militäraufklärung meinte, wenn man »die Deutschen im Unklaren halten« wolle, dann sei »Schweigen sinnlos«, dann müsse »*etwas* hinausgehen«. Zugleich lag Duff Cooper Churchill in den Ohren, sich zu der ganzen Affäre öffentlich zu äußern.[92]

Heß aus der Sicht des Kreml

Als die Nachricht von Heß' Flug den Kreml erreichte, so erinnert sich Chruschtschow, habe Stalin ihm zugestimmt, dass dieser »einen Geheimauftrag von Hitler ausführt und mit den Engländern verhandeln soll, um den Krieg im Westen abzukürzen, damit Hitler freie Hand hat für den Vorstoß nach Osten«.[93] Solch ein Gedanke mag Stalin tatsächlich durch den Kopf gegangen sein, aber Heß' Mission war für ihn eine noch viel ernstere Herausforderung. Wenn Heß wirklich Hitlers Abgesandter war, dann wurde der Alptraum eines englisch-deutschen Kreuzzugs gegen das bolschewistische Russland zur Realität, dann nahm der gewaltige deutsche Aufmarsch an den Grenzen der Sowjetunion eine ganz neue, Unheil drohende Bedeutung an. Immer noch im Selbstbetrug befangen, kam Stalin jedoch unweigerlich zu einem ganz anderen Schluss: Heß' Mission bestärkte ihn paradoxerweise in seiner Auffassung, dass die deutsche Führung gespalten sei und es daher bald zu »Verhandlungen« mit Deutschland kommen werde.[94] Das Schweigen und die tiefe Geheimhaltung, die Heß' Mission umgab, passten nur zu gut in die Vorstellung, die Moskau von den endlosen britischen Versuchen hatte, Russland in den Krieg zu verwickeln. Aber auch die Möglichkeit eines Separatfriedens durfte nicht auf die leichte Schulter genommen werden. Daher tendierte der Kreml dazu, die Version, Heß sei im offiziellen Auftrag geflogen, herunterzuspielen und zugleich die Möglichkeit anzuzweifeln, die Briten könnten sich seiner bedienen, um einen Separatfrieden zu erreichen.

Als Erstes prüfte man in Moskau die offizielle britische Verlautbarung nach. Dicke Bleistiftstriche eines hohen NKGB-Offiziers auf einem Exemplar der Erklärung könnten bedeuten, dass man die Möglichkeit ausschloss, Heß handle auf Hitlers Weisung. Duff Coopers Behauptung, der Flug zeuge vor allem von den »Meinungsverschiedenheiten in der nationalsozialistischen Bewegung«, war ebenfalls unterstrichen. Ähnliche Aufmerksamkeit fanden auch Berichte der schwedischen Presse, nach denen man die Mission vor dem Hintergrund einer anhaltenden Debatte innerhalb der deutschen Führung sowie in Unternehmer- und Industriellenkreisen zu sehen habe. Eine starke Gruppe, die man mit Göring in Zusammenhang brachte, war angeblich »bestrebt, Frieden mit England zu erreichen«. Bezeichnenderweise hob das NKGB danach hervor, dass die Berichte über Heß' Eintreffen in England zeitlich mit Gerüchten von einem möglichen Treffen Stalins und Hitlers zusammenfielen. Heß wurde als »der Gegner von Hitlers Kurs der Freundschaft zur UdSSR« dargestellt, der einen Dialog mit den Briten suche, »bevor es zum Treffen der Diktatoren kommt«. Zuletzt war die Vermutung angestrichen, Heß habe »eine persönliche Initiative zum Friedensschluss gestartet«, um einer deutsch-sowjetischen Vereinbarung zuvorzukommen.[95]

Als Hindernis für eine Annäherung an Deutschland hatten die Sowjets Heß bereits während dessen kurzer Begegnung mit Molotow in Berlin ausgemacht.[96] Das NKWD, das damals seine Stellung in der Führung untersuchte, erstellte einen höchst abschätzigen Bericht. Man habe niemanden finden können, der ihm »Talent für Propaganda oder Verwaltung« zubilligte, er galt einfach als »Vertrauter« Hitlers, dessen Sympathie er genoss. »Vielleicht hat er besondere Fähigkeiten auf anderen Gebieten«, fasste der verantwortliche NKWD-Offizier ironisch zusammen, »aber bisher scheint sie noch niemand entdeckt zu haben«. Derselbe Bericht enthält auch (vielleicht für eventuelle Erpressungsversuche) Hinweise auf Heß' »skandalöse« Vergangenheit. Heß, so heißt es dort, »gehörte einer Gruppe ›Homos‹ an, die ihn ›Schwarze Bertha‹ nannten, ein Spitzname, unter dem er nicht nur in München, sondern auch in Berlin bekannt ist. Auch seine Heirat hat ihm nicht viel geholfen, denn die Berliner nennen seine Frau ›er‹ und ihn ›sie‹.« Kurz gesagt, Heß galt als »unbedeutende Person in herausgehobener Stellung«, deren Stern im Sinken begriffen war.[97]

Einen Tag nach Heß' Landung in London gab »Lyzeumsschüler«, der Doppelagent der Gestapo, der für die sowjetische Residentur in Berlin arbeitete, seine kurze, aber, wie üblich, wirksame Meldung ab. »Lyzeumsschüler« hatte seinen scharfen Intellekt bisher in zweierlei Richtung eingesetzt – für den Nachweis einer Spaltung in der deutschen Führung und für die Ansicht, dass eine Militäraktion gegen die Sowjetunion erst nach Verhandlungen erfolgen werde. Nun stellte er Heß als einen Irren dar, der in den vergangenen zwei Jahren vier bis sieben Monate in Sanatorien verbracht habe und seit längerer Zeit über keine wirkliche Macht mehr verfüge. Als »erbitterter Gegner der Sowjetunion« und »begeisterter Englandfreund« sei er auf die fixe Idee verfallen, er werde »als neuer Christus die Welt retten«.[98]

Der Chef der Berliner Residentur, Kobulow, den der gerade aus Moskau zurückgekehrte Dekanosow über die laufenden »Verhandlungen« informiert hatte, nutzte die Passagen der Berichte von »Hauptfeldwebel« voll aus, in denen von »Differenzen in der Führung« die Rede war. Nach Gerüchten in Berlin habe Heß »Verbindungen zu Göring«. In Kobulows Information, die ganz auf Stalins Sicht eingestellt war, hieß es, die Teilnahme Görings an Hitlers Pressekonferenz, die nach dem Flug von Heß gegeben wurde, habe lediglich solchen Gerüchten entgegentreten und die Einheit der Führung demonstrieren sollen.[99]

In einem weiteren Bericht sicherte sich Kobulow jedoch mit dem Hinweis auf die Möglichkeit ab, Heß sei »in hervorragendem Zustand ..., mit eindeutigem Wissen und auf Anregung der deutschen Regierung« nach England geflogen. Nach einem Hinweis des Agenten »Frankfurter« habe ein nicht genannter General beim Essen geäußert, der Flug sei »keine Flucht, sondern mit Hitlers Zustimmung erfolgt – eine Mission mit Friedensangeboten an England«. Auch diese Meldung bestätigte freilich, Heß sei »als unerbittlicher Feind des Kommunismus und Gegner einer Annäherung an die UdSSR ... auf eigene Initiative« geflogen, um die Briten davon zu überzeugen, den Krieg zu beenden und damit weitere Truppenverlegungen nach Osten zu ermöglichen.[100]

Während die Informationen aus Deutschland, ungeachtet gewisser Zweideutigkeiten, Stalins Glauben zu bestätigen schienen, die Mission zeuge von einem Zerwürfnis in der deutschen Führung, waren die Berichte aus London weit weniger eindeutig. Maiski wusste natürlich, dass die pathologische Furcht vor einem englisch-deutschen Kreuzzug gegen Russland ein herausragender, beständiger Wesenszug von Stalins Außenpolitik in der Zwischenkriegszeit war, der noch aus der Intervention der Alliierten im Bürgerkrieg herrührte. Seit der Kapitulation Frankreichs bereitete Stalin der Verbleib der »Männer von München« in Churchills Kabinett, die die Waagschale zu einem Frieden mit Deutschland neigen konnten, besondere Sorge. Dies hatte besonders Cripps eine Zeitlang ausgenutzt. Nach dem Fall Frankreichs hatte er Halifax verzweifelt zu bewegen versucht, Maiski darauf hinzuweisen, dass die britische Reaktion auf Friedensangebote Hitlers von Fortschritten in den Verhandlungen zwischen Russland und Großbritannien abhänge.[101]

Die sowjetische Aufklärung hatte ein außerordentlich wachsames Auge auf jegliche Anzeichen für einen möglichen Separatfrieden. So berichtete sie z. B. im Juli 1940: »Der britische Ex-König Edward hält sich gemeinsam mit seiner Frau Simpson gegenwärtig in Madrid auf, von wo er zu Hitler Verbindung hält. Edward spricht mit Hitler über die Möglichkeit, eine neue britische Regierung zu bilden und unter der Bedingung, dass ein Militärbündnis gegen die UdSSR zustande kommt, Frieden mit Deutschland zu schließen.«[102] Die neuen Gerüchte von einem Separatfrieden, die in der letzten Aprilwoche des Jahres 1941 in Umlauf kamen, lösten in Moskau beispiellose Aufregung aus. Maiski konnte dies kaum ignorieren. Nach dem Debakel in Griechenland und Kreta, das wachsende Kritik und Unwillen in England nach sich zog, erhielt er die Weisung, auf die Beschwichtigungspolitiker in der Regierung besonders zu achten.[103] In einer ganzen Reihe von Gesprächen mit Beatrice Webb, dem parlamentarischen Staatssekretär R. A. Butler und Sir Walter Monckton suchte er verzweifelt nach Aussagen, die jene Gerüchte über Friedensinitiativen widerlegten.[104]

Als die Anzeichen für einen bevorstehenden Krieg jedoch zunahmen, fiel es Maiski immer schwerer, die Situation nüchtern zu beurteilen und seine Beobachtungen mit der in Moskau vorherrschenden Meinung in Einklang zu bringen. In den Monaten vor Heß' Eintreffen verkomplizierten Churchills Warnung und Cripps Ultimaten die Lage. Da Stalin aus einem ganzen Bündel von Theorien wählen konnte, las er die Berichte seiner Botschafter selektiv. Umgekehrt wurden diese, und Maiski im Besonderen, geradezu Experten einer entsprechenden Bedienung des Kreml, indem sie die jeweils gewünschte Version, in Zweideutigkeiten verpackt, lieferten. Wir haben gesehen, dass Maiski im zweiten Halbjahr 1940 daran festhielt, Churchill erhalte »zumindest vorläufig« massive Unterstützung zur Fortsetzung des Krieges, während die Beschwichtiger »noch« keine wichtige Rolle spielten. Er glaubte jedoch nicht einen Moment daran, dass Churchills harter Widerstand grundsätzlicher Natur sei. Dieser wollte einfach noch kein Abkommen schließen, das Großbritanniens Misserfolge auf dem Schlachtfeld festgeschrieben hätte. Der Botschafter schloss aber nicht mehr aus, dass eine schockierende Niederlage, die das britische Weltreich ins Schwanken brächte (zweifellos spielte er damit auf den Fall von Ägypten an), einen »Verrat der herrschenden Klasse ähnlich dem von Pétain und seiner Gruppe« zur Folge haben könnte.[105] Unter den neuen Umständen im Frühjahr 1941 vertraute er seinem Tagebuch an, die Situation sei zu sehr im Fluss, als dass die Russen beruhigt sein könnten, denn »gegenwärtig, da die englische Bourgeoisie den Krieg fortsetzen will, ist Churchill für sie ein Gottesgeschenk. Später kann er allerdings zu einem großen Hindernis werden, wenn sie es wünschen sollte, Frieden zu schließen.«[106]

Es kann deshalb nicht verwundern, dass Maiski die gewissenhaften Eintragungen in sein Tagebuch, das ständig überwacht wurde, eine Zeitlang unterbrach. Seine Aufzeichnungen nach Heß' Ankunft in England fielen besonders knapp aus und stehen im Gegensatz zu der hektischen Betriebsamkeit, die er entwickelte, um hinter den Sinn der Affäre zu kommen. Aufgeschreckt von den ersten Nachrichten im Rundfunk, stieß Maiski überall nur auf Spekulationen. Niemand konnte »etwas Eindeutiges« sagen.[107] Butler im Foreign Office war verwirrt und einsilbig. Er erklärte dem Botschafter lediglich, die Gespräche mit Heß hätten »noch nicht begonnen« und sollten erst in zwei oder drei Tagen aufgenommen werden.[108] Da er über keinerlei handfeste Information verfügte, schrieb Maiski nur eine kurze Bemerkung über die Heß-Affäre in seinen Bericht nach Moskau vom 15. Mai. Seine Bewertung der Atmosphäre sollte der Erwartung in Moskau genügen, dass die Verhöre von einer »stark antisowjetischen« Haltung begleitet seien. Heß schien sich sehr kritisch über den Ribbentrop-Molotow-Pakt geäußert zu haben. Aus diesem Bericht konnte man kaum praktische Schlüsse ziehen, höchstens aus dem zweiten Teil, der Heß' Bekenntnis enthielt, er sei auf eigene Initiative gekommen und habe den Briten keine Geheimnisse mitgeteilt. Wie die übrige Welt wartete auch Moskau ungeduldig auf ein Zeichen, was Hitler gegenüber Russland im Schilde führte.[109]

Von dem unheilvollen Schweigen bedrückt, suchte Maiski Butler unter dem Vorwand auf, man müsse dringend über die Rückführung der in britischen Häfen festsitzenden sowjetischen Seeleute und Schiffe sprechen. Zwar verfügte Butler noch nicht über offizielle Informationen, brachte aber seine persönliche Meinung zum Ausdruck, Heß sei aus eigenem Antrieb und nicht als Hitlers Abgesandter nach England gekommen. Dann entwickelte er eine Hypothese, die später Bestandteil der bewussten Desinformation werden sollte: Er könne nicht ausschließen, dass Heß bei dieser Mission von einer mächtigen Gruppe in den oberen Etagen der Nazi-Partei unterstützt werde. Seine Mission scheine also darauf hinzuweisen, dass Hitler keine ungeteilte Unterstützung genieße. Zugleich bekräftigte Butler, seinen Glauben an die feste Entschlossenheit der britischen Regierung, den Krieg fortzusetzen. Sollte Heß »die merkwürdige Vorstellung haben, er werde hier eine Menge von ›Quislingen‹ vorfinden, die nur darauf warten, dass Deutschland ihnen die Hand entgegenstreckt, dann weiß er bereits oder wird in Kürze wissen, dass er sich geirrt hat«. Eine Begegnung Heß' mit Churchill schloss er aus. Einige Tage später baute er diese Theorie noch aus und fügte von sich aus hinzu, dass »es einen Streit zwischen Heß und Hitler gegeben hat, in dessen Ergebnis Heß sich entschloss, nach England zu fliegen, weil er hoffte, er werde hier einflussreiche Kreise finden, die bereit sind, Frieden mit Deutschland zu schließen«. Maiski war nun sicher, Heß' Hoffnungen als »Phantasiegebilde« abtun zu können.[110]

Die Berichte des NKGB aus London korrespondierten mit denen Maiskis. Anatoli Gorski, der Burgess, Maclean und Philby von den »Cambridge Five« führte, übermittelte einen Bericht von Philby (Deckname »Söhnchen«). Danach habe Heß »nach seiner Ankunft in England erklärt, er wolle vor allem mit Hamilton sprechen, einem Mitglied des so genannten Clivedener Kreises«. Er schien über Kirkpatricks erstes Gespräch mit Heß gut informiert zu sein, berichtete aber nichts von Friedensvorschlägen, die Heß übermittelt haben könnte. Sein Bericht löste die Weisung an verschiedene Niederlassungen des NKGB aus, den Inhalt von Heß' Angebot herauszufinden und zu untersuchen, ob es Hitlers Segen oder vielleicht den von Militärs habe, die gegen Hitler opponierten.[111] Nach mehrfachem Drängen gestand die Londoner Residentur bedauernd ein, sie sei »nicht im Besitz von präzisen Informationen über Heß' Aufenthalt in England«. Allerdings war es Philby gelungen, aus dem stellvertretenden Leiter der Presseabteilung des Foreign Office, Tom Dupree, einige Informationen herauszuholen, die er jedoch nicht verifizieren konnte. Nach dieser Quelle hatte Heß den Vernehmungsbeamten bis zum Abend des 14. Mai nichts Verwertbares über seinen Flug mitgeteilt. In Gesprächen mit Offizieren der britischen Militäraufklärung hatte er erklärt, er sei nach

Großbritannien gekommen, um »einen Kompromissfrieden zu schließen, der den Niedergang beider Seiten stoppen und die endgültige Zerstörung des britischen Weltreiches verhindern soll, damit dieses als stabilisierende Kraft erhalten bleibt«. Beunruhigend waren für Stalin Heß' erklärte Treue zu Hitler und die Falschmeldung über einen Geheimbesuch von Beaverbrook und Eden bei Heß. Dupree vermutete, Heß strebe »ein britisch-deutsches Bündnis gegen die Sowjetunion« an. Ausgehend von Churchills Ankündigung im Parlament – »Heß ist mein Gefangener« –, meinte Philby, »dass die Zeit für Friedensverhandlungen noch nicht gekommen ist, Heß aber im späteren Verlauf des Krieges zum Mittelpunkt von Intrigen für einen Friedenskompromiss werden und sowohl für die Friedenspartei in England als auch für Hitler nützlich werden könnte«. Bezeichnenderweise hatte man diesen Teil des Telegramms in der Lubjanka, dem Hauptquartier des NKWD in Moskau, dick angestrichen, damit er nicht übersehen werden konnte.[112]

Die Wirkung der »Flüsterkampagne« war Anfang Juni deutlich spürbar, als das NKWD zum ersten Mal feststellte, man habe »guten Grund anzunehmen«, dass Heß mit dem britischen Geheimdienst zusammenarbeite. Es habe den Anschein, dass »der Führungskreis um Hitler, Ribbentrop, Himmler und Keitel gegenüber der UdSSR einen Bismarck-Kurs fährt und nach dem Flug von Heß seine Position gestärkt sieht. Die probritische Gruppe (Göring, Brauchitsch, Rosenberg) sucht Hitler dagegen weiterhin mit den verheerenden Folgen einer Politik der Zusammenarbeit mit der Sowjetunion zu schrecken«.[113]

Aus der Sicht des Kreml bestand die Dramatik von Heß' Mission darin, dass sie die lang ersehnten Verhandlungen mit den Deutschen verheißen konnte, wenn Heß nicht in Hitlers Auftrag geflogen war und jene Teile der Nazielite vertrat, die sich gegen Hitlers versöhnlichen Rapallo-Kurs zur Wehr setzten. Andererseits konnte er aber auch ein offizieller Sendbote sein, der für ein Kriegsbündnis gegen Russland den Boden bereiten sollte. Wie es bei solchen Gelegenheiten seine Gewohnheit war, zog es Maiski vor, sich herauszuhalten, da es ihm außerordentlich schwer fiel, »aus dem Wust von Erzählungen, Informationen, Mutmaßungen, Annahmen, Gerüchten usw., die diese sonderbare, nahezu romantische Geschichte umgeben, das Wahrscheinlichste auszusondern«.[114] Dem Wunschdenken Moskaus zu folgen, wurde zunehmend gefährlich, da sich Cripps' spontane Warnung von Mitte April nun plötzlich zu bewahrheiten schien. Bei einem Essen im kleinen Kreis bei den Webbs am 23. Mai kam Maiski auf Cripps' lange Denkschrift zurück, die, wie er behauptete, seine Regierung verwirrt habe. Dann schlug er den zu erwartenden Bogen und versuchte den Webbs einen Kommentar zur Möglichkeit eines Separatfriedens zu entlocken:

»Wird England durchhalten? Wird nicht eine starke Gruppe der herrschenden Klasse für Friedensverhandlungen mit Hitler eintreten? Er [Maiski] legte uns dar, was er für die Wahrheit in der Heß-Affäre hielt. Heß sei über seine Mission recht offen gewesen, habe allerdings nicht bestätigt, dass er mit Hitlers Zustimmung gekommen sei. Er wollte die britische Regierung zum Nachgeben bewegen: Die Briten und die Alliierten könnten den Krieg um die Herrschaft über Europa nur verlieren, allerdings werde sich Deutschland dabei verausgaben. Deutschland müsse die dominierende Kraft in Europa bleiben. Großbritannien müsse, von einigen geringeren Zugeständnissen in Afrika abgesehen, sein Weltreich behalten. Dann könnten Deutschland und Großbritannien die Ausbreitung des Bolschewismus, der des Teufels sei, aufhalten.«[115]

Noch beunruhigter kam Maiski von einem Essen zurück, das er allein mit Lord Beaverbrook, dem mächtigen Verbündeten Churchills im Kriegskabinett, eingenommen hatte. Nach der Heß-Mission befragt, »antwortete Beaverbrook, ohne zu zögern: ›Oh, natürlich ist Heß ein Abgesandter Hitlers.‹« Dann gab Beaverbrook Heß' Vorschläge für einen »ehrenhaften Frieden« wieder, übertrieb allerdings das antisowjetische Element, indem er behauptete, die Vorschläge seien als Verteidigung der Zivilisation vor der bolschewistischen Barbarei präsentiert worden. Beaverbrook legte sich auch nicht fest, als die Möglichkeit eines Separatfriedens erörtert wurde. Einerseits lehnte er das aktuelle Angebot rundweg ab: »Heß hat wahrscheinlich gedacht, er braucht nur seinen Plan aufzublättern, und alle diese Herzöge rennen zum König, kippen Churchill und bilden eine ›vernünftige Regierung‹. So ein Idiot!« Andererseits deutete er an, Churchill glaube in der Tat, dass Hitler Frieden wünsche. Beaverbrook spielte die deutsche Karte, wie bereits Cripps vor ihm, und schloss düster, die Zukunft werde zeigen, ob Frieden erreichbar sei. Er glaube, die britische Regierung »werde Frieden mit Deutschland ins Kalkül ziehen, wenn ›die Bedingungen annehmbar‹ seien«. Skeptisch äußerte er sich allerdings darüber, ob solche Bedingungen »bereits zum heutigen Zeitpunkt angeboten werden«. Maiski schloss aus diesem Gespräch, eine energische Fortsetzung des Krieges hänge nicht von Churchills unbeugsamem Willen, sondern eher von den Angeboten der Deutschen ab.[116]

Wenn diese Vorstellung einer zerstrittenen deutschen Führung auch Stalins Sicht entsprach, so blieb er auf Grund der verwirrenden und widersprüchlichen Berichte doch höchst beunruhigt über den Fortgang der Heß-Affäre. Mitte Juni bekam die britische Presse Wind von den Geheimdienstberichten über den deutschen Truppenaufmarsch, was heftige Debatten und völlig gegensätzliche Einschätzungen auslöste. Dazu kam die für die sowjetischen Nachrichtendienste ausgestreute Desinformation über Heß' angebliche Verhandlungen mit Simon. Auf Grund verschiedener Bemerkungen Edens zu Beginn des Monats wuchs im Kreml natürlich die Sorge, die Briten könnten sich auf einen Separatfrieden einlassen, wenn sie annahmen, zwischen Russland und Deutschland hätten bereits Verhandlungen begonnen. Daher informierte Maiski Eden am 5. Mai, dass zwischen Deutschland und der Sowjetunion »keinerlei Verhandlungen im Gange« seien. Aber es gelang ihm nicht, Eden zu überzeugen. Dieser beharrte darauf, er habe Informationen, die auf »ernsthafte Verhandlungen über Fragen von enormer Bedeutung« zwischen Russland und Deutschland hindeuteten.[117]

An dem Tag, da Heß von Lord Simon befragt wurde, stieß Maiski in der Lobby des Unterhauses auf Lloyd George. Dieser wirkte entmutigt, was den Verlauf des Krieges betraf. »Die Zeit ist gekommen«, so bekannte er Maiski,

»über einen Friedenskompromiss nachzudenken. Zu welchen Bedingungen? Lloyd George nimmt an, dass ein Friedensschluss möglich ist, wenn Hitler einwilligt, dass Danzig, Schlesien, Österreich und Elsass-Lothringen an Deutschland fallen, dazu das Protektorat über einige Teile Europas, Polen und bestimmte ›Regelungen‹ für Belgien und Holland. Die Vorschläge, die Heß vorgelegt hat, seien absolut unannehmbar, erklärte der alte Mann kategorisch. Wenn Hitler darauf bestehe, sei die Fortsetzung des Krieges unumgänglich.«[118]

Einige Stunden später erfuhr Maiski in Whitehall von Eden, dass man keinerlei Verhandlungen vorhabe. Eden erklärte feierlich: »Heß wird einige Zeit – bis zum Kriegsende – in einem britischen Gefängnis verbringen.« Aber nur wenige Tage später erfuhr Maiski zu seinem Entsetzen von Beatrice Webb, dass Lord Simon, der »Beschwichtigungsapostel«, beauftragt worden sei, Heß zu verhören.[119]

Die Einschätzung, die Maiskis wahrer Meinung über Heß im Gefolge des deutschen Überfalls am nächsten kam, lief darauf hinaus, dass Hitler versucht habe, die Unterstützung Großbritanniens für den Krieg gegen Russland zu gewinnen, indem er sich als Retter der westlichen Zivilisation im Kreuzzug gegen den Kommunismus präsentierte. Daher schien Heß' Flug das Ziel zu verfolgen, am Vorabend dieses Krieges oder in seinem Anfangsstadium ein britisch-deutsches Bündnis zu ermöglichen. Moskaus Schlussurteil lautete daher, Heß sei auf Hitlers Weisung mit Friedensvorschlägen nach England gekommen, die sich auf das Unternehmen »Barbarossa« bezogen, habe sich aber in der britischen Reaktion geirrt.[120] Bei dieser Fehleinschätzung blieben die Russen bis zum Kriegsausbruch. Sie ließen sie erst nach Churchills berühmter Rede vom 22. Juni fallen, in der dieser zu ihrer großen Erleichterung der Sowjetunion britische Hilfe versprach. Es ist tragisch, dass Stalins Wachsamkeit vor Kriegsausbruch auf diese Weise getäuscht und von der realen Gefahr vor seiner Türschwelle abgelenkt wurde.

Dreizehntes Kapitel

Am Vorabend des Krieges

Mobilisierung ist Krieg!

Die kürzlich veröffentlichte unzensierte Version von Schukows Memoiren und die fragmentarischen Erinnerungen Timoschenkos vermitteln ein plastisches Bild von der Situation im Kreml am Vorabend des Krieges. Wenn man sie zusammen mit den Weisungen des Generalstabs in den zwei Wochen vor dem Überfall liest, dann bleibt kein Zweifel bestehen, dass sich die beiden führenden Militärs der unmittelbar drohenden Gefahr völlig bewusst waren. Angesichts der offensiven Truppenkonzentrationen der Deutschen versuchten sie vergeblich, die eigenen Mobilmachungs- und Aufmarschpläne in vollem Umfang durchzusetzen. Nach der Mobilisierung Mitte Mai hielt Stalin seinen Stabschef jedoch am kurzen Zügel, weil er befürchtete, die Situation könnte rasch außer Kontrolle geraten.

Die eingehenden Nachrichten waren so alarmierend, dass im Verteidigungsministerium der Drang zum Handeln wuchs. Am 2. Juni übermittelte Berija der Regierung Besorgnis erregende Informationen über »Vorkehrungen für den Krieg«, die deutsche Truppen längs der ganzen sowjetischen Grenze trafen. Der Bericht, eine Zusammenstellung nach Quellen des NKGB in Belorussland, der Ukraine und Moldawien, enthielt die exakten Standorte der verschiedenen deutschen Armeen, ihrer Hauptquartiere und ihre exakte Aufstellung. Weiter teilte Berija mit, Hitler habe Anfang Mai in Begleitung von Göring und General Halder Marinemanövern in der Ostsee beigewohnt und im selben Monat vor einer Zusammenkunft von 600 hochrangigen Offizieren in Warschau gesprochen. Aber die düstere Bewertung dieser Tatsachen war kaum geeignet, den Kreml zu erschüttern, da sie auf folgende Annahme hinauslief: »Mit der Eroberung Kretas wird die nächste Phase des britisch-deutschen Krieges zu Ende gehen. Wenn Deutschland tatsächlich einen Krieg gegen die Sowjetunion beginnt, dann wird dies wahrscheinlich Ergebnis einer britisch-deutschen Vereinbarung

Die Aufstellung der sowjetischen und deutschen Truppen vor Kriegsausbruch

sein, die zur sofortigen Einstellung der Feindseligkeiten zwischen Deutschland und England führt. Es ist möglich, dass Heß diesen Friedensvorschlag in der Tat nach England gebracht hat.« So bestärkte dieses Dokument Stalin eher noch in dem Wunsch, den Briten zuvorzukommen und eine Verständigung mit Deutschland zu erreichen.[1] Auch die klaren Fakten aus der Ukraine über massive Truppenkonzentrationen wurden als Vorspiel eines zu erwartenden Ultimatums interpretiert.[2]

Ab Anfang Juni fiel es allerdings immer schwerer, vor dem enormen Truppenaufmarsch im Grenzgebiet die Augen zu verschließen. Golikow, dessen Tatsachenberichte von der politischen Führung abschätzig betrachtet wurden, fühlte sich besonders angreifbar. Daher suchte er die Unterstützung des NKGB bei der Bewertung seiner Unheil drohenden Erkenntnisse. Vor allem wollte er aus den ihm zugänglichen Dokumenten und Gerüchten »Pläne für militärische Aktionen gegen die Sowjetunion« ableiten.[3] Nachrichten gab es zwar in Hülle und Fülle, hatten aber meist taktischen Charakter, während strategische Informationen rar und noch dazu widersprüchlich waren. Sehr ausführliche Berichte trafen innerhalb weniger Tage vom NKGB der Ukraine und des Baltikums ein. Allein am 5. Juni stellte man 100 schwere Panzer fest, die von Warschau nach Osten fuhren. Infanteriedivisionen wurden einzeln und exakt genug identifiziert, um eine detaillierte Karte vom deutschen Aufmarsch gegenüber dem Kiewer Militärbezirk zu zeichnen. Ähnlich genau waren auch die Informationen aus dem Baltikum, wo Beobachter den sich stauenden Transport von Truppen und Waffen aus dem Gebiet um Warschau in Richtung Grenze verfolgten. Ihre bemerkenswert präzise Aufstellung lautete: »Am 25. April erreichte die 35. Infanteriedivision, von Bulgarien kommend, Westpreußen. Der Stab des 34. Regiments dieser Division ist in Gelenburg stationiert, der Stab der 3. Batterie in Kolmafeld, der Stab der 10. Kompanie des 34. Regiments in Rostenburg ...« usw. Auch von logistischen Vorbereitungen wie der Herrichtung von Flugplätzen und Hangars in den Grenzgebieten, dem Anlegen von Munitions- und Treibstofflagern, wurde berichtet. Auf die damit verbundenen Absichten konnte man zwar nur indirekt schließen, aber die deutschen Kommandeure sprachen offen davon, dass der Krieg gegen die UdSSR unmittelbar bevorstehe. Auf einem Ball, den eine in Rumänien stationierte Division gab und zu dem auch rumänische Offiziere eingeladen waren, erklärte der kommandierende General: »Meine Herren Offiziere, die Zeit ist gekommen, unsere Kräfte zu vereinen, um Bessarabien und die Nordbukowina zurückzuholen und die Ukraine zu besetzen. Das ist unser Ziel – der Kampf gegen den Kommunismus.«[4] Gemeldet wurde auch die Verlegung von zwei motorisierten Divisionen und weiteren Reservisten per Eisenbahn von Norden zur sowjetischen Grenze, sowie die massive Einberufung von Reservisten in Finnland.[5]

Ein Spezialagent des NKGB, der mit dem Zug von Berlin über Polen nach Moskau reiste, berichtete von seinen Eindrücken. Ihm fiel auf, dass die Grenzregion überfüllt war mit starken deutschen Truppeneinheiten, von denen sich viele in den Wäldern verbargen. Längs der ganzen sowjetischen Grenze bis in eine Tiefe von 200 Kilometern waren umfangreiche Arbeiten im Gange, um die Eisenbahngleise auf die deutsche Spurweite zu bringen. Strategische Straßen wurden instand gesetzt oder neu gepflastert. Alle Brücken waren befestigt und von leichter Artillerie gesichert. Dutzende Marschkolonnen von Soldaten marschierten in voller Ausrüstung und Bewaffnung in Richtung Front. Nach seinem Eindruck waren sie jung und frisch, zwischen 20 und 30 Jahre alt, »ordentlich gekleidet und gut genährt«. Zugleich wirkten sie wie »kampferprobte Sturmtruppen«. Außerdem rollten zahllose Konvois aus 20 bis 100 Fahrzeugen zur Grenze. Zwischen den Bahnstationen Kolo und Kanin begegnete dem Beobachter eine solche Kolonne schwerer Lastkraftwagen, die in exaktem Abstand von 10 bis 15 Metern fuhren. Sie war etwa 20 Kilometer lang.[6]

Die verschiedenen Berichte wurden bearbeitet und Stalin am 12. Juni in komprimierter Form vorgelegt. Wie in einer Nussschale waren die intensiven Anstrengungen der Deutschen zu erkennen, ihre Truppen in den Grenzgebieten zur Sowjetunion in dichter Formation aufmarschieren zu lassen. Treibstoff und Lebensmittel lagerten in Sonderdepots in Grenznähe. Stalin erhielt auch die Nachricht, dass eine weitere Gruppe von 23 hochrangigen Offizieren das Grenzgebiet inspiziert und dabei die sowjetische Seite sorgfältig observiert und fotografiert hatte.[7] Außerdem stellte das NKGB ein eindrucksvolles Dossier zusammen, das alle beobachteten Verletzungen des russischen Luftraumes durch deutsche Flugzeuge seit Oktober 1940 enthielt. 91 der 185 Aufklärungsflüge waren von Mai bis Mitte Juni erfolgt. Ähnliche Klagen erhielt Schukow auch von der Nordflotte. Flüge bis zu einer Tiefe von 100 Kilometern wurden vor allem über starken Konzentrationen der Roten Armee durchgeführt. Etwa zehn Prozent der 2080 Personen, die die Grenze illegal überschritten hatten, erwiesen sich als Agenten des deutschen Geheimdienstes.[8] Abgefangene Telegramme rundeten das Bild ab. Der japanische Konsul in Königsberg lieferte nützliche Beobachtungen von einem der wichtigsten Knotenpunkte, über den die Deutschen ihre Hauptkräfte aus dem Berliner Raum an die Ostfront warfen. So zählte er an einem einzigen Tag, dem 9. Juni, 17 durchfahrende Militärsonderzüge (zwölf mit mechanisierten Einheiten, drei mit Panzereinheiten, einen mit Feldartillerie und einen mit Sanitätsausrüstungen).[9]

Zu dem nicht enden wollenden massiven Truppentransfer durch Polen kamen Informationen über Mobilmachungsschritte auf dem Balkan. Dort wurde die Zivilbevölkerung vor möglichen längeren Luftangriffen gewarnt.[10] Am allerwichtigsten war sicher Golikows plötzliche Eingebung, man müsse »der ständig wachsenden Zahl deutscher Truppen auf polnischem Gebiet BESONDERE AUFMERKSAMKEIT schenken«. So zog die sowjetische Aufklärung ganze zwei Wochen vor der Invasion endlich die Möglichkeit in Betracht, dass der Hauptschlag nicht in der Ukraine, sondern im mittleren Grenzabschnitt längs der Achse Minsk-Moskau erfolgen könnte.[11] Kobulow in Berlin war ähnlicher Meinung. Er identifizierte die Standorte der Hauptquartiere der Heeresgruppen in Königsberg, Allenstein, Warschau, Lublin und in der Region Samost-Krasnostaw-Janow südlich von Krakau. Auch die deutschen Eliteeinheiten waren für Tschenstochau, Kattowitz, Krakau, Litzmannstadt, Posen, Breslau, Danzig, Stettin und Bromberg vorgesehen – allesamt im westlichen Teil des mittleren Sektors gelegen. Die Achillesferse von Kobulows Bericht bestand allerdings darin, dass er an die eigentlichen Pläne nicht herankam. Lediglich »Hauptwachtmeister« hatte diese Möglichkeit, konnte aber damit das ganze Berliner Netz in Gefahr bringen.[12]

Der ständige Nachrichtenstrom wurde von Schukow und Timoschenko und auch von den Feldkommandeuren keineswegs ignoriert. Schukow sah sich gezwungen, einen Befehl aufzuheben, den, wie das NKGB gegenüber Stalin klagte, Kirponos den Kommandeuren der Sicherungskräfte erteilt hatte. Diese sollten ihre Truppen Stellungen in der Pufferzone zwischen den befestigten Räumen und der Grenze beziehen lassen. Ein solcher Befehl, so warnte Schukow ganz in Stalins Sinne, könne »die Deutschen zu einer bewaffneten Konfrontation reizen«.[13] Kirponos gab aber keine Ruhe und forderte die Genehmigung, Sondermaßnahmen zur Stärkung der »Kriegsbereitschaft« des Kiewer Militärbezirks zu treffen. Bis zum 1. Juli wollte er eine Anzahl Schützendivisionen in eine vorgeschobene Position bringen und die in Grenznähe gebauten neuen Flugplätze voll in Betrieb nehmen. Er glaubte, mit großen Anstrengungen eine wirksame Verteidigung seines Grenzabschnitts bis Oktober/November sichern zu können. Im Augenblick fehlte ihm aber sogar die halbe Million Rubel, die er dringend brauchte, um die nötige Infrastruktur für die zu erwartenden Truppenverstärkungen zu schaffen.[14]

Schukow hielt die Lokalkommandeure zwar von Alleingängen ab, ermutigte sie aber zugleich, mit ihren Vorbereitungen fortzufahren, solange sie damit nicht Stalins Zorn erregten. Um die Zeit zu verkürzen, die man benötigte, um die Sicherungskräfte nach einem Kriegsalarm in Kampfbereitschaft zu versetzen, wies er die Lokalkommandeure an, Munition und Ausrüstungen für den Kriegsfall bereit zu stellen und vorzubereiten. Die Zuführungen der Maschinengewehrgurte, die in Kisten gelagert wurden, waren feucht geworden und mussten getrocknet werden. In Anbetracht der besonderen Umstände sollte man sie alle zwei Monate trocknen und auswechseln. Auch die Hälfte der Geschosse und Handgranaten in den Reservelagern mussten ausgepackt und an die Artillerieeinheiten der Sicherungskräfte verteilt werden, die in voller Bereitschaft zu sein hatten. Proviant sollte vorbereitet und im persönlichen Gepäck untergebracht, Feldküchen und andere logistische Einrichtungen sollten aufgebaut werden. Die Hälfte der Panzereinheiten hatte stets aufgetankt und für Kampfeinsätze bereit zu sein. Die Alarmierungszeit für den Kriegsfall wurde bei den Schützendivisionen auf zwei Stunden, bei den motorisierten und Artilleriedivisionen auf drei Stunden verkürzt.[15]

Als General Watutin, der den Planungsstab der Roten Armee leitete, den Zustand der Mobilmachung überprüfte, stellte er fest, dass bislang 303 Divisionen mobilisiert waren. Davon standen 186 längs der Westfront, darunter 120 Divisionen der Infanterie, 40 der Panzertruppen, 20 mechanisierte und sechs Kavalleriedivisionen. Diese waren mehr oder weniger gleichmäßig auf den Süd-, Mittel- und Nordabschnitt verteilt. Die zweite strategische Staffel, eine in der Nähe von Moskau stationierte Reserve, über die das Oberkommando verfügte, befand sich noch in Vorbereitung. Von den 159 Geschwadern der Luftstreitkräfte, die im Westen standen, waren 18 an der Nord-, 13 an der Nordwest- und 21 an der mittleren Westfront disloziert. Zum Vergleich: 85 Geschwader standen an der Südwestfront, und 29 verblieben zur Verfügung des Oberkommandos. Die Mobilmachung war also noch höchst unvollständig, da keine zweite Staffel aufgestellt war und die Truppen weit auseinander standen und gefährliche Lücken zwischen ihnen klafften, weil sie eine so lange Grenze zu sichern hatten.[16]

In der Nacht vom 11. zum 12. Juni baten Schukow und Timoschenko darum, den Aufmarschplan in Kraft setzen zu dürfen, den sie im April und Mai erarbeitet hatten. Danach sollten die Sicherungskräfte in vorgeschobene Positionen einrücken, um günstige Bedingungen für einen Verteidigungskrieg zu schaffen. Stalin wies ihre Vorschläge rundweg ab und empfahl ihnen stattdessen, am nächsten Tag Zeitung zu lesen. Man kann nur vermuten, wie sehr es ihnen die Sprache verschlug, als sie am nächsten Morgen von der TASS-Meldung Kenntnis nahmen, in der die Wahrscheinlichkeit des Krieges bestritten wurde.[17] Die Verantwortung, die Armee zum Kampf zu rüsten, lastete aber auch weiterhin auf ihren Schultern. Als sie abermals darauf bestanden, die Truppen in Kriegsbereitschaft zu versetzen, erklärte ihnen Stalin: »Wir haben einen Nichtangriffsvertrag mit Deutschland; Deutschland steckt bis über beide Ohren im Krieg im Westen, und ich bin sicher, dass Hitler es nicht riskieren wird, durch einen Angriff auf die Sowjetunion eine zweite Front zu eröffnen. Hitler ist kein solcher Idiot und versteht, dass die Sowjetunion nicht Polen, nicht Frankreich und auch nicht England ist.« Stalin geriet in Wut: »Schlagen Sie vor, die Mobilmachung im Lande auszurufen, die Truppen jetzt zu alarmieren und an die Westgrenze zu schicken? Das bedeutet Krieg!« Timoschenko und Schukow verließen völlig deprimiert den Kreml.[18]

Am 13. Juni brachten Schukow und Timoschenko den Verteidigungsplan für die Sicherungskräfte im Baltikum und in den westlichen Militärbezirken auf den neuesten Stand. Dieser ging davon aus, dass die Deutschen ihren Aufmarsch abgeschlossen hatten und die Hauptgefahr im mittleren Sektor drohe. Die Aufgaben, die die Kommandeure der Militärbezirke erhielten, zeigen eindeutig, wie diese Gefahr wahrgenommen wurde und dass die Truppen auf Verteidigung eingestellt waren:

»II. Die Aufgaben der Sicherungskräfte

a) Das Eindringen des Feindes in das Territorium des baltischen Militärverteidigungsbezirks, ob nun zu Lande oder aus der Luft, ist aufzuhalten.

b) Längs der Staatsgrenzen und in den befestigten Räumen ist eine hartnäckige Verteidigung zu sichern, um den Angriff des Feindes zu stoppen und so die Mobilmachung, den Aufmarsch und die Entfaltung der Kräfte des jeweiligen Bezirks zu ermöglichen.

c) In Zusammenarbeit mit dem Kiewer Militärbezirk ist die Verteidigung der Küstenlinie sowie der Inseln Dago und Ezel zu sichern, um das Anlanden von Kampftruppen des Feindes zu verhindern ...«

Andere Befehle hatten das gleiche Schema. Außerdem war in diesem Dokument von der Verteilung der verschiedenen Einsatzkräfte und ihrer Koordinierung mit den befestigten Räumen die Rede. Eine Schwäche des Planes war die große Konzentration starker Kräfte in unmittelbarer Nähe der Grenze, losgelöst von den Befestigungsanlagen und doch zu weit von den Regionen entfernt, die sie verteidigen sollten. Der Option, die erste Staffel für Operationen in der Tiefe des Raumes als eine Art Gegenoffensive vorzusehen, die der Schlüssel zu Schukows Operationssystem war, wurde nicht genügend Aufmerksamkeit geschenkt.[19]

Stalins Weigerung, die Sicherungskräfte in die Kampfstellungen einrücken zu lassen, wurde durch die Verstärkung der ersten Staffel der verschiedenen Fronten kompensiert. Diese musste allerdings auch in dem engen Rahmen ablaufen, den Stalin gesetzt hatte. Im Ergebnis der Nachtsitzung mit Stalin am 11. Juni erhielt Schukow die Genehmigung, das 51. Schützenkorps, das aus der 98., der 112. und der 153. Division bestand, sowie das 63. Korps, das die 53., die 148. Division und das 22. Pionierregiment umfasste, an die Westfront zu verlegen. Die Aktion sollte am 2. Juli abgeschlossen sein. Diese Verstärkungsmaßnahme hatte natürlich so verdeckt zu geschehen, dass die Deutschen sie nicht als Provokation auffassen konnten. Nur die Mitglieder des Militärrates des Westbezirkes sollten von der Verlegung Kenntnis erhalten, ihr Eintreffen durfte weder per Telefon noch per Telegraf bestätigt werden. Die logistische Unterstützung, die sie an der Front erhielten, wurde ihnen nicht nach den Nummern der Einheiten, sondern nach Codenamen zugeteilt.[20]

Einen Tag später verstärkte Schukow durch die zusätzliche Stationierung der 16. Armee auch die Verteidigung des Kiewer Militärbezirkes. Deren Verlegung, die unverzüglich zu beginnen hatte, sollte am 10. Juli beendet sein. Auch hier wurde streng darauf geachtet, die Truppenbewegungen möglichst geheim zu halten. Besonders ausgewählte Offiziere befehligten das Ausladen der Truppen. Auf der Bahnstation und in der unmittelbaren Umgebung herrschte drakonische Disziplin. Die Marschkolonnen hatten sich unmittelbar nach Ankunft an ihre verschiedenen Bestimmungsorte zu begeben. Das erfolgte in kleinen Trupps, ohne die Ankunft der ganzen Division abzuwarten. Schukow forderte täglich Rapport über den Fortgang der Aktion und die Durchführung seiner Weisungen.[21] Nachdem er Kirponos von der Durchführung des Verteidigungsplanes abgehalten hatte, erteilte Schukow ihm am nächsten Tag trotzdem Weisung, den Bezirk bis zum 1. Juli in »Kriegsbereitschaft« zu versetzen.[22] Weniger Aufmerksamkeit wurde dem Norden zuteil, auch wenn man das Baltikum mit drei leichten Panzerzügen verstärkte.[23]

Am 19. Juni ordnete Schukow mit Eilbefehl die Tarnung aller Militärobjekte an. Nun, da der bewaffnete Konflikt offensichtlich unmittelbar bevorstand, stellte sich heraus, dass ausgerechnet die Kampfflugzeuge nicht ausreichend getarnt waren. Auch Artillerie und mechanisierte Einheiten waren schutzlos in großen Gruppen linear aufgestellt, wodurch sie für den Gegner ein leichtes Ziel abgaben. Panzer und Panzerwagen trugen leuchtende Farben und waren damit aus der Luft und am Boden leicht zu erkennen. Selbst die Nachschublager und andere Militäreinrichtungen hatte man nicht ausreichend verhüllt. Ein umfangreicher Plan wurde daher aufgestellt, um all diese Mängel zu beheben: Auf den Flugplätzen sollte bis zum 1. Juli Gras angepflanzt werden, damit diese besser mit ihrer Umgebung übereinstimmten, Rollbahnen waren zu streichen und Luftwaffenbasen der natürlichen Umgebung anzupassen. Alle Gebäude sollten einen Tarnanstrich erhalten, Treibstofftanks eingegraben werden. In der Entfernung von jeweils 500 Kilometern längs der Grenze wollte man Pseudoflugfelder mit jeweils 40 bis 50 Flugzeugattrappen anlegen. Diese Arbeit sollte bis zum 15. Juli abgeschlossen sein.[24]

Ablenkungsmanöver im Nahen Osten: Ein Fehlschlag des britischen Geheimdienstes

Immer noch in ihrem Irrtum eines bevorstehenden deutsch-sowjetischen Bündnisses befangen, zogen die Briten einen Krieg im Osten als Rettungsanker niemals ernsthaft in Erwägung. Vielmehr blieben sie bei ihren vergeblichen Anstrengungen, Hitler (möglichst mit Hilfe der Türkei) auf dem Balkan aufzuhalten. Auch als der deutsche Überfall kaum noch zwei Wochen entfernt war und man die Möglichkeit eines baldigen Krieges endlich begriff, kam es zu keinem grundsätzlichen Wechsel der britischen Strategie, vor allem nicht auf dem europäischen Kriegsschauplatz. Der Nahe Osten und Nordafrika waren für Großbritannien auch weiterhin Gebiete, in denen man Deutschland letzten Endes niederringen zu können glaubte. Folglich sah man auch den heraufziehenden Konflikt an der sowjetischen Grenze lediglich aus dem Blickwinkel der peripheren Strategie, mit der man die britische Vorherrschaft im Nahen Osten aufrechterhalten wollte.[25]

Sowohl in Großbritannien als auch in Russland herrschte an der Schwelle des deutsch-sowjetischen Krieges die Überzeugung vor, dass den Feindseligkeiten ein deutsches Ultimatum und vielleicht sogar eine Vereinbarung vorausgehen werde. Schon als Cripps Anfang März zutreffende Informationen über die deutschen Pläne an Eden übermittelte,[26] untergrub er den Effekt seiner Warnung mit dem Hinweis, dies könnte »ein Teil des Nervenkrieges« sein. »... Die Deutschen bereiten diesen Feldzug vor, wollen jedoch [Russland] letzten Endes durch Versprechen und Einschüchterung in ein Bündnis zwingen. Der Angriff wird nur erfolgen, wenn der Druck keine Wirkung zeigt.« Die Theorie vom »Nervenkrieg« passte so gut in die Vorstellungen der Briten, dass das Foreign Office es unterließ, Warnungen an Moskau zu senden, weil es befürchtete, »den Deutschen in die Hände zu spielen«.[27]

Ähnlich wie auf der russischen Seite fanden die Einschätzungen des Gemeinsamen Geheimdienstausschusses ihren Weg in die verschiedenen britischen Botschaften, wo sie Berichte in gleicher Machart auslösten. Die dicken Ordner im Foreign Office, in denen man die Warnungen gesammelt hat, sind voll von solchen Berichten. Dafür nur ein Beispiel: Am 1. Mai informierte der britische Botschafter in Japan Eden, er habe »aus verlässlicher Quelle« erfahren, dass »ein deutscher Angriff auf Sowjetrussland nicht bevorsteht, sondern die deutsche Regierung neuerdings Gerüchte ausstreut, um: a) in der Sowjetunion die Angst vor einem Einmarsch zu schüren, b) die Sowjets zu zwingen, sich dem Dreimächtepakt anzuschließen, und c) mehr Rohstoffe von dort zu erhalten«. Diese übermächtige Vorstellung verzerrte auch die direkteste Information, weil sie das Unvermeidliche rundweg ignorierte. »Max' Truppe meint«, so der Botschafter über seine Quelle, »Invasion sei sicher, glaubt aber, es bestehe eine mindestens ebenso große Chance, dass Stalin nicht widersteht«. Das bedeutet, dass man sich von vornherein auf ein Ultimatum verließ. Selbst als deutsche Quellen »die Vorstellung verächtlich zurückwiesen, alles sei nur ein Teil des Nervenkrieges«, bestand der Botschafter darauf, dass »dies trotz allem die wahrscheinlichere Erklärung ist«.[28]

Angesichts der massiven Vorbereitungen der Deutschen zweifelten einige wenige an so viel Selbstsicherheit. Der bekannte Mittelalterforscher Professor Postan aus Cambridge, der die Russlandabteilung im Ministerium für Wirtschaftliche Kriegführung leitete, wagte die Einschätzung, Hitler sei auf Krieg aus, und das »fast ausschließlich aus militärischen Gründen, denn er will mit den Sowjets abrechnen, und aus militärischer Sicht ist die Gelegenheit dafür gegenwärtig viel günstiger als in den kommenden Jahren«. Um die wachsende Flut der harten Fakten mit der vorgefassten Meinung in Einklang zu bringen, nahmen die Nachrichtendienste eine abwartende Haltung ein. Sie taten so, als sei noch keine Entscheidung gefallen, »ob Russland angegriffen oder lediglich mit Drohungen für die deutschen Wünsche gefügig gemacht werden soll«.[29] Ohne auf diesem Gedanken zu bestehen, stellte der Vorsitzende des Gemeinsamen Geheimdienstausschusses, Cavendish-Bentinck, zumindest die Frage, weshalb das deutsche Oberkommando der Wirtschaft die schwere Bürde auferlegte, das Heer auf 250 Divisionen aufzustocken. Dazu bemerkte er:

»Die Russen können einem doch furchtbar auf die Nerven gehen, und Hitler muss bei seinem rachsüchtigen und boshaften Charakter eine Menge Rechnungen mit ihnen zu begleichen haben, so schikanös und hinterhältig haben die Russen ihn seit August 1939 behandelt, da sie die Deutschen im Nachteil glaubten. Außerdem hat Hitler die Tendenz, früher oder später die in ›Mein Kampf‹ genannten Ziele wieder aufzunehmen: Irgendwann kehrt doch jeder zu seiner ersten Liebe zurück!«[30]

Auch Churchill dachte darüber nach, ob die massiven Truppenkonzentrationen nicht auf Hitlers Entschlossenheit hinwiesen, die Ukraine und den Kaukasus zu erobern, »um sich Getreide und Öl zu sichern«. Aber auch er schwankte und meinte, es werde »entweder Krieg oder eine Machtprobe« geben.[31]

Alle Fakten, die dieser Vorstellung widersprachen, wurden beiseite geschoben. Als z. B. ein schwedischer Geschäftsmann berichtete, Göring habe erklärt, Deutschland werde Russland um den 15. Juni herum angreifen, bemerkte Eden leichthin: »Der 15. Juni ist bereits so oft genannt worden, dass man schon misstrauisch werden kann.« Eine ähnliche Information von der sowjetischen Botschafterin in Stockholm, Alexandra Kollontai, wurde mit der Begründung abgetan: »Wenn Madame Kollontai behauptet, sie wisse nichts von politischen Gesprächen, dann will das nicht viel besagen.«[32] Selbst als man im Foreign Office endlich begriff, dass eine Invasion unmittelbar bevorstand, hatte man seine eigene Interpretation parat: »Jüngste Nachrichten über die Bewegung von Militäreinheiten usw. weisen definitiv darauf hin, dass die letzten Vorbereitungen für einen Angriff gegen sowjetisches Territorium getroffen werden. Mit anderen Worten, dies weist auf die Absicht der Deutschen hin, Stalin so weitgehende Forderungen zu stellen, dass er entweder kämpfen oder in ein ›München‹ einwilligen muss.«[33] In den Monaten vor dem deutschen Überfall konzentrierten daher die Briten ihre Bemühungen vor allem darauf, diese Phantom-Verhandlungen zu verhindern. Es ist eine sonderbare Ironie der Geschichte, dass ihre unverhüllten Schritte in diese Richtung bei Stalin nur die Illusion nährten, dass eine Vereinbarung mit den Deutschen noch möglich sei. In der Rückkopplung bestärkten sich so der britische und der sowjetische Geheimdienst wechselseitig in ihrer falschen Orientierung.

Eden und Cripps waren unermüdlich in ihrem Streben, die »Vereinbarung« zu verhindern, die Schulenburg, wie sie annahmen, nach seiner Rückkehr aus Berlin Anfang Mai abschließen werde. Sie glaubten, Hitler bereite eine Art Machtprobe mit Stalin vor, für die er eine beträchtliche Zahl von Truppen an der sowjetischen Grenzen konzentrierte. Anschließend werde er Stalin an die Grenze beordern und ihm dort ein Ultimatum stellen. Zumindest Cripps war der Ansicht, Stalin werde aus Furcht vor einer britisch-deutschen Aussöhnung zu sehr weitgehenden Zugeständnissen bereit sein.[34] Gerüchte in Moskau, Schulenburg sei völlig niedergeschlagen aus Berlin zurückgekehrt, konnten dieser Vorstellung kaum etwas anhaben. Die Tatsache, dass er bereits seine Sachen packte, konnte bedeuten, er sollte »durch einen schärferen Nazi ersetzt werden, der es besser versteht zu drohen und Druck auszuüben.«[35]

Um den Schaden einer solchen Vereinbarung so gering wie möglich zu halten, musste man die Bedingungen kennen. In der falschen Vorstellung befangen, dass Hitler systematisch an einem Sprungbrett zum Nahen Osten baue, erwarteten viele Beobachter die Türkei als nächstes Opfer. Das hätte für die britische Strategie verheerende Folgen gehabt, denn so konnte es den Deutschen gelingen, durch die Hintertür in den Nahen Osten einzudringen.[36] Zwar räumte der türkische Außenminister Saracoglu ein, er habe nur eine »vage« Vorstellung von den Absichten der Deutschen, behauptete aber zugleich, Gespräche mit den Russen seien »bereits im Gange oder … in Kürze zu erwarten. Sie könnten sogar zu einem Kriegsbündnis führen.« Er traute Russland zu, eine Vereinbarung »auf dem Rücken mehrerer Länder zu schließen, zu denen auch die Türkei gehören wird«.[37] Da Gerüchte und verlässliche Informationen inzwischen überhaupt nicht mehr zu unterscheiden waren, dauerte es nicht lange, bis auch Cripps andeutete, in Berlin seien »in irgendeiner Form Gespräche« im Gange. Deren wahrscheinliches Ergebnis werde ein Arrangement sein, das die Verlegung von Truppen über Südrussland nach dem Nahen Osten und dem Iran ermögliche.[38]

Am 23. Mai stellte der Gemeinsame Geheimdienstausschuss mit Besorgnis fest: »Während vor einigen Wochen Gerüchte über einen bevorstehenden deutschen Angriff gegen die UdSSR in Europa im Umlauf waren, ist jetzt das Gegenteil der Fall. Es gibt Anzeichen dafür, dass eine neue Vereinbarung zwischen beiden Staaten kurz vor der Vollendung stehen könnte.« Ein »weitgehendes Abkommen« umfasse »wirtschaftliche, politische und militärische Fragen«. Die politische Zusammenarbeit, so hieß es dort, ziele »auf die Eroberung des Nahen Ostens«.[39] Drei Tage später war die Militäraufklärung sich dieser Version so sicher, dass sie behauptete, das Wesen der Übereinkunft sei »die Aufteilung der Einflusssphären im Nahen Osten ... Deutsche Truppen werden bei Lwow konzentriert, um mit russischer Zustimmung durch die Sowjetunion nach dem Iran zu marschieren.«[40] Unverzüglich warnte man daher die Türken vor der »deutschen Falle« und riet ihnen, »nichts zu tun, um bei den Sowjets Misstrauen oder Ressentiments auszulösen oder Stalin gar in die Arme Deutschlands zu treiben«.[41]

Nach der verheerenden Niederlage in Griechenland und Kreta schwand allerdings Großbritanniens Einfluss auf die Türkei. Für Hitler dagegen gewann ein Nichtangriffspakt mit diesem Land entscheidende Bedeutung für das Unternehmen »Barbarossa«. Wenn es gelang, die Türkei von Großbritannien zu lösen, beseitigte dies eine potenzielle Gefahr am rechten Flügel der Deutschen. Für die Genehmigung, Truppen und Kriegsmaterial durch die Türkei zu transportieren, bot man das griechische Thrakien als Köder an. Wie die Bulgaren lehnten jedoch auch die Türken alle Bedingungen ab, die ihr Verhältnis zu Russland verschlechtern konnten. Sie fürchteten, eine solche Vereinbarung werde entweder zu einer britisch-sowjetischen Zusammenarbeit führen oder – ähnlich wie in Jugoslawien – einen Umsturz auslösen.[42]

Für Eden kam diese Reaktion unerwartet. Er hatte übersehen, wie misstrauisch die Türkei seit Molotows Berlin-Besuch gegenüber Russland war; er war vielmehr besessen von dem Gedanken, dass eine sowjetisch-deutsche Vereinbarung auf Kosten der Türkei bevorstand. So mussten seine verzweifelten Versuche scheitern, die Türkei und Russland einander näher zu bringen. Die Türken, so hatte das Foreign Office beobachtet, »misstrauen den Russen zutiefst«. Am 16. Juni gestand Cadogan ein, dass der verspätete Versuch, die Reste der Balkanentente wiederzubeleben, gescheitert war. Er musste zur Kenntnis nehmen, dass die Türken »drauf und dran sind, eine Vereinbarung mit den Deutschen zu schließen, offenbar ohne Moskau auch nur ein Wort davon zu sagen«.[43]

Hitler schob den Pakt mit der Türkei bis in die letzten Tage vor Beginn des Unternehmens »Barbarossa« hinaus. Dann forderte er von den Türken, diesen »sofort« zu unterzeichnen. Um die Sowjetunion kalt zu stellen und zugleich die Türken zu besänftigen, spielte man Molotows frühere Forderung nach Militärbasen am Bosporus der Presse zu. Da nun alles sehr schnell gehen musste, gelang es den Türken, die Sache auf einen strikten Nichtangriffspakt zu beschränken, ihre Neutralität zu wahren und die notorischen Geheimverträge zu vermeiden, die man ihren Nachbarn auf dem Balkan aufgezwungen hatte.[44] Als der Krieg ausbrach, waren die Türken deutlich erleichtert. Saracoglu, so berichtete Papen nach Berlin, »habe sein Telefon sperren müssen, um sich vor Glückwünschen zu retten«. Bis zum letzten Augenblick hatte er offenbar eine sowjetisch-deutsche Vereinbarung in dem von Molotow während des Berlin-Besuches vorgeschlagenen Sinne befürchtet, der den Krieg ins Mittelmeer getragen und die Souveränität der Türkei bedroht hätte.[45] Es handelte sich zweifellos um einen bemerkenswerten Erfolg der türkischen Diplomatie. Letzten Endes wurde das Land aber, wie bereits im 19. Jahrhundert, auf Grund seiner geopolitischen Lage doch wieder zum Spielball der Großmächte. Dass es während des ganzen Krieges seine Neutralität wahren konnte, lag nicht nur an genialer Diplomatie, sondern auch daran, dass die deutsche Kriegsmaschine an der russischen Front unerwartet scheiterte.

Die britische Regierung blieb auch weiterhin entschlossen, eine Vereinbarung zwischen Deutschland und der Sowjetunion zu verhindern, die ihrer Nahoststrategie zuwiderlief. Da Stalin Deutschland bereits mit seiner Anerkennung der deutschfreundlichen Regierung Raschid Ali nach dem Putsch im Irak hatte versöhnen wollen, glaubte man nun um so mehr daran, dass eine neue sowjetisch-deutsche Interessengemeinschaft im Entstehen sei. Butler warnte Maiski, derartige Schritte hinterließen einen »extrem ungünstigen Eindruck«.[46] Edens Bemühungen, bei einem Treffen mit Maiski am 27. Mai etwas über Stalins Absichten zu erfahren, blieben allerdings fruchtlos. Maiski, der offensichtlich unter Druck stand und von seinem »Schatten« Nowikow begleitet wurde, beschränkte sich auf die üblichen Klagen über die Presse, die Gerüchte verbreitete, nach denen Verhandlungen über ein deutsch-sowjetisches Militärbündnis im Gange seien oder ein Angriff Deutschlands auf die Ukraine und den Kaukasus unmittelbar bevorstehe. Eden konnte aus dieser Haltung nicht klug werden. Maiski wiederum verunsicherte Edens Ankündigung, England werde sich in Kürze von Kreta zurückziehen, denn das machte es für einen möglichen Frieden mit Deutschland nur noch anfälliger.[47]

Bis zum Juni 1941 sah man in Großbritannien den herannahenden Konflikt an der Ostfront fast ausschließlich aus dem Blickwinkel des Nahen Ostens. Cripps befürchtete, dass Stalin nach den eklatanten Niederlagen Englands nicht mehr von einer dynamischen Politik in dieser Region abzuhalten sei. Statt »wirklich gefährliche wirtschaftliche Zugeständnisse« zu machen, traute Cripps ihm eher zu, den Deutschen den Durchmarsch ihrer Truppen durch Südrussland nach Persien und Vorderasien zu gestatten. Nur mit einer »energischen Politik im Nahen Osten« könne das noch abgewendet werden.[48] Der Botschafter erklärte Eden, Stalin sei nicht »prodeutsch oder pro-irgendetwas eingestellt, sondern ausschließlich prosowjetisch und pro Stalin. Er empfindet weder mehr Freundschaft noch mehr Feindschaft für uns als für Deutschland und wird jeden Staat nutzen, um sein Ziel zu erreichen. Er will sich so lange aus dem Krieg heraushalten, wie es geht, ohne sein Regime oder die Sowjetmacht dadurch in Gefahr zu bringen.« Beide waren sich jedoch darin einig, dass der Schlüssel zur gesamten weiteren Entwicklung in Vorderasien liege.[49] Nun wurde auch das Kabinett auf die Möglichkeit vorbereitet, dass Stalin deutschen Forderungen nachgeben und die Interessen Großbritanniens untergraben könnte, indem er der Wehrmacht den »ungehinderten Durchmarsch deutscher Truppen nördlich des Schwarzen Meeres über den Kaukasus nach Irak oder Iran gestattet. Das würde die Situation an unser Flanke im Nahen Osten verändern und wir wären, wenn es in naher Zukunft geschieht, nicht in der Lage, wirksame Schritte dagegen zu unternehmen.«[50]

Nun stand Eden vor der dringenden Notwendigkeit, eine deutsch-sowjetische Vereinbarung noch abzuwenden, ohne in Moskau den Verdacht zu erregen, er wolle Russland in den Konflikt hineinziehen. Er war in höchster Sorge, denn er glaubte, die Deutschen übten derartigen Druck auf die Russen aus, dass sie »nachgeben werden, um ihre eigene Haut zu retten«.[51] In seinen Gesprächen mit Maiski suchte er den Eindruck zu erwecken, England habe »die Kraft und die Entschlossenheit, [seine] Position und seine Interessen im Nahen Osten zu schützen.« Dieses plötzliche Abschweifen auf den Nahen Osten beeindruckte die Russen offenbar in keiner Weise, da sie überhaupt keine Verhandlungen mit den Deutschen führten. Der britische Oberkommandierende im Nahen Osten erhielt den Befehl, sich auf die Besetzung des Irak vorzubereiten, was der Royal Air Force die Möglichkeit gegeben hätte, auf den Ölfeldern von Baku »das größte Feuer aller Zeiten« anzuzünden. Der Gedanke, Russland mit der Bombardierung von Baku zu drohen, was verheerende Folgen für die Große Allianz gehabt hätte, wurde ein weiteres Mal nur darum wieder fallen gelassen, weil man dabei türkischen und iranischen Luftraum hätte verletzen müssen.[52]

Der gegenseitige Argwohn löste nun auf beiden Seiten fatale Missverständnisse aus, die eine realistische Einschätzung der drohenden Gefahr verhinderten. Um seine Vorherrschaft im Nahen Osten aufrecht zu erhalten, besetzte Großbritannien Anfang Juni demonstrativ Syrien. Churchill setzte General Wavell permanent zu, Mitte des Monats seine Operation »Streitaxt«, die Gegenoffensive gegen Rommel, zu starten.[53] Angesichts der Anerkennung des Rebellenregimes von Raschid Ali im Irak durch die Sowjetunion bekräftigte Eden gegenüber Maiski in ihrem Gespräch am 2. Juni die Entschlossenheit der britischen Regierung, die Vorherrschaft im Nahen Osten, einschließlich des Irans und Afghanistans, zu behaupten. Er hoffe, es werde Deutschland nicht gelingen, Russland und Großbritannien in dieser Region in einen Konflikt zu treiben. Maiski aber wollte viel lieber herausfinden, ob England gegenüber Deutschland im Nahen Osten nachgeben werde, wie es bereits in Griechenland und Kreta geschehen war. Da er wusste, wie Stalin dachte, teilte er diesem umgehend mit, dass man im britischen Kabinett die deutschen Absichten gegenüber Russland unterschiedlich bewerte. Nach Churchills Meinung lägen nicht nur Gerüchte, sondern konkrete Beweise dafür vor, dass die deutsche Wehrmacht mit Angriffsabsichten an den sowjetischen Grenzen aufmarschiert sei. Das konnte Moskau nur in seinem Verdacht bestärken, dass Churchill im äußersten Falle versuche, Russland in dem entscheidenden und sehr delikaten Augenblick in den Krieg zu ziehen, da man im Kreml stündlich Hitlers Vorschläge erwartete. Daher hob Maiski besonders die andere Auffassung hervor, die Eden vertrat, dass sich nämlich der Aufmarsch ausnehme wie »das Vorspiel zu einem Angriff auf die Sowjetunion«, man jedoch eher annehmen müsse, »dass die gegenwärtige Truppenkonzentration einer der Schachzüge Hitlers im ›Nervenkrieg‹ mit der Sowjetunion und der Türkei ist«. Unter diesen Umständen konzentrierte sich Maiski in den Gesprächen nicht auf den Kern der britischen Warnung, sondern behauptete, indem er sich strikt an Molotows Weisung hielt, »Genosse Stalin ist kein Feigling«, und es sei zwecklos, Russland mit Deutschland zu drohen. Die Rote Armee, so erinnerte er Eden, sei gut ausgerüstet »und wird nicht mit Holzknüppeln kämpfen müssen, wie beim letzten Mal«. Dazu Edens Kommentar: »Mr. Maiski gab diese Erklärung sehr selbstsicher ab, und doch hatte ich das Gefühl, dass er vor allem sich selbst überzeugen wollte.«[54]

Die Meldung der Nachrichtenagentur TASS

Angesichts der Gefahr, die den britischen Interessen im Nahen Osten von einer vermeintlichen deutsch-sowjetischen Übereinkunft drohte, wurde Cripps unerwartet zu Konsultationen nach London gerufen. Dieser Schritt zielte nicht darauf ab, im Angesicht des bevorstehenden Krieges die Grundlage für ein britisch-sowjetisches Bündnis zu legen (wie später behauptet wurde), sondern Wege zu finden, um die Russen von Zugeständnissen an Deutschland im Nahen Osten abzuhalten.[55] Wie diese Entscheidung umgesetzt wurde, ist in der Tat verwirrend. Als Eden Mitte April von seiner Nahostreise zurückkehrte, gab es in der Nordabteilung beinahe einen offenen Aufstand gegen Cripps' »gelegentliche Weigerungen, Weisungen auszuführen, gepaart mit einer Neigung, eigenmächtig und ohne Vorankündigung zu agieren«. Die Abteilung forderte, Cripps solle unverzüglich zurückberufen werden – nicht nur, um Konsultationen durchzuführen, sondern vor allem, um ihn »auf Kurs zu bringen«. Eden lehnte ein solches Vorgehen ab, wobei er wahrscheinlich von der Überlegung ausging, dass Cripps, einmal in London, »von der Politik im Lande gepackt wird und nicht mehr zurückgehen will«. Auch Cadogan äußerte vorsichtige Bedenken, wie die Russen Cripps' Rückberufung auffassen könnten. Man einigte sich also darauf, dass Cripps »nicht in Ungnade gehen sollte und eine schnelle Evakuierung seines Ladens ziemlich schwer zu bewerkstelligen sein dürfte«.[56]

Da man um Cripps' persönliche Sicherheit auf dem Flug nach England fürchtete, wurde entschieden, diesen nicht vorher anzukündigen. Als die Nachricht jedoch in die Presse durchsickerte, nahm man auf sowjetische Empfindlichkeiten keine Rücksicht mehr. Am 6. Juni brachten alle Nachrichtenagenturen die Meldung, was »von den Journalisten aller Nationalitäten in London als Sensation aufgefasst wurde und wilde Spekulationen über die Gründe dieser Reise auslöste«. Als wichtigste Ursache wurde allenthalben eine »plötzliche Verschlechterung der britisch-russischen Beziehungen« angenommen. Schließlich herrschte die Ansicht vor, die Russen stünden bereits in intensiven Verhandlungen mit den Deutschen. Dagegen kam es den Beamten von Whitehall überhaupt nicht in den Sinn, die Russen ihrerseits könnten argwöhnen, dass derartige Verhandlungen in London in Gange seien.[57]

Maiski bat Whitehall unverzüglich um Aufklärung. Sein Verdacht wurde jedoch noch verstärkt, als Eden in nonchalantem Ton erklärte, es sei »üblich, mit den entfernteren Botschaften persönlichen Kontakt zu halten«, und es werde »nützlich für alle Betroffenen sein, wenn [Cripps] nach Hause kommen und sich ein Bild von der Lage hier machen« kann. Diese Aussage widersprach einer Information, die Maiski vom Außenministerium in Moskau erhalten hatte. Als letzten Versuch, die Russen daran zu hindern, auf vermutete deutsche Forderungen einzugehen, hatte Cripps während eines 15-minütigen Treffens mit Wyschinski noch einmal eine Drohung ausgesprochen, ohne dazu befugt zu sein. Überzeugt, dass die Russen drauf und dran seien, eine Vereinbarung mit Deutschland zu schließen, teilte er mit, er werde zu Konsultationen nach London gerufen und trete seinen Posten in Moskau möglicherweise nicht wieder an. Wenn Stalin und Molotow es wünschten, hätten sie die Möglichkeit, ihn vor der Abreise noch einmal zu konsultieren. Cripps verabschiedete sich bei Wyschinski mit dem Dank »für ein fruchtloses Jahr«.[58] Seine Abreise fiel mit der Evakuierung von Botschaftsmitarbeitern und deren Familien zusammen, die man angesichts der Gerüchte von einem bevorstehenden deutsch-sowjetischen Konflikt durchführte. Auch Lady Cripps begleitete ihren Mann, während sich ihre Tochter nach Teheran begab. Cripps' Rückruf wurde von einer lautstarken Pressekampagne in Großbritannien begleitet, die die russische Regierung zu »einer ganz anderen Schlussfolgerung« veranlasste, dass nämlich die Briten Russland in den Krieg verstricken wollten. Erneut drängte Maiski Eden, als Vorbedingung für jegliche Annäherung die Presse an die Kandare zu legen.[59]

Maiski war höchst besorgt und wollte dringend die wahren Gründe für Cripps' Rückkehr erfahren. Da er in seinen Gesprächen der Heß-Affäre so viel Beachtung schenkte, ist kaum ein Zweifel möglich, wie sehr seine Interpretation des Rückrufs von Cripps davon beeinflusst wurde. Weiter zeigte Maiski auffälliges Interesse daran, wie Großbritannien auf den deutschen Vormarsch in Syrien und Irak reagierte. Dies war für ihn ein eindeutiger Gradmesser, ob es weiterhin entschlossen war, sich auf dem Schlachtfeld zu behaupten. Maiski wollte wissen, warum die britische Armee »in Syrien nicht bereits energisch handelt. Eine zurückhaltende Politik würde nicht nur mit großer Wahrscheinlichkeit scheitern, sondern auch in verschiedenen Ländern, darunter Russland, schlechten Eindruck machen.«[60]

Die Beunruhigung über Cripps' Abberufung fiel mit indirekten Informationen zusammen, dass die Amerikaner Churchill drängten, auf die deutschen Friedensangebote einzugehen und Russland fallen zu lassen. Fast auf den Tag genau, als Cripps Moskau verließ, reiste auch der erst kürzlich ernannte amerikanische Botschafter in London, John Winant, zu Konsultationen nach Washington. Das gab den bereits von der Heß-Affäre ausgelösten Spekulationen neuen Auftrieb, Verhandlungen über einen Separatfrieden seien im Gange.[61] Derartige Gerüchte kamen von glaubwürdigen Quellen wie dem Ex-Präsidenten Herbert Hoover. Noch mehr beunruhigte die Russen, dass Winants Ankunft in der amerikanischen Hauptstadt die zunehmende Verschlechterung der amerikanisch-sowjetischen Beziehungen noch beschleunigt zu haben schien: Am 10. Juni wurden zwei Mitarbeiter des sowjetischen Militärattachés aufgefordert, die Vereinigten Staaten zu verlassen.[62]

Auch das Interesse an Heß, der gerade von Lord Simon verhört wurde, stieg wieder an. Da man in Moskau ohnehin äußerst misstrauisch war, bestätigten Cripps' Rückberufung und die Desinformationen, die das Foreign Office über den Zweck der Reise verbreitete, die Sowjets nur in ihrer Annahme, hinter den Kulissen arbeite man bereits an einem Arrangement, das Hitler freie Hand im Osten geben könnte. Es war immer möglich, dass Großbritannien, selbst wenn es die Friedensvorschläge unbeantwortet ließ, den Deutschen seine Zurückhaltung signalisieren könnte, sollte dieses die Sowjetunion angreifen. Die Deutschen konnten sich auch zu einem Ablenkungsmanöver im Osten hinreißen lassen, wenn sie annahmen, Cripps werde zu Konsultationen über eine mögliche britisch-sowjetische Annäherung nach London gerufen. Die Erinnerung daran, wie man Jugoslawien für seine Annäherung an Russland bestraft hatte, war in Moskau noch sehr lebendig.[63] Dort verstärkte sich der Eindruck, Deutschland werde geradezu ermutigt, seinen Konflikt mit Russland gewaltsam zu lösen.

Stalin spielte nun mit höchstem Risiko. Da die Nachrichtendienste unter enormem Druck Furcht erregende Informationen aus dem Ausland lieferten, konnte er die Militärs kaum noch zurückhalten, aktive Verteidigungsmaßnahmen zu treffen. Auch er selbst konnte den Aufmarsch der Deutschen nicht länger ignorieren. Mit dem Rücken zur Wand neigte er aber noch mehr dazu, die eigentliche Gefahr zu verdrängen. Nun waren die Briten die eigentlichen

Schurken, die ihm den politischen Gewinn rauben wollten, indem sie einen vorzeitigen Krieg auslösten. Der einzige Pfeil, den er noch im Köcher hatte, war die Initiative, die er bereits einen Monat zuvor mit Schulenburg in Betracht gezogen hatte. Die bewusste TASS-Meldung verfolgte das doppelte Ziel, ein Dementi der Deutschen zu erwirken und ihnen gleichsam zu demonstrieren, dass Russland nicht mit den Briten konspirierte, sondern Hitlers Wunsch entgegenkam, derartige Gerüchte zu widerlegen. Eine exakte, wenn auch knappe und unvollständige Erklärung der Gründe, die Stalin veranlassten, diese Meldung zu veröffentlichen, stammt von Molotow: »Wir brauchten die TASS-Meldung als letztes Mittel. Wenn es uns gelungen wäre, den Krieg über den Sommer hinauszuschieben, dann hätte man ihn im Herbst schwerlich noch beginnen können. Bislang war es gelungen, dies mit diplomatischen Mitteln zu erreichen, aber wann diese versagten, konnte niemand voraussagen. Schweigen hätte allerdings bedeutet, den Überfall auszulösen.«[64]

Maiski übertreibt in den Memoiren seine Warnungen an Stalin. Er wiegt den Leser bewusst in dem Glauben, er habe am 10. Juni ein chiffriertes Blitztelegramm mit Geheiminformationen nach Moskau gesandt, die er vom Ständigen Stellvertreter des britischen Außenministers, Cadogan, im Foreign Office erhalten hatte. Daher habe er Stalins Reaktion in Form der am 14. Juni veröffentlichten TASS-Meldung »mit höchstem Erstaunen« aufgenommen. Die Meldung war jedoch die logische Folge von Maiskis eigener Auffassung, der die bisher umlaufenden Gerüchte Churchill und der britischen Regierung zuschrieb. Die Begegnung mit Cadogan, die Zweifel an dieser Einschätzung aufkommen ließ, fand erst am 16. Juni statt.[65] Maiski wiederholt in seinen Memoiren mehrfach, dass »der gleich zu Beginn der TASS-Meldung gegen England abgeschossene Pfeil … eine Antwort auf Cadogans Warnung war«.[66] Letztlich macht er zwar viel Aufhebens von dieser Meldung, gibt aber nur eine recht dürftige Darstellung der Ereignisse, die zum Krieg führten. Damit sucht er die Tatsache zu verschleiern, dass die bedeutsame Begegnung mit Cadogan, bei der er detaillierte Angaben über die deutschen Truppenkonzentrationen erhielt, nicht am 10. Juni stattfand, wie er behauptet, sondern erst am 16. Juni, also nach Erscheinen der TASS-Meldung. Mit dieser eklatanten Fälschung wollte Maiski offenbar vergessen machen, dass auch er einen Anteil an der Selbsttäuschung hatte, die den Kreml am Vorabend des Krieges beherrschte.

Der Schlüssel zu diesem Manöver liegt in den Zusammenhängen, die in der Meldung hergestellt werden, wie in der außerordentlich sorgfältigen Wortwahl. Der »Pfeil«, der Maiski angeblich in Erstaunen versetzte, lautet: »Noch vor der Ankunft des britischen Botschafters in der UdSSR, Herrn Cripps, in London, *besonders aber nach seiner Ankunft* [Hervorhebung von mir, G. G.] wurden in der englischen und ausländischen Presse Gerüchte von einem ›unmittelbar bevorstehenden Krieg zwischen der UdSSR und Deutschland‹ hochgespielt ... Diese Gerüchte sind eine plump zusammengebraute Propaganda von Kräften, die der UdSSR und Deutschland feindlich gesinnt sind.« Wyschinski beharrte in der Tat auch später darauf, dass »die britische Presse nach Cripps' Ankunft in London Gerüchte über einen bevorstehenden Überfall Deutschlands auf die Sowjetunion auszustreuen begann«. Daher die Formulierung in der Meldung über Londoner Gerüchte »vor und nach der Ankunft von Cripps« in der britischen Hauptstadt.[67]

Cripps traf erst in der Nacht des 11. Juni ein, die Meldung bezieht sich aber auf britische Presse-Schlagzeilen vom 12. Juni, die darauf hinwiesen, dass »eine gewisse Verschärfung der deutschsowjetischen Beziehungen erkennbar« sei.[68] Unter der Überschrift »Sir S. Cripps zurück – Mögliche Gespräche mit Russland – Hoffnung auf bessere Beziehungen« kommentierte beispielsweise die *Sunday Times*, Russland wolle seine Beziehungen zu Großbritannien verbessern, um eine deutsche Aggression zu vereiteln.[69] In der Praxis war es Maiski selbst, der für Moskau britische Pressekommentare sammelte und bewertete. In einem Gespräch mit dem politischen Korrespondenten der *Times*, I. McDonald, am Abend des 12. Juni, beklagte Maiski bitter, was er als »die Hand des Foreign Office in allen Morgenzeitungen von gestern« sah. »Eine derartige offizielle Kampagne ... wird in Moskau zweifellos einen sehr schlechten Eindruck machen«. McDonald suchte dem Botschafter zwar begreiflich zu machen, dass dies seine eigene Meinung sei, stieß aber bei Maiski auf taube Ohren. »Der Botschafter«, schloss McDonald, »schien etwas gekränkt, dass ich ihm einen solchen Bären aufbinden wollte. Er glaubte mir kein Wort.«[70]

Voll auf die Wellenlänge des Kreml eingestellt, brachte Maiski die steigende Flut von Gerüchten, die Cripps' plötzliches Auftauchen in London auslöste, besonders mit Churchill in Verbindung. In einem Brief an Eden bestätigte er, dass auch die TASS-Meldung von den Gerüchten über einen bevorstehenden Krieg ausgelöst worden sei, die seit Cripps' Rückkehr kursierten, besonders aber von der Pressenachricht, Sir Stafford habe in seinem Gespräch mit dem Premierminister die Meinung geäußert, Krieg zwischen der

UdSSR und Deutschland sei in naher Zukunft unvermeidlich«.[71] Auf diese Schlussfolgerung brachte den sowjetischen Botschafter Churchills Gespräch mit den Chefredakteuren der landesweiten Tageszeitungen am 7. Juni. Von den Journalisten hart bedrängt, wie er den weiteren Fortgang des Krieges sehe, meinte Churchill, es sei »am besten, den Dingen ihren natürlichen Lauf zu lassen. Ein Konflikt zwischen Deutschland und der Sowjetunion ist unvermeidlich. Die Konzentration deutscher Truppen an der sowjetischen Grenze schreitet in beschleunigtem Tempo voran. Wir müssen abwarten, bis unsere Zeit gekommen ist …« Maiski war der Meinung, Churchill habe auf der Stelle Informationsminister Duff Cooper beauftragt, eine Pressekampagne zu dem bevorstehenden Konflikt zu starten.[72] Die Informationsabteilung des Foreign Office gewann aus ihren Kontakten mit den TASS-Vertretern in London den Eindruck, dass die sowjetische Botschaft die britische Regierung verdächtige, Berichte über einen bevorstehenden Konflikt zu verbreiten, um Russland dadurch in den Krieg zu stoßen. Im Kreml war diese Ansicht mittlerweile so übermächtig, dass man in einer internen Analyse des russischen Außenministeriums, die Maiskis Telegramme eines ganzen Jahres im Zusammenhang betrachtete, die Feindseligkeit der britischen Politik als den bestimmenden Faktor ausmachte.[73]

Ganz im Sinne seines Herrn im Kreml glaubte Maiski auch weiterhin, dass Churchill das eigentliche Hindernis für eine Annäherung der Sowjetunion und Deutschlands sei. Im Gespräch mit einem britischen Diplomaten zeichnete er ein recht genaues Bild von den Voraussetzungen für eine Vereinbarung, die Stalin anstrebte:

»Wenn es nur darum gehe, drei oder vier Millionen Tonnen Futtermittel mehr zu liefern – hier umschrieb er mit einer verächtlichen Geste den imaginären Futterberg, den er in Kensington Palace Gardens [dem Sitz der sowjetischen Botschaft in London] vor sich sah –, dann könne Moskau darauf eingehen. ›Wir sind darauf vorbereitet, die Flammen des Krieges zu vertreiben, wenn sie sich unserer Schwelle nähern‹, sagte er, ›und wir wählen dafür die Mittel, die unseren Interessen am besten entsprechen. Aber Inspektoren auf unseren Eisenbahnen oder Techniker in unseren Fabriken könnten wir natürlich nicht akzeptieren. Das ist ein törichter Vorschlag, auf den Stalin nie eingehen wird.‹«[74]

Am nächsten Tag, noch bevor das Dementi erschien, drückte Maiski gegenüber Eden sein Bedauern über die »Art von Berichten« aus, die seine Regierung unmöglich als unabhängige Einzelmeinungen akzeptieren könne.[75] Diese Einschätzung enthielt sicher ein Körnchen Wahrheit. Ohne dass Cripps und vielleicht auch Eden davon wussten, hatte das Foreign Office die Presse zu dem Thema informiert.[76] Über das Motiv für diese Indiskretion kann man nur Vermutungen anstellen, aber zumindest Cadogan hatte die heimliche Hoffnung, die er auch seinem Tagebuch anvertraute, dass die Russen nicht »nachgeben und unterzeichnen ... Und mir wäre es recht, wenn Deutschland seine Macht dort ausdehnte«.[77] Die Gerüchte konnten in der Tat den Verdacht schüren, dass Großbritannien die Deutschen zum Vormarsch nach Osten ermuntern wollte. Vor allem schienen sie die Meinung der Nachrichtendienste wiederzugeben, ein Blitzkrieg in Russland wäre »ein Feldzug von geringer Schwierigkeit«, die Eroberung Moskaus und die Einkesselung der sowjetischen Streitkräfte könnte innerhalb von »drei bis sechs Wochen« abgeschlossen sein.[78]

Heute ist eindeutig klar, dass der Zweck der subtilen TASS-Meldung vom 14. Juni 1941 darin bestand, Provokationen zu verhüten und Berlin zu besänftigen. Das Foreign Office konnte die »kriecherische Haltung« Stalins nur zur Kenntnis nehmen, die »eher einem Balkanstaat, als einer Großmacht« zukam. Selbst die Kollontai hatte, wie man feststellte, »den Ton gewechselt. Sie redet nicht mehr von der Stärke der Sowjetunion, die allen Angriffen widersteht, sondern mehr von der Tatsache, dass das Verhältnis der Sowjetunion zu Deutschland absolut freundschaftlich ist.«[79] Der anklagende Finger wies eindeutig auf Großbritannien, wenn man es auch nicht beim Namen nannte. Diese Haltung war ein Köder für Deutschland, in den bevorstehenden Verhandlungen seine Forderungen zu präsentieren. Um in der Zwischenzeit jegliche Provokation zu vermeiden, führte man die deutschen Truppenkonzentrationen auf eine Umgruppierung nach dem Balkanfeldzug zurück, deren Ziele »mit den sowjetisch-deutschen Beziehungen nichts zu tun« hätten. Die Sowjetunion, die sich für den Frieden einsetze, bleibe dem Neutralitätspakt mit Deutschland treu, die Kriegsgerüchte seien »falsch und provokativ«. Die sowjetischen Gegenmaßnahmen begründete man mit den Sommermanövern der Roten Armee.[80]

Die eindeutige Botschaft, dass von einer sowjetisch-britischen Entente keine Rede sein könne, sollte in London zumindest eine Bestätigung auslösen und damit weiteren derartigen Gerüchten ein Ende bereiten. Von Berlin glaubte man damit eine Absage an jegliche Kriegsabsichten zu erhalten oder Hitler sogar an den Verhandlungstisch zu locken. Aber die Meldung fand nicht einmal den Weg in die deutschen Zeitungen. Die einzige Reaktion darauf kam aus Kreisen der Wehrmacht, wo man sie als »reichlich ironisch« ansah.[81] Am Abend des 14. Juni wurde Wyschinski zu einem Gespräch mit Schulenburg geschickt, aber in der Unterhaltung, die sich um bilaterale Fragen minderer Bedeutung drehte, konnte er Schulenburg »nicht ein einziges Wort« der Reaktion auf die Meldung entlocken.[82] In England löste die Meldung einen scharfen offiziellen Protest aus, der sich gegen die Vorwürfe an Cripps' Adresse wandte. Die Gerüchte, so hieß es dort, stammten wohl »von der sowjetischen Seite der Grenze«.[83]

Vierzehntes Kapitel

Die Katastrophe

Selbsttäuschung

Mit der wachsenden Flut von Nachrichten, die auf einen unmittelbar bevorstehenden Ausbruch der Feindseligkeiten hinwiesen, stieg die Spannung in Moskau. Den Berichterstattern in Berlin fiel es nun außerordentlich schwer, die eindeutigen Absichten Hitlers weiter zu ignorieren. In welche Verwirrung sie die aktuellen Ereignisse und Stalins falsche Taktik stürzten, ist nur zu gut an Dekanosows Informationen aus Berlin zu erkennen, die er kurz nach seiner Rückkehr aus Moskau lieferte. Während er in der Vergangenheit Stalin die heraufziehende Gefahr in allen Einzelheiten ausgemalt hatte, wirkte er nun (ebenso wie Golikow) äußerst vorsichtig und zitierte wortgetreu die beiden Arten von Gerüchten, die in Berlin kursierten. Das eine schätzte einen Krieg zwischen Deutschland und Russland als unvermeidlich ein, das andere sagte eine Wiederbelebung der fast schon traditionellen Annäherung zwischen den beiden Staaten voraus, die auf einer Neuaufteilung der Einflusssphären und der Verpflichtung der Sowjetunion beruhen sollte, sich nicht in die europäischen Angelegenheiten einzumischen. Die Tatsache, dass Stalin das Amt des Ministerpräsidenten übernommen und die Regierungen der von Deutschland okkupierten Staaten anerkannt hatte, wurde als erster Schritt für die Aufnahme von Gesprächen gepriesen. Andererseits wusste Dekanosow von Hitlers und Keitels kürzlicher Reise nach Danzig und der Verlegung des Oberkommandos der Wehrmacht nach Osten. In seiner Schlusseinschätzung spielte Dekanosow diese Information jedoch herunter. Sie sei »zum Teil mit den Gerüchten von einem Krieg gegen die Sowjetunion verbreitet worden«. Zwar suchte der Botschafter Stalins bekannte Vorurteile zu bedienen, konnte aber seine eigene Einschätzung kaum verhehlen, dass die deutsche Regierung »das Land eindeutig auf einen Krieg gegen die Sowjetunion vorbereitet, die Aufmerksamkeit der Bevölkerung auf die Ressourcen der Ukraine lenkt und Gerüchte über die Schwäche der Sowjetunion verbreitet, wodurch sie die Reaktion des deutschen Volkes testen will«. Eine Woche später war er wieder zur Stelle – diesmal mit einem düsteren Überblick über die 170 bis 180 Divisionen, die der Roten Armee längs der gesamten Grenze gegenüberstanden. Während bis Ende Mai vor allem LKWs an die Front verlegt worden waren, kamen nun schwere Artillerie, Panzer und Flugzeuge hinzu. In der Nacht vom 12. zum 13. Juni hatten seine Agenten mit Schrecken einen gewaltigen Transport von Truppen und Ausrüstungen beobachtet.[1]

Die Deutschen ließen nun ihre Desinformationsmaschine mit voller Kraft anlaufen, die sich in dem Klima des wachsenden Misstrauens und der ständigen Zweifel als tödliche Waffe erwies. Die einander widersprechenden Gerüchte in Moskau und London spielten Goebbels in die Hände. In seinem Tagebuch vermerkte er mit großer Befriedigung, was Russland betreffe, so herrsche »in der ausländischen Nachrichtenpolitik ein vollkommenes Durcheinander. Man kennt sich kaum noch aus ... Das war der Zweck der Übung.«[2] I. F. Filitow, der TASS-Korrespondent in Deutschland und nach deutschen Geheimdienstquellen stellvertretender Leiter der Residentur des NKGB in Berlin, erhielt am 12. Juni den Auftrag, »zu klären, ob Deutschland aktiv Friedensverhandlungen mit England führt und ob auf längere Sicht ein Versuch zu erwarten ist, mit den Vereinigten Staaten einen Kompromiss zu schließen«. Er übermittelte daraufhin seinen Eindruck: »Wir alle sind überzeugt, dass es tatsächlich möglich ist, an unserer Friedenspolitik festzuhalten. Wir haben noch Zeit ...«[3] Im Unterschied zu Dekanosow, der seine Berichte zwar verwässerte, aber trotz allem vor der Gefahr warnte, legte Filitow die Gerüchte in einer Weise aus, die Stalins Erwartungen vollkommen entsprach. Zum Ausmaß der Gefahr erklärte er nur, dass Hitler »einen gigantischen Bluff« gelandet habe. Er erwarte nicht, dass der Krieg »morgen plötzlich ausbricht«. Eher könnten die Deutschen Druck ausüben – »in der Hoffnung, Vorteile zu erlangen, die Hitler braucht, um den Krieg fortsetzen zu können ...«[4]

Die Gerüchte waren für Hitler wie ein Gottesgeschenk. Mit dem Segen des Führers schrieb Goebbels einen langen Artikel unter der Überschrift »Kreta, ein Beispiel«, in dem er sich lang und breit über angebliche deutsche Vorbereitungen auf einen Krieg im Mittelmeer erging. Dieser erregte großes Aufsehen und wurde überall zitiert. Plötzlich aber zog man die Ausgabe der bewussten Zeitung von den Kiosken zurück, wodurch der Eindruck entstand, in dem Artikel seien Staatsgeheimnisse ausgeplaudert worden. Goebbels prahlte, es sei »ein Meisterstück der List … Man kann alles daraus entnehmen, was der Gegner augenblicklich glauben soll.« Die Deutschen nutzten die Pressekampagne in England voll aus, indem sie reihenweise Artikel veröffentlichten und Andeutungen ausstreuten, dass bereits die Grundlagen für eine Fortsetzung der Verhandlungen mit Moskau geschaffen seien. Während man die TASS-Meldung ignorierte, trieb Goebbels seine Bataillone dazu an, »unentwegt weiter Gerüchte zu verbreiten: Frieden mit Moskau, Stalin kommt nach Berlin, Invasion [gegen England] steht unmittelbar bevor …«[5]

Am 9. Juni berichtete Kobulow an Stalin, »Hauptfeldwebel« meine, die Gerüchte über Verhandlungen seien von der Wehrmacht und dem Propagandaministerium ganz bewusst ausgestreut worden, um von den Kriegsvorbereitungen abzulenken. Doch nach wie vor überschattete die »Ultimatumstheorie« alle präzisen Informationen. Man zitierte den Chef der Russlandsektion des Stabes der Luftwaffe, Oberstleutnant Heimann, mit den Worten, Hitler werde »der Sowjetunion Forderungen nach wirtschaftlicher Kontrolle Deutschlands über die Ukraine, der Lieferung von Getreide und Öl sowie dem Einsatz der sowjetischen Flotte gegen Großbritannien vorlegen«.[6] Zwei Tage später folgte die Enthüllung, dass die endgültige Entscheidung für den Überfall auf Russland bereits gefallen sei, ob ihr jedoch noch Forderungen an die Sowjetunion vorausgingen, sei »nicht bekannt«. Görings Stab erhielt den Befehl, von Berlin nach Rumänien umzuziehen. Die zweite Einsatzlinie der Luftwaffe wurde von Frankreich in die Region um Poznan verlegt. Der deutsche und der finnische Generalstab standen angeblich mitten in »intensiven Verhandlungen«. Ebenso enthüllten Dokumente, die durch die Hände von »Hauptfeldwebel« gingen, dass die Deutschen im Norden von Westpreußen und im Süden von Rumänien aus in Russland einmarschieren wollten. Mit riesigen Zangenbewegungen sollte die Rote Armee eingekesselt und vernichtet werden. Unter welchem Druck Kobulow (»Sachar«) arbeitete, zeigen seine verzweifelten Versuche, Stalins Vertrauen zu gewinnen, indem er seine Berichte mit der Bemerkung schloss, die Empfehlung von »Hauptfeldwebel«, einen Präventivschlag gegen die Deutschen zu führen, sei keine »Provokation«, sondern »aus dem Herzen gesprochen«.[7]

Am nächsten Tag verstärkte Kobulow seine Warnung mit einem neuen Hinweis von »Hauptfeldwebel«, dass »die Entscheidung für einen Überraschungsangriff endgültig gefallen« sei. Er zitierte »Hauptfeldwebel« direkt: »Führende Kreise des deutschen Luftfahrtministeriums und des Stabes der Luftwaffe sind überzeugt, dass die Frage eines Angriffs Deutschlands auf die Sowjetunion endgültig entschieden ist. Unabhängig davon, ob zuvor noch Forderungen an die Sowjetunion gestellt werden, sollten wir die Möglichkeit eines Überraschungsangriffs ins Auge fassen«.[8]

Als Merkulow Stalin am 16. Juni weitere Belege von »Hauptfeldwebel« vorlegte, die darauf hinwiesen, dass die letzten Maßnahmen für den Angriff getroffen seien, brauste Stalin auf: »Diese ›Quelle‹ im Stab der deutschen Luftwaffe soll sich zum Teufel scheren! Das ist keine Quelle sondern ein *Desinformant*!« Die Nachricht, Rosenberg, der berüchtigte Verfasser des antisowjetischen Kapitels in Hitlers *Mein Kampf*, habe bereits die Administratoren ausgewählt, die die sowjetische Wirtschaft nach der Okkupation führen sollten, wischte er glatt vom Tisch. Laut »Hauptfeldwebel« hatte Rosenberg prophezeit, dass der Name Russlands von den Landkarten ausradiert werde.[9] Als Timoschenko und Schukow am 9. Juni über ein breites Spektrum nachrichtendienstlicher Informationen sprachen, zeigte sich Stalin kaum beeindruckt: »Ich habe andere Dokumente«, unterbrach er sie und schob die von ihnen zusammengestellten Berichte beiseite. Auch einen Bericht Sorges tat er mit der scherzhaften Bemerkung ab, Sorge habe in Japan »einige kleine Firmen und Bordelle aufgemacht und geruht jetzt sogar, als Datum für den deutschen Überfall den 22. Juni vorauszusagen. Meinen Sie etwa, dass ich auch ihm glauben soll?«[10]

Diese barschen Reaktionen beweisen aber eigentlich nur, dass Stalins Selbstsicherheit erschüttert war. Als ihm am 17. Juni schließlich mit Informationen aus London übereinstimmende Berichte auf den Tisch gelegt wurden, dass der Krieg unmittelbar bevorstehe, beorderte Stalin hastig Merkulow und den Chef der Auslandsaufklärung, Fitin, in den Kreml. Er verlangte von ihnen eine Überarbeitung der Berichte, da sie ihm »widersprüchlich« erschienen, und befahl, »eine überzeugendere und schlüssigere Zusammenfassung sämtlicher Nachrichtendienstinformationen ... zu erstellen«.[11] Das Dokument »Aufstellung der Berichte von ›Korse‹ und ›Hauptfeldwebel‹ vom 6. September 1940 bis zum 16. Juni 1941« war schließlich am 20. Juni fertiggestellt. Bei Merkulow kam es erst an, als der deutsche Überfall Stunden zuvor bereits erfolgt war. Daher gab es Fitin an den Chef der Deutschlandabteilung der Auslandsaufklärung zurück, wo es in den Archiven verschwand.

Stalin weigerte sich schlichtweg, die Berichte zu akzeptieren. Schließlich stellten sie den Sinn seiner Politik in den vergangenen zwei Jahren in Frage. Inzwischen klammerte sich Stalin an die wenigen widersprüchlichen Aussagen, die auf Mängel in der Kampfbereitschaft der Wehrmacht hinwiesen. Auch würden die Deutschen seiner Meinung nach wohl kaum losschlagen, solange ihre Panzer-, Luftwaffen- und Artillerieeinheiten noch so fern von der Grenze stünden.[12]

Stalin verwies hartnäckig auf die unterschiedlichen Daten, die für den Überfall angegeben wurden und die seine Vorsicht bei der Realisierung der eigenen Aufmarschpläne zu rechtfertigen schienen.[13] Auch die Überwachung Schulenburgs brachte zweideutige Ergebnisse. Am 9. Juni legte Stalin z. B. ein abgefangenes Telegramm so aus, dass Schulenburg zwar keine Weisung erhalten hatte, Verhandlungen aufzunehmen, aber auch nicht über mögliche Feindseligkeiten informiert worden sei. Im Gegenteil, der deutsche Botschafter berichtete auch weiterhin beharrlich, Russland erfülle »seine Verpflichtungen peinlich genau, was es Deutschland schwer machen könnte, einen Vorwand für einen Angriff auf die Sowjetunion zu finden«.[14]

Obwohl ihnen auf diese Weise enge Grenzen gesetzt waren, wiesen die Nachrichtendienste in den letzten Tagen vor dem Krieg in recht eindeutiger Weise auf die drohende Gefahr hin. Am 18. Juni berichtete der NKGB, dass seit dem 10. Juni die hastige Evakuierung von 34 Mitarbeitern der deutschen Botschaft mit Frauen, Kindern und allen Habseligkeiten im Gange sei. Der Auszug der Deutschen hielt an, und für immer mehr Mitarbeiter wurden Visa beantragt. Bereits früher hatte man damit begonnen, Geheimakten nach Berlin zu senden. Andere wurden im Hof der Botschaft verbrannt. Die Evakuierung, so berichtete man Stalin, zeuge von der »großen Nervosität und Sorge in Moskau angesichts der vorherrschenden Meinung, dass die Beziehungen zwischen Deutschland und der UdSSR sich so verschlechtert haben, dass ein Krieg in den allernächsten Tagen ausbrechen wird«. Am 12. Juni bestellte man die Botschaftsangestellten zusammen und gab ihnen Anweisungen für die Abreise aus Moskau. Die TASS-Meldung hatte zwar etwas Erleichterung aufkommen lassen, da eine Reaktion aber ausblieb, nahm man die Evakuierung eiligst wieder auf.[15] Auch bei Intourist ging von den verschiedenen deutschen Vertretungen eine Flut von Flugbuchungen ein.[16] Von Schulenburg berichtete man, er sei »sehr pessimistisch gestimmt« und fürchte, nach der Abfuhr, die er sich bei seinem Besuch in Berlin von Hitler geholt habe, werde er wohl bald in einem Konzentrationslager landen. Er schließe nicht einmal aus, dass er in einer Woche »nicht mehr unter den Lebenden sein« werde.[17] Ein persönlicher Bote, den er ausgesandt hatte, kehrte mit leeren Händen nach Moskau zurück. Nun packte man in der deutschen Botschaft noch hektischer die Sachen und bereitete die Abreise der Familien vor. In einem Telegramm, das die sowjetische Aufklärung abfing, informierte Rosso nach Rom, dass »ein bewaffneter Konflikt unvermeidlich ist und in den nächsten zwei oder drei Tagen ausbrechen kann, möglicherweise am Sonntag [dem 22. Juni]«.[18]

Auch Sorge legte noch einmal nach. Der Kurier aus Berlin hatte den deutschen Militärattaché in Tokio informiert, er sei »überzeugt, dass der Krieg gegen die Sowjetunion spätestens bis Ende Juni aufgeschoben wird«.[19] Unmittelbar vor Kriegsausbruch informierte Sorge Golikow in einer Eilmeldung, der deutsche Botschafter in Tokio, Ott, habe ihm mitgeteilt, der Krieg mit Russland sei »unvermeidlich«. Der japanische Generalstab berate schon darüber, wie Japan sich verhalten sollc, wenn es zum Kriegsausbruch komme.[20] Einen Tag vor der Invasion legte der NKGB noch einmal seine fast zur Gewohnheit gewordene Ausbeute frischer Berichte über die »unaufhörliche Verlegung von Truppen, Panzerdivisionen und mechanisierter Einheiten aus Deutschland über Warschau zur sowjetischen Grenze« vor. Der Bericht enthielt alle Nummern und jeweiligen Aufenthaltsorte der Züge sowie die Bezeichnungen und Unterstellungsverhältnisse der Militäreinheiten. Der NKGB erfuhr, dass die deutschen Agenten jüngst den Auftrag erhalten hatten, über den Zustand von Straßen und Eisenbahnen in Russland, die Verteilung der einzelnen Verbände der Roten Armee, die Bewaffnung der an der Grenze stationierten Einheiten usw. zu berichten. Deutsche Offiziere führten intensive Indoktrinierungsgespräche mit ihren Untergebenen, die vor allem vom Verrat der Sowjetunion und dem bevorstehenden Krieg handelten.[21]

Wie bereits erwähnt, drängten Schukow und Timoschenko Stalin seit dem 10. Juni, die Armee in volle Alarmbereitschaft zu versetzen. Am 18. Juni begründeten sie diese Forderung erneut auf einer über dreistündigen Sitzung in Stalins Arbeitszimmer, bei der auch die Mitglieder des Politbüros anwesend waren. Timoschenkos Erinnerung an diese Zusammenkunft vermittelt einen lebendigen Eindruck davon, wie Stalin Entschlüsse fasste und wie rücksichtslos, ungeduldig und tief verletzend er dabei die Militärs behandelte. Timoschenko und Schukow kamen zu der Besprechung mit Karten, auf denen die deutschen Truppenkonzentrationen in allen Einzelheiten vermerkt waren. Der beherrschte Schukow ergriff zuerst das Wort. Er schilderte die Unruhe in der Truppe und beschwor Stalin, sie »in volle Kampfbereitschaft« zu versetzen. Je länger er sprach, desto gereizter wurde Stalin jedoch. Nervös klopfte er seine Pfeife auf dem Tisch aus. Schließlich sprang er auf, trat zu Schukow und herrschte ihn an: »Sind Sie hierher gekommen, um uns mit Krieg zu schrecken, oder wollen Sie Krieg, weil sie noch nicht genügend Auszeichnungen haben und Ihr Rang noch nicht hoch genug ist?« Schukow setzte sich fassungslos. Timoschenko blieb jedoch hartnäckig bei seiner Warnung: Wenn man die Truppen im gegenwärtigen Zustand belasse, werde dies im Falle eines deutschen Angriffs zu chaotischen Zuständen führen. Damit provozierte er Stalin zu einer längeren Tirade, die nicht nur seine Brutalität zeigte, sondern auch ahnen ließ, was in seinem Kopf vorging:

»Stalin trat an den Tisch zurück und sagte hart: ›Das ist Timoschenkos Werk. Er bereitet alle auf den Krieg vor. Er hätte längst erschossen werden sollen, aber ich kenne ihn seit dem Bürgerkrieg als guten Soldaten ...‹ Ich erinnerte [Stalin] daran, dass er selbst bei der Begegnung mit den Absolventen der Militärakademien erklärt habe, der Krieg sei unvermeidlich. ›Da sehen Sie es‹, sagte Stalin in Richtung des Politbüros, ›Timoschenko ist ein ganzer Kerl mit einem großen Kopf, aber mit einem so kleinen Hirn‹, und er zeigte seinen Daumen. ›Das habe ich zum Volke gesagt, das wir zur Wachsamkeit rufen müssen. Zugleich müssen Sie aber verstehen, dass Deutschland allein niemals gegen Russland kämpfen wird. Das müssen Sie verstehen.‹ Damit verließ er den Raum.

Dann öffnete er die Tür noch einmal, steckte sein pockennarbiges Gesicht durch den Spalt und sagte scharf: ›Wenn Sie die Deutschen durch unerlaubte Truppenbewegungen an der Grenze provozieren, dann werden Köpfe rollen! Merken Sie sich das!‹ Und er warf die Tür hinter sich zu.«[22]

Die Vermeidung jeglicher Provokation war offenbar für Stalins Versuche, den Krieg abzuwenden, immer noch entscheidend. Mit ruhelosem Geist und brutalem Führungsstil suchte er nach Mitteln, die Falle zu umgehen. Seit April berichtete der örtliche NKGB, dass ukrainische Nationalisten »provokatorische Gerüchte verbreiten«. Nach diesen bereite entweder die Sowjetunion »einen Angriff auf Deutschland« vor, den man mit dem Abschluss des Neutralitätspaktes mit Jugoslawien in Zusammenhang brachte, oder Deutschland führe »einen Angriff auf die Sowjetunion« im Schilde.[23] Ukrainische Schulen, so berichtete man Stalin, seien aufgefordert worden, die Geschichte und Geographie der »unabhängigen Ukraine« zu lehren, deren Karten bereits an den Wänden vieler pädagogischer Einrichtungen in Krakau hingen. Nach Gerüchten sollten bereits 200 aktive ukrainische Nationalisten zu Sonderlehrgängen nach Berlin gesandt worden sein, um sie auf die Verwaltung der »unabhängigen Ukraine« vorzubereiten.[24]

Bereits zuvor hatte der Chef des ukrainischen NKGB Befürchtungen geäußert, in Kriegszeiten könnten diese Nationalisten als 5. Kolonne agieren. Unter Führung von Stephan Bandera sei eine über 1000 Mann starke Truppe aus kriminellen Elementen zusammengestellt worden, die bereits feindselige Akte gegen die Sowjetmacht durchführe und die örtliche Bevölkerung terrorisiere. Tagsüber versteckten sich diese Banden im Wald, nachts versetzten sie die Kolchosbauern in Angst und Schrecken, wobei sie es vor allem auf die ungeschützten Häuser derer abgesehen hätten, die den Säuberungen zum Opfer gefallen seien.[25] Ein abgefangenes Telegramm des japanischen Konsuls in Königsberg schien diese Berichte zu bestätigen. Danach hatten die Deutschen in verschiedenen Universitäten Russischkurse eingerichtet. Über 2000 Mitglieder der »Ukrainischen Union«, die bei Siemens in Berlin gearbeitet hatten, wurden nach Polen zurückgebracht. Und tatsächlich nahm eine Grenzpatrouille der Roten Armee sechs von ihnen fest, die mit einem Auftrag in der Gegend um Lwow unterwegs waren.[26] Ende Mai kamen 120 Mitglieder verschiedener Kolchosen, die bis zu 16 Kilometer von der Grenze entfernt waren, nicht zur Arbeit aufs Feld, weil sie »provokatorische Gerüchte über einen baldigen Ausbruch des Krieges mit Deutschland« gehört hatten. In Moldawien, so hieß es in der Information, »verbreiten feindliche Elemente auf dem Markt provokatorische Gerüchte, dass die Rote Armee, die sich aus Furcht vor einem deutschen Angriff zurückziehe, den Bauern unterwegs das Vieh stehle. Die Bauern, die das hörten, fuhren in Panik zurück in ihre Dörfer, um ihr Vieh in die Ställe zu treiben.«[27]

Die Verhandlungen mit Schulenburg von Mitte Mai hatten Stalin die Gefahr bewusst gemacht, dass Gerüchte und Provokationen in der Tat einen Krieg auslösen konnten, den Hitler nicht wollte.[28] Die Aktionen der Nationalisten waren besonders riskant, weil sie von der deutschen Wehrmacht benutzt werden konnten, die, so glaubte Stalin, begierig darauf war, Hitler zum Krieg zu ermuntern. Stalin klammerte sich weiterhin an sein Konzept und ging davon aus, dass »konterrevolutionäre Elemente« von »ausländischen Geheimdiensten für Spionage« benutzt würden. Daher wies er den NKGB an, die »Provokateure« festzunehmen und für fünf bis zwanzig Jahre in Sonderlager zu stecken. Zu diesen »Elementen« zählte man vier Kategorien – Mitglieder nationalistischer Organisationen, ehemalige Konterrevolutionäre, Polizisten und Regierungsbeamte. Auch ihre Familien sollten nicht verschont bleiben. Merkulow ordnete unverzüglich die Einrichtung von Sonderlagern an, die die Verdächtigen »rasch aufnehmen« sollten. Diese groß angelegte Operation rangierte in dieser entscheidenden Situation selbst vor der weiteren Sammlung von Nachrichten über den Aufmarsch der Wehrmacht. Merkulow kümmerte sich persönlich um die Sache und rekrutierte dafür 208 Offiziere, die man von der Ausbildung an der Hochschule des NKGB in den betreffenden Provinzen holte. Die ganze Operation sollte binnen drei Tagen abgeschlossen sein.[29] Am 22. Mai wies Berija die Organe des NKGB in den Grenzgebieten an, einen groß angelegten Schlag gegen »Banditen, Spione und antisowjetische Konterrevolutionäre« zu führen. Etwa 12 000 Verdächtige und deren Familien wurden in dieser Nacht festgenommen und in Lager im Osten abtransportiert. In den folgenden zwei Wochen konzentrierte der NKGB alle seine Ressourcen darauf, jegliche Aktivitäten dieser Organisationen zu unterbinden und die Gefahr von Provokationen zu bannen.[30]

In einem Arbeitspapier der Auslandsaufklärung hieß es, die Subversionsakte der Ukrainer und besonders der Polen stünden unter der Leitung von polnischen Offizieren, die hofften, einen bewaffneten Konflikt mit Deutschland für ihre Zwecke ausnutzen zu können. Diese Organisationen koordinierten ihr Vorgehen angeblich mit dem deutschen Geheimdienst. Merkwürdigerweise wurden alle jüdischen und zionistischen Organisationen als subversive antisowjetische Elemente und nicht etwa als potenzielle Opfer des Nazismus eingeordnet. Die Ursache dieser Einschätzung war nicht nur ein tief verwurzelter Antisemitismus, sondern auch die Annahme, der »revisionistische« Flügel der zionistischen Bewegung sei eine »jüdisch-faschistische Organisation«, die sich auf Großbritannien orientiere und eine Partei nach dem Vorbild des italienischen Faschismus aufbauen wolle. Außerdem vertrete sie bürgerliche Auffassungen, und wenn Russland in einen Krieg mit Großbritannien gerate, könnten diese Kräfte in englischem Auftrag Sabotageakte im Hinterland der Roten Armee ausführen.[31]

Am 16. Juni erhielt Sudoplatow, der stellvertretende Leiter der Auslandsaufklärung, von seinem Vorgesetzten Fitin, der gerade von einer Besprechung im Kreml zurückgekehrt war, den Befehl, eine erfahrene Kampftruppe zusammenzustellen, um jeglichen Grenzzwischenfall abzuwehren, der als Vorwand für den Kriegsbeginn dienen könnte, wie dies schon in Polen geschehen war. Am nächsten Tag verkündete Merkulow stolz, in dem kürzlich angeschlossenen Baltikum habe eine erfolgreiche Säuberung von »antisowjetischen Elementen« stattgefunden. Allein in den baltischen Republiken wurden dabei 14 467 Personen festgenommen und 25 711 in die Verbannung nach Sibirien geschickt. Bis zur letzten Minute unternahm der NKGB enorme Anstrengungen, um von Deutschland inspirierte Diversanten und Saboteure ausfindig zu machen.[32]

London: »Diese Lawine aus Feuer und Tod«

Am 9. Juni erhielt der britische Nachrichtendienst neue Berichte, dass »die deutschen Truppenkonzentrationen gegen Russland mit höchstem Tempo und Nachdruck vorangetrieben werden«. Eden beschloss, die Informationen frei zu geben, um »den russischen Widerstand« – offenbar gegen ein deutsches Ultimatum – »zu stärken«.[33] Von seinem Botschafter in Stockholm erfuhr er, dass »die sowjetisch-deutschen Beziehungen in den letzten drei Wochen zwar gespannt waren, jedoch eine Lösung in Sicht ist und eine Delegation sowjetischer Militärvertreter in Berlin erwartet wird, um einen sowjetisch-deutschen Militärpakt zu unterzeichnen. Diese Information ist inoffiziell und wahrscheinlich übermittelt worden, um herauszubekommen, ob die sowjetischen Behörden sie dementieren, bestätigen oder dazu schweigen«.[34] Dass Hitler »sich offenbar entschieden hat, die Vorteile aus der Eroberung von Griechenland und Kreta nicht weiter zu verfolgen, sondern Russland zu bedrohen«, war für das Foreign Office in der Tat schwer zu verdauen. Wie Eden bekannte, stellte dies für ihn »die erstaunlichste strategische Entwicklung seit Kriegsbeginn« dar. Auch Cadogan, der bisher davon ausging, dass »[Hitlers] Wahnsinn Methode hat«, gab zu, dass diese Berichte ihn verwirrten. Eden blieb skeptisch: »*Wenn* Russland kämpft, ein großes *wenn*«, bemerkte er.[35]

Um die Briten von der Annahme abzubringen, zwischen Deutschland und der Sowjetunion seien Verhandlungen im Gange, weshalb man nun die eigenen Verhandlungen mit den Deutschen vorantreiben müsse, informierte Maiski Eden am 10. Juni, dass »kein Militärbündnis zwischen Deutschland und Russland besteht oder ins Auge gefasst wird. Mehr noch, die Sowjetregierung steht im Augenblick nicht mit der deutschen Regierung in Verhandlungen über irgendeine neue Vereinbarung, sei sie wirtschaftlicher oder politischer Natur«. Die Freigabe dieser Information bedeutete für die Russen allerdings ein schwieriges Dilemma. Wenn die Truppenkonzentrationen Krieg bedeuteten, dann konnte die Mitteilung die Briten dazu verleiten, eigene Friedensbemühungen einzuleiten oder Deutschland zum Marsch nach Osten zu ermuntern.[36] Offenbar hofften die Russen, ihre Versicherung werde dazu führen, dass die Presse das Thema fallen lasse. Statt dessen blühten die Spekulationen um Cripps' Rückruf nun noch üppiger als zuvor.

Maiskis Ahnung, Großbritannien versuche mit allen Mitteln Russland in den Krieg zu verwickeln, schien sich in seinem Gespräch mit Eden, welches nach Cripps' Rückkehr am 13. Juni unmittelbar vor Veröffentlichung der TASS-Mitteilung stattfand, zu bestätigen. Maiski hatte den starken Eindruck, dass »im Zusammenhang mit Cripps' Eintreffen eine Pressekampagne lanciert worden ist ... Er brachte Bedauern zum Ausdruck, dass die Maßnahmen von Eden, den ›Spekulationen‹ in den Zeitungen zu diesem Thema ein Ende zu setzen, über die er mich am 5. Juni informiert hatte, nicht erfolgreich waren«. Damit bestätigte sich offenbar seine Ahnung, dass Churchill hinter den Gerüchten stecke. Maiski warnte Eden schon vor Erscheinen der TASS-Meldung, dass »die Art von Artikeln, die gestern erschienen sind, in Moskau nicht verstanden und mit Verärgerung aufgenommen werden«. Eden hatte Maiski jedoch diesmal zu sich gerufen, um ihn über den wachsenden Strom geheimdienstlicher Nachrichten in den vergangenen 48 Stunden zu informieren. Die Truppenkonzentrationen, so betonte er, »können für einen Nervenkrieg, aber auch für einen Angriff auf Russland gedacht sein«. Er wollte Maiski offenbar davon überzeugen, dass die Berichte eine eindeutige Angriffsabsicht der Deutschen vermittelten. Vor dem Hintergrund der Pressekampagne wies Maiski jedoch Edens Hilfsangebot, das ebenfalls ein weiterer Versuch sein konnte, Russland in den Krieg zu verwickeln, sofort zurück. Ein solches Angebot, so bemerkte er, setze »eine enge Zusammenarbeit« zwischen den beiden Staaten voraus, für die es nach seiner Meinung noch »zu früh« sei. Eden bestand jedoch auf seiner Meinung und erklärte, während er bisher Maiskis Interpretation geteilt habe, sei es auf Grund der neuen Informationen bei ihm zu einem Sinneswandel gekommen. Maiski war sich der schweren Verantwortung, die Information richtig zu bewerten, vollauf bewusst, bat Eden aber dennoch dringend um weitere Informationen über die deutschen Absichten, und zwar »so früh wie möglich, entweder noch heute oder am Wochenende«. Maiskis Drängen war freilich wenig aussichtsreich, da Eden versprochen hatte, vor Übermittlung jeglicher Informationen stets Churchill und den Generalstab zu konsultieren.[37]

Am 15. Juni, einem Sonntagabend, eine Woche vor dem deutschen Überfall, fasste Churchill schließlich den Entschluss, von *Enigma* gewonnene detaillierte Informationen zu übergeben. Der Gemeinsame Geheimdienstausschuss legte Cadogan den jüngsten aktuellen Bericht über die Wahrscheinlichkeit des Krieges vor, der auf allen verfügbaren Informationen, darunter auch von *Enigma,* beruhte. Das war eine sehr großzügige Geste, da man bei einem sorgfältigen Studium des Berichts dessen Quelle ausmachen konnte. Außerdem erhielt Cadogan eine Karte, auf der die an der Grenze einander gegenüberstehenden Kräfte dargestellt waren, mit der sarkastischen Bemerkung, »ein Vergleich dieser Karte mit den Bemerkungen Mr. Maiskis gegenüber dem Außenminister in ihrem jüngsten Gespräch ist sehr amüsant«. Da Maiski über das Wochenende nicht in London war, verschob man die Übergabe der Information auf den nächsten Morgen.[38]

Der Botschafter war sehr erstaunt, als er am Montagmorgen ins Foreign Office bestellt wurde, um sich dort Cadogans distanzierte, monotone Aufzählung »präziser und konkreter« Daten anzuhören. Maiski erschütterte nicht so sehr die Erkenntnis, die er in seinen Memoiren so plastisch beschrieben hat, dass »diese Feuer speiende, Tod bringende Lawine vielleicht schon im nächsten Augenblick über Russland hereinbrechen« konnte, sondern vielmehr, dass er selbst bisher so besänftigend aus London berichtet hatte. Daher eilte er nun, seine frühere Einschätzung zu revidieren.[39] Aber selbst zu diesem Zeitpunkt hinderte ihn die vorgefasste Meinung Moskaus noch daran, völlig präzise zu berichten:

»Gewiss nahm ich Cadogans Informationen nicht als hundertprozentige Wahrheit; die Angaben des Aufklärungsdienstes sind nicht immer exakt. Auch waren die Engländer an der Entfesselung des Krieges im Osten interessiert und hätten bewusst zu düstersten Farben greifen können, um die Sowjetregierung stärker zu beeindrucken; deshalb hatte ich von dem, was mir Cadogan sagte, in Gedanken bedeutende Abstriche gemacht. Und dennoch war die Information des Stellvertreters des Ministers so ernst, und die von ihm mitgeteilten Angaben waren so exakt und konkret, dass sie

Stalin hätten warnen und veranlassen müssen, ihre unverzügliche Überprüfung anzuordnen und auf jeden Fall an unsere westliche Grenze die strikte Weisung zu geben: ›Seid auf der Hut!‹«

Ungeachtet der Zensur vermittelten Maiskis Telegramme ein recht akkurates Bild der verschiedenen Stadien des deutschen Aufmarsches an den sowjetischen Grenzen im Mai und Juni. Verglichen mit den Informationen, die den Russen zur Verfügung standen, unterschätzten die britischen Stabschefs den Umfang der Truppenkonzentrationen allerdings stark. Sie nahmen an, dass die Deutschen 80 Divisionen in Polen, 30 in Rumänien sowie fünf in Finnland und Nordnorwegen, insgesamt also 115 neben der mobilisierten rumänischen Armee zur Verfügung hätten.[40]

Die Russen bewegten sich auf dünnem Eis, als sie die Deutschen für sich zu gewinnen suchten und damit zugleich ihre Positionen in England untergruben. Das konnte besonders gefährlich werden, wenn tatsächlich separate britisch-deutsche Friedensverhandlungen bereits in vollem Gange waren. Daran kamen den Russen nun aber erhebliche Zweifel. Die Haltung der britischen Regierung zu der sich anbahnenden Krise war bisher für die eigene Einschätzung des Kreml entscheidend gewesen. Obwohl sich dort allmählich Verzweiflung ausbreitete, glaubte Stalin weiterhin unerschütterlich daran, dass die Briten nach wie vor provozieren könnten oder dem deutschen Angriff ein Ultimatum vorausgehen werde. Das hielt seine Umgebung, die Nachrichtendienste und auch Maiski davon ab, eine klare Einschätzung zu treffen. Daher nährten Maiskis Einschätzungen zwischen dem 10. und 15. Juni Stalins Furcht vor einer Provokation, wie sie in der berühmten TASS-Meldung zum Ausdruck kommt, und lenkten ihn von der wirklichen Gefahr im militärischen Bereich ab.

Als Stalin noch mit seinen Beratern über die ausbleibende Reaktion auf die TASS-Meldung nachgrübelte, wurde er am 16. Juni mit Maiskis veränderter Einschätzung nach dem Gespräch mit Cadogan konfrontiert. Die Reaktion folgte auf dem Fuße. Am Abend des 16. Juni stattete der britische Geschäftsträger dem Kreml einen Höflichkeitsbesuch ab, den ersten seit Cripps' Abreise. Wyschinski war offenbar bestrebt, die Wirkung der TASS-Meldung abzuschwächen und versicherte dem Geschäftsträger, der Bezug auf Cripps sei kein persönlicher Racheakt, sondern »stellt lediglich eine Tatsache fest, und das in abgewogenen Worten«. Es sei möglich, dass Cripps' Eintreffen in London »die Phantasie [der Zeitungsreporter] angeregt hat«. Schließlich sei es bemerkenswert, dass die britische Presse nach seiner Ankunft am 11. Juni »derartigen Berichten mehr Aufmerksamkeit schenkte als zuvor«.[41] Als Cripps Maiski am 18. Juni wissen ließ, seine Rückkehr nach Moskau werde »stark davon beeinflusst« werden, wie die sowjetische Seite seine Erwähnung in der TASS-Meldung erkläre, versicherte Maiski, dass er in Russland »höchsten persönlichen Respekt« genieße.[42] Nur Stunden später übergab der Botschafter Eden eine entschuldigende und versöhnliche Botschaft, die mit der in Moskau übermittelten fast wörtlich übereinstimmte.[43]

Bei einem Zwischenaufenthalt in Stockholm waren Cripps Zweifel daran gekommen, dass ein Abkommen zwischen Deutschland und der Sowjetunion unmittelbar bevorstehe. Anlässlich eines Essens im Hause des britischen Botschafters in Stockholm zeigte sich der Generaldirektor des schwedischen Außenministeriums bestürzt über Cripps' Theorie einer möglichen sowjetisch-deutschen Vereinbarung. Um die britische Regierung ins Bild zu setzen, berichtete er Cripps von abgefangenen Wehrmachtsbefehlen an die Truppen in Norwegen. Er erklärte »mit großem Nachdruck«, die Deutschen hätten die feste Absicht, Russland in der Woche vom 20. bis 25. Juni anzugreifen.[44]

Cripps wurde aufgefordert, seine Ansichten dem Kriegskabinett vorzutragen, das am 16. Juni zum letzten Mal vor dem Ausbruch der Feindseligkeiten über Russland debattierte. Zuvor luden Eden und die Stabschefs Cripps zum Essen ins Savoy ein. Die Zukunft schien weiterhin unklar. Die Armee erwartete, dass Hitler die Russen sofort militärisch zerschlagen werde. Cripps meinte, für Großbritannien wäre es besser, »wenn die Sowjets nicht dieses Jahr in den Krieg hineingezogen werden und eine potenzielle Bedrohung bleiben«. Aber Eden glaubte nicht, dass Hitler das zulassen werde. Nach wie vor der kollektiven Meinung seines Amtes treu, sagte er voraus, Russland werde »entweder die harten Bedingungen der ›Kollaboration‹ annehmen oder angegriffen werden«.[45] Es sei »nicht ausgeschlossen«, beharrte Sargent, »dass Stalin und Hitler in einigen Tagen eine Vereinbarung erzielen. Im Gegenzug für die Zugeständnisse, die die Sowjetregierung Deutschland wird machen müssen, gestattet man Stalin, sich schadlos zu halten, indem er sich türkisches Gebiet jenseits des Kaukasus einverleibt oder sich eine Vormachtstellung an den Dardanellen sichert«.[46] Churchill schwankte nach wie vor und hoffte nicht auf den Osten. »Nach allen Informationen, die ich beschaffen konnte«, schrieb er an den südafrikanischen Premierminister, »wird Hitler sich von Russland nehmen, was er will. Die einzige Frage ist, ob Stalin sich zu einem vergeblichen Widerstand aufrafft. Ich setze wachsende Hoffnungen in die Vereinigten Staaten.«[47]

Da es dem Kabinett an konkreten Informationen mangelte, verlegte es sich darauf, dass »Deutschland Russland ein Ultimatum stellen wird, wenn seine Truppenkonzentrationen abgeschlossen sind«. Maiski wurde von Brendan Bracken, Churchills undisziplinierten Berater, über die Ansichten des Kabinetts exakt auf dem Laufenden gehalten. Offenbar hatten sich zwei Ansichten herausgebildet. Cripps, so hatte der sowjetische Botschafter von diesem erfahren, befürchtete, dass die Wehrmacht ihre größte Stärke erreicht hatte, die Rote Armee aber mindestens noch ein Jahr brauche, um ihr ebenbürtig zu sein. Voller Mitgefühl für Stalin empfahl er, die Russen sollten sich noch eine Zeit lang aus dem Krieg heraushalten. Churchill dagegen glaubte, dass die Rote Armee bereits eine gewisse Herausforderung für Deutschland darstelle, was »für Großbritannien eine große Hilfe« sein könnte. Das bestätigte Maiskis Sorge, Churchills Meinung sei nach wie vor von Wunschdenken geprägt, Russland unbedingt als Kriegsteilnehmer zu sehen. Bis unmittelbar vor Kriegsausbruch warnte Maiski Stalin daher mit gewisser Berechtigung, das Kabinett als Ganzes sei »begierig darauf, dass die UdSSR in den Krieg eintritt«.[48] Seit seinem Treffen mit Cadogan beschlichen ihn jedoch wachsende Zweifel, ob er in der richtigen Weise informiere.

Zwei Tage nach der Kabinettsitzung saß Maiski mit Cripps und dessen Gattin Isobel beim Mittagessen zusammen. Der Botschafter sagte beiden auf den Kopf zu, Großbritannien wolle Russland in den Krieg gegen Deutschland hineinziehen. Cripps bestritt dies und erklärte Maiski, er wünsche nur, dass Russland Großbritannien 75 Prozent der Neutralität zeige, die es gegenüber Deutschland beweise. Wie Maiski anschließend Molotow eilig informierte, sei Cripps nun im Unterschied zu seinem Auftreten im Kabinett überzeugt »von der Unvermeidlichkeit eines militärischen Konflikts zwischen Deutschland und der Sowjetunion, der spätestens Mitte Juli ausbrechen wird«. Maiski versuchte sich im Beisein von Cripps nichts anmerken zu lassen und verwies auf die bisherige Auffassung des Foreign Office, der Truppenaufmarsch sei einfach »ein Schachzug Hitlers im Nervenkrieg ... aber ein Krieg? ein Angriff? ein Überfall? Das kann ich kaum glauben. Es wäre Wahnsinn!« Maiskis schwache Einwände »machten keinen großen Eindruck« auf Cripps, der starke Argumente ins Feld führte. Damit versetzte er Maiski in große Unruhe, der schließlich weitergab, dass dieser

»absolut verlässliche Informationen über Hitlers Pläne besitzt. Und wenn er die Sowjetunion besiegen sollte, wird er sich danach mit aller Macht auf England stürzen. Die Mitglieder der britischen Regierung, mit denen Cripps gesprochen hat, glauben, Hitler wird der Sowjetunion, bevor er sie angreift, ein letztes Ultimatum stellen. Cripps glaubt das nicht. Hitler wird uns ohne jede Vorwarnung überfallen, denn es geht ihm nicht um diese oder jene Menge von Gütern, Ressourcen usw., die er von der Sowjetunion erlangen will, sondern um die Zerstörung unseres Landes, um die Vernichtung der Roten Armee.«[49]

Cripps gewann den deutlichen Eindruck, Maiski sei gegenüber der Begegnung vor einigen Tagen »viel weniger sicher gewesen, dass es keinen Krieg geben wird«. Unbekümmert bemerkte er, ihr Gespräch habe »den sowjetischen Botschafter total ernüchtert, der sehr deprimiert zu sein schien«.[50] Den gleichen Eindruck gewann der Herausgeber der *Times,* Geoffrey Dawson, der feststellte, dass Maiski nun vom Einmarsch der Deutschen überzeugt sei.[51]

22. Juni 1941: Ein langes Wochenende

Vilhelm Assarsson, der schwedische Botschafter in Moskau, Doyen des diplomatischen Korps und ein scharfer Beobachter des Kreml, hat am besten die Atmosphäre beschrieben, die in den letzten Tagen des Friedens im Kreml herrschte:

»Niemand weiß oder ist bereit, auch nur ein Wort darüber zu sagen, was an der diplomatischen Front vor sich geht, wenn dort überhaupt etwas geschieht. Einer behauptet, es seien Verhandlungen im Gange, ein zweiter, sie hätten noch nicht begonnen, und ein dritter, es werde gar keine Verhandlungen geben, sondern ein Ultimatum. Einige sagen, die Forderungen, ob sie nun gestellt wurden oder nicht, betreffen die Ukraine und die Ölquellen von Baku, andere meinen, es ginge um ganz andere Fragen. Manche nehmen an, die Demobilisierung und Entwaffnung der Ukraine sei Teil der Forderungen. Die meisten glauben, der Krieg sei unvermeidlich und stehe unmittelbar bevor. Andere denken, dass die Deutschen den Krieg wollen. Einige wenige hoffen, es werde keinen Krieg geben, zumindest nicht zur Zeit; Stalin werde sich zu weitgehenden Zugeständnissen bereit finden, um den Krieg zu umgehen. Sicher ist eines: Entweder stehen wir vor einem Kampf von globaler Bedeutung zwischen dem Dritten Reich und dem Sowjetimperium, oder wir haben es mit dem gigantischsten Fall von Erpressung in der Weltgeschichte zu tun.«[52]

Stalin schien nach wie vor jeden Gedanken an Krieg weit von sich zu weisen. An seinem Verhalten konnten Menschen wie Chruschtschow allerdings erkennen, dass er ruhelos und tief deprimiert war. Er verlegte sich wieder auf schwere Trinkgelage, an denen auch seine Umgebung teilnehmen musste. Anders als sonst suchte er ständig Gesellschaft, um offenbar die bohrenden Gedanken an den bevorstehenden Krieg zu verdrängen. Ausgedehnte Essen und Zusammenkünfte auf seiner Datsche traten an die Stelle der Sitzungen im Kreml, die er zuvor abzuhalten pflegte.[53] Bis zum letzten Augenblick glaubte Stalin, es sei die deutsche Wehrmacht, die den Konflikt zu provozieren versuche. Am Tag des deutschen Einmarsches bekannte Kollontai, Stalin »hoffte und glaubte sicher, ein Krieg werde nicht ohne vorherige Verhandlungen ausbrechen, in denen man eine Lösung finden könne, um ihn noch abzuwenden«.[54] Aber er hatte bereits die Initiative verloren und war praktisch kalt gestellt.

Das »totale Schweigen« des Kreml und die Zurückhaltung der nationalen Presse waren von dem Wunsch geprägt, auch nur den geringsten Anschein einer Provokation zu vermeiden.[55] Seit Erscheinen der TASS-Meldung, schrieb Gafencu nach Bukarest, lebe Moskau »im Banne von Hitlers Schweigen. Der Nervenkrieg ist in vollem Gange und spitzt sich durch Nachrichten aus Finnland und Rumänien über weitere umfangreiche militärische Vorbereitungen weiter zu.«[56] Schulenburg empfand ähnlich und war überzeugt, ein Krieg liege nicht im deutschen Interesse. Aber in der deutschen Botschaft glaubte man (darin offenbar mit Stalin übereinstimmend), dass »ein geladenes Gewehr auch losgehen kann, wenn man es gar nicht will«. Man nährte noch die Illusion, Hitlers Taktik laufe darauf hinaus, »dem König permanent Schach zu bieten, ohne ein Matt zu erzwingen«. In letzter Verzweiflung hatte Schulenburg sogar seinen Botschaftsrat Walther nach Berlin geschickt, um herauszufinden, ob ein Treffen von Hitler und Stalin arrangiert werden könnte.[57]

In der trügerischen Stille grübelte Stalin immer noch über Arrangements nach, die er bei Friedensverhandlungen erreichen könnte. Bogomolow, sein vertrauter Botschafter in Vichy, der gerade von Konsultationen in Moskau zurückgekommen war, erklärte, dass »die neue territoriale Aufteilung Europas und die Schaffung neuer Staaten anstelle derer, die vor dem Krieg bestanden, nicht in Kraft treten wird, bevor die neuen Grenzen in Friedensverträgen mit den unmittelbar interessierten Seiten festgelegt sind«. Stalin stellte sich dabei zwei Szenarien vor. Sollte Deutschland als Sieger aus dem Krieg hervorgehen, werde Polen »von der Landkarte verschwinden«. Sollte Deutschland besiegt werden, sei offensichtlich, dass »Polen als unabhängiger Staat wiederhergestellt und seine Grenzen mit der Sowjetunion vertraglich fixiert werden«.[58] Beim Tee im französischen Außenministerium brachte General Susloparow, Bogomolows Militärattaché, die »tiefe Überzeugung zum Ausdruck, dass die Deutschen die Sowjetunion nicht angreifen werden. Er bestritt sogar, dass Spannungen zwischen Berlin und Moskau bestehen«. Ursprünglich habe man geglaubt, die betreffenden Gerüchte seien von den Briten verbreitet worden. Nun aber sei »unbestreitbar, dass diese entweder direkt von den deutschen Nachrichtendiensten oder zumindest mit deren Zustimmung ausgestreut werden«. Er gab exakt Stalins Meinung wieder, der Zweck der Gerüchte liege offenbar in dem »Druck, den die deutsche Regierung auf Moskau ausüben will, um eine wesentliche Steigerung der Lieferungen von Getreide, Ölprodukten und anderen Rohstoffen zu erreichen, die für die Fortsetzung des Krieges dringend gebraucht werden«.[59]

Maiski vollbrachte das ungewöhnlich heiße Wochenende im Hause seines Freundes, des früheren Botschafters der spanischen Republik, in Bovington. Für den Zauber der lieblichen Gegend hatte er jedoch kaum einen Blick. Zu schwer war die Last der Verantwortung, die sich in den letzen zwei Monaten auf seine Schultern gelegt hatte. Die jüngsten Enthüllungen von Cadogan und Cripps stellten die Grundrichtung seiner Berichte nach Moskau in Frage. Möglicherweise beschlichen auch andere sowjetische Botschafter damals ähnliche Gedanken. Aber alles Grübeln über die Gerüchte, Erklärungen, Schmeicheleien und Drohungen des vergangenen Monats halfen Maiski – wie auch Stalin – nicht über seine Zweifel hinweg:

»Vielleicht sind das alles auch nur von den Briten künstlich aufgebauschte Spekulationen? Vielleicht ist es britisches Wunschdenken? Oder ein weiterer Versuch, unsere Beziehungen mit Deutschland zu stören und uns an der Seite Großbritanniens in den Krieg zu ziehen? Offen gesagt, glaube ich nicht wirklich, dass Hitler uns angreifen wird. Gegen Russland Krieg zu führen, war immer ein schwerer Entschluss. Eine Invasion endet stets tragisch für den, der sich dazu erkühnt. Man denke nur an die Polen (in der Zeit der Wirren), an Karl XII., an Napoleon oder an den deutschen Kaiser im Jahre 1918. Die Geographie Russlands hat sich seitdem nicht sehr verändert. Dazu – und das ist besonders wichtig – haben wir heute eine starke Armee, Panzer, Artillerie und Flugzeuge ... Wir haben das gleiche Kriegsgerät wie Deutschland, das Frankreich z. B. nicht zur Verfügung stand. Unsere Gesellschaft ist so einig und geschlossen, wie es die französische nicht war. Wir können uns selbst verteidigen. Ist es überhaupt denkbar, dass Hitler unter diesen Umständen einen Angriff riskiert? Sie wissen, dass das ein selbstmörderisches Unterfangen wäre.«

Kurz nach dem Mittagessen wurde Maiski nach London gerufen, wo Cripps ihm weitere Einzelheiten über den bevorstehenden Angriff mitteilte, die er getreulich nach Moskau weitergab. Cripps enthüllte, aus einer verlässlichen Geheimdienstquelle (es handelte sich um *Enigma*) gehe hervor, dass »sich der Zeitpunkt rasch nähert, da die deutsche Seite ›handeln‹ wird. Alle deutschen Schiffe, die in Abo und anderen finnischen Häfen ankern, haben den Befehl zum Auslaufen erhalten.« Er erwarte, dass Hitler am nächsten Morgen oder am folgenden Sonntag losschlage. An einem Sonntag wäre Hitler leicht im Vorteil, so erklärte Cripps Maiski, da beim Gegner in der Regel eine geringere Alarmstufe in Kraft sei. Cripps versprach Maiski, wenn man dies in Moskau auch sicher etwas skeptisch sehe, werde Großbritannien »in seinen Kriegsanstrengungen nicht nachlassen«. Auf fast schizophrene Weise bestritt Maiski wiederum, wie bereits in seinem Gespräch mit Eden am 13. Juni, die Wahrscheinlichkeit eines Krieges mit dem Argument: »Die ganze Szene, wie Sie sie darstellen, wirkt auf mich höchst hypothetisch«.[60]

Der Winter hatte sich in diesem Jahr in Moskau lange hingezogen, selbst in der zweiten Juniwoche war noch Schnee gefallen. An diesem Sonntag aber brach die warme Sonne plötzlich durch, und die Parks waren an dem langen hellen Sommerabend voller Menschen. Über dem Kreml lastete jedoch drückende Ungewissheit. »Die Lage ist unklar«, bekannte ein bekümmerter Molotow gegenüber Dimitroff, »ein großes Spiel ist im Gange. Nicht alles hängt von uns ab.«[61] Zwar bekannte er in einem Gespräch mit dem türkischen Botschafter, dass die Situation »verwirrend und unsicher« geworden sei, aber auch für ihn galt Stalins Weisung, die unerschütterliche Zuversicht zu demonstrieren, dass »die Sowjetunion keinen Grund zur Furcht« habe.[62] Als Stalin am frühen Nachmittag im Kreml erschien, wusste er, dass er nicht mehr Herr der Lage war.

Die verdeckten Vorsichtsmaßnahmen gingen mit verzweifelten diplomatischen Bemühungen einher, den Deutschen zu vermitteln, was die TASS-Meldung offenbar nicht erreicht hatte. Der 21. Juni 1941, ein Sonnabend, war auch in Berlin ein ungewöhnlich warmer und schöner Tag. Die meisten Mitarbeiter der russischen Botschaft waren zum Baden an den Wannsee oder in die schöne Umgebung von Potsdam gefahren. Die wenigen, die in der Botschaft Dienst taten, schreckten plötzlich auf und verfielen in nervöse Betriebsamkeit. Im Auftrag Moskaus sollte die Botschaft Ribbentrop persönlich einen Protest gegen die zunehmenden Erkundungsflüge über sowjetischem Territorium übergeben und gleichzeitig die sowjetische Bereitschaft betonen, in Verhandlungen einzutreten. Die hektischen Bemühungen, einen Dialog in Berlin zu eröffnen, sollten einen direkten Zugang zu Hitler herstellen und ihm den Ernst der Lage schildern. Das war Dekanosow bei einem Treffen am Abend des 18. Juni, das er Weizsäcker förmlich abgetrotzt hatte, nicht gelungen. Nun aber schlugen alle Bemühungen fehl, mit der Wilhelmstraße in Kontakt zu treten. Ribbentrop hatte Berlin am frühen Morgen verlassen und strikte Weisung gegeben, ihm Dekanosow vom Leibe zu halten.[63] Dem russischen Botschafter teilte man mit, sobald Ribbentrop von außerhalb zurück sei, werde er Kontakt zu ihm aufnehmen. Auf die ständigen Anrufe aus Moskau, die Botschaft möge den Protest übergeben, hatte diese nichts zu erwidern.

Schließlich bestellte man Schulenburg um 18.00 Uhr in den Kreml. Molotow war nahe daran, die Beherrschung zu verlieren, als er die massiven Verletzungen des sowjetischen Luftraums beklagte. Er wollte wissen, weshalb Mitarbeiter der deutschen Botschaft mit ihren Frauen Russland verlassen hätten, was Gerüchte über einen bevorstehenden Krieg nach sich gezogen habe. Warum habe die deutsche Regierung nicht auf die »friedfertige« TASS-Meldung reagiert? Was habe die deutsche Verärgerung über die Sowjetunion verursacht, »wenn es sie überhaupt gibt«? Molotow erhielt keine Antwort auf seine Fragen. Schulenburg ließ allerdings einen letzten Hinweis auf die deutschen Absichten fallen, über den er sicher nicht nach Berlin berichtete. Er räumte ein, dass »diese Fragen berechtigt« seien, er aber leider nicht darauf antworten könne, da Berlin »ihn gänzlich im Dunkeln« halte. In bekümmertem Ton klagte Molotow, »die deutsche Regierung habe keinen Grund, mit Russland unzufrieden zu sein«. Schulenburg wiederholte Unheil verkündend, er sei nicht in der Lage, auf die gestellten Fragen zu antworten. Sein einziger Hoffnungsstrahl sei die

Nachricht, die er über den britischen Rundfunk gehört habe, dass Dekanosow im Laufe des Tages mehrfach mit Ribbentrop zusammengetroffen sei. Aber Molotow, der ebenfalls BBC gehört hatte, dementierte diese Meldung und verabschiedete sich von Schulenburg in noch größerer Verwirrung.[64] Schließlich gelang es Dekanosow, um 21.30 Uhr einen Termin bei Weizsäcker zu erzwingen. Diesem übergab er eine ähnliche Note, wie sie Schulenburg in Moskau entgegengenommen hatte. Darin waren 180 Fälle deutscher Aufklärungsflüge über sowjetischem Territorium seit der letzten sowjetischen Beschwerde im April aufgeführt. Diese, so hieß es in der Note, haben nun »einen systematischen und absichtlichen Charakter angenommen«. Man brachte die Zuversicht zum Ausdruck, »die deutsche Regierung werde Maßnahmen zwecks Einstellung dieser Grenzverletzungen ergreifen«. In Moskau glaubte man offenbar immer noch, Hitler werde die Armee in die Schranken weisen. Weizsäcker spielte auf Zeit, indem er Dekanosow bat, eine offizielle Antwort abzuwarten.[65]

Schukow hielt sich den ganzen Tag gemeinsam mit Timoschenko im Verteidigungsministerium auf. Während Molotow mit dem deutschen Botschafter sprach, erhielt Schukow einen dringenden Anruf vom Stabschef des Kiewer Militärbezirks. Dieser berichtete von einem deutschen Oberfeldwebel, der gerade die Grenze überschritten und ausgesagt habe, dass der Angriff am nächsten Morgen beginnen werde. Stalin, der begierig darauf wartete, was Molotow ihm zu sagen habe, schlug vor, Schukow möge gemeinsam mit dem Verteidigungsminister in 45 Minuten im Kreml sein. Als sie gegen 19.00 Uhr dort eintrafen, empfing Stalin sie allein. Er schien sehr besorgt, spielte aber immer noch mit dem Gedanken, die deutschen Generale könnten den Überläufer geschickt haben, um »einen Konflikt zu provozieren«. Inzwischen waren einige Mitglieder des Politbüros eingetroffen. Auf eine Anfrage Stalins schlug Timoschenko vor, den Befehl für das Ausrücken der Sicherungskräfte in Kraft zu setzen. Das war Stalin zu direkt: »Es wäre übereilt, diesen Befehl zu geben, denn es ist vielleicht noch möglich, das Problem mit friedlichen Mitteln zu lösen.« Er zog es vor, eine kürzere, allgemeinere Warnung zu erlassen, die Schukow sofort vorbereitete. Der Eilbefehl an die Kommandeure der 3., der 4. und der 10. Armee, der um 2.30 Uhr hinausging, war zwar vorsichtig formuliert, um Stalins Furcht vor einer Provokation zu besänftigen, wirkte aber auf die Sicherungskräfte wie ein Alarmsignal:

»1. Im Laufe des 22. und 23. 6. 41 Überraschungsangriff der Deutschen an den Fronten des LMB [Leningrader Militärbezirk], des Balt. SMB [Baltischen Sondermilitärbezirks], des Westl. SMB, des KSMB [Kiewer Sondermilitärbezirks] und des Od. MB [Odessaer Militärbezirks] möglich. Dem Angriff kann ein provokatorischer Akt vorausgehen.
2. Aufgabe unserer Truppen: Auf keine provokatorischen Handlungen reagieren, die Komplikationen hervorrufen können ...
3. Ich befehle:
a) im Laufe der Nacht zum 22.6.41 die Feuerpunkte der befestigten Räume an der Staatsgrenze getarnt zu beziehen;
b) am 22.6.41 vor dem Morgengrauen die gesamten Fliegerkräfte, darunter die Truppenflieger, auf den Feldflugplätzen zu dezentralisieren und sorgfältig zu tarnen;
c) alle Truppenteile in Gefechtsbereitschaft zu versetzen. Die Truppen auseinander gezogen und getarnt zu halten. Alle Vorkehrungen zur Verdunklung der Städte und Objekte zu treffen. Ohne besondere Weisung keine weiteren Maßnahmen einzuleiten.«[66]

Einige weitere Schritte wurden trotz allem unternommen. Schukow erhielt das Oberkommando über die Südwest- und die Südfront, wo man nach wie vor den Hauptschlag der Deutschen erwartete. Sein Vorgänger im Amt des Stabschefs, Merezkow, übernahm die Führung der Nordfront.[67]

Stalin hatte seit Anfang des Monats endlose Warnungen erhalten und war eine ganze Woche lang gedrängt worden, den Befehl zur Alarmierung der Truppen herauszugeben. Dieser Sonntag, so beunruhigend er auch war, erschien ihm nicht anders als die Tage zuvor. Nachdem er noch 15 Minuten mit Molotow und Berija gesprochen hatte, schien es ihm angebracht, sich gegen 23.00 Uhr relativ früh auf seine Datsche zurückzuziehen.[68] Schukow und Timoschenko dagegen empfanden die Situation ganz anders. Sie kehrten aus dem Kreml ins Verteidigungsministerium zurück und setzten sich sofort mit den verschiedenen Fronten in Verbindung, um diese in Alarmbereitschaft zu halten. Gegen Mitternacht berichtete Kirponos von einem zweiten Deserteur, der über einen Fluss geschwommen war und der Grenzwache des NKGB berichtet hatte, der Angriff werde um 4.00 Uhr morgens erfolgen. Stalin, den man sofort anrief, zeigte sich davon wenig beeindruckt und ging zu Bett.

Ab 3.30 Uhr schrillten im Verteidigungsministerium die Sondertelefone. Man berichtete von schwerem deutschen Beschuss längs der gesamten Grenze. Als Schukow Stalin anrief, verschlug es diesem am Telefon die Sprache. Nur sein schwerer Atem war zu hören. Obwohl Schukow darauf bestand, lehnte er es ab, Gegenmaßnahmen zu gestatten. Während sich Schukow und Timoschenko um 4.30 Uhr morgens in den Kreml begaben, beschoss die deutsche Artillerie bereits sowjetische Städte, war die sowjetische Luftwaffe bereits in ihren Bodenstellungen zerstört, wälzte sich die deutsche Kriegsmaschine nach Russland hinein. Als die beiden sowjetischen Kommandeure im Kreml eintrafen, erwartet sie dort ein »sehr bleicher« Stalin, »der am Tisch saß und eine gestopfte, aber nicht angezündete Pfeife mit beiden Händen umkrampfte.« Zur Stelle waren auch der allgegenwärtige Mechlis, Woroschilow, Molotow und Berija. Stalin war »fassungslos«, klammerte sich aber immer noch verzweifelt an die Illusion, es könnte sich um »eine Provokation deutscher Offiziere« handeln. Timoschenkos Versuche, ihn auf den Boden der Tatsachen zurückzubringen, rührten ihn nur wenig. Er ignorierte die Feststellung des Marschalls, dass dies kein lokaler Zwischenfall mehr sei, sondern eine Generaloffensive längs der gesamten Front. Stalin behauptete starrköpfig: »Wenn sie eine Provokation brauchen, dann bombardieren deutsche Generale sogar ihre eigenen Städte.« Nach einigem Nachdenken fügte er hinzu: »Hitler weiß sicher nichts davon.« Als letzte Möglichkeit forderte er von Molotow, mit Schulenburg zu sprechen.

Inzwischen hatte der Botschafter selbst um ein dringendes Gespräch mit Molotow gebeten. Zwischen 3.00 Uhr und 4.00 Uhr morgens war ein Anruf aus Schulenburgs Büro in Molotows Sekretariat eingegangen. Stalins allmächtiger Sekretär Poskrjobyschew nahm die Information entgegen und teilte sie Stalin und Molotow mit. Molotow verließ Stalins Arbeitszimmer und ging in sein eigenes Büro hinauf.[69] Schulenburg hatte ein streng geheimes Telegramm erhalten, das ihn anwies, die Funkstation und alles Chiffriermaterial in der Botschaft zu vernichten. Er sollte mit Molotow um 4.00 Uhr morgens zusammentreffen, wenn die erste Salve über den sowjetischen Truppen niederging. In einer ausführlichen Erklärung sollte er auf angebliche feindselige Handlungen der Sowjetunion gegen Deutschland seit der Unterzeichnung des Ribbentrop-Molotow-Paktes verweisen. Hitler formulierte absichtlich keine Kriegserklärung, weil er den Angriff als Verteidigungshandlung gegen eine angebliche sowjetische Aggression hinstellen wollte.[70]

Während Molotow mit Schulenburg sprach, wehrte Stalin weiterhin Schukows eindringliche Forderung nach Inkraftsetzung der Aufmarschpläne ab. Exakt zur selben Zeit wurde Dekanosow in einem offiziellen Wagen, den ihm die Deutschen geschickt hatten, zu Ribbentrop gebracht. Dieser teilte dem Botschafter mit: »Unter dem Eindruck der schweren Bedrohung politischer und militärischer Art, die von Sowjetrussland ausgehe, habe Deutschland seit heute Vormittag die entsprechende Gegenmaßnahmen auf militärischem Gebiet getroffen.« Der Krieg, den Stalin so sehr hatte vermeiden wollen, war nun über Russland hereingebrochen. Als Dekanosow sich zum Gehen wandte, hastete Ribbentrop, der sehr deprimiert wirkte, ihm nach. Er bat ihn, Moskau mitzuteilen, dass er versucht habe, Hitler diesen Krieg auszureden, aber vergeblich.[71]

Schulenburg betrat gegen 5.00 Uhr morgens den Kreml. Molotow »sah müde und abgearbeitet aus«. Selbst in diesem entscheidenden Augenblick bewahrte Schulenburg seine Integrität. Er spulte die lange Liste der Vorwürfe ab, fügte jedoch hinzu, er »bedaure zutiefst«, er habe, als er Molotow vor wenigen Stunden traf, nicht gewusst, dass die deutsche Regierung »militärische Schritte« unternehmen werde, um gegen die sowjetischen Truppenkonzentrationen an der Grenze vorzugehen. Er fügte hinzu, er könne »seine Niedergeschlagenheit über das unentschuldbare und unerwartete Vorgehen seiner eigenen Regierung kaum verhehlen«. Er erinnerte Molotow daran, wie sehr er sich bemüht habe, Frieden und Freundschaft mit der UdSSR zu bewahren. Molotow, der offenbar immer noch hoffte, dies alles sei nur ein Vorspiel für Verhandlungen, wollte wissen, welchen Charakter diese Verbalnote trage, da sie doch eindeutig keine offizielle Kriegserklärung sei. Schulenburg nahm ihm jedoch jede Hoffnung, als er erklärte, er glaube, »dass damit der Krieg begonnen hat«. Vergeblich suchte Molotow zu erklären, der Aufenthalt sowjetischer Truppen im Grenzgebiet sei lediglich durch die Sommermanöver bedingt, die in der dortigen Gegend stattfänden. In welcher Richtung der Kreml dachte, zeigte Molotows Klage, dass »die deutsche Regierung bis zur letzten Minute keinerlei Forderungen an die Sowjetregierung gestellt« habe. An Arrangements für die Evakuierung der beiden Botschaften aus Moskau und Berlin war Molotow kaum interessiert. Er wollte lediglich wissen, »warum Deutschland einen Nichtangriffspakt abgeschlossen hat, wenn es ihn so leicht bricht?« Schulenburg verabschiedete sich von Molotow »stillschweigend, aber mit dem üblichen Händedruck«.[72]

Selbst als Molotow mit der schrecklichen Nachricht zurückkehrte, hielt Stalin die Militärs davon ab, die Verteidigungspläne in

Kraft zu setzen. Er billigte lediglich einen Sonderbefehl, der es den Truppen »mit der einzigen Ausnahme der Luftstreitkräfte« ausdrücklich verbot, die deutschen Linien zu überschreiten. Offenbar nährte er immer noch die Illusion, dass der Krieg hinausgeschoben werden konnte. Aber da der Überraschungsangriff gelungen war und man keine Vorkehrungen getroffen hatte, war es jetzt unmöglich, die Einsatzbefehle wirksam auszuführen.[73]

Um 7.00 Uhr morgens waren die Mitglieder des Politbüros in ihrem Tagungsraum im Kreml versammelt. Nebenan erörterte Stalin mit Molotow, Woroschilow, Kaganowitsch und Malenkow die Situation. Obwohl er ruhig und selbstsicher wirkte, beauftragte er Molotow, im Namen der Sowjetregierung im Rundfunk zu sprechen. Erst zu diesem Zeitpunkt wurden die diplomatischen Bemühungen eingestellt, die Situation noch zu wenden. Die einzelnen Fronten erhielten grünes Licht, die Aufmarschbefehle auszuführen. Darin wurden »tiefe Operationen« gefordert, bei denen die Luftstreitkräfte, denen die deutsche Luftwaffe gerade einen schweren Schlag versetzt hatte, die Führung übernehmen und die Entfaltung der deutschen Truppen und ihrer Luftwaffe in einer Tiefe von 100 bis 150 Kilometern stören sollte.[74] Diese Befehle sind nie ausgeführt worden.

* * *

Bis zum Morgen des 22. Juni schloss Stalin die Möglichkeit nicht aus, dass man Russland einschüchtern und zwingen wollte, sich politisch zu unterwerfen. Wie Molotow eine Woche später gegenüber Cripps bekannte, hatte der Kreml nicht erwartet, dass der Krieg »ohne jegliches Gespräch oder Ultimatum kommen wird«.[75] Interessant ist Stalins überraschte Reaktion auf die Schreckensmeldungen, die am Morgen des 22. Juni von der Front eingingen. Die Deutschen, so grollte er, »sind über uns gekommen, ohne einen Anlass zu nennen, ohne Verhandlungen zu führen; sie haben uns hinterhältig überfallen wie Räuber.« Er suchte seine Politik am Vorabend des Krieges zu rechtfertigen, indem er Schulenburgs Begründung für den Angriff zitierte, die lautete, dass die Deutschen »sich von den sowjetischen Truppenkonzentrationen an ihren Ostgrenzen bedroht fühlen und deshalb Gegenmaßnahmen ergriffen haben«.[76]

Ebenso verwundert war Stalin auch darüber, dass Großbritannien sich dem Kreuzzug gegen Russland nicht anschloss. Solange er glaubte, den Krieg noch abwenden zu können, lag ihm nichts ferner als ein Bündnis mit Großbritannien. Von den jüngsten Erfolgen der Deutschen auf dem Balkan wie gebannt, dachte er erst recht nicht daran, etwas zu tun, das von ihnen als Provokation aufgefasst werden konnte. Die Heß-Affäre, die verschiedenen Warnungen von Cripps und Churchill hatten sein Misstrauen nur noch verstärkt. Als der britische Geschäftsträger am Morgen des 22. Juni in den Kreml kam, empfand er die Russen nicht nur als »äußerst nervös«, sondern auch als »extrem vorsichtig«.[77] Das erklärt, weshalb sich Maiski in den ersten Kriegstagen in verwirrtes Schweigen hüllte. Von der Invasion hörte er in den Morgennachrichten der BBC und musste selbst ein Gespräch mit Eden verschieben, bis er durch Molotows Rundfunkrede von der Haltung der Sowjetregierung erfuhr.[78]

An dem Wochenende, das dem Angriff vorausging, hatte Churchill zum ersten Mal etwas Interesse an einem kommenden Krieg in Russland gezeigt. Da Operation »Streitaxt« gegen Rommel gerade fehlgeschlagen war, schien ein Krieg im Osten, wie Eden meinte, nun hilfreich zu sein: »Wir brauchen eine Atempause und könnten sie nutzen.«[79] Churchill grübelte darüber nach, wie man in einem neuen Anlauf »die Initiative in Libyen zurückgewinnen und Tobruk Erleichterung verschaffen« könnte. Er hoffte, die entscheidenden 100 Panzer mit einem Sonderkonvoi dorthin transportieren zu können, »wenn der Feind in Russland gebunden ist«.[80]

Als der sowjetisch-deutsche Krieg ausbrach, stellte Maiski Eden eine Reihe von Fragen, die von einer ähnlichen Sorge zeugten: »Konnte er seiner Regierung versichern, dass die britische Haltung und Politik unverändert blieben? Er sei überzeugt, dass Deutschland versuchen werde, die Offensive gegen Russland mit einer Friedensinitiative gegenüber den Westmächten zu koppeln. Konnte die Sowjetregierung sicher sein, dass die Briten in ihren Kriegsanstrengungen nicht nachließen?« Churchill antwortete mit Freuden auf Maiskis bescheidene Frage. Er habe die Friedensvorschläge niemals ernsthaft in Betracht gezogen und werde es jetzt noch weniger tun, da Deutschland an der Ostfront gebunden sei. Seine berühmte wortgewaltige Rundfunkrede am Tage des Überfalls verbarg, dass er keinerlei wesentliche Veränderung der Strategie ins Auge fasste. Statt dessen ging er auf die erstaunliche Sorge der Sowjets ein, der deutsche Überfall sei mit britischer Zustimmung erfolgt: »Wir werden niemals mit Hitler oder irgendjemand aus seiner Bande verhandeln. Wir werden ihn zu Lande, zur See und in der Luft bekämpfen …«[81] Maiskis Tagebucheintrag zu dieser Rede zeigt, wie erleichtert er war: »Ein starker Auftritt! Ein wundervoller Auftritt … Das Wesen seiner Rede, einer kämpferischen, entschlossenen Rede: Keinerlei Kompromisse oder Abmachungen! Krieg bis zum Ende! Genau das ist es, was wir heute brauchen.«[82]

Das Politbüro der Kommunistischen Partei Großbritanniens veröffentlichte noch am selben Tag eine Erklärung, bevor es Informationen aus Moskau hatte und bevor es Churchills Hilfsgarantie vernahm. Die Partei behauptete, Hitlers Angriff sei »die Folge der Geheimaktionen, die hinter den Kulissen der Heß-Mission liefen«.[83] Prominente Vertreter der sowjetischen Botschaft in London äußerten auch nach Churchills Rede mehrfach den Verdacht, der deutsche Überfall sei mit Billigung Großbritanniens erfolgt. Sollten Churchill und Eden zum Rücktritt gezwungen sein, so behaupteten sie, dann könnten ihre Nachfolger »einen Separatfrieden mit Deutschland auf Kosten Russlands schließen«.[84] So war es für Cripps auch keine Überraschung, dass Stalin bei ihrer ersten Begegnung nach dem Einmarsch der Deutschen immer noch einen möglichen Separatfrieden befürchtete. Zumindest, so vertraute er seinem Tagebuch an, »haben wir in der Vergangenheit versucht, ihnen Furcht einzujagen, damit sie sich nicht zu weit mit den Deutschen einlassen«.[85] »Alle glaubten«, bemerkte Litwinow einige Monate später in Washington, »dass die britische Flotte bereits durch die Nordsee dampfe, um gemeinsam mit Hitler Leningrad und Kronstadt anzugreifen.«[86]

Schlussgedanken

Stalin ließ sich in seiner Außenpolitik kaum von Gefühlen oder Ideologie leiten. Als Staatsmann fühlte er sich dem Erbe des zaristischen Russlands verpflichtet und handelte nach den Imperativen seiner Geschichte. »Ich lese beim Frühstück jetzt eine Biografie von Zar Alexander I. und dessen Auseinandersetzung mit Napoleon zur Zeit von Tilsit und danach«, schrieb Stafford Cripps kaum einen Monat vor der Invasion der Deutschen in sein Tagebuch, »und es ist ganz bemerkenswert, wie sehr Hitlers Strategie gegenüber Russland der Napoleons gegenüber Alexander ähnelt! Manchmal scheint es, als ob sich die Geschichte wiederholt.«[1]

Stalins Herrschaftssystem hatte in der Tat seine ganz eigenen despotischen Methoden. Wer wollte bestreiten, dass seine Säuberungsaktionen unter den Militärs in den dreißiger Jahren und sein Eingreifen in die Tätigkeit des Oberkommandos verheerende Folgen hatten? Und doch wäre es falsch, die sowjetische Außenpolitik nach dem Ribbentrop-Molotow-Pakt den Launen eines Tyrannen oder einem ruhelosen, ideologisch geprägten Expansionsdrang zuzuschreiben.

Stalins Politik erscheint als durchaus vernünftig und durchdacht, eine skrupellose Realpolitik, die einem klar umrissenen geopolitischen Interesse diente. Marx' Kampfruf an das internationale Proletariat aus dem Jahre 1848, es habe in dieser Revolution »nichts zu verlieren als seine Ketten«, sprach Stalin viel weniger an als Palmerstons berühmter Ausspruch aus demselben Jahr: »Wir haben keine Verbündeten auf Ewigkeit, und wir haben keine dauerhaften Feinde. Unsere Interessen sind immerwährend. Und diese Interessen zu beachten, ist unsere Pflicht.« Henry Kissinger formulierte es kurz und prägnant: »Richelieu oder Bismarck hätten seine Strategie ohne weiteres verstanden.« Und doch war seine traditionsbewusste, konsequente Politik des Kräftegleichgewichts mit dem Metternichschen Glauben vermischt, dass die Beziehungen zwischen den Staaten im Konsens gleichgesinnter Herrscher zu bestimmen seien.[2] Es überrascht daher nicht, dass Stalins Idol in der praktischen Außenpolitik wohl nicht Lenin, sondern eher Machiavelli war, der seinen »Fürst« eigens für ihn geschrieben zu haben schien.

Strikte Neutralität, nicht Bindung an Deutschland, war für Stalin das höchste Ziel des Ribbentrop-Molotow-Pakts. Er hatte ihn gezwungenermaßen unterschrieben und sich daher zweifellos entschlossen, aus ihm herauszuholen, soviel er nur konnte. Er wollte die Nachteile ausgleichen, die Russland aus seiner Sicht nicht nur in Versailles und in der Zwischenkriegszeit hatte hinnehmen müssen, sondern auch im Kampf um die europäische Vorherrschaft während des ganzen 19. Jahrhunderts. Stalin erwartete nicht, dass sich Deutschland und England im Krieg gegenseitig zermürbten, aber einige Federn, so hoffte er, sollten sie schon lassen. Für die Friedenskonferenz stellte er seine eigene Tagesordnung auf und glaubte, er habe sich eine ausreichende Atempause gesichert, um die Kampfbereitschaft der Roten Armee zu verbessern, die eine wichtige Trumpfkarte in den bevorstehenden Verhandlungen sein sollte. Seine Politik war ausschließlich darauf gerichtet, was er als Russlands nationale Interessen betrachtete. Der Kernpunkt war die Vorstellung von »Einflusssphären«, die *ipso facto* der Souveränität der Staaten zuwiderläuft. Die Schaffung einer Pufferzone längs der ganzen Westgrenze des Landes war ein Erbe der Zaren. Diese hatten den freien Zugang zum Schwarzen Meer im Süden, zur Ostsee im Norden und zum Pazifik im Osten stets als ein entscheidendes Kriterium für Russlands Stellung als europäische Großmacht und für den Schutz seiner verletzlichen Grenzen angesehen. Die kleineren Staaten von Finnland im Norden bis zur Türkei im Süden, die sich in diese Pufferzone zwischen Russland und Deutschland eingezwängt sahen, hatten ihre Politik auf diese von geopolitischen Faktoren bestimmte Lage eingestellt. Irrtümer zogen hier stets verheerende Folgen nach sich. In der Regel gingen sie auf eine falsche Einschätzung der Fähigkeit zum Widerstand zurück oder auf angebliche Unterstützung, die sie von einem Drittstaat zu erwarten hatten. Die Opfer dieser Machtspiele der Großen konnten bestenfalls mit internationaler Empörung rechnen.

Während des Phoney War schien sich Stalin der Arrangements sicher zu sein, die er für seine Grenzen in West- und Nordeuropa getroffen hatte. Die gewonnene Atempause schien ihm genügend Zeit zu lassen, um seine Militärmaschine zu verstärken. Trotzdem hatte er den Balkan, die türkischen Meerengen, das Ochotskische Meer und die Kurilen im Fernen Osten stets fest im Blick.

Da sich später die Große Allianz bildete, akzeptieren Historiker nur selten, dass die Russen vorher Deutsche und Briten mit gleichem Misstrauen beäugten. Auch als Churchill im Mai 1940 Premierminister wurde, war das für sie keine Beruhigung. Er tat wenig, um das fatalistische Konzept des Foreign Office in Frage zu stellen, wonach eine Zusammenarbeit mit Russland während des Krieges als ausgeschlossen galt. London ging fest davon aus, dass der Neutralitätspakt schließlich zu einem Militärbündnis zwischen Russland und Deutschland mutieren werde. Wie sich Feindseligkeiten zwischen Großbritannien und Russland auf die Strategie des Krieges auswirken könnten, wurde kaum bedacht. Und in der Tat war ein Waffengang zwischen der Sowjetunion und Großbritannien zweimal zum Greifen nahe – während des sowjetisch-finnischen Krieges und und auch anschließend, als die Alliierten beschlossen, die sowjetischen Ölfelder in Baku zu bombardieren. Diese Pläne, an denen auch Churchill persönlich beteiligt war, scheiterten nur deshalb, weil ihnen Deutschland mit der Besetzung Norwegens, Dänemarks und Frankreichs zuvorkam.

Die Ernennung von Sir Stafford Cripps zum Botschafter in Moskau war ein letzter Versuch, nach der verheerenden Niederlage Frankreichs zu verhindern, dass sich in der Tat ein sowjetisch-deutscher Block bildete. Wie Stalin richtig erkannte, hatte sie aber auch das Ziel, auf dem Balkan einen Keil zwischen Russland und Deutschland zu treiben. Cripps, dessen Vorstellungen von einem Nachkriegseuropa mit denen Moskaus übereinstimmten, erwies sich jedoch als offener Gegner seiner eigenen Regierung. Die erbitterten Auseinandersetzungen, die er mit Churchill und den Beamten des Foreign Office führte und die Stalin natürlich nicht entgingen, hatten eine widersprüchliche Politik zur Folge, die in der paranoiden Atmosphäre des Kreml das Bild noch mehr verwirrte.

Bis weit in das Jahr 1940 hinein schien Stalin eher die Dominanz der Briten im Mittelmeer Kopfzerbrechen zu bereiten als die Gefahr, die von Deutschland ausging. Angesichts der historischen Erfahrungen des Krimkrieges und der Intervention der Alliierten im russischen Bürgerkrieg fürchtete er, die Türkei könnte als Sprungbrett für einen Angriff der Alliierten auf die Sowjetunion dienen. Aus seiner Sicht war das Sicherheitsarrangement, das er mit dem Ribbentrop-Molotow-Pakt erreicht hatte, nur durch die uneingeschränkte Kontrolle der Schwarzmeerküste und der Donaumündung zur Vollendung zu führen.

Der strahlende Sieg der Wehrmacht in Frankreich verunsicherte Stalin zutiefst. Er hatte nun die düstere Aussicht, entweder von einer Friedenslösung ausgeschlossen zu bleiben oder von Deutschlands Übermacht besiegt zu werden, wenn er nicht selbst zur Verteidigung von Russlands Interessen die Initiative ergriff. Die Gefahr, dass Hitler mit seiner militärischen Übermacht die Vorherrschaft über Europa errichten könnte, brachte Stalin Mussolini näher. In einer Einheitsfront hofften sie ihre gemeinsamen Interessen auf dem Balkan, im Mittelmeer und im Schwarzen Meer mit Deutschlands Segen wahren zu können. Diese neue Interessengemeinschaft bildete sich auch angesichts des Vakuums, das in Folge der schwindenden britisch-französischen Präsenz im Mittelmeer und auf dem Balkan entstand. Als jedoch die Deutschen ihre Blicke auf den Balkan und insbesondere auf die wirtschaftlichen Ressourcen Rumäniens richteten, ließen sie Italien ihre Übermacht spüren, was der Kollaboration mit Russland sofort ein Ende setzte.

Die erfolgreiche sowjetisch-italienische Verständigung bahnte wiederum Russland den Weg, um Bessarabien zu besetzen. Dass es von dort weiter zur Donaumündung vorrückte, war weniger ein irredentistischer Schritt als ein Versuch, ausgehend von der Kontrolle über den Fluss den Vormarsch in Richtung der Meerengen fortzusetzen. Für Stalin war eine solche Landbrücke entscheidend, wenn er an den Meerengen ein neues Arrangement erreichen wollte. In tiefe Unruhe versetzte die Russen dann die Tatsache, dass sie von dem Rumänien, Ungarn und Bulgarien am 30. August in Wien aufgezwungenen Schiedsspruch, der die Grenzen Rumäniens bestimmte und einen Mechanismus für die Kontrolle der Donau festlegte, bewusst ausgeschlossen wurden. Diese Beschlüsse untergruben den Status der Sowjetunion als europäische Großmacht, schlugen eine große Bresche in ihre Sicherheitsvorkehrungen und drohten ihre Bestrebungen im Schwarzen Meer zu durchkreuzen.

Daher spricht sehr wenig für die Annahme, dass Molotow bei seinem Berlin-Besuch im November 1940 mit Hitler über die Aufteilung der ganzen Welt konspirierte. Die Gesprächsdirektive, die Stalin Molotow auf seiner Datsche diktierte, und die Letzterer handschriftlich festhielt, war auf ureigene sowjetische Interessen im Bereich des Balkan und der türkischen Meerengen beschränkt und von Sicherheitserwägungen bestimmt. Allerdings bleibt unbestritten, dass eben diese Sicherheit teilweise durch die Annexion von Territorien und mit wenig Rücksicht auf die Souveränität anderer Staaten erreicht werden sollte. Besonders wandte sich Stalin gegen die Aufteilung des britischen Weltreiches, die er einer Friedenskonferenz vorbehalten wollte.

Nach den Berliner Gesprächen war Stalin hin und her gerissen zwischen dem Wunsch, ein Vorrücken der Deutschen bis zu den Meerengen zu verhindern, und der Furcht, jedes Arrangement mit den Briten auf dem Balkan könnte die Deutschen provozieren und den Briten nutzen, um Russland in den Krieg zu ziehen. Sein Rückgriff auf ausgeklügelte diplomatische Manöver zeugt auch davon, dass er sich der Schwäche der Roten Armee durchaus bewusst war, die unter den Säuberungen der Jahre 1937/38 schwer gelitten hatte. Daher wurde fieberhaft daran gearbeitet, Russlands Militärpotenzial aufzustocken und, was noch wichtiger war, sein Gewicht bei der bevorstehenden Friedenskonferenz zu erhöhen. Diese, so hoffte Stalin, werde die in Versailles geschaffene Ordnung stürzen und Russland als Großmacht wiedererstehen lassen. Wenn eine Friedenskonferenz zusammentrat, sollte Russland nach Stalins Plänen stark genug sein, um Wiedergutmachung für alle Demütigungen in Vergangenheit und Gegenwart einzufordern.

Da Stalin die akute Gefahr, die von Deutschland ausging, genau erkannte, vollzog er einen Drahtseilakt, mit dem er ein politisches Arrangement erreichen und zugleich die Rote Armee stärken wollte. Die entscheidenden Weisungen des Generalstabes im Jahre 1941, die hier zum ersten Mal analysiert werden, zeigen, dass Stalin, der über das Ausmaß der deutschen Truppenkonzentrationen voll im Bilde war, im Frühjahr 1941 verzweifelte Anstrengungen unternahm, um die Armee zu reformieren. Diese Maßnahmen wurden im Dezember auf einer Sonderberatung des Oberkommandos im Kreml in allen Einzelheiten debattiert und dann in zwei komplexen Kriegsspielen Anfang 1941 erprobt. Beide gingen von einem deutschen Überfall auf Russland aus. Die Schlussfolgerungen fanden Eingang in die Mobilmachungs- und Aufmarschpläne, die der neu ernannte Stabschef, General Schukow, im Frühjahr 1941 ausarbeitete. Die hoch entwickelte Militärdoktrin, die Mitte der dreißiger Jahre unter Federführung des unglückseligen Generals Tuchatschewski entstanden war, wurde nun zu neuem Leben erweckt. Man unternahm auch enorme Anstrengungen, um die Befestigung der 1939/40 erworbenen neuen Grenzen voranzutreiben. Als die Deutschen losschlugen, waren die Arbeiten aber noch in vollem Gange.

Mitte April 1941 übergab der Chef der Militäraufklärung, General Golikow, Stalin einen alarmierenden Bericht über massive deutsche Truppenbewegungen in Richtung der russischen Grenzen. Stalin wusste, dass die Rote Armee trotz großer Anstrengungen für diesen Kampf noch lange nicht ausreichend gerüstet war. Der mehrfache Wechsel im Oberkommando hatte dem Aufbau der

Armee geschadet – in dem Jahr vor Kriegsausbruch war der Stabschef dreimal ausgetauscht worden. In einer Flut von Berichten der Divisionskommandeure wurde auf schwere Mängel hingewiesen. Für Stalin bestand die einzige Lösung daher in einem zeitweiligen Arrangement mit den Deutschen. Der Abschluss des Freundschaftsvertrages mit Jugoslawien Anfang April 1941 war kein Affront gegen Hitler, wie viele Autoren bisher behaupten. Stalin, der auf einer Woge der Sympathie schwebte, nachdem ein Staatsstreich in Belgrad eine unbotmäßige Regierung zur Macht gebracht hatte, hoffte Hitler so davon abzuhalten, den Krieg weiter nach Osten zu tragen und ihn an den Verhandlungstisch einer Friedenskonferenz zu bringen. Die dramatischen Verhandlungen zwischen Jugoslawen und Russen dienten ihrem gemeinsamen Ziel, den Krieg abzuwenden und nicht etwa, Hitler wirksamen Widerstand entgegenzusetzen. Sollten trotz allem Feindseligkeiten ausbrechen, wollte sich Stalin auf seine Neutralität zurückziehen und zugleich die Jugoslawen ermutigen, die Wehrmacht mindestens noch zwei Monate zu binden, was die Deutschen auf Grund der Wetterbedingungen gezwungen hätte, ihren Feldzug auf das nächste Frühjahr zu verschieben. Die hohen Erwartungen des Verteidigungsministeriums, die auch Molotow teilte, erwiesen sich als unbegründet, als Jugoslawien kaum zehn Tage nach Beginn der deutschen Invasion besetzt war. Stalin sah sich nun einer fast völlig intakten Wehrmacht gegenüber, die früher als erwartet längs der ganzen Grenze aufmarschierte, bevor der Dialog mit Hitler beginnen konnte.

Hier soll noch auf zwei Aspekte von Stalins Beschwichtigungspolitik hingewiesen werden. Der eine ist die dramatische Entscheidung, die Komintern aufzulösen, die als wichtiger Hemmschuh für eine künftige Zusammenarbeit mit Deutschland galt. Der zweite ist der Neutralitätspakt mit Japan, der im April 1941 unterzeichnet wurde. Dessen Bedeutung liegt nicht etwa darin, wie bisher stets angenommen wurde, dass er die Gefahr eines Zweifrontenkrieges entschärfte. Eher war dies ein positiver Schritt, der im Zusammenhang mit ähnlichen Versöhnungsgesten gegenüber Italien zu sehen ist und Ribbentrops Vorstellung entgegenkam, Russland in die Achse einzubeziehen. Eine überraschende Entdeckung in den russischen Archiven ist die Tatsache, dass diese vagen Hoffnungen auch vom deutschen Botschafter in Moskau, Graf Werner von der Schulenburg, genährt wurden, der später an dem Attentat auf Hitler im Jahre 1944 führend beteiligt war. Als Schulenburg sah, dass er Hitler die Wahnsinnsidee, einen Krieg gegen Russland zu führen, nicht ausreden konnte, bemühte er sich in Moskau ohne Auftrag, den Krieg noch abzuwenden. Bei einer ganzen Reihe geheimer Frühstücksgespräche mit der sowjetischen Führung ermutigte er Stalin zu Schritten, die nach seiner Meinung zur Wiederaufnahme der Verhandlungen führen konnten, welche Molotow im Herbst zuvor in Berlin begonnen hatte. Wie Cripps und Maiski lenkte auch Schulenburg Stalin von der realen Gefahr ab, indem er ständig betonte, dieser möge die aus London kommenden Kriegsgerüchte dementieren, um Deutschland versöhnlich zu stimmen. Er verstärkte noch Stalins begründeten Verdacht, dass Churchill nach den verheerenden Niederlagen in Griechenland und Nordafrika Russland mit allen Mitteln in den Krieg ziehen wollte, um den deutschen Druck auf Großbritannien abzuschwächen.

Stalins Weigerung, auch die möglichen Folgen eines Irrtums zu bedenken, während er hartnäckig an seiner Beschwichtigungstaktik festhielt und Provokationen um jeden Preis zu vermeiden trachtete, war möglicherweise der ausschlaggebende Faktor für die Katastrophe, die am 22. Juni 1941 über Russland hereinbrach. Stalins Misstrauen gegen die Militärs verstärkte sich noch im entscheidenden Monat vor dem deutschen Überfall. Er klammerte sich nur noch enger an die Diplomatie, um Hitler zu beschwichtigen und den Krieg hinauszuzögern, wenn nicht ganz zu verhindern. Dabei bildete die Jugoslawienepisode einen Wendepunkt. Wie bereits Chamberlain vor ihm war Stalin von der Stärke der Deutschen wie gebannt und entschied sich für die diplomatische Lösung. Aber aus den Erfahrungen der britischen Beschwichtigungspolitik klug geworden, vernachlässigte er das Militär nicht und war noch dabei, die Armee wieder aufzubauen, als der Krieg ausbrach.

Das Streben, mit Deutschland um jeden Preis übereinzukommen, ging auch auf die Furcht zurück, Russland könnte durch eine Provokation der Briten in den Krieg geraten. Anders als später in Churchills Memoiren beschrieben, interpretierte man in London die massiven deutschen Truppenkonzentrationen im Osten bis in die erste Juniwoche des Jahres 1941 hinein als Druckmittel der Deutschen, um in den Verhandlungen, die aus britischer Sicht mit Russland im Gange sein mussten, die angestrebten Ergebnisse zu erzielen. Die hier genannten Tatsachen zeigen, dass Churchills Warnung vor dem deutschen Aufmarsch, die er Stalin im April zukommen ließ, kein Meilenstein auf dem Wege zur Großen Allianz war, sondern genau das Gegenteil erreichte. Stalin wurde von der Hauptgefahr abgelenkt, weil er den Verdacht hatte, dass Churchill Russland in die Feindseligkeiten verwickeln wolle. In diesem Fehlurteil wurde er durch Cripps' eigenmächtige diplomatische Initiativen noch bestärkt. Cripps glaubte, die einzige wirksame Möglichkeit, um Russland näher an Großbritannien heranzubringen, liege darin, bei den Sowjets die Furcht vor einem Separatfrieden zu schüren. Diese Warnungen, die vom Foreign Office ausgestreute Gerüchte noch zu bestätigen schienen, waren ein großer Fehler, da sie Stalins unterschwellige Furcht weiter anstachelten.

Die sowjetischen Nachrichtendienste blieben trotz der vorausgegangenen Säuberungen sehr effektiv. Aber auch ihre Berichte waren nicht frei von den üblichen Problemen. Die Art und Weise, wie ihre Informationen analysiert, selektiert und der Führung vorgetragen wurden, nährte vorgefasste Urteile, die zu einer tendenziösen Einordnung der Fakten führten. Die umfangreichen Nachrichten, die Stalin zugingen, waren zweideutig genug, um ihn in dem Glauben zu wiegen, der Angriff könnte verzögert oder der Zeitpunkt von ihm selbst bestimmt werden, wenn er seine diplomatischen Karten nur geschickt ausspielte. Die Berichte deuteten auf mögliche Differenzen zwischen Hitler und der Wehrmacht hin. Während Hitler seine Ziele durch Verhandlungen zu erreichen suche, sei die Wehrmacht auf Krieg aus. Das bestätigte Stalins Überzeugung, dass eine Generalmobilmachung in der Sowjetunion und ein umfassender Aufmarsch an der Grenze Krieg bedeutete. Es waren weder der deutsche Geheimdienst noch seine eigenen Dienste, die Stalin in die Irre führten. Er litt eindeutig an einer tiefgehenden Selbsttäuschung und erfand ständig neue rationale Begründungen für seinen Irrtum.

Im Lichte dieser Entwicklung erlangt der Flug von Rudolf Heß am 12. Mai 1941 zu einer Friedensmission nach Schottland eine Schlüsselbedeutung, wenn man die sowjetische Haltung zu dem heraufziehenden Konflikt begreifen will. Dokumente, die die britische Regierung erst kürzlich freigegeben hat, enthüllen den unglaublichen Versuch des Geheimdienstes MI6, den das Foreign Office noch unterstützte, Heß durch die bewusste Verbreitung von Unwahrheiten über nachrichtendienstliche Kanäle zu benutzen, um die Russen von einer Übereinkunft mit Deutschland abzuhalten. Diese Desinformation scheint Stalin in der Auffassung bestärkt zu haben, die deutsche Führung sei tatsächlich gespalten, und Heß suche Frieden mit Großbritannien, um Hitlers Vorbehalte gegen einen Russlandfeldzug zu beseitigen. Der britische Geheimdienst wollte Stalin dadurch bewegen, keine Vereinbarung mit Deutschland zu schließen, sondern sich mit Großbritannien zu verbünden, bevor es zu spät war. Im Kreml hatte diese Botschaft jedoch genau den gegenteiligen Effekt, da sie Stalin in dem Glauben bestärkte, London fabriziere Kriegsgerüchte, um Russland in einen unnötigen Konflikt zu treiben.

Das ist der Zusammenhang, in dem Schukows Weisung vom 15. Mai, einen Präventivschlag gegen Deutschland zu führen, gesehen werden muss. Diese Weisung ist das Hauptargument für die Theorie der Geschichtsrevisionisten. Sie gehen davon aus, dass dieser Plan von Stalin selbst stammt und von ihm »ordentlich unterzeichnet« wurde, was beweisen soll, dass die sowjetische Strategie »offensiv«, das heißt, aggressiv war. Dabei ist diese Weisung nicht einmal paraphiert worden, denn Schukow legte bereits am nächsten Tag eine zweite Weisung vor, die eine defensive Entfaltung der Roten Armee in Erwartung eines deutschen Angriffs vorsah. Diese zweite Weisung blieb mit geringfügigen Abänderungen bis zum 22. Juni 1941 in Kraft. Aber auch wenn man Schukows ersten Vorschlag gründlich analysiert, verliert er seinen unheilvollen Charakter. Ausgehend von der anspruchsvollen Doktrin der »operativen Kunst«, die die hochtalentierten Generale Tuchatschewski und Triandafilow Mitte der dreißiger Jahre ausgearbeitet hatten, befahl die Weisung einen *udar*, einen klar definierten, begrenzten Schlag tief in das Hinterland der deutschen Truppenkonzentrationen. Dieser war nicht als Sprungbrett gedacht, um das europäische Kernland zu erobern, sondern als eine begrenzte Operation, um die Deutschen an der vollen Entfaltung ihrer Kräfte zu hindern. Daher trug er eindeutig defensiven Charakter.

Unmittelbar vor Kriegsausbruch wurde die Lage immer dramatischer und bedrohlicher. Zu der wirksamen deutschen Desinformationskampagne und den verschiedenen Missverständnissen kam Anfang Juni Cripps' unerwarteter Rückruf zu Konsultationen nach London, der unter sehr verdächtigen Umständen stattfand. Das gab der Hypothese neuen Auftrieb, hinter den Kulissen sei ein Arrangement Deutschlands mit England im Entstehen, das Hitler freie Hand im Osten geben sollte. Ebenso alarmierend waren indirekte Hinweise darauf, dass die USA angeblich Druck auf Churchill und Eden ausübten, im Austausch für Friedensvorschläge Russland fallen zu lassen. Schließlich gab es immer noch die Möglichkeit, dass Großbritannien, selbst wenn seine Friedensvorschläge keine Resonanz fanden, den Deutschen seine Zurückhaltung signalisieren konnte, wenn es zum Krieg mit der Sowjetunion kam. Für Stalin allerdings, dem nun klar wurde, dass sein Land einer militärischen Konfrontation noch nicht gewachsen war, klang die Theorie von einer Spaltung im deutschen Lager am glaubhaftesten. Während die Wehrmacht und die fanatischen Nazis auf

Krieg drängten, hielten Hitler und Ribbentrop nach wie vor am Geist des Vertrages mit der Sowjetunion fest und glaubten, sie könnten Stalin mit friedlichen Mitteln die benötigten Güter und vielleicht sogar stillschweigende Unterstützung gegen Großbritannien abringen. Stalin ließ sich nicht ausreden, dass die Briten lediglich provozierten und es keinen deutschen Angriff ohne ein vorheriges Ultimatum geben werde. Diese bekannte Auffassung lähmte gleichsam seine unmittelbare Umgebung, die verschiedenen Zweige der Nachrichtendienste und seinen Botschafter in Berlin. Sie wagten es nicht, ihn mit dem vollen Ausmaß der Gefahr zu konfrontieren. Der niederschmetternde Inhalt der Informationen, die tief sitzende Furcht vor einer Provokation und das Wissen darum, dass die Rote Armee wenig tun konnte, um die Wehrmacht aufzuhalten – all das trug zu der Katastrophe bei, die im Morgengrauen des 22. Juni 1941 über Russland hereinbrach.

Als Schukow Stalin auf seiner Datsche anrief und ihn über den deutschen Angriff informierte, schien Stalin immer noch zu glauben, die Wehrmacht sei dabei, ohne Hitlers Billigung einen Krieg zu provozieren. Deshalb verbot er der sowjetischen Armee mit seiner ersten Weisung, die Einsatzbefehle voll auszuführen. Als ihm jedoch bewusst wurde, dass der Krieg nun harte Realität war, glaubte er, der Überfall sei mit dem stillschweigenden Einverständnis der Briten geschehen. Erst zwei Wochen später, nachdem er einen schweren Nervenzusammenbruch überstanden und seine Fehleinschätzung erkannt hatte, war Stalin in der Lage, die Zügel der Macht wieder in die Hand zu nehmen. Vor ihm lag nun der steinige Weg, die Führungsrolle wiederzugewinnen und die ganze Nation zur Verteidigung des Vaterlandes zu mobilisieren.

Dass der deutsche Überfall Stalin so unvorbereitet traf, ist vor allem darauf zurückzuführen, dass die Sowjetunion vor Ausbruch des Zweiten Weltkrieges und vor allem des Großen Vaterländischen Krieges keine wirklich positive Alternative hatte. Erschwerend wirkten sich Stalins Selbsttäuschung und Fehlkalkulation aus, die seinem autoritären Herrschaftsstil entsprangen. Aber auch aus heutiger Sicht fällt es schwer, sich Alternativen vorzustellen, die Stalin statt dessen hätte verfolgen sollen. Ein Präventivschlag konnte die Wucht des Ansturms bestenfalls abschwächen, diesen aber nicht aufhalten. Dass die Deutschen in Frankreich und auf dem Balkan militärisch so erfolgreich sein würden, hatte keiner der Akteure des »Großen Spiels«, wie Stalin es nannte, vorausgesehen.[3] Wie Molotow berichtet, war Stalin bereits vor dem Krieg der Meinung, »dass wir uns erst 1943 mit den Deutschen messen können«.[4] Noch wahrscheinlicher aber ist, dass er in seinem tiefsten Inneren hoffte, Russland werde den Krieg völlig vermeiden und die Früchte der Friedenskonferenz ernten können, deren Einberufung er gegen Ende des Jahres 1941 erwartete.

Anmerkungen

Vorwort

1 Vgl. P. M. H. Bell, *John Bull and the Bear. British Public Opinion, Foreign Policy and the Soviet Union, 1941–1945*, London 1990; siehe auch charakteristische Beispiele bei A. Hillgruber, Hitlers Strategie, Frankfurt/Main 1965, S.105 und L. Maury, Stalin the Appeaser. Before 22. June, 1941, in: *Survey* 76 (1970), S. 76. Diese Episoden werden in dem umfangreichen Werk von A. Read und D. Fisher, *The Deadly Embrace. Hitler, Stalin and the Nazi-Soviet Pact, 1939–1941*, London 1988, sehr in den Vordergrund gestellt. Das stärkt die bisherige irreführende Interpretation, die sich zwar nur auf episodische Vorfälle stützt, aber weiterhin solchen Erklärungen Molotows wie der folgenden grundsätzliche Bedeutung beimisst: »Die Freundschaft der Völker Deutschlands und der Sowjetunion, die mit Blut besiegelt wurde, ist aus gutem Grund dauerhaft und fest« (S. 426). Auf fast 150 Seiten des voluminösen Bandes behandeln die Autoren die Zeit von der Unterzeichnung des Nichtangriffspakts bis zum Einmarsch in Russland, wobei sie nicht auf eine einzige sowjetische Quelle zurückgreifen. Ähnlich ist auch das Buch A.M. Nekrichs, *Pariahs, Partners, Predators. German-Soviet Relations, 1922–1941*, New York 1997, angelegt.

2 Vgl. V. Suvorov, *Der Eisbrecher. Hitler in Stalins Kalkül*, Stuttgart 1989, S. 419f., 429f. Der vehementeste Verfechter dieser Auffassung in Russland ist W. A. Neweschin, *Gotowil li Stalin nastupatelnuju woinu protiw Gitlera?* [Bereitete Stalin einen Angriffskrieg gegen Hitler vor?], Moskau 1995. Von demselben Autor stammt auch *Sindrom nastupatelnoi woiny* [Das Syndrom des Angriffskrieges], Moskau 1997. Eine repräsentative Gegenmeinung vertritt J. I. Sjusin, Gotowil li SSSR prewentiwny udar? [Bereitete die UdSSR einen Präventivschlag vor?], in: *Wo-enno-istoritscheski schurnal* [Zeitschrift für Militärgeschichte, fortan WIS] 1 (1992) und J. A. Gorkow, Gotowil li Stalin upreschdajuschtschi udar protiw Gitlera w 1941 g? [Bereitete Stalin 1941 einen Präventivschlag gegen Hitler vor?], in: *Nowaja i noweischaja istorija* [Neue und neueste Geschichte, fortan NNI] 3 (1993).

3 Siehe z. B. G. Gorodetsky, Was Stalin Planning to Attack Hitler in June 1941?, in: *Journal of the Royal United Services Institute* 131/3 (1986), S. 19–30.

4 *Mif »Ledokola«. Nakanunje woiny* [Der Eisbrecher-Mythos. Am Vorabend des Krieges], Moskau 1995.

5 Eine faszinierende und sehr überzeugende Darlegung dieses Problems findet sich bei N. Tumarkin, *The Living and the Dead. The Rise and Fall of the Cult of World War II in Russia*, New York 1994. Ich habe mir erlaubt, einige Gedanken aus dieser Arbeit in dieses Kapitel aufzunehmen.

6 Vgl. Gunter Gillessen, Der Krieg der Diktatoren. Ein erstes Resümee der Debatte über Hitlers Angriff im Osten, in: *Frankfurter Allgemeine Zeitung*, 25.2.1987. Ähnliche Interpretationen waren zuvor fast völlig unbemerkt geblieben. Siehe beispielsweise H. Seraphim, *Die deutsch-russischen Beziehungen, 1939–1941*, Hamburg 1949, S. 38; P. Fabry, *Der Hitler-Stalin-Pakt, 1939–1941*, Darmstadt 1962, S. 427–430, sowie die tiefgründige Kritik von H. Koch, Hitler's Programme and the Genesis of Operation »Barbarossa«, in: *Historical Journal* 26/4 (1983).

7 Siehe dazu E. Nolte, *Vergangenheit, die nicht vergehen will.* Die wichtigsten Beiträge zu dieser Debatte erschienen gesammelt in: *»Historikerstreit«. Die Dokumentation der Kontroverse um die Einzigartigkeit der nationalsozialistischen Judenvernichtung*, München 1987; W. Maser, *Der Wortbruch. Hitler, Stalin und der Zweite Weltkrieg*, München 1994; W. Post, *Unternehmen Barbarossa. Deutsche und sowjetische Angriffspläne 1940–1941*, Berlin 1996. Nolte hat kürzlich von bekannten Sowjetologen Unterstützung erhalten, die in ihren Arbeiten versuchen, Stalins Vernichtung der Kulaken mit Hitlers Endlösung der Judenfrage auf eine Stufe zu stellen. Ein markantes Beispiel dafür ist R. Conquest, *Ernte des Todes. Stalins Holocaust in der Ukraine*, München 1988. Diese eindeutige politische und ideologische Orientierung der Debatte erklärt, weshalb die *Frankfurter Allgemeine Zeitung* und *Der Spiegel* sie bis zum Erbrechen wiedergekäut haben. Hoffmanns Arbeit, die im Rahmen der offiziellen Geschichte der deutschen Wehrmacht erschien, trägt den Titel *Die Rote Armee bis Kriegsbeginn 1941*, in: *Das Deutsche Reich und der Zweite Weltkrieg* (fortan *DRuZW*), hrsg. vom Militärgeschichtlichen Forschungsamt. Bd. 4: *Der Angriff auf die Sowjetunion*, Stuttgart 1983. Hoffmanns vorgefasste Haltung war bereits in seinem früheren Buch *Die Geschichte der Wlassow-Armee,* Freiburg 1984, eindeutig zu erkennen. Siehe dazu insbesondere die Seiten 307f. Eine sehr kritische Sicht auf die Behandlung des »Unternehmens Barbarossa« durch diese Behörde findet sich bei V. Berghahn, Das militärgeschichtliche Forschungsamt in Freiburg, in: *Geschichte und Gesellschaft* 14 (1988). Seine Auffassungen sind in der Titelgeschichte des *Spiegel* 6 (1996) ausführlich dargelegt.

8 Ernst Topitsch, *Stalins Krieg, 1937–1945. Die sowjetische Langzeitstrategie gegen den Westen als rationale Machtpolitik,* Herford 1990, S.217f. Für eine Diskussion des Problems siehe meinen Artikel »Unternehmen Barbarossa«. Eine Auseinandersetzung mit der Legende vom deutschen Präventivschlag, in: *Vierteljahreshefte für Zeitgeschichte*, 4 (1989), S. 645–673; R. C. Raack, *Stalin's Drive to the West, 1938–1945.*

The Origins of the Cold War, Stanford 1995, und Stalin's Plans for World-War-II, in: *Journal of Contemporary History* 26/2 (1991).

9 Eine kritische Darstellung dieser Tendenzen findet sich bei B. Pietrow, Deutschland im Juni 1941 – ein Opfer sowjetischer Aggression?, in: *Geschichte und Gesellschaft*, 14 (1988). Pietrow stellt auf S. 119 richtig fest, dass Hoffmanns Belege zumeist nicht sehr repräsentative Zusammenstellungen der Aussagen von Kriegsgefangenen sind, also zumindest zweifelhafte Quellen.

10 Siehe dazu besonders die Arbeiten von H. Arendt und K. Friedrich. Ein jüngeres, wenn auch verfeinertes Beispiel ist das ansonsten sehr aufschlussreiche Buch von Alan Bullock, *Hitler und Stalin. Parallele Leben*, Berlin 1991.

11 Winston Churchill, *Memoiren*, Bd. III/1, Stuttgart 1951, S. 421.

12 Die beste Zusammenstellung dieser Auffassungen findet sich bei S. Bialer, *Stalin and his Generals. Soviet Military Memoirs of World War II*, New York 1969.

13 Siehe dazu die immer noch Ton angebende und aufschlussreiche Studie von J. Erickson, *The Road to Stalingrad*, London 1975, S. 77. Die ganze Breite des Meinungsspektrums gibt die Zeitschrift *Soviet Union* 18/1–3 (1991) mit Artikeln führender Historiker der sowjetischen Außenpolitik wie A. Dallin, J. Haslam und G. Weinberg wieder.

14 Einzelheiten zu den Beständen der Archive und Sammlungen siehe in der Bibliographie.

15 Eine äußerst anregende Pionierarbeit, die für die Geschichte der Diplomatie neue Maßstäbe setzte, indem sie den geographischen und thematischen Rahmen weiter fasste, ist D. C. Watt, *How War Came. The Immediate Origins of the Second World War, 1938–1939*, London 1989. Siehe besonders die Kapitel 16 und 17.

16 Vgl. L. Bezymenski, The Secret Protocols of 1939 as a Problem of Soviet Historiography, in: G. Gorodetsky (Hrsg.), *Soviet Foreign Policy, 1917–1991. A Retrospective*, London 1994.

17 Ein erster Durchbruch war das Buch von G. Roberts, *The Soviet Union and the Origins of the Second World War. Russo-German Relations and the Road to War, 1933–1941*, London 1995. Siehe dazu auch die wesentlich weniger befriedigende Arbeit von Nekrich, *Pariahs, Partners, Predators.*

18 Archiv des Außenministeriums der Russischen Föderation (fortan AWP RF), f.[fond – Bestand] 017a, Maiskis Tagebuch, op.[opis – Findbuch] 1, p.[papka – Mappe] 2, d.[delo – Akte] 8.

Einführung: Die Prämissen für Stalins Außenpolitik

1 Public Record Office, Foreign Office (das britische Außenministerium, fortan FO) 371 11779 N319 und N560/53/38, Niederschriften vom 27.1. und 11.2.1926.

2 I. Deutscher, *Trotzki, der bewaffnete Prophet, 1879–1921*, Stuttgart 1962, S. 311.
3 Vgl. *Pjaty wsemirny kongress kommunistitscheskogo internationala, stenografitscheski otschot, t. II* [V. Weltkongress der Kommunistischen Internationale, stenographisches Protokoll, Bd. II], Moskau 1925, S. 33f. und 66.
4 Der weitaus beste Überblick über die sowjetische Außenpolitik in den zwanziger Jahren findet sich bei T. J. Uldricks, *Russia and Europe. Diplomacy, Revolution, and Economic Development in the 1920s*, in: *International History Review* 1 (1979), worauf sich diese Zusammenfassung stützt. Das ausgewogenste Standardwerk zur kollektiven Sicherheit ist nach wie vor J. Haslam, *The Soviet Union and the Struggle for Collective Security, 1933–1939*, London 1984. Eine Analyse der Debatte hat B. R. Posen vorgelegt. Siehe *Competing Images of the Soviet Union*, in: *World Politics*, July 1987.
5 Vgl. R. A. Sawuschkin, *Raswitie sowjetskich wooruschennych sil i woennogo iskusstwa w meschwoenny period (1921–1941)* [Die Entwicklung der sowjetischen Streitkräfte und der Kriegskunst in der Zwischenkriegszeit], Moskau 1989, S. 9f.
6 Vgl. Suvorov, *Der Eisbrecher*. Eine vergleichbare Auffassung im Westen findet sich bei R. C. Tucker, *Stalin in Power. The Revolution from Above, 1928–1941*, New York 1990, Kapitel 10–21. Ich habe die brillante und (insgesamt) ausgewogene Sicht von T. Uldricks auf diese Zeit in Soviet Security Policy in the 1930s breit genutzt für Gorodetsky (Hrsg.), *Soviet Foreign Policy*. Ebenso gewichtig und ausgewogen ist der Beitrag von G. Roberts, *The Unholy Alliance. Stalin's Pact with Hitler*, London 1989.
7 Siehe die Richtung weisende Arbeit von A. Prazmowska, *Britain, Poland and the Eastern Front, 1939*, Cambridge 1987, und ihren Essay The Eastern Front and the British Guarantee to Poland of March 1939, in: *European History Quarterly* 14 (1984).
8 Zwei neuere Arbeiten mit einer veränderten und aktualisierten Darstellung der Appeasement-Politik sind L. Charmley, *Chamberlain and the Lost Peace*, London 1989, und A. Parker, *Chamberlain and Appeasement. British Policy and the Coming of the Second World War*, London 1993.
9 Suvorov, *Der Eisbrecher*, S. 45. Dieselbe Auffassung äußert etwas subtiler W. Leonhard in *Der Schock des Hitler-Stalin-Paktes*, Freiburg 1986.
10 E. L. Woodward (Hrsg.), *Documents on British Foreign Policy* (fortan DBFP), *1919–1939*, 3rd Ser., V, London 1952, S. 104.
11 FO 800/279 Su/39/221, Henderson an Sargent.
12 Vgl. C. A. Macdonald, *The United States, Britain and Appeasement, 1936–1939*, Oxford 1981; W. J. Mommawn und L. Kettenacker, *The Fascist Challenge and the Policy of Appeasement*, London 1983; T. Taylor, *Munich. The Price of Peace*, London 1979.
13 Vgl. A. Ulam, *Expansion and Coexistence*, New York 1975, S. 250–264.

Zur sowjetischen Furcht vor einer Fortsetzung der Appeasement-Politik siehe u. a. S. G. Desjatskov, Whitehall i mjunchenskaja politika [Whitehall und die Politik von München], in: *NNI* 3 (1979) und J. M. Schukow, Proischoschdenie wtoroi mirowoi woiny [Der Ursprung des Zweiten Weltkrieges], in: *NNI* 1 (1980).

14 Für die sowjetischen Vorschläge, die Halifax am 18. April in Woodward vorgelegt wurden, siehe DBFP, V, S. 228f.

15 DBFP, V, S. 205f.

16 Russisches Militärarchiv, Akten der Hauptverwaltung Aufklärung des Generalstabes der Russischen Föderation (fortan GRU GS RF), op.9157 d.2 l.[list - Blatt] 418–431. Stalin erhielt außerdem abgefangene Telegramme Schulenburgs aus jener Zeit, die diese Information bestätigten. Siehe GRU GS RF, op.9157 d.2 l.447, 453 und 454.

17 Akten zur deutschen auswärtigen Politik 1918–1945 (fortan ADAP), Serie D, Bd. VII, S. 131. Siehe dazu auch D. Wolkogonow, Alternatiwy 1939-go [Alternativen zum Jahr 1939], in: *Iswestija*, 21.8.1989. Eine weitere neue und aufschlussreiche Interpretation enthält sein Aufsatz: Ribbentrop-Molotow, in: *Woprosy istorii KPSS* [Fragen der Geschichte der KPdSU] 8 (1988).

18 Siehe die ausgezeichnete Darlegung dieser Frage bei I. Fleischhauer, *Diplomatischer Widerstand gegen »Unternehmen Barbarossa«*, Berlin 1991, S. 14–28.

19 Zu Stalins Realismus in der Außenpolitik siehe die Schlussgedanken, S. 403–412.

20 Das legt J. Haslam sehr überzeugend dar. Siehe *The Soviet Union and the Struggle for Collective Security in Europe.* Siehe dazu auch S. Pons, *Stalin e la guerra inevitabile, 1936–1941*, Turin 1995.

21 Zu dieser Gefahr siehe S. 127–132.

22 AWP RF, f.077 op.20 p.109 d.3 l.15–17, Aufzeichnung der Unterredung zwischen dem sowjetischen Botschafter in Budapest, Scharonow, und dem jugoslawischen Vertreter Rasicev am 11.1.1940. Siehe auch *Komintern i wtoraja mirowaja woina* [Die Komintern und der Zweite Weltkrieg], Moskau 1994, S. 122ff. Das Exekutivkomitee der Kommunistischen Internationale zum Krieg auf dem Balkan, 28.9.1939; J. Attfield und S. Williams (Hrsg.), *1939. The Communist Party of Great Britain and the War*, London 1984, sowie D. Childs, The British Communist Party and the War, 1939–1941. Old Slogans Revived, in: *Journal of Contemporary History* 12/12 (1977).

23 Vgl. Dimitroffs Tagebuch, 7.9.1939. Siehe auch F. I. Firsow, Archivy kominterna i wneschnjaja politika SSSR 1939–1941 gg [Die Komintern-Archive und die Außenpolitik der UdSSR 1939–1941], in: *NNI* 6 (1992), S. 25.

24 *Komintern i wtoraja mirowaja woina*, Bd. 1, S. 88f., 99ff. und 113f. Siehe dazu auch den Eintrag über diese Unterredung in Dimitroffs Tagebuch vom 25.10.1940.

25 Dimitroffs Tagebuch, 21.1.1940.

26 Vgl. z. B. *Alternativy 1939go* und *Ribbentrop-Molotow*. Bezymensky, *Secret Protocols*, S. 75–86.

27 T. Uldricks, Evolving Soviet Views of the Nazi-Soviet Pact, in: R. Frucht (Hrsg.), *Labyrinth of Nationalism. Complexities of Diplomacy*, Columbus, Ohio, 1992, S. 331–360.

Erstes Kapitel
Potenzielle Gegner: London und Moskau im Streit

1 FO 371 24855 N1523/1523/38, 11.3.1940.

2 Vgl. Public Record Office, Cabinet Papers (fortan CAB) 66/2 und 3, WP (39) 90 und 134, 13. und 20.11.1939. Siehe dazu auch die gesamte Akte FO 371 24851 N*/181/38.

3 Vgl. FO 837/1098, 25.4.1940.

4 CAB 84/8 JP (39)49 und CAB 65/1 43(39)6, 6. und 10.10.1939.

5 FO 800/279 Su/39/221.

6 Für einen Überblick über die französisch-sowjetischen Beziehungen siehe FO 371 24853 N3413/341/38, Halifax an Campbell, 18.3.1940 und CAB 21/1051, Halifax an Campbell, 11.12.1939. Zum Ausschluss der Sowjetunion aus dem Völkerbund siehe CAB 21/1051, Butler an Halifax, 22.12.1939; CAB 65/2 105, 108 und 112(39), 6., 8. und 12.12.1939. Zum Plan der Bombardierung der kaukasischen Ölfelder siehe S. 40ff.

7 Vgl. Bell, *John Bull and the Bear*.

8 *Documents on German Foreign Policy* (fortan DGFP), vol. VIII, S. 79.

9 CAB 21/962, 30.3.1940. Kiplings Gedicht wird zitiert nach Ismays Dokument.

10 Vgl. FO 371 23678 N4571 und 5240/57/38, FO-Niederschriften vom 18.9. und 17.10.1939.

11 CAB 65/6 66(40)1, 12.3.1940; Chamberlain papers, NC 18/1/1144, Brief an Ida, 23.2.1940.

12 Archiv des Präsidenten der Russischen Föderation (fortan PA), Moskau, f.45 op.1 d.298 l.11–18, Stalins Gespräch im Kreml, 29.1.1940.

13 Archiv des schwedischen Außenministeriums (fortan UD:s Arkiv 1920 ARS), HP/517/ LXXI, Assarsson an AM (Außenministerium), Oktober 1939.

14 Außenministerium der UdSSR, *Dokumenty wneschnei politiki, 1939 god* [Dokumente der Außenpolitik – fortan DWP], Bd. XXII, 2, S. 12, Molotow an Terentjew, 3.9.1939.

15 Vgl. L. H. Curtright, Great Britain, the Balkans, and Turkey in the Autumn of 1939, in: *International History Review* 3 (1988), S. 436. Eine umfassende und höchst informative Analyse der türkischen Außenpolitik findet sich bei B. R. Kuniholm, *The Origins of the Cold War in the Near East. Great Power Conflict and Diplomacy in Iran, Turkey, and Greece*, Princeton 1994.

16 *DWP, 1939*, XXII, 2, S. 146–153, Aufzeichnung der Unterredung Sa-

racoglus mit Stalin und Molotow, 1.10.1939 und S. 717, Aufzeichnung der Unterredung Potemkins mit Aktay, 25.10.1939. Zwei nützliche Arbeiten über die dreiseitigen Verhandlungen von 1939 sind F. Marzari, Western-Soviet Rivalry in Turkey, 1939, in: *Middle Eastern Studies* 7 (1971), S. 63–80, 201–220, und Curtright, *Great Britain, the Balkans, and Turkey;* siehe dazu auch A. L. Macfie, *Turco-Soviet Talks*, S. 431–434, wo ein den Deutschen von den Türken zugespielter Bericht zitiert wird, in dem sie zu verhüllen suchen, dass sich ihr Vorgehen gegen Deutschland richtete. Zur sowjetischen Sicht auf die britische Bedrohung siehe W. J. Sipols, Tainye dokumenty »strannoi woiny« [Geheimdokumente des »Phoney War«], in: *NNI* 2 (1993).

17 Vgl. S. Deringil, The Preservation of Turkey's Neutrality during the Second World War. 1940, in: *Middle Eastern Studies* 18/1 (1982), S. 30.

18 Vgl. *DWP, 1939*, XXII, 2, S. 35ff., 7.9.1939.

19 Curtright, *Great Britain, the Balkans, and Turkey*, S. 443–455. Siehe dazu auch Deringil, *Preservation of Turkey's Neutrality*, S. 30; A. L. Macfie, The Turkish Straits in the Second World War, 1939–1945, in: *Middle Eastern Studies* 25/2 (1989), S. 238.

20 Vgl. *DWP, 1939*, XXII, 2, S. 263–270 und 373–380, Terentjew an Stalin, Molotow und Woroschilow, 6.11. und 7.12. 1939.

21 *DWP, 1939*, XXII, 2, S. 92f., der Geschäftsträger in Sofia, Prasolow, an AM, 16.9.1939.

22 *DWP, 1939*, XXII, 2, S. 273f., Information von Maiski, 8.11.1939.

23 D. Dilks (Hrsg.), *The Diaries of Alexander Cadogan, 1938–1945*, London 1971, S. 247f.

24 CAB 84/2, 19.2.1941.

25 M. Kitchen, *British Policy towards the Soviet Union during the Second World War*, New York 1986, S. 19. Der für Kitchen so charakteristische lebendige und fesselnde Stil verhüllt nicht seine eindeutig kritische Sicht auf die britische Politik.

26 AWP RF, f.069 op.24 p.68 d.7 l.9–19, Maiski an Molotow, Aufzeichnung der Unterredungen mit Butler, 26. und 30.1.1940; FO 371 24843 N1390/30/38, Aufzeichnung Butlers über die Unterredung mit Maiski, 30.1.1940. Siehe dazu auch AWP RF, f.06 op.2 p.1 d.8 l.18–21, Molotow über die Unterredung mit Aktay, 11.1.1940.

27 Aufzeichnung des britischen Ministers für Wirtschaftliche Kriegsführung, Dalton, in Dalton papers, Box II 5/2; Aufzeichnung von Boothby über die Unterredung mit Maiski, 17.9.1939, FO 371 23678 N5297/57/38, 5.10.1939. Zu Maiskis Sonderstellung in London siehe S. Aster, Ivan Maisky and Parliamentary Anti-Appeasement, 1938–1939, in: A. J. Taylor (Hrsg.), *Lloyd George*, London 1971.

28 AWP RF, f.059 op.1 p.326 d.2238 l.44–53, Molotow an Maiski, 21.2.1940.

29 Vgl. AWP RF, f.06 op.2 p.11 d.109 l.3–8, Aufzeichnung über die Unterredung Cripps' mit Molotow, 16.2.1940.

30 Siehe dazu u. a. die Instruktionen an die Kommunistische Partei Ös-

terreichs und die Kommunistische Partei der Tschechoslowakei, 31.1.1940, in: *Komintern i wtoraja mirowaja woina* [Die Komintern und der zweite Weltkrieg], I, S. 252–257 und 277–280.

31 CAB 70(40) in FO 371 24887 R3518/5/67, 16.3.1940; Public Record Office, War Office (fortan WO) 208/1754, Aktenvermerk von Major Kirkman, 6.3.1940.

32 Vgl. FO 371 25014 R1777 und 2781/242/44, Admiral Philip an Halifax, 7.2.1940.

33 AWP RF, f.077 op.20 p.109 d.3 l.26–28, Scharonow (Ungarn) an AM über die Unterredung mit Csáky, 13.2.1940, und f.084 op.20 p.131 d.5 l.29–32, Aufzeichnung der Unterredung des sowjetischen Geschäftsträgers in Athen, Sergejew, mit dem Leiter der Informationsabteilung des griechischen Außenministeriums, Papadakis, 21.2.1940.

34 Vgl. AWP RF, f.06 op.2 p.1 d.9 l.1–4, Aufzeichnung der Unterredung Molotows mit Aktay, 2.3.1940.

35 Vgl. FO 371 25014 R3636/242/44, Knatchbull-Hugessen an FO, 21.3.1940.

36 Vgl. FO 371 24887 R3285/5/67, Knatchbull-Hugessen an FO, 13.3.1940; FO 371 24887 R3681 und R3769/5/67, Le Rougetel an FO, 23.3.1940.

37 Vgl. AWP RF, f.082 op.23 p.95 d.4 l. 148–154, Aufzeichnung der Unterredung des Ersten Botschaftsrates in Berlin, Tichomirow, mit M. F. Kleist, 4.3.1940.

38 Vgl. *Geschichte des Großen Vaterländischen Krieges der Sowjetunion, 1941–1945*, Bd. I, Berlin 1962, S. 479.

39 Vgl. AWP RF, f.06 op.2 p.14 d.155 l.3–8, Aufzeichnung der Unterredung Molotows mit Schulenburg, 7.1.1940; siehe auch Information des sowjetischen Botschafters in Iran, Filimow, an AM über die Unterredung mit dem deutschen Botschafter Ettel, 4.3.1940, in: AWP RF, f.059 op.1 p.33 d.2284 l.97–100.

40 Vgl. Charles Richardson, French Plans for Allied Attacks on the Caucasus Oil Fields, January – April 1940, in: *French Historical Studies* 8/1 (1973).

41 FO 371 24846 N3698/40/38, 25.3.1940.

42 Diese Pläne siehe FO 371 24846 N3698/40/38, 23.3.1940, dazu die Niederschriften von Sargent und Cadogan vom 26.3.1940 in 24887 R3836/5/67.

43 Vgl. FO 371 24887 R3940/5/67; siehe auch Deringil, *Preservation of Turkey's Neutrality*, S. 31, und Macfie, *The Turkish Straits in the Second World War*, S. 240.

44 FO 371 24887 R3963, R4010 und R4130/5/67, FO-Niederschriften, 31.3.1940.

45 Vgl. AWP RF, f.059 op.1 p.325 d.2233 l.306–307, Maiski an AM, 5.4.1940.

46 FO 371 24888 R4466/5/67, Denkschrift über die Militärpolitik der Alliierten auf dem Balkan, 6.4.1940.

47 FO 371 24888 R4466/5/67, Denkschrift der Stabschefs (fortan COS) für die Botschafterkonferenz in London, 9.4.1940.
48 Vgl. FO 371 24888 R4467/5/67, Aufzeichnungen über die Tagung der britischen Botschafter aus Südosteuropa, 8.4.1940, und CAB 99/3 SWC(39/40), 22.4.1940.
49 Vgl. CAB 99/3 SWC(39/40). Wie genau die Russen über diese Pläne informiert waren, zeigt AWP RF, f.059 op.1 p.325 d.2234 l.50–51, Maiski an AM, 20.4.1940.
50 Siehe Kapitel 2.
51 FO 371 24847 N5689/40/38, 29475 N/941/29/38 und 24849 N5788/93/38, FO-Niederschriften, 2., 4. und 10.6.1940.
52 Churchill, *Memoiren*, Bd. II/1, Stuttgart 1950, S. 166. J. Wedgwood papers, Notiz von Wedgwoods Tochter Helen über einen Brief von Cripps, 27.2.1942.
53 AWP RF, f.017a, Maiskis Tagebuch, 2.3.1941; siehe dazu auch Sargents Niederschrift, FO. 371 24844 N5853/30/38, 28.6.1940.
54 Für Cripps' Briefe siehe Monckton papers, Box 3, pp. 75–77, 115–118, 2. und 25.9.1940, Box 4, p. 68, 13.2.1941; Cripps papers, Briefe an Monckton, 5. und 20.1.1941. Zu Cripps' Mission siehe H. Hanak, Sir Stafford Cripps as British Ambassador in Moscow, June 1941–January 1942, in: *English Historical Review* 370 (1979) und 383 (1982).
55 FO 800/322, Cripps an Halifax, 10.10.1940.
56 Monckton papers, Box 3, pp. 75–77, 115–118, 2. und 25.9.1940, Box 4, p. 68, 13.2.1941; Cripps papers, Briefe an Monckton, 5. und 20. 1.1941.
57 Vgl. Churchill, *Memoiren*, Bd. IV/1, Stuttgart 1952, S. 83.
58 Monckton papers, Box 3, p. 118, 25.9.1940.
59 FO 371 24841 N5812/5/38, FO-Niederschrift über die Ernennung von Cripps, 16.5.1940 und CAB 65/7 127(40)1, 18.5.1940.
60 UD:s Arkiv 1920 ARS, HP/516/LXVIII, Assarsson an AM, 15.5.1940; zu Cripps' vergeblichen Bemühungen siehe G. Gorodetsky, *Stafford Cripps' Mission to Moscow*, Cambridge 1984. G. Weinberg äußert in seinem unbestreitbar beeindruckenden und aufschlussreichen Buch *Eine Welt in Waffen. Die globale Geschichte des Zweiten* Weltkrieges, Stuttgart 1995, S. 184ff., dass Cripps, der recht naiv annahm, Stalin werde sich mit England verbünden, in Moskau seine Illusionen verlor. Dieser Hauptgedanke entstammt Weinbergs früherem Buch *Germany and the Soviet Union, 1939–1941*, Leiden 1954.
61 FO 371 24582 N6029/243/38, Denkschrift von Sargent, 17.7.1940, Begleitschreiben von Halifax, 18.7.1940. Weitere typische Beispiele sind FO 371 24844, 24846, N2779/40/38 und N5937/30/38, FO-Niederschriften vom 8., 11. und 13.3. sowie 3.7.1940, 24853 N7279/283/38, Aufzeichnung vom 24.11.1940; 29135 W53/53/50, *Weekly Intelligence Summary*, 15.1.1941; 29479 N1316 und 1324/78/38, Niederschrift vom 3.4.1941; 29481 N2171 und 2466/78/38, Niederschriften vom 13. und 27.5.1941; WO 208/1761, Gemeinsamer Geheimdienstausschuss (fortan JIC) (41)218, 23.5.1941.

Zweites Kapitel
Streit um den Balkan

1 Zur Haltung der Türkei, Afghanistans und der skandinavischen Staaten siehe AWP RF, f.06 op.2 p.1 d.10 l.46–48 und 54–55, Aufzeichnung der Unterredungen Molotows mit Assarsson und dem norwegischen Botschafter in Moskau, O. Maseng, 25.3.1940; f.059 op.1 p.314 d.2160 l.221–223, Telegramm von Terentjew an AM, 19.3.1940; f.071 op.22 p.192 d.6 l.59–61, Aufzeichnung der Unterredung des sowjetischen Botschafters in Afghanistan, Michailow, mit dem deutschen Botschafter, Hans Pilger, 21.3.1940. M. Hauner beleuchtet die Wahrnehmung dieser Bedrohung in The Soviet Threat to Afghanistan and India, 1938–1940, in: *Modern Asian Studies* 15/2 (1981), S. 287–309.

2 Vgl. AWP RF, f.06 op.2 p.14 d.155 l.35–43, Aufzeichnung der Unterredung, 5.3.1940.

3 Vgl. AWP RF, f.082 op.23 p.95 d.4 l.190–191, Aktennotiz Schkwarzews über eine Unterredung mit Weizsäcker, 15.3.1940.

4 PA, f.3 op.64 d.668 l.49–56, Tewosjan über die Unterredung mit Göring, 29.3.1940.

5 Vgl. AWP RF, f.059 op.1 p.315 d.2174 l.156–160, Schkwarzew an Molotow, 6.3.1940, und f.06 op.2 p.14 d.155 l.54–59, Aufzeichnung der Unterredung Molotows mit Schulenburg, 11.3.1940.

6 Vgl. PA, f.3 op.64 d.668 l.72–78, Aufzeichnung der Unterredung Mikojans mit Hilger, 21.4.1940. Siehe dazu die Arbeit von G. M. Iwanitzki, Sowjetsko-germanskie torgowo-ekonomitscheskie otnoschenia w 1939–1941 gg [Die sowjetisch-deutschen Handels- und Wirtschaftsbeziehungen 1939–1941], in: *NNI* 5 (1989), S. 28–39, und insbesondere W. J. Sipols, Torgowo-ekonomitscheskie otnoschenia meschdu SSSR i Germaniei w 1939–1941 gg. w swete nowych archivnych dokumentov [Die Handels- und Wirtschaftsbeziehungen zwischen der UdSSR und Deutschland von 1939–1941 im Lichte neuer Archivdokumente], in: *NNI* 1 (1997), S. 29–41.

7 PA, f.3 op.64 d.668 l.58–64, Mikojan über die Unterredung mit Schulenburg, 5.4.1940.

8 PA, f.56 op.1 p.298 l.29–32, Aufzeichnung der Unterredung Stalins mit Ritter, 8.2.1940; AWP RF, f.059 op.1 p.315 d.2174 l.153–154, Schkwarzew an AM, 5.3.1940.

9 PA, f.03 op.64 d.668 l.68–70; *Documents on German Foreign Policy (fortan DGFP)*, series D, vol. IX, pp. 157–158, Aufzeichnung der Unterredung Tewosjans mit Ritter, 12.4.1940.

10 Vgl. *ADAP*, Bd. IX, S. 65f., Schulenburg an AA, 6.4.1940; S. 88ff., Antwort Botschafter Ritters an Botschaft Moskau, 9.4.1940.

11 FO 837/1127, Dalton über die Unterredung mit Maiski, 25.3.1940; siehe auch V. Assarsson, *I skuggan av Stalin*, Stockholm 1963, S. 28f.

12 Vgl. AWP RF, f.082 op.23 p.95 d.5 l.16–17, Schkwarzew über ein Früh-

stück mit Schulenburg und Hilger in der deutschen Botschaft in Moskau, 5.4.1940.

13 Vgl. AWP RF, f.082 op.23 p.95 d.5 l.6, Information des sowjetischen Geschäftsträgers in Berlin, Pawlow, 26.3.1940; UD:s Arkiv 1920 ARS, HP/516/LXVII, Assarsson an AM, 8.3.1940.

14 AWP RF, f.082 op.23 p.95 d.5 l.41–42, Schkwarzew an AM über die Unterredung mit dem litauischen Botschafter in Berlin, Skirpa, 19.4.1940.

15 Vgl. AWP RF, f.059 op.1 p.315 d.2174 l.264–266, Schkwarzew an AM über die Unterredung mit Ribbentrop, 20.4.1940.

16 Siehe dazu u. a. das Archiv des bulgarischen Außenministeriums (fortan AMVR), d.40 p.34 op.1t pop.272 l.82.

17 Für eine Betrachtung zur Besetzung des Baltikums und den militärischen Folgen s. S. 162ff.

18 Vgl. AWP RF, f.06 op.2 p.14 d.155 l.206–208; *ADAP*, Bd. IX, S. 495f., Aufzeichnung der Unterredung Molotows mit Schulenburg, 18.6.1940.

19 AWP RF, f.082 op.23 p.95 d.5 l.120–121, Tichomirow an AM, 7.6.1940.

20 AWP RF, f.059 op.1 p.329 d.2266 l.149–150, Gelfand an AM, 25.2.1940; FO 371 24968 R462/9/37, Hoare an FO, 8.1.1940. Siehe dazu auch frühere Enthüllungen von F. Marzari, Prospects for an Italian-led Balkan Bloc of Neutrals, in: *Historical Journal* 4 (1970).

21 Vgl. *DWP, 1939*, XXII, 2, S. 328, der sowjetische Geschäftsträger in Bukarest, Kukolew, an AM, 22.11.1939; AWP RF, f.059 op.1 p.329 d.2266 l.5–6 und 53–54, Gelfand an AM, 3. und 18.1.1940; p.330 d.2269 l.1 und 7, Potemkin an Gelfand, 5. und 16.1.1940.

22 Vgl. S. 35ff.

23 Vgl. S. 63f., 96–99.

24 Vgl. AWP RF, f.059 op.1 p.329 d.2266 l.196, Gelfand an AM, 11.3.1940, p.315 d.2174 l.175–179, Schkwarzew an AM über die Unterredung mit Ribbentrop, 14.3.1940; op.2 p.14 d.155 l.115–118 und *ADAP*, Bd. IX, S. 257, Aufzeichnung der Begegnung Molotows mit Schulenburg, 10.5.1940.

25 Vgl. AWP RF, f.059 op.1 p.330 d.2267 l.49–54, Gelfand an AM über die Unterredung mit Ciano, 29.4.1940. Zur Bessarabienfrage siehe auch S. 53–60.

26 Vgl. *ADAP*, Bd. IX, S. 386f., Ribbentrop an Botschaft Moskau, 30.5.1940.

27 AWP RF, f.059 op.1 p.330 d.2269 l.57–58, Molotow an Gelfand, 1.5.1940; f.06 op.2 p.14 d.155 l.189–194; *ADAP*, Bd. IX, S. 257, Aufzeichnung der Unterredung Molotows mit Schulenburg, 10.5.1940.

28 UD:s Arkiv 1920 ARS, HP/1547/XXX, Assarsson an AM, 27.5.1940.

29 Vgl. AWP RF, f.06 op.2 p.14 d.155 l.197–198. Siehe auch *ADAP*, Bd. IX, S. 420f., Aufzeichnung der Unterredung Molotows mit Schulenburg, 4.6.1940.

30 Vgl. AWP RF, f.077 op.20 p.109 d.3 l.60–62, Aufzeichnung der Unterredung Scharonows mit Csáky, 11.6.1940.

31 AWP RF, f.06 op.2 p.20 d.228 l.1–2, Aufzeichnung der Unterredung Molotows mit Rosso, dem italienischen Botschafter in Moskau, 13.6.1940.

32 Vgl. UD:s Arkiv 1920 ARS, HP/516/LXVII, Assarsson an AM über die Unterredung mit Rosso, 10.6.1940.

33 AWP RF, f.06 op.2 p.20 d.226 l.3–4, der sowjetische Botschafter in Rom, Gorelkin, an AM über die Unterredung mit Ciano, 22.6.1940.

34 AWP RF, f.059 op.1 p.330 d.2267 l.190–191, Gorelkin an AM über die Unterredung mit Anfuzo, 18.6.1940.

35 Vgl. AWP RF, f.059 op.1 p.316 d.2175 l.301–302, Schkwarzew an AM über die Unterredung mit Kleist, dem Bürochef Ribbentrops, 12.7.1940; f.0125 op.24 p.118 d.5 l.67, Lawrentjew an AM über die Unterredung mit Ghigi, dem italienischen Botschafter in Bukarest, 22.7.1940.

36 Vgl. AWP RF, f.06 op.02 p.20 d.226 l.24–26, Gorelkin an AM über die Unterredung mit Mussolini, 24.7.1940; d.14 l.140–141, Aufzeichnung der Unterredung Molotows mit Lorenzo, 24.7.1940. Siehe auch Giorgio Petracchi, Pinocchio, die Katze und der Fuchs. Italien zwischen Deutschland und der Sowjetunion (1939–1941), in: Bernd Wegner (Hrsg.), *Zwei Wege nach Moskau. Vom Hitler-Stalin-Pakt bis zum »Unternehmen Barbarossa«*, München 1991, S. 519–546. Dort findet sich auch eine überzeugende Einschätzung der Verhandlungen; allerdings wird die Bedeutung der Angebote von Juni bis Dezember 1940 ungerechtfertigt heruntergespielt. Siehe dazu auch M. Knox, *Mussolini Unleashed, 1939–1941. Politics and Strategy in Fascist Italy's Last War*, Cambridge 1982. Knox neigt zu einer Missachtung dieser Episode, die einen Meilenstein in der Diplomatie beider Staaten darstellte, wenn sie sich auch später als unfruchtbar erwies.

37 Vgl. S. 53–60. Zu dem Zusammenhang zwischen dem Einmarsch und der Annäherung siehe M. Toscano, *Designs in Diplomacy*, London 1970, S. 164f.

38 Vgl. AWP RF, f.3a d.6, Jugoslawien, Notenaustausch zwischen der Sowjetunion und Jugoslawien über die Aufnahme diplomatischer Beziehungen, 24.6.1940. Siehe auch N. V. Nowikow, *Wospominania diplomata: sapiski 1938–1947* [Erinnerungen eines Diplomaten. Aufzeichnungen von 1938–1947 – fortan Nowikow], Moskau 1989, S. 39.

39 *ADAP*, Bd. X, S. 232, Heeren an AA, 23.7.1940.

40 Vgl. AWP RF, f.06 op.2 p.20 d.229 l.1–6, Aufzeichnung der Unterredung Molotows mit Rosso, 20.6.1940; f.059 op.1 p.330 d.2269 l.84–85, Molotow an Gorelkin, 27.6.1940. Siehe auch AMVR, d.40 p.34 o.1t p.272 l.141–142, der bulgarische Botschafter in London, Tilev, an AM, 27.6.1940. Für den vollen italienischen Text siehe Toscano, *Designs in Diplomacy*, S. 150–158.

41 *ADAP*, Bd. X, S. 341–344, Mackensen an AA, 6.8.1940; S. 401f., Ribbentrop an Botschaft Rom, 16.8.1940; S. 408f., Aufzeichnung des Gesandten Schmidt, 17.8.1940; S. 413f., Mackensen an AA, 17.8.1940.

42 Vgl. AWP RF, f.06 op.2 p.20 d.229 l.9–12, Aufzeichnung der Unterredung Molotows mit Rosso, 25.6.1940.
43 Vgl. AWP RF, f.059 op.1 p.316 d.2175 l.71–73, Schkwarzew an AM über die Unterredung mit Weizsäcker und Ribbentrop, 10.5.1940.
44 AWP RF, f.06 op.2 p.14 d.155 l.122–124 und 170–175, Aufzeichnung der Unterredungen Molotows mit Schulenburg, 10. und 17.5.1940.
45 Vgl. AWP RF, f.082 op.23 p.95 d.5 l.64–68, Schkwarzew an AM über die Unterredung mit Ribbentrop, 4.5.1940. Diese Einschätzung basiert auch auf einem unveröffentlichten Papier über die russischen Sicherheitsdienste von General Sergej A. Kondraschew.
46 Vgl. AWP RF, f.0129 op.2 p.23 d.293 l.10–12, Aufzeichnung der Unterredung Umanskis mit Welles, 13.5.1940; f.059 op.1 p.320 d.2199 l.12–15, Umanski an Außenminister (Stalin vorgelegt), 1.6.1940.
47 Vgl. *DWP, 1939*, XXII, 2, S. 132f., Kukolew, 27.9.1939.
48 Vgl. AWP RF, f.06 op.2 p.14 d.155 l.10–15, Aufzeichnung der Unterredung Molotows mit Schulenburg, 25.1.1940.
49 Vgl. *DWP, 1939*, XXII, 2, S. 224ff., Terentjew an AM, 26.10.1939.
50 Vgl. *DWP, 1939*, XXII, 2, S. 235–238, Terentjew an AM, 27.10.1939.
51 Vgl. *DWP, 1939*, XXII, 2, S. 347f., Maiski an AM, 29.11.1939.
52 FO 371 24968 R9/9/37, Halifax an Hoare (Bukarest) über Cadogans Unterredung mit Tilea, dem rumänischen Botschafter in London, 9.1.1940.
53 *DWP, 1939*, XXII, 2, S. 396f., Kukolew an Molotow, 11.12.1939.
54 Vgl. FO 371 24890 R6246/5/67, Halifax an Hoare über Gespräche mit Tilea, 20.5.1940; für weitere Vorschläge siehe AWP RF, f.06 op.2 p.1 d.10 l.82–83, Molotow über die Unterredung mit dem rumänischen Botschafter in Moskau, Davidescu, 2.4.1940.
55 FO 371 24887 R3236 und R3531/5/67, Hoare an FO, 8.3.1940.
56 FO 371 24968 R6751/9/37, Halifax an Cripps, 26.6.1940; R5673/9/37, Hoare an FO, 24.4.1940.
57 Vgl. Nowikow, S. 43.
58 AMVR, d.40 p.34 op.1t pop.272 l.147, Tilev an AM, 4.7.1940; *ADAP*, Bd. X, S. 22f., Schulenburg an AA, 26.6.1940.
59 Vgl. AWP RF, f.0125 op.24 p.118 d.3 l.24–27, Aufzeichnung der Unterredung Molotows mit Davidescu, 9.4.1940; FO 371 24698 R4887/9/37, Vertretung Ankara an Südabteilung des FO, 13.4.1940.
60 AWP RF, f.082 op.23 p.95 d.5 l.106–107, Schkwarzew an AM, 28.5.1940. Zu Italien siehe S. 52f.
61 Vgl. AWP RF, f.059 op.1 p.318 d.2191 l.104–107, Kukolew an Dekanosow, 24.5.1940; Nowikow, S. 45. Vgl. ähnliche Eindrücke Schulenburgs und Köstrings in *ADAP*, Bd. IX, S. 323f., 21.5.1940, und Campbells in Belgrad, FO 371 24889 R5894/5/7, 8.5.1940. Siehe auch UD:s Arkiv 1920 ARS, HP/1548/XXXIII, Assarsson an AM, 14.6.1940.
62 Vgl. GRU GS RF, op.918 d.4 l.119–120, Aufzeichnung der 5. Verwaltung der Roten Arbeiter- und Bauernarmee (fortan RKKA), 23.6.1940.

63 Vgl. AWP RF, f.06 op.2 p.14 d.155 l.181–184; f.059 op.1 p.319 d.2194 l.86, Telegramm Molotows an Lawrentjew, 23.6.1940. Siehe auch *ADAP*, Bd. IX, S. 362, Aufzeichnung der Unterredung Molotows mit Schulenburg, 26.5.1940.

64 Vgl. PA, f.3 op.64 d.674 l.128, Aufzeichnung der Unterredung Osetrows (Verteidigungsministerium) mit dem deutschen Militärattaché, General Ernst Köstring, 21.6.1940.

65 AWP RF, f.06 op.2 p.14 d.155 l.209–215; *ADAP*, Bd. X, S. 3f., Aufzeichnung der Unterredung Molotows mit Schulenburg, 23.6.1940.

66 UD:s Arkiv 1920 ARS, HP/516/LXVII, Bericht von Assarsson an AM über eine Unterredung mit Schulenburg, 28.6.1940.

67 Vgl. *ADAP*, Bd. X, S. 6f., Weizsäcker an Botschaft Bukarest, 24.6.1940; S. 11f., Weizsäcker an Botschaft Moskau, 25.6.1940.

68 Eine exzellente Beschreibung dieses Vorgangs findet sich bei Nowikow, S. 41.

69 *ADAP*, Bd. X, S. 17f., Fabricius an AA, 26.6.1940.

70 AWP RF, f.059 op.1 p.319 d.2194 l.89–90, Molotow an Lawrentjew über die Unterredung mit Davidescu, 27.6.1940.

71 Vgl. *ADAP*, Bd. X, S. 27f., Schulenburg an AA, 27.6.1940.

72 Vgl. *ADAP*, Bd. X, S. 29f., Ribbentrop an Botschaft Bukarest, 27.6.1940.

73 Vgl. AWP RF, f.059 op.1 p.318 d.2191 l.159, Lawrentjew an AM, 28.6.1940.

74 FO 371 24968 R6648/9/37, mehrere Telegramme und Vermerke zum Einmarsch in Bessarabien am 1.7.1940.

75 Vgl. AWP RF, f.059 op.1 p.319 d.2194 l.91–92, Molotow an Lawrentjew über die Unterredung mit Davidescu, 28.6.1940.

76 Vgl. *ADAP*, Bd. X, S. 28f., Fabricius an AA, 27.6.1940.

77 Siehe dazu u. a. W. K. Wolkow, Sowjetsko-jugoslawskie otnoschenia w natschalny period wtoroi mirowoi woiny w kontexte mirowych sobytij, 1939–1941 gg. [Die sowjetisch-jugoslawischen Beziehungen in der Anfangsphase des Zweiten Weltkrieges aus weltpolitischer Sicht, 1939–1941], in: *Sowjetskoe slawjanowedenie* 6 (1990).

78 Winston Churchill, *Memoiren*, Bd. I/2, Stuttgart 1950, S. 63, Rundfunkrede, 1.10.1941.

79 Vgl. *DWP, 1939*, XXII, 2, S. 167ff., Maiski an AM, 7.10.1939.

80 Webb papers, Tagebuch, pp. 6880–6888, 20.5.1940.

81 AWP RF, f.069 op.24 p.70 d.43 l.6–10 und 19–23; FO 371 24840 N4625/5/38 WP(40)106, Aufzeichnungen der Unterredungen Halifax' mit Maiski am 25. und 29.4.1940; AWP RF, f.059 op.1 p.326 d.2238 l.101–103, Molotow an Maiski, 21.5.1940.

82 Vgl. AWP RF, f.059 op.1 p.325 d.2235 l.28–33 und 55–58, Maiski an AM, 22. und 28.6.1940.

83 Vgl. *Komintern i wtoraja mirowaja woina*, Bd. I, S. 343, Dimitroff an Stalin und Molotow, 22.5.1940.

84 Vgl. FSB, *Organy gosudarstwennoi besopasnosti SSSR w welikoi otet-*

schestwennoi woine. Sbornik dokumentow [Die Staatssicherheitsorgane der UdSSR im Großen Vaterländischen Krieg. Dokumentensammlung – fortan FSB], 2 Bände, Moskau 1995, Bd. I(1), S. 187ff., Aufzeichnung des Chefs des Grenzschutzes des NKWD, Osokin, und des Leiters der 5. Verwaltung des NKWD, Sawtschenko, 16.5.1940.

85 Vgl. AWP RF, f.082 op.23 p.95 d.5 l.64–68, Schkwarzew über die Unterredung mit Gerde, 4.5.1940.

86 FO 371 24841 N5812/5/38 und 24849 N5729/93/38, Aktenvermerke Butlers über Unterredungen mit Maiski und FO-Niederschriften, 16. und 29.5.1940; FO 837/1127, Dalton über die Unterredung mit Maiski, 25.5.1940.

87 FO 371 24877 R6099/7/4, Rendell an FO, 7.5.1940.

88 FO 371 24890 R6597/5/67, Campbell an FO, 18.6.1940.

89 Vgl. UD:s Arkiv 1920 ARS, HP/1548/XXXIII, Assarsson an AM, 14.6.1940.

90 FO 371 24841 N5840/5/38, Cripps über die Unterredung mit Molotow, 14.6.1940.

91 AWP RF, f.06 op.2 p.26 d.339 l.7–11, Aufzeichnung der Unterredung Molotows mit Labonne, 14.6.1940; p.20 d.229 l.1–6, Aufzeichnung der Unterredung Molotows mit Rosso, 20.6.1940.

92 Public Record Office, Prime Minister's Papers (fortan PREM), 3, 395/1, pp. 16–17, Churchill an Cripps, 22.6.1940.

93 Vgl. AWP RF, f.06 op.2 p.10 d.100 l.4–7, Aufzeichnung der Unterredung Molotows mit Cripps, 26.6.1940. Siehe dazu S. 47–54.

94 FO 800/322, pp. 353–360, Cripps an Halifax, 10.10.1940.

95 CAB 79/6 COS(40)256(3) und CAB 80/16 COS(40)649, 9. und 28.8.1940; FO 371 24852 N6458/283/38, Cripps an Halifax und Niederschrift von Sargent, 31.8.1940.

96 Es ist bemerkenswert, dass dieser Vorschlag in der russischen Aufzeichnung des Gesprächs ebenso fehlt wie in der Information, die den Deutschen zugespielt wurde. Vgl. FO 371 24844 N5937/30/38 und die russische Version in: *Diplomatitscheski westnik* [Diplomatische Informationen], 21/3 (1993), Aufzeichnung von Cripps' Unterredung mit Stalin, 1.7.1940.

97 AMVR, d.40 p.34 op.1t pop.272 l.151, Stamenov, der bulgarische Botschafter in Moskau, an AM, 14.7.1940.

98 Für eine Betrachtung zur Tätigkeit der sowjetischen Nachrichtendienste s. S. 81–87. PA, f.45 op.1 d.435 l.39–51, Proskurow an Stalin, 4.6.1940; AWP RF, f.082 op.23 p.95 d.5 l.112–114, Aufzeichnung von Schkwarzew über die Unterredung mit Ritter, 1.6.1940.

99 Siehe dazu S. 77–81.

100 Vgl. Zentralny archiv sluschby wneschnej raswedki RF [Zentralarchiv des Auslandsaufklärungsdienstes der Russischen Föderation – fortan ZA SWR RF], d.21616 t.1 l.14–15, Aufzeichnung des stellvertretenden Vorsitzenden des NKWD, Fitin, der 5. Verwaltung der RKKA und der GRU GS RF, op.22424 d.4 l.261, »Meteor«, Berlin, an das NKWD,

9.7.1941; siehe auch ZA SWR RF, d.21616 t.1 l.21–22, stellvertretender Chef des Grenzschutzes des NKWD an die Zentrale, 13.7.1941.

101 GRU GS RF, op.918 d.3 l.159–163, Sonderbericht der 5. Verwaltung der RKKA, 13.6.1940. Für die Tendenz, die Gefahr herunterzuspielen, siehe FSB, Bd. I(1), S. 236f., Sawtschenko, stellvertretender Chef des Grenzschutzes des NKWD, an die Zentrale, 26.6.1940.

102 Vgl. G. Gorodetsky, Filip Iwanowitsch Golikow, in: H. Shukman (Hrsg.), *Stalin's Generals*, London 1993, S. 77–90.

103 Zentralny archiv federalnoi sluschby besopasnosti RF [Zentralarchiv des Föderalen Sicherheitsdienstes der Russischen Föderation – fortan ZA FSB RF], f.3 op.7 p.23 l.223–225, Golikow an Timoschenko, 20.7.1940.

104 ZA SWR RF, d.21616 t.1 l.23–25 und 89–90, Berija an Stalin und Molotow, 17.8.1940. Siehe auch die Information des Grenzschutzes des ukrainischen NKWD, 5.8.1940, in: *Iswestija ZK KPSS* [Informationen des ZK der KPdSU], 4 (1990), S. 199ff.

105 AWP RF, f.06 op.2 p.2 d.12 l.173–174, Aufzeichnung der Unterredung Molotows mit Le Rougetel, 31.5.1940.

106 *ADAP*, Bd. IX, S. 385f., Schulenburg an AA, 29.5.1940.

107 *ADAP*, Bd. X, S. 65–68, Aufzeichnung der Unterredung Hitlers mit Alfieri und Keitel, 1.7.1940. Zu Hitlers Entscheidung, Russland anzugreifen, siehe S. 77–81.

108 Vgl. M. van Creveld, *The Balkan Clue. Hitler's Strategy, 1940–1941*, Cambridge 1973, S. 70.

109 UD:s Arkiv 1920 ARS, HP/516/LXVII und LXVIII, Assarsson an AM, 20.6. und 10.7.1940.

110 Vgl. AWP RF, f.06 op.2 p.2 d.14 l.95–106, Molotow über die Unterredung mit Togo, 2.7.1940; siehe auch *ADAP*, Bd. X, S. 134–138, Aufzeichnung der Unterredung zwischen Ribbentrop und Sato, 9.7.1940. Für die Beziehungen mit Russland siehe das 9. Kapitel.

111 Vgl. *ADAP*, Bd. X, S. 160ff., Schulenburg an AA, 11.7.1940; AWP RF, f.059 op.1 p.317 d.2180 l.140–141, Molotow an Schkwarzew über die Unterredung mit Schulenburg, 13.7.1940; f.082 op.23 p.95 d.5 l.139–141, Kobulow an AM, 6.7.1940. Eine Alternative zum Kontinentalblock siehe bei G. T. Waddington, Ribbentrop and the Soviet Union *1937–1941*, in: J. Erickson und D. Dilks (Hrsg.), *Barbarossa: The Axis* and the Allies, Edinburgh 1994.

112 *ADAP*, Bd. X, S. 170f., Schulenburg an AA, 13.7.1940; siehe auch UD:s Arkiv 1920 ARS, HP/516/LXVIII, Assarsson an Schulenburg, 5.8.1940.

113 B. A. Leach, *German Strategy against Russia, 1939–1941*, Oxford 1973, S. 60f. und 70f.

114 Vgl. AWP RF, f.059 op.1 p.339 d.2267 l.211a-216, Gorelkin an Molotow über die Unterredung mit Ciano, 26.6.1940; *ADAP*, Bd. X, S. 16f., Mackensen an AA, 26.6.1940.

115 Vgl. *ADAP*, Bd. X, S. 179ff., Brief Hitlers an König Carol, 15.7.1940; S. 186ff., Weisung Hitlers Nr. 16, 16.7.1940.

116 Vgl. AMVR d.40 p.34 op.1t pop.272 l.127, Christov an AM, 5.6.1940; AWP RF, f.059 op.1 p.314 d.2161 l.290–294, Terentjew an AM über die Unterredung mit Kirov, dem bulgarischen Botschafter in Ankara, 20.6.1940. Siehe dazu auch die ausführliche Analyse im schwedischen Militärarchiv (fortan Krigsarkivet), Fo..rsvarsstaben, Ser. E/II/15/1, Bericht Nr. 54 des Militärattachés über Gespräche mit dem bulgarischen Militärattaché, 1.11.1940.

117 Vgl. AWP RF, f.059 op.1 p.316 d.2175 l.275–277, Schkwarzew an AM, 8.7.1940.

118 AMVR, d.40 p.34 op.1t pop.272 und op.1sh pop.272 l.181–183, Stamenov an AM, 7. und 9.9.1940.

119 Vgl. ZA SWR RF, d.21616 t.1 l.14–15, Sawtschenko an die GRU, 12.7.1940; GRU GS RF, op.817 d.4 l.119–120, Bericht der 5. Verwaltung der RKKA, 9.8.1940.

120 Vgl. FSB, Bd. I(1), S. 245f., Chef der Auslandsaufklärung des Grenzschutzes des NKWD an die Zentrale, 24.8.1940.

121 Nationalarchiv Bulgariens (fortan ZDA MVR), f.176 op.8 a.e.906 l.143–145, Antonov, der bulgarische Botschafter in Schweden, an AM, 14.9.1940.

122 Vgl. AMVR, d.40 p.34 op.1t pop.272 l.152, Stamenov an AM, 16.7.1940; *ADAP*, Bd. X, S. 63f., Ribbentrop an Fabricius, 1.7.1940.

123 Siehe dazu das Standardwerk von M. L. Miller, *Bulgaria during the Second World War*, Stanford 1975, S. 13ff. und 24ff.; siehe auch D. Sirkov, *V'nshnata politika na B'lgariia, 1938–1941* [Die Außenpolitik Bulgariens 1938–1941], Sofia 1979. Siehe außerdem *DWP, 1939*, XXII, 2, S. 263–270, Terentjew an Molotow, 6.11.1939.

124 Vgl. AMVR, d.40 pop.142 l.50–53, Antonov, der bulgarische Botschafter in Moskau, an AM, 20.9.1939.

125 *DWP, 1939*, XXII, 2, S. 412f., Dekanosow über die Unterredung mit Antonov, 15.12.1940. Für einen sehr aufschlussreichen Bericht über diese Ereignisse siehe UD:s Arkiv 1920 ARS, HP/516/LXVII, Assarsson an AM, 2.3.1940.

126 Vgl. AWP RF, f.074 op.25 p.109 d.22 l.1–4, Lawrentjew an Dekanosow, 3.1.1940.

127 Vgl. AMVR, d.40 p.34 op.1t pop.272 l.48 und 56–64, Christov an AM, 21.2.1940. Siehe auch Miller, *Bulgaria*, S. 21ff.

128 Vgl. *ADAP*, Bd. X, S. 45f., Richthofen an AA, 29.6.1940.

129 AMVR, d.40 p.34 op.1t pop.272 l.122–123, Christov an AM, 7.6.1940.

130 Vgl. *ADAP*, Bd. X, S. 32 und 40, Gesprächsaufzeichnungen des Leiters der Politischen Abteilung des AA, Wörmann, mit Draganov, 27. und 28.6.1940.

131 *ADAP*, Bd. X, S. 272–276, Aufzeichnung der Unterredung Ribbentrops mit Filov, 27.7.1940, S. 276–280, Aufzeichnung der Unterredung Hitlers mit Filov, 27.7.1940.

132 *Iswestija*, 2.8.1940. Siehe dazu die Einschätzungen Stamenovs in AMVR, d.40 p.34 op.1t pop.272 l.156–157, 2. und 3.8.1940; FO 371 24845 N6243/30/38, Cripps an Halifax, 2.8.1940.

133 Vgl. *ADAP*, Bd. X, S. 286, Aufzeichnung der Unterredung Molotows mit Schulenburg, 29.7.1940; S. 301, Weizsäcker an Schulenburg, 30.7.1940.

134 Vgl. *Wedomosti Werchownogo Soweta SSSR* [Mitteilungen des Obersten Sowjets der UdSSR – fortan WWS], Nr. 31; AWP RF, f.059 op.1 p.336 d.2271 l.262, Lawrischtschew an AM, 2.8.1940.

135 Vgl. AWP RF, f.074 op.25 p.109 d.6 l.22–23, Aufzeichnung der Unterredung Lawrischtschews mit Popov, 15.8.1940.

136 FO 371 24877 R788/259/7, 26.8.1940.

137 Vgl. *ADAP*, Bd. XI, S. 7f., Ribbentrop an Schulenburg, 3.9.1940.

138 Vgl. AWP RF, f.059 op.1 p.316 d.2176 l.185–187, Schkwarzew an Molotow, 2.9.1940; *ADAP*, Bd. XI, S. 7–8, Ribbentrop an Schulenburg, 3.9.1940; S. 29–30, Schulenburg an Ribbentrop, 6.9.1940.

139 *ADAP*, Bd. XI, S. 19f. und 24f., Fabricius an Ribbentrop, 5. und 6.9.1940; S. 25f. Ribbentrop an Fabricius. Siehe dazu auch Miller, *Bulgaria*, S. 29f.

140 AMVR, d.40 p.34 op.1sh pop.272 l.177–179, Stamenov an AM über die Unterredung mit Dekanosow, 13.9.1940.

141 Äußerst wertvolle Einblicke bietet G. Gafencu, *Vorspiel zum Krieg im Osten*, Zürich 1944, und *Misiune la Moscova, 1940–1941. Culegere de dokumente*, Bukarest 1995, S. 67f., Gafencu an AM, Telegramm 2305, 16.9.1940; AWP RF, f.0144 op.20 p.105 d.3 l.11–12, Aufzeichnung der Unterredung Wyschinskis mit Gavrilovic, 5.11.1940.

142 Gafencu, *Vorspiel*, S. 358; *ADAP*, Bd. XI, S. 63f., Schulenburg an AA, 14.9.1940.

143 Vgl. FO 371 25229 W8797/183/96 und W6469/183/96, Campbell an FO, 8. und 16.6.1940.

144 AWP RF, f.0125 op.24 p.118 d.5 l.41–45, Aufzeichnung von Lawrentjews Unterredung mit Tanrier, dem türkischen Botschafter in Bukarest, 12.7.1940; FSB, I (1), S. 223f., Aufzeichnung von Sawtschenko, 12.7.1940.

145 Vgl. *ADAP*, Bd. XI, S. 26ff., Ribbentrop an Schulenburg, 6.9.1940; Gafencu, *Misiune la Moscova*, S. 64–67, tel. 2302, Gafencu an AM, 16.9.1940.

146 AWP RF, f.082 op.23 p.95 d.6 l.65–67 und f.059 op.1 p.316 d.2176 l.232–233, p.317 d.2181 l.92–93 und 124; AWP RF, f.059 op.1 p.317 d.2181 l.92–93 und 124, Telegrammwechsel zwischen Molotow und Schkwarzew am 6., 9., 12. und 16.9.1940. Siehe dazu auch *ADAP*, Bd. XI, S. 56, Schulenburg an AA, 12.9.1940.

147 Vgl. AWP RF, f.0125 op.24 p.118 d.5 l.76–79, Aufzeichnung der Unterredung Lawrentjews mit Hankey, 29.7.1940.

148 Vgl. *Iswestija*, 13.9.1940; siehe dazu auch Cripps' Einschätzung in FO 371 25230 W10404/215/96. Zu den Schießereien siehe Gafencus Ansicht in UD:s Arkiv 1920 ARS, HP/516/LXVIII, Assarsson an AM, 13.9.1940; AMVR, d.40 p.34 op.1sh pop.272 l.185, Stamenov an AM, 14.9.1940.

149 AWP RF, f.059 op.1 p.331 d.2275 l.47–48, Wyschinski an Lawrischtschew, 18.9.1940; Gafencu, *Misiune la Moscova*, tel. 2309, S. 68f., Gafencu an AM, 17.9.1940.

150 *ADAP*, Bd. XI, Aufzeichnung des Leiters der Wirtschaftspolitischen Abteilung, 11.10.1940; FO 371 25231 W10814 und W10543/215/96, Cripps und Campbell an FO, 19., bzw. 27.9.1940.

151 Vgl. *ADAP*, Bd. XI, S. 244ff.; FO 371 25229 W10967/183/96, Campbell an FO, 8.10.1940.

152 Vgl. AWP RF, f.06 op.2 p.15 d.157 l.47–51, Aufzeichnung der Unterredung Molotows mit Schulenburg, 17.10.1940.

153 Vgl. Nowikow, S. 52–67; AWP RF, f.059 op.1 p.319 d.2193 l.22, Telegramm von Lawrentjew an AM, 1.11.1940. Siehe auch Gafencu, *Misiune la Moscova*, S. 100, tel. 2791, 1.11.1940; FO 371 25231 W11435/215/96, Cripps an FO, 2.11.1940.

154 Vgl. Gafencu, *Misiune la Moscova*, tel. 3042, S.102f., Gafencu an AM, 13.11.1940; UD:s Arkiv 1920 ARS, HP/517/LXIX, Assarsson an AM über Gespräche mit Gafencu, 13.1.1941.

155 *ADAP*, Bd. XI, S. 359ff. und 388f., Fabricius über Unterredungen mit Sobolew an AA, 29.10. und 3.11.1940. Ähnliche Eindrücke gewann auch der sowjetische Botschafter in Bukarest, siehe AWP RF, f.059 op.1 p.319 d.2193 l.22, Lawrentjew an AM, 1.11.1940.

Drittes Kapitel
Auf Kollisionskurs

1 Adolf Hitler, *Mein Kampf*, München 1925, S. 742.

2 R. Cecil, *Hitlers Griff nach Russland*, Graz, Wien, Köln 1977, S. 173.

3 Vgl. J. Förster, Barbarossa Revisited. Strategy and Ideology in the East, in: *Jewish Social Studies*, 50/1–2 (1992); W. Murray, Barbarossa, in: *Quarterly Journal of Military History*, 4/3 (1992), S. 8–17.

4 Vgl. G. R. Ueberschär, Hitlers Entschluss zum »Lebensraum«-Krieg im Osten. Programmatisches Ziel oder militärisches Kalkül?, in: *Unternehmen Barbarossa* (fortan *UB)*, Paderborn 1984, S. 94f.; B. R. Kröner, Der »erfrorene Blitzkrieg«. Strategische Planungen der deutschen Führung gegen die Sowjetunion und die Ursache ihres Scheiterns, in: B. Wegner (Hrsg.), *Zwei Wege nach Moskau, vom Hitler-Stalin-Pakt bis zum ›Unternehmen* Barbarossa‹, München 1991, S. 137f.

5 Franz Halder, *Kriegstagebuch*, Stuttgart 1963, Bd. II, S. 46–50; siehe dazu auch Ueberschär, *Hitlers Entschluss*, S. 102, E. Klink, Die militärische Konzeption des Krieges gegen die Sowjetunion, in: *DRuZW*, S. 216.

6 Vgl. *ADAP*, Bd. X, S. 65–68, Aufzeichnung der Unterredung zwischen Hitler, Alfieri und Keitel, 1.7.1940.

7 Siehe S. 60ff.

8 *ADAP*, Bd. X, S. 123–129, Aufzeichnung der Unterredung zwischen Hitler, Ciano und Ribbentrop, 8.7.1940.

9 Vgl. Kröner, *Der »erfrorene Blitzkrieg«*, S. 138.
10 Vgl. *ADAP*, Bd. X, S. 217, Wörmann an die Botschaften Ankara und Moskau, 22.7.1940.
11 General Armand de Caulaincourt, *With Napoleon in Russia*, New York 1935, S. 23.
12 Vgl. J. Tauber, Die Planung des »Unternehmens Barbarossa«. Bemerkungen zum Forschungsstand, in: H. H. Nolte (Hrsg.), *Der Mensch gegen den Menschen. Überlegungen und Forschungen zum deutschen Überfall auf die Sowjetunion 1941*, Hannover 1992, S. 160–191; Halder, *Kriegstagebuch*, Bd. II, S. 49f.
13 Siehe dazu J. Förster, Das Unternehmen »Barbarossa« als Eroberungs- und Vernichtungskrieg, in: *DRuZW*, S. 415.
14 Vgl. R.D. Müller, Das »Unternehmen Barbarossa« als wirtschaftlicher Raubkrieg, in: *UB*, S. 177; *Der Prozess gegen die Hauptkriegsverbrecher vor dem Internationalen Militärgerichtshof* (fortan *Nürnberger Prozess*), Nürnberg 1947, Bd. VII, S. 278ff., Bd. X, S. 589; siehe auch Klink, *Die militärische Konzeption*, S. 214.
15 Vgl. J. Förster, Hitlers Entscheidung für den Krieg gegen die Sowjetunion, in: *DRuZW*, S. 14ff. Förster wie auch Deist, Die militärische Planung des »Unternehmens Barbarossa«, in: *UB*, S. 110f., stellen die Entscheidung als eine Symbiose von Machtpolitik und Ideologie dar. Letzten Endes mögen sie Recht haben, aber während die pragmatischen Überlegungen leicht nachzuweisen sind, ist man bei den ideologischen Faktoren weitgehend auf Vermutungen angewiesen.
16 Vgl. J. Förster, Hitlers Wendung nach Osten. Die deutsche Kriegspolitik 1940–1941, in: Wegner (Hrsg.), *Zwei Wege nach Moskau*, S. 120.
17 Vgl. Ueberschär, *Hitlers Entschluss*, S. 98.
18 Zum Kontinentalblock siehe S. 80f.
19 Vgl. Deist, *Die militärische Planung*, S. 113.
20 Vgl. Ueberschär, *Hitlers Entschluss*, S. 102. Für Paulus' Bericht siehe *Der Prozess gegen die Hauptkriegsverbrecher*, Bd. VII, S. 284ff.
21 *ADAP*, Bd. X, S. 453f., Auszüge aus dem Kriegstagebuch des Wehrmachtführungsstabes, 26.8.1940.
22 *ADAP*, Bd. XI, S. 123f., Oberkommando der Wehrmacht (fortan OKW) an AA, 21.9.1940.
23 Vgl. *Der Prozess gegen die Hauptkriegsverbrecher*, Bd. VII, S. 284ff. und 324f.; siehe auch R. Cecil, *Hitlers Griff nach Russland*, Graz, Wien, Köln 1977, S. 115f.
24 W. Hubatsch (Hrsg.), *Hitlers Weisungen für die Kriegsführung, 1939–1945*, München 1965, S. 77–85. Siehe dazu auch die Bemerkungen von Prof. Hans-Adolf Jacobsen, des Herausgebers von Halders Tagebuch, in *Kriegstagebuch*, S. 165.
25 Führerweisung Nr. 18, 12.11.1940, in: *ADAP*, Bd. XI, S. 444–447.
26 Vgl. Halder, *Kriegstagebuch*, Bd. II, S. 129f. und 147f., 8. und 23.10.1940.
27 Vgl. M. Milstein, According to Intelligence Reports…, in: *New Times* 26 (1990).

28 Siehe dazu Christopher Andrew und Oleg Gordiewsky, *KGB. Die Geschichte seiner Auslandsoperationen von Lenin bis Gorbatschow*, München 1990, S. 324. Siehe dazu auch V. Berezhkov, *History in the Making*, Moskau 1983, S. 100–103.
29 Beide werden in diesem Buch stets mit ihren Decknamen genannt.
30 FSB, I(2), S. II und 73; FSB, *Sekrety Gitlera na stole u Stalina: raswedka i kontrraswedka o podgotowke germanskoi agressii protiw SSSR, Mart-ijun 1941g.* [Hitlers Geheimnisse auf Stalins Schreibtisch. Aufklärung und Abwehr über die Vorbereitung der deutschen Aggression gegen die UdSSR, März-Juni 1941 - fortan *Sekrety Gitlera*], Moskau 1995, S. 218. Siehe auch den unveröffentlichten Artikel von L. Besymenski, The Soviet Security Forces and the German Attack on Russia.
31 Feliks Tschujew, *Sto sorok besed s Molotowym. Is dnewnika F. Tschujewa* [140 Gespräche mit Molotow. Aus dem Tagebuch von F. Tschujew], Moskau 1991, S. 31f.
32 Vgl. F. I. Golikow, *Krasnye orly. Is dnewnikow 1918–1920 gg.* [Die roten Adler. Aus Tagebüchern der Jahre 1918–1920], Moskau 1959.
33 Vgl. Marschall Sowjetskogo Sojusa F. I. Golikow. K 80–letiu so dnja roschdenia [Zum 80. Geburtstag des Marschalls der Sowjetunion, F. I. Golikow], in: *WIS* 7 (1980), S. 86ff. Ich bin dem bereits verstorbenen General Milstein, Golikows Stellvertreter in der GRU, für ein sehr informatives Gespräch zu Dank verpflichtet.
34 Dimitroffs Tagebuch, 20.2.1941.
35 Dimitroffs Tagebuch, 21.1.1941.
36 Darüber schrieb W. A. Nowobranez, Leiter der Informationsabteilung der RKKA, in *Snamja* (6) 1990, ebenso Marschall G. K. Schukow, Is neopublikowannych wospominanij [Aus unveröffentlichten Erinnerungen], in: *Kommunist* 14 (1988), S. 98.
37 Vgl. Wolkogonows Papiere, Archivmaterial der GRU, das für das ZK vorbereitet wurde. Für die beispiellose Veröffentlichung russischer Materialien, die Chruschtschow vorbereitete, aber nicht mehr realisieren konnte, vgl. O. Gortschakow, Nakanune, ili tragedia Kassandry. Powest w dokumentach [Am Vorabend, oder die Tragödie der Kassandra. Dokumentarbericht], in: *Nedelja* 42/4 (1988).
38 Siehe dazu u. a. GRU an Auslandsaufklärung, 29.3.1941, abgedruckt in: *Iswestija ZK KPSS* 4 (1990), S. 208.
39 Vgl. AWP RF, f.059 op.1 p.328 d.2253 l.100–101, 144, 153, 163, 173 und 267–269, Iwanow an AM, 14. und 26.9., 7., 10. und 11.10., 9.11.1940.
40 Vgl. Pawel Sudoplatow, *Der Handlanger der Macht. Enthüllungen eines KGB-Generals*, Düsseldorf 1994, S. 150.
41 GRU GS RF, f.37967 op.6 d.2551 l.156, Sonderbericht des Chefs Aufklärung der Westfront an Golikow, 19.9.1940.
42 Vgl. ZA SWR RF, d.21616 t.1 l.174–175, stellvertretender Chef Grenzschutz des ukrainischen NKGB an Golikow, 26.9.1940.
43 FSB, I (1), S. 278f.; AWP RF, op.23 p.104 d.57 l.202–203, Tichomi-

row an AM; ZA SWR RF, d.21616 t.1 l.353–356, Memorandum des NKWD über die deutschen Kriegsvorbereitungen, 5.11.1940.

44 Vgl. *Iswestija ZK KPSS* 4 (1990), S. 203ff., Bericht der 5. Verwaltung des NKWD über die deutschen Absichten, 6.11.1940.

45 AWP RF, f.082 op.23 p.104 d.57 l.202–203, der Erste Sekretär der Berliner Botschaft, Tichomirow, zur *Situation in Deutschland nach einem Jahr Krieg*, 4.11.1940.

46 GRU GS RF, op.918 d.6 l.20–22, Sonderbericht Golikows Nr. 252610, 9.11.1940.

47 GRU GS RF, op.22424 d.4 l.402–404, 29.9.1940.

48 ZA SWR RF, d.21606 t.1 l.301–303, Berija an Stalin, 24.10.1940.

49 Gafencu, *Misiune la Moscova*, Bericht 2384, S. 69–78, Gafencu an Sturdza, 21.9.1940. Die einzige Arbeit über die Bedeutung der türkischen Meerengen stammt von T. F. Lawrowa, *Tschernomorskie proliwy* [Die Meerengen des Schwarzen Meeres], Rostow 1997.

50 COS(40)853 in FO 371 24892 R8227/5/67, 21.10.1940.

51 Vgl. Tschujew, *Sto sorok besed s Molotowym.*

52 Siehe das aufschlussreiche Gespräch Wyschinskis mit Cripps in FO 371 24848 N7173/40/38, 11.11.1940; und Tschujew, *Sto sorok besed s Molotowym*, S. 101ff.

53 Siehe S. 91–99.

54 AWP RF, f.059 op.1 p.326 d.2239 l.50–52, Molotow an Maiski, 6.10.1940; AMVR, d.40 p.34 op.1sh pop.272 l.213–214, Stamenov an AM, 7.10.1940.

55 AWP RF, f.06 op.2 p.15 d.157 l.67–68, Maiski an AM, 3.11.1940. Siehe dazu auch die Einschätzung der Ursachen für Englands Widerstand, S. 127ff.

56 Vgl. PA, Kopie der handschriftlichen Notizen Molotows vom 9.11.1940; AWP RF, f.059 op.1 p.338 d.2314 l.2, Stalin an Molotow, 11.11.1940.

57 AWP RF, f.084 op.22 p.132 d.5 l.18–25, Dekanosow an AM über die Unterredung mit dem griechischen Botschafter in Deutschland, 14.1.1941.

58 Vgl. CAB 65/10 288(40)3, 13.11.1940; AWP RF, f.059 op.1 p.325 d.2237 l.117–119, Maiski an AM, 15.11.1940.

59 Quai d'Orsay Archives, 834/Z/312/1, pp. 29–31, Aufzeichnung Nemanovs über die Unterredung mit Bogomolow, 4.12.1940.

60 Vgl. Gorodetsky, *Cripps' Mission to Moscow*, S. 24–31. FO 371 24841 N5808/30/38 und N5840/5/38, Telegramme von Cripps, 14. und 17.6.1940; Cripps papers, Brief an Tochter Diane, 18.9.1940.

61 Cripps papers, Brief an den britischen Botschafter in Ankara, Knatchbull-Hugessen, 23.10.1940.

62 Vgl. AWP RF, f.059 op.1 p.328 d.2253 l.153, Iwanow (Paris) an AM, 7.10.1940; op.1 p.319 d.2192 l.240–241, Lawrentjew an AM über die Unterredung mit Tanrier, dem türkischen Botschafter in Bukarest, 10.10.1940. Vgl. auch das Rundtischgespräch, wiedergegeben in

Meschdunarodnye otnoschenia i strany zentralnoi i jugowostotschnoi Jewropy w natschale wtoroi mirowoi woiny. Sentjabr 1939–awgust 1940 gg. [Die internationalen Beziehungen und die Staaten Mittel- und Südosteuropas zu Beginn des Zweiten Weltkrieges: September 1939 – August 1940], in: *Sowjetskoje slawjanowedenie*, 1 (1991), S. 3–27.

63 Vgl. AWP RF, f.059 op.1 p.314 d.2162 l.47–50, Terentjew an AM, 6.7.1940. Für weitere diplomatische Bemühungen siehe f.0125 op.24 p.118 d.5 l.63–66, Aufzeichnung von Lawrentjews Unterredung mit Tanrier, 19.7.1940.

64 Assarsson, *I skuggan av Stalin*, S. 37f.

65 Vgl. AWP RF, f.06 op.2 p.2 d.15 l.34–37 und f.059 op.1 p.315 d.2165 l.13–18, Aufzeichnungen von Molotows Unterredungen mit Aktay, 9. und 13.8.1940.

66 Vgl. AWP RF, f.059 op.1 p.314 d.2162 l.169–171, Telegramm Winogradows an Molotow über die Unterredung mit Saracoglu, 4.9.1940.

67 Vgl. AWP RF, f.0125 op.24 p.118 d.5 l.131–138, Aufzeichnung von Lawrentjews Unterredung mit Fabricius, 13.9.1940.

68 Vgl. S. Wegner-Korfes, Botschafter Friedrich Werner Graf von der Schulenburg und die Vorbereitung von »Barbarossa«, in: Wegner (Hrsg.), *Zwei Wege nach Moskau*, S. 195.

69 AMVR, d.40 p.34 op.1sh pop.272 l.207–208, Stamenov an AM, 20.10.1940; ZDA MVR, f.316 op.1 ae.273 l.77, Popov an Draganov, 17. und 21.10.1940; UD:s Arkiv 1920 ARS, HP/517/LXIX, und HP/516/LXVIII, Assarsson an AM, 10.7. und 21.10.1940.

70 FO 371 25015 R7626 und 8117/242/37, Cripps an FO, 30.10.1940.

71 Vgl. AWP RF, f.059 op.1 p.314 d.2163 l.126–128, Winogradow an AM, 21.11.1940.

72 AWP RF, f.059 op.1 p.315 d.2165 l.70–72, Wyschinski an Winogradow über die Unterredung mit Aktay, 4.11.1940.

73 Vgl. AWP RF, f.059 op.1 p.315 d.2165 l.73–74, 75–76, Wyschinski an Winogradow, 4.11.1940.

74 Vgl. *ADAP*, Bd. XI, S. 408, Aktennotiz des deutschen Botschafters in der Türkei, Papen, über die Unterredung mit Gerde in Berlin, 6.11.1940.

75 AWP RF, f.0132 op.23 p.232 d.6 l.74–77, Aufzeichnung der Unterredung Winogradows mit Aktay, 25.9.1940; f.059 op.1 p.314 d.2163 l.51–54 und p.315 d.2165 l.62–63, Telegrammaustausch zwischen Molotow und Winogradow, 12. und 15.10.1940; siehe auch UD:s Arkiv 1920 ARS, HP/516/LXVIII, Assarsson an AM, 17.10.1940.

76 FSB, I (1), S. 270–278, Memorandum Berijas über die Lage in der Türkei, 5.11.1940.

77 Vgl. AWP RF, f.059 op.1 p.318 d.2189 l.200–202, Scharonow an Molotow über die Unterredung mit Csáky, 28.10.1940.

78 Vgl. AMVR, d.40 p.34 op.1t pop.272 l.157, Stamenov an AM, 3.8.1940.

79 *ADAP*, Bd. X, S. 336f. und 410f., Richthofen an AA, 4.8.1940.

80 ZDA MVR, f.316 op.1 ae.273 l.149–150, Draganov an AM über die Unterredung mit Ribbentrop, 9.9.1940.

81 Vgl. AWP RF, f.074 op.1 p.331 d.2272 l.17–18, Lawrischtschew an Molotow über die Unterredung mit Popov, 26.8.1940.
82 Vgl. *ADAP*, Bd. XI, S. 25f., Ribbentrop an Gesandtschaft Bukarest, 5.9.1940.
83 Vgl. AWP RF, f.06 op.2 p.3 d.16 l.34 und AMVR, d.40 p.34 op.1sh pop.272 l.174, Stamenov an AM über die Unterredung mit Molotow, 10.9.1940.
84 Vgl. AMVR, d.40 p.34 op.1sh pop.272 l.213–214 und 207–212, Stamenov an AM, 7. und 20.10.1940; ZDA MVR, f.316 op.1 ae.273 l.77, Popov an Draganov, 17.10.1940.
85 *ADAP*, Bd. XI, S. 310f., König Boris an Hitler, 22.10.1940; ZDA MVR, f.316 op.1 ae.273 l.71, Popov an Draganov, 20.10.1940.
86 Siehe dazu S. 120–123.
87 Vgl. ZDA MVR, f.316 op.1 ae.273 l.47–48, Draganov an Popov, 20.10.1940.
88 ZDA MVR, f.316 op.1 ae.273 l.65, Popov an Draganov, 30.10.1940.
89 Vgl. ZDA MVR, f.316 op.1 ae.273 l.38, Draganov an AM, 31.10.1940; AMVR, d.40 p.34 op.1sh pop.272 l.217, Stamenov an AM, 30.10.1940.
90 Vgl. AMVR, d.40 p.34 op.1sh pop.272 l.217 und 222, Stamenov an AM, 30.10 und 5.11.1940.
91 Vgl. *ADAP*, Bd. XI, S. 406, Botschafter Ritter an Gesandtschaft Sofia, 6.11.1940.
92 Siehe dazu u. a. *ADAP*, Bd. XI, S. 345f., Bismarck, der deutsche Geschäftsträger in Rom, an AA, 27.10.1940; ZDA MVR, f.316 op.1 ae.273 l.37, Draganov an AM, 4.11.1940.
93 AWP RF, f.059 op.1 p.315 d.2165 l.70–72, Wyschinski an Winogradow über die Unterredung mit Aktay, 4.11.1940.
94 Siehe dazu S. 117ff.
95 Vgl. AWP RF, f.0100 op.24 p.196 d.8 l.427–429, Unterredung Panjuschkins mit dem stellvertretenden chinesischen Stabschef, Bai Zhongsi, 31.10.1940; f.059 op.1 p.315 d.2165 l.73–74 und 75–76, Wyschinski an Winogradow, 4.11.1940.
96 Vgl. ZDA MVR, f.316k op.1 ae.273 l.19, Popov an Draganov, 9.11.1940.

Viertes Kapitel
Der Weg zu »Barbarossa«

1 Ein typisches Beispiel ist Cecil, *Hitlers Griff nach Russland*, S. 114.
2 Vgl. UD:s Arkiv 1920 ARS, HP/516/LXVIII, Assarsson an AM, 10.9.1940; Klink, *Die militärische Konzeption*, S. 195f.; J. von Herwarth, *Zwischen Hitler und Stalin. Erlebte Zeitgeschichte 1931–1945*, Frankfurt/Main 1982, S. 212.
3 Vgl. AWP RF, f.06 op.2 p.15 d.157 l.1–5; *ADAP*, Bd. XI, S. 41, Aufzeichnung der Begegnung Molotows mit Schulenburg, 10.9.1940. Zu

Schulenburgs Sorgen siehe auch Gafencu, *Misiune la Moscova*, tel. 2287, S. 63f., Gafencu an AM, 13.9.1940.

4 AWP RF, f.06 op.2 p.15 d.157 l.16–27; *ADAP*, Bd. XI, S. 117–121, Aufzeichnung der Unterredung Molotows mit Schulenburg, 21.9.1940. Die russische Presse stellte Russland als »neuen Donaustaat« dar, siehe Gafencu, *Misiune la Moscova*, tel. 2273–2274, S. 59–63, Gafencu an AM, 13.9.1940.

5 L. E. Hill (Hrsg.), *Die Weizsäcker-Papiere, 1933–1950*, Frankfurt/Main 1974, S. 216.

6 Vgl. *ADAP*, Bd. XI, S. 221ff., Aufzeichnung des Gesandten Schnurre, 28.9.1940.

7 Vgl. *ADAP*, Bd. XI, S. 102–105, Hitler an Mussolini, 17.9.1940.

8 Vgl. S. Wegner-Korfes in: Wegner (Hrsg.), *Zwei Wege nach Moskau*, S. 195f.

9 Vgl. AMVR, d.40 p.34 op.1sh pop.272 l.237, Stamenov an AM, 12.11.1940.

10 Wegner-Korfes, S. 195f.

11 *Weizsäcker-Papiere*, S. 226.

12 Vgl. *ADAP*, Bd. XI, S. 438f., Aufzeichnung Weizsäckers, 11.11.1940.

13 *ADAP*, Bd. XI, S. 97–105, Aufzeichnung über Ribbentrops Unterredung mit Mussolini, 20.9.1940.

14 AWP RF, f.059 op.1 p.316 d.2177 l.6–8. Siehe auch *ADAP*, Bd. XI, S. 235, Ribbentrop an Schulenburg über die Unterredung mit Schkwarzew, 10.10.1940; S. 237f. Runderlass Ribbentrops an die deutschen Botschaften auf dem Balkan, 10.10.1940; S. 210f., 253–256, 348–351, Aufzeichnungen der Unterredungen Hitlers mit Mussolini, 4., 15. und 28.10.1940. Siehe weiterhin Halder, *Kriegstagebuch*, Bd. II, S. 135–139, 15.10.1940.

15 Vgl. ZDA MVR, f.176 op.8 ae.17 l.67–70, Draganov an AM über die Unterredung mit Papen, 6.11.1940 und die Bestätigung in F. von Papen, *Der Wahrheit eine Gasse*, München 1952, S. 512. Siehe auch AMVR, p.42, op.1sh pop.315 l.29–31, Draganov an AM, 11.11.1940.

16 *ADAP*, Bd. XI, S. 128ff., Aufzeichnung der Unterredung Ribbentrops mit Mussolini, 22.9.1940; S. 140f., Ribbentrop an die Botschaft Rom, 24.9.1940. § V des Paktes legte in der Tat fest, dass dieser in keiner Weise »den politischen Status berührt, der gegenwärtig zwischen jeder der drei vertragschließenden Seiten und Sowjetrussland besteht«. Siehe auch *ADAP*, Bd. XI, S. 161–162, Ribbentrop an Molotow, 26.9.1940; AWP RF, f.059 op.1 p.316 d.2176 l.311–312, Schkwarzew an AM, 28.9.1940.

17 *Weizsäcker-Papiere*, S. 219; AWP RF, f.059 op.1 p.316 d.2176 l.311–312.

18 *ADAP*, Bd. XI, S. 161f., Ribbentrop an Molotow, 26.9.1940.

19 *ADAP*, Bd. XI, S. 201ff., Ribbentrop an die Botschaft Moskau, 2.10.1940.

20 Vgl. AWP RF, f.059 op.1 p.316 d.2177 l.6–8, Bericht Schkwarzews über die Unterredung mit Ribbentrop; siehe dazu auch *ADAP*, Bd. XI, S.

235, Ribbentrop an die Botschaft Moskau, 9.10.1940; S. 237ff., Runderlass Ribbentrops, 10.10.1940.

21 AWP RF, f.06 op.2 p.15 d.157 l.47–51; *ADAP*, Bd. XI, S. 248–253, Ribbentrop an Stalin, 13.10.1940; S. 270 Aufzeichnung der Unterredung Molotows mit Schulenburg, 18.10.1940. Zu Schulenburgs anhaltendem Optimismus siehe Gafencu, *Misiune la Moscova*, raport 2714, S. 91–99, Gafencu an Sturdza, 21.10.1940.

22 Vgl. AWP RF, f.06 op.2 p.15 d.157 l.55–58 und 61–62; *ADAP*, Bd. XI, S. 278f., 284f. und 286, Aufzeichnungen über die Unterredungen Molotows mit Schulenburg, 19. und 20.10.1940.

23 PA, f.3 op.64 d.675 l.1; *ADAP*, Bd. XI, S. 300f., Stalins Brief an Ribbentrop, 22.10.1940.

24 In seinem monumentalen Werk *Eine Welt in Waffen*, die Maßstäbe für die Forschung gesetzt hat, geht Weinberg ganz selbstverständlich davon aus, dass die Russen den Deutschen stets freudig halfen, den Briten in Asien Schwierigkeiten zu bereiten, und dass mit Molotows Besuch die fortgesetzte fruchtbare Zusammenarbeit gegen Großbritannien ausgebaut wurde. Wie aber die russischen Dokumente zeigen, war das nicht das Hauptziel der Sowjetunion. Weinberg behauptet weiter, Molotow habe auf ein reales und sofortiges Vorrücken der Sowjetunion in Richtung Meerengen und Mittelmeer gedrängt. Dabei haben wir gesehen, dass der Drang nach den Meerengen auf den Bosporus beschränkt war und auf die Kontrolle des Zugangs zum Schwarzen Meer abzielte, weniger auf die Dardanellen, was weiter nach Süden gerichtete Ambitionen in Richtung Mittelmeer angedeutet hätte.

25 Vgl. Berezhkov, *History in the Making*, S. 7–50.

26 Vgl. PA, f.03 op.64 d.675 l.21–30 und *ADAP*, Bd. XI, S. 448–455, Aufzeichnung der Unterredung Ribbentrops mit Molotow, 13.11.1940.

27 AWP RF, f.059 op.1 p.338 d.2314 l.11–18, Molotow an Stalin, 13.11.1940.

28 G. Hilger und A. G. Meyer, *Wir und der Kreml*, Frankfurt/Main 1955, S. 302.

29 AWP RF, f.059 op.1 p.339 d.2315 l.35–36, Stalin an Molotow, 13.11.1940.

30 AWP RF, f.3 op.64 d.675 l.49–67, Aufzeichnung der Unterredung Molotows mit Hitler, 13.11.1940; f.059 op.1 p.339 d.2315 l.29–30, Stalin an Molotow, 13.11.1940.

31 PA, f.3 op.64 d.675 l.68–83; *ADAP*, Bd. XI, S. 472–478, Aufzeichnung der Unterredung zwischen Ribbentrop und Molotow, 13.11.1940.

32 Vgl. *Der Prozess gegen die Hauptkriegsverbrecher*, Bd. IX, S. 328ff. und 383ff.

33 PA, f.3 op.64 d.675 l.31–41 und 49–67; *ADAP*, Bd. XI, S. 455–461 und 462–472, Aufzeichnungen der Unterredungen Hitlers mit Molotow, 12. und 13.11.1940. Siehe auch Hilger und Meyer, *Wir und der Kreml*, S. 302.

34 Vgl. AMVR, d.40 p.34 op.1sh pop.272 l.233–234, Stamenov an AM, 13.11.1940.

35 AWP RF, f.059 op.1 p.338 d.2314 l.36–38, Molotow an Stalin, 13.11.1940.
36 Vgl. die Angaben des sowjetischen Militärattachés in Vichy, General Susloparow, Quai d'Orsay Archives, 834/Z/312/1, pp. 73–75.
37 AWP RF, f.059 op.1 p.326 d.2239 l.112–114, Molotow an Maiski, 17.11.1940.
38 Siehe S. 109f.
39 Siehe dazu AMVR, p.42 op.1sh pop.315 l.34, Stamenov an AM, 16.11.1940.
40 Vgl. *Weizsäcker-Papiere*, S. 220 und 227; Halder, *Kriegstagebuch*, Bd. II, S. 182f., 16.11.1940.
41 *ADAP*, Bd. XI, S. 502–508, Aufzeichnung der Unterredung zwischen Hitler und dem spanischen Außenminister Serrano Suner, 19.11.1940; S. 509–512, Aufzeichnung der Unterredung zwischen Hitler und Ciano, 19.11.1940.
42 *ADAP*, Bd. XI, S. 535–539, Hitler an Mussolini, 20.11.1940; S. 548–554, Aufzeichnung der Unterredung zwischen Ribbentrop und Antonescu, 23.11.1940.
43 *ADAP*, Bd. XI, S. 530–533, Aufzeichnung der Unterredung Hitlers mit Graf Teleki, dem ungarischen Ministerpräsidenten, und Graf Csáky in Wien, 26.11.1940.
44 Vgl. *ADAP*, Bd. XI, S. 366, Schulenburg an AA, 30.11.1940.
45 Mit dem Vertrag von San Stefano vom 3.3.1878 wurde ein unabhängiges Bulgarien geschaffen, welches das Gebiet zwischen Donau, Schwarzem Meer und Ägäis, einschließlich Rumelien und Mazedonien umfasste, wobei Saloniki ausgeschlossen blieb.
46 AMVR, p.42 op.1sh pop.315 l.20–28, Draganov an AM, 14.11.1940. Siehe auch p.34 op.1sh pop.272 l.237, Stamenov an AM, 17.11.1940.
47 *ADAP*, Bd. XI, S. 509–512, Aufzeichnung der Unterredung zwischen Hitler und Ciano, 19.11.1940; S. 546f., Papen an AA, 22.11.1940. Siehe auch B. Filov, *Dnevnik* [Tagebuch], Sofia 1986, S. 199.
48 AMVR d.40 p.34 op.1sh pop.272 l.238 und AWP RF, f.059 op.1 p.331 d.2275 l.105–113, Aufzeichnung der Unterredung Molotows mit Stamenov, 18.11.1940. Zur sowjetischen Politik siehe auch P. P. Sewostjanow, Nakanune welikoi bitwy [Am Vorabend der großen Schlacht], in: *NNI* 4 (1981), S. 99–128; O. N. Reschetnikowa, *Meschdunarodnye otnoschenia i strany zentralnoi i jugowostotschnoi Jewropy w period faschistskoi aggressii na Balkanach i podgotowki napadenia na SSSR* [Die internationalen Beziehungen und die Staaten Mittel- und Südosteuropas während der faschistischen Aggression auf dem Balkan und der Vorbereitung des Überfalls auf die UdSSR], Moskau 1992.
49 Vgl. Filov, *Dnevnik*, S. 199; *ADAP*, Bd. XI, S. 546f., Papen an AA, 22.11.1940; S. 547f., Wörmann an die Botschaft Moskau, 22.11.1940.
50 Vgl. *ADAP*, Bd. XI, S. 548–554, Aufzeichnung der Unterredung zwischen Ribbentrop und Antonescu, 23.11.1940; S. 554–560, Aufzeichnung der Unterredung zwischen Hitler und Antonescu, 23.11.1940;

S. 569–572, Aufzeichnung der Unterredung zwischen Ribbentrop und Antonescu, 25.11.1940. Die Russen waren über die Gespräche gut informiert, siehe AWP RF, f.059 op.1 p.3196 d.2193 l.131–135, Lawrentjew an AM, 21.11.1940. Der Balkan wurde bereits früher als Schlüssel zum Verständnis des deutsch-sowjetischen Konfliktes identifiziert. Siehe dazu E. Presseisen, Prelude to »Barbarossa«. Germany and the Balkans, 1940–1941, in: *Journal of Modern History* 4 (1960).

51 *ADAP*, Bd. XI, S. 546f., Richthofen an AA, 22.11.1940.

52 Vgl. *ADAP*, Bd. XI, S. 578, Richthofen an AA, 24.11.1940.

53 *ADAP*, Bd. XI, S. 563–567, Aufzeichnung der Besprechung Hitlers mit Draganov, 23.11.1940.

54 AWP RF, f.059 op.1 p.331 d.2272 l.155–156, Lawrischtschew an AM über die Unterredung mit Popow, 20.11.1940. Zur ausweglosen Situation des Königs siehe die Erinnerungen des britischen Botschafters in Sofia, G. Rendell, *The Sword and the Olive. Recollections of Diplomacy and the Foreign Service*, London 1957, S. 183.

55 Vgl. AMVR, d.40 p.34 op.1sh pop.272 l.248, Stamenov an AM, 26.11.1940.

56 ZDA MVR, f.176 op.8 a.e.17 l.104, AMVR, p.42 op.1sh pop.315 l.5, Antonov an AM, 24. und 29.11.1940.

57 Vgl. AMVR, PREII/1/3 pap.1 op.1 op.2sh pop.1 l.1, Stamenov an AM, 23.11.1940.

58 AMVR, d.40 p.34 op.1sh pop.272 l.246, Stamenov an AM, 26.11.1940. Siehe auch die Aufzeichnung der Unterredung Molotows mit Aktay, 10.12.1940, in: AWP RF, f.06 op.2 p.3 d.19 l.10–14.

59 Die mündliche Darlegung wird wenig überzeugend damit begründet, dass ein Schriftstück eine Verletzung des Abkommens mit der Türkei über gegenseitige Konsultationen von 1925 bedeutet hätte. Zumindest benutzte Molotow diese Entschuldigung, als die Türken dies bemängelten. Siehe *Foreign Relations of the United States* (fortan *FRUS*), Bd. I (1941), S. 287f., der US-Botschafter in Ankara, MacMurray, an AM, 22.2.1941.

60 AMVR, PREII/1/3 pap.1 op.2sh pop.1 l.7, Niederschrift des Generalsekretärs des bulgarischen Außenministeriums, D. Schischmanov, 25.11.1940.

61 AWP RF, f.059 op.1 p.331 d.2272 l.167–168, Telegramm Sobolews an Molotow, 25.11.1940.

62 Dimitroffs Tagebuch, 11.1.1941.

63 Dimitroffs Tagebuch und *Komintern i wtoraja mirowaja woina*, S. 454, Telegramm Dimitroffs an das Zentralkomitee der Bulgarischen Kommunistischen Partei, 25.11.1940; AMVR, PREII/1/3 pap.1 op.2sh pop.1 l.19, in Sofia verbreitetes anonymes Flugblatt, 27.11.1940. Zu dem diplomatischen Rückschlag in Sofia siehe AMVR, PREII/1/3 pap.1 op.2sh pop.1 l.11, Popov an Stamenov, 1.12.1940.

64 Dimitroffs Tagebuch und *Komintern i wtoraja mirowaja woina*, S. 461f., 28.11.1940.

65 AWP RF, f.3 op.64 d.675 l.108–116, Aufzeichnung der Unterredung zwischen Schnurre, Schulenburg und Molotow, 25.11.1940; *ADAP*, Bd. XI, S. 597f., schriftliche Vorschläge Molotows an Schulenburg, 26.11.1940; S. 598f., Schulenburg an AA, 26.11.1940.

66 Filov, *Dnevnik*, S. 199f.; *ADAP*, Bd. XI, S. 595f., Richthofen an AA, 26.11.1940.

67 *ADAP*, Bd. XI, S. 607f., Richthofen an AA, 28.11.1940.

68 AMVR, PREII/1/3 pap.1 op.2sh pop.1 l.8–9 und 10, Telegrammaustausch zwischen Popov und Stamenov, 30.11. und 1.12.1940; AWP RF, f.059 op.1 p.331 d.2272 l.192–199, Lawrischtschew an Molotow, 30.11.1940. Richthofens Bericht siehe *ADAP*, Bd. XI, S. 632f., 30.11.1940.

69 ZDA MVR, f.316 op.1 a.e.273 l.25; *ADAP*, Bd. XI, S. 640–646, Aufzeichnung der Besprechung Hitlers mit Draganov, 3.12.1940.

70 Vgl. *ADAP*, Bd. XI, S. 659f., Hitler an Mussolini, 5.12.1940.

71 Siehe S. 165ff.

72 Einige Historiker meinen, Hitler habe diesen Streitpunkt mit den Militärs regelmäßig mit Schweigen übergangen; es deutet aber auch nichts darauf hin, dass es zuvor Auseinandersetzungen zwischen Hitler und der Armee darüber gab. Siehe Klink, *Die militärische Konzeption*, S. 236f.

73 Vgl. Halder, *Kriegstagebuch*, Bd. II, S. 213f., 227f., 13.12.1940.

74 AMVR, PREII/1/3 pap.1 op.2sh pop.1 l.12, Aktenvermerk Schischmanovs über die Unterredung mit Lawrischtschew, 6.12.1940; ZDA MVR, f.176 op.8 ae.17 l.42, Popov an Stamenov, 9.12.1940.

75 ZDA MVR, f.176 op.8 a.e.17 l.41, Popov an Draganov, 8.12.1940.

76 ZDA MVR, f.176 op.8 a.e.17 l.106; *ADAP*, Bd. XI, S. 673, Richthofen an AA, 7.12.1940; S. 695ff., Aufzeichnung Wörmanns, 10.12.1940.

77 Siehe S. 72–76.

78 *ADAP*, Bd. XI, S. 699f. und 734ff., Fabricius an AA, 11. und 17.12.1940; S. 737, Weizsäcker an die Gesandtschaft Bukarest, 17.12.1940. Siehe auch Nowikow, S. 67f.

79 FO 371 25231 W12425 und W12738/215/96, Campbell an FO, 6.12.1940.

80 Vgl. *ADAP*, Bd. XI, S. 702, Blücher (Helsinki) an AA, 11.12.1940.

81 *ADAP*, Bd. XI, S. 750–753, Weisung Nr. 21, 18.12.1940.

82 *ADAP*, Bd. XI, S. 782ff., Ritter an AA (persönlich an Ribbentrop und Hitler übergeben) und Memorandum General Jodls, »Deutsche militärische Vorbereitungen auf dem Balkan«, 23.12.1940.

83 A. Speer, *Erinnerungen*, Frankfurt, Berlin 1969, S. 188. Den Entscheidungsprozess beschreibt E. M. Robertson, Hitler Turns from the West to Russia, May-December 1940, in: R. Boys und E. M. Robertson (Hrsg.), *Paths to War. New Essays on the Origins of the Second World War*, New York 1989.

84 Der Operationsentwurf Ost des Generalmajors Marcks vom 5. August 1940, in: F. Klein und I. Lachnit (Hrsg.) in: *Wehrforschung* 4 (1972), S. 116.

85 Zitiert nach R. Cecil, *Hitlers Griff nach Russland,* S. 175f.
86 FO 1093/2 fol. 14. Da der Autor die englische Übersetzung der Briefe von Heß verwendete, sind dieses und weitere Zitate Rückübersetzungen aus dem Englischen – d. Ü.
87 H. Picker (Hrsg.), *Hitlers Tischgespräche im Führerhauptquartier 1941–42,* Stuttgart 1963, S. 354.
88 Siehe u. a. die Studie von Hitlers Stabschef Franz Halder, *Hitler als Feldherr,* München 1949.
89 *Nürnberger Prozess,* Bd. VII, S. 285.
90 Halder, *Kriegstagebuch,* Bd. II, S. 86.
91 Vgl. Erickson, *Road to Stalingrad,* S. 85.
92 Zitiert bei Förster, Hitlers Wendung nach Osten, in: B. Wegner (Hrsg.), *Zwei Wege nach Moskau,* S.125.
93 Die folgenden Darlegungen beruhen auf einem sehr informativen Artikel von I. Zuckertort, *Germanski militarism i legenda o »preventivnoi woine« gitlerowskoi Germanii protiw SSSR* [Der deutsche Militarismus und die Legende vom »Präventivkrieg« Hitlerdeutschlands gegen die UdSSR], in: *WIS* 5 (1991), S. 16–24.
94 Vgl. dazu S. 159ff. Siehe auch S. Naveh, *In Pursuit of Military Excellence. The Evolution of Operational Theory,* London 1997.
95 Vgl. Ueberschär, *Hitlers Entschluss,* S. 83–89.
96 *ADAP,* Bd. XII.1, S. 317–324, Aufzeichnung der Unterredung zwischen Hitler, Matsuoka und Ribbentrop, 1.4.1941; S. 334–337, 340–346 Aufzeichnungen der Unterredungen zwischen Ribbentrop und Matsuoka, 31.3.1941.
97 Zitiert nach Förster, *Hitlers Wendung nach Osten,* S. 126.
98 *ADAP,* Bd. XII.2, S. 889–892, Hitler an Mussolini, 21.6.1941.

Fünftes Kapitel
Über dem Balkan fällt der Vorhang

1 AWP RF, f.06 op.2 p.2 d.715 l.107–119, Aufzeichnung der Unterredung Molotows mit Cripps, 24.8.1940; f.059 op.1 p.326 d.2239 l.14–15, Molotow an Maiski, 25.8.1940.
2 AWP RF, f.059 op.1 p.325 d.2236 l.92–97, 192–193 und f.069 op.24 p.70 d.43 l.91–93, Maiski an Molotow, 14.9., 1. und 7.10.1940.
3 Vgl. AWP RF, f.069 op.24 p.70 d.43 l.95–99, Bericht über Maiskis Unterredung mit Halifax, 17.10.1940.
4 Vgl. AWP RF, f.07 op.1 p.2 d.22 l.4–7 sowie FO 418/86 N6594/2039/59, Berichte von Cripps' Unterredung mit Wyschinski, 14.9.1940.
5 Vgl. AWP RF, f.059 op.1 p.325 d.2236 l.163–167, Maiski an AM über die Unterredung mit Beaverbrook, 25.9.1940.
6 AWP RF, f.06 op.2 p.15 d.157 l.35–36 sowie *ADAP,* Bd. XI, S. 209, Aufzeichnung der Unterredung Molotows mit Tippelskirch, 4.10.1940.

7 AWP RF, f.07 op.1 p.2 d.22 l.8–10 sowie FO 371 24841 N6681/5/38, Aufzeichnung der Unterredung Cripps' mit Wyschinski, 20.9.1940. Siehe auch FO 371 24848 N7348/40/38, Halifax an Cripps, 27.11.1940.
8 FO 371 24870 R7763/4/7, Rendell an FO, 28.9.1940.
9 Cripps papers und FO 371 24848 N6838/40/38, offizielle und private Briefe an Halifax, 10. und 11.10.1940, Tagebucheintrag, 10.10.1940.
10 CAB 65/9 269(40)8, 10.10.1940; AWP RF, f.059 op.1 p.320 d.2202 l.131–134, Wyschinski an Umanski, 24.12.1940.
11 Siehe S. 72–76.
12 FO 371 25231 W12004/215/96, Hoare an FO, 21.11.1940; FO 371 25015 R8202/242/37, Cripps an FO und Niederschrift, 3.11.1940. Für eine ausgezeichnete, informative Untersuchung von Churchills Strategie und Politik auf dem Balkan siehe S. Lawler, *Churchill and the Politics of War*, Cambridge 1994.
13 FO 371 24852 N7163/22/38, Cripps an FO, 10.11.1940 und Niederschriften von Cadogan und Halifax, 13. und 25.11.1940. Zur Rücknahme des Angebots siehe FO 371 24849 N7387/40/38, Cripps an Halifax, 8.12.1940; CAB 65/10 295(40)3 sowie FO 837/1133, Niederschrift des Ministeriums für wirtschaftliche Kriegführung (fortan MEW), 26.12.1940. Siehe auch Maiskis Unterredung mit Halifax über den Besuch in Berlin in FO 371 24848 N7348/40/38, Halifax an Cripps, 27.11.1940.
14 FO 371 24849 N7548/40/38 und AWP RF, f.069 op.24 p.70 d.43 l.132–137, Aufzeichnung der Unterredung Maiskis mit Eden, 27.12.1940, Bemerkungen von Cripps dazu, 29.12.1940. Eine ähnliche Meinung über Eden fand Maiski bei Lloyd George, siehe AWP RF, f.059 op.1 p.325 d.2237 l.323–327, Maiski an AM, 29.12.1940.
15 Vgl. FO 371 24849 N7500/40/38, Eden an Cripps, Cripps an Eden, 19.12.1940; Eden an Dalton, 3.1.1941, Niederschrift von Cadogan, 27.12.1940.
16 FO 371 29463 N29/3/38, Cripps an FO und Niederschrift von Eden, 31.12.1940.
17 Siehe S. 134f.
18 FO 371 29497 N159/88/38, Cripps an FO und Niederschrift, 11.1.1941.
19 FO 371 24849 N7484/40/38, FO-Niederschrift, 22.1.1941; CAB 65/17 5(41)2, 13.1.1941.
20 Dilks (Hrsg.), *Cadogan Diaries*, S. 345, 347, 372. Siehe auch W. P. Crozier, *Off the Record. Political Interviews, 1939–1944*, London 1973, S. 208. Zu dem Mythos, Eden habe die Sowjetunion beharrlich unterstützt, siehe D. Carlton, *Anthony Eden. A Biography*, London 1981, S.16, 63, 86ff. und 149; zum Nahen Osten siehe S. 170ff.
21 FO 837/1098, Cripps an AM, 12. und 22.2.1941 und Niederschrift. Siehe auch UD:s Arkiv 1920 ARS, HP/517/LXIX, Assarsson an AM, 9.1.1941.
22 AWP RF, f.06 op.3 p.8 d.81 l.2–5, FO 371 29463 N402, N411/3/38 und 29473 N759/22/38, Telegrammaustausch zwischen Cripps und Eden, Cripps an Mikojan, FO-Niederschriften, 1., 20. und 21.2.1941.

23 Vgl. CAB 69/2DO(41)7, 10.2.1941.
24 AWP RF, f.0125 op.27 p.122 d.4 l.105–106, Lawrentjew an Molotow, 11.2.1941.
25 AWP RF, f.06 op.2 p.15 d.158 l.18–22 und *ADAP*, Bd. XI, S. 605, Schulenburg an AA, 28.11.1940; S. 623, Gesandter Schnurre an Ritter, 29.11.1940.
26 Siehe S. 116ff.
27 AWP RF, f.059 op.1 p.317 d.2128 l.188–190, und *ADAP*, Bd. XI, S. 815f. und 844f., Berichte über die Unterredungen Molotows mit Schulenburg, 30.12.1940, 3.1.1941. Siehe auch Gafencu, *Misiune la Moscova*, tel.3, S. 127f., Gafencu an AM, 2.1.1941, und eine ähnlich detaillierte Schilderung des sowjetischen Militärattachés in Vichy, General Susloparow, Quai d'Orsay Archives, 834/Z/312/1, S.66f., 3.1.1941.
28 Vgl. *ADAP*, Bd. XI, S. 946f., Aufzeichnung des Leiters der Handelspolitischen Abteilung, Wiehl, 19.1.1941. Siehe auch AWP RF, f.07 op.2 p.9 d.27 l.6–7 und 9, Wyschinski über die Unterredungen mit Paasikivi, 21. und 24.1.1941.
29 Zu dieser Episode siehe J. Barros und R. Gregor, *Double Deception. Stalin, Hitler, and the Invasion of Russia*, De Kalb, Ill., 1995, S. 48–51. Diese Arbeit enthält eine sehr überzeugende Darstellung von Stalins Politik im Frühjahr 1941. Sie erschien jedoch vor der Öffnung der russischen Archive und weist daher unweigerlich gewisse Lücken bzw. gelegentliche Ungenauigkeiten auf.
30 Vgl. UD:s Arkiv 1920 ARS, HP/517/LXIX, Assarsson an AM, 25.11.1940, Krigsarkivet, Fo..rsvarsstaben, Ser. E/II/15/1, Bericht des Militärattachés Nr. 2, 25.11.1940; AMVR, p.42 op.1sh pop.315 l.5, Antonov an AM, 29.11.1940; FO 371 24853 N7347/283/38, Cripps an Halifax, 29.11.1940.
31 Vgl. *ADAP*, Bd. XI, S. 713, Ribbentrop an Schulenburg, 12.12.1940.
32 Vgl. AWP RF, f.059 op.1 p.319 d.2193 l.204, Telegramm Dekanosows an AM, 6.12.1940.
33 AWP RF, f.082 op.23 p.95 d.6 l.285–290 und *ADAP*, Bd. XI, S. 713f., Aufzeichnung der Unterredung Ribbentrops mit Dekanosow, 12.12.1940; S. 721f., Ribbentrop an Schulenburg, 13.12.1940.
34 AWP RF, f.082 op.23 p.95 d.6 l.268–272, Bericht über Dekanosows Unterredung mit Hitler, 19.12.1940.
35 Vgl. AWP RF, f.06 op.2 p.15 d.158 l.48–52 und *ADAP*, Bd. XI, S. 774f., Aufzeichnung der Unterredung Molotows mit Schulenburg, 22.12.1940.
36 Vgl. *ADAP*, Bd. XI, S. 786f., Weizsäcker an Schulenburg, 24.12.1940.
37 *ADAP*, Bd. XI, S. 869–870, Weizsäcker an Ribbentrop, 7.1.1941.
38 Vgl. AWP RF, f.06 op.3 p.1 d.4 l.1–6 und *ADAP*, Bd. XI, S. 833f., Aufzeichnung der Unterredung Molotows mit Schulenburg, 2.1.1941; S. 865, Schulenburg an Ribbentrop, 7.1.1941.
39 *ADAP*, Bd. XI, S. 887ff., Wirtschaftsabkommen zwischen dem Deutschen Reich und der Sowjetunion, 10.1.1941.
40 *ADAP*, Bd. XII.1, S. 4, Schnurre an Schulenburg, 1.2.1941; S. 7, Sonn-

leithner an Schulenburg, 3.2.1941. Siehe auch AWP RF, f.07 op.2 p.9 d.22 l.19–20, Aufzeichnung der Unterredung Wyschinskis mit Tippelskirch, 4.2.1941.

41 Vgl. Herwarth, *Zwischen Hitler und Stalin*, S. 212.

42 AWP RF, f.059 op.1 p.331 d.2272 l.238–239, Lawrischtschew an Molotow, 18.12.1940; AMVR, PREII/1/3 pap.1 o.2sh pop.1 l.14–16, Bericht Popovs über die Unterredung mit Lawrischtschew, 18.12.1940; Dimitroffs Tagebuch, 20.12.1940.

43 ZDA MVR, f.176 op.15 ae.1 l.55–59, und op.8 ae.962 l.6, Bericht des bulgarischen Marine- und Luftwaffenattachés in Bukarest, Petrov, über Unterredungen mit Lawrentjew und Lunin, 4. und 11.1.1941.

44 *ADAP*, Bd. XI, S. 848–854, Aufzeichnung der Unterredung zwischen Hitler und Filov in Anwesenheit Ribbentrops, 4.1.1941. Siehe auch Filov, *Dnevnik*, S. 200–208, 4.1.1941. Selbst auf dem Höhepunkt der »ideologisierten« Historiographie in Bulgarien wurde anerkannt, dass der Drang nach Grenzrevision Bulgarien in das deutsche Lager führen musste. Siehe I. Dimitrov, Bulgaria in European Politics between the Two World Wars. Certain Preliminary Inferences, in: *Southeastern Europe* 8/1–2 (1981).

45 *FRUS*, Bd. I (1941), S. 278, der US-Botschafter in Sofia, Earle, an AM, 12.1.1941.

46 Filov, *Dnevnik*, S. 209ff., 7.1.1941.

47 ZDA MVR, f.176 op.15 ae.1 l.132–139 und *ADAP*, Bd. XI, S. 900–903, Aufzeichnung der Unterredung Weizsäckers mit Draganov, 13.1.1941.

48 *Iswestija*, 11.1.1941; Dimitroffs Tagebuch, 12. und 13.1.1941; AMVR, d.51 p.45 op.1sh pop.333 l.10, Stamenov an AM, 13.1.1941. Eine Analyse der russischen Haltung siehe auch in FO 371 29500 N262/122/38, Eden an Cripps über Butlers Unterredung mit Maiski, 15.1.1941.

49 AMVR, d.51 p.45 op.1sh pop.333 l.11, Stamenov an AM, 14.1.1941.

50 Vgl. *ADAP*, Bd. XI, S. 915f., Schulenburg an AA, 14.1.1941.

51 Vgl. *ADAP*, Bd. XI, S. 919f., Weizsäcker an Ribbentrop, 15.1.1941; S. 896, Leiter der Abteilung Ausland im Oberkommando der Wehrmacht an AA, 11.1.1941.

52 AWP RF, f.06 op.3 p.1 d.4 l.37–41, Molotows Unterredung mit Schulenburg, 17.1.1941.

53 *ADAP*, Bd. XI, S. 934f., Weizsäcker an Ribbentrop, 17.1.1941.

54 *ADAP*, Bd. XI, S. 934f., Weizsäcker an Ribbentrop über die Unterredung mit Dekanosow, 17.1.1941; S. 960f., Ribbentrop an Weizsäcker, 21.1.1941.

55 Vgl. AWP RF, f.074 op.26 p.110 d.6 l.26–27, Bericht über die Unterredung Lawrischtschews mit dem Berater von König Boris, Gurev, 24.1.1941.

56 Siehe S. 147f.

57 Vgl. *ADAP*, Bd. XI, S. 1007f., Aufzeichnung des Botschafters Ritter, 27.1.1941; S. 1012f., Jodl an Ritter, 28.1.1941; S. 1028f., Weisung des Oberkommandos der Wehrmacht, 31.1.1941.

58 AWP RF, f.017a, l.23, Maiskis Tagebuch, 11.2.1941; ZDA MVR, f.176 op.8 ae.1016a l.55, Moltschilov an AM, 1.3.1941.
59 ZDA MVR, f.176 op.8 ae.962 l.13 und *ADAP*, Bd. XII.1, S. 60f., Berichte von Draganov und Ritter über ihre Unterredung, 10.2.1941; ZDA MVR, f.176 op.8 ae.17 l.46–47, Telegrammaustausch zwischen Popov und Draganov, 13., 17. und 18.2.1941.
60 FO 371 29724 R1562/36/7, Niederschrift Churchills über die Unterredung mit Moltschilov, 20.2.1941.
61 AWP RF, f.082 op.24 p.105 d.6 l.124–130, Aufzeichnung der Unterredung Dekanosows mit Draganov, 18.2.1941.
62 Filov, *Dnevnik*, S. 249f.; zu Hitler und König Boris siehe Miller, *Bulgaria*, S. 46.
63 AMVR, d.51 p.45 op.1sh pop.333 l.36 und 39–41, Stamenov an AM, 24.2.1941.
64 Vgl. Dimitroffs Tagebuch, 26.2.1941.
65 AWP RF, f.06 op.3 p.1 d.4 l.28–32 und *ADAP*, Bd. XII.1, S. 160, Aufzeichnung der Unterredung Molotows mit Schulenburg, 1.3.1941.
66 AWP RF, f.074 op.26 p.110 d.6 l.45, Lawrischtschew über die Unterredung mit dem Generaldirektor des bulgarischen Außenministeriums, Schismanov, 28.2.1941. Siehe auch AWP RF, f.074 op.26 p.110 d.6 l.47–48, Lawrischtschew über die Unterredung mit dem Leiter der Politischen Abteilung des bulgarischen Außenministeriums, Altinov, 1.3.1941; ZDA MVR, f.176 op.8 ae.17 l.24, Popov an Stamenov, 1.3.1941.
67 *ADAP*, Bd. XII.1, S. 157ff., Gesandter Maritius an AA, 28.2.1941.
68 AWP RF, f.06 op.3 p.1 d.4 l.63–66 und *ADAP*, Bd. XII.1, S. 176ff., Aufzeichnung der Unterredung Molotows mit Schulenburg, 3.3.1941.
69 AMVR, d.51 p.45 op.1sh pop.333 l.47, Stamenov an AM, 4.3.1941. Er war gezwungen, eine weitere wirkungslose TASS-Meldung zu veröffentlichen, siehe *Iswestija*, 4.3.1941.
70 AWP RF, f.017a, Maiskis Tagebuch, l.41–46, 1.3.1941.
71 UD:s Arkiv 1920 ARS, HP/517/LXIX, Assarsson an AM über das Gespräch mit Aktay, 21.11.1940.
72 Vgl. AWP RF, f.06 op.2 p.3 d.19 l.50–57, Molotow über die Unterredung mit Aktay, 14.12.1940; zusätzliche Information siehe UD:s Arkiv 1920 ARS, HP/517/LXIX, Assarsson an AM, 14.12.1940.
73 FO 371 24871 R8945/4/7, Cripps an FO, 14.12.1940. Aktay hatte ein sehr vertrauensvolles Verhältnis zu Cripps. Beide trafen sich fast täglich im »Klub« mit den Botschaftern Jugoslawiens und Griechenlands.
74 Vgl. AWP RF, f.059 op.1 p.314 d.2163 l.182–185, Winogradow an AM über die Unterredung mit Saracoglu, 17.12.1940.
75 FO 371 24871 R8909/4/7, Rendell an FO, 11.12.1940.
76 AWP RF, f.059 op.1 p.314 d.2163 l.170–174, Winogradow an AM, 13.12.1940; f.06 op.2 p.3 d.19 l.10–14, Bericht Molotows über die Unterredung mit Aktay. Siehe auch Steinhardt über die Unterredung mit Aktay in *FRUS* I (1941), S. 276f., 10.12.1940.

77 Vgl. *ADAP*, Bd. XI, S. 47f., Mackensen an Ribbentrop, 10.9.1940. Ursprünglich war Molotow froh, die Handelsgespräche wieder aufnehmen zu können. Diese konnten die Deutschen zurückhalten und der Wiederaufnahme politischer Diskussionen zwischen Russland und den Achsenmächten dienen; siehe AWP RF, f.059 op.1 p.330 d.2269 l.182, Molotow an Gorelkin, 14.12.1940.

78 AWP RF, f.0596 op.1 p.330 d.2268 l.160–161, Gorelkin an AM über die Unterredung mit Ciano, 26.12.1940. Für die italienischen Dokumente zu dieser Aktion vgl. Toscano, *Designs in Diplomacy*, S. 201–209.

79 Vgl. AWP RF, f.06 op.2 p.16 d.205 l.10–11, Bericht Gorelkins über die Unterredung mit Ciano, 28.12.1940.

80 Siehe S. 51f.

81 AWP RF, f.06 op.3 p.17 d.208 l.1–7 und op.2 p.20 d.229 l.15–21, Aufzeichnung der Unterredungen Molotows mit Rosso, 30.12.1940 und 27.1.1941; UD:s Arkiv 1920 ARS, HP/517/LXX, Assarsson an AM, 5.2.1941.

82 *ADAP*, Bd. XI, S. 825–828, Hitler an Mussolini, 31.12.1940, Mackensen an Ribbentrop, 1. und 3.1.1941. Zu Rosso siehe AMVR, d.51 p.45 op.1sh pop.333 l.20, Stamenov an AM, 1.2,1941.

83 *ADAP*, Bd. XI, S. 857ff., Aufzeichnung der Unterredung zwischen Ribbentrop und Botschafter Alfieri in Berlin, 6.1.1941. Für die italienische Version der Verhandlungen siehe Toscano, *Designs in Diplomacy*, S. 201–235.

84 *ADAP*, Bd. XI, S. 938–943, Aufzeichnung der Unterredung zwischen Hitler und Mussolini auf dem Berghof, 19.1.1941; S. 967–970, undatiertes Memorandum ohne Unterschrift, wahrscheinlich von Ribbentrop an Ciano; Bd. XII, S. 38, Aufzeichnung Weizsäckers, 6.2.1941.

85 AWP RF, f.06 op.3 p.1 d.4 l.55–57, Aufzeichnung von Molotows Unterredung mit Rosso, 24.2.1941. Siehe auch Toscano, *Designs in Diplomacy*, S. 241–244.

86 Vgl. AWP RF, f.06 op.3 p.4 d.35 l.48–50, Losowski über die Unterredung mit Rosso, 19.3.1941.

87 Siehe S. 129ff.

88 Vgl. AWP RF, f.0125 op.27 p.122 d.4 l.68–71, Aufzeichnung der Unterredung Lawrentjews mit dem türkischen Militärattaché in Bukarest, Kokatürk, 6.1.1941; AWP RF, f.07 op.2 p.10 d.25 l.2–4, Dekanosow über die Unterredung mit dem türkischen Geschäftsträger in Berlin, Alkend, 13.1.1941.

89 FO 371 29463 N382/3/38 und 29777 R/700/113/67, Eden an Cripps, 29.1.1941.

90 Vgl. *ADAP*, Bd. IX, S. 935f. und 975, Aufzeichnungen der Unterredungen Molotows mit Schulenburg, 17. und 23.1.1941. Vgl. AWP RF, f.06 op.3 p.1 d.4 l.37–41 und 42–47.

91 Siehe S. 173f.

92 Vgl. AWP RF, f.017a, Maiskis Tagebuch, l.15, 21, 29–30, 27.1., 10. und 19.2.1941.

93 Siehe die Enthüllungen des türkischen Militärattachés in Moskau in Krigsarkivet, Fo..rsvarsstaben, Ser. E/II/15/1, Bericht des Militärattachés, Nr. 4, 5.2.1941.
94 *ADAP*, Bd. XII.1, S. 99, Papen an Ribbentrop, 20.2.1941.
95 UD:s Arkiv 1920 ARS, HP/517/LXX, Assarsson an AM, 30.1.1941.
96 ZDA MVR, f.176 op.8 ae.1016a l.40–43, Draganov an AM über die Unterredungen mit Dekanosow, 21. und 22.2.1941. Siehe auch AWP RF, f.07 op.2 p.9 d.24 l.1–2, Aufzeichnung von Wyschinskis Unterredung mit Aktay, 20.2.1941; UD:s Arkiv 1920 ARS, HP/517/LXX, Assarsson an AM über das Gespräch mit Aktay, 19.2.1941.
97 Vgl. FO 371 29497 N159/88/38, Telegramm von Cripps, 11.1.1941; Cripps papers, Brief an die Tochter Diane, 10.1.1941, Brief an seine Frau Isobel, 1.2.1941.
98 Vgl. FO 371 29777 R616/113/67, Cripps an FO und Niederschrift, 27.1.1941.
99 FO 371 29500 N262/122/38, Eden an Cripps, 21.1.1941; 29463 N29/3/38, Telegramm von Mallet, 16.1.1941; State Dept. 740.0011 EW 39/79809, Telegramm von Sterling (Schweden), 25.1.1941.
100 Siehe S. 206–210.
101 FO 371 29778 R1476/113/67, Cripps an Eden über die Unterredungen mit dem türkischen Botschafter und Wyschinski, 21.2.1941, Niederschrift von Sargent, 25.2.1941.
102 FO 371 29463 N675 und N733/3/38, Telegrammwechsel zwischen Cripps und dem FO, Niederschriften, 24.2.1941.
103 PREM 3/395/16, 22.2.1941; Cripps papers, Tagebuch, 8.3.1941.
104 Vgl. Gorodetsky, *Cripps' Mission to Moscow*, Kapitel 6–8.
105 FO 371 24891 R7849/5/67, Mitteilung des FO an das Kabinett, 9.12.1940.
106 AWP RF, f.017a Maiskis Tagebuch, l. 37, 25.2.1941; AWP RF, f.07 op.2 p.9 d.20 l.1–2, Aufzeichnung von Wyschinskis Unterredung mit Cripps, 24.2.1941; Archiv des Politbüros, f.3 op.64 d.341 l.108–109, Aufzeichnungen der Unterredungen Wyschinskis mit Cripps, 24. und 25.2.1941. Siehe auch UD:s Arkiv 1920 ARS, HP/517/LXX, Assarsson an AM, 28.2.1941.
107 Der einzige ausführliche Bericht über diese Aktion findet sich in den Cripps papers: Tagebucheintragungen, 26. und 27.2.1941, Reisetagebuch, 8.3.1941, Briefe an seine Tochter Diane, 26.2. und 8.3.1941. Für eine Zusammenfassung der Gespräche siehe FO 371 29500 N1164/122/38, 9.3.1941. Eden berührt diese Episode nur en passant in *The Eden Memoirs. The Reckoning,* London 1965, S. 208.
108 Siehe B. Rubin, *Istanbul Intrigues*, New York 1989.
109 AWP RF, f.0132 op.24a p.236 d.7 l.165–173, Winogradow über die Unterredung mit Eden; siehe auch *ADAP*, Bd. XII.1, S. 174f., Papen an Ribbentrop, 2.3.1941.
110 Siehe Kapitel 8, Churchills Warnung an Stalin.
111 AWP RF, f.0132 op.24 p.236 d.3 l.19–24, Winogradow über die Un-

terredung mit Cripps, 2.3.1941; FO 371 30067 R1897/12/44, Knatchbull-Hugessen an FO, 2.3.1941.

112 AWP RF, f.069 op.25 p.71 d.6 l.41–46, Maiski über die Unterredung mit Butler, 5.3.1941.

113 AWP RF, f.017a, Maiskis Tagebuch, l.56–57, 6.3.1941.

114 Vgl. M. Gilbert, *Finest Hour. Winston S. Churchill, 1939–1941*, London 1983, Kapitel 52–54.

115 FO 371 29779 R2117/113/67, Knatchbull-Hugessen an FO, 5.3.1941; CAB 69/2 DO (41)9, 5.3.1941.

116 FO 371 30067 R2129/112/44 und AWP RF, f.07 op.2 p.9 d.20 l.5–12, Aufzeichnung der Unterredung Wyschinskis mit Cripps, 6.3.1941, FO Niederschrift und Antwort an Cripps, 7. und 11.3.1941. Siehe auch UD:s Arkiv 1920 ARS, HP/517/LXX, Assarsson an AM, 7.3.1941.

117 UD:s Arkiv 1920 ARS, HP/1554/XLIX, Assarsson an AM, März 1941.

118 AWP RF, f.07 op.2 p.9 d.24 l.3–5, Wyschinski über die Unterredung mit Aktay, 9.3.1941.

119 FO 371 29500 N1164/122/38 und AWP RF, f.07 op.2 p.9 d.20 l.13–14, Aufzeichnung der Unterredung Wyschinskis mit Cripps, 9.3.1941, FO-Niederschrift, 13.3.1941.

120 FO 371 30067 R2248/112/44, Niederschrift von Cadogan, 13.3.1941.

121 *ADAP*, Bd. XII.1, S. 166f., Brief Hitlers an Inönü, 1.3.1941; S. 202f., Papen an AA, 8.3.1941; S. 235f., Inönü an Hitler, 12.3.1941.

122 AWP RF, f.0132 op.242 p.236 d.7 l.199–201 und FO 371 29780 R2459/113/67, Aufzeichnung der Unterredung Winogradows mit Knatchbull-Hugessen, 14.3.1941.

123 Vgl. FO 371 30067 R2587/112/44, Knatchbull-Hugessen an AM, 17.3.1941.

124 *ADAP*, Bd. XII.1, S. 254–257, Aufzeichnung der Unterredung zwischen Hitler, Gerde und Ribbentrop, 18.3.1941; S. 316f., Papen an AA, 27.3.1941. Siehe auch Krigsarkivet, Fo..rsvarsstaben, Ser. E/II/15/1, Bericht des Militärattachés, No. 27, 24.3.1941.

125 Vgl. FO 371 30124 R2836/1934/44, Knatchbull-Hugessen an FO, 21.3.1941.

126 Vgl. FSB, I (2), S. 60–61, Bericht des NKGB-Chefs Merkulow, 22.3.1941.

127 Vgl. *Iswestija*, 25.3.1941.

128 Siehe S. 185ff.

129 AMVR, d.51 p.45 op.1sh pop.333 l.61, Stamenov an AM, 26.3.1941.

Sechstes Kapitel
Die Rote Armee wird alarmiert

1 Vgl. D. Wolkogonow, *Stalin. Triumph und Tragödie*, Berlin 1990, Bd. 2.1, S. 42f., 45.

2 Die bei weitem beste und originellste Darstellung der neuen Aspekte

dieser Doktrin findet sich bei Naveh, *In Pursuit of Military Excellence.* Zur Geschichte der Doktrin siehe D. Glantz, *The Soviet Conduct of Tactical Manoeuvre. Spearhead of the Offensive,* London 1991, S. 76f.

3 Vgl. Glantz, *The Soviet Conduct of Tactical Manoeuvre,* S. 80f.

4 Siehe W. K. Triandafilow, *Charakter operazij sowremennych armij* [Das Wesen der Operationen moderner Armeen], Moskau 1929, S. 125–137; G. S. Isserson, *Ewoljuzija operatiwnogo iskusstwa* [Die Evolution der operativen Kunst], Moskau 1937, S. 11–18. Die Arbeit von J. M. Schigur, *Buduschtschaja woina i sadatschi oborony SSSR* [Der künftige Krieg und die Aufgaben der Verteidigung der UdSSR], Moskau 1938, war ganz der Verteidigung gewidmet. Für eine richtungweisende Analyse dieser Revolution in der Theorie siehe J. Schneider, *The Structure of Strategic Revolution. Total War and the Roots of the Soviet Warfare State,* Novato, Calif., 1994.

5 Die Doktrin ist klar dargelegt in: Narodny kommissariat oborony, *Wremenny polewoi ustaw RKKA 1936* [Volkskommissariat für Verteidigung, Provisorische Felddienstordnung der Roten Arbeiter- und Bauernarmee, 1936], Moskau 1937. Für den Beitrag Tuchatschewskis zu dieser Strategie siehe R. Sawuschkin, K woprosu o saroschdenii teorii posledowatelnych nastupatelnych operazij [Zur Entstehung der Theorie der konsequenten Angriffsoperationen], in: *WIS* 5 (1983), S. 78–82; S. Naveh, »Tukhachevsky«, in: Shukman (Hrsg.), *Stalin's Generals.*

6 Vgl. Glantz, *The Soviet Conduct of Tactical Manoeuvre,* S. 80ff. Eine Erörterung des angeblich aggressiven Einsatzes dieser Kräfte findet sich auf den S. 277 und 310–314 des vorliegenden Buches.

7 Zu diesem Aspekt siehe S. 310f.

8 Vgl. W. A. Anfilow, *Prowal »blizkriga«* [Das Scheitern des «Blitzkrieges«], Moskau 1974, S. 162, 178–189; A. G. Chorkow, Nekotorye woprosy strategitscheskogo raswjortywania sowjetskich wooruschonnych sil w natschale welikoi otetschestwennoi woiny [Einige Fragen des strategischen Einsatzes der sowjetischen Streitkräfte zu Beginn des Großen Vaterländischen Krieges], in: *WIS* 1 (1986), S. 9ff.

9 Dimitroffs Tagebuch, 28.3.1940.

10 Vgl. *Iswestija ZK KPSS* 1 (1990), S. 193–196. Siehe auch Timoschenko, Smena rukowodstwa Narkomata oborony SSSR w swjasi s urokami sowjetsko-finljandskoi woiny 1939–1940 gg [Der Wechsel in der Führung des Volkskommissariats für Verteidigung der UdSSR angesichts der Lehren des sowjetisch-finnischen Krieges 1939–1940], in: *Iswestija ZK KPSS* 1 (1990), S. 210–215.

11 Wiedergegeben in: *WIS* 3 (1991), S. 5–8.

12 N. S. Chruschtschow, *Chruschtschow erinnert sich,* Reinbek 1992, S. 162; E. Harrison Salisbury, *The Siege of Leningrad,* London 1969, S. 67–81.

13 Siehe H. Hanak, *The Implications of the Soviet-German Pacts for the Western European Democracies,* unveröffentlichter Aufsatz, 1989, S. 13–17.

14 National Archives, Department of State, 740.0011 EW 1939/3446, 1.6.1940.

15 Zu den strategischen Zwängen siehe u. a. Leach, *German Strategy against Russia*, Kap. 3 und 4; W. A. Anfilow, *Bessmertny podwig* [Unsterbliche Heldentat], Moskau 1971, S. 149–160; M. W. Sacharow, Stranizy istorii sowjetskich wooruschonnych sil nakanune welikoi otetschestwennoi woiny 1939–1941 gg. [Zur Geschichte der sowjetischen Streitkräfte am Vorabend des Großen Vaterländischen Krieges 1939–1941], in: *Woprosy istorii* [Fragen der Geschichte] 5 (1970).

16 *ADAP*, Bd. IX, S. 495f., Schulenburg an AA, 18.6.1940; Churchill, *Memoiren*, Bd. II.1, S. 166.

17 Zum defensiven Charakter des Aufmarsches vor Kriegsbeginn siehe *Geschichte des Großen Vaterländischen Krieges der Sowjetunion*, Bd. I, S. 473; G. K. Schukow, *Wospominania i rasmyschlenia* [Erinnerungen und Gedanken], Moskau 1995, Bd. I, S. 112ff. Eine bemerkenswerte Analyse dieses Problems findet sich bei C. A. Roberts, *Planning for War. The Red Army and the Catastrophe of 1941*, in: *Europe-Asia Studies*, 47/8 (1995). In dem Artikel Tragedia krasnoi armii [Die Tragödie der Roten Armee], in: *Moskowskie nowosti*, 7.5.1989, veröffentlichte Generalleutnant Nikolai Pawlenko, ein führender sowjetischer Militärhistoriker, eine sehr offenherzige Sicht auf die Leistungen der Roten Armee in den Anfangsphasen des Krieges. Für eine kompetente Erörterung der Mängel siehe B. M. Gerard, Mistakes in Force Structure and Strategy on the Eve of the Great Patriotic War, in: *Journal of Soviet Military Studies* 4/3 (1991).

18 Vgl. D. Glantz, *Soviet Military Strategy in the 1990s. Alternative Futures*, Carlisle, Pa., 1991, S. 75.

19 Siehe dazu die ausgewogene Einschätzung Wolkogonows in: *Stalin. Triumph und Tragödie*, S. 35f.

20 Vgl. Komitet oborony pri SNK SSSR. *Ob organisazii i tschislennosti krasnoi armii* [Komitee für Verteidigung beim Rat der Volkskommissare der UdSSR. Zu Organisation und Gesamtstärke der Roten Armee]. SNK SSSR i ZK WKP (b): *O proiswodstwe tankow T-34 w 1940 godu* [Rat der Volkskommissare der UdSSR und ZK der KPdSU(B): Zur Produktion von Panzern des Typs T-34 im Jahre 1940], in: *Iswestija ZK KPSS* 2 (1990), S. 181ff. Siehe auch *Postanowlenia SNK i ZK, 5.6.1940* [Beschlüsse des Rates der Volkskommissare und des ZK vom 5.6.1940], in: *Iswestija ZK KPSS* 2 (1990), S. 180f.

21 Für die Rede Timoschenkos siehe *WIS* 3 (1991), S. 38.

22 Erickson, *Road to Stalingrad*, S. 20–24.

23 Vgl. M. W. Sacharow, *Generalny schtab w predwoennye gody* [Der Generalstab in den Vorkriegsjahren], Moskau 1989, S. 125. Siehe auch Glantz, *Soviet Military Strategy*, S. 69–74.

24 Vgl. *Iswestija ZK KPSS* 2 (1990), S. 182.

25 GRU GS RF, f.16a op.2951 d.239 l.1–37, 19.8.1940. Siehe auch Wperjod byla woina [Vor uns lag der Krieg], in: *WIS* 5 (1991), S. 6; Pribal-

tiski woenny okrug [Der baltische Militärbezirk], in: *WIS* 6 (1989), S. 17–22.
26 Siehe S. 81–87.
27 *Nürnberger Prozess*, Bd. III, S. 374.
28 Vgl. *Wolkogonow papers, Special: Raswedywatelnaja swodka po sapadu* [Aufklärungsbericht West], Nr. 6, 25.8.1940.
29 ZA SWR RF, d.21616 t.1 l.89–90, Bericht der 5. Verwaltung des Ukrainischen NKGB, 15.8.1940.
30 GRU GS RF, op.24119 d.4 l.65–66, »Sophokles« in Belgrad an GRU, 27.1.1941; AWP RF, f.0125 op.27 p.122 d.5 l.50–53, Aufzeichnung von Michailows Unterredung mit Spitsmuller, dem französischen Geschäftsträger in Bukarest, 1.2.1941.
31 Die Direktive siehe Archiv Generalnogo schtaba Rossiskoi Federazii (fortan AGS RF), f.16 op.2951 d.237 l.138–156, 18.8.1940. Siehe auch Sacharow, *Generalny schtab*, S. 219f.
32 Siehe S. 397.
33 Siehe S. 39–44.
34 AGS RF, f.16 op.2951 d.242 l.84–90, Timoschenko und Merezkow an Stalin, nicht später als 5.10.1940.
35 AGS RF, f.16 op.2951 d.239 l.245–277, Rapport des Chefs des Kiewer Militärbezirks, Pukajew, über den Aufmarschplan, Dezember 1940.
36 Vgl. Leach, *German Strategy against Russia*, S. 163.
37 Vgl. Schukow, *Wospominania I rasmyschlenia*, Bd. I, S. 332f. Siehe auch B. Gugate, *Operation Barbarossa*, Novato, Calif., 1984. Für eine Gegenmeinung siehe L. Rotundo, War Plans and the 1941 Kremlin War Games, in: *Journal of Strategic Studies* 10/1 (1987), S. 84–97.
38 Vgl. Dekanosow an Molotow, 7.12.1940, in: *Iswestija ZK KPSS* 3 (1990).
39 AWP RF, f.059 op.1 p.325 d.2237 l.272–274, Maiski an AM über eine Information des Obersten Moravec von der tschechischen Mission in London, 18.12.1940.
40 Für den Wortlaut der Rede siehe *ADAP*, Bd. XI, S. 816f., Aufzeichnung des Vortragenden Legationsrates Likus, 30.12.1940. Dass Stalin den Inhalt der Rede kannte, bestätigte Anfilow.
41 GRU GS RF, op.24119 d.3 l.7, 4.1.1941.
42 Vgl. FSB, I(2), S. 286, »Korse«, 7.1.1941.
43 Vgl. FSB, I(2), S. 5ff. und 19ff., 16. und 20.1.1941.
44 FSB, I(2), S. 280, 20.1.1941.
45 Vgl. FSB, I(2), I(1), S. 287–297, Memorandum Timoschenkos und Woroschilows, 7.12.1940, I(2), S. 3f., Bericht Merkulows an Schukow, 2.1.1941.
46 Siehe S. 171.
47 Siehe dazu Schukow, *Wospominania i rasmyschlenia*, Bd. I, S. 304ff. Siehe auch D. Glantz' aufschlussreiches Buch *The Stumbling Colossus. The Red Army in June 1941*, Lawrence 1998.
48 Das Tagungsprotokoll dieser Konferenz wurde vom Russischen In-

stitut für Militärgeschichte veröffentlicht unter dem Titel *Nakanune woiny. Materialy soweschtschania wysschego rukowodjaschtschego sostawa RKKA, 23–31 dekabrja 1940 g.*[Am Vorabend des Krieges. Materialien der Tagung der obersten Führung der Roten Arbeiter- und Bauernarmee, 23.-31. Dezember 1940], Moskau 1993.

49 Siehe dazu auch Sacharow, *Generalny schtab*, S. 195–211.

50 Siehe dazu eine nach wie vor bemerkenswerte Analyse der Tagung bei Erickson, *Road to Stalingrad*, S. 40–46.

51 Schukow, W*ospominania i rasmyschlenia*, Bd. I, S. 306f.

52 Gespräch mit Anfilow, Mai 1994.

53 Die nachfolgende Darstellung beruht im Wesentlichen auf Sacharow, *Generalny schtab*, S. 239–251, der die aufschlussreichste und fundierteste Beschreibung der Spiele vorgelegt hat.

54 Sacharow, *Generalny schtab*, S. 240.

55 Vgl. E. Ziemke, *Stalin as a Strategist, 1940–1941*, in: *Military Affairs* 47/4 (1983), S. 174–180.

56 Vgl. Sacharow, *Generalny schtab*, S. 247–254.

57 Sacharow, *Generalny schtab*, S. 247.

58 PA, Sondersammlung, *Postanowlenie Politburo ZK WKP(b)* [Beschluss des Politbüros des ZK der KPdSU/B], 14.1.1941; siehe auch Schukow, W*ospominania i rasmyschlenia*, Bd. I, S. 308–311.

59 Vgl. Erickson, *Road to Stalingrad*, S. 53f.

60 Schukow, *Wospominania I rasmyschlenia*, Bd. I, S. 323. Glantz ist der Meinung, dass das Erbe der Offensivstrategie die Erörterung und Durchsetzung von Defensivmaßnahmen psychologisch behinderte. Siehe *Military Strategy of the Soviet Union*, S. 60f.

61 Vgl. Tschujew, *Sto sorok besed s Molotowym*, S. 31.

62 ZA SWR RF, d.23078 t.1 l.199–201, Berija an Stalin und Molotow, 21.1.1941.

63 PA, t.8115 op.8 d.44 l.3, Stalin und Molotow an den Rat der Volkskommissare (die Regierung, fortan – SNK) und das ZK der KPdSU, 21.1.1941.

64 Siehe S. 81–87.

65 Vgl. FSB, I(2), S. 24f., Resolution des ZK der KPdSU(B), 3.2.1941.

66 ZA SWR RF, d.23078 t.1 l.205–209, Bericht Merkulows an Stalin und Molotow, 8.2.1941.

67 GRU GS RF, op.24119 d.1 l.394–395, Jeschtschenko, der Militärattaché in Bukarest, an Golikow (weitergegeben an Stalin), 13.3.1941.

68 FSB, I(2), S. 45f., NKGB an ZK der KPdSU, 9.3.1941.

69 ZA SWR RF, d.23078 t.1 l.202–204, Merkulow an Stalin, Molotow und Berija, 6.3.1941.

70 *Wolkogonow papers, Raswedywatelnaja swodka po sapadu* [Aufklärungsbericht West], No. 1, für den Zeitraum 15.11.1940 – 1.2.1941.

71 Vgl. GRU GS RF, op.7237 d.2 l.15–20, Sonderbericht der Aufklärung, verfasst von Golikow, 14.2.1941. Siehe auch op.24122 d.1 l.49, übereinstimmender Bericht von »Dora«, Zürich, 21.2.1941.

72 GRU GS RF, op.24119 d.4 l.213–214, der Militärattaché in Budapest an Golikow, 15.3.1941; d.3 l.127, der stellvertretende Militärattaché in Paris an Golikow, 15.3.1941.
73 GRU GS RF, op.7237 d.2 l.21–50, Sonderbericht von Golikow über Umfang und Aufmarsch der deutschen Streitkräfte, 11.3.1941.
74 Siehe dazu Kapitel 8.
75 Im vollen Wortlaut abgedruckt in: *Iswestija ZK KPSS* 4 (1990), S. 205f.
76 Für einen Bericht vom 7.2.1941 siehe *Iswestija ZK KPSS* 4 (1990), S. 205f.
77 Vgl. GRU GS RF, op.24119 d.2 l.405–406, »Sophokles« in Belgrad an Golikow, 9.3.1941.
78 GRU GS RF, op.24119 d.2 l.407–408, der Militärattaché in Bukarest an Golikow (weitergegeben an Stalin), 15.3.1941; l.195–196, Sorge an Golikow, 10.3.1941.
79 Vgl. NKGB an ZK und SNK in *Iswestija ZK KPSS* 4 (1990), S. 207.
80 Vgl. GRU GS RF, op.24119 d.4 l.213–214, der Militärattaché in Budapest an Golikow, 14.3.1941.
81 NKGB an ZK der KPdSU und Regierung, siehe *Iswestija ZK KPSS* 4 (1990), S. 206, 9. und 14.3.1941.
82 Vgl. GRU GS RF, op.24119 d.3 l.127, der stellvertretende Militärattaché in Paris an Golikow, 15.3.1941.
83 Vgl. GRU GS RF, op.2421 d.3 l.138, der Militärattaché in Paris an Golikow, 22.3.1941.
84 Vgl. GRU GS RF, op.24119 d.1 l.452–455, der Militärattaché in Bukarest an Golikow, 24.3.1941.
85 Bericht der Residentin der GRU in Budapest, »Marsa«, in GRU GS RF, op.24119 d.4 l.160, und ZA SWR RF, d.23078 t.1 l.194, Bericht von »Lauren« aus Berlin an das NKWD, 15.1.1941. Siehe auch UD:s Arkiv 1920 ARS, HP/1554/L, der schwedische Botschafter in Berlin an AM, 4.3.1941.
86 Vgl. *ADAP*, Bd. XII.1, S. 35ff., Weisung Hitlers Nr. 23, 6.2.1941.
87 GRU GS RF, op.24119 d.4 l.210, der Militärattaché in Budapest an Golikow, 13.3.1941.
88 Siehe dazu S. 234–243.
89 Siehe S. 206–210.
90 GRU GS RF, op.14750 d.1 l.12–21, Golikows Bericht an die Sowjetregierung und das ZK der KPdSU, 20.3.1941. Schukow bestätigt die verheerende Wirkung derartiger Einschätzungen in: *Wospominania i rasmyschlenia*, Bd. I, S. 380ff.

Siebentes Kapitel
Am Scheidewege: Staatsstreich in Jugoslawien

1 Vgl. *ADAP*, Bd. XII.1, S. 91, Ribbentrop an die Gesandtschaft Belgrad, 16.2.1941; van Creveld, *Hitler's Strategy*, S. 65. Siehe auch seinen

Aufsatz The German Attack on the USSR. The Destruction of a Legend, in: *European Studies Review* 2/1 (1972).

2 Vgl. Sudoplatow, *Der Handlanger der Macht,* S. 154.

3 AWP RF, f.0144 op.20 p.105 d.3 l.1–3 und 10, Aufzeichnungen von Unterredungen der stellvertretenden sowjetischen Außenminister Losowski und Wyschinski mit Gavrilovic, 9.7. und 25.10.1940.

4 Vgl. AWP RF, f.059 op.1 p.328 d.2253 l.1020a-1026, der Erste Sekretär der sowjetischen Botschaft in Paris, Iwanow, an Molotow, 13.9.1940.

5 Siehe dazu einen aufschlussreichen unveröffentlichten Aufsatz über den Putsch von Gibianski. Siehe außerdem A. L. Narotschnizki, Sowjetsko-jugoslawski dogowor 5 aprelja 1941 g. o druschbe i nenapadenii – po archiwnym materialam [Der sowjetisch-jugoslawische Vertrag über Freundschaft und Nichtangriff vom 5.4.1941 – nach Archivdokumenten], in: *NNI* 1 (1989), S. 3–19.

6 AWP RF, f.059 op.1 p.317 d.2183 l.199, Plotnikow an AM, 17.12.1940.

7 Vgl. AWP RF, f.0132 op.23 p.232 d.6 l.67–70, Aufzeichnung der Unterredung Winogradows mit dem jugoslawischen Botschafter in Ankara, Sumenkovic, 19.9.1940. Ein übereinstimmender Bericht, der sich vor allem auf Dokumente des Regenten Paul an der Hoover Institution stützt, findet sich bei Barros und Gregor, *Double Deception*, S. 62–78.

8 *ADAP*, Bd. XI, S. 609–614, Aufzeichnung der Unterredung Hitlers mit dem jugoslawischen Außenminister Cincar-Markovic, 29.11.1940.

9 Vgl. *ADAP*, Bd. XI, S. 441f. und 447f.

10 Vgl. *ADAP*, Bd. XI, S. 773f., Ribbentrop an die Gesandtschaft Belgrad, 21.12.1940.

11 AWP RF, f.059 op.1 p.317 d.2183 l.63–64 und 2184 l.177–178, Telegrammwechsel zwischen Molotow und Plotnikow (Belgrad), 17.10. und 29.11.1940.

12 AWP RF, f.07 op.2 p.10 d.32 l.1–3, Wyschinski über die Unterredung mit Gavrilovic, 4.1.1941.

13 *ADAP*, Bd. XII.1, S. 65–72, Aufzeichnung der Unterredung Ribbentrops mit Cvetkovic, 15.2.1941; S. 72–78, Aufzeichnung der Unterredung zwischen Hitler und Cvetkovic, 15.2.1941; S. 190f., Ribbentrop an die Gesandtschaft Belgrad, 7.3.1941; S. 191f., Herren an AA, 7.3.1941; S. 203f., Legationssekretär Schweimer an die Botschaft Rom, 8.3.1941.

14 FO 371 29777 R565/113/67, Eden an Knatchbull-Hugessen über die Unterredung mit Maiski, 22.1.1941; AWP RF, f.017a, Maiskis Tagebuch, S. 52, 2.3.1941. Zur Furcht der Russen, in den Krieg hineingezogen zu werden, siehe S. 122–134.

15 Vgl. AWP RF, f.07 op.2 p.9 d.24 l.1–2, Aufzeichnung der Unterredung Wyschinskis mit Aktay, 20.2.1941; f.059 op.1 p.342 d.2341 l.39, der sowjetische Botschafter in Belgrad, Lebedew, an AM, 1.3.1941.

16 AWP RF, f.07 op.2 d.32 l.4–6, Wyschinski über die Unterredung mit

Gavrilovic, 8.2.1941; f.077 op.21 p.111 d.5 l.17–19, Scharonow über die Unterredung mit dem ehemaligen Minister und Chef von Radio Belgrad, Janic, 10.3.1941; UD:s Arkiv 1920 ARS, HP/517/LXX, Assarsson an AM über die Unterredung mit Schulenburg, 19.2.1941.

17 Tupanjanin war, wie sich zeigte, für die Russen nur von beschränktem Wert, weil seine Partei auch »von der Regierung Seiner Majestät finanzielle Unterstützung erhielt«, PREM 3/510/11, p. 448, Niederschrift vom 2.3.1941.

18 GRU GS RF, op.24119 d.4 l.199, Bericht von »Sophokles« in Belgrad, 9.3.1941.

19 FO 371 29779 R2357/113/67, 11. und 12.3.1941.

20 Vgl. *ADAP*, Bd. XII.1, S. 221ff., Herren an AA, 11.3.1941.

21 Archiv des jugoslawischen Außenministeriums (fortan AJ), ZK der Kommunistischen Partei Jugoslawiens, Resolution des ZK der KPJ 9 (1941) *Against Capitulation – In Favour of a Pact of Mutual Assistance with the Soviet Union*, 15.3.1941. Siehe auch *Westnik MID SSSR* 15/49 (1989), S. 57.

22 *Komintern i wtoraja mirowaja woina*, Bd. I, S. 43, 22.3.1941.

23 Vgl. AJ, MIP, Politichko odeljenje, Gavrilovic an Cincar-Markovic, 14.3.1941.

24 FO 371 29780 R2446/113/67, Campbell an FO und Niederschrift von Sargent, 12. und 15.3.1941.

25 Vgl. AJ, MIP, Politichko odeljenje, Cincar-Markovic an Gavrilovic, 13.3.1941.

26 Vgl. AWP RF, f.017a, Maiskis Tagebuch, S. 70, 1.4.1941.

27 AWP RF, f.0132 op.24 p.236 d.3 l.19–24, Winogradow über die Unterredung mit Cripps, 2.3.1941.

28 FO 371 29779 R2360/113/67, Cripps an Eden, 11.3.1941.

29 FO 371 30228 R2878/394/92, Cripps an FO, 22.3.1941.

30 Vgl. AWP RF, f.07 op.2 p.9 d.20 l.15–24, Aufzeichnung von Wyschinskis Unterredung mit Cripps, 22.3.1941. Den Inhalt der Unterredung bestätigte Cripps gegenüber Steinhardt, siehe *FRUS* I (1941), S. 298f., Steinhardt an AM, 24.3.1941.

31 AWP RF, f.07 op.2 p.10 d.32 l.7–8, Wyschinski über die Unterredung mit Gavrilovic, 22.3.1941; siehe auch FO 371 30228 R2879/394/92, Cripps an FO, 23.3.1941.

32 AWP RF, f.0132 op.24a p.236 d.7 l.223–226, Aufzeichnung der Unterredung Winogradows mit Papen, 25.3.1941.

33 Das behauptet Sudoplatow, *Der Handlanger der Macht*, S. 154. Eine aufschlussreichere Darlegung siehe bei Gafencu, *Misiune la Moscova*, tel. 1135, S. 164f., Gafencu an AM, 3.4.1941. Zum Putsch siehe E. Barker, *British Policy in South-East Europe in the Second World War*, London 1976, S. 78–108. Zur britischen Rolle siehe D. A. T. Stafford, SOE and British Involvement in the Belgrade Coup d'Etat of March 1941, in: *Slavic Review* 36/3 (1977).

34 Vgl. *ADAP*, Bd. XII.1, S. 307ff., Aufzeichnung einer Besprechung über

die Lage in Jugoslawien, 27.3.1941; S. 304ff., Aufzeichnung einer Besprechung Hitlers mit Sztojay, 28.3.1941.

35 Lebedew an AM, 28.3.1941, zitiert in: *Sowjetsko-jugoslawskie otnoschenia, 1917–1941 gg.* [Die sowjetisch-jugoslawischen Beziehungen, 1917–1941], Moskau 1992, S. 363.

36 Vgl. AWP RF, f.144 op.23 p.107 d.1 l.14–15, Lebedew an AM (politische Nachrichten aus Jugoslawien), 31.3.1941.

37 GRU GS RF, op.7237 d.2 l.79–81, Sonderbericht von Golikow über den Staatsstreich in Jugoslawien, 28.3.1941.

38 King Peter, *King's Heritage. The Memoirs of King Peter II of Yugoslavia*, London 1955, p. 71; *ADAP*, Bd. XII.1, S. 315f. und 328, Herren an AA, 27. und 28.3.1941.

39 Dimitroffs Tagebuch, 29.3.1941; *Komintern i wtoraja mirowaja woina*, Bd. I, S. 518ff., Jugoslawische KP an Dimitroff, 29.3.1941.

40 AJ, ZK KPJ 1941/10, Resolution der KP Jugoslawiens, 30.3.1941.

41 Vgl. FO 371 30228 R3254/394/92, Cripps an FO, 29.3.1941; Nowikow, S. 75.

42 AWP RF, f.059 op.1 p.342 d.2341 l.80–81, 85 und 88–89, Lebedew an Molotow, 30.3.1941.

43 Siehe S. 182ff.

44 Vgl. Simovics Tagebuch, Archiv Vojeno-istorijskog instituta [Archiv des militärgeschichtlichen Instituts Jugoslawiens – fortan AVI], R-16, II, reg.no.2/1, S. 268f.

45 AWP RF, f.059 op.1 p.342 d.2341 l.88–89, Lebedew an Molotow, 30.-31.3.1941; f.0125 op.27 p.122 d.4 l.182–184, Aufzeichnung der Unterredung Lawrentjews mit dem jugoslawischen Botschafter in Bukarest, Avakumovic, 31.3.1941.

46 *Komintern i wtoraja mirowaja woina*, Bd. I, S. 45f., 5.4.1941.

47 *FRUS* I (1941), S. 311–314, Steinhardt und Kelly, der Erste Sekretär der Botschaft Ankara, an Hull über die Gespräche Gavrilovics mit Stalin, 18.5.1941.

48 AWP RF, f.06 op.3 p.27 d.375 l.3, Wyschinski über die Unterredung mit Gavrilovic, 1.4.1941; AWP RF, f.059 op.1 p.342 d.2342 l.72–74, Weisung Molotows an Lebedew, 1.4.1941.

49 Sobolew an Lebedew und Lebedew an Molotow, 1.4.1940, siehe *Westnik MID SSSR* 15/49 (1989), S. 60.

50 AWP RF, f.06 op.3 p.27 d.375 l.7–10, Aufzeichnung der Unterredung Wyschinskis mit der jugoslawischen Delegation, 3.4.1941. Zu den Vorschlägen siehe S. Cvetkovic, Sovjetska Prisutnost u Jugoslovenskoj Politici Na Pochetku Drugog Svetskog Rata, in: *Istorija 20. Veka* 1 (1995), S. 32–41.

51 AWP RF, f.059 op.1 p.342 d.2341 l.97, Lebedew an Molotow, 3.4.1941.

52 ZA SWR RF, d.23078 t.1 l.240–241, Kobulow («Sachar") an Merkulow; FSB, I(2), S. 289f.

53 GRU GS RF, op.24119 d.74 l.279–282, 4.4.1941.

54 *ADAP*, Bd. XII.1, S. 351f. und 373f., Schulenburg an AA, 1. und 4.4.1941.

55 AWP RF, f.06 op.3 p.1 d.4 l.75–81, Molotow über die Unterredung mit Schulenburg; *ADAP*, Bd. XII.1, S. 373f., Schulenburg an AA, 4.4.1941; AMVR, d.51 p.45 op.1sh pop.333 l.67, Stamenov an AM, 6.4.1941.
56 Für die sowjetische Theorie eines Zerwürfnisses zwischen der Wehrmacht und Hitler siehe S. 234–246.
57 UD:s Arkiv 1920 ARS, HP/1555/LIII, Assarsson an AM, 4.4.1941; siehe auch FO 371 30228 R3405/394/92, Cripps an FO, 4.4.1941.
58 Vgl. *Westnik MID SSSR* 15/49 (1989), S. 55f.; AWP RF, f.017a, Maiskis Tagebuch, S. 79f., 6.4.1941.
59 PA, f.3 op.66 d.905 l.71–75, Wyschinski über die Unterredung mit Gavrilovic, 4.4.1941; siehe auch *FRUS* I(1941), S. 300.
60 Vgl. AWP RF, f.059 op.1 p.342 d.2342 l.80, Molotow an Lebedew, 4.4.1941; f.06 op.3 p.27 d.375 l.21, Mitteilung Molotows an das Politbüro, 4.4.1941.
61 Nowikow, S. 76–79.
62 AWP RF, f.06 op.3 p.27 d.375 l.25–27, Wyschinski über die Unterredung mit Simic, 5.4.1941.
63 AWP RF, f.059 op.1 p.342 d.2341 l.102, Lebedew an Molotow, 5.4.1941.
64 *ADAP*, Bd. XII.1, S. 382f., der Geschäftsträger in Belgrad an AA, 5.4.1941.
65 Siehe dazu UD:s Arkiv 1920 ARS, HP/1555/LIII, Assarsson an AM über Gespräche mit Gavrilovic, 6.4.1941.
66 Vgl. Gafencu, *Misiune la Moscova*, tel. 1178, S. 169f., Gafencu an AM, 7.4.1941.
67 Der folgende Bericht über die Ereignisse in der Nacht vom 5. zum 6. April 1941 stützt sich auf AWP RF, f.144 op.3a p.4 d.4 l.3–6, Bericht von Nowikow, 6.4.1941, und seine *Wospominania diplomata*, S. 76–79. Siehe auch *FRUS* I(1941), S. 300f., Steinhardt an Hull über die Unterredung mit Gavrilovic; FO 371 29544 N1392/1392/38, Cripps an FO, 6.4.1941.
68 Die Niederschrift dieses Telefongesprächs findet sich bei N. B. Popovic, *Jugoslovensko-sovjetski odnosi u drugom svetskom ratu (1941–1945)*, Belgrad 1988, S. 26f. Siehe auch Simovics Tagebuch, AVI R-16,II, reg.no.2/1, S. 268f.; J. B. Hoptner, *Yugoslavia in Crisis, 1934–1941*, New York 1962.
69 Siehe dazu Simovics Tagebuch, AVI R-16, II, reg.no.2/1, S. 268f.
70 Krigsarkivet, Fo..rsvarsstaben, Ser. E/II/15/1, Bericht des Militärattachés, No. 59, 5.4.1941.
71 Vgl. Sudoplatow, *Handlanger der Macht*, S. 154.
72 Nowikow, S. 79–82.
73 Gafencu, *Misiune la Moscova*, tel. 1161, S. 165f., Gafencu an AM, 6.4.1941.
74 *Prawda* und *Iswestija*, 6.4.1941.
75 UD:s Arkiv 1920 ARS, HP/518/LXXII, Assarsson an AM, 5.4.1941.

76 Vgl. AJ, f. MIP, Poslanstvo Moskva, Sumenkovic an Simovic, 6.4.1941.

77 AWP RF, f.059 op.1 p.342 d.2342 l.83, Wyschinski an Lebedew, 6.4.1941.

78 *ADAP*, Bd. XII.2, S. 398f. und 402, Telegrammwechsel zwischen Ribbentrop und Schulenburg, 6.4.1941.

79 Die bei weitem beste Darstellung des Feldzuges findet sich bei van Creveld, *Hitler's Strategy*, S. 160–165.

80 FSB, *Sekrety Gitlera*, S. 25–28, Mitteilung Merkulows an das ZK der KPSU, 10.4.1941.

81 Vgl. AWP RF, f.017a, Maiskis Tagebuch, l.81–82, 7.4.1941; *DGFP*, vol. XII, S. 490f., Weizsäcker über die Unterredung mit Dekanosow, 8.4.1941.

82 Vgl. AWP RF, f.0125 op.27 p.122 d.4 l.199–201, Aufzeichnung der Unterredung des sowjetischen Botschafters in Bukarest, Lawrentjew, mit dem griechischen Botschafter Kollas, 10.4.1941.

83 Vgl. AWP RF, f.07 op.2 p.10 d.32 l.10–12, Wyschinski über die Unterredung mit Gavrilovic, 11.4.1941; f.0125 op.27 p.122 d.4 l.206–209, Lawrentjew über die Unterredung mit Avakumovic, 12.4.1941.

84 Vgl. *Iswestija*, 12.4.1941.

85 Vgl. UD:s Arkiv 1920 ARS, HP/518/LXXII, Assarsson an AM, 27.5.1941.

86 Vgl. *Westnik MID SSSR* 49 (1989), S. 55. Siehe I. W. Bucharkin, No tut wmeschalas Jugoslawia [Aber da kam Jugoslawien dazwischen], in: *Prawda*, 1.6.1991. Eine ähnliche, allerdings weitaus kritischere Sicht findet sich bei Wolkow, Sowjetsko-jugoslawskie otnoschenia, S. 3–17.

Achtes Kapitel
Churchills Warnung an Stalin

1 In dieser Arbeit wird eine Fülle derartiger Berichte angeführt.

2 Churchill, *Memoiren. Der Zweite Weltkrieg*, Bd. III.1, S. 421, 426–429.

3 Eine eingehende Erörterung der Kontroverse zwischen Churchill und Cripps findet sich bei Gorodetsky, *Cripps' Mission to Moscow*, Kap. 8–10.

4 FO 371 29464 N1526/3/38 und FO 837/1098, Telegramme von Cripps, 23. und 29.3.1941.

5 Vgl. CAB 65/18 33(41)7, 31.3.1941.

6 FO 371 29479 N1360/3/38, 2.4.1941.

7 Zur Rolle, die Orme Sargent bei der Entwicklung der politischen Strategie des Foreign Office spielte, siehe Kapitel 1, S. 45f.

8 In FO 371 26518–9 und 29479 finden sich zahlreiche derartige Informationen und Einschätzungen.

9 J. Herndon, British Perceptions of Soviet Military Capability, *1935–1939*, unveröffentlichter Aufsatz.

10 Siehe dazu die äußerst aufschlussreiche, richtungweisende Studie von

F. H. Hinsley u. a., *British Intelligence in the Second World War. Its Influence on Strategy and Operations*, London 1979–1990, Bd. I, S. 237–247; FO 371 29479 N107, N255 und N286/78/38, Niederschriften von Maclean, Collier, Cadogan und Eden, 10. und 18.1.1941.

11 Vgl. FO 371 29528 N648/648/38, 20.1., sowie Niederschriften von Maclean und Collier, 22. und 23.2.1941.

12 FO 371 26518 C2222/19/18, Telegramme von O'Malley, Halifax und Mallet, 6. und 7.3.1941; Niederschriften von Cavendish-Bentinck, Strang, Cadogan und Collier, 9., 10., 11. und 12.3.1941.

13 FO 371 29479 N1390/78/38, Mallet an FO und Niederschrift, 4.4.1941.

14 FO 371 29135 W2860/53/50, WIP, 12.3.1941; W3205/53/50, 19.3.1941. Siehe auch FO 371 29479 N1132/78/38, Butler über ein Gespräch mit dem griechischen Botschafter und FO-Niederschrift, 18.3.1941.

15 Siehe S. 150ff.

16 Vgl. FO 371 26518 C2924/19/18, Cripps an FO, 24.3.1941.

17 Cripps' Ansichten siehe State Department, 740.001 1 EW/39/8919, Telegramm von Steinhardt, 7.3.1941; Assarsson, *I skuggan av Stalin*, S. 56; Gafencu, *Vorspiel zum Krieg im Osten*, S. 181f. Zu dem Journalistengespräch siehe W. Duranty, *The Kremlin and the People*, New York 1942, S. 151f.; A. Werth, *Moscow 1941*, London 1942, S. 133; H. Elvin, *A Cockney in Moscow*, London 1958, S. 54.

18 Zur Exaktheit dieser Information siehe B. Whaley, *Codeword Barbarossa*, Cambridge, Mass., 1973, S. 50f. Solange die sowjetischen Archive geschlossen waren, galt Whaleys Arbeit zu diesem Thema als richtungweisend und erschöpfend. Sie hat immer noch ihren Wert, vor allem was das Problem der Desinformation betrifft. Die Russen bezogen gleichlautende Informationen aus mindestens vier voneinander unabhängigen Quellen, siehe Anmerkung 43.

19 FO 371 26518 C2919/19/18, Cripps an FO und Niederschrift, 24.-28.3.1941.

20 Vgl. FO 371 29479 N1367/78/38, der Militärattaché in Bern, 24.3.1941; Niederschrift von Major Templin, dem Russlandexperten des MI2 (Militärische Aufklärung), 31.3.1941.

21 Hinsley u. a., *British Intelligence*, Bd. I, S. 446–450.

22 Siehe S. 46.

23 Churchill, *Memoiren*, Bd. III.1, S. 425f.

24 Siehe dazu S. 143–158.

25 Churchill, *Memoiren*, Bd. III.1, S. 425f., und Dilks (Hrsg.), *Cadogan Diaries*, S. 367.

26 Im Dezember 1993 öffnete die britische Regierung die Archive mit den Original-Geheimdienstberichten, die an Churchill gingen. Diese Darlegung beruht auf Material in PRO HW 1/3, 28.3.1941.

27 PREM 3/510/11 pp. 363–364, Churchill an Eden, 30.3.1941; Churchill, *Memoiren*, Bd. III.1, S. 426.

28 Vgl. Dilks (Hrsg.), *Cadogan Diaries*, S. 367.

29 Vgl. Hinsley u. a., *British Intelligence*, Bd. I, S. 451.

30 Vgl. FO 371 29479 N1354/78/38, Halifax an FO, 2.4.1941.
31 FO 371 29479 N1316, N1324/78/38, Cripps, Campbell und Halifax an FO, Niederschriften, 2. und 3.4.1941.
32 WO 190/983; FO 371 29135 W3859/53/50.
33 Siehe etwa seine Ablehnung eines Besuches von Eden in Russland, PREM 3/395/16, Telegramm an Eden, 22.2.1941.
34 PREM 3/395/16.
35 Churchill, *Memoiren*, Bd. III.1, S. 427; PREM 3/403/7.
36 PREM 3/403/7; Churchill papers, 20/37, Churchill an Cripps, 30.3.1941.
37 FO 371 29479 N366/78/38, Telegramm an Cripps und Niederschrift Cadogans, 4.4.1941.
38 Vgl. Churchill, *Memoiren*, Bd. III.1, S. 428.
39 Siehe Kapitel 7.
40 FO 371 29479 N1397/78/38, Cripps an Churchill, 5.4.1941
41 FO 371 29479 N1429/78/38 und 29479 N1429/78/38, Cripps an Churchill, 5.4.1941.
42 FO 371 29479 N1364/78/38 und 29465 N1713/3/38, 12., 15. und 19.4.1941.
43 Vgl. AWP RF, f.06 op.3 p.27 d.375 l.4–6, Aufzeichnung von Wyschinskis Unterredung mit Gavrilovic, 2.4.1941, und aufgefangene Telegramme von Aktay, siehe *Iswestija ZK KPSS* 4 (1990), S. 207ff., 26.3. und 7.4.1941. Siehe besonders einen Bericht, der mit Churchills Warnung übereinstimmte, in GRU GS RF, op.24119 d.3 l.138, der Militärattaché in Vichy an Golikow, 22.3.1941.
44 FO 371 29479 N1510/78/38, Telegrammaustausch zwischen Churchill und Cripps, 8.4.1941.
45 FO 371 29479 N1510/78/38 und N1534/78/38.
46 FO 371 29464 N1386/3/38, Cripps an Eden (in Athen), Eden an Cripps und Niederschriften, 4.-16–4.1941.
47 FO 371 29479 N1510/78/38, 11.4.1941.
48 Eden, *The Eden Memoirs*, S. 262.
49 Monckton papers, Box 4, p.201, 17.4.1941; Cripps papers, Isobels Tagebuch, 16., 20.-24.4.1941; Weaver papers, Brief von Cripps, 18.4.1941.
50 AWP RF, f.07 op.2 p.9 d.20 l.25–29, Aufzeichnung der Unterredung Wyschinskis mit Cripps (über die dieser nicht an das FO berichtete), 10.4.1941; UD:s Arkiv 1920 ARS, HP/517/LXXI, Assarsson an AM, 9.4.1941.
51 FO 371 29480 N1848/78/38 und AWP RF, f.06 op.3 d.89 p.8 l.1–6, Cripps an Wyschinski, 11.4.1941.
52 FO 371 29479 N1573/78/38, Cripps an FO und Niederschrift von Eden und Churchill, 12.-15.4.1941. Siehe auch Churchills Memoiren, Bd. III.1, S. 428f. mit den offensichtlichen Auslassungen.
53 FO 371 29465 N1667/3/38 und 29473 N1889/22/38, FO-Niederschriften, 12. und 18.4.1941.
54 CAB 65/18 42(41)3, 21.4.1941.

55 PREM 3/395/16 p. 433, Churchill an Eden, 22.4.1941.
56 Churchill papers, 20/37, Churchill an Eden, 3.4.1941. Die weitaus beste Untersuchung von Churchills Strategie auf dem Balkan, besonders seiner Entscheidung, Griechenland zu Hilfe zu eilen, findet sich bei Lawlor, *Churchill and the Politics of War*, Kap. 10.
57 Vgl. Churchill papers, 20/37, Churchill an Wavell, 4.4.1941.
58 Churchill papers, 20/37, Telegrammaustausch zwischen Churchill, Eden und Wavell, 7. und 9.4.1941; siehe auch Eden papers, Tagebuch, 11.4.1941.
59 Berichtet in der *Times*, 10.4.1941, Kommentar in der *Times*, 20.4.1941.
60 Vgl. Churchill papers, 20/37, Churchill an die Premierminister der Dominion-Staaten, 15.4.1941.
61 Churchill papers, 20/36, Churchills Vermerk an Ismay für das COS, 20.4.1941; 20/38, Wavell an Churchill, 22.4.1941.
62 Churchill papers, 20/36, Churchills Direktive, 28.4.1941.
63 Siehe u. a. AWP RF, f.017a, Maiskis Tagebuch, S. 1ff., 62–65 und 69, 1.1. und 31.3.1941.
64 Dimitroffs Tagebuch, 20.2.1941.
65 AWP RF, f.017a, Maiskis Tagebuch, S. 79–80, 4.4.1941.
66 Bericht darüber in AWP RF, f.059 op.1 p.351 d.2401 l.130, Maiski an AM, außerdem in Maiskis Tagebuch, S. 83f., 9.4.1941.
67 AWP RF, f.069 op.25 p.71 d.6 l.58–59, Maiski an AM über die Unterredung mit Brendan Bracken, 30.4.1941; f.017a, Maiskis Tagebuch, S. 111–115, 30.4.1941.
68 AWP RF, f.059 op.1 p.361 d.2401 l.133–134, Maiski an AM, 10.4.1941; f.017a, Maiskis Tagebuch, S. 41–45 und 85ff., 1.3. und 10.4.1941.
69 Maiskis Tagebuch, S. 121f., 5.5.1941.
70 Siehe S. 282–287.
71 FO 371 29465 N1999/3/38, Halifax an Eden, 5.5.1941.
72 Für diese Information danke ich I. McDonald.
73 AWP RF, f.017a, Maiskis Tagebuch, S. 152f.
74 Siehe S. 261ff.
75 FO 371 29465 N1667/3/38, Telegrammaustausch zwischen Cripps und Eden, 17. und 19.4.1941. Siehe auch Cripps papers, Isobels Tagebuch, 28.4.1941.
76 Für die folgenden Unterredungen siehe FO 371/29480 N1762/78/38, Telegramme von Cripps, 23.4.1941, und Niederschriften von Sargent und Eden, 25.4.1941.
77 FO 371 29465 N1828 und N1692/3/38, Cripps an FO, 18.4.1941; AWP RF, f.06 op.3 d.75 p.7 l.11–16, Cripps an Wyschinski, 18.4.1941. Siehe auch State Department, 740.0011 EW39/8919, Telegramm Steinhardts, 7.3.1941, über ähnliche Insinuationen, die Cripps bereits früher gegenüber dem amerikanischen Botschafter geäußert hatte und die durchaus den sowjetischen Behörden zu Ohren gekommen sein können.
78 Siehe dazu FSB, *Sekrety Gitlera*, S. 25–28, Mitteilung Merkulows an das ZK der KPdSU, SNK und NKWD, 10.4.1941. Siehe auch das Ge-

spräch Wyschinskis mit Gavrilovic am selben Tag in AWP RF, f.07 op.2 p.10 d.32 l.10–12.

79 ZA FSB RF, f.'Zos' op.8 d.55 l.288–291, Memorandum Merkulows an Stalin über Cripps' internes Pressegespräch, 11.3.1941.

80 Vgl. State Department 740.0011 EW/39/8919, 7.3.1941.

81 Für die aufschlussreichen Bemerkungen zu Cripps und dem Blitzkrieg bin ich Sir Maurice Shock zu Dank verpflichtet.

82 Vgl. PREM 3/395/2 fol. 29.

83 Vgl. *ADAP*, Bd. XII.2, S. 504, AA an Schulenburg, 22.4.1941.

84 Vgl. FO 371 29465 N1806/3/38.

85 Vgl. AWP RF, f.017a, Maiskis Tagebuch, S. 102f., 22.und 23.4.1941.

86 FO 371 29465 N1667/3/38, FO-Niederschriften, 17. und 19.4.1941.

87 GRU GS FR, op.24119 d.1 l.452–455, der Militärattaché in Bukarest an Golikow, 24.3.1941.

88 FO 371 29480 N1725/78/38, Telegramm von Cripps, 22.4.1941; P. A. Schilin, *Kak faschistskaja Germania gotowila napadenie na Sowjetski Sojus* [Wie das faschistische Deutschland den Überfall auf die Sowjetunion vorbereitete], Moskau 1966, S. 219; Schukow, *Wospominania i rasmyschlenia*, Bd. I, S. 368, 371 und 373.

89 Für die Unterredung vom 25.4.1941 siehe FO 371 29465 N1801/3/38 und AWP RF, f.069 op.25 d.6 p.71 l.166–169 (die vorherige Unterredung am 18.4.1941 findet sich auf l.62–65).

90 Siehe S. 298f.

91 Vgl. van Creveld, *The German Attack on the USSR*.

92 Vgl. Van Creveld, *Hitler's Strategy*, S.149 und 151.

93 Beaverbrook papers, D 93, Churchill an Eden und Beaverbrook, 1.11.1941.

94 Vgl. CAB 69/2 DO(41)69, 27.10.1941; CAB79/55 COS(41)34 und Niederschrift von Churchill, 28.10.1941.

95 PREM 3/403/7, Churchill an Beaverbrook, 14.10.1941.

96 PREM 3/395/2, fol. 30, Eden an Churchill, 14.10.1941; Werth, *Russia at War*, S. 270.

97 *FRUS* I (1941), S. 702, 712f., 715.

Neuntes Kapitel
Japan: Der Weg nach Deutschland

1 Vgl. ZA SWR RF, d.21616 t.2 l.36–41, Merkulow an Timoschenko, 31.3.1941.

2 Vgl. ZA SWR RF, d.21616 t.2 l.11–12, Merkulow an Stalin, 31.3.1941.

3 Vgl. Auslandsaufklärung des NKWD an GRU, in: *Iswestija ZK KPSS* 4 (1990), S. 211.

4 GRU GS RF, op. 7237, Bericht von Golikow, 16.4.1941; Wolkogonow papers, *Raswedywatelnye swodki po sapadu*, Nr. 4, 20.4.1941.

5 Sudoplatow, *Handlanger der Macht*, S. 152.
6 Zu den harten militärischen Fakten, die die Streitkräfte vor allem in Unruhe versetzten, siehe S. 177–184.
7 AWP RF, f.059 op.1 p.315 d.2174 l.104, Schkwarzew an AM, 12.2.1940.
8 Siehe Kapitel 8, Churchills Warnung an Stalin.
9 Vgl. Umanski an Molotow, 1.3.1941, in: *Westnik MID SSSR* 8/66 (1990), S. 78.
10 FSB I(2), S. 26f., Bericht der 2. Verwaltung des NKGB, 7.2.1941.
11 ZA SWR RF, d.23078 t.1 l.210–214, Merkulow an Stalin und Molotow, 8.3.1941.
12 Vgl. GRU GS RF, op.24127 d.2 l.195–196, Sorge an Golikow, 11.3.1941. Für einen sowjetischen und einen westlichen Bericht über Sorges Tätigkeit siehe A. Jegorow, Richard Sorge – k 90–letiu so dnja roschdenia [Richard Sorge - zu seinem 90. Geburtstag], in: *WIS* 10 (1985), S. 90ff. und G. W. Prange, *Target Tokyo. The Story of the Sorge Spy Ring*, New York 1984.
13 GRU GS RF, op.24127 d.2 l.340–341, Sorge an Golikow, 6.5.1941.
14 GRU GS RF, op.24127 d.2 l.381, Sorge an Golikow, 21.5.1941.
15 GRU GS RF, op.24127 d.2 l.422, zwei Telegramme von Sorge an Golikow, 1.6.1941.
16 ZA FSB RF, f.'Zos' op.8 d.55 l.288–291, Merkulow an Stalin und Molotow, 11.3.1941.
17 UD:s Arkiv 1920 ARS, HP/1554/L und LVI, der schwedische Botschafter in Berlin an AM, 13.3. und 15.5.1941; AWP RF, f.06 op.3 p.25 d.335 l.1–6, und Quai d'Orsay Archives, Telegramme aus Moskau, tel. 428–431, Aufzeichnung von Bogomolows Unterredung mit Bergery, 15.5.1941. Siehe auch Gafencu, *Misiune la Moscova*, raport 1627, S.200–210, Gafencu an AM, 15.5.1941.
18 FO 371 29481 N2388/78/38, Halifax an FO, 23.5.1941.
19 Siehe S. 182ff.
20 Vgl. GRU GS RF, op.14750 d.1 l.12–21, Golikows Bericht an die Sowjetregierung und das ZK der KPdSU, 20.3.1941.
21 ZA SWR RF, d.23078 t.1 l.269–274, Bericht von »Stepanow« über Informationen von »Hauptfeldwebel«, 17.4.1941. Bereits in seinem Bericht von Mitte März hatte »Korse« Göring als den Spiritus rector der Kriegspartei ausgemacht, FSB I(2), S. 287f., »Korse« an Zentrale, 15.3.1941.
22 ZA SWR RF, d.23078 t.1 l.291–295, Merkulow an Stalin, Molotow, Berija und Timoschenko, 24.4.1941.
23 FSB, *Sekrety Gitlera*, S. 116, Merkulow an Stalin, Molotow und Berija, 19.5.1941. Für das Original siehe FO 371 29135 W5835/35/50, Soviet Union, 14.5.1941.
24 FSB, *Sekrety Gitlera*, S. 117f., Merkulow an Stalin, Molotow und Berija, 19.5.1941.
25 Hitlers Weisung vom 12.5.1941 in: *50 let welikoi otetschestwennoi woiny*, S. 21f.

26 ZA FSB RF, f.'Zos', op.8 d.57 l.1500–1504, Merkulow an Stalin, Molotow und Berija, 25.5.1941.
27 Vgl. ZA SWR RF, d.23078 t.1 l.331–332, und FSB I(2), S. 290f., Aufzeichnung der Unterredung Kobulows (»Sachar«) mit »Korse« und »Hauptfeldwebel«, 2. und 11.4.1941; Merkulow an Stalin, Berija und Molotow, 14.4.1941; siehe auch L. Besymensky, The Great Game, unveröffentlichter Aufsatz.
28 Rosso, zitiert von Cripps in: FO 371 29480 N1819/78/38, 26.4.1941.
29 FSB I(2), S. 292f., die Berliner Residentur an NKGB, 1.5.1941, weitergegeben an Stalin und Molotow am 5.5.1941; siehe FSB, *Sekrety Gitlera*, S. 65ff.
30 ZA SWR RF, d.23078 t.1 l.236–246, Information von »Lyzeumsschüler«, übermittelt durch »Sachar«, 16.4.1941.
31 Vgl. AWP RF, f.082 op.24 p.106 d.8 l.370–372, Bericht des 1. Sekretärs der Botschaft Berlin, Bogdanow, 14.4.1941.
32 Vgl. ZA FSB RF, f.'Zos' op.8 d.56 l.792–795, Merkulow an das ZK der KPdSU, SNK und NKWD, 22.4.1941; ZA SWR RF, d.23078 t.1 l.285–287, Merkulow an Molotow, 16.4.1941.
33 Siehe S. 261ff.
34 FSB, *Sekrety Gitlera*, S. 31f., Bericht aus Berlin, übermittelt von Merkulow an das ZK der KPdSU, 22.4.1941.
35 ZA SWR RF, d.23078 t.1 l.388–390, Bericht von »Hauptfeldwebel«, 9.5.1941; l.369–372, Bericht von »Sachar« aus Berlin, 10.5.1941.
36 AWP RF, f.0134 op.24a p.236 d.9 l.96–97, Aufzeichnung der Unterredung des 1. Sekretärs der Botschaft Bukarest, Schegalow, mit Gruic von der jugoslawischen Botschaft, 5.5.1941.
37 ZA FSB RF, f.'Zos' op.8 d.56 l.1160–1163, Merkulow informiert über Cripps' Telegramme Nr. 412 und 413 vom 30.4. und 5.5.1941 an Eden.
38 Vgl. AWP RF, f.094 op.26 p.331 d.5 l.5–8, Aufzeichnung der Unterredung des sowjetischen Botschafters in Iran, Filimonow, mit dem japanischen Botschafter Ishikawa, 21.4.1941; AWP RF, f.0125 op.27 p.122 d.4 l.231–232, Aufzeichnung der Unterredung Lawrentjews mit Lion Liang, 6.5.1941; d.5 l.108–110, Aufzeichnung von Michailows Unterredung mit Nureldschim, 7.5.1941. Siehe auch GRU GS RF, op.24119 d.1 l.762–763, »Zeus«, Sofia, an Golikow, 9.5.1941.
39 Vgl. GRU GS RF, op.24122 d.1 l.272, »Dora« aus Zürich an Golikow, 19.5.1941.
40 Vgl. AWP RF, f.077 op.2 p.111 d.5 l.56–57, Aufzeichnung von Scharonows Unterredung mit Unaidin, 21.5.1941.
41 ZA SWR RF, d.23078 t.1 l.349–351, Residentur Berlin an NKGB, 30.4.1941.
42 ZA SWR RF, d.23078 t.1 l.352–355, Merkulow an Stalin, Molotow und Berija, 30.4.1941.
43 Ein aufschlussreicher Insiderbericht findet sich in AWP RF, f.017a, Maiskis Tagebuch, S. 106f., 26.4.1941.
44 In den meisten Arbeiten über nachrichtendienstliche Fragen, insbe-

sondere Whaleys *Codeword Barbarossa*, werden dagegen die Aspekte der Desinformation bei dieser Episode behandelt.

45 *ADAP*, Bd. XII.2, S. 407, Aufzeichnung Weizsäckers, 8.4.1941.

46 Quai d'Orsay Archives, 834/Z/312/1 pp.127–128, Aufzeichnung der Gespräche mit Bogomolow, 9.4.1941.

47 Vgl. AWP RF, f.06 op.2 p.1 d.1 l.13–15, Aufzeichnung der Unterredung Molotows mit dem chinesischen Botschafter in Moskau, Yang Jie, 8.1.1941; f.059 op.1 p.338 d.2312 l.8–9, der sowjetische Botschafter in China, Panjuschkin, an Molotow, 9.1.1940.

48 Vgl. AWP RF, f.06 op.2 p.2 d.11 l.64–67, Aufzeichnung der Unterredung Molotows mit General He Yaozu, 28.4.1940. Zum Einfluss des sowjetisch-japanischen Krieges am Chalchin-Gol auf die sowjetische Politik siehe A. D. Coox, *Nomonhan. Japan against Russia, 1939*, Stanford 1986.

49 Vgl. AWP RF, f.0100 op.24 p.196 d.8 l.6–10, Panjuschkin über eine Unterredung mit dem stellvertretenden Ministerpräsidenten und Finanzminister Chinas, Kun Xiangxi, Kriegsminister He Yingqing und Wirtschaftsminister Weng Wenhao, 29.2.1940.

50 Vgl. AWP RF, f.0146 op.23 p.205 d.9 l.10–16, Aufzeichnung von Losowskis Unterredung mit dem japanischen Botschafter in Moskau, Togo, 21.1.1940. J. Haslams *The Soviet Union and the Threat from the East, 1933–1941*, London 1992, ist als die umfassendste Arbeit über die sowjetische Politik im Fernen Osten anzusehen. Haslam übersieht allerdings Stalins Bemühen, mit Hilfe von Japan einen Ausgleich mit Deutschland zu erreichen. Er beschreibt, welch merkwürdige Mischung von imperialen Ambitionen, Realpolitik und Ideologie der mehrfach wechselnde außenpolitische Kurs der UdSSR im Fernen Osten darstellte.

51 Vgl. AWP RF, f.06 op.2 p.2 d.12 l.144–151, Aufzeichnung der Unterredung Molotows mit Togo, 23.5.1940. Die japanischen Archive bestätigen, dass er mit dieser Vermutung Recht hatte. Siehe H. Chihiro, The Japanese-Soviet Neutrality Pact, in: J. Morley (Hrsg.), The Fateful Choice. *Japan's Advance into South-east Asia, 1939–1941*, New York 1980, S. 28–31.

52 AWP RF, f.06 op.2 p.2 d.13 l.3–9, 13–16 und 39–43, Aufzeichnung der Unterredungen Molotows mit Togo, 1., 3. und 7.6.1940.

53 AWP RF, f.06 op.2 p.2 d.13 l.68–71, Aufzeichnung der Unterredung Molotows mit dem chinesischen Botschafter Zhao Lijie, 9.6.1941; f.0100 op.24 p.196 d.6 l.54–55, Aufzeichnung der Unterredung des Leiters der Fernostabteilung des Außenministeriums, Resanow, mit dem chinesischen Geschäftsträger, Zhang Dating, 10.6.1940.

54 AWP RF, f.0146 op.23 p.206 d.14 l.69–75, der sowjetische Botschafter in Tokio, Malik, an AM, 12.6.1940. Siehe eine ähnliche deutsche Einschätzung dieser Veränderung in *ADAP*, Bd. XI, S. 17, Vermerk des Legationsrats Knoll, 4.9.1940. Siehe auch Chihiro, *The Japanese-Soviet Neutrality Pact*, S. 41ff.

55 *ADAP*, Bd. XI, S. 176f. und 177f., Botschafter Ott an Matsuoka, 27.9.1940. Siehe auch Chihiro, *The Japanese-Soviet Neutrality Pact*, S.47 und 50.
56 Vgl. AWP RF, f.06 op.2 p.3 d.17 l.1–3, Aufzeichnung der Unterredung Molotows mit Togo, 1.10.1940. Der schwedische Botschafter, der engen Kontakt zu den Achsenmächten hielt, war der Meinung, dass damit der Weg für Russlands Beitritt zum Pakt gebahnt sei. Siehe UD:s Arkiv 1920 ARS, HP/516/LXVIII, Assarsson an AM, 12.10.1940.
57 PA, f.3 op.64 d.675 l.13–15, Berija an Stalin, 24.10.1940.
58 Vgl. AWP RF, f.06 op.2 p.3 d.17 l.50–55, Aufzeichnung von Molotows Unterredung mit Togo, 17.10.1940.
59 UD:s Arkiv 1920 ARS, HP/517/LXIX, Assarsson an AM, 11.11.1940.
60 AWP RF, f.059 op.1 p.335 d.2294 l.55–57, Molotow an den sowjetischen Botschafter in Tokio, Smetanin, über die Gespräche mit Tatekawa, 1.11.1940.
61 Vgl. *ADAP*, Bd. XI, S. 540f., Ott an AA, 21.1.1940. AWP RF, f.0146 op.23 p.205 d.9 l.120–127, Losowski über die Unterredung mit Tatekawa, 24.12.1940; f.06 op.2 p.3 d.19 l.106–119, Molotow über die Unterredungen mit Tatekawa, 26. und 28.12.1940; f.0146 op.23 p.205 d.9 l.131–149, Aufzeichnung von Losowskis Unterredung mit Tatekawa, 27.12.1940; f.06 op.3 p.1 d.3 l.2–8, Molotow über die Unterredung mit Tatekawa, 17.1.1941.
62 Vgl. AWP RF, f.06 op.3 p.1 d.3 l.9–16 und 23–24, Aufzeichnung der Unterredungen Molotows mit Tatekawa, 27. und 29.1.1941.
63 AWP RF, f.0146 op.24 p.224 d.7 l.111–113, Smetanin an Molotow, 11.2.1940.
64 Chihiro, *The Japanese-Soviet Neutrality Pact*, S. 71.
65 *ADAP*, Bd. XII.1, S. 81f., Ott an AA über die Unterredung mit Matsuoka, 15.2.1941. Die Briten erkannten sofort, worum es Japan bei dieser Russlandreise ging – um die Unterzeichnung eines Nichtangriffspakts. Siehe FO 371 27956 F1125/421/23, Craigie an FO, 19.2.1941.
66 AWP RF, f.06 op.3 p.1 d.3 l.37–40, Aufzeichnung von Molotows Unterredung mit Tatekawa, 18.2.1941.
67 Vgl. UD:s Arkiv 1920 ARS, HP/517/LXX, Assarsson an AM, 15.3.1941.
68 Vgl. *ADAP*, Bd. XII.1, S. 114–124, Aufzeichnung der Unterredung Ribbentrops mit Oshima, 23.2.1941.
69 Vgl. AWP RF, f.06 op.3 p.1 d.4 l.67–69, Molotow über seine Unterredung mit Tatekawa, 18.3.1941.
70 Vgl. AWP RF, f.06 op.3 p.28 d.383 l.1–5, Aufzeichnung der Unterredung Molotows mit Matsuoka, 24.3.1941; f.06 op.3 p.30 d.413 l.1, Memorandum Losowskis, 22.2.1941. Siehe auch UD:s Arkiv 1920 ARS, HP/517/LXX, Assarsson an AM, 24.3.1941.
71 PA, f.45 op.1 p.404 l.83–88, Aufzeichnung der Unterredung Stalins mit Matsuoka, 24.3.1941. Matsuoka war von Stalins Feindseligkeit gegenüber England tief beeindruckt, siehe AMVR, d.51 p.45 op.1sh pop.333 l.76, Stamenov an AM, 15.4.1941.

72 Vgl. UD:s Arkiv 1920 ARS, HP/517/LXX, Assarsson an AM, 25.3.1941.
73 Vgl. AWP RF, f.069 op.25 d.6 p.71 l.47–52, Maiski an AM über die Unterredung mit Butler, 26.3.1941.
74 *ADAP*, Bd. XII.1, S. 317–324, Aufzeichnung der Unterredung zwischen Hitler, Matsuoka und Ribbentrop, 31.3.1941; S. 334–337 und 340–346, Aufzeichnungen der Unterredungen zwischen Ribbentrop und Matsuoka, 31.3.1941.
75 *ADAP*, Bd. XII.1, S. 317–324, Aufzeichnung der Unterredung zwischen Hitler, Matsuoka und Ribbentrop, 1.4.1941.
76 ZDA MVR, f.176 op.8 a.e.995 l.2–4, der bulgarische Botschafter in Rom, Karadschov, an AM, 4.4.1941.
77 Siehe S. 202f.
78 UD:s Arkiv 1920 ARS, HP/517/LXXI, Assarsson an AM, 7.4.1941.
79 Vgl. AWP RF, f.06 op.3 p.28 d.383 l.6–20, Aufzeichnung der Unterredung Molotows mit Matsuoka, 7.4.1941. Siehe auch G. Krebs, Japan und der deutsch-sowjetische Krieg 1941, in: B. Wegner (Hrsg.), *Zwei Wege nach Moskau*, S. 567f.
80 AWP RF, f.06 op.3 p.28 d.383 l.19–35, Aufzeichnung der Unterredung Matsuokas mit Molotow, 9.4.1941.
81 Vgl. AWP RF, f.06 op.3 p.28 d.383 l.36–46, Bericht Molotows über die Unterredung mit Matsuoka, 11.4.1941; Schukow, *Wospominania i rasmyschlenia*, Bd. I, S. 356f., 13.4.1941.
82 AWP RF, f.0125 op.27 p.122 d.4 l.199–201, Aufzeichnung von Lawrentjews Unterredung mit dem griechischen Botschafter in Bukarest, Kollas, 10.4.1941.
83 Vgl. FSB, I(2) S. 93f., Residentur Berlin des NKGB, 10.4.1941.
84 PA, f.45 op.1 d.404 l.91–101, Aufzeichnung der Unterredung Stalins mit Matsuoka, 12.4.1941.
85 Die folgende Darstellung basiert in der Hauptsache auf dem eingehenden und sehr lebendigen Bericht des Korrespondenten des *News Chronicle*, Jack Scott, FO 37129480 N1829/78/38, der durch andere im Weiteren angeführte Informationen bestätigt wird.
86 FO 371 27956 F2960/421/23, Cripps an FO, 14.4.1941.
87 Eine bemerkenswerte Ausnahme, die das historiographische Problem anerkennt, ist B. N. Slawinski, *Pakt o neitralitete meschdu SSSR i Japonijei. Diplomatitscheskaja istorija, 1941–1945* [Der Neutralitätspakt zwischen der UdSSR und Japan. Diplomatische Geschichte von 1941–1945], Moskau 1995, S. 98f.
88 Krigsarkivet, Fo..rsvarsstaben, Ser. E/II/15/1, Bericht des Militärattachés über Gespräche mit Krebs, Nr. 41, 13.4.1941.
89 AMVR, d.51 p.45 op.1sh pop.333 l.74, Stamenov an AM, 13.4.1941.
90 Gafencu, *Vorspiel zum Krieg im Osten*, S. 212.
91 Slawinski, *Pakt o neitralitete* , S. 105f. und 108.
92 Telegramm von Aktay, das die Deutschen abfingen; siehe *ADAP*, Bd. XII.2, S. 726–729, Bericht des türkischen Botschafters in Moskau vom 1.5.1941.

93 *ADAP*, Bd. XII.2, S. 602ff., Ott an AA, 6.5.1941.
94 *ADAP*, Bd. XII.2, S. 455f., der deutsche Geschäftsträger in Tokio, Boltze, an AA, 14.4.1941. Siehe eine ähnliche Information von Craigie in Tokio an FO, in: FO 371 27956 F3042 und F3046/421/23, 14. und 15.4.1941.
95 Siehe S. 261ff.
96 Vgl. *Komintern i wtoraja mirowaja woina*, Bd. I, S. 525f.
97 Quai d'Orsay Archives, 834/Z/312/1 pp.132–133, Aufzeichnung des Gesprächs mit Bogomolow, 11.4.1941.
98 Zu dieser Veranstaltung siehe Cripps papers, Isobels Tagebuch, 21.4.1941.
99 Dimitroffs Tagebuch, 20.4.1941.
100 Dimitroffs Tagebuch, 21.4.1941.
101 Vgl. Firsov, *Archiwy Kominterna*, S. 34f.
102 Dimitroffs Tagebuch, 12.5.1941.
103 Dimitroffs Tagebuch, 22.6.1941.

Zehntes Kapitel
»Appeasement«: Ein neuer Pakt zwischen Deutschland und der Sowjetunion?

1 Gafencu, *Vorspiel zum Krieg im Osten*, S. 216; AMVR, p.17 op.1b pop.13 l.50, Stamenov an AM, 14.4.1941.
2 Vgl. E. von Weizsäcker, *Erinnerungen*, München 1954, S. 314.
3 Vgl. Weizsäcker, *Erinnerungen*, S. 306.
4 Vgl. Waddington, *Ribbentrop and the Soviet Union*, S. 22.
5 *ADAP*, Bd. XII.2, S. 664–672, Aufzeichnung der Unterredung zwischen Ribbentrop und Mussolini, 14.5.1941.
6 Weizsäcker, *Erinnerungen*, S. 308.
7 Vgl. Hill (Hrsg.), *Weizsäcker-Papiere*, S. 565f., Anmerkung 126.
8 UD:s Arkiv 1920 ARS, HP/517/LXX, Assarsson an AM, 4.4.1941.
9 Der Inhalt dieser Denkschrift, die nie aufgefunden wurde (vgl. *ADAP*, Bd. XII.2, S. 550f., Weizsäcker an Ribbentrop, 28.4.1941), wird dargelegt bei Hilger und Mayer, *Wir und der Kreml*, S. 305f., und UD:s Arkiv 1920 ARS, HP/1554/L und LXX, Assarsson an AM, 25.2., 17. und 29.3.1941.
10 Hervorhebung von mir – G.G. Vgl. *ADAP*, Bd. XII.2, S. 448, Schulenburg an AA, 13.4.1941. Dass er den gewollten Eindruck machte, wird von Hitlers Dolmetscher Paul Schmidt bestätigt. Siehe *Statist auf politischer Bühne 1923–1945*, Bonn 1949, S. 537. Das Gespräch zwischen Stalin und Schulenburg bestätigt auch Assarsson in UD:s Arkiv 1920 ARS, HP/517/LXXI, Assarsson an AM, 21.4.1941, und in seinem Buch *I skuggan av Stalin*, S. 57.
11 Vgl. DGFP, vol. XII, pp. 560–561, Tippelskirch an AA, 15.4.1941; AWP RF, f.082 op.24 p.105 d.3 l.95–96, Sobolew über die Unterre-

dung mit Tippelskirch, 15.4.1941; AWP RF, f.06 op.3 p.4 d.38 l.85–89, Sobolew über die Unterredung mit Tippelskirch, 24.4.1941.

12 Vgl. AWP RF, f.07 op.2 p.10 d.31 l.32–33, Wyschinski über eine Unterredung mit Gafencu, 15.4.1941.

13 *ADAP*, Bd. XII.2, S. 470, Tippelskirch an AA ; 16.4.1941.

14 *ADAP*, Bd. XII.2, S. 470 und 529, Tippelskirch an AA, 16. und 25.4.1941.

15 UD:s Arkiv 1920 ARS, HP/517/LXXI, Assarsson an AM, 19.4.1941; AWP RF, f.07 op.2 p.10 d.32 l.13–14, Aufzeichnung der Unterredung Wyschinskis mit Gavrilovic, 20.4.1941.

16 *Prawda*, 19.4.1941.

17 *ADAP*, Bd. XII.2, S. 502, AA an OKW und Reichsverkehrsministerium, 21.4.1941.

18 Vgl. Fleischhauer, *Diplomatischer Widerstand*, S. 305.

19 Weizsäcker, *Memoiren*, S. 314; Hill (Hrsg.), *Weizsäcker-Papiere*, S. 248, 21.4.1941. Während seines Prozesses erklärte Weizsäcker: »Ich weiß, dass ich längst als ein Defaitist angesehen werde mit veralteten Ansichten, auf die man nicht zu hören braucht. Aber ich will doch noch ein letztes Mal vielleicht in meiner Laufbahn ausdrücklich meine abweichende Meinung gegenüber der Staatsleitung zur Kenntnis bringen«. S. 570, Anmerkung 156.

20 Vgl. J. von Ribbentrop, *Zwischen London und Moskau. Erinnerungen und letzte Aufzeichnungen*, Leoni 1954, S. 238.

21 Vgl. *ADAP*, Bd. XII.2, S. 555ff., Gespräch Hitlers mit Schulenburg, 28.4.1941.

22 Für den vollen Wortlaut der Denkschrift Weizsäckers siehe *ADAP*, Bd. XII.2, S. 550f. Siehe auch Weizsäcker, *Memoiren*, S. 307 und 314, sowie Hill (Hrsg.), *Weizsäcker-Papiere*, 28. und 29.4.1941, S. 249f.

23 Vgl. H. von Bittenfeld, *Zwischen Hitler und Stalin*, S. 215, 25.4.1941.

24 Vgl. Hilger und Mayer, *Wir und der Kreml*, S. 306.

25 Weizsäcker, *Memoiren*, S. 315.

26 *ADAP*, Bd. XII.2, S. 555ff., Gespräch Hitlers mit Schulenburg, 28.4.1941. Siehe dazu auch Hilger und Mayer, *Wir und der Kreml*, S. 306.

27 Hilger und Mayer, *Wir und der Kreml*, S. 306.

28 UD:s Arkiv 1920 ARS, HP/1556/LV, Assarsson an AM über die Unterredung mit Hilger am 30.4., mit Schulenburg am 3.5. und mit Walther am 6.5.1941. Bestätigt von Gafencu, *Misiune la Moscova*, raport 1405, S. 183–194, 30.4.1941, und von Cripps, FO 371 29481 N2172/78/38, 14.5.1941.

29 Dimitroffs Tagebuch, 9.4.1941.

30 Vgl. Sudoplatow, *Der Handlanger der Macht*, S. 152.

31 AWP RF, f.0125 op.27 p.122 d.4 l.224–226, 22.4.1941.

32 UD:s Arkiv 1920 ARS, HP/517/LXXI, Niederschrift des schwedischen Außenministeriums, 24.4.1941, und Assarsson an AM, 5.5.1941.

33 AWP RF, f.0125 op.27 p.122 d.4 l.230, Aufzeichnung der Unterredung

Lawrentjews mit Avakumovic, 1.5.1941. Eine fast wörtlich übereinstimmende Erklärung gab Winogradow im Gespräch mit Knatchbull-Hugessen am 3.5.1941 ab, siehe AWP RF, f.0134 op.24a p.236 d.7 l.288–292. Diesen Ton schlug auch Maiski in all seinen Gesprächen mit Eden im Mai und Juni an.

34 Vgl. FO 371 29465 N1999/3/38, Halifax an Eden, 5.5.1941.

35 AWP RF, f.07 op.2 p.9 d.21 l.6–11, Aufzeichnung der Unterredung Wyschinskis mit Steinhardt, 24.5.1941.

36 Vgl. W. A. Neweschin, Wystuplenie Stalina 5 maja 1941 g. i poworot w propagande [Stalins Rede vom 5. Mai 1941 und der Umschwung in der Propaganda], in: Neweschin und Bordjugowa (Hrsg.), *Gotowil li Stalin nastupatelnuju woinu protiw Gitlera*, S. 147ff. Dort wird behauptet, die Propaganda innerhalb der Armee sei nun darauf ausgerichtet worden, die Soldaten auf einen »Angriffskrieg« vorzubereiten. Diese Untersuchung ist allerdings ein klassischer Fall dafür, dass bei der Analyse der größere politische, internationale und militärische Rahmen außer Acht gelassen wird. Auch J. Hoffmann vertritt eine ähnlich tendenziöse Version in seinem Aufsatz Die Angriffsvorbereitungen der Sowjetunion 1941, in: Wegner (Hrsg.), *Zwei Wege nach Moskau*, S. 371.

37 Siehe u. a. FO 371 29481 N2130/78/38, Cripps an FO, 5.5.1941; Quai d'Orsay Archives, Telegramme aus Moskau, tels 409–13, Bergery an AM, 5.5.1941; *ADAP*, Bd. XII.2, S. 802f., Schulenburg an AA, 4.6.1941; Erickson, *Road to Stalingrad*, S. 82; Hilger und Mayer, *Wir und der Kreml*, S. 307f.

38 GRU GS RF, op.24119 d.1 l.452–455, »Jeschtschenko« an Golikow, 24.3.1941.

39 Der Chef der Propagandaabteilung der Roten Armee an Schdanow, Januar 1941, siehe *Iswestija ZK KPSS* 5 (1990), S. 191–196.

40 Tschujew, *Sto sorok besed s Molotowym*, S. 45.

41 Russisches Zentrum für die Aufbewahrung und das Studium von Dokumenten der neuesten Geschichte (fortan RZChIDNI), f.88 op.1 d.898 l.14–22, Direktive Schtscherbakows, 5.5.1941.

42 Papiere Besymenskis, Niederschrift von General N. Ljaschtschenko, 1954. Für dieses Dokument bin ich Lew Besymenski zu Dank verpflichtet.

43 RZChIDNI, f.558 op.1 d.3808 l.1–12, 5.5.1941.

44 *Prawda*, Rede Timoschenkos, 1.5.1941.

45 FSB I(2), S. 128f., Residentur Berlin an NKGB, April 1941.

46 AWP RF, f.07 op.2 p.9 d.26 l.1, Aufzeichnung der Unterredung Wyschinskis mit Labonne, 5.4.1941; UD:s Arkiv 1920 ARS, HP/517/LXXI, Assarsson an AM, 25.4.1941.

47 Quai d'Orsay Archives, 834/Z/312/1 pp.131–133, Nemanov über das Gespräch mit Bogomolow, 11.4.1941.

48 AWP RF, f.07 op.2 p.9 d.26 l.2–5, Aufzeichnung der Unterredung Wyschinskis mit Bergery, 28.4.1941. Siehe dazu auch Quai d'Orsay Archives, Telegramme aus Moskau, tel. 369–375.

49 AWP RF, f.06 op.3 p.25 d.335 l.1–6, und Quai d'Orsay Archives, Telegramme aus Moskau, tel. 428–431, Bergery an AM, 15.5.1941; UD:s Arkiv 1920 ARS, HP/517/LXXI, Assarsson an AM, 22.5.1941. Eine frühere Darstellung der Stalinschen Beschwichtigungspolitik findet sich bei M. Lisann, Stalin the Appeaser. Before 22 June, *1941*, in: *Survey* 76 (1970).

50 Siehe einen langen Bericht über die Veränderungen in Krigsarkivet, Fo. .rsvarsstaben, Ser. E/I/15/3, Bericht des Militärattachés, Nr. 30, 16.6.1941.

51 RZChIDNI, op.1 d.1a l.1–4, Protokoll der Plenartagung des ZK der KPdSU(B), 5.5.1941; Dimitroffs Tagebuch, 5.5.1941.

52 *ADAP*, Bd. XII.2, S. 575f., Schulenburg an AA, 3.5.1941. Es gibt mehrere Hinweise darauf, dass Schulenburg mit Weizsäcker die Möglichkeit erörterte, Dekanosows Anwesenheit in Moskau zu nutzen, um gegenüber der sowjetischen Regierung aktiv zu werden. Weizsäcker hatte von Dekanosow seit dessen Ernennung im Dezember 1940 den positiven Eindruck gewonnen, »mit diesem Mann ließe sich sachlich reden«. Weizsäcker, *Memoiren*, S. 306.

53 UD:s Arkiv 1920 ARS, HP/517/LXXI, Assarsson an AM, 7.5.1941.

54 Zitiert bei G. Kumanew, 22 ijunja [Der 22. Juni], in: *Prawda*, 22.6.1989. Siehe auch W. W. Sokolows Einführung zu diesem Dokument in: *Westnik ministerstwa inostrannych del SSSR* 20 (1990), S. 58. Für eine solche Aussage gibt es allerdings weder im Wortlaut noch in den nachfolgenden beiden Unterredungen irgendwelche Anzeichen. Eine kritische Betrachtung siehe bei S. Gorlow und W. Wojuschin, Warnings Came Not Only from the German Ambassador, in: *New Times*, Moscow, 2 (1991).

55 Hilger und Mayer, *Wir und der Kreml*, S. 308f.

56 Tschujew, *Sto sorok besed s Molotowym*, S. 39.

57 Vgl. W. A. Wojuschin und S. A. Gorlow, Faschistskaja agressia. O tschom soobschtschali diplomaty [Die faschistische Aggression. Was die Diplomaten meldeten], in: *WIS* 6 (1991), S. 22f.

58 Vgl. PA, f.3 op.64 d.675 l.157–161, Dekanosows Aufzeichnung der Unterredung mit Schulenburg, 5.5.1941.

59 *ADAP*, Bd. XII.2, S. 368, Vertreter des AA beim Oberbefehlshaber des Heeres an AA, 3.4.1941; S. 582, Legationsrat Kramarz, Militäraufklärung, an Marineattaché in Moskau, 4.5.1941; S. 526, Marineattaché Moskau an Kriegsmarine, 24.4.1941. Darin informierte der Marineattaché die Kriegsmarine, er sei »bemüht, Gerüchten entgegenzuarbeiten, die offensichtlich unsinnig« seien. Siehe dazu auch O. W. Wischlew, Potschemu she medlil I. W. Stalin w 1941 g. – is Germanskich archiwow [Warum zögerte J. W. Stalin im Jahre 1941? – Aus deutschen Archiven], in: *NNI* 2 (1992), S. 93f.

60 *ADAP*, Bd. XII.2, S. 582, Legationsrat Kramarz an Botschaft Moskau, 4.5.1941.

61 FO 371 29481 N2418/78/38, Cripps an FO, 15.5.1941.

62 UD:s Arkiv 1920 ARS, HP/517/LXXI, Assarsson an AM, 12.5.1941.
63 *ADAP*, Bd. XII.2, S. 608, Schulenburg an AA, 7.5.1941 ; S. 611f., Schulenburg an Weizsäcker, 7.5.1941. Eine ähnliche Einschätzung gab Rosso, siehe AMVR, d.51 p.45 op.1sh pop.333 l.89–90, Stamenov an AM, 8.5.1941.
64 *Prawda*, 9.5.1941; *DGFP*, vol. XII.2, p. 792, Schulenburg an AA, 12.5.1941.
65 Siehe dazu S. 369–376.
66 Eine Aufzeichnung dieser Begegnung Dekanosows mit Schulenburg, die der Verfasser in nur zwei Exemplaren an Molotow persönlich sandte, findet sich in PA, f.3 op.64 d.675 l.162–168, 9.5.1941.
67 PA, f.3 op.66 d.906 l.1–4, Aufzeichnung der Unterredung Wyschinskis mit Gavrilovic, 8.5.1941. Siehe auch R. Douglas, *New Alliances 1940–41*, London 1982, S. 60.
68 Vgl. *ADAP*, Bd. XII.2, S. 555ff., Gespräch Hitlers mit Schulenburg, 28.4.1941.
69 Ribbentrop, *Zwischen London und Moskau*, S. 239.
70 Vgl. Hill (Hrsg.), *Weizsäcker-Papiere*, 1.5.1941, S. 252f.
71 G. Ciano, *Ciano's Diplomatic Papers*, London 1948, S. 358, 15.6.1941. Einen ähnlichen Eindruck formulierte Bereschkow in seinen Memoiren, *History in the Making*, Moskau 1982, S. 70ff.
72 Weizsäcker, *Erinnerungen*, S. 316; Hill (Hrsg.), *Weizsäcker-Papiere*, 1.5.1941, S. 252.
73 Davon wird im weiteren Verlauf dieses Kapitels die Rede sein.
74 Um vor dem Russlandfeldzug sein Hinterland abzusichern, stand Hitler in entscheidenden Verhandlungen mit Marschall Pétain und Admiral Darlan übe die weiteren Beziehungen zwischen Vichy und Berlin.
75 Hill (Hrsg.), *Weizsäcker-Papiere*, 16.2.1941, S. 238.
76 *ADAP*, Bd. XII.2, S. 611f., Schulenburg an Weizsäcker, 7.5.1941.
77 Vgl. PA, f.3 op.64 d.675 l.174, Aktennotiz Dekanosows über die Unterredung mit Stalin und Molotow, 12.5.1941.
78 Diese waren am 10. Mai 1941 abgesandt worden und per Kurier am Tag ihrer Begegnung eingetroffen. Schulenburg teilte dies Dekanosow mit, ohne ihm etwas über den Inhalt zu sagen.
79 *ADAP*, Bd. XII.2, S. 626, Weizsäcker an Schulenburg, 10.5.1941; S. 626, Wörmann an Schulenburg, 10.5.1941.
80 PA, f.3 op.64 d.675 l.169–173, Aufzeichnung der Unterredung Dekanosows mit Schulenburg, 12.5.1941. Weizsäckers kurzes Telegramm an Schulenburg enthielt einen verdeckten Hinweis, der Schulenburg zu diesem Schluss gebracht haben kann, aber ein Bezug auf Heß war unwahrscheinlich. Weizsäcker schrieb: »Die nächste Zeit wird wieder einige Zusammenkünfte wichtiger Persönlichkeiten bringen, die Ihr Sondergebiet jedoch nicht oder kaum berühren.« Wahrscheinlich meinte er Ribbentrops Begegnung mit Mussolini zwei Tage später. *ADAP*, Bd. XII.2, S. 626, Weizsäcker an Schulenburg, 10.5.1941. Aber die Tatsache, dass sowohl Schulenburg als auch Cripps auf die Mög-

lichkeit eines Separatfriedens hinwiesen, musste Stalin stark in Unruhe versetzen.

81 Siehe S. 342f.
82 Vgl. Hilger und Mayer, *Wir und der Kreml*, S. 308.
83 Hill (Hrsg.), *Weizsäcker-Papiere*, 2.5.1941, S. 253.
84 Bittenfeld, *Zwischen Hitler und Stalin*, S. 216.
85 *ADAP*, Bd. XII.2, S. 659ff., Schulenburg an AA, 12.5.1941.
86 *ADAP*, Bd. XII.2, S. 724, Schulenburg an AA, 24.5.1941.
87 *ADAP*, Bd. XII.2, S. 802f., Schulenburg an AA, 4.6.1941.
88 AWP RF, f.059 op.1 p.361 d.2401 l.133–134, Maiski an AM, 10.4.1941; f.017a, Maiskis Tagebuch, S. 41–45, 85ff. und 121ff., 1.3., 10.4 und 5.5.1941.
89 Vgl. Sudoplatow, *Der Handlanger der Macht*, S. 159.
90 AMVR, d.51 p.45 op.1sh pop.333 l.98, Stamenov an AM, 25.5.1941.
91 Das berichtete Schukow Besymenski in den sechziger Jahren.
92 Vgl. Bereschkow, *History in the Making*, p.59.
93 Vgl. AWP RF, f.082 op.23 p.95 d.6 ll.141–142, Bericht Semjonows, 19.11.1940.
94 Barros und Gregor, *Double Deception*, S. 150–159. Da sowjetische Akten noch nicht zugänglich waren, als dieses Buch geschrieben wurde, wussten die Verfasser nichts von den drei entscheidenden Begegnungen zwischen Dekanosow und Schulenburg in der ersten Hälfte des Monats Mai 1941. Gestützt auf Hilgers irreführenden Bericht, sprechen sie nur von einer einzigen Unterredung und datieren sie falsch auf den 19. Mai. Daher messen sie den Begegnungen mit Meissner, die zur Wiederaufnahme der Gespräche dienen sollten, zu geringe Bedeutung bei. Allerdings hat auch Meissner in seinen Aussagen nach dem Krieg über diese Begegnungen nichts verlauten lassen. In Cripps' Bericht, auf den sich die Autoren beziehen, war lediglich von Gerüchten über diese Gespräche die Rede. Aufzeichnungen darüber finden sich weder im Präsidentenarchiv noch in den Archiven der Nachrichtendienste. Sie sind daher nur durch die Aussagen des damals noch sehr jungen Bereschkow belegt, der in der Botschaft als Dolmetscher tätig war. Da Meissner jedoch fließend Russisch sprach, war Bereschkows Vermittlung bei diesen Gesprächen unter Umständen nicht notwendig. Ihre Bedeutung kann daher nur vermutet werden. Sicherlich sind sie geringer zu werten als die Gespräche Schulenburg-Dekanosow. Trotzdem ist die Intuition von Barros und Gregor sicher richtig, und diese Episode, ob sie nun stattgefunden hat, oder nicht, beeinträchtigt nicht ihren Hauptgedanken von Stalins Selbsttäuschung, den der Autor dieser Zeilen akzeptiert.
95 Siehe S. 387f.
96 AWP RF, f.0132 op.24a p.236 d.8 l.42, Aufzeichnung der Unterredung Winogradows mit Koskinen, 24.5.1941.
97 FSB, *Sekrety Gitlera*, S. 131–132, Merkulow an Stalin, Molotow und Berija, 26.5.1941.

98 GRU GS RF, op.24119 d.1 l.864–874, »Jeschtschenko« aus Bukarest an Golikow, 28.5.1941.

99 ZA SWR RF, d.21616 t.2 l.389–397, stellvertretender Leiter des NKWD an Merkulow, 30.5.1941.

100 AWP RF, f.082 op.24 p.106 d.7 l.140–141, Bericht Dekanosows, 30.5.1941. Siehe auch l.142–143, Aufzeichnung der Unterredung Dekanosows mit Gerde, 7.6.1941.

101 AWP RF, f.06 op.3 p.12 d.138 l.99–107, Dekanosow an Molotow, 4.6.1941.

102 Schukow, *Wospominania i rasmyschlenia*, Bd. I, S. 346f. und 373.

103 Vgl. GRU GS RF, op.7237 d.2 l.114–119, Sonderbericht Golikows, 31.5.1941.

104 ZA FSB RF, f.6894 l.238–239, 3.6.1941.

Elftes Kapitel
Die «militärisch höchst bedrohliche Phase«

1 Vgl. van Creveld, *Hitler's Strategy*, S. 150.

2 Siehe den Abschnitt »Dunkle Wolken ziehen auf« in Kapitel 6, S. 177–184.

3 Vgl. Schukow, *Wospominania i rasmyschlenia*, Bd. I, S. 362f. Diese Feststellung wurde bisher so nicht getroffen. Der letzte Satz hinsichtlich der Informationen ist umstritten.

4 Vgl. Erickson, *Road to Stalingrad*, S. 81; *Iswestija ZK KPSS* 2 (1990), S. 202f.

5 Schukow, *Wospominania I rasmyschlenia*, Bd. I, S. 341ff. und 345. Zu den Vorgängen auf Stalins Datsche siehe Tschujew, *Sto sorok besed s Molotowym.*

6 Vgl. AGS RF, f.8 op.2729 d.28 l.61–82, 214–226 und 262–263, Sokolowski an die Befehlshaber der Militärbezirke West und Ferner Osten sowie an die Luftstreitkräfte, 2.-7.5.1941.

7 Siehe S. 169f.

8 Vgl. AGS RF, f.16 op.2951 d.241 l.1–15, Schukow und Timoschenko an Stalin und Molotow, 11.3.1941.

9 Vgl. Schukow, *Wospominania i rasmyschlenia*, Bd. I, S. 322–325.

10 Siehe S. 234–239.

11 Vgl. ZA SWR RF, d.23078 t.1 l.302–306, Bericht von »Sidorow«, 24.3.1941.

12 Vgl. ZA SWR RF, d.21616 t.4 l.1–10, Leiter des NKGB des Baltikums an Merkulow, 27.3.1941.

13 Vgl. ZA SWR RF, d.23078 t.1 und d.21616 t.3 l.115–120, der stellvertretende Chef des NKGB der Ukraine, Sawtschenko, an Merkulow, 29.4.1941.

14 Vgl. GRU GS RF, op.24119 d.4 l.346–347, »Mars« aus Budapest an Golikow, 30.4.1941.

15 Siehe S. 234–243.
16 FSB I(2), S. 61f. und 289, Residentur Berlin an NKGB, 24.3.1941.
17 ZA SWR RF, d.23078 t.1 l.236–241, »Sachar« an NKGB, 2.4.1941.
18 AGS RF, f.16 op.2951 d.242 l.236–240, Merkulow an Timoschenko, 4.4.1941.
19 Vgl. GRU GS RF, op.24119 d.1 l.468–469 und 472–473, »Jeschtschenko« aus Bukarest an Golikow, 26.3.1941.
20 Vgl. GRU GS RF, op.7237 d.2 l.84–86, Sonderbericht Golikows, 4.4.1941. Dieser wurde eine Woche später vom Chef des NKGB der Ukraine, Meschnik, bestätigt, siehe ZA SWR RF, d.21616 t.3 l.53–59, 12.4.1941.
21 AWP RF, f.082 op.24 p.105 d.3 l.103; *ADAP*, Bd. XII.2, S. 502f., Aufzeichnungen von Sobolew und Tippelskirch über ihre Unterredung, 21.4.1941.
22 GRU GS RF, op.7237 d.2 l.89–91, regelmäßiger Sonderbericht Golikows, 16.4.1941.
23 Vgl. GRU GS RF, op.24119 d.4 l.335–336, »Mars« aus Budapest an Golikow, 24.4.1941.
24 Vgl. Erickson, *Road to Stalingrad*, S. 84. L. S. Skwirski, W predwoennye gody [In den Vorkriegsjahren], in: *Woprosy istorii* 9 (1989), S. 55–68.
25 Siehe S. 159–163.
26 Vgl. AGS RF, f.16 op.2951 d.237 l.48–64, Direktive Timoschenkos und Schukows an Pawlow, 30.4.1941.
27 Siehe S. 261ff.
28 Vgl. PA, Stalins Terminplan, 23.4.1941; f.93, Sonderbestand, Stalin und Molotow an das ZK der KPdSU und die Regierung, 23.4.1941.
29 Vgl. GRU GS RF, op.38 d.1 l.161–166, Direktive Timoschenkos und Schukows an den Militärbezirk West, 29.4.1941.
30 GRU GS RF, op.7277 d.1 l.140–152, der sowjetische Militärattaché in Berlin, Tupikow, an Golikow, 25.4.1941. Den Hauptinhalt des Berichts leitete Golikow am nächsten Tag in verwässerter Form weiter. Siehe GRU GS RF, op.7237 d.2 l.92–96, Bericht Golikows über den deutschen Aufmarsch, 26.4.1941. Dass man sich der Gefahr durchaus bewusst war, ist auch an der Eile zu erkennen, mit der die Organisation des NKGB in Kriegsbereitschaft versetzt wurde. Siehe FSB, I(2), S. 117f., Kobulows Weisungen zur Mobilisierung des NKGB, 26.4.1941. Siehe auch Sudoplatow, *Handlanger der Macht*, S. 152f.
31 AWP RF, f.0125 op.27 p.122 d.2 l.8, Denkschrift Nowikows über die deutschen Absichten in Rumänien, 29.4.1941. Siehe auch GRU GS RF, op.24119 d.1 l.737–745, »Jeschtschenko« an Golikow, 5.5.1941.
32 Vgl. ZA SWR RF, d.23078 t.1 l.391–392, Bericht aus Bukarest, 17.5.1941.
33 FSB, *Sekrety Gitlera*, S. 40–45, Denkschrift des stellvertretenden Innenministers Strokatsch, 30.4.1941.
34 GRU GS RF, op.7237 d.2 l.97–102, Sonderbericht Golikows, 5.5.1941. Siehe auch Schukow, *Wospominania i rasmyschlenia*, Bd. I, S. 344f.

35 Vgl. ZA SWR RF, d.21616 t.2 l.269–271, Merkulow an Stalin, Molotow und Berija, 5.5.1941. Siehe einen ähnlichen Bericht, ZA SWR RF, d.21616 t.2 l.265–268, Fitin, Leiter der 1. Verwaltung des NKGB der Ukraine, an Golikow, 5.5.1941.

36 ZA SWR RF, d.21616 t.2 l.265–268, Meschnik, Kommissar des NKGB der Ukraine, an Merkulow, 15.5.1941. Siehe auch das aufgefangene Telegramm des japanischen Konsuls in Königsberg an Tokio, FSB, I(2) S. 171, 31.5.1941.

37 Vgl. Schukow, *Wospominania i rasmyschlenia*, Bd. I, S. 346–349; I. Bagramjan, Sapiski natschalnika operatiwnogo otdela [Notizen des Leiters der operativen Abteilung], in: *WIS* 1 (1967).

38 Siehe S. 302–306.

39 AGS RF, f.16 op.2951 d.259 l.1–17; d.237 l.33–47 und 65–81; f.131 op.12507 d.1 l.71–75; d.258 l.1–11, Schukow und Timoschenko an die Befehlshaber der Militärbezirke Odessa, Baltikum, Kiew und West, 13.5.1941; Sacharow, *Generalny schtab*, S. 266–269. Siehe dazu auch J. W. Kipp, Military Theory. Barbarossa, Soviet Covering Forces and the Initial Period of War. Military History and Airland Battle, in: *Journal of Soviet Military Studies* 1–2 (1988), S. 198f. Zu den Mängeln beim Truppenaufmarsch siehe Generalleutnant N. Pawlenko, Tragedia krasnoi armii; M. M. Kiria, Natschalny period welikoi otetschestwennoi woiny [Die Anfangsphase des Großen Vaterländischen Krieges], in: *WIS* 6 (1988); G. P. Pastuchowski, Raswjortywanie operativnogo tyla w natschalny period woiny [Die Entfaltung des operativen Hinterlandes in der Anfangsphase des Krieges]; J. G. Peretschnew, O nekotorych problemach podgotowki strany i wooruschennych sil k otrascheniu faschistskoi aggressii [Einige Probleme der Vorbereitung des Landes und seiner Streitkräfte auf die Abwehr der faschistischen Aggression], in: *WIS* 4 (1988).

40 Vgl. AGS RF, f.16 op.2951 d.248 l.36–54, Weisung Pawlows an den Kommandeur der 3. Armee, 14.5.1941.

41 Vgl. PA, Stalins Terminkalender.

42 Tschujew, *Sto sorok besed s Molotowym*, S. 31.

43 Vgl. AGS RF, f.16 op.2951 d.237 l.1–15.

44 Vgl. J. A. Gorkow, Nakanune 22 ijunja 1941 [Am Vorabend des 22. Juni 1941], in: *NNI* 6 (1992), S. 4. Siehe auch PA, Stalins Terminkalender.

45 Vgl. Schukow, Wospominania i rasmyschlenia, Bd. I, S. 342; W. Karpow, *Schukow*, in: *Kommunist wooruschennych sil* [Der Kommunist der Streitkräfte] 5 (1990), S. 62–68; Gespräch mit Anfilov, Mai 1995.

46 Neopublikowannoe interwju marschala sowjetskowo sojusa A. M. Wassilewskogo [Unveröffentlichtes Interview des Marschalls der Sowjetunion A. M. Wassilewski], in: *NNI* 6 (1992). Siehe auch Tschujew, *Sto sorok besed s Molotowym*, S. 33.

47 Abgedruckt in einem aufschlussreichen Dokumentenband über die Vorbereitung auf den Krieg, *Skrytaja prawda woiny. 1941 god. Neiswest-*

nye dokumenty [Die verschwiegene Wahrheit des Krieges. Das Jahr 1941. Unbekannte Dokumente], Moskau 1992, S. 23f., 25, 29 und 30–33.

48 Vgl. Papiere Wolkogonows, Weisungen Timoschenkos, Schdanows und Schukows an die Befehlshaber der Militärbezirke.

49 Vgl. Schukow, *Wospominania i rasmyschlenia*, Bd. I, S. 348–351. Siehe auch A. G. Chorkow, *U*krepljonnye raiony na sapadnych granizach SSSR [Die befestigten Räume an den Westgrenzen der UdSSR], in: *WIS* 12 (1987), S. 47–54.

50 Vgl. Glantz, *Military Strategy of the Soviet Union*, S. 75.

51 Vgl. RZChIDNI, f.17 op.3 d.273 l.27–28, Beschluss des Politbüros vom 8.3.1941.

52 Schukow, *Wospominania i rasmyschlenia*, Bd. I, S. 349–352; R. E. Tarleton, What Really Happened to the Stalin Line?, in: *Journal of Soviet Military Studies* 2 (1992), S. 187–219.

53 Zitiert in *Iswestija ZK KPSS* 2 (1990), S. 207. Zu den intensiven Anstrengungen zur Schaffung der befestigten Räume siehe auch W. I. Beljajew, Usilenie ochrany sapadnoi granizy SSSR nakanune welikoi otetschestwennoi woiny [Die Verstärkung des Schutzes der Westgrenze der UdSSR am Vorabend des Großen Vaterländischen Krieges], in: *WIS* 5 (1988), S. 51–55; A. D. Borschtschew, Otraschenie faschistskoi agressii. Uroki i wywody [Die Abwehr der faschistischen Aggression. Schlussfolgerungen und Lehren], in: *Woennaja mysl* [Militärisches Denken] 3 (1990), S. 19.

54 Vgl. Schukow, *Wospominania i rasmyschlenia*, Bd. I, S. 333.

55 Vgl. Schukow, *Wospominania i rasmyschlenia*, Bd. I, S. 336f.

56 Vgl. PA, f.93, Sonderbestand, Molotow und Stalin an den SNK und das Politbüro, 15.3. und 12.4.1941; Weisung der Regierung und des ZK, 5.5.1941. Siehe auch D. T. Jasow, *Wperedi byla woina*, in: *WIS* 5 (1991), S. 13.

57 RZChIDNI, f.17 op.3 d.1037 l.33–34, Protokoll der Sitzung des Politbüros, 9.4.1941.

58 Vgl. AGS RF, f.8044 op.1 d.652 l.89–92, Befehlshaber der Luftstreitkräfte, Schigarjow, an Stalin, 27.5.1941.

59 Schukow, *Wospominania i rasmyschlenia*, Bd. I, S. 346.

60 Schukow, *Wospominania i rasmyschlenia*, Bd. I, S. 368f.

61 Vgl. GRU GS RF, op.7237 d.2 l.109–113, Sonderbericht Golikows, 15.5.1941. Siehe weitere Informationen in dieser Richtung: GRU GS RF, op.24119 d.1 l.814–815, »Kosta« aus Sofia an Golikow, 19.5.1941.

62 GRU GS RF, op.7237 d.2 l.114–115, 31.5.1941.

63 UD:s Arkiv 1920 ARS, HP/1557/LVII, Assarsson an AM, 28.5.1941. Siehe auch AWP RF, f.06 op.3 p.4 d.36 l.36–49, Aufzeichnung der Unterredung Losowskis mit Steinhardt, 5.6.1941.

Zwölftes Kapitel
Rudolf Heß' Flug nach England

1 Vgl. Stalin an Maiski, 19.10.1942, MID, *Sowjetsko-angliskie otnoschenia wo wremja welikoi otetschestwennoi woiny, 1941–1945* [Die sowjetisch-britischen Beziehungen während des Großen Vaterländischen Krieges, 1941–1945], Moskau 1983, Bd. 1, S. 294.

2 Vgl. FO 371 30920 C10635/61/18, 2.11.1942.

3 PREM 3/434/7, Niederschrift der Verhandlungen Churchills mit Stalin, Oktober 1944 und 10.5.1945; FO 800/414 fol.21, 18.10.1944. Ein neueres Beispiel für diese verfestigte Meinung ist L. Schwartzschild, Neoschidanny sachwat Gessa w lowuschku, podstroennuju anglijskoi »Sikret servis« [Wie Heß dem britischen Secret Service unerwartet in die Falle ging], in: *WIS* 5 (1991), S. 37–41; W. I. Tschukrejew, Sagadka 22 ijunja 1941 goda [Das Rätsel des 22. Juni 1941], in: *WIS* 6 (1989), S. 39. In den USA entstand ein ähnlicher Eindruck. Siehe National Archives, Washington, RG 319, Box 83, B8026020, Bericht des amerikanischen Militärattachés in London, Raymond Lee, über Heß, 10.5.1941.

4 Vgl. H. Thomas, *The Murder of Rudolf Hess*, London 1979. C. Andrew beschrieb und verwarf die verschiedenen Verschwörungstheorien in Hess. An Edge of Conspiracy, in: *Timewatch*, BBC 2, 17.1.1990.

5 Einer der seltenen Fälle, da Churchills Bericht im Wesentlichen zutrifft, wenn er auch nicht vollständig ist, siehe *Memoiren*, Bd. III.1, S. 76.

6 Vgl. G. Gorodetsky, The Hess Mission and Anglo-Soviet Relations on the Eve of »Barbarossa«, in: *English Historical Review* 101/399 (1986).

7 Vgl. P. Padfield, *Rudolf Hess. The Führer's Disciple*, London 1993, S. 353. Vgl. die zusammenfassende Darstellung dieser Affäre von Cripps in FO 371 30920 C10635/61/18, 2.11.1942.

8 Das bestätigt Padfield in *Rudolf Hess*, S. 334f. und 355f. nach gründlicher Recherche in den betreffenden Akten. Siehe auch J. Douglas-Hamilton, *The Truth about Rudolf Hess*, London 1993, S. 140f., sowie die Einleitung von Roy Conyers Nesbit, der die Akten der Royal Air Force sorgfältig durchsah.

9 Siehe dazu WO 199/3288, Scottish Command. *The Capture of Hess*, 13.5.1941.

10 WO 199/3288/A, Bericht des verantwortlichen Offiziers des 3. Bataillons der Renfrewshire Home Guard, 11.5.1941; FO 1093/11 fols 152–155, Heß' Verhör durch Battaglia und Bemerkungen dazu von »C«, 10.5.1941.

11 Vgl. Douglas-Hamilton, *The Truth about Hess,* S. 142f. Padfield äußert in *Rudolf Hess* nach wie vor Zweifel, siehe S. 354.

12 Vgl. WO 199/3288, Bericht des Nachrichtendienstes, 10.5.1941.

13 FO 371 30920 C10635/61/18 DEFE 1/134, Zusammenstellung von Briefen zum Thema Heß durch den Postzensor, 23.5.1941.

14 FO 1093/9 p. 15, FO-Niederschrift über die Verleumdungsklage Hamiltons gegen die Kommunistische Partei Großbritanniens, 17.6.1941.
15 FO 1093/7, fol. 26, Denkschrift von SO1.
16 FO 1093/1, pp. 18–20, Gespräch des Duke of Hamilton mit Heß, 11.5.1941.
17 Siehe die im Weiteren beschriebenen Gespräche mit Heß.
18 I. Maiski, *Memoiren eines sowjetischen Botschafters*, Berlin 1967, S. 639.
19 Vgl. Padfield, *Rudolf Hess.*
20 Für die Zeitungsartikel und die Niederschrift des Foreign Office, die deren Inhalt widerlegt, siehe FO 371 46780 C4725/44/18.
21 Padfield, *Rudolf Hess*, S. 368–371.
22 Siehe S. 337ff.
23 WO 3288/Af.4.
24 Vgl. Padfield, *Rudolf Hess*, S. 364.
25 FO 371 26945 C4038, C4140, C4147, C4613/306/41, C4245/306, 20. und 25.4.1941. Padfields Bemerkung, »für einen Diplomaten von Hoares Raffinesse ist dies wohl kaum als Dementi zu werten«, kann in keiner Weise überzeugen.
26 Vgl. UD:s Arkiv 1920 ARS, HP/1555/LIV, der schwedische Botschafter in Berlin an AM, 23.4.1941.
27 FO 371 1093/14 fol. 101, 10.5.1942.
28 FO 1093/3 p. 92, Brief an Professor Haushofer, 20.6.1942.
29 *News Chronicle*, 26.7.1945.
30 FO 1093/3 pp.33 und 142–143, Heß an seine Mutter, 28.3. und 9.9.1942.
31 Vgl. *ADAP*, Bd. XII.2, S. 653ff., Aufzeichnung Albrecht Haushofers, 12.5.1941.
32 Vgl. FO 1093/1 pp. 18–20, Gespräch des Duke of Hamilton mit Heß, 11.5.1941.
33 Vgl. FO 1093/8 pp. 221–222, 22.5.1941.
34 FO 1093/8 p.206, Heß an seine Frau, 3.6.1941.
35 FO 1093/2 p.8, 14.9.1941.
36 Dilks (Hrsg.), *Cadogan Diaries*, 11.5.1941; J. Costello, *Ten Days to Destiny. The Secret Story of the Hess Peace Initiative and British Efforts to Strike a Deal with Hitler*, London 1991, S. 415f., hat auf der Grundlage dieses Absatzes eine ganze Geschichte erfunden, um zu beweisen, dass Churchill Hamilton unbedingt sehen wollte, weil er bereits wusste, dass dieser die deutschen Vorschläge mit sich führte.
37 Cadogan papers, Tagebuch, 1., 10. und 15.5.1941.
38 Douglas-Hamilton, *The Truth about Hess*, S. 149f.
39 PREM 3/219/7 p.167, Churchill an Eden, 13.5.1941.
40 Cadogan papers, Tagebuch, 1., 10., 14.5.1941.
41 PREM 3/219/7 pp. 146 und 165, Niederschrift von Churchill, 16.5.1941.
42 FO 1093/10 fols 54–55, Churchill an Roosevelt, 17.5.1941.
43 Vgl. FO 1093/1 fols 20–30, Gespräch mit Kirkpatrick, 12.5.1941.
44 FO 1093/11 fol. 93.

45 In *The Truth about Hess*, S. 185–192, zitiert Douglas-Hamilton genügend Tatsachen, die Hitlers tiefen Schock belegen, als dieser von Heß' Flug erfuhr.
46 Eden papers, Tagebuch, 12.5.1941.
47 Vgl. FO 1093/11 fol. 149, 13.5.1941.
48 PREM 3/219/4 fol. 18, Churchills nicht gehaltene Rede, 12.5.1941.
49 PREM 3/219/4 fols 14–19, 11.5.1941.
50 Aktennotiz von Morton, FO 1093/10 fols 82–83.
51 Dilks (Hrsg.), *Cadogan Diaries*, S. 175–180. Dass man aus Heß einen Helden machte, worüber Bevin klagte, trug noch zur Verstärkung des Misstrauens der Russen bei. Siehe Eden papers, Tagebuch, 15.5.1941.
52 FO 371 26565 C5301/5188/18, Halifax an FO, 17.5.; PREM 3/219/7 p.147, Roosevelt an Churchill, 15.5.1941.
53 Eden papers, Tagebuch, 14.5.1941.
54 FO 1093/11 fols 132 und 140–141, FO-Niederschrift, 14.5.1941.
55 Eden papers, Tagebuch, 19.5.1941.
56 Vgl. PREM 3/219/7, Duff Cooper an Churchill, 15.5.1941; Douglas-Hamilton, *The Truth about Hess*, S. 161.
57 FO 1093/11 fols 110–115, Churchill an Roosevelt, 16.5.1941.
58 Vgl. FO 1093/11 fol.121, Churchill an Cadogan, 16.5.1941.
59 Vgl. FO 1093/11 fol. 123, Butler an Eden, 16.5.1941.
60 FO 1093/1 fols 20–30, Gespräch mit Kirkpatrick, 12.5.1941.
61 FO 1093/10 fols 139–141, Major D. Morton an »C« und Bericht Cadogans über Heß, 6.6.1941.
62 FO 1093/11 fols 51–54, Simon an Eden, 27.5.1941; Dilks (Hrsg.), *Cadogan Diaries*, S. 380, 19.5.1941.
63 PREM 3/219/7 pp. 113–115, Major Morton an Churchill, 9.6.1941.
64 Vgl. PREM 3/219/7 pp. 117–118, Cadogan an Churchill, 6.6.1941.
65 FO 1093/10 fols 91–94, Niederschrift von Kirkpatrick, 29.5.1941.
66 FO 1093/10 fol. 170, Erklärung von Heß, und 11 fol. 85, SIS-Bericht Nr. 16 per Telefon, 30.5.1941.
67 FO 1093/10 fol. 129 und 146, »C« an Foreign Office, 4.6.1941; Bericht des SIS-Offiziers, 6.6.1941.
68 PREM 3/219/7 pp.144–145, Bemerkungen des Majors Sheppard vom MI6, 21.5.1941.
69 Für Heß' schriftliche Vorschläge siehe FO 1093/1 pp. 154–156, 10.6.1941.
70 FO 1093/10 fols 95–96, vorläufiger Bericht von »C« an Eden; FO 1093/1 fols 1–13, Simons eigener Bericht über sein Gespräch mit Heß, 9.6.1941; fols 70–147, wörtliche Niederschrift der Unterredung, 10.6.1941.
71 Douglas-Hamilton, *The Truth about Hess*, S. 135.
72 FO 1093/10 fols 86–90, Cadogan an Eden, 12.6.1941.
73 FO 1093/7 fols 19–29 und 33–37, Denkschrift über die Behandlung der Affäre in der Öffentlichkeit von SO1; FO-Niederschrift, 23.6.1941.
74 FO 1093/10 fols 58–63 und 82, 13.6.1941.

75 PREM 3/219/5 p. 3, Churchill an Eden, 14.6.1941.
76 FO 1093/10 fols 157–160, Bericht von Colonel J. R. Rees, Armeepsychologe, 30.6.1941.
77 PREM 3/219/6 pp. 32–36, Clark Kerr an Churchill, 25.10.1942.
78 FO 371 30941 C9971 und C10433/1299/18, 33036 C5566/5272/38 und PREM 3/219/6 fols 32–33.
79 Vgl. Cripps papers, Tagebuch, 13.5.1941; FO 371 29481 N2171/78/38, FO-Niederschrift, 14.5.1941; FO 371 26565 C5301/5188/18, Halifax an FO, 17.5.1941.
80 FO 371 26565 C5251/5188/18, Niederschrift von Sargent, 14.5.1941. Zur früheren Entscheidung, diese Methode anzuwenden, siehe PREM 3/219/7, Duff Cooper an Churchill, 15.5.1941.
81 Dilks (Hrsg,), *Cadogan Diaries*, S. 382.
82 Dilks (Hrsg,), *Cadogan Diaries*, S. 387.
83 FO 1093/11 fols 125–126, FO-Niederschrift über die Propaganda gegenüber Russland, 16.5.1941.
84 FO 1093/11 fols 90 und 93, FO-Niederschrift über die Information an Russland, 22.5.1941.
85 FO 1093/6 pp. 2–10, SIS-Instruktionen. FO-Direktive an Stockholm, New York und Istanbul. Niederschrift von Cadogan, 23.5.1941.
86 FO 1093/11 fols 24–35, 27.5.1941.
87 Vgl. *The Times*, 27.5.1941.
88 AWP RF, f.059 op.1 p.352 d.2402 l.174.
89 FO 371 29481 N2466/78/38, Cripps an FO und Niederschrift, 27.5.1941.
90 FO 371 29482 N2787/78/38, FO an Cripps, 9.6.1941.
91 FO 1093/10 fols 142–145, Niederschrift des FO-Ausschusses für Propaganda gegenüber Deutschland, 5.6.1941; fols 133–134, Instruktion des FO an die Militäraufklärung, 6.6.1941.
92 FO 1093/10 fol. 132, Militäraufklärung an FO; fols 106–108, Major D. Morton an FO, 7.6.1941.
93 Chruschtschow, *Chruschtschow erinnert sich*, S. 132.
94 Zu den »Verhandlungen« siehe S. 284–297.
95 ZA FSB RF, f.338 d.20566 l.71,80 und 82–83, Zusammenstellung von Presseartikeln mit Randbemerkungen des Bearbeiters, 13.5.1941.
96 Siehe dazu Kapitel 7.
97 ZA FSB RF, f.338 d.20566 l.232–234, Bericht des NKWD über Hess, 12.12.1940.
98 ZA FSB RF, f.338 d.20566 l.101–102, Information von »Lyzeumsschüler«, 14.5.1941.
99 ZA FSB RF, f.338 d.20566 l.60 und 65, »Sachar« an NKWD, 16.5.1941.
100 ZA FSB RF, f.338 d.20566 l.62–64 und 66, Bericht von »Sachar«, 16.5.1941.
101 FO 371 24844 N6072/30/38, 30.7.1940.
102 NKWD an GRU, 9.7.1940 in: *Iswestija ZK KPSS* 4 (1990), S. 199.
103 Vgl. Monckton papers, Box 5, p. 49.

104 Vgl. FO 371/29465 N1801/3/38; Webb papers, Tagebuch, p. 7079; Monckton papers, Box 5, p. 49, Niederschrift, 28.5.1941. Eine aufschlussreiche Interpretation dieser Ereignisse siehe bei Kitchen, *British Policy towards the Soviet Union during the Second World War*, S. 52–55. Siehe auch S. M. Miner, *Between Churchill and Stalin. The Soviet Union, Great Britain, and the Origins of the Grand Alliance*, Chapel Hill, NC, 1988, S. 130–137.

105 Maiski im Gespräch mit dem Ehepaar Webbs in deren unveröffentlichtem Tagebuch, pp. 6921–6922, 3.7.1941. Ähnliche Auffassungen vertrat er gegenüber Marineminister A. V. Alexander, siehe dessen Papiere, AVAR 5/4/31, 28.6.1940; Halifax papers, A.7.8.4, Tagebuch, 10.7. 1940; Dalton papers, Tagebuch, 26.7.1940.

106 AWP RF, f.017a, Maiskis Tagebuch, l.118–119 und 123–127, 2. und 10.5.1941.

107 AWP RF, f.059 op.1 p.351 d.2401 l.283, Maiski an AM, 13.5.1941.

108 AWP RF, f.069 op.25 d.6 p.71 l.72–74, Maiski an Molotow, 14.5.1941.

109 AWP RF, f.059 op.1 d.352 p.2402 l.12–14.

110 AWP RF, f.069 op.25 d.6 p.71 l.75–77, Maiski an Molotow, 16. und 21.5.1941.

111 Vgl. ZA FSB RF, f.376 d.28889 t.1 l.47, »Wadim«, Deckname für Iwan Tschitschajew von der Residentur des NKWD in London, an Zentrale, 14.5.1941.

112 ZA FSB RF, f.338 d.20566 l.67–68, »Wadim« an NKWD, 22.5.1941.

113 ZA FSB RF, l.163, Niederschrift der 1. Verwaltung des NKWD, 3.6.1941; siehe auch l.169–170, Schiller aus Schanghai, 11.6.1941.

114 Maiski, *Memoiren eines sowjetischen Botschafters*, S. 638.

115 Webb papers, Tagebuch, pp. 7079–7080. Siehe auch AWP RF, f.017a, Maiskis Tagebuch, S. 130–133, 22.5.1941.

116 AWP RF, f.017a, Maiskis Tagebuch, S. 138ff.

117 AWP RF, f.059 op.1 p.352 d.2402 l.149–152, Maiski an AM, 5.6.1941.

118 AWP RF, f.017a, Maiskis Tagebuch, S. 146f., 10.6.1941 (handgeschriebener Eintrag).

119 Webb papers, Tagebuch, pp. 7103–7107, 14.6.1941; *FRUS* I (1941), S. 173.

120 Vgl. AWP RF, f.059 op.415 d.3727 l.319, Maiski an Molotow, 27.6.1941. Siehe auch AWP RF, f.048 »z« op.1 »b« d.1 p.11 l.8, *Sowjetsko-angliskie otnoschenia w 1941–1945 gg.* [Die sowjetisch.-britischen Beziehungen 1941–1945].

Dreizehntes Kapitel
Am Vorabend des Krieges

1 ZA FSB RF, f. ›ZOS‹, op.8 por.9 l.52–53, Berija an Stalin, 2.6.1941.

2 Vgl. FSB, I(2), S. 224–227, Bericht von Major Tkatschenko, Leiter der Bezirksverwaltung Lwow des NKGB der Ukraine, 12.6.1941.

3 FSB, I(2), S. 206f., Golikow an Berija, 3.6.1941.
4 ZA SWR RF, d.21616 t.4 l.184–198, Chef des Baltischen Militärbezirks an Merkulow, 6.6.1941; FSB, I(2), S. 209ff., Strokatsch, der stellvertretende Volkskommissar für Innere Angelegenheiten der Ukraine, an NKGB, 6.6.1941.
5 Vgl. GRU GS RF, op.24210 d.3 l.319–320, »Ostwald« aus Helsinki an Golikow, 15.6.1941.
6 ZA SWR RF, d.21616 t.2 l.372–375, Kobulow an Timoschenko, 9.6.1941.
7 Vgl. FSB, I(2), S. 221–224, Bericht des NKGB an das ZK über kriegsähnliche Maßnahmen der Deutschen, 12.6.1941.
8 Vgl. ZA FSB RF, f. ›ZOS‹, op.8 por.9 l.87–89, Berija an Stalin und Molotow, 12.6.1941.
9 Vgl. FSB, I(2), S. 217, aufgefangenes Telegramm des japanischen Konsuls in Königsberg an Tekawawa, 10.6.1941.
10 Vgl. GRU GS RF, op.24119 d.4 l.497, der Militärattaché in Budapest an Golikow, 14.6.1941.
11 GRU GS RF, op.7237 d.2 l.120–121, Bericht Golikows, 7.6.1941.
12 Vgl. ZA SWR RF, d.21616 t.2 l.421–426, »Sachar« an Zentrale, 10.6.1941.
13 AGS RF, f.48 op.3408 d.14 l.425 und 432, Schukow an Kirponos, 10. und 11.6.1941.
14 Vgl. AGS RF, f.16 op.2951 d.261 l.22–23, Kirponos an Timoschenko, 11.6.1941.
15 Vgl. AGS RF, f.16 op.2951 d.265 l.26–30, Kirponos an die Kommandeure der 5., 6., 12. und 26. Armee, 11.6.1941.
16 Vgl. AGS RF, f.164 op.2951 d.236 l.65–69, Bericht Watutins, 13.6.1941.
17 Siehe S. 369f.
18 Schukow, *Wospominania i rasmyschlenia*, S. 383f. Ähnliches berichtet auch Chruschtschow in Wospominania (Erinnerungen), in: *Woprosy istorii* 2/8 (1990), S. 59. Zu den vergeblichen Versuchen der Marine, die Mobilisierung zu erreichen, siehe A. G. Golowko, *Wmeste c flotom* [Gemeinsam mit der Flotte], Moskau 1960, S. 14–20; N. M. Charlamow, *Trudnaja missia* [Schwere Mission], Moskau 1983, Kapitel 3; N. B. Kusnezow, *Nakanune* [Am Vorabend], Moskau 1989, S. 324–340; J. A. Pantelejew, *Morskoi front* [Die Front zur See], Moskau 1965, S. 31–42; B. Vainer, *Sewerny flot w welikoi otetschestwennoi woine* [Die Nordmeerflotte im Großen Vaterländischen Krieg], Moskau 1964, S. 21–25.
19 Vgl. Wolkogonow-Papiere, *Plan für die Absicherung des Baltischen Sondermilitärbezirks bei Mobilisierung, Verlegung und Aufmarsch der Truppen.*
20 Vgl. AGS RF, f.16 op.2951 d.256 l.2–3, Timoschenko und Schukow an Pawlow, 12.6.1941.
21 Vgl. AGS RF, f.16 op.2951 d.261 l.37–40, Timoschenko und Schukow an Kirponos, 12.6.1941.

22 Vgl. AGS RF, f.16 op.2951 d.261 l.20–21, Schukow und Timoschenko an den Militärrat des Kiewer Militärbezirks, 13.6.1941.

23 Vgl. AGS RF, f.140 op.680086c d.7 l.128, Sokolowski an den Befehlshaber des Baltischen Militärbezirks, 14.6.1941.

24 Vgl. PA, f.93, Sonderbestand von Dokumenten, Weisung Schukows und Timoschenkos, 19.6.1941.

25 Vgl. WO 193/644, Niederschrift der Militäraufklärung *The Possible Effect of a German-Soviet War*, 11.6.1941. Siehe dazu auch die informative Arbeit von W. K. Wark, British Intelligence and Operation Barbarossa, 1941. The Failure of Foes, in: H. B. Peake und S. Halpern (Hrsg.), *The Name of Intelligence. Essays in Honour of Walter Pforzheimer*, Washington, DC, 1994.

26 Siehe S. 208ff.

27 FO 371 26518 C2919/19/18, Cripps an FO und Niederschrift, 24.3.1941. Siehe auch die Debatte über die von Heß erhaltenen Informationen, S. 339ff.

28 FO 371 26520 C4791/19/18, Kelly (Bern) an FO, 6.5.1941; 29480 N1957, N2200/78/38 und 2260N/78/38, Craigie an FO, 1., 16. und 19.5.1941.

29 FO 371 29481 N2234 und N2466/78/38, Denkschriften von Brigadier Skaife und Professor Postan vom Ministerium für Wirtschaftliche Kriegführung, 12.5.1941; Niederschrift von Warner, 29.5.1941; WO 190/893, Bericht von MI14, 12.5.1941. Siehe ähnliche Analysen in FO 371 29481 N2392/78/38, Mallet an FO, 23.5.1941 und Niederschriften von Sargent, Cadogan und Eden, 25. und 26.5.1941.

30 FO 371 29481 N2500/78/38, 2.6.1941.

31 Notiz des Sekretärs, 3.6.1941, Churchill papers, 20/38, Churchill an Smuts, 16.5.1941; 20/36, Churchills Notiz für Ismay, 3.6.1941; CAB 80/28 COS(41)350, 3.6.1941.

32 FO 371 29482 N2673 und N2678/78/38, Mallet an FO, 7.6.1941; Cripps an FO, 30.5.1941.

33 FO 954/24 Su/41/13, Sargent über Nachrichten und deutsche Intentionen, 1.6.1941.

34 FO 371 30068 R4882/112/44 und 29480 N1978/78/38, Cripps an FO, 1. und 3.5.1941; UD:s Arkiv 1920 ARS, HP/1557/LVII, Assarsson an AM, 2.5.1941; FO 371 29135 W5536/53/50, Wochenbericht des Nachrichtendienstes, 8.5.1941.

35 FO 371 29480 N2020/78/38, Cripps an FO, 5.5.1941.

36 Vgl. FO 371 30068 R4832/112/44, Cripps an FO, 3.5.1941, und 29480 N1989/78/38, Halifax an FO, 4.5.1941.

37 FO 371 30125 R2366, R5368 und R5369/1934/44, Knatchbull-Hugessen, 18. und 20.5.1941.

38 FO 371 29481 N2380/78/38, Cripps an FO, 22.5.1941.

39 WO 208/1761, JIC(41)218, deutsche Absichten, 23.5.1941.

40 WO 190/893, Bericht von MI14, 26.5.1941.

41 FO 371 30068 R5558/112/44, Knatchbull-Hugessen an FO, 23.5.1941.

42 Vgl. *ADAP*, Bd. XII.2, S. 689f., Ribbentrop an Papen, 16.5.1941; S. 690f., Papen an AA, 16.5.1941; S. 696f., Ribbentrop an Papen, 17.5.1941; S. 699f., Papen an AA, 17.5.1941; S. 721f., Papen an AA, 23.5.1941; S. 758f., Ribbentrop an Papen, 29.5.1941; S. 760f., Papen an AA, 29.5.1941; S. 780f., Ribbentrop an Papen, 1.6.1941; S. 781f., Ribbentrop an Papen, 1.6.1941; S. 820f., Ribbentrop an Papen, 9.6.1941. Siehe dazu auch H. Knatchbull-Hugessen, *Diplomat in Peace and War*, London 1949, S. 168f.

43 FO 371 30068 R6061/112/44, Knatchbull-Hugessen an FO, 9.6.1941.

44 *ADAP*, Bd. XII.2, S. 864ff., Ribbentrop an Papen, 16.6.1941; S. 866f., Papen an AA, 17.6.1941. Siehe dazu auch AWP RF, f.0134 op.24a p.236 d.9 l.125–126, Denkschrift des 1. Sekretärs der sowjetischen Botschaft in Ankara, Schegalow, 20.6.1941.

45 Vgl. *ADAP*, Bd. XII.2, S. 901, Papen an Hitler, 22.6.1941.

46 AWP RF, f.069 op.25 d.6 p.71 l.72–74, Maiski an Molotow, 14.5.1941.

47 Vgl. AWP RF, f.069 op.25 d.6 p.71 l.79–82, und FO 371 29501 N2471/122/38, Aufzeichnung der Unterredung Edens mit Maiski, 27.5.1941.

48 FO 371 29481 N2466/78/38, Cripps an FO, 27.5.1941. Für eine ähnliche Position vgl. Krigsarkivet, Fo..rsvarsstaben, Ser. E/II/15/1, Bericht des Militärattachés, No. 57, 2.6.1941.

49 FO 954/24 fols 304–309, privater Brief von Cripps an Eden, 27.5.1941.

50 WO 208/1761, JIC(41)234 (1. Entwurf), 31.5.1941, und Kommentar vom MI14. WO 193/644, Vermerk der Militäraufklärung *The Possible Effect of a German-Soviet War*, 11.6.1941.

51 Eden papers, Tagebuch, 5.6.1941.

52 FO 954/24 Su/41/12 und 13, Niederschriften von Warner, Sargent und Cadogan über Aufklärung und deutsche Absichten, 31.5. und 1.6.1941. CAB79/86COS(41)197, einschließlich War Office an Oberkommandierenden Naher Osten und Indien, 31.5.1941.

53 Gilbert, *Finest Hour. Winston S. Churchill, 1939–1941*, Kapitel 57, und M. Howard, *The Mediterranean Strategy in the Second World War*, London 1968, Kapitel 2.

54 Die Unterredung vom 2.6.1941 siehe AWP RF, f.059 op.1 p.352 d.2402 l.120–122 und FO 371 29465 N2570/2/38.

55 Vgl. CAB 65/18 56(41), 2.6.1941. Siehe auch Eden, *The Reckoning*, S. 266.

56 FO 800/279 Su/41/1, Niederschriften vom 26., 29. und 30.4.1941.

57 FO 371 29466 N2674/3/38, Presseecho auf Cripps' Abberufung, 9.6.1941.

58 Zur Unterredung in Moskau siehe AWP RF, f.07 op.2 p.9 d.20 l.35–36, Aufzeichnung der Unterredung Wyschinskis mit Cripps, 4.6.1941; siehe auch Quai d'Orsay Archives, 835/Z/312/2, pp. 264–265, Nemanov über die Unterredung mit General Susloparow, 5.6.1941.

59 AWP RF, f.059 op.1 p.352 d.2402 l.149–152 und FO 371 29466 N2628/3/38, Aufzeichnungen von Edens Unterredung mit Maiski,

5.6.1941. Siehe auch FO 371 29483 N2982/78/38, Baggallay an FO, 20.6.1941.

60 Monckton papers, Box 5, p. 96.

61 Vgl. J. G. Winant, *A Letter from Grosvenor Square. An Account of a Stewardship*, London 1947, S. 143f.

62 J. P. Lash, *Roosevelt and Churchill, 1939–1941. The Partnership that Saved the West*, New York 1976. Siehe Harper papers, H22.f.21, Harper an Henderson, 22.6.1941. Siehe auch R. H. Dawson, *The Decision to Aid Russia, 1941. Foreign Policy and Domestic Politics*, Chapel Hill, NC, 1959, S. 60f.

63 Vgl. Maiski, *Memoiren eines sowjetischen Botschafters*, S. 622f. Ein Hinweis auf den Zusammenhang zwischen Cripps' Drohungen, der Heß-Episode und der TASS-Meldung findet sich bei F. D. Wolkow, *SSSR-Anglia 1929–1945 gg.* [Die UdSSR und England, 1929–1945], Moskau 1964, S. 343f. Siehe FO 371 29466 N2628/3/38, Eden an Cripps über die Unterredung mit Maiski am 5.6.1941; N2674/3/38, FO-Niederschrift, 9.6.1941.

64 Tschujew, *Sto sorok besed c Molotowym*, S. 43.

65 Vgl. Maiski, *Memoiren eines sowjetischen Botschafters*, S. 641f. Diese Episode, die für das Verständnis der Ereignisse am Vorabend des sowjetisch-deutschen Krieges von so zentraler Bedeutung ist, wurde in der späteren russischen Version der Memoiren gestrichen. Siehe I. M. Maiski, *Wospominania sowjetskogo diplomata*, Moskau 1987. Ebenso irreführend ist auch Maiskis Versuch, zu beweisen, dass er Moskau ständig vor dem Krieg gewarnt habe.

66 Maiski, *Memoiren eines sowjetischen Botschafters*, S. 642.

67 AWP RF, f.07 op.2 p.9 d.20 l.37–38, Aufzeichnung von Wyschinskis Unterredung mit Baggallay, 16.6.1941.

68 Vgl. Cripps Visit Sets Berlin Wondering, in: *News Chronicle*, 9.6.1941.

69 8. und 9.6.1941.

70 FO 371 29483 N2862/78/38. Zur Haltung der Zeitung siehe auch I. McDonald (Hrsg.), *The History of the Times, V: Struggle in War and Peace, 1939–1966*, London 1984, S. 84. Ich habe von zahlreichen Gesprächen mit Iverach McDonald über diese und andere Aspekte der britischen Politik während meines Aufenthaltes in St. Antony viel profitiert. Zu einer früheren Version des Manuskripts dieses Buches gab er mir einige nützliche detaillierte Hinweise.

71 FO 371 29483 N2992/78/38, Maiski an Eden, 13.6.1941.

72 AWP RF, f.017a, Maiskis Tagebuch, S. 150–153, 12.6.1941.

73 Vgl. AWP RF, f.069 op.24 p.68 d.7 l.88–94, Analyse des Außenministeriums, 2.6.1941.

74 FO 371 N2887/78/38, Niederschrift Warners, 13.6.1941.

75 FO 418/87, Eden an Baggallay, 13.6.1941.

76 Vgl. FO 371 29483 N2887/78/38, Niederschriften von Cadogan und Sargent, 13. und 14.6.1941; 29315 W7499/53/50, PIS, 18.6.1941.

77 Dilks (Hrsg.), *Cadogan Diaries*, S. 382.

78 WO 208/1761, JIC(41)234 (1. Entwurf), und Bemerkungen von MI14; für den letzten Entwurf siehe FO 371 29483 N/2906/78/38, Bemerkungen dazu von Cavendish-Bentinck vom 15.6.1941 siehe N.3047/78/38 und JIC(41)218, 23.5.1941, in FO 371 29483 N/2893/78/38, 31.5.1941. Zu den Schwankungen in den Einschätzungen der Militäraufklärung siehe WO 190/893, 2.6.1941.
79 FO 371 29482 N2832/78/38, Mallet an FO, 14.6.1941.
80 *Iswestija*, 14.6.1941.
81 *50 let welikoi otetschestwennoi woiny*, S. 26, »Hauptfeldwebel« an NKGB, 16.6.1941.
82 AWP RF, f.082 op.24 p.105 d.3 l.177–182, Aufzeichnung der Unterredung Wyschinskis mit Schulenburg, 14.6.1941. Siehe auch Bittenfeld, *Zwischen Hitler und Stalin*, S. 223.
83 FO 371 29483 N2891/78/38, Eden an Maiski, 14.6.1941.

Vierzehntes Kapitel
Die Katastrophe

1 Vgl. *Westnik MID SSSR* 8 (1990), S. 76.
2 J. Goebbels, *Tagebücher*, Bd. 4, München 1992, S. 1597, 16.6.1941.
3 Zitiert nach Wischlew, *Potschemu medlil Stalin w 1941 g.*, S. 94f.
4 Wischlew, *Potschemu medlil Stalin w 1941 g.*, S. 96.
5 Goebbels, *Tagebücher*, Bd. 4, S. 1594, 1604, 11. und 16.6.1941.
6 FSB, *Sekrety Gitlera*, S. 148ff., Kobulow an Stalin, Molotow und Berija, 9.6.1941.
7 ZA SWR RF, d.23078 t.1 l.430–431, »Hauptfeldwebel« an NKGB, 11.6.1941.
8 ZA SWR RF, d.23078 t.1 l.432–433, Kobulow an Stalin, Molotow und Berija, 12.6.1941.
9 Merkulow an Stalin, abgedruckt in *Iswestija ZK KPSS* 4 (1990), S. 221, 16.6.1941. Siehe auch Sudoplatow, *Der Handlanger der Macht*, S. 156.
10 G. Kumanew, 22–go na rasswete [Am 22. im Morgengrauen], in: *Prawda*, 22.6.1989.
11 Sudoplatow, *Der Handlanger der Macht*, S. 158.
12 Vgl. Schukow, *Wospominania i rasmyschlenia*, Bd. I, S. 324.
13 Schukow, *Wospominania i rasmyschlenia*, Bd. I, S. 362f.
14 FSB, I(2), S. 212, abgefangenes Telegramm von Tatekawa an den japanischen Botschafter in Sofia, 9.6.1941.
15 ZA FSB RF, f.'Zos', op.8 d.58 l.1945–1948, Merkulow an Stalin, Molotow und Berija, 18.6.1941; siehe auch Krigsarkivet, Fo..rsvarsstaben, Ser. E/II/15/1, Bericht des Militärattachés, No. 58, 19.6.1941 und UDs Arkiv 1920 ARS, HP/1557/LVII, Assarsson an AM, 20.6.1941.
16 Vgl. FSB, *Sekrety Gitlera*, S. 168f., Kobulow an Stalin, Molotow und Berija, 19.6.1941.
17 ZA FSB, RF, f.'Zos', op.8 d.58 l.1978–1980, Kobulow an Stalin, Molotow und Berija, 20.6.1941.

18 Abgedruckt in *Iswestija ZK KPSS* 4 (1990), S. 217, 19.6.1941; bestätigt vom Residenten des NKWD in Rom, siehe FSB, I(2), S. 269, 19.6.1941.
19 GRU GS RF, op.24127 d.2 l.454, Sorge an Golikow, 15.6.1941.
20 GRU GS RF, op.24127 d.2 l.463, Sorge an GRU, 20.6.1941.
21 FSB, I(2), S. 254–264; Sonderbericht des NKGB, 19.6.1941.
22 Dr. Lew Besymenski verdanke ich eine unterzeichnete Erklärung von General N. Ljaschtschenko, dem Timoschenko sich anvertraute.
23 ZA SWR RF, d.21616 t.3 l.68–73, Sonderbericht des stellvertretenden Chefs des NKGB der Ukraine, 16.4.1941.
24 ZA SWR RF, d.21616 t.3 l.569–572, 27.2.1941. Siehe dazu auch FSB, I(2), S. 82–85, Bericht des Chefs des NKGB Ukraine, Pawel Meschnik, 9.4.1941.
25 Vgl. ZA FSB RF, f.3 op.8 por.373 l.367–369, Meschnik an Merkulow, 20.4.1941.
26 ZA SWR RF, d.21616 t.2 l.366, 29.5.1941.
27 FSB, I(2), S. 240–247, Bericht der 3. Verwaltung des NKGB, 16.6.1941.
28 Siehe S. 281–287.
29 FSB, I(2), S. 142–150, Instruktionen Merkulows an die NKGB der Ukraine und des Baltikums, 16. und 17.5.1941.
30 FSB, I(2), S. 152f., 154ff., 162f., 165f., Direktive der 3. Verwaltung des NKWD und Berichte Merkulows an das ZK der KPdSU sowie Berichte der Chefs der lokalen NKGB, 22.5.1941.
31 FSB, I(2), S. 172–187, Denkschrift des stellvertretenden Leiters der 3. Verwaltung des NKGB, 31.5.1941.
32 FSB, I(2), S. 218f., Bericht des stellvertretenden Leiters der 2. Abteilung des NKGB, Borschtschew, 11.6.1941; S. 247f., Merkulow an das ZK der KPdSU, 17.6.1941; Sudoplatow, *Der Handlanger der Macht*, S. 160.
33 FO 954/24 Su/41/15, 9.6.1941; CAB 65/22 58(41)2, 9.6.1941.
34 FO 371 29482 N2744/78/38, Mallet an FO, 11.6.1941.
35 FO 371 29482 C6668/19/18, Niederschriften, 9.-11.6.1941.
36 FO 954/24 Su/41/16, Eden an Baggallay (Moskau) über die Unterredung mit Maiski, 10.6.1941.
37 AWP RF, f.059 op.1 p.352 d.2402 l.203–206 und FO 371 29482 N2793/78/38, Aufzeichnungen von der Unterredung zwischen Eden und Maiski.
38 FO 371 29483 N3047/78/38, Niederschrift von Cadogan und Cavendish-Bentinck über an Maiski übergebene nachrichtendienstliche Informationen, 15.6.1941.
39 FO 371/29466 N3047/78/38, Niederschrift von Cadogan; Dilks (Hrsg.), *Cadogan Diaries*, S. 388; Maiski, *Memoiren eines sowjetischen Botschafters*, S. 641f. Als wichtigster Beleg für die Warnungen an die Russen hat Maiskis Version die meisten Historiker zu einer falschen und negativen Interpretation der TASS-Meldung verleitet, siehe u. a. Whaley, *Codeword Barbarossa*, S. 107f. und 114.

40 AWP RF, f.059 op.1 p.352 d.2402 l.214–215, Maiski an Molotow, 16.6.1941.

41 FO 371 29483 N2898/78/38, Baggallay an FO, 16.6.1941.

42 FO 371 29483 N2898/78/38.

43 Vgl. FO 371 29466 N3099/3/38. Eine ähnlich falsche britische Interpretation der Meldung siehe FO 371 29482 N2842 und 29483 N2891/78/38, Telegramm von Baggallay und Niederschrift Cadogans, 14. und 15.6.1941.

44 FO 371 29482 N2680/78/38, Mallet an FO, 8.6.1941; CAB 65/22 59(41)2, 12.6.1941; Boheman, Pa Vakt, S. 154f.

45 Eden papers, Tagebuch, 16.6.1941.

46 FO 371 30126 R6170/1934/44, Niederschrift von Sargent und Cadogan, 16.6.1941.

47 Churchill papers, 20/40, Churchill an Smuts, 18.6.1941.

48 AWP RF, f.059 op.1 p.352 d.2402 l.246–247, Maiski an Molotow, 20.6.1941.

49 AWP RF, f.059 op.1 p.352 d.2402 l.235–236, Maiski an Molotow; f.o17a, Maiskis Tagebuch, S. 153–157, 18.6.1941.

50 FO 371 29466 N3099/3/38, Niederschrift von Cripps, 19.6.1941.

51 Archiv der *Times*, Dawson an Halifax, 22.6.1941. Am 24.6. enthüllte der kommunistische Parlamentsabgeordnete Gallacher, dass die Einschätzung sich am 19. Juni geändert hatte, Parl. Deb. HC, vol. 372, col. 986.

52 UD:s Arkiv 1920 ARS, HP/1557/LVIII, der schwedische Botschafter in Moskau, 21.6.1941.

53 Vgl. Chruschtschow, *Chruschtschow erinnert sich*, S. 162.

54 UD:s Arkiv 1920 ARS, HP/1557/LVIII, Niederschrift von Boheman, 21.6.1941.

55 Vgl. UD:s Arkiv 1920 ARS, HP/1557/LVIII, Assarsson an AM, 21.6.1941.

56 Gafencu, *Misiune la Moscova*, tel. 45698, pp. 225, Gafencu an AM, 16.6.1941.

57 UD:s Arkiv 1920 ARS, HP/1557/LVII, Assarsson an AM, 16.6.1941.

58 Quai d'Orsay Archives, 834/Z/312/1 pp. 145–149, Nemanov an AM über die Unterredung mit Bogomolow, 5.6.1941.

59 Quai d'Orsay Archives, 835/Z/312/2, pp.261–264, Nemanov über die Unterredung mit General Susloparow, 18.6.1941.

60 AWP RF, f.059 op.1 p.352 d.2402 l.254–257, Maiski an Molotow, 21.6.1941; FO 371 29484 N3047/78/38, Bericht von Cripps.

61 Dimitroffs Tagebuch, 21.6.1941.

62 AWP RF, f.06 op.3 p.1 d.5 l.6–7, Aufzeichnung der Unterredung Molotows mit Aktay, 19.6.1941.

63 Vgl. AWP RF, f.082 op.24 p.106 d.7 l.94–97, Aufzeichnung der Unterredung Dekanosows mit Weizsäcker, 18.6.1941.

64 Vgl. *ADAP*, Bd. XII.2, S. 894, Aufzeichnung der Unterredung Molotows mit Schulenburg, 21.6.1941.

65 *ADAP*, Bd. XII.2, S. 885f., Aufzeichnung Weizsäckers über die Unterredung mit Dekanosow, 21.6.1941.

66 AGS RF, f.208 op.2513 d.71 l.69, Eilbefehl Timoschenkos und Schukows, 22.6.1941; siehe auch Schukow, *Wospominania i rasmyschlenia*, Bd. I, S. 387.

67 Vgl. PA, f.3 op.50 d.125 l.75–76, handschriftliche Aufzeichnungen Malenkows zu Beschlüssen des Politbüros über die Organisation der Südfront, 21.6.1941.

68 Vgl. Schukow, *Wospominania i rasmyschlenia*, Bd. I, S. 386–389; PA, Stalins Terminkalender. Siehe auch die Bestätigung bei Sacharow, *Generalny schtab*, S. 276f.

69 Vgl. Tschujew, *Sto sorok besed s Molotowym*, S. 47.

70 Vgl. *ADAP*, Bd. XII.2, S. 886–889, Ribbentrop an Schulenburg, 21.6.1941.

71 W. M. Bereschkow, *Jahre im diplomatischen Dienst*, Berlin 1975, S. 81–84; R. J. Sontag und J. S. Beddie, *Nazi-Soviet Relations, 1939–1941. Documents from the Archives of the German Foreign Office*, Washington, DC, 1975, S. 353–356; *ADAP*, Bd. XII.2, S. 894, Schulenburg an AA, 22.6.1941; S. 896f., Aufzeichnung der Unterredung zwischen Ribbentrop und Dekanosow, 22.6.1941.

72 AWP RF, f.06 op.3 p.1 d.5 l.12–15, Aufzeichnung der Unterredung Molotows mit Schulenburg, 22.6.1941. Siehe auch Hilger und Mayer, *Wir und der Kreml*, S. 312f.; Gafencu, *Misiune la Moscova*, S. 228–233, Bericht Gafencus an Antonescu, 1.8.1941.

73 Schukow, *Wospominania i rasmyschlenia*, Bd. II, S. 7–9. Die neue vollständige Version seiner Memoiren ist für diese Episode ganz entscheidend, da die ältere stark zensiert war.

74 Timoschenko, Schukow und Malenkow an die Kriegsräte der verschiedenen Fronten, 22.6.1941, in: *50 let Welikoi Otetschestwennoi Woiny*, S. 30.

75 FO 371 29466 N3232/2/38.

76 Dimitroffs Tagebuch, 22.6.1941.

77 FO 371/29466 N3018/3/38; Maiski, *Memoiren eines sowjetischen Botschafters*, S. 646ff.

78 Vgl. Maiski, *Memoiren eines sowjetischen Botschafters*, S. 646ff.

79 Churchill papers, 20/40, Churchill an Roosevelt, 20.6.1941.

80 Churchill papers, 20/36, Notiz Churchills an Ismay für COS, 21.6.1941.

81 FO 371 29484 N3212/78/38.

82 AWP RF, f.17a, Maiskis Tagebuch, S. 160–166, 23.6.1941.

83 *Daily Express*, 23.6.1941.

84 FO 371/29466 N3180 und N3489/3/38, Niederschriften vom 23. und 28.6.1941.

85 Cripps papers, Tagebuch, 9.7.1941. Zu Molotows Besessenheit siehe die sowjetische Aufzeichnung seiner ersten Begegnung mit Cripps am 27.6.1941 in: MID, *Sowjetsko-angliskie otnoschenia*, I, S. 47–50.

86 The Library of Congress, Ambassador Davies Papers, Box 11. Siehe

auch Halifax papers, A.7.8.9, Tagebuch, 11.12.1941. Gromyko wurde später in New York Zeuge eines scharfen Wortwechsels zwischen Molotow und Litwinow auf dem Rücksitz eines Wagens, den er selbst fuhr, als Molotow weiterhin behauptete, Großbritannien und Frankreich hätten Hitler 1941 zum Angriff auf die Sowjetunion gedrängt. Siehe A. Gromyko, *Pamjatnoje*, Bd. II, Moskau 1990, S. 423. Bei den Verhandlungen mit Großbritannien in der frühen Kriegsphase strebte Stalin keine zweite Front an, sondern wollte ausschließlich die Garantie, dass es mit Deutschland keinen Separatfrieden schließe.

Schlussgedanken

1 Cripps papers, Tagebuch, 9.3.1941. Sehr überzeugend argumentiert in dieser Richtung G. Roberts, *Military Disaster as a Function of Rational Political Calculation. Stalin and 22 June 1941*, in: *Diplomacy and Statecraft* 4/2 (1993). Siehe dazu auch R. Suny, Making Sense of Stalin – Some Recent and Not-So-Recent Biographies, in: *Russian History/Histoire Russe* 16/2–4 (1989).

2 H. Kissinger, *Die Vernunft der Nationen*, Berlin 1994, S. 353 und 398. Kissingers treffendem Urteil kann man nur zustimmen: »Stalin war ohne Zweifel ein Ungeheuer. Aber bei der Pflege der internationalen Beziehungen war er in höchstem Maße Realist – geduldig, schlau, unerbittlich, der Richelieu seiner Zeit« (351). »Gemeinsame geopolitische Interessen können ein sehr mächtiges Band knüpfen, und ein solches Band trieb auch die Erzfeinde Hitler und Stalin aufeinander zu« (S. 350). Zu einer ähnlichen Schlussfolgerung kam auch Paul Kennedy in seinem klassischen Werk *Aufstieg und Fall der großen Mächte*, Frankfurt 1989.

3 Siehe S. 364f.

4 Tschujew, *Sto sorok besed s Molotowym*, S. 31.

Bibliographie

Primäre Quellen:

Archive

Archiv des Außenministeriums der Russischen Föderation (AWP RF).
Archiv des Präsidenten der Russischen Föderation (PA).
Archiv des Generalstabs der Russischen Föderation (AGS RF).
Russisches Militärarchiv, Akten der Hauptverwaltung Aufklärung des Generalstabs der Russischen Föderation (GRU GS RF).
Russisches Zentrum für die Aufbewahrung und das Studium von Dokumenten der neuesten Geschichte (RZChIDNI).
Zentralarchiv des Auslandsaufklärungsdienstes der Russischen Föderation (ZA SWR RF).
Zentralarchiv des Föderalen Sicherheitsdienstes der Russischen Föderation (ZA FSB RF).
Archiv des jugoslawischen Außenministeriums (AJ).
Archiv des militärgeschichtlichen Instituts Jugoslawiens (Archiv Vojenoistorijskog instituta, AVI).
Archiv des Quai d'Orsay (die russischen Aktenbestände).
Archiv des bulgarischen Außenministeriums (AMVR).
Nationalarchiv Bulgariens (ZDA MVR).
Public Record Office, London: Archive des Foreign Office (FO), Prime Minister's Papers (PREM), Joint Intelligence Committee (JIC), Chiefs of Staff (COS), Joint Planning Staff (JP), Ministry of Economic Warfare (MEW), War Office (WO), Cabinet Papers (CAB).
Archiv des schwedischen Außenministeriums (UD:s Arkiv 1920 ARS).
Schwedisches Militärarchiv (Krigsarkivet).
National Archives, Washington, DC: State Department papers.

Private Aufzeichnungen

Iwan Maiskis Tagebuch, Archiv des Außenministeriums der Russischen Föderation (AWP RF).
Alexander Cadogan papers, Churchill College, Cambridge University.
Neville Chamberlain papers, Birmingham University.

Winston Churchill papers, Churchill College, Cambridge University.
Stafford Cripps diary and papers, mit Sir Maurice Shock.
Hugh Dalton papers, London School of Economics.
Anthony Eden papers, Birmingham University.
Lord Halifax papers, York University.
Walter Monckton papers, Bodleian Library, Oxford University.
Beatrice Webb papers, London School of Economics.
Ambassador Davies papers, Library of Congress Washington, DC.
Dimitri Wolkogonow papers, Library of Congress, Washington, DC.
Georgi Dimitroffs Tagebuch, Nationalbibliothek, Sofia.

Gedruckte Dokumentensammlungen

Woodward, E. L. (Hrsg.), *Documents on British Foreign Policy, 1919-1939*, 3. Ser., Bd. V, London 1952 (DBFP).

Akten zur deutschen auswärtigen Politik 1918-1945. Aus dem Archiv des Auswärtigen Amtes, hrsg. con C. Baechler, P. Grupp und H. Schinkel [Ort wechselnd] (ADAP).

Documents on German Foreign Policy, Ser. D, Bde. I-XII, Göttingen 1966-78 *(DGFP)*.

Der Prozess gegen die Hauptkriegsverbrecher vor dem Internationalen Militärgerichtshof (*Nürnberger Prozess*), Nürnberg 1947.

Foreign Relations of the United States (*FRUS*), Bd. I (1941).

Italienisches Außenministerium, *Documenti Diplomatici Italiani*, 8. Ser., Bd. 2, Rom 1952.

Sontag, R. J., und J. S. Beddie, *Nazi-Soviet Relations, 1939-1941. Documents from the Archives of the German Foreign Office*, Washington, DC, 1975.

Kimball, W. F., *Churchill and Roosevelt. The Complete Correspondence*, 3 Bde., Princeton 1984.

Kimball, W. F., *The Juggler. Franklin Roosevelt as Wartime Statesman*, Princeton 1991.

Gafencu, G., *Misiune la Moscova, 1940-1941. Culegere de dokumente*, Bukarest 1995.

Außenministerium der UdSSR, *Dokumenty wneschnei politiki, 1939 god* [Dokumente der Außenpolitik, 1939] (DWP), 2 Bde., Moskau 1992.

Außenministerium der UdSSR, *Dokumenty wneschnei politiki, 1940 – 22 ijunja 1941* [Dokumente der Außenpolitik, 1940 – 22. Juni 1941] (DWP), Bd. 1, Moskau 1995.

Außenministerium der UdSSR, *Sowjetsko-angliskie otnoschenia wo wremja welikoi otetschestwennoi woiny, 1941-1945* [Die sowjetisch-britischen Beziehungen während des Großen Vaterländischen Krieges, 1941-1945] (DWP), 2 Bde., Moskau 1983.

FSB, *Sekrety Gitlera na stole u Stalina: raswedka i kontrraswedka o podgotowke germanskoi agressii protiw SSSR, Mart-ijun 1941g.* [Hitlers Geheimnisse auf Stalins Schreibtisch. Aufklärung und Abwehr über die

Vorbereitung der deutschen Aggression gegen die UdSSR, März-Juni 1941], Moskau 1995.
FSB, *Organy gosudarstwennoi besopasnosti SSSR w welikoi otetschestwennoi woine. Sbornik dokumentow* [Die Staatssicherheitsorgane der UdSSR im Großen Vaterländischen Krieg. Dokumentensammlung], 2 Bde., Moskau 1995.
Kirpitschenko, V., *Iz arkhiva razvedchika* [Aus dem Archiv eines Kundschafters], Moskau 1992.
Komintern i wtoraja mirowaja woina [Die Komintern und der Zweite Weltkrieg], Moskau 1994.
Pjaty wsemirny kongress kommunistitscheskogo internationala, stenografitscheski otschot, t. II [V. Weltkongress der Kommunistischen Internationale, stenographisches Protokoll, Bd. II], Moskau 1925.
Skrytaja prawda woiny. 1941 god. Neiswestnye dokumenty [Die verschwiegene Wahrheit des Krieges. Das Jahr 1941. Unbekannte Dokumente], Moskau 1992.
Solotarjow, W. A. (Hrsg.), *Russki Archiv: Welikaja Otetschestwennaja. Nakanune woiny. Materialy soweschtschania wysschego rukowodjaschtschego sostawa RKKA, 23-31 dekabrja 1940 g.* [Russisches Archiv: Der Große Vaterländische Krieg. Am Vorabend des Krieges. Materialien der Tagung der obersten Führung der Roten Arbeiter- und Bauernarmee, 23.-31. Dezember 1940], Moskau 1993.
Solotarjow, W. A. (Hrsg.), *Russki Archiv: Welikaja Otetschestwennaja. Prikazy narodnogo komissara oborony SSSR, 1937-21 iiunia g.* [Russisches Archiv: Der Große Vaterländische Krieg. Befehle des Volkskommissars für Verteidigung der UdSSR, 1937-21. Juni 1941], Moskau 1994.
Sowjetsko-bolgarskie otnoschenia i sviazi, 1917-1944 gg. [Die sowjetisch-bulgarischen Beziehungen, 1917-1944], Moskau 1976.
Sowjetsko-jugoslawskie otnoschenia, 1917-1941 gg. [Die sowjetisch-jugoslawischen Beziehungen, 1917-1941], Moskau 1992.

In Zeitschriften veröffentlichte Dokumentensammlungen

Besymensky, L., Die Rede Stalins am 5. Mai 1941. Dokumentiert und interpretiert, in: *Osteuropa* 3 (1992).
Besymensky, L., und S. Gorlow, Nakanune. Peregowory W. M. Molotowa w Berline w nojabre 1940 goda [Am Vorabend. Die Verhandlungen W. M. Molotows in Berlin im November 1940], in: *Mezhdunarodnaia Zhizn* [Internationales Leben], 6 und 8 (1991).
Gortschakow, O., Nakanune, ili tragedia Kassandry. Powest w dokumentach [Am Vorabend, oder die Tragödie der Kassandra. Dokumentarbericht], in: *Nedelja* 42/4 (1988).
Iswestija ZK KPSS [Informationen des ZK der KPdSU] 2, 3, 4, 5 (1990).
Latyschewa, A., Retsch w Bolschom Kremljowskom dworze, 5 Maja 1941 goda [Die Rede vom 5. Mai 1941 im Großen Kremlpalast], in: Iskusstwo *kino* [Filmkunst] 5 (1990).

Leonidow, Wojennaja raswedka o podgotowke k napadeniu Germanii na SSSR [Die Militäraufklärung über die Vorbereitung des Überfalls auf die UdSSR], in: *WIS* 3 (1995).
Petrov, I., Velikaia Otechestvennaia. Neizvestnye dokumenty, in: *Krasnaia zvezda*, 15. Feb. 1992.
Sipols, W. J., Tainye dokumenty »strannoi woiny« [Geheimdokumente des »Phoney War«], in: *Nowaja i noweischaja istorija* [Neue und neueste Geschichte, NNI] 2 (1993).
Sowjetsko-germanskie dokumenty 1939-1941 gg. Iz arkhiva ZK KPSS [Sowjetisch-deutsche Dokumente, 1939-1941. Aus dem Archiv des ZK der KPdSU], in: *Nowaja i noweischaja istorija* [Neue und neueste Geschichte, NNI] 1 (1993).
Wishlev, O. W., Potschemu she medlil I. W. Stalin w 1941 g. – *is Germanskich archiwow* [Warum zögerte J. W. Stalin im Jahre 1941? – Aus deutschen Archiven], *in: Nowaja i noweischaja istorija* [Neue und neueste Geschichte, NNI] 1 und 2 (1992).

Weitere Quellen und Forschungsliteratur: *Biographien, Autobiographien und Tagebücher*

Assarasson, V., *I skuggan av Stalin*, Stockholm 1963.
Bereschkow, W. M., *Jahre im diplomatischen Dienst*, Berlin 1975.
Bereschkow, W., *History in the Making*, Moskau 1982.
Bullock, A., *Hitler und Stalin. Parallele Leben*, Berlin 1991.
Carlton, D., *Anthony Eden. A Biography*, London 1981.
Caulaincourt, A. de, *With Napoleon in Russia*, New York 1935.
Charlamow, N. M., *Trudnaja missia* [Schwere Mission], Moskau 1983.
Chruschtschow, N. S., Wospominania [Erinnerungen], in: *Woprosy istorii* 2/8 (1990).
Chruschtschow, N. S., *Chruschtschow erinnert sich*, Reinbek 1992.
Churchill, W., *Der Zweite Weltkrieg*, Stuttgart 1950-54.
Ciano, G., *Ciano's Diplomatic Papers*, London 1948.
Dilks, D. (Hrsg.), *The Diaries of Alexander Cadogan, 1938-1945,* London 1971.
Duranty, W., *The Kremlin and the People*, New York 1942.
Eden, A., *The Eden Memoirs. The Reckoning*, London 1965.
Elvin, H., *A Cockney in Moscow*, London 1958.
Filov, B., *Dnevnik* [Tagebuch], Sofia 1986.
Gilbert, M., *Finest Hour. Winston S. Churchill, 1939-1941*, London 1983.
Goebbels, J., *Tagebücher*, hrsg. von E. Fröhlich, Bd. 4, München 1992.
Golikow, F. I., *Krasnye orly. Is dnewnikow 1918-1920 gg.* [Die roten Adler. Aus Tagebüchern der Jahre 1918-1920], Moskau 1959.
Golikow, F. I., Marschall Sowjetskogo Sojusa F. I. Golikow. K 80-letiu so dnja roschdenia [Zum 80. Geburtstag des Marschalls der Sowjetunion, F. I. Golikow], in: *Woenno-istoritscheski schurnal* [Zeitschrift für Militärgeschichte, WIS] 7 (1980).

Golowko, A. G., *Wmeste c flotom* [Gemeinsam mit der Flotte], Moskau 1960.
Gromyko, A., *Pamjatnoje*, Bd. II, Moskau 1990.
Halder, F., *Hitler als Feldherr*, München 1949.
Halder, F., *Kriegstagebuch*, Stuttgart 1963.
Herwarth, J. von, *Zwischen Hitler und Stalin. Erlebte Zeitgeschichte 1931-1945*, Frankfurt/Main 1982.
Hilger, G., und A. G. Meyer, *Wir und der Kreml*, Frankfurt/Main 1955.
Hill, L. E. (Hrsg.), *Die Weizsäcker-Papiere, 1933-1950*, Frankfurt/Main 1974.
Hitler, A., *Mein Kampf*, München 1925.
Irving, D., *Rudolf Hess – ein gescheiterter Friedensbote? Die Wahrheit über die unbekannten Jahre 1941-1945*, Graz, Stuttgart 1993.
Jegorow, A., Richard Sorge – k 90-letiu so dnja roschdenia [Richard Sorge – zu seinem 90. Geburtstag], in: *Woenno-istoritscheski schurnal* [Zeitschrift für Militärgeschichte, WIS] 10 (1985).
Karpow, W., Schukow, in: *Kommunist wooruschennych sil* [Der Kommunist der Streitkräfte] 5 (1990).
Kissinger, H., *Die Vernunft der Nationen*, Berlin 1994.
Kirkpatrick, I., *The Inner Circle*, London 1959.
Knatchbull-Hugessen, H., *Diplomat in Peace and War*, London 1949.
Knox, M., *Mussolini Unleashed, 1939-1941. Politics and Strategy in Fascist Italy's Last War*, Cambridge 1982.
Kusnezow, N. B., *Nakanune* [Am Vorabend], Moskau 1989.
Maiski, I. M., *Memoiren eines sowjetischen Botschafters*, Berlin 1967.
Maiski, I. M., *Wospominania sowjetskogo diplomata [Erinnerungen eines sowjetischen Diplomaten]*, Moskau 1987.
Nowikow, N. V., *Wospominania diplomata. Sapiski 1938-1947* [Erinnerungen eines Diplomaten. Aufzeichnungen von 1938-1947], Moskau 1989.
Nowobranez, W. A., Leiter der Informationsabteilung der RKKA, in: *Snamja* 6 (1990).
Padfield, P., *Rudolf Hess. The Führer's Disciple*, London 1993.
Pantelejew, J. A., *Morskoi front* [Die Front zur See], Moskau 1965.
Papen, F. von, *Der Wahrheit eine Gasse*, München 1952.
Peter, König, *King's Heritage. The Memoirs of King Peter II of Yugoslavia*, London 1955.
Picker, H. (Hrsg.), *Hitlers Tischgespräche im Führerhauptquartier 1941-42*, Stuttgart 1963.
Radzinsky, E., *Stalin. The First In-Depth Biography Based on Explosive New Documents from Russia's Secret Archives*, New York 1997.
Rendell, G., *The Sword and the Olive. Recollections of Diplomacy and the Foreign Service*, London 1957.
Ribbentrop, J. von, *Zwischen London und Moskau. Erinnerungen und letzte Aufzeichnungen*, Leoni 1954.
Rokossowski, K. K., *Soldatenpflicht*, Berlin 1973.
Schacht, H., *Confessions of the Old Wizard*, Boston 1956.
Schmidt, P., *Statist auf politischer Bühne 1923-1945*, Bonn 1949.

Schukow, G. K., Is neopublikowannych wospominanij [Aus unveröffentlichten Erinnerungen], in: *Kommunist* 14 (1988).
Schukow, G. K., *Wospominania i rasmyschlenia* [Erinnerungen und Gedanken], Moskau 1995.
Speer, A., *Erinnerungen*, Frankfurt, Berlin 1969.
Sudoplatow, P., *Der Handlanger der Macht. Enthüllungen eines KGB-Generals*, Düsseldorf 1994.
Thomas, H., *The Murder of Rudolf Hess*, London 1979.
Tschujew, F. I., *Sto sorok besed s Molotowym. Is dnewnika F. Tschujewa* [140 Gespräche mit Molotow. Aus dem Tagebuch von F. Tschujew], Moskau 1991.
Vainer, B., *Sewerny flot w welikoi otetschestwennoi woine* [Die Nordmeerflotte im Großen Vaterländischen Krieg], Moskau 1964.
Wassilewski, A. M., Neopublikowannoe interwju marschala sowjetskowo sojusa A. M. Wassilewskogo [Unveröffentlichtes Interview des Marschalls der Sowjetunion, A. M. Wassilewski], in: *Nowaja i noweischaja istorija* [Neue und neueste Geschichte, NNI] 6 (1992).
Wassilewski, A. M., *Sache des ganzen Lebens,* Berlin 1977.
Weizsäcker, E. von, *Erinnerungen*, München 1954.
Werth, A., *Moscow 1941*, London 1942.

Forschungsliteratur

Andrew, C., *Hess. An Edge of Conspiracy,* in *Timewatch*, BBC2, 17.1.1990.
Andrew, C., und O. Gordiewsky, *KGB. Die Geschichte seiner Auslandsoperationen von Lenin bis Gorbatschow*, München 1990.
Anfilow, W. A., *Bessmertny podwig* [Unsterbliche Heldentat], Moskau 1971.
Anfilow, W. A., *Prowal »blizkriga«* [Das Scheitern des »Blitzkrieges«], Moskau 1974.
Aster, S., Ivan Maisky and Parliamentary Anti-Appeasement, 1938-1939, in: A. J. Taylor (Hrsg.), *Lloyd George*, London 1971.
Attfield, J., und S. Williams (Hrsg.), *1939. The Communist Party of Great Britain and the War*, London 1984.
Bagramjan, I., Sapiski natschalnika operatiwnogo otdela [Notizen des Leiters der operativen Abteilung], in: *Woenno-istoritscheski schurnal* [Zeitschrift für Militärgeschichte, WIS] 1 (1967).
Barker, E., *British Policy in South-East Europe in the Second World War*, London 1976.
Barros, J., und R. Gregor, *Double Deception. Stalin, Hitler, and the Invasion of Russia*, Illinois 1995.
Beljajew, W. I., Usilenie ochrany sapadnoi granizy SSSR nakanune welikoi otetschestwennoi woiny [Die Verstärkung des Schutzes der Westgrenze der UdSSR am Vorabend des Großen Vaterländischen Krieges], in: *Woenno-istoritscheski schurnal* [Zeitschrift für Militärgeschichte, WIS] 5 (1988).

Bell, P. M. H., *John Bull and the Bear. British Public Opinion, Foreign Policy and the Soviet Union, 1941-1945*, London 1990.
Berezhkov, V., *History in the Making*, Moskau 1983.
Berghahn, V., Das militärgeschichtliche Forschungsamt in Freiburg, in: *Geschichte und Gesellschaft* 14 (1988).
Bezymenski, L., The Secret Protocols of 1939 as a Problem of Soviet Historiography, in: G. Gorodetsky (Hrsg.), *Soviet Foreign Policy, 1917-1991. A Retrospective*, London 1994.
Besymensky L., The Great Game [unveröff.].
Bezymenski, L., The Soviet Security Forces and the German Attack on Russia [unveröff.].
Bialer, S., *Stalin and his Generals. Soviet Military Memoirs of World War II*, New York 1969.
Borschtschew, A. D., Otraschenie faschistskoi agressii. Uroki i wywody [Die Abwehr der faschistischen Aggression. Schlussfolgerungen und Lehren], in: *Woennaja mysl* [Militärisches Denken] 3 (1990).
Bucharkin, I. W., No tut wmeschalas Jugoslawia [Aber da kam Jugoslawien dazwischen], in: *Prawda*, 1.6.1991.
Cecil, R., *Hitlers Griff nach Russland*, Graz, Wien, Köln 1977.
Charmley, L., *Chamberlain and the Lost Peace*, London 1989.
Childs, D., The British Communist Party and the War, 1939-1941. Old Slogans Revived, in: *Journal of Contemporary History* 12/12 (1977).
Chihiro, H., The Japanese-Soviet Neutrality Pact, in: J. Morley (Hrsg.), *The Fateful Choice. Japan's Advance into South-east Asia, 1939-1941*, New York 1980.
Chorkow, A. G., Nekotorye woprosy strategitscheskogo raswjortywania sowjetskich wooruschonnych sil w natschale welikoi otetschestwennoi woiny [Einige Fragen des strategischen Einsatzes der sowjetischen Streitkräfte zu Beginn des Großen Vaterländischen Krieges], in: *Woenno-istoritscheski schurnal* [Zeitschrift für Militärgeschichte, WIS] 1 (1986).
Chorkow, A. G., Ukrepljonnye raiony na sapadnych granizach SSSR [Die befestigten Räume an den Westgrenzen der UdSSR], in: *Woenno-istoritscheski schurnal* [Zeitschrift für Militärgeschichte, WIS] 12 (1987).
Conquest, R., *Ernte des Todes. Stalins Holocaust in der Ukraine*, München 1988.
Coox, A. D., *Nomonhan. Japan against Russia, 1939*, Stanford 1986.
Costello, J., *Ten Days to Destiny. The Secret Story of the Hess Peace Initiative and British Efforts to Strike a Deal with Hitler*, London 1991.
Creveld, M. van, The German Attack on the USSR. The Destruction of a Legend, in: *European Studies Review* 2/1 (1972).
Creveld, M. van, *The Balkan Clue. Hitler's Strategy, 1940-1941*, Cambridge 1973.
Crozier, W. P., *Off the Record. Political Interviews, 1939-1944*, London 1973.
Curtright, L. H., Great Britain, the Balkans, and Turkey in the Autumn of 1939, in: *International History Review* 3 (1988).

Cvetkovic, S., Sovjetska Prisutnost u Jugoslovenskoj Politici Na Pochetku Drugog Svetskog Rata, in: *Istorija 20. Veka* 1 (1995).

Dawson, R. H., *The Decision to Aid Russia, 1941. Foreign Policy and Domestic Politics*, Chapel Hill, NC, 1959.

Deist, Die militärische Planung des »Unternehmens Barbarossa«, in: G. R. Ueberschär (Hrsg.), *»Unternehmen Barbarossa«. Der deutsche Überfall auf die Sowjetunion 1941. Berichte, Analysen, Dokumente*, Paderborn 1984.

Deringil, S., The Preservation of Turkey's Neutrality during the Second World War. 1940, in: *Middle Eastern Studies* 18/1 (1982).

Desjatskov, S. G., Whitehall i mjunchenskaja politika [Whitehall und die Politik von München], in: *Nowaja i noweischaja istorija* [Neue und neueste Geschichte, NNI] 3 (1979).

Deutscher, I., *Trotzki, der bewaffnete Prophet, 1879-1921*, Stuttgart 1962.

Dimitrov, I., Bulgaria in European Politics between the Two World Wars. Certain Preliminary Inferences, in: *Southeastern Europe* 8/1-2 (1981).

Douglas, R., *New Alliances 1940-41*, London 1982.

Douglas-Hamilton, J., *The Truth about Rudolf Hess*, London 1993.

Erickson, J., *The Road to Stalingrad*, London 1975.

Fabry, P., *Der Hitler-Stalin-Pakt, 1939-1941*, Darmstadt 1962.

Firsow, F. I., Archivy kominterna i wneschnjaja politika SSSR 1939-1941 gg [Die Komintern-Archive und die Außenpolitik der UdSSR 1939-1941], in: *Nowaja i noweischaja istorija* [Neue und neueste Geschichte, NNI] 6 (1992).

Fleischhauer, I., *Diplomatischer Widerstand gegen »Unternehmen Barbarossa«*, Berlin 1991.

Förster, J., Hitlers Entscheidung für den Krieg gegen die Sowjetunion, in: *Das Deutsche Reich und der Zweite Weltkrieg (DRuZW), hrsg. vom Militärgeschichtlichen Forschungsamt, Bd. 4: Der Angriff auf die Sowjetunion*, Stuttgart 1983.

Förster, J., Das Unternehmen »Barbarossa« als Eroberungs- und Vernichtungskrieg, in: *Das Deutsche Reich und der Zweite Weltkrieg (DRuZW), hrsg. vom Militärgeschichtlichen Forschungsamt, Bd. 4: Der Angriff auf die Sowjetunion*, Stuttgart 1983.

Förster, J., Hitlers Wendung nach Osten. Die deutsche Kriegspolitik 1940-1941, in: B. Wegner (Hrsg.), *Zwei Wege nach Moskau, vom Hitler-Stalin-Pakt bis zum »Unternehmen Barbarossa«*, München 1991.

Förster, J., Barbarossa Revisited. Strategy and Ideology in the East, in: *Jewish Social Studies*, 50/1-2 (1992).

Gafencu, G., *Vorspiel zum Krieg im Osten*, Zürich 1944.

Gerard, B. M., Mistakes in Force Structure and Strategy on the Eve of the Great Patriotic War, in: *Journal of Soviet Military Studies* 4/3 (1991).

Geschichte des Großen Vaterländischen Krieges der Sowjetunion, 1941-1945, Bd. I, Berlin 1962.

Gillessen, G., Der Krieg der Diktatoren. Ein erstes Resümee der Debatte über Hitlers Angriff im Osten, in: *Frankfurter Allgemeine Zeitung*, 25.2.1987.

Glantz, D., *The Soviet Conduct of Tactical Manoeuvre. Spearhead of the Offensive*, London 1991.
Glantz, D., *Soviet Military Strategy in the 1990s. Alternative Futures*, Carlisle, Pa., 1991.
Glantz, D., *The Stumbling Colossus. The Red Army in June 1941*, Lawrence, Kans., 1998.
Gorkow, J. A., Nakanune 22 ijunja 1941 [Am Vorabend des 22. Juni 1941], in: *Nowaja i noweischaja istorija* [Neue und neueste Geschichte, NNI] 6 (1992).
Gorkow, J. A., Gotowil li Stalin upreschdajuschtschi udar protiw Gitlera w 1941 g.? [Bereitete Stalin 1941 einen Präventivschlag gegen Hitler vor?], in: *Nowaja i noweischaja istorija* [Neue und neueste Geschichte, NNI] 3 (1993).
Gorlow, S., und W. Wojuschin, Warnings Came Not Only from the German Ambassador, in: *New Times*, Moscow, 2 (1991).
Gorodetsky, G., *Stafford Cripps' Mission to Moscow*, Cambridge 1984.
Gorodetsky, G., The Hess Mission and Anglo-Soviet Relations on the Eve of »Barbarossa«, in: *English Historical Review* 101/399 (1986).
Gorodetsky, G., Was Stalin Planning to Attack Hitler in June 1941?, in: *Journal of the Royal United Services Institute* 131/3 (1986).
Gorodetsky, G., »Unternehmen Barbarossa«. Eine Auseinandersetzung mit der Legende vom deutschen Präventivschlag, in: *Vierteljahreshefte für Zeitgeschichte* 4 (1989).
Gorodetsky, G., Filip Iwanowitsch Golikow, in: H. Shukman (Hrsg.), *Stalin's Generals*, London 1993.
Gorodetsky, G., (Hrsg.), *Soviet Foreign Policy, 1917-1991. A Retrospective*, London 1994.
Gorodetsky, G., *Mif »Ledokola«. Nakanunje woiny* [Der Eisbrecher-Mythos. Am Vorabend des Krieges], Moskau 1995.
Gugate, B., *Operation Barbarossa*, Novato, Calif., 1984.
Hanak, H., Sir Stafford Cripps as British Ambassador in Moscow, June 1941-January 1942, in: *English Historical Review* 370 (1979) und 383 (1982).
Hanak, H., The Implications of the Soviet-German Pacts for the Western European Democracies [unveröff.].
Haslam, I., *The Soviet Union and the Struggle for Collective Security, 1933-1939*, London 1984.
Haslam, J., *The Soviet Union and the Threat from the East, 1933-1941*, London 1992.
Hauner, M., The Soviet Threat to Afghanistan and India, 1938-1940, in: *Modern Asian Studies* 15/2 (1981).
Herndon, J., British Perceptions of Soviet Military Capability, 1935-1939 [unveröff.].
Hillgruber, A., *Hitlers Strategie*, Frankfurt 1965.
Hinsley, F. H., u. a., *British Intelligence in the Second World War. Its Influence on Strategy and Operations*, London 1979-1990.

Historikerstreit. Die Dokumentation der Kontroverse um die Einzigartigkeit der nationalsozialistischen Judenvernichtung, München 1987.
Hoffmann, J., Die Rote Armee bis Kriegsbeginn 1941, in: *Das Deutsche Reich und der Zweite Weltkrieg (DRuZW), hrsg. vom Militärgeschichtlichen Forschungsamt, Bd. 4: Der Angriff auf die Sowjetunion,* Stuttgart 1983.
Hoffmann, J., *Die Geschichte der Wlassow-Armee,* Freiburg 1984.
Hoffmann, J., Die Angriffsvorbereitungen der Sowjetunion 1941, in: B. Wegner (Hrsg.), *Zwei Wege nach Moskau, vom Hitler-Stalin-Pakt bis zum »Unternehmen Barbarossa«,* München 1991.
Hoptner, J. B., *Yugoslavia in Crisis, 1934-1941,* New York 1962.
Howard, M., *The Mediterranean Strategy in the Second World War,* London 1968.
Hubatsch, W. (Hrsg.), *Hitlers Weisungen für die Kriegsführung, 1939-1945,* München 1965.
Isserson, G. S., *Ewoljuzija operatiwnogo iskusstwa* [Die Evolution der operativen Kunst], Moskau 1937.
Iwanitzki, G. M., Sowjetsko-germanskie torgowo-ekonomitscheskie otnoschenia w 1939-1941 gg [Die sowjetisch-deutschen Handels- und Wirtschaftsbeziehungen 1939-1941], in: *Nowaja i noweischaja istorija* [Neue und neueste Geschichte, NNI] 5 (1989).
Jasow, D. T., Wperedi byla woina, in: *Woenno-istoritscheski schurnal* [Zeitschrift für Militärgeschichte, WIS] 5 (1991).
Kennedy, P., *Aufstieg und Fall der großen Mächte,* Frankfurt/Main 1989.
Kipp, J. W., Military Theory. Barbarossa, Soviet Covering Forces and the Initial Period of War. Military History and Airland Battle, in: *Journal of Soviet Military Studies* 1-2 (1988).
Kiria, M. M., Natschalny period welikoi otetschestwennoi woiny [Die Anfangsphase des Großen Vaterländischen Krieges], in: *Woenno-istoritscheski schurnal* [Zeitschrift für Militärgeschichte, WIS] 6 (1988).
Kitchen, M., *British Policy towards the Soviet Union during the Second World War,* New York 1986.
Klink, E., Die militärische Konzeption des Krieges gegen die Sowjetunion, in: *Das Deutsche Reich und der Zweite Weltkrieg (DRuZW), hrsg. vom Militärgeschichtlichen Forschungsamt, Bd. 4: Der Angriff auf die Sowjetunion,* Stuttgart 1983.
Koch, H., Hitler's Programme and the Genesis of Operation »Barbarossa«, in: *Historical Journal* 26/4 (1983).
Krebs, G., Japan und der deutsch-sowjetische Krieg 1941, in: B. Wegner (Hrsg.), *Zwei Wege nach Moskau, vom Hitler-Stalin-Pakt bis zum »Unternehmen Barbarossa«,* München 1991.
Kröner, B. R., Der »erfrorene Blitzkrieg«. Strategische Planungen der deutschen Führung gegen die Sowjetunion und die Ursache ihres Scheiterns, in: B. Wegner (Hrsg.), *Zwei Wege nach Moskau, vom Hitler-Stalin-Pakt bis zum »Unternehmen* Barbarossa«, München 1991.
Kumanew, G., 22-go na rasswete [Am 22. im Morgengrauen], in: *Prawda,* 22.6.1989.

Kumanew, G., 22 ijunja [Der 22. Juni], in: *Prawda*, 22.6.1989.
Kuniholm, B. R., *The Origins of the Cold War in the Near East. Great Power Conflict and Diplomacy in Iran, Turkey, and Greece*, Princeton 1994.
Lash, J. P., *Roosevelt and Churchill, 1939-1941. The Partnership that Saved the West*, New York 1976.
Lawler, S., *Churchill and the Politics of War*, Cambridge 1994.
Lawrowa, T. F., *Tschernomorskie proliwy* [Die Meerengen des Schwarzen Meeres], Rostow 1997.
Leach, B. A., *German Strategy against Russia, 1939-1941*, Oxford 1973.
Leonhard, W., *Der Schock des Hitler-Stalin-Paktes*, Freiburg 1986.
Lisann, M., Stalin the Appeaser. Before 22 June, 1941, in: *Survey* 76 (1970).
Macdonald, C. A., *The United States, Britain and Appeasement, 1936-1939*, Oxford 1981.
Macfie, A. L., The Turkish Straits in the Second World War, 1939-1945, in: *Middle Eastern Studies* 25/2 (1989).
Marzari, F., Prospects for an Italian-led Balkan Bloc of Neutrals, in: *Historical Journal* 4 (1970).
Marzari, F., Western-Soviet Rivalry in Turkey, 1939, in: *Middle Eastern Studies* 7 (1971).
Maser, W., *Der Wortbruch. Hitler, Stalin und der Zweite Weltkrieg*, München 1994.
Maury, L., Stalin the Appeaser. Before 22. June, 1941, in: *Survey* 76 (1970).
McDonald, I. (Hrsg.), *The History of the Times, V: Struggle in War and Peace, 1939-1966*, London 1984.
Meschdunarodnye otnoschenia i strany zentralnoi i jugowostotschnoi Jewropy w natschale wtoroi mirowoi woiny. Sentjabr 1939-awgust 1940 gg. [Die internationalen Beziehungen und die Staaten Mittel- und Südosteuropas zu Beginn des Zweiten Weltkrieges: September 1939 – August 1940], in: *Sowjetskoje slawjanowedenie* 1 (1991).
Miller, M. L., *Bulgaria during the Second World War*, Stanford 1975.
Milstein, M., According to Intelligence Reports…, in: *New Times* 26 (1990).
Miner, S. M., *Between Churchill and Stalin. The Soviet Union, Great Britain, and the Origins of the Grand Alliance*, Chapel Hill, NC, 1988.
Mommawn, W. J., und L. Kettenacker, *The Fascist Challenge and the Policy of Appeasement*, London 1983.
Müller, R.D., Das »Unternehmen Barbarossa« als wirtschaftlicher Raubkrieg, in: G. R. Ueberschär (Hrsg.), *»Unternehmen Barbarossa«. Der deutsche Überfall auf die Sowjetunion 1941. Berichte, Analysen, Dokumente*, Paderborn 1984.
Murray, W., Barbarossa, in: *Quarterly Journal of Military History* 4/3 (1992).
Narodny kommissariat oborony, *Wremenny polewoi ustaw RKKA 1936* [Volkskommissariat für Verteidigung, Provisorische Felddienstordnung der Roten Arbeiter- und Bauernarmee, 1936], Moskau 1937.
Narotschnizki, A. L., Sowjetsko-jugoslawski dogowor 5 aprelja 1941 g. o druschbe i nenapadenii – po archiwnym materialam [Der sowjetisch-jugoslawische Vertrag über Freundschaft und Nichtangriff vom 5.4.1941

– nach Archivdokumenten], in: *Nowaja i noweischaja istorija* [Neue und neueste Geschichte, NNI] 1 (1989).

Naveh, S., »Tukhachevsky«, in: H. Shukman (Hrsg.), *Stalin's Generals*, London 1993.

Naveh, S., *In Pursuit of Military Excellence. The Evolution of Operational Theory*, London 1997.

Nekrich, A. M., *Pariahs, Partners, Predators. German-Soviet Relations, 1922-1941*, New York 1997.

Neweschin, W. A., *Gotowil li Stalin nastupatelnuju woinu protiw Gitlera?* [Bereitete Stalin einen Angriffskrieg gegen Hitler vor?], Moskau 1995.

Neweschin, W. A., Wystuplenie Stalina 5 maja 1941 g. i poworot w propagande [Stalins Rede vom 5. Mai 1941 und der Umschwung in der Propaganda], in: W. A. Neweschin und G. A. Bordjugowa (Hrsg.), *Gotowil li Stalin nastupatelnuju woinu protiw Gitlera* [Bereitete Stalin einen Angriffskrieg gegen Hitler vor?], Moskau 1995.

Neweschin, W. A., *Sindrom nastupatelnoi woiny* [Das Syndrom des Angriffskrieges], Moskau 1997.

Parker, A., *Chamberlain and Appeasement. British Policy and the Coming of the Second World War*, London 1993.

Pastuchowski, G. P., Raswjortywanie operativnogo tyla w natschalny period woiny [Die Entfaltung des operativen Hinterlandes in der Anfangsphase des Krieges], in: *Woenno-istoritscheski schurnal* [Zeitschrift für Militärgeschichte, WIS] 4 (1988).

Pawlenko, N., Tragedia krasnoi armii [Die Tragödie der Roten Armee], in: *Moskowskie nowosti*, 7.5.1989.

Peretschnew, J. G., O nekotorych problemach podgotowki strany i wooruschennych sil k otrascheniu faschistskoi aggressii [Einige Probleme der Vorbereitung des Landes und seiner Streitkräfte auf die Abwehr der faschistischen Aggression], in: *Woenno-istoritscheski schurnal* [Zeitschrift für Militärgeschichte, WIS] 4 (1988).

Petracchi, G., Pinocchio, die Katze und der Fuchs. Italien zwischen Deutschland und der Sowjetunion (1939-1941), in: B. Wegner (Hrsg.), *Zwei Wege nach Moskau. Vom Hitler-Stalin-Pakt bis zum »Unternehmen Barbarossa«*, München 1991.

Pietrow, B., Deutschland im Juni 1941 – ein Opfer sowjetischer Aggression?, in: *Geschichte und Gesellschaft*, 14 (1988).

Pons, S., *Stalin e la guerra inevitabile, 1936-1941*, Turin 1995.

Popovic, N. B., *Jugoslovensko-sovjetski odnosi u drugom svetskom ratu (1941-1945)*, Belgrad 1988.

Posen, B. R., *Competing Images of the Soviet Union*, in: *World Politics*, July 1987.

Post, W., *Unternehmen Barbarossa. Deutsche und sowjetische Angriffspläne 1940-1941*, Berlin 1996.

Prange, G. W., *Target Tokyo. The Story of the Sorge Spy Ring*, New York 1984.

Prazmowska, A., The Eastern Front and the British Guarantee to Poland of March 1939, in: *European History Quarterly* 14 (1984).

Prazmowska, A., *Britain, Poland and the Eastern Front, 1939*, Cambridge 1987.

Presseisen, E., Prelude to »Barbarossa«. Germany and the Balkans, 1940-1941, in: *Journal of Modern History* 4 (1960).

Pribaltiski woenny okrug [Der baltische Militärbezirk], in: *Woenno-istoritscheski schurnal* [Zeitschrift für Militärgeschichte, WIS] 6 (1989).

Raack, R. C., *Stalin's Drive to the West, 1938-1945. The Origins of the Cold War*, Stanford 1995.

Raack, R. C., Stalin's Plans for World-War-II, in: *Journal of Contemporary History* 26/2 (1991).

Read, A., und D. Fisher, *The Deadly Embrace. Hitler, Stalin and the Nazi-Soviet Pact, 1939-1941*, London 1988.

Reschetnikowa, O. N., *Meschdunarodnye otnoschenia i strany zentralnoi i jugowostotschnoi Jewropy w period faschistskoi aggressii na Balkanach i podgotowki napadenia na SSSR* [Die internationalen Beziehungen und die Staaten Mittel- und Südosteuropas während der faschistischen Aggression auf dem Balkan und der Vorbereitung des Überfalls auf die UdSSR], Moskau 1992.

Richardson, C., French Plans for Allied Attacks on the Caucasus Oil Fields, January – April 1940, in: *French Historical Studies* 8/1 (1973).

Roberts, C. A., Planning for War. The Red Army and the Catastrophe of 1941, in: *Europe-Asia Studies*, 47/8 (1995).

Roberts, G., *The Unholy Alliance. Stalin's Pact with Hitler*, London 1989.

Roberts, G., Military Disaster as a Function of Rational Political Calculation. Stalin and 22 June 1941, in: *Diplomacy and Statecraft* 4/2 (1993).

Roberts, G., *The Soviet Union and the Origins of the Second World War. Russo-German Relations and the Road to War, 1933-1941*, London 1995.

Robertson, E. M., Hitler Turns from the West to Russia, May-December 1940, in: R. Boys und E. M. Robertson (Hrsg.), *Paths to War. New Essays on the Origins of the Second World War*, New York 1989.

Rotundo, L., War Plans and the 1941 Kremlin War Games, in: *Journal of Strategic Studies* 10/1 (1987).

Rubin, B., *Istanbul Intrigues*, New York 1989.

Sacharow, M. W., Stranizy istorii sowjetskich wooruschonnych sil nakanune welikoi otetschestwennoi woiny 1939-1941 gg. [Zur Geschichte der sowjetischen Streitkräfte am Vorabend des Großen Vaterländischen Krieges 1939-1941], in: *Woprosy istorii* [Fragen der Geschichte] 5 (1970).

Sacharow, M. W., *Generalny schtab w predwoennye gody* [Der Generalstab in den Vorkriegsjahren], Moskau 1989.

Salisbury, E. H., *The Siege of Leningrad*, London 1969.

Sawuschkin, R., K woprosu o saroschdenii teorii posledowatelnych nastupatelnych operazij [Zur Entstehung der Theorie der konsequenten Angriffsoperationen], in: *Woenno-istoritscheski schurnal* [Zeitschrift für Militärgeschichte, WIS] 5 (1983).

Sawuschkin, R. A., *Raswitie sowjetskich wooruschennych sil i woennogo iskusstwa w meschwoenny period (1921-1941)* [Die Entwicklung der sowje-

tischen Streitkräfte und der Kriegskunst in der Zwischenkriegszeit], Moskau 1989.
Schigur, J. M., *Buduschtschaja woina i sadatschi oborony SSSR* [Der künftige Krieg und die Aufgaben der Verteidigung der UdSSR], Moskau 1938.
Schneider, J., *The Structure of Strategic Revolution. Total War and the Roots of the Soviet Warfare State*, Novato, Calif., 1994.
Schilin, P. A., *Kak faschistskaja Germania gotowila napadenie na Sowjetski Sojus* [Wie das faschistische Deutschland den Überfall auf die Sowjetunion vorbereitete], Moskau 1966.
Schwartzschild, L., Neoschidanny sachwat Gessa w lowuschku, podstroennuju anglijskoi »Sikret servis« [Wie Hess dem britischen Secret Service unerwartet in die Falle ging], in: *Woenno-istoritscheski schurnal* [Zeitschrift für Militärgeschichte, WIS] 5 (1991).
Schukow, J. M., Proischoschdenie wtoroi mirowoi woiny [Der Ursprung des Zweiten Weltkrieges], in: *Nowaja i noweischaja istorija* [Neue und neueste Geschichte, NNI] 1 (1980).
Seraphim, H., *Die deutsch-russischen Beziehungen, 1939-1941*, Hamburg 1949.
Sewostjanow, P. P., Nakanune welikoi bitwy [Am Vorabend der großen Schlacht], in: *Nowaja i noweischaja istorija* [Neue und neueste Geschichte, NNI] 4 (1981).
Sipols, W. J., Torgowo-ekonomitscheskie otnoschenia meschdu SSSR i Germaniei w 1939-1941 gg. w swete nowych archivnych dokumentov [Die Handels- und Wirtschaftsbeziehungen zwischen der UdSSR und Deutschland von 1939-1941 im Lichte neuer Archivdokumente], in: *Nowaja i noweischaja istorija* [Neue und neueste Geschichte, NNI] 1 (1997).
Sirkov, D., *V'nshnata politika na B'lgariia, 1938-1941* (Die Außenpolitik Bulgariens 1938-1941), Sofia 1979.
Sjusin, J. I., Gotowil li SSSR prewentiwny udar? [Bereitete die UdSSR einen Präventivschlag vor?], in: *Woenno-istoritscheski schurnal* [Zeitschrift für Militärgeschichte, WIS] 1 (1992).
Skwirski, L. S., W predwoennye gody [In den Vorkriegsjahren], in: *Woprosy istorii* 9 (1989).
Slawinski, B. N., Pakt o neitralitete meschdu SSSR i Japonijei. Diplomatitscheskaja istorija, 1941-1945 [Der Neutralitätspakt zwischen der UdSSR und Japan. Diplomatische Geschichte von 1941-1945], Moskau 1995.
Sokolows, W. W., Einführung, in: *Westnik ministerstwa inostrannych del SSSR* 20 (1990).
Stafford, D. A. T., SOE and British Involvement in the Belgrade Coup d'Etat of March 1941, in: *Slavic Review* 36/3 (1977).
Suny, R., Making Sense of Stalin – Some Recent and Not-So-Recent Biographies, in: *Russian History/Histoire Russe* 16/2-4 (1989).
Suvorov, V., *Der Eisbrecher. Hitler in Stalins Kalkül*, Stuttgart 1989.
Tarleton, R. E., What Really Happened to the Stalin Line?, in: *Journal of Soviet Military Studies* 2 (1992).

Tauber, J., Die Planung des »Unternehmens Barbarossa«. Bemerkungen zum Forschungsstand, in: H. H. Nolte (Hrsg.), *Der Mensch gegen den Menschen. Überlegungen und Forschungen zum deutschen Überfall auf die Sowjetunion 1941*, Hannover 1992.

Taylor, T., *Munich. The Price of Peace*, London 1979.

Timoschenko, S. K., Rede, in: *Prawda*, 1.5.1941.

Timoschenko, S. K., Smena rukowodstwa Narkomata oborony SSSR w swjasi s urokami sowjetsko-finljandskoi woiny 1939-1940 gg [Der Wechsel in der Führung des Volkskommissariats für Verteidigung der UdSSR angesichts der Lehren des sowjetisch-finnischen Krieges 1939-1940], in: *Iswestija ZK KPSS* 1 (1990).

Topitsch, E., *Stalins Krieg, 1937-1945. Die sowjetische Langzeitstrategie gegen den Westen als rationale Machtpolitik*, Herford 1990.

Toscano, M., *Designs in Diplomacy*, London 1970.

Triandafilow, W. K., *Charakter operazij sowremennych armij* [Das Wesen der Operationen moderner Armeen], Moskau 1929.

Tschukrejew, W. I., Sagadka 22 ijunja 1941 goda [Das Rätsel des 22. Juni 1941], in: *Woenno-istoritscheski schurnal* [Zeitschrift für Militärgeschichte, WIS] 6 (1989).

Tucker, R. C., *Stalin in Power. The Revolution from Above, 1928-1941*, New York 1990.

Tumarkin, N., *The Living and the Dead. The Rise and Fall of the Cult of World War II in Russia*, New York 1994.

Ueberschär, G. R., Hitlers Entschluss zum »Lebensraum«-Krieg im Osten. Programmatisches Ziel oder militärisches Kalkül, in: G. R. Ueberschär (Hrsg.), *»Unternehmen Barbarossa«. Der deutsche Überfall auf die Sowjetunion 1941. Berichte, Analysen, Dokumente*, Paderborn 1984.

Ulam, A., *Expansion and Coexistence*, New York 1975.

Uldricks, T. J., Russia and Europe. Diplomacy, Revolution, and Economic Development in the 1920s, in: *International History Review* 1 (1979).

Uldricks, T. J., Evolving Soviet Views of the Nazi-Soviet Pact, in: R. Frucht (Hrsg.), *Labyrinth of Nationalism. Complexities of Diplomacy*, Columbus, Ohio, 1992.

Waddington, G. T., Ribbentrop and the Soviet Union 1937-1941, in: J. Erickson und D. Dilks (Hrsg.), *Barbarossa. The Axis and the Allies*, Edinburgh 1994.

Wark, W. K., British Intelligence and Operation Barbarossa, 1941. The Failure of Foes, in: H. B. Peake und S. Halpern (Hrsg.), *The Name of Intelligence. Essays in Honour of Walter Pforzheimer*, Washington, DC, 1994.

Watt, D. C., *How War Came. The Immediate Origins of the Second World War, 1938-1939*, London 1989.

Wegner-Korfes, S., Botschafter Friedrich Werner Graf von der Schulenburg und die Vorbereitung von »Barbarossa«, in: B. Wegner (Hrsg.), *Zwei Wege nach Moskau, vom Hitler-Stalin-Pakt bis zum »Unternehmen Barbarossa«*, München 1991.

Weinberg, G., *Germany and the Soviet Union, 1939-1941*, Leiden 1954.

Weinberg, G., *Eine Welt in Waffen. Die globale Geschichte des Zweiten* Weltkrieges, Stuttgart 1995.
Whaley, B., *Codeword Barbarossa*, Cambridge, Mass., 1973.
Winant, J. G., *A Letter from Grosvenor Square. An Account of a Stewardship*, London 1947.
Wischlew, O. W., Potschemu she medlil I. W. Stalin w 1941 g. – is Germanskich archiwow [Warum zögerte J. W. Stalin im Jahre 1941? – Aus deutschen Archiven], in: *Nowaja i noweischaja istorija* [Neue und neueste Geschichte, NNI] 2 (1992).
Wojuschin, W. A., und S. A. Gorlow, Faschistskaja agressia. O tschom soobschtschali diplomaty [Die faschistische Aggression. Was die Diplomaten meldeten], in: *Woenno-istoritscheski schurnal* [Zeitschrift für Militärgeschichte, WIS] 6 (1991).
Wolkogonow, D., Ribbentrop-Molotow, in: *Woprosy istorii KPSS* [Fragen der Geschichte der KPdSU] 8 (1988).
Wolkogonow, D., Alternatiwy 1939-go [Alternativen zum Jahr 1939], in: *Iswestija*, 21.8.1989.
Wolkogonow, D., *Stalin. Triumph und Tragödie*, Berlin 1990.
Wolkow, F. D., *SSSR-Anglia 1929-1945 gg.* [Die UdSSR und England, 1929-1945], Moskau 1964.
Wolkow, W. K., Sowjetsko-jugoslawskie otnoschenia w natschalny period wtoroi mirowoi woiny w kontexte mirowych sobytij, 1939-1941 gg. [Die sowjetisch-jugoslawischen Beziehungen in der Anfangsphase des Zweiten Weltkrieges aus weltpolitischer Sicht, 1939-1941], in: *Sowjetskoe slawjanowedenie* 6 (1990).
Wperjod byla woina [Vor uns lag der Krieg], in: *Woenno-istoritscheski schurnal* [Zeitschrift für Militärgeschichte, WIS] 5 (1991).
Ziemke, E., Stalin as a Strategist, 1940-1941, in: *Military Affairs* 47/4 (1983).
Zuckertort, I., Germanski militarism i legenda o »preventivnoi woine« gitlerowskoi Germanii protiw SSSR [Der deutsche Militarismus und die Legende vom »Präventivkrieg« Hitlerdeutschlands gegen die UdSSR], in: *Woenno-istoritscheski schurnal* [Zeitschrift für Militärgeschichte, WIS] 5 (1991).

Register

Auf die Einträge *Hitler* und *Stalin* wurde aufgrund der Häufigkeit ihrer Nennung im Text verzichtet.

Abbildungsnachweis

Hulton Getty: 278 (o.), 284 (u.)
Museum für Militärgeschichte, Belgrad: 282 (o.)
Ringier AG, Zürich: 282 (u.)
Russisches Außenministerium, Moskau: 277 (u.), 278 (u.), 283 (u.)
Alle anderen Fotografien entstammen der Privatsammlung des Autors.

Robert S. Wistrich

Hitler und der Holocaust

Aus dem Englischen von Sabine Schulte

Immer noch gilt die Frage: Wie war der Holocaust möglich? Wer war verantwortlich für die Organisation des größten Verbrechens der Menschheit? Welche Mitschuld tragen die »normale« Bevölkerung, andere europäische Länder, die Vereinigten Staaten und die Kirche? Der bekannte Antisemitismusforscher und Professor für Neue Jüdische Geschichte in Jerusalem, Robert S. Wistrich, geht diesen Fragen auf den Grund. Er beschreibt, wie Historiker den Holocaust zu erklären versuchen, und erörtert die Folgen der nationalsozialistischen Verbrechen, die bis heute zu spüren sind.

»Wenn jemand ein kompaktes, verständliches und aktuelles Buch über die Geschichte des Antisemitismus lesen will, dann gibt es nichts Besseres als dieses Buch.« Paul Johnson, Times Literary Supplement

»Das verständlichste, prägnanteste und am besten geschriebene Buch zu diesem Thema, das im Moment auf dem Markt ist.« Walter Laqueur

Berliner Taschenbuch Verlag

Mario Frank

Walter Ulbricht

Eine deutsche Biografie

Mario Frank zeichnet das präzise und aufschlussreiche Porträt eines ungeliebten deutschen Machthabers.

»Dem Autor ist nach sorgfältiger Recherche ein präzises Porträt gelungen, das er – stilistisch brillant – in zeitgeschichtliche Zusammenhänge stellt.«
Hamburger Abendblatt

»Dieses Werk wird in Zukunft wahrscheinlich das zentrale Standardwerk zu Walter Ulbricht sein und bleiben.« Archiv für Sozialgeschichte

»Der Wert der neuen Biografie steckt in der Fülle bisher weithin nicht bekannter Einzelheiten, die noch erklärlicher als bisher machen, … wie es einem derart unsympathischen Menschen gelang, der erste Mann der DDR zu werden.«
Carola Stern, Die Zeit

Berliner Taschenbuch Verlag

Roman Frister

Die gestohlene Identität

Das zweite Leben des Itzhak Liebmann

Aus dem Hebräischen von Antje Clara Naujoks unter Mitarbeit von Uriel Adiv

Roman Frister wurde durch seine schonungslose Autobiografie *Die Mütze oder Der Preis des Lebens* sowie seine Familien-Biografie *Ascher Levys Sehnsucht nach Deutschland* einem großen Publikum bekannt.

In diesem Buch erzählt er die Lebensgeschichte des Itzhak Liebmann. Als Itzhak Liebmann 1945 aus dem KZ Mauthausen befreit wird, beschließt er, nie mehr Opfer zu sein. Aus dem Juden Itzhak Liebmann wird der Ingenieur Rudolf Nowak, der zum leitenden Kader eines kommunistischen Regimes aufsteigt. In einer Mischung aus Fakten und Fiktion berichtet Frister von einem Leben in der Lüge und von der bitteren Wahrheit, dass ein Mensch kein zweites Leben wählen kann.

»Frister ist ein großer Moralist – einer, der durch die Negation des Moralischen zeigt, was Moral zu sein hat.« Süddeutsche Zeitung

Berliner Taschenbuch Verlag